KB002866

현대법철학논집

분석과 비판의 법철학 II

법이념 · 순수법학 · 법이론

Collected Papers
on
Contemporary Legal Philosophy

II

서울대학교 명예교수동에서(2017년 봄)

현대법철학논집

분석과 비판의 법철학 II

법이념 · 순수법학 · 법이론

심 헌 섭

法 文 社

Collected Papers
on
Contemporary Legal Philosophy

II

Hun Sup Shim

2024
Bobmun Sa
Paju Bookcity, Korea

간 행 사

2018년 2월 법철학자 심헌섭 선생님께서 별세하신 지도 벌써 6년이 지났다. 선생님의 가르침을 받은 제자들 그리고 같은 길을 걸어온 동료 교수들은 심 선생님의 5주기를 맞아, 늘 귀감으로 생각하고 읽고 또 읽는 심 선생님이 남기신 귀한 글들을 책으로 엮어 세상에 빛을 보게 하기로 뜻을 모았다. 선생님은 정년퇴임 이후에도 서울대학교 명예교수 연구실에서 학문적 열정을 불태우심으로써 상당한 양의 업적을 이루어 놓으셨던 것이다.

본서는 선생님이 책의 형태로 출간하지 않은 논문들을 모은 저작집이고, 본서의 내용은 선생님이 평생 추구하신 학문적 열정의 성과이다. 우선 선생님의 연구계획에 있었던 법이념론에 관한 글들이 상당한 양에 이르렀다. 선생님이 계획하신 모노그래피로서 「법철학 II : 법이념론 및 정법론」의 완성에 이르지는 못했지만, 법이념론의 대체적인 틀과 핵심내용은 거의 마련되어 있었다. 그리고 선생님의 순수법학 연구는 2002년 켈젠연구소 국제 자문위원 위촉을 계기로 하여, 비엔나 대학의 켈젠연구소의 활동 및 켈젠전집 간행을 중심으로 쓰여진 내용이지만, 순수법학과 관련한 상당한 실질적인 내용을 담고 있다. 또한 선생님의 법이론 분야에 대한 관심과 기여도 완결단계에 들어간 것으로 보인다. "법학의 학문성"을 주제로 한 종래의 글은 논쟁사 중심의 미완의 것이었는데 비하여 새로 쓴 글은 체계적인 논의를 통해서 법학의 학문성을 옹호하는 입장을 취하였다. "가치중립성 공준"은 법학 나아가 학문을 함에 있어서 늘 문제되는 학문적 판단 내지 법적 판단에서의 가치 개입의 문제를 다룬 글로서, 가치에의 지향을 포기하지 않으면서도 엄정함과 냉철함을 놓치지 않는 선생님의 기본 입장을 잘 보여 준다. 이 글은 심 선생님이 학술원 회원이 되시

어 학술원 회의에서 발표하신 것인데, 학문 전체에 대한 선생님의 '외침'이라고 할 수 있다. 그리고 "법과 방법다원주의"는 선생님의 사상의 심화, 즉 비판적 합리주의에서 방법다원주의로의 심화를 잘 보여주고 있다.

이렇게 글을 모아보니 선생님의 법철학적 사유의 궤적이 한층 더 선명하게 드러난다. 제자들과 동료 학사들은 이 출간작업이 단지 선생님에 대한 추모의 마음을 표현하는 데 그치는 것이 아니라 우리 법철학에도 큰 기여가 될 것으로 믿어 의심치 않으며, 이 우리의 작업이 의미가 크리라는 확신을 갖게 된다.

본서에 수록된 글들은 선생님의 기존 저서에서 이어지는 내용이고 분석과 비판의 학문적 엄정함으로 일관되어 있다는 점에서 우리는 본서의 제목을 「분석과 비판의 법철학 II : 법이념·순수법학·법이론」으로 하였다.

본서의 출간은 선생님의 5주기에 맞추어 계획하였지만, 그 작업은 뜻밖에도 많이 지체되었다. 선생님이 발표한 많은 글들이 디지털화되지 않은 것이었기 때문이다. 본서의 출간에 즈음하여 이 작업을 도와주신 분들께 감사를 표하지 않을 수 없겠다. 우선 심 선생님 저작집의 출간을 제안하고 총괄하신 장영민 교수님과, 작업의 물적 기초를 마련해주신 제자 강정완, 하창우 변호사님께 감사드린다. 아울러 서울대학교 법학연구소 소장이신 송옥렬 교수께서 선생님의 글의 대부분을 게재한 학술지 「서울대학교 법학」의 저작권 관련 문제를 너그럽게 해결해 주신 데 대하여도 큰 감사를 드린다.

나아가 편집과정에서 큰 노력을 기울여준 이화여자대학교의 김주현 박사, 장선미 박사, 김서형 박사, 최윤이 법학석사, 강지혜 문학사, 그리고 한국형사·법무정책연구원의 권수진 박사께 감사드린다. 그리고 번거로운 교정작업과 연보 정리작업을 해 주신 안준홍 교수, 조지만 교수, 또한 구하기 어려웠던 선생님의 귀한 자료를 제공해 주신 최홍순 공주대학 명예교수께도 감사를 드린다.

　본서의 출간은 선생님의 저서 「법철학I: 법·도덕·힘」(1982), 「분석과 비판의 법철학」(2001), 그리고 심 선생님의 75세 기념논문집 「법철학의 모색과 탐구」(2011)를 출간하였던 전통과 명망이 있는 법문사에서 맡아 주었다. 본서의 출간을 맡아 주신 법문사의 사장님과 편집 과정에서 많은 수고를 해주신 김용석 차장님, 유진걸 과장님께 감사드린다.

2024. 2.

간행위원을 대표하여 김 대 휘 씀

이 책의 간행을 후원해 주신 강정완 님, 김대휘 님, 하창우 님께 감사드립니다.

차 례

제1편 법이념론

제2편 순수법학

제3편 법이론

제4편 서 평

찾아보기

편 집 원 칙

1. 모든 글은 심헌섭 교수가 발표한 대로 게재하는 것을 원칙으로 한다.

2. 맞춤법은 현재의 맞춤법으로, 인용방법 등은 이 책에서 통일한 방법에 따랐다.
   예 : 페이지 표시는 '면'으로 통일하였다. (p. 165 → 165면)

3. 원문의 표기가 통상의 표현과 다른 것은 편집자 주로 통상의 표현을 병기하였다.
   예 : 초월적・논리적(선험논리적−편집자); 어용론(화용론)

3. 오자임이 명백한 것은 별도의 표시 없이 수정하여 게재하였다.

4. 논문 발표 당시에는 출간되지 않았거나 명확하지 않았던 출전은 후에 간행된 저서 또는 논문을 편집자 주로 표시하였다.
   예 : Starck/박정훈 역, 인간의 존엄성의 종교적 철학적 배경과 현대 헌법에 있어서 그 좌표 → 민주적 헌법국가: 슈타르크 헌법논집. 헌법재판소, 기본권, 정부제도, 김대환 편역, 시와 진실, 2015

5. 본인의 글 중 이 책에 게재된 글에 대한 인용은 이 책의 면수도 병기하였다.

6. 본문의 내용이 서술상의 번거로움 때문에 생략되어 이해하기 어렵게 된 곳은 '편집자 주'로 보충하였다.
   예 : 159면

7. "규율의 두 개념"은 영문 원문을 대조하여 수정・보완하였다.

일러두기 및 약어

1. 인용문헌 중 구미 저서명은 '이탤릭'으로, 논문은 별도의 표시 없이 정체로 표기한다.

2. 라틴어는 분문이든 각주든 이탤릭으로 표시하며, 그리스어는 본래의 그리스어로 표시하지 않고 영자체로 표기한다.
   예: φρόνησῖς, prudentia → phronesis, *prudentia*

3. 년도 표시 우측 상단의 작은 숫자는 판수를 나타낸다.
   예: Hart, *The Concept of Law*, 1961, 1994^2. 1961년에 초판이 나왔고 1994년에 2판이 출간되었다는 뜻이다.

ARSP	*Archiv für Rechts- und Sozialphilosophie* 세계법 및 사회철학회 전문학술지
Bd.	Band 권(卷) 예: Bd. I 제1권
Frankfurt/M.=Frankfurt am Main	프랑크푸르트(마인 강변 소재), Frankfurt am Oder(오데르 강변 소재의 지명)와 구별하기 위하여 'am Main'을 붙임
Freiburg/Br.=Freiburg im Breisgau	바덴-뷔르템베르크 주에 속하는 도시 프라이부르크의 정식 명칭, 니더작센주의 Freiburg an der Elbe와 구별하기 위하여 'im Breisgau'(브라이스가우 소재)를 붙임
Halle a. d. S.=Halle an der Saale	독일 도시 할레(Halle)의 정식 명칭
JBl=*Juristische Blätter*	법률시보(法律時報)

Jg. = Jahrgang   연도분이라는 뜻. 예: 30. Jg. 30년차 분

JZ   *Juristenzeitung* 법률(가)신문

Nomos   미국 정치철학 및 법철학회(American Society for
                     Political and Legal Philosophy)의 학술지의 명칭으로
                     서, 발간시 '주제'를 제목으로 하여 발간된다.
                     예 : The Rule of Law는 1995년에 Nomos XXXVI호
                     (Ian Shapiro 편집)로 간행되었다. 여기서는 책의 실질적
                     인 제목인 주제를 이탤릭으로, 노모스 자체는 정체로 표
                     기한다.

ÖJZ = *Österreichische Juristenzeitung*   오스트리아 법률(가)신문

Q.(= Question)   토마스 아퀴나스의 신학대전의 '물음 내지 문제'를
                     표시한다.

U.P.   University Press 대학출판부를 말한다.
                     예: Oxford U.P. 옥스퍼드 대학 출판부

vol. = volume   정기간행물의 권(卷); no. = number 정기간행물의
                     호(號). 계간지의 경우 각 권의 4호까지 발간된다.

ZöR = *Zeitschrift für öffentliches Recht*   공법잡지(학술지)

제1편

법이념론

법이념론을 위한 서장†

법이념의 의의와 기능

법이념의 문제는 법의 개념 및 본질의 문제와 더불어 전통적으로 '법철학의 대상'(Gegenstand der Rechtsphilosophie)으로 규정되어 왔다. 따라서 법이념의 탐구는 법의 개념 및 본질의 그것에 못지않게 법철학의 핵심적이고 중대한 과제라 할 수 있다. 나아가 법이념이야말로 실로 모든 '법사상'의 정수라고 볼 수 있기 때문에 그것의 탐구는 법철학적 연구의 절정을 이룬다고 할 것이다. 따라서 법철학적 탐구에 빠져 든 이는 누구나 다음과 같은 질문과 대결하지 않을 수 없게 된다: 즉 법이념이란 무엇인가? 도대체 법이념에는 어떠한 것들이 있는가? 이러한 법이념과 법은 어떠한 관계에 놓여 있는 것인가? 다시 말해서 법이념은 법에 대해 어떠한 기능을 수행하고 있는가? 등등.

이처럼 법이념을 탐구함에 있어서 제기되는 물음들은 다양하며 또 심각한 것들이다. 이러한 중대한 문제를 본격적으로 다룸에 있어서는 그에 앞서 우선 법이념에 대한 기본적인 관점을 밝히는, 말하자면 '정향적(定向的)'인 서론적 고찰이 있어야 할 것 같다. 이는 탐구하려는 대상이 법이념과 같이 법적 세계관의 대립은 물론, 나아가 난립까지도 보여주는 중대하면서도 복잡한 문제영역에서는 더욱 필요하다고 하겠다.

---

† 『노동법과 현대법의 제문제. 남관 심태식 교수 화갑기념논문집』, 1983.

I

법이념에 대한 정향적(定向的)인 서론적 고찰에서 맨 먼저 부닥치는 문제는 우리가 법이념을 어떻게 파악하고 이해해야 할 것인가라는 문제일 것이다. 이는 물론 우리가 '이념'을 어떻게 규정하는가와 상관관계에 놓여 있다. 그런데 이념이라는 말은 철학에서는 다양하게 파악되어 왔다. 즉 그것은 현상(현실)에 대해 때로는 영구불변의 '본질'로도(플라톤의 '이데아'), 때로는 완성된 '형상(形相)'으로도(아리스토텔레스의 '에이도스'), 때로는 이성적 개념(원리)으로도(칸트), 때로는 진리 그 자체로도(헤겔), 때로는 실현하여야 할 '이상'으로도(리케르트) 이해되었던 것이다. 사실 이렇게 다양한 이념관은 사람들로 하여금 도대체 이념에 대해 어떤 일정한 의미를 부여할 수 있을는지를 의심케 했다. 그래서 아예 이념이라는 말을 회피하거나 그것을 하나의 단순한 '이데올로기'로 보아버리는 것이 더 낫지 않을까 하는 생각을 갖는 이도 있다. 그러나 법이념의 모색에 그렇게 굳게 묶여져 있는 것이 법철학이라고 보면 그럴 수는 없을 것 같다. 더욱이 이념이라는 말에는 비록 불명료하기는 하지만, 어떤 직접적인 그리고 또 '원리적'인 연상과 함의가 틀림없이 존재한다. 다시 말해서 우리가 자유와 평등을 민주주의의 이념이라고 찬양한다든가 예술과 종교의 이념이 무엇이며, 사회보장제도나 형벌제도의 이념이 무엇이냐고 물을 때, 우리는 그 이념이라는 말 밑에 무엇이 함의되고 있는가를 알고 또 느끼는 것이다. 그러면 우리가 느끼고 또 아는 이러한 연상과 함의는 무엇인가? 이것부터 우선 밝혀야 하겠다.

우선 우리가 이념이라는 말과 함께 생각하는 것은—우리가 현상을 이념화하지 않는 한—'이념과 질료(소재)의 대립'일 것이다. 이념이란 근본적으로 질료와는 분리되는 '사상'인 것이다. 다시 말해서 그것은 질료에 대해 하나의 '사념(思念)된 완전성'을 의미하는 것이다. 따라서 이념은 가치기준도 되고, 또 하나의 요청, 특히 최고의 요청이기도 하며, 그렇기에 끝없는 과제라고도 말할 수 있는 것이다. 그러나 다른 한편 우리가 이념과 함께 갖는 생각은 그것이 질료와 일정한 관계를 갖고 있으며 또 그러한 한에서 이념으로서의 의미를 갖는다는 점이다. 무엇보다 이념은 질료를 사상화하고, 정서(整序)하고, 또 평가한다. 이리하여 이념은 질료를 이루는 여러 현상들을 종국적으로 총괄하고 통합하는 의미를 갖는다 하겠다.

　그러면 이념이라는 말이 갖는 이러한 함의를 통해 우리는 이념에 대해 어떠한 의미규정을 내릴 수 있는가? 이념이 갖는 이와 같은 함의를 지적했던 마이어는 이념 그리고 법이념에 대해 다음과 같은 정의를 내렸었다: "이념이란 하나의 질료를 하나의 가치, 특히 최고의, 다시 말해서 최후적인 종합을 정시(呈示)하는 가치에로 관계지우는 사상이다. 법의 이념이란 더 이상 이끌어 내어질 수 없는 법의 가치와 이를 통한 모든 법질서의 영원한 의미가 그 속에서 확인되어야 할 사상이다."[1] 우리도 이념과 법이념에 관한 마이어의 이러한 의미규정에 대해 최고의 이념 및 법이념을 생각하는 한 근본적으로 이의를 제기할 수 없는 것 같다. 그러나 좀 더 그 의미의 핵을 명확히 하고 결정화할 때 비로소 이념과 법이념에 대한 정확한 파악은 이루어질 것 같다.

　우선 이념 또는 법이념이 '사상'인 것은 틀림없지만, 그러나 그것은 '개념적인 것'과는 구별되어야 한다. 사실 이 양자의 혼동된 사용은 그 역사가 오래다. 일찍이 플라톤과 소크라테스는 소피스트들의 주관주의와 상대주의에 대항해서 보편타당한 지식의 대상, 즉 이념(이데아)으로서의 '생기지도 없어지지도 않는, 사라지지도 소멸하지도 않는 언제나 존재하는 진정한 존재'[2] '본질 그 자체'[3]를 규정하려 애썼다. 그의 이념의 모색은 말하자면 개념(본질) 규정, 즉 '정의(定義)'

---

1) M. E. Mayer, *Rechtsphilosophie*, 제2판, Berlin 1926, 63~64면 참조.
2) Platon, *Symposion*, 210e 4 이하(영역본 및 독역본을 참조).
3) Platon, *Phaidon*, 103e 3 참조.

의 시도였던 것이다. 이는 칸트나 헤겔에서도 마찬가지였다. 우리는 칸트의 유명한 법의 정의, 즉 "한 사람의 자의가 다른 사람의 그것과 자유의 보편적 법칙에 따라 서로 결합될 수 있는 조건의 총체"가 얼마나 법의 이념을 규정하려고 한 것인가를 명백히 알 수 있다.[4] 물론 '이념을 두려워하는 자는 또한 개념도 끝내 갖지 못한다'(괴테)는 말도 있듯이, 양자는 밀접한 관련을 갖는다. 다시 말해서 개념형성은 이념을 떠올리지 않고는 실패할 위험이 크며, 또 이념의 인식도 확고한 개념을 전제한다. 그러나 양자가 구별되어야 하는 것은 명백하다. 즉, 이념은 개념과는 달리 순전히 경험적으로 얻어지지 않는다. 개념은 소재에서 끌어내어지나 이념은 그것에 맞서는 것이다. 다시 말해서 저기서는 형성, 여기서는 평가인 것이다. 말하자면 두 개의 다른 세계라고 할 수 있다.[5] 근본적으로 볼 때 본질과 개념에 대해서는 사실인 것, 즉 진리를 드러내 보일 수 있을 뿐이며, 이념에 대해서는 그와 반대로 타당한 것, 가치적인 것을 말할 수 있을 뿐인 것이다. 이와 같이 개념과 이념은 구별되는 것이다.

그러면 사상이란 명확히 말해 무엇을 뜻하는가? 그것은 단순히 이데올로기인가? 이는 칸트의 이념론과 관련시켜 생각해 보면 밝혀질 것 같다. 사실 위에서 지적했듯이 칸트는 이념을 크게는 표상의 영역, 더 정확히 말해서 개념에 귀속시켰다. 그러나 그의 '개념'은 경험 개념이 아니라 순수개념, 그중에서도 경험의 가능성을 초월하는 개념, 즉 이성개념(Vernunftbegriff)이었다.[6] 그런데 이성이란 칸트에서는 이른바 '원리의 능력'(Vermögen der Prinzipien)이다. 이는 인간의 오성에서 이루어진 다양한 현상의 종합을 사유의 최고의 통일성 밑에 두는 능력이었다. 이렇게 볼 때 칸트에서의 개념으로서의 이념이

---

4) I. Kant, *Metaphysik der Sitten*, Philosophische Bibliothek, Hamburg 1959, 34면 이하.
5) 이 점 또한 M. E. Mayer, 위(주 1)의 책, 같은 면.
6) I. Kant, *Kritik der reinen Vernunft*, Philosophische Bibliothek, Hamburg 1956, 354면(B 377) 참조.

란 실은 원리인 것이다. 또한 위에서 말한 그의 법개념의 정의도 실은 법의 원리, 즉 법의 이념을 말한 것이다. 따라서 우리도 이념이 사상이지만, 그것이 단순한 사상적 행동강령으로서의 이데올로기를 지칭하는 것이 아니라, 이성적, 당위적 지도사상, 즉 '원리'로 이해하는 것이 타당할 것이다.

따라서 이념이란 질료(소재)를 최고의 가치에로 관련지우는 사상, 즉 원리라고 할 것이다. 그런데 평가원리 내지 규범원리에는 '목적'도 있다. 또 사람들은 늘 이념을 목적으로 파악한다. 그러면 이는 어떻게 보아야 할 것인가? 생각건대 '목적'이란 근원적으로 의욕하고 행동하는 주체가 표상하고 추구하고 행동으로 실현시키려는 모든 것을 말한다. 따라서 그만큼 주관적이고, 따라서 윤리적으로 무관한 것이다. 그러나 이러한 비가치적 목적이 모두 이념일 수는 없다. 따라서 목적과 가치의 관계가 필연적으로 고려되어야 한다. 하르트만은 목적 설정을 처음부터 가치에 의거시키고자 했다. 그는 목적이란 "실천적 주체에 의한 가치의 설정"이라고 했다.[7] 어쨌든 이러한 의미에서의 목적이란 가치에 의해 규정된 것이고, 또 그 충족의 표현인 것이다. 다시 말해서 그것은 '정당화된 목적'인 것이다. 이처럼 가치와 목적이 단일화된 형상은 바로 리케르트가 "완전한 현실로서가 아니라, 한편으로는 완전히 충족시키거나 여지없이 실현시킬 수는 없으나, 다른 한편으로는 그것들이 … 가치이기에 무조건적인 필연으로 실현하도록 노력하여야만" 한다고 했던 '이상'(Ideal)인 것이다.[8] 이렇게 볼 때 우리가 이념을 목적으로 보려 한다면, 그것은 단순한 목적이 아니라 정당화된 목적, 즉 가치목적 또는 이상으로 이해되어야 할 것이다.

이렇게 이념을 이상으로 이해하려고 할 때 거기에 이의는 없겠는가? 위의 리케르트의 설명에서 나타났듯이 이상의 특징은 그 실현과 충족에의 요청이다. 다시 말해서 이상은 그것이 아무리 높게 놓여

---

7) N. Hartmann, *Ethik*, 제3판, Berlin 1949, 183면.
8) H. Rickert, *System der Philosophie*, I, Tübingen 1921, 158면.

있고, 따라서 도달할 수 없는 것같이 보일지라도 그 실현은 무조건 추구되어야만 하는 것이다. 그러나 '이념'이란 그런 것은 아니지 않는가? 즉 그것은 의욕이나 당위를 단지 측정만 하는 하나의 규준에 불과하고, 따라서 실현이라든가, 또는 회피라든가에는 아랑곳없는 '순수한' 가치(평가)원리가 아닌가이다.[9] 그러나 이는 이념을 순전히 플라톤적으로 하나의 '스스로 존재하는 본질'로민 보려고 하지 않는 한은 따르기 힘든 견해일 것이다. 우리는 이념을 하나의 '가치'원리로 보았다. 가치란 최소한도 '있어야 함'을, 즉 그 실현을 위한 의지에의 요청을 내포하고 있는 것이다. 물론 이러한 요청에는 차등이 있을 수 있다. 그러나 어쨌든 이념을 이러한 실현에의 요청과 완전히 떼어 놓고 이해한다는 것은 불가능한 것이 아닌가 생각된다. 진리도, 선도, 미도 모두 마찬가지인 것이다. 그렇다면 우리는 이념을 '이상'과 같은 뜻으로 이해하는 데 반대할 이유는 없는 것 같다.

이상과 같은 이념에 관한 모든 설명은 법이념을 이해하는 데 있어서도 타당할 것임은 물론이다. 그러면 우리는 법이념을 어떻게 말할 수 있을까? 우선 우리는 법이념이란 법을 법가치, 특히 법의 최고가치에로 관련지우는 법원리라고 말할 수 있을 것 같다. 그런데 이러한 법원리가 하나의 가치원리이기에 그것이 실현하여야 할 목적가치로 나타날 것임은 물론이다. 그래서 법이념은 법의 목적가치 또는 법사상이라는 의미로 이해되고 있는 것이다. 일찍이 슈탐플러도 법이념에서는 "모든 '법적인' 열망이 … 따라야 하고 또 지휘 받아야 하는 '이상적인 궁극목적'(idealer Endzweck)이 문제된다"고 했다.[10] 또 같은 생각은 이항녕 교수가 "법에는 이념이 있다. 그 이념을 실현하고자 법이 존재하는 것이다"라고 한 다음, "그 이념 중에서 가장 뚜렷한 것은 목적이다. 목적이란 실천의 목표가 되는 하나의 이념가치

---

9) 이 점 M. E. Mayer, 앞(주 1)의 책, 64~65면에서 피력되고 있다.
10) R. Stammler, *Lehrbuch der Rechtsphilosophie*, 제3판, Berlin/Leipzig 1928, 4면.

이다"라고 한 데서도 나타나 있다.[11] 오늘날 법이념에 관한 좀 더 포
괄적이고 적절한 의미규정은 헨켈의 다음과 같은 설명이 아닌가 싶
다: "우리는 '법개념'이라는 말과 함께, 법이란 … 일정한 가치들, 즉
－법소재가 주어진 사회현실에서 허용한 한, 법의 실정화에서 나타
난－법가치들(Rechtswerte)을 실현하여야 한다는 것을 표현한다. 이
러한 가치들은 현실적 요소로 주어져 있는 것이 아니라 '가치이념'
(Wertidee)들로서 법형성에 대해 '목표'(Ziel)를, 그리고 이에 따라 법
제정과 법적용에서 이행되어야 할 '과제'(Aufgabe)를 설정한다. 법이념
이라는 말 속에는 이러한 목적설정이 포괄되어 있으며, 그리고 이 점
은 법의 소여성(Gegebenheit)이 아니라 그 '과제성'(Aufgegebenheit)이,
즉 목표에로의 법의 정향성이 법이념에서는 문제된다고 하는 점을
통해 뚜렷해지는 것이다."[12] 요컨대 결론적으로 말한다면 법이념이란
법이 따르고 지휘 받아야 할 '지도적 사상', 법이 실현하여야 할 과
제로서의 가치이념, 즉 '법사상'이라고 하겠다.

II

법이념이 곧 법의 가치이념이라면 여기에는 어떠한 것들이 있는
가? 사람들은 무엇을 가지고 법이념이라 일컫고 있는 것인가? 사실
법철학사를 돌아보면 무엇을 법이념으로 볼 것인가에 대해서는 시대
마다 장소마다 다른 견해들이 나와 있다. 실로 법이념이란 그야말로
프로테우스적인 형상이었다. 이를 모두 살핀다는 것은 법철학사를 서
술하는 것과 같은 작업일 것이다. 따라서 오늘날의 논의를 중심으로
이를 검토하고 정돈하는 것이 바람직할 것 같다. 그러면 어떠한 법
이념이 존재하는가? '하나의' 법이념만이 존재하는가? 그렇지 않으면
'여럿'의 법이념이 병립하고 있는가?

---

11) 이항녕, 법철학개론, 재정정판, 박영사, 1974, 320~321면.
12) H. Henkel, *Einführung in die Rechtsphilosophie*, 제2판, München 1977,
389면.

　　사실 법이념을 가능한 한 '하나'로 표현하려는 이가 적지 않다. 일찍이 슈탐믈러는 법철학의 첫째 과제는 '법의 개념'을 발전시키는 것이고, 그 둘째 과제는 '법의 이념'을 밝히는 것인데, 이를 '정의에 관한 이론'으로 보았다. 그런데 전자가 다른 현상과 구별되게 법을 법으로서 보편타당하게 규정하는 것이라면, 후자는 이렇게 규정된 법이 그 내용에 있어서 '근본적으로 정당한가'를 묻는 것이었다. 그는 "법의 최종목표는 정의이다. 하나의 법률적 규정은 그것이 법의 이념에 의해 지도될 때에만 근본적으로 정당하다"고 말했다.[13] 이항녕 교수도 "법이 달성하고자 하는 가치 즉 법의 목적은 이것을 정의라고 부르는 것을 보통으로 하므로 법가치론은 결국 법의 목적인 정의가 무엇이냐의 문제를 구명(究明)하게 되는 것이다"라고 하여 법이념을 정의의 이념을 통해 통일적으로 표현하고자 하였다.[14] 그러나 이러한 견해에서의 정의란 그야말로 매우 포괄적인 의미에서 파악된 것이었다. 즉 슈탐믈러의 정의는 모든 사회적 의욕의 절대적 조화의 항상적 보장에 관한 사상으로서의 '사회적 이상'(soziales Ideal)까지 함의하고 있었다. 그리고 이항녕 교수의 그것은 하나의 '사회가치'로서 사회적 이데올로기를 달리함에 따라 때로는 자유를, 때로는 평등을, 때로는 평화를 지칭하는 실로 '집합적'인 개념인 것 같다.

　　사실 누구나 법이념이라고 하면 '정의'라고들 말한다. 그리고 또 이를 그렇게 넓은 의미로 이해하기도 한다. 그래서 '정의'란 말은 마치 넝마자루처럼 되어버렸다. 물론 의미규정이란 궁극적으로는 자의적인 성격도 갖고 있다. 그러나 문제는 그렇게 넓게 보는 것이 합당할 것인가이다. 우리가 법이념을 법철'학'적으로 좀 더 명확히 하려면 너무 포괄적으로만 말할 것은 아닌 것 같다. 물론 법이념이란 어떠한 단계에서, 또 어떠한 높이의 추상도(抽象度)에서 찾느냐에 따라 달리 그리고 더 포괄적으로 표현되기도 했던 것이다. 위로 아주 높게 본다

---

13) R. Stammler, 앞(주 10)의 책, 1~2면, 216면.
14) 이항녕, 앞(주 11)의 책, 321면.

면 토미스트들은 '공통선'(*bonum commune*), 또는 공공복리로, 예링
은 '사회의 생활조건의 확보'로, 공리주의자들은 '최대다수의 최대행
복'으로 법이념을 표현하기도 했었다. 이러한 이념들은 너무나 포괄
적이어서 과연 그것들이 '법'의 이념인지도 의심스러울 정도이다. 그
러나 밑으로 법의 여러 특수영역들에 눈을 돌리면 그들은 또 각각 다
른 고유한 법이념들을 갖고 있음을 볼 수 있다. 헌법에는 자유민주주
의적 법치국가의 원리, 기본적 자유, 민주주의, 다수결의 원리, 인간
의 존엄성, 행정법에는 복지, 생존배려, 형법에는 책임원리, 응보사상,
특별예방, 민법에는 사적자치의 원리, 계약의 자유, 신의성실의 원칙,
공시의 원칙, 유책 및 파탄주의 등을 볼 수 있다. 이들은 각각 고유
할 뿐만 아니라 또 서로 충돌되기도 한다. 우리는 더 밑으로 법이념
을 파고들 수도 있다. 이렇게 본다면 법이념을 한말로 표현한다는 것
이 얼마나 합당하지 않는가를 알 수 있다. 단적으로 말해서 법이념은
하나가 아니라 여럿이다. 그리고 그것들은 또 하나로 반드시 조화되
지도 않는 듯싶다.

　그러나 '법철학'에서 법이념이라고 하면 그것은 지나치게 포괄적이
지도 않고, 또 지나치게 특수적이지도 않은, 그야말로 모든 법역의 원
리들의 준거점, 다시 말해서 '전체로서의 법질서 자체'에 대해 비교적
'고유'하면서도 '중심적'인 이념들에로 우선 국한되어야 할 것이다.
우리는 위에서 법이념을 목적적 가치이념이라고 했다. 그러면 법질서
자체가 목적으로 하는 이러한 가치이념에는 어떤 것이 있겠는가? 이에
대해서는 우선 2차대전 후 법이념에 대한 재각성을 촉구했던 코잉이
잘 안내해 준다: 우선 그는 "법과 '정부'에 부과된 과제들 중 첫 번째
의 것은 '평화와 질서'의 보장이며, 폭력과 법파괴의 억압이다. '나는
무질서를 참느니보다 오히려 부정의를 저지르겠다'는 괴테의 말은 법
역사의 증언과도 아주 합치한다"고 했다.[15] 그리고 이어서 그는 "법질

---

15) H. Coing, *Grundzüge der Rechtsphilosophie*, 제3판, Berlin 1976, 134면.

서는 평화질서이다. … 평화와 법은 같이 간다; 법은 평화를 가져오고
또 평화의 구축(構築)은 법의 발전의 전제이다. 법이 발견되는 곳은 어
디에서나 폭력적 투쟁은 멈추고 그 대신 평화적 해결이 들어선다”고
말했다.[16) 이러한 그의 생각은 자연히 '법적 안정성'에로 나아간다. 그
래서 그는 “법질서의 둘째 목표는 안정성(Sicherheit)이다. 법이 보장
하는 안정성이란 법의 '깨질 수 없음'(Unverbrüchlichkeit)에 근거하고
있다. 법적으로 확정된 것은 자의에서 벗어나 있어야 한다; 법을 제
정한 자도, 법의 적용을 받을 자도 그것을 침해할 수 없다. 법은 지
속적이어야 한다; 사람들은 법을 신뢰할 수 있다. 이에 따라 사람들
은 변화에서 벗어나 있는 확고한 존재를 계산해 넣을 수 있다. 사람
은 그것에 따를 수 있다; 그는 그의 생활을 이 질서의 보호 밑에서
구축할 수 있다”고 말했다.[17) 그런데 이러한 법의 궁극목적으로서의
평화와 안정도 경직(硬直)과 전통맹목에 빠져 부정의도 비합목적도
정당화하는 모순에로도 이르기에 비로소 법이 질서와 안정만은 아니
고 또 그 이상이 법에서 기대되어야 한다는 것이 밝혀진다. 그래서
코잉은 나아가 다음과 같이 말한다: “괴테가 고전적으로 표현했듯이
점유가 확실하고 안정한가만이 국가의 관심사일지 모르나, 사람들은
늘 정당하게 점유되고 있는가를 물어왔다. 여기에서 … 그 밖의 경향,
즉 윤리적 가치의 현실화의 경향이 나타난다. 그 맨 꼭대기에 정의가
자리잡고 있다”고 했던 것이다.[18) 이에 코잉은 법의 제1차적 과제는
평화와 안정이지만 “본질적 의미에서 진정하고 참된” 법은 정의에 기
초해야 한다고 본 것이다. 그런데 정의는 “승인된 차이가 없는 한 평
등취급을 요청한다.” 다만 언제는 차이있게, 언제는 평등하게 취급하
는가가 문제일 것이다. 이는 “평가문제”(Bewertungsfrage)이다. 그래
서 코잉은 “'정의'라는 가치는 그 자체 완전히 일의적(一義的)인 것은

---

16) H. Coing, 위의 책, 같은 면.
17) H. Coing, 같은 책, 137면.
18) H. Coing, 같은 책, 141면 이하.

아니다. 그것은 정당한 배분의 규준을 제시하는 다른 윤리적 제(諸) 가치를 통한 보충을 필요로 한다. 그것은 스스로 다른 규준을 더 지시하는 것이다"라고 했으며, 이어서 이러한 규준들로서는 인간의 인격가치, 제도적으로 근거지어진 단체적 제 가치, 인간 사이의 거래상의 제 가치 등을 지적했던 것이다.[19)]

그러나 누구보다도 법이념에 대한 강한 열망과 함께 그것의 체계적인 제시에 노력한 이는 코잉을 훨씬 앞지른 라드브루흐이었음은 너무나 잘 알려져 있다. 그는 일찍이 다음과 같이 말했다: "법이란 정의에 이바지하는 공동사회의 규율이다. 그것은 멀리는 정의라는 목적을 가지고 있으나, 바로 공동사회의 규율로서 가까이는 법적 안정성이라는 목적, 즉 일정한 성질의 초개인적 질서를 만들어 개인들의 정의관 사이의 투쟁을 종식시킬 과제를 가지고 있다."[20)] 그러나 좀 더 자세한 설명은 다음과 같은 유명한 서술에서 읽게 된다: "법이란 그 의미상 법이념에 이바지하도록 규정되어 있는 것이다. 우리는 법이념을 정의 속에서 찾았다. … 정의는 실로 우리에게 같은 것은 같게, 같지 않은 것은 같지 않게 다루도록 지시하나, 그것들이 일단 먼저 같거나 같지 않은 것으로 지적하여 줄 관점에 대해서는 말하지 않는다; 나아가 정의는 취급의 관계는 규정하나 그 방법에 대해서는 규정하고 있지 않다. 이 두 문제는 오직 법의 목적으로부터만 대답될 수 있다. 따라서 정의 이외에 법이념의 둘째 구성부분으로 '합목적성'(Zweckmäßigkeit)이 등장한다. 그러나 목적과 합목적성의 문제는 일의적으로가 아니라 다만 … 상대주의적으로 대답될 수 있다. 그러나 이러한 상대주의는 법철학의 최후의 말일 수 없다. 공동생활의 질서로서의 법은 개개인의 상이한 생각에 맡겨질 수는 없으며 모든 이 위에 있는 '하나'의 질서이지 않으면 안 된다. 이리하여 우리는

---

19) H. Coing, *Die obersten Grundsätze des Rechts. Ein Versuch zur Neugründung des Naturrechts*, Heidelberg 1947, 24, 35, 47, 50면 참조.
20) G. Radbruch, *Grundzüge der Rechtsphilosophie*, Leipzig 1914, 171면 이하.

… 셋째의 법이념의 구성부분인 '법적 안정성'(Rechtssicherheit)에 이른다. 법의 안정성은 법의 실증성을 요청한다: 무엇이 정의로운가(또 합목적적인가 — 필자)를 확(確)'인'(認)할 수 없다면 무엇이 법적이어야 하는가를 확(確)'정(定)'하지 않으면 안 된다."²¹⁾ 여기에서 라드브루흐는 정의, 합목적성, 법적 안정성이라는 그의 유명한 '법이념의 3요(원 元)소'(Trias der Rechtsidee)를 천명한 것이다. 그런데 그의 합목적성은 개인(인격)가치, 집단(국가)가치, 작품(문화)가치에 의해 '포괄적·일반적으로만', 그것도 처음은 위에서 읽었듯이 상대주의적으로 규정되었으나, 전후에는 개인(인격)가치의 우선에 의해 규정되었다.²²⁾

이렇게 볼 때 오늘날 쿠베스가 법의 (규범)이념(Normidee)을 정의, 합목적성, 법적 안정성 그리고 구체적 인간의 자유라는 네 가지 사상의 변증법적 통합이라고 요약하여 피력한 것도 이해할 수 있을 것 같다.²³⁾ 그러나 다만 합목적성에 대해서는 좀 더 구체적으로 보려고 하는 것이 주목된다. 이에 대해 최근 라렌츠는 다음과 같이 말하고 있다: "법에 부과되어 있고 또 법의 궁극목적(Endzweck)들이라고 일컫고 있는 과제들로는 항시 법적 평화의 수립과 유지 그리고 '정의'의 실현이 지적되고 있다. 만약 이 두 개의 법이념의 요소들 이외에 종종 제3의, 즉 합목적성이 일컬어지고 있다면, 이에 대해서는 합목적성이란 (어떤) 목적에로의 모든 법적 규율의 일반적인 관련성만을 지칭하는 것이지 결코 '궁극목적'을 지칭하는 것은 아니라고 말해야겠다. 확실히 입법자는 규제를 함에 있어서 그것이 그가 추구한 규제목적의 달성을 위한 적합한 수단일 수 있도록 해야 할 것이며 … 그런데 여기에서의 문제는 일정한 규제목적의 달성을 위한 수단으로서의

---

21) G. Radbruch, *Rechtsphilosophie*, 제5판, E. Wolf 편, Stuttgart 1956, 168면 이하.
22) G. Radbruch, *Vorschule der Rechtsphilosophie*, 제2판, Göttingen 1959, 29면 참조.
23) V. Kubeš, *Grundfragen der Philosophie des Rechts*, Wien 1977, 특히 51면 이하.

규범의 적합성이 아니라, 이러한 목적 자체인 것이다. … 법의 가장 일반적이고 또 가장 포괄적인 목적들, 즉 그것의 '궁극목적'들은 바로 평화확보와 정의인 것이다."[24] 이러한 점은 라렌츠에 앞서 헨켈에 의해 이미 다음과 같이 지적되었다: "합목적성에다 법이념 내의 하나의 지위를 마련한 이는 라드브루흐이었다. 물론 그는 법의 '최후적'인 목적에 대한 문제를 설명함으로써 개념의 직접적인 의미내용으로부터는 즉시 멀어졌다. 거기에서 그는 합목적성이 뜻하는 법의 내재적인 경험적 목적들이 아니라, 사회적 시설로서의 법이 갖는 의미와 목적의 선험적인 해석을 문제삼았던 것이다. … 여기에서는 법의 합목적성이 문제이므로 우리는 이 개념의 직접적인 의미내용에 따르고, 따라서 법의 '최후적'인 목적은 여기에서는 다루지 않기로 하며…."[25] 이렇게 헨켈은 합목적성을 '법률내재적 목적의 상당적절한 실현'으로 이해하여 이를 법의 이념의 하나로 그 지위를 계속시키고 있다.

　여기에서 우리가 우선 알고자 한 것은 법이념의 자세한 내용에 대해서가 아니라 무엇들을 그것으로 볼 것인가이다. 이러한 물음에 대한 대답은 위의 고찰로 충분히 밝혀진 것 같다: 우선 무엇을 법이념으로 볼 것인가에 대해서는 하나로 뭉쳐서 대답할 것이 아니다. 그 대답은 실로 신축성 있고 또 다층적 · 다원적이지 않을 수 없다고 하겠다. 우리의 시야를 아주 좁히면 상당성의 원칙과 같은 것에서부터, 시야를 아주 넓히면 '사회적 이상', '공공복리', '인도성'(인간의 존엄성)에까지 이를 것이다. 그러나 법의 고유하고 중심적인 이념들은 역시 코잉과 라드브루흐의 설명에서 잘 밝혀졌다고 하겠다. 그것들이 법적 안정성에서부터 설명되었든, 정의에서부터 설명되었든, 또 어떠한 각도에서 합목적성을 보는지에 관계없이 말이다. 이들의 내용에 대한 자세한 분석, 이들 상호간의 관계에 대한 검토는 그야말로 '본론적'인 문제들이고 여기서는 그들을 들추어 내보이는 데 그칠 일이다.

---

24) K. Larenz, *Richtiges Recht*, München 1979, 33면.
25) H. Henkel, 앞(주 12)의 책, 428면, 429면.

III

우리는 위의 고찰에서 법의 고유하고 중심적인 가치이념, 즉 법이
상에는 평화와 정의, 좀 더 자세히는 정의, 합목적성, 법적 안정성
등이 있다는 것을 밝혔다. 그러면 이러한 법의 이념들이 법에 대해
어떠한 기능을 수행할 것인가에 대해 묻지 않을 수 없다. 이러한 물
음은 또한 근본적으로 우리가 이념이 현실과 소재에 대해 어떠한 기
능을 수행하는가와 관련하여 검토할 문제일 것이다. 주지하듯이 이념
론의 창시자인 플라톤에서는 이념은 선험적인 본질로서 현실에 대해
서는 하나의 '본'(原像, paradeigma)과 같은 것이었다. 따라서 모든 것
들은 그것들의 '본'을 닮고(mimesis) 또 그 '본'에 참여함으로써 비로
소 그것들로 존재하는 것이었다. 예컨대 '경건(敬虔)'을 두고 말한다
고 하면 이의 이념은 '경건성'이라는 본질 그 자체이나, 모든 경건이
란 것들은 경건성이라는 이념을 통해, 즉 그것을 닮고 또 그것에 참
여함으로써 경건한 것(행위)이 되는 것이었다.[26] 이렇게 볼 때 플라
톤에서는 이념과 현실은 원상과 모(摸)사(寫)상의 관계에 있다고 볼
수 있으며, 따라서 이념은 제1차적으로는 현실을 측정하고, 평가하
고, 이에 따라 '규정(規整)'하는 기능을 수행한다고 볼 수 있었다. 그
러나 다른 한편 그것은 또 제2차적으로는 현실을 '구성'하는 기능도
갖고 있다는 것을 알 수 있다.[27] 그런데 아리스토텔레스는 이념을
전적으로 현실의 '구성원리'로 파악하려 했다. 그는 이념을 단순한 본
으로서 아니라, 아무런 것으로도 규정되어 있지 않는 질료(hylé)에다
일정한 성질(본질)을 부여하면서 규정지우고 구성하는, 다시 말해서
단순한 가능성으로서의 질료를 하나의 현실적인 대상으로 '구성'케

---

26) 이 점 Platon, *Euthyphron*, 6 d~e 참조.
27) 이 점 K. Vorländer, *Geschichte der Philisophie*, 제1권, Hamburg 1949, 132
면 이하. 또 C. A. Emge, *Einführung in die Rechtsphilosophie*, Frankfurt/M.
1955, 69면 참조.

하는 원리, 즉 에이도스(Eidos) 또는 모르페(Morphé), 다시 말해서 '형상'(形相)으로 파악했다.[28] 말하자면 형상은 질료에 내재되어 그것을 생성발전시켜 현실로 만드는 작인(作因)이며 목표(목적)이었다. 모든 생성은 형상이 가능성에서 현실성으로 발전해 가는 과정이었고, 모든 사상(事象)은 맹목적·기계적이 아니라 목적론적·목표지향적이었다. 이것은 또 사물의 본성(자연)이었다. 그래서 아리스토텔레스에서는 이념, 형상, 원인, 목적 그리고 자연이 하나의 단(통)일체를 이루고 있었다.[29]

이와 같은 이념의 역할에 대한 대립되는 논의는 그 후 칸트와 헤겔 사이에서도 반복되었던 것이다. 위에서도 보았듯이 칸트는 이념을 순수한 이성개념으로 파악했다. 그래서 그는 이념을 '순전히' 평가적으로, 다시 말해서 규정(제)적으로만 보려고 한다. 이 점에서는 그는 플라톤을 능가했다. 그는 우리가 이념이 제공하는 형식(예컨대 인과관계)을 통해 경험적 인식의 체계적인 통일성을 기하지만, 그것을 확대하지는 못하는, 다시 말해서 이념이란 구성적이 아닌, 단지 규정적인 것으로 보았다.[30] 그래서 그는 이념이란 "'규율'(Regel)로써 무엇이 우리에 의해 … 일어나야만 하는가를 요청하는 것이지, 무엇이 '객체'(대상) 속에 … 그 자체로 주어져 있는가를 '예측하는 것이 아닌' 이성의 원리"라고 했다.[31] 여기에서 그는 이념을 순전히 '규정적 원리'(regulatives Prinzip)로 파악하고 있음을 알 수 있다. 그는 실천적 영역과 관련해서는 이념에 반하는 경험을 들추는 것보다 철학자답지 않은 것은 없으며, 비록 결코 달성되지 않더라도, 이념만은 전적으로 옳은 것이라고 말했다.[32] 말하자면 이념은 어떤 필연으로서 행동의

28) Aristoteles, *Metaphysik*(Rowohlts Klassiker 판), 991a 20, 1029a 20, 1032b 이하 등 참조.

29) 이 점 특히 H. Welzel, *Naturrecht und materiale Gerechtigkeit*, 제4판, Göttingen 1962, 29면 이하.

30) I. Kant, *Kritik der reinen Vernunft*, Philosophische Bibliothek, Hamburg 1956, B 702(629면) 참조.

31) I. Kant, 위의 책, B 537(505면) 참조.

격률(格率)의 '본'으로 설정되었던 것이다. 이에 대해 헤겔은, 이념을 이성개념으로 보면서 그것에 상당한 경험적 사용을 할 수 없게 한 칸트를 비판했다. 그에 있어서 이념은 이성개념이 아니라, 상당한 개념(adäquater Begriff), 즉 객관적 진리 그 자체로 보았다. 다시 말해서 이념은 개념과 객관성 개념과 실재의 통일체로서의 진리이었다. 그래서 그는 "이념이란 … 진리이기에 가까워져야 하나 그 자신은 언제나 저편에 있는 목표로서만 고찰할 것이 아니며, 오히려 모든 현실적인 것은 그것이 이념을 스스로 갖고 또 그것을 표현하는 한에서만 존재한다고 보아야 한다. 대상 즉 객관적 및 주관적 세계 자체는 이념에 단순히 일치할 뿐만 아니라, 그것들은 그 자체 개념과 실재의 일치인 것이다. 개념에 일치하지 않는 실재는 단순한 현상이며, 진리가 아닌 우연이며 자의인 것이다"라고 했다.[33] 이러한 이념관에서 보면 헤겔이 "이성적인 것은 현실적이며, 그리고 현실적인 것은 이성적이다"라고 한 것은 충분히 이해된다.[34] 요컨대 헤겔에서는 아리스토텔레스에서처럼 이념은 현실에 내재되어 그것의 단순한 평가원리가 아니라 그것의 구성요소였다고 하겠다.

　이념이 현실에 대해 규정적이냐 구성적이냐에 대한 이와 같은 철학적 논의가 법철학에 반영된 것은 말할 필요가 없다. 다만 현대의 법철학에 눈을 돌리면 마르부르크(신 칸트) 학파인 슈탐믈러는 다음과 같이 말했다: "이념은 그 자체에서 노력(Streben)의 특수한 대상을 만들어낼 수 없다. 따라서 그것은 한계지어진 사물로서 감각할 수 있는 현실 속에 나타나지 않을 뿐만 아니라, 사실상 나타나는 감각과 욕구의 창조자도 아니다." 또 "이념은 그 자체 창조적이 아니다. 그것은 욕구의 소재를 주어지는 대로 얻으며, 주어진 여러 가능성 중에서

---

32) I. Kant, 위의 책, B 373(351면 이하) 참조.

33) G. W. F. Hegel, *Wissenschaft der Logik*, II, Philosophische Bibliothek, Leipzig 1951, 407~409면.

34) Hegel, *Grundlinien der Philosophie des Rechts*, Hamburg 1955, 14면.

이상적인 근본사상의 방향 안에 놓인 것을 선택할 임무를 일러준다. 누구나 그것에서 '적극적인 목표'의 제공을 바라는 자는 근본적으로 미로에 접어든 것이다"라고 말했다.[35] 슈탐믈러는 칸트를 따라 이념을 결코 생산적이거나 구성적인 것으로 보지 않았다. 이에 반해 빈더는 신칸트학파에서 신헤겔학파에로 사상의 변신을 완전히 감행한 후 다음과 같이 말했다: "모든 법들에 내재되어 있는 이 이성성과 필연성이 법의 '의미'이다. 우리는 법이 이러한 또는 저러한 목적들에 대해 좋거나 또는 맞거나 하다고 파악했을 때가 아니라, 그것이 자유로운 목적들에 대해 좋거나 또는 맞거나 하다고 파악했을 때, 우리는 그것을 이성적인, 유의미한 그리고 필연적인 것으로 통찰한다. 인간의 의지와 인간의 사고가 그것을 '법'이라 부름으로써, 그것을 자기의 자유로운 본질의 '정당한' 귀결이라고 승인함으로써, 그 법은 긍정되고 또 효력있게 된다. 법이란 인간행위에 대한 '정당한 규범' 이외의 어떤 다른 것을 의미하지 않는다. 나는 하나의 규범이나 규범의 총체를 … 법으로 파악함으로써, 나는 … 그것의 정당성, 즉 그것의 필연성을 파악한다. '법'이라고 말하는 것이 의미있을 모든 것은 법이며, 또 그러한 한 물론 법과 윤리를 서로 구별할 하등의 의미가 없는 것이다. 그러나 또한 슈탐믈러가 했듯이 정당한 법과 부정당한 법을 구별할 의미도 없으며, 또 다른 이가 했듯이 구속적인 법과 불구속적인 법을 구별할 의미도 없다."[36] 이 얼마나 헤겔의 「법철학」 서언에서 한 말, 즉 "이성적인 것은 현실적이며, 그리고 현실적인 것은 이성적이다"라는 말과 그 핵심사상에 있어서 같은 것인가 말이다.

사실 칸트에서는 법이 '법의 이념'으로 파악된 결과 법은 '결코 현상(現象)할 수 없다'고 했다.[37] 그런데 같은 생각은—그의 유기론(唯

---

35) R. Stammler, 앞(주 10)의 책, 181면 이하(본주 2).

36) J. Binder, *Grundlegung zur Rechtsphilsophie*, Tübingen 1935, 129면 이하.

37) 이 말은 J. Binder, *Philosophie des Rechts*, Berlin 1925, 111면(주 18)에서 인용했음.

氣論)적 철학과는 잘 맞지 않게 들리지만─이항녕 교수의 다음과 같은 말에서도 잘 나타나 있다: "법에는 이념이 있다. 그 이념을 실현하고자 법이 존재하는 것이다. 그러나 이념은 법의 내용으로서 자기 자신을 현상하는 것이 아니고 법의 핵심 깊이 쌓여 있거나 또는 법의 배경에 숨어 있어서, 눈에 띄지 않게 법을 어떠한 방향으로 인도하고 있는 것이다."[38] 하여튼 법이념을 이렇게 법에 대해 초월적인 것으로 보는 이들은 법이념에 대해 법을 평가하고 규정하는 기능만을 부여할 수밖에 없을 것이다. 그러나 법을 자유로운 정신의 현실로, 실현된 이성으로 보려는 헤겔학파의 사람들은 다르다. 사실 헤겔의 「법철학」에서는 현실에 대한 비판적 견지 같은 문제에 대해서는 도대체 이해하려고 한 흔적도 적으며 또 이에 따라 '정의의 이념'에 대해서도 마찬가지였던 것이다. 이는 물론 위에서도 보았듯이 이념을 현실내재적인 것으로 보고, 법을 현실화된 이념의 표현으로 본 데 기인한 것임은 말할 필요가 없다.

생각건대 '원칙상'으로는 법이념은 법이 지향하고 실현하려고 하는 가치이념이다. 그것은 본질상 엄밀히 말해서 물적으로 존재하는 것은 아니고 '타당'한 것이다. 그러한 한 이념은 현실과 맞서고 있다고 하겠다. 또, 하나의 현실을 놓고도 상이한 이념의 관점에서 상이한 평가를 내릴 수 있다. 따라서 이념과 현실 사이의 '선험적인 종합'이란 생각하기 힘들다. 다시 말해서 이념과 소재 사이의 '선험적 합일'이란 생각할 수 없는 것이다. 이렇게 볼 때 모든 법이념에 대해 현실내재성이라 말하는 것은 합당하지 않는 것 같다. 이는 실로 당위와 존재 사이의 일체의 긴장을 부인하는 것에로 이르고 말 것이다.[39] 원칙적으로 법이념은 실정법을 놓고 정당하다 또는 부당하다고 평가하는 선험적인 가치규준인 것이다. 다시 말해서 법이념도 법현실에 대해서 '평가

---

38) 이항녕, 앞(주 11)의 책, 320면.
39) 이 점 특히 V. Kubeš, *Grundfragen der Philosophie des Rechts*, Wien 1977, 49면 참조.

적·규정적(規整的) 기능'을 수행한다 할 것이다. 이는 정의의 이념을 보더라도 사람들이 그것에 대해 형식적이고, 따라서 전적으로 무의미(무가치)하다고 비판도 하지만,[40] 그러나 그것은 그렇게 전적으로 무의미한 것은 아니다. 다시 말해서 그것은 평등취급의 원리로서 단순한 형식 이상의 것이며, 법규범의 설정에 있어서 단순한 임의나 적나라한 자의를 막으며, 그런 의미에서 모든 법현실을 평가하고 또 규정(規整)하는 것이다.

그러면 법이념은 법현실에 대해 이러한 기능만으로 그치는 것인가? 주지하듯이 이념은 타당하지만, 그것은 어디까지나 '현실에 대해' 타당한 것이다. 이념은 현실을 그의 척도에 따라 평가할 의미를 가지면서, 현실에 대해 자신이 타당할 효력의 범위도 구획짓는 것이다. 이렇게 구획되면서 형성된 법적 형상은 그야말로 법이념 없이는 생각할 수 없으며 그 불가결의 조건과 전제가 법이념이라고 말할 수 있는 것이다. 우리는 평등취급이 완전히 배제되고 자의만이 지배하는 곳에, 또 안정과 평화와는 정반대인 투쟁과 혼란만이 있는 곳에 법을 이야기할 수 없지 않는가? 이런 의미에서 법이념은 어느 면에서는 법적 세계를 '구성'하는 것이라고도 하겠다. 이러한 점은 오늘날 많은 법질서가 구체적인 법이념은 물론 아주 추상적이고 포괄적인 법이념까지도 구현할 것을 그 본질적 과제로 선언하고 있음으로써 더욱 잘 표명되고 있는 것 같다. 더욱이 법이념으로 일컬어지고 있는 법적 안정성은 '실증성'을 요청하고, 이는 또한 법내재적 이념이기도 한 것이다. 그래서 풀러는 이를 법의 '내재적 도덕성'(inner morality)이라고 했다. 그렇다고 해서 이는 현실의 법에 합일되어버리는 것이 아니고, 마치 예술에서의 극치(極致)처럼 법에서의 '열망의 도덕'(morality of aspiration)으로 남는 것이었다.[41] 어쨌든 법이념은 법의 '이상'이다.

---

40) 특히 H. Kelsen, *Was ist Gerechtigkeit?*, Wien 1953, 24면; 황산덕, 법철학 강의, 제3정판, 방문사, 1973, 187면; M. E. Mayer, 앞(주 1)의 책, 81면.
41) Lon L. Fuller, *The Morality of Law*, New Heaven and London 1969(재

따라서 그것은 '구성적으로 작용하는 정신력'이어야 하며, 그것에 못 미치는 실정법에 대해 그 개선을 촉구하는 정당한 법의 '형성원리'(Gestaltungsprinzip)이려고 할 것이다.[42] 이렇게 생각하여 볼 때 일찍이 빈더가 아직 헤겔학파에 가담하기 전에, 다시 말해서 칸트와 헤겔 사이에 놓여 있었을 때 한 다음과 같은 말이 적절하지 않나 생각된다: "이념들은 현실에로 완전히 내려와버리지 않는다; 이념들은 타당, 당위의 세계에 머물고 있으며, 그리고 물론 그러한 한 현상(現象)할 수 없다. 따라서 본질적으로 이념의 현실내재성이란 말할 수 없으며, 그리고 그러한 한 우리는 헤겔의 견해를 거부하지 않으면 안 된다; 그러나 이념들은 또한 물론 칸트가 그러려고 했듯이 단지 규정적 의미만을 갖는 것은 아니며, 동시에 그들이 타당한 영역을 구획짓는 요소들이며 그리고 그러한 한 문화현실의 구성적 원리들인 것이다."[43]

결론적으로 말해서 법이 본질필연적으로 '지향'하여야 하는 것이 법이념이고 양자가 동일한 것은 아니며, 또 법에 대해 원칙적으로 평가원리이고, 따라서 '초월적'(transzendent)인 것이지 내재적(immanent)이지는 않다고 하겠다. 그러나 그것이 항상 법이상으로 추구되는 한에서는 그것은 법에 대해 '가능적' 구성원리로서 기능하고 또 기능하려고 할 것이다. 법은 법이념과 구별되지만, 양자는 궁극에 가서는 하나의 통일체 안에 놓여야 할 것이다. 이 통일체 또한 하나의 염원이다. 이러한 염원은 '정당한 법', 다시 말해서 정법(正法)의 이념으로 끊임없이 표현되고 있다. 이러한 정법론은 법이념론의 연장으로서 또 다른 장들을 열게 하는 것이다.

판), 13면 이하, 또 33면 이하 참조.
42) 이 점 H. Henkel, 앞(주 12)의 책, 389면 이하에서 강조되고 있다.
43) J. Binder, 앞(주 37)의 책, *Philosophie des Rechts*, 111면.

법적 안정성에 관한 연구[†]

　　평화와 안정, 다시 말해서 법적 평화와 법적 안정이란 말들은 오늘날 상반되는 감정을 동시에 불러일으키는 많은 개념들 중 아마도 대표적인 것들일 것이다. 그래서 어떤 이는 그 'Ambivalenz'를 지적하기도 하고(카우프만), 어떤 이는 그것을 'Janus-faced'하다고 말하기도 한다(보덴하이머). 그러나 어쨌든 그것들이 인간사회의 존속을 위해 불가결한 가치들을 지칭하는 말들인 것만은 부정할 수 없다. 간혹 평화와 안정의 뒷면까지 꿰뚫어 보면서 그것의 지루함(?)에 지친 나머지 "전쟁은 모든 것의 창조자요. 아버지이다"(헤라클레이토스), "우연—이는 세상에서 가장 오래된 귀족이다"(니체)라고 하는 등 평화와 안정과는 정반대되는 전쟁과 불안정(불예측)을 오히려 높은 가치로 예찬하는 소리가 들리기도 했다. 그러나 이러한 '위험한 삶'에 대한 동경은 표현되자마자 넘치도록 충족되어 사라졌고, 평화와 안정에 대한 호소만이 더욱 뚜렷해졌고 또 격렬해졌던 것이다.[1] 그래서인지 사람들은 국가와 법에 대해 제일 먼저 요구하고 또 부과하고자 하는 과제들 중의 하나로 항상 평화와 안정의 확보 및 유지를 들고 있는 것이다. 말하자면 법질서는 평화질서이기를, 법과 평화는 함께 있기를 바라는 것이다. 사실 우리는 적나라한 폭력, 살인과, 공포, 자의와 무정부가 지배하는 곳에 법이 있다고 '말'하지 않는다. 따라서 법은 개념상 질서, 안정 그리고 평화의 공동체를 불가결하게 요청한다고 하겠다. 그래서 그것은 또 법의 '궁극목적', 즉 법이념의 하나가 된 것이다.

---

　† 서울대학교 법학 제25권 제2·3호, 1984.
　1) 이와 관련하여는 G. Radbruch, Der Zweck des Rechts, *Der Mensch im Recht*, Göttingen 1957, 100면 이하 참조.

I

평화와 안정은 인간사회의 보편적인 요청이요 가치이다. 이는 인
간학적 및 인성론적 기초에 뿌리박고 있다. 오늘날 깊이 탐구된 (철
학적)인간학의 결론에 의하면 인간은 "확정되지 않은 동물"(das nicht
festgestellte Tier)인 것이다.[2] 즉 인간은 다른 동물처럼 특유의 생존
방법을 전유하고 있는 것도 아니고 또 탁월한 본능으로 생존을 마음
놓고 조종해 가는 존재도 못 된다는 것이다. 다시 말해서 인간은 행
태학적으로 결함이 많아 생물학적으로 판정한다면 완전히 '부적자'
또는 '원시인'이라는 것이다.[3] 또 탁월하지 못한 본능을 볼 때 그 생
존방법이 본능적으로 프로그램화되어 있는 존재가 못 되고 있는 것
도 명백하다는 것이다. 이렇게 볼 때 인간은 그 실존의 안정에 결핍
이 많은 존재이며, 따라서 안정에 대한 요청은 크지 않을 수 없는
것이다.

인간은 또 그 인성으로 보아서도 항상 사회적이고 평화적인 것은
아닌 것 같다. 물론 사람은 그 원초적 상태에서부터 모두 평화롭게
형제처럼 살았으며, 앞으로도 서로 공격할 기미 없이 부드럽게 살 사
회가 닥쳐올 것이라고 낙관하는 견해가 없는 것은 아니었다. 그러나
그러한 황금시대가 존재했고 또 도래할 것이라는 믿음은 우리의 모
든 체험에 비추어 보면 하나의 환상으로 여겨질 뿐이다. 그래서인지
일찍이 동양의 순자는 인간의 성이란 본래 악하고 나면서부터 쟁탈
을 일삼고 이익을 좋아하는 반면 남을 해치고 신의가 없음을 지적했
다.[4] 근세 서양의 홉스도 인간이 원래부터 사회적이라는 견해는 하
나의 오류라고 지적하고, 인간은 자연적으로 서로 큰 차이 없이 비
슷하여 서로 경쟁적이고, 인정받기를 바라고, 따라서 서로 해치기 마

2) A. Gehlen, *Der Mensch*, 제12판, Wiesbaden 1978, 31면 이하.
3) 이 점 A. Gehlen, 위의 책, 33면.
4) 안병주 역, 순자, 「한비자, 묵자, 순자」, 삼성출판사, 1977, 464면 이하 참조.

련이고, 그래서 인간의 자연상태는 투쟁(전쟁) 그 자체라는 것, 그리고 실로 '만인에 대한 만인의 투쟁(전쟁)'이었으며, 거기에서의 삶이란 "고독하고, 가련하고, 비열하고, 잔인하고 그리고 짧은"(solitary, poor, nasty, brutish and short) 것이라고 했다.[5] 그리고 그는 인간이 사회를 이루어도 그것은 사회를 위해 사회를 추구하는 것이 아니라 사회에서 명예와 이익을 얻기 위해, 즉 공동적인 이익이나 명예욕, 다시 말해서 동료에 대한 사랑이 아니라 자기 자신에 대한 사랑 때문에 사회를 추구한다고 보았다.[6]

물론 우리가 인성을 놓고 극단적으로 양극화하는 사변에 빠질 것은 아니다. 오히려 인간은 양면을 모두 갖고 있다고 보는 것이 타당할 것이다. 그래서 칸트는 인간을 가리켜 "비사회적 사회성"(ungesellige Geselligkeit)의 존재라고 했을 것이다. 즉 인간은 사회화하려는 경향과 사회로부터 떠나고 고립화하려는 성격을 동시에 갖고 있다는 것이다. 그래서 칸트는 인간존재의 특성을 '대립성'(Antagonism)으로 규정했다.[7] 어쨌든 이러한 인간은 만약 그가 모든 것을 자기 뜻에 맞추려는 비사회적인 경향을 갖지 않았던들 마치 목장의 양과 같은 평화적인 삶을 누렸을지 모른다. 그러나 그가 지니고 있는 이기적이고 동물적인 성격은 그로 하여금 다른 이와의 관계에 있어서 늘 자기의 자유를 남용케 했고, 따라서 침해적이었던 것이다. 어쨌든 이러한 인간존재의 생존문제를 놓고 홉스가 "모든 사람은 – 그들에게 그것을 획득할 희망이 보이는 한 – 평화를 추구해야 한다!"라고 했고, 이를 또 인간의 정당한 이성의 명령이며, 제일근본의 자연법이라고 선언했던 것은 이해되고도 남음이 있다 하겠다.[8]

---

5) Th. Hobbes, *Leviathan*, Oxford 1958, 95~97면 참조.
6) Th. Hobbes, *De Cive*, The English Version, H. Warrendei 편, Oxford 1983, 42면.
7) I. Kant, Idee zu einer allgemeinen Geschichte in weltbürgerlicher Absicht, *Immanuel Kant, Werkausgabe XI*, W. Weischedel 편, Frankfurt/M. 1978, 39면 이하 참조.
8) Th. Hobbes, 앞(주 5)의 책, 100면; 또 앞(주 6)의 책, 50면.

II

위에서 살핀 바와 같이 인간은 그 개별적 생존에 있어서나 사회적 생존에 있어서 안정과 평화를 자연적으로는 확보받지 못하고 있는 존재이다. 따라서 그것의 달성은 인간에 주어져 있는 것이 아니라 '부과되어 있다'고 하셨나. 다시 말해서 인간은 그 존재구조나 존재 조건으로 보아 자기실현의 과제를 짊어지고 있는 이른바 '세계개방적'(weltoffen)인 존재로서[9] 스스로 그의 생존을 지휘하고, 설계하고 형성하여야 한다고 하겠다. 이러한 의미에서 겔렌은 인간은 "그 자체 아직 과제이며, 말하자면 입장을 취하고 있는 존재"라고 했다.[10]

그러면 인간의 이러한 과제수행은 어떻게 이루어졌는가? 우선 인간은 그 생물학적인 미발달은 이성이나 다른 이와의 협동 내지 분업으로 극복하려고 했으며, 그 본능적 대처력의 부족은 다른 이로부터 물려받은 지식을 가지고 보충했던 것이다. 그리고 인간은 사회생활에 있어서도 주지하듯이 개미나 벌처럼 거의 완벽하게 본능적 규제를 받고 있지 못하므로 이를 극복하기 위해서 서로의 행위를 상호조정할 수 있는 행위의 표본을 인위적으로 만들지 않으면 안 되었던 것이다.[11] 여기에 우선 기초적인 '규범적 행위질서'가 형성된 것이다. 아주 기초적인 이러한 규범적인 행위질서로는 가족이나 소유권질서 같은 '제도'들을 들 수 있겠다. 이러한 제도들은 아주 상이한 생활영역에 걸쳐서 안정을 도모해 주었고, 또 그 기능도 가능케 했던 것이다. 실로 "그 본성상 위험하고, 불안정하고, 격정적인 인간존재들을 안정시키는 힘과 형태"가 바로 이러한 기초적인 윤리적, 사회적 제도

9) 이 유명한 말은 M. Scheler, *Die Stellung des Menschen im Kosmos*, München 1949, 39면.
10) A. Gehlen, 앞(주 2)의 책, 32면.
11) 이 점 R. Zippelius, Verlust der Orientierungsgewißheit?, *Recht und Gesellschaft. Festschrift für H. Schelsky*, Berlin 1978, 777면 이하 참조.

들이었던 것이다.[12)]

그런데 사회생활에 필요한 질서적 안정을 보장하기 위해서는 이러한 기초적인 사회적 제도들로는 충분하지 못했고, 법질서를 통한 그것의 확보가 필요했다. 이미 한비자도 나라에 평화를 가져오기 위해서는 법술을 세우고 법도를 설치하여야 한다고 했으며, 나아가 위엄 있는 권세와 상벌의 법도가 없다면 요순 같은 임금도 나라를 잘 다스릴 수 없을 것이라고 토로했었다.[13)] 오랜 뒤이지만 서양의 홉스도 마찬가지의 견해를 가졌었다: 즉 인간은 평화를 확보하기 위해서는 우선 자연상태에서의 '모든 이의 모든 것에 대한 권리를 우선 포기하는 합의가 있어야 한다고 보았다. 그런데 인성으로 보아 계약도 칼이 없이는 한갓 말에 불과하고, 한 사람도 지키게 할 힘이 없으므로 평화와 안정을 항상적이고 지속적이게 하기 위해서는 — 그것이 평화와 안정을 확보하여 주는 한 — 절대 저항할 수 없는 최고권력을 지닌 하나의 '공공권력'(Common Power)인 국가를 이룩하여 이에 모든 권리를 완전히 양도할 것을 선서하고, 이의 법에 절대 복종하여야 한다고 했었다.[14)]

우리가 한비자나 휴스처럼 오로지 성악설의 관점에서 보지 않고 칸트처럼 '비사회적 사회성'의 존재로 좀 더 부드럽게 인간을 본다 할지라도, 우리는 또 칸트처럼 인간은 "다른 자기와 같은 존재와 관련해서는 확실히 자기의 자유를 남용하고, 또 비록 그가 이성적 피조물로서 자유에 온갖 제한을 가하는 법률을 원하지만 그의 이기적이고 동물적인 경향은 기회만 있으면 그런 제한에서 벗어나려는 유혹을 뿌리치지 못하기 때문에", 인간은 "각자의 의지를 누르고, 그리고 모든 이를 자유로울 수 있게 하는 하나의 보편타당한 의지(법-필

---

12) 이 점 특히 A. Gehlen, *Moral oder Hypermoral*, 제3판, Wiesbaden 1973, 96면.
13) 배종호 역, 한비자, 앞(주 4)의 책, 60면, 138면 참조.
14) Th. Hobbes, 앞(주 5)의 책, 128~132면, 또 앞(주 6)의 책, 88면 이하 참조.

자)에 복종하게끔 (강요)하는 하나의 주인(Herr)을 필요로 하는 동물"
이며, 따라서 "인간 종족에 대해 가장 큰 문제는 … 법이 보편적으
로 지배하는 시민사회의 구축이다"라고 결론지우지 않을 수 없을 것
이다.[15] 어쨌든 인간으로서 하나의 공동체를 이룩하기 위해서는 신
뢰할 수 있는 '규범적'인 행위규준, 특히 '법질서'가 필요하다는 것을
알게 되었다. 따라서 평화로운 공동생활이란 결국 법질서를 전제한다
고 말할 수 있겠다. 바꾸어 말한다면 법을 통한 사회의 평화확보, 즉
법적 평화는 인간사회의 존속요건이라고 하겠다.

III

따라서 모든 법적 공동체의 중요한 과제 중의 하나는 법적 평화
를 돌보는 일이라고 하겠다. 그러면 '법적 평화'란 무엇을 말하는가?
그것은 단순히 살인으로부터의 안정, 강도나 절도로부터의 안정, 폭
력으로부터의 안정, 나아가 도로교통상의 안정 등만을 말하는 것인
가?

우리가 법적 평화를 우선 포괄적으로 이해하기 위해서는 다시 한
번 홉스의 '자연상태'와 '법상태'의 대립에 주목하여야 할 것 같다; 그
에 있어서의 자연상태는 법을 보호하고 불법을 막아줄 위치에 놓여
있는 조직된 힘이 없는 상태이다. 이러한 상태에서는 남을 희생시키
지 않으려는 정당한(법적인) 사람은 결국은 그를 짓밟으려는 사람에
의해 희생되지 않으면 안 된다. 여기에서는 서로 원하는 공통되는
목표가 있다고 해도 강한 자만이 투쟁에 이겨 그것을 달성할 수 있
을 것이다. 이러한 상태의 특징이란 상호간의 불신과 공포라고 말할
수 있을 것이다. 그런데 이러한 상태가 인간으로서는 오래는 견딜
수 없으므로 모든 개인들의 힘을 훨씬 넘어서는 하나의 힘을 이룩하
여 모든 개인은 이에 스스로 복종하고, 그 대신에 그들에게 법과 평

---

15) I. Kant, 앞(주 7)의 책, 39면 이하(40면).

화를 강제로라도 확보하여 주는 '법상태'(국가상태)로 이행하지 않으면 안 된다! 물론 홉스의 '자연상태'는 역사적으로 주어졌던 상태의 서술은 물론 아니다. 그것은 각자의 권리를 보호하여 주는 조건을 갖추고 있는 법상태를 돋보이게 하기 위한 보조적 설명이기도 했다. 그러나 우리가 인간의 사회성과 평화성을 부정하지 않는다 하더라도, 그것을 모든 사람에 또 모든 경우에 기대할 수는 없는 것이고, 따라서 결국 분쟁의 경우에서는 법 편에 서려는 자가 아니라, 오히려 힘이 강한 자가 이길 것이라는 점은 의심할 여지가 없을 것이다. 그러면 이것이 확고하게 극복되는 상태란 어떤 것일까? 이는 다만 분쟁을 정확하게 가려줄 법규준이 있고 또 소송을 맡아줄 법관이 있고, 또 그의 판결이 강제집행될 수 있는 경우에 한하여서만, 다시 말해서 법상태의 확보 안에서만 가능할 것이다.

이렇게 고찰하여 볼 때 법적 평화의 사상이란 단순히 투쟁(전쟁)과 상호간의 파괴가 없다는 것, 다시 말해서 살인과 폭행, 강탈과 절취로부터의 안정만을 의미하는 것이 아니라 인간 상호간의 관계에 있어서 '법'이 지배하고 있다는 사상을 뜻하는 것이라고 하겠다.[16] 다시 말해서 법적 평화는 '법'의 지배와 불가분의 관계를 맺게 된다고 하겠다. 그러면 법의 지배란 구체적으로 무엇을 뜻하는가? 이는 바로 위에서 지적한 법상태의 의미와 같다고 하겠다. 즉 여기에는 우선 주어진 사회관계에서 사람들이 어떻게 행위하여야 하는가를 규준적으로 그리고 구속적으로 규정해 놓는 법규율이 필요할 것이다. 그리고 다음으로는 인간 사이에서 결코 소멸되지 않을 분쟁사건들을 정당하게 결정할 법관이 있어야 할 것이다. 끝으로는 법적으로 명령된 것 그리고 판결에서 확정된 것을 필요한 경우에는 강제로라도 실현시킬 수 있는 하나의 조직된 힘이 필요할 것이다.[17] 이렇게 볼 때 법적 평화는 법과 법실현의 확보를 필연적으로 요구하게 된다고 하

---

16) 이 점 K. Larenz, *Richtiges Recht*, München 1979, 35면 참조.
17) 이런 지적 역시 K. Larenz, 위의 책, 같은 면 참조.

겠다. 다시 말해서 법적 평화는 결국은 그리고 그 중요한 의미에 있
어서는 사실상 실현되고 있는 하나의 확고한 공동생활의 질서의 존
재를 통한, 다시 말해서 '법(과 그 실현)'을 통한 안정을 전제하고 또
그것에로 귀착된다고 말할 수 있겠다.[18)

IV

이와 같이 평화가 확고한 법질서의 존재를 전제한다면, '확고한'
법질서의 존재는 우선 법질서의 '실정화'를 자연히 요구하게 된다는
것은 의심의 여지없이 명백한 것이다. 이를 우리는 홉스에까지 올라
갈 필요없이 라드브루흐의 법철학적 설명으로 다시 확인하자; 우리의
이성은 객관적으로 증명 가능한, 흠없고 정당한 하나의 법규범체계가
무엇인가를 제시할 수는 없다. 우리가 계산해 볼 수 있는 것은 개인
들이나 사회집단들 사이에 존재하는 서로 상이하고 모순되는 법적
견해들뿐이다. 그러나 공동생활의 질서를 이러한 견해들 간의 투쟁에
만 맡겨둘 수는 없다. "무엇이 정의인가를 아무도 확인할 수 없다고
한다면, 무엇이 법이어야 하는가를 확정하지 않으면 안 된다!" "실정
법의 효력은, 그것에만 귀속되는 '안정성', … 서로 다투는 법적 견해
들 사이에서 그것이 이루는 '평화'에, 만인의 만인에 대한 투쟁을 종
식시켜 주는 '질서'에 근거하게 된다!"[19) 이처럼 법의 실정화는 실로
'법철학적'으로 정당화된 것이다.

사실 헨켈이 지적하듯이 이러한 법의 실정화가 사회생활에 대해
규준적으로 그리고 구속적으로 설정된 하나의 질서를, 그리고 또한
그와 동시에 합법칙성과 안정성을 줌으로써 인간존재의 안정에 대한
욕구를 어느 정도 충족시킬 것임은 의심할 바 없다고 하겠다.[20) 그

---

18) 이 점 G. Radbruch, 앞(주 1)의 책, 96면, 또 H. Ryffel, *Grundprobleme der Rechts- und Staatsphilosophie*, Neuwied und Berlin 1969, 228면 참조.
19) G. Radbruch, *Rechtsphilosophie*, 제5판(E. Wolf 편), Stuttgart 1956, 169면, 179~181면 참조.

런데 '법을 통한 안정'은 더 나아가 하나의 규준적이고 구속적인 규범질서로서의 실정법이 무엇이 주어진 구체적인 상황에서 법이며 또 어떻게 사람들이 행위하여야 하는가를 분열되어 있는 가지가지의 견해들을 초월하여 확정적으로 규정해 놓을 것을 요구하고 또 그렇게 함으로써만 법을 통한 안정이 궁극적으로 이루어지는 것이라면, 그것은 법의 실정화만을 요구할 뿐만 아니라 법 '그 자체의' 안정성까지 필요로 한다고 하지 않을 수 없을 것이다.[21] 즉 그야말로 우리가 좁은 의미에서의 그리고 '고유한' 의미에서의 '법적 안정성'(Rechtssicherlieit)이라고 말하는 법의 안정성이 필요한 것이다. 그러면 이러한 의미에서의 '법적 안정성'은 무엇을 뜻하는 것일까? 물론 이에 대해서는 여러 가지로 그 뜻을 분석해 볼 수 있을 것이다. 우선 그 의미요소들의 자세한 분석에 앞선 서론적 고찰을 함이 필요할 것 같다.

우리는 실정화된 법을 앞에 놓고 그 자체의 불안정을 말하지 않을 수 없는 경우가 많다; 우선 법규범들이 애매하게 표현되어 있다든가, 다시 말해서 매우 불확정적인 개념들을 많이 내포하고 있다든가 또는 법규범들이 당국, 즉 법관이나 행정공무원에게 너무나 넓은 범위의 재량을 주게끔 규정되어 있어 당국이 어떠한 결정을 선택할 것인가에 대해 매우 예측하기 어렵다든가 할 때를 들 수 있겠다. 또 하나의 사태에 대해 너무나 많은 법규정들이 존재하여, 다시 말해서 규범인플레 현상이 일어나 '아무도 법을 명확히 알 수 없다'든가 또는 하나의 사태에 관한 법규정들이 짧은 시일 내에 너무 자주 변경되어 사람들이 법상태에 대해 인식하고 적응할 수 있는 시간적 여유조차 없다든가 할 때를 들 수 있겠다. 또 법률이 엄연히 존재함에도 불구하고 당국의 힘이 약하거나 또는 그 기관이 태만하여 사람들이 법에 대한 존중심을 갖지 못하고, 따라서 예컨대 강도당할 위험 없

---

20) H. Henkel, *Einführung in die Rechtsphilosophie*, 제2판, München 1977, 437면.
21) 이 점 역시 H. Henkel, 위의 책, 같은 면.

이는 밤거리를 거닐 수 없다든가, 오합지중이 거리를 날뛰면서 기물, 교통수단, 건물 등을 마구 부순다든가, 심지어 경찰관들을 난타한다 해도 처벌받지 않는다든가 하는 경우도 생각할 수 있겠다. 이 외에도 우리는 법의 불안정을 이야기할 수 있는 전형적인 경우들을 많이 들 수 있을 것이다.

그런데 이상과 같이 열거된 법의 불안정의 경우들로서도 우리는 거꾸로 법적 안정성이 무엇을 의미할 것인가를 지적할 수 있을 것 같다. 이를 적절하게 지적한 이는 예리한 법사회학자 가이거이었다. 그는 법적 안정성을 법의 '정향상의 안정성'(Orientierungssicherheit) 과 '실현상의 안정성'(Realisierungssicherheit)이라는 두 가지 차원으로 분석하여 그 의미를 파악하였던 것이다.[22] 가이거는 우선 '정향상의 안정성'에 대해 다음과 같이 말했다: "나는 내가 무엇이 질서 안에 들어 있는가를 아는 상태, 즉 규범의 내용에 대한 앎을 가리켜 정향 상의 안정성 또는 질서확실성(Ordnungsgewißheit)이라 부른다. 여기에서의 '안정'이란 '확실성'(certus)의 의미에서 파악된 것이다. 이러한 앎은 그 적극적인 국면과 그 소극적인 국면을 갖고 있다. 나는 다른 이들이 나로부터 어떤 행위방법을 기대하고 또는 기대하고 있지 않는가를 알고, 그리고 나는 다른 이들로부터 어떠한 행위방법을 기대하고 또는 기대하지 않고 있는가를 안다. 나는 어떠한 상황에서의 어떠한 행위방법이 나로서나 다른 이로서나 하나의 아주 일정한 의미에서 '위험 없는'(risikofrei) 것인가를 명백히 알고 있다. … 짧게 그리고 대중적으로 말해서, 나는 나의 의무와 권리를 잘 안다. … 법률이 명료하지 않다든가 뒤얽혀 있다든가, 빨리 바뀐다든가 행정기관의 권한의 범위가 명확하지 않다든가 법원의 실무가 바뀐다든가 하면, 나는 정향상의 불안정성(Orientierungs Unsicherheit) 속에 놓인다: 나는 어떠한 행위가 사회적 위험 영역에 들어가는지를 알 수 없다."[23]

22) Th. Geiger, *Vorstudien zu einer Soziologie des Rechts*, 제2판, Neuwied/R. und Berlin 1970, 101면 이하.

요컨대 가이거의 이와 같은 설명에서도 알 수 있듯이 정향상의 안정성에 대한 관심이란 우리가 우리 스스로에게서 요청된 행위가 무엇이며 다른 이로부터 우리가 기대하는 행위가 어떠한 것인가를 알아야만 한다는 것을 의미한다고 하겠다.[24]

가이거는 다음 법의 '실현상의 안정성'과 관련해서는 다음과 같이 말했다: "질서안정성의 다른 차원은 실현상의 안정성 또는 질서확신성(Ordnungszuversicht)으로 불린다. 자기의 권리와 의무를 잘 안다는 것과 자기의 권리를 행사하고 자기의 의무를 이행한다는 데에 입각한다는 것은 별개의 문제이다. 여기에서의 '안정'은 '안전'(*securus*, *securitas*)의 의미에서 생각된 것이다. 아주 줄여서 말한다면 질서확실성은 규범의 '내용'('Was?' der Norm)에 관한 것이라면, 질서확신성은 규범의 구속력의 '강도'('Wie Stark?' der Norm)에 관한 것이라고 하겠다. 질서확신성도 또한 그 적극적인 국면과 그 소극적 국면을 갖고 있다. a) 나는 다른 이가 규범에 따라 행동하게 되고 또는 그렇지 않을 경우 당국은 반작용을 보일 것인가를 어느 정도로 계산'할 수' 있는가? b) 나는 내가 스스로 규범에 따르지 않을 때 당국의 반작용을 받게 될 것인가를 어느 정도로 계산'하지 않으면' 안 되는가? 달리 말해서 질서확신성은 확률치로 표현되는 구속력의 심리적 대응이며, 그것은 구속력의 강도에 비례하며 그리고 이에 따라 비실효성에 반비례한다. 당국이 반작용을 실현함에 있어서 태만하거나 동요를 보일 때 — 이는 물론 질서확실성의 흠결과 상관관계에 있는 것이지만 — 또는 당국 내지 그 기관이 수범자에 대해 반작용을 가하고 실현함에 있어서 너무 약할 때에는 나의 질서확신성은 흔들리게 된다."[25] 이러한 가이거의 설명에서 알 수 있듯이 법의 실현상의 안정성에서는 우리가 현존하는 규범은 준수 내지 실현되고, 내려진 판결은 집

---

23) Th. Geiger, 위의 책, 102면 이하.
24) 이 점 R. Zippelius, *Rechtsphilosophie*, München 1982, 159면 참조.
25) Th. Geiger, 앞(주 22)의 책, 103면.

행되고, 맺어진 계약은 이행되고 있다는 것을 믿을 수 있어야만 한다는 것이 문제된다고 하겠다.[26)]

이렇게 가이거는 법적 안정성의 의미를 두 가지로 나누어 고찰하였지만 이러한 두 가지의 의미는 하나의 대상의 양 측면과 같은 것이어서 서로 상호제약적이고 또 상호보충적이라고 보았다. 그래서 그는 이러한 두 가지 의미 속에서 법적 안정성의 두 가지 '종류'를 보지 않고, 그 두 가지 '차원'으로 파악하려고 했던 것이다.[27)] 사실 법의 정향상의 안정성과 실현상의 안정성은 서로 결부되어 있는 것이다. 실현상의 안정성은 정향상의 안정성을 이루는 데 본질적인 조건이 된다. 즉 규범은 그것이 실현될 확실한 가능성을 가질 때에만 그 정향상의 안정성도 보장될 수 있는 것이다.[28)] 그러면 이상과 같은 가이거의 설명을 염두에 두면서 '법적 안정성'의 개념을 본격적으로 분석하여 보기로 하자.

4.1.

법적 안정성은 우선 위의 이른바 법의 '정향상의 안정성'(Orientierungssicherheit des Rechts)으로 파악된다.[29)] 누구나 법과 관련맺는 자는 현행법에 확실히 정향될 수 있을 것을 바란다. 이에는 법내용에 대한 올바른 인식과 기대될 미래의 법행위와 법효과에 대한 예견가능성이 필요하다. 이것은 국민이나 법기관(국가) 모두가 요청한다고 하겠다. 우선 국민은 일정한 생활상태 또는 사회관계 안에서 어떻게 법의 요청에 맞게 행위하여야 하며 또 어떠한 행위를 다른 사람들에게서 기대 내지 요구할 수 있는가를, 다시 말해서 자기의 권리와 의무는 무엇이며 또 자기 행위의 법적 효과는 어떤 것일까를

---

26) 이 점 또한 R. Zippelius, 앞(주 24)의 책, 같은 면.
27) Th. Geiger, 앞(주 22)의 책, 102면.
28) 이 점 R. Zippelius, 앞(주 24)의 책, 159면 이하 참조.
29) 이 점 H. Henkel, 앞(주 20)의 책, 437면 이하; R. Zippelius, 앞(주 24)의 책, 160면 이하 참조.

확실히 알고자 한다. 이러한 법의 정향상의 안정성이 법공동체 안에서 생활살이를 하는 사람들에게 얼마나 근본적인 의미를 가지고 있는가는 더 설명할 필요가 없는 것 같다. 따라서 규준적인 법규범에 대한 신뢰할 수 있는 정향이 불가능하다면, 사람들은 그들의 기초적인 안정성에 대한 요구가 위협받는다고 느낄 것임은 당연하다. 이와 관련하여 가장 중요한 예로 들 수 있는 것은 아마도 특히 불리한 법률은 소급되어 적용되어서는 안 된다는 법률불소급의 원칙일 것이다. 그리고 이러한 법의 정향상의 안정성은 국민만이 아니라 법을 적용하는 법기관도 요구하는 것이다. 다시 말해서 법기관도 그가 적용할 법규범의 올바른 의미이해를 위해 노력함에 있어서 어느 정도의 확실성을 법측으로부터 얻을 수 있는가는 그의 법결정임무와 관련하여서는 매우 중요한 의미를 갖고 있는 것이다.

국민이나 법기관이 법의 정향상의 안정성에 대해 갖는 이와 같은 요구는 결국은 '법의 확정성'(Bestimmtheit des Rechts)의 요청에로 나타나게 된다.[30] 법은 그 전체에 있어서 또 그 개개의 법규에 있어서 내용적으로 확정되어 있음이 요청된다 하겠다. 그러면 이 확정성은 어떻게 하여 이루어질 수 있는가? 여기에 생각될 수 있는 수단에는 여러 가지가 있을 것이다. 그러나 무엇보다 법은 개별적으로나 전체적으로 보아 명확성, 단순성, 투시가능성(투명성, 개관성)을 지녀야 할 것이다. 우선 법규범은 무엇이 법인가를 확실히 알아낼 수 있도록 또 의미의 곡해를 불러일으킬 수 없도록, 다시 말해서 그 의미론적 일의성을 갖도록 정식화 내지 문언화되어 있어야 할 것이다. 다시 말해서 법규범은 그것에 포섭될 인간과 사태들의 집합을 명확히 한계지우고 또 법적 효과도 명확히 규정해 놓아야 할 것이다. 즉 법은 그 구성요건의 확정성과 법적 효과의 확정성을 갖추어야 하는 것이다. 나아가 법규범이 명확할 뿐만 아니라 법질서 전체도 투시가능해

---

30) 이 점 또한 H. Henkel, 위의 책, 438면.

야만 한다. 하나의 규범질서가 언어적 표현에 있어서도 불분명하고
또 구성도 잘 되어 있지 않은 잡다한 규정들로 이루어져 있어 무엇
이 법인가를 알아낼 수 없다면 그것이 법적 불안정에로 이끌 것임은
자명하다. 따라서 입법자는 가능한 한 잘 구성되어 있는 법전의 편
찬을 그 목표로 삼아야 할 것이며, 법학(자)은 가능한 한 법질서의
보편적인 근본원리와 지도사상을 도출해 내도록 노력해야 할 것이
다.[31] 이렇게 볼 때 법이 법적용자에게 구성요건상의 재량(불확정적,
평가적 개념, 일반 조항 등)이나 법률효과상의 재량을 마구 허용한다면
법의 확정성은 무너지고 말 것이다.[32]

또 입법이 고삐 풀린 듯 양적으로 마구 팽창하고, 거기다가 일관
된 원리도 없이 행해진다면 법은 투시가능성(투명성)을 잃을 것이다.
인플레현상은 규범영역에서도 그 평가절하를 수반하게 된다; "더 이
상 완전히 알 수 없는 법은 더 이상 완전히 유의되지 않는 법이 되
고 만다. 규범을 통해 제한하려 했던 자의는 무성한 규범의 숲 속에
서 새로운 기회를 얻는다."[33] 따라서 법은 그 자체 명확하고 또 전
체적으로 투시가능할 때에만 그 정향상의 확실성도 보장할 수 있을
것이라고 말할 수 있겠다.

그러나 법의 확정성에 대한 이러한 요구는 결코 과도하게 요청될
수도 없고 또 완전히 도달될 수 있는 것도 아니다. 이 점은 모두가
지적하고 있다.[34] 주지하듯이 언어 자체가 갖는 불안정적 요소(의미
의 폭) 때문에 법의 확정성은 한계에 부닥친다. 따라서 언어적으로
완전히 일의적인 법문언은 실은 얻어질 수 없으며, 따라서 또한 일
의적인 해석도 기대될 수 없는 것이다. 헤르쉘의 말처럼 법의 문언

---

31) 이 점 R. Zippelius, 앞(주 24)의 책, 161면 이하 참조.
32) '일반조항'과 관련해서는 이미 J. W. Hedemann, *Die Flucht in die General-
    klauseln, Ein Gefahr für Recht und Staat*, Tübingen 1933, 특히 66면 이
    하 참조.
33) R. Zippelius, 위의 책, 162면.
34) 특히 H. Henkel, 앞(주 20)의 책, 439면; P. Bockelmann, *Einführung in
    das Recht*, 제2판, München 1975, 48면 등 참조.

화(표현화)에 있어서의 위험은 그 해석에서의 위험을 자연히 수반한다고 하겠다.[35] 그런가 하면 완전정밀한 법률언어가 입법적인 고려에서 볼 때 바람직하지 않을 수도 있다. 그래서 법의 확정성의 요청이 후퇴되고, 법규범의 불확정성이 오히려 정당화될 때도 있는 것이다.[36] 우선 법적으로 시인될 수 없는 일정한 행위자의 행위들을 '포괄적'으로 법적 제재의 대상으로 삼는다든가, 특별한 보호를 필요로 하는 법익에 요구되는 보호를 하여 주기 위하여서든가, 나아가 세분해서 규정하는 것이 오히려 흠결을 보이고, 그것을 가능한 한 줄이기 위해서는 불확정적인 개념을 사용하여 사태를 포괄적으로 규제하는 것이 요청된다든가 하여, 법규범의 구성요건에 이른바 '위험지대'(Gefahrenzone)를 설정하는 것이 종종 정당하다고 생각되는 경우가 있는 것이다.[37] 그리고 법의 생활사태에의 적응과 관련해서도 마찬가지로 생각할 수 있다. 즉 생활의 다양성은 모든 개개의 생활사태에 대해 추상적이고, 일의적이며, 그리고 또 동시에 구체적 타당성을 지닌 법적 규제를 이루어 놓을 수 없게 만든다. 법적 안정성, 즉 법의 계산가능성과 예견가능성의 관점에서 보면 흠이라고 보이는 법률문언의 의미의 폭은 법의 '적응성'의 국면에서 보면 이점으로 나타나기도 하는 것이다. 즉 문제의 '의미의 폭'은 일반적인 법률문구로 하여금 다양한 생활사태에 적응가능케 하고, 특히 전체적인 사실적 상황과 지배적인 윤리적 표상의 변화에도 적응케 하는 것이다.[38] 이 점은 신의성실의 원칙이나 권리남용의 금지와 같은 일반적인 법원리적 규정에서는 더욱 명백하게 볼 수 있는 것이다.[39] 하여튼 이 모든 경우 특히 국민들의 정향상의 확실성에 대한 요청에 손실은 초래되

---

35) W. Herschel, Rechtssicherheit und Rechtsklarheit, *JZ*, 1967, 729면.
36) 이 점 H. Henkel, 앞(주 20)의 책, 439면; R. Zippelius, 앞(주 24)의 책, 161면 참조.
37) 이 점 H. Henkel, 위의 책, 같은 면.
38) 이 점 R. Zippelius, 앞(주 24)의 책, 161면 참조.
39) 이미 J. W. Hedemann, 앞(주 32)의 책, 61면 이하 참조; 또 곽윤직, 「민법총칙(민법강의 I)」, 경문사, 1979, 105면 참조.

지만 더 높은 입법자의 목적설정 때문에 그것은 감수되어야 하는 것
이다.

 법의 확정성의 요청과 관련하여 특히 문제되는 영역은 누구의 지
적을 기다릴 필요없이 형법이라고 할 수 있다. 여기에서의 그 구성
요건상의 확정성에 대한 요청은 죄형법정주의의 원칙에 의해 특히
강조되어 있다. 그래서 형법적 구성요건에서는 불확정적 개념은 결코
사용되어서는 안 된다는 결론도 종종 이끌어내어졌다. 그러나 이는
헨켈이 지적하듯이 구성요건의 형성에 있어서의 입법자의 능력을 오
인한 유토피아적 요구일 뿐만 아니라, 죄형법정주의의 의미내용을 지
나치게 과장한 요구인지 모른다.[40] 확실히 형법에서는 다른 법분야
에서보다 확정성의 요구가 더 강하게 충족되어야만 한다. 그러나 여
기에도 위에서 지적한 불확정적 개념의 사용에 대한 일반적인 고려
는 타당한 것이다. 또 여기에서의 법률효과상의 확정성은 이미 양형
행위의 개별화의 요청으로 인해 상당한 제한을 받고 있음은 말할 필
요도 없는 것이다.

 그러면 이제 법의 확정성에 관해 종합적인 결론을 내려야 하겠다.
법의 내용적 확정성에 대한 요청은 그에 맞서는 다른 정당한 고려에
의해 상처도 많이 입고 있지만 그로 인해 그것의 '근본적'이고 '방향
지시적'인 의미는 결코 잃지 않는다 하겠다. 우리도 보켈만처럼 "최
대한의 정확성과 완전성은 어쨌든 추구되어야만 하며, 또 단편적인
내용을 가진, 그 범위가 불확정한, 그 구체적 내용의 결정을 전적으
로 법관에 맡겨 버리는 규범들, 말하자면 마구 늘렸다 오무렸다 할
수 있는 '고무조항'(文)(Kautschukparagraph, Gummibestimmung)들은
결코 법적 안정성을 보장하지 않기 때문에 법감정은 정의의 침해로
본다"라고까지 말할 수 있겠다.[41] 그래서 이러한 요청에 부응하여 법
의 확정성이 절대우위를 차지하고 있는 경우가 많은 것이다; 행위능

---

40) H. Henkel, 앞(주 20)의 책, 440면.
 41) P. Bockelmann, 앞(주 34)의 책, 49면.

력을 연령에 의해 획일적으로 인정한다든가, 시효의 기간을 확정해 놓는다든가, 법상태와 증거보전의 명확을 기하기 위해 공증이나 공적 장부에의 기재 등 일정한 형식을 요구하는 것 등이 그 예일 것이다. 그리고 나아가 신의성실의 원칙, 법률행위에서의 표시주의의 고려, 선의의 제3자의 보호 등등 신뢰보호에 입각한 여러 법제도들도 모두 여기에 열거될 예들인 것이다.[42)]

4.2.

법적 안정성은 또한 위의 이른바 법의 '실현상의 안정성'(Realisierungs-sicherheit des Rechts)으로 파악된다. 즉 법적 안정은 법의 내용적 확정성 이외에 법보장의 안정, 즉 법의 불가침성과 실현가능성을 요구하는 것이다.[43)] 이는 물론 법의 실효성과 뗄 수 없는 관계에 놓여 있다. 주지하듯이 법의 실효성이란 구체적으로 법규범이 개별적인 사례에서 적용되고 실현될 가능성의 정도에 따라 규정되는 것이다. 어쨌든 이러한 법보장의 안정에는 조직 및 절차법규범이 크게 이바지한다. 즉 이는 법을 다루게 될 법기관의 구성과 활동을 확고한 질서적 바탕 위에 놓는 것이다. 그리고 관할법규의 보충적 역할도 중요하다. 이는 법기관 간의 권한충돌을 피하게 하고 또 개개법원의 사건관할을 명확하게 규제하여 주는 것이다. 특히 형사사건에서의 추상적 관할규정은 법적 안정성, 즉 법의 확정성과 계산가능성의 고려에서 나온 것이다. 나아가 소송과정에 있어서의 소송절차의 형식적 구속도 법보장의 요구에 응한 것이다. 일정한 소송행위에 엄격한 형식을 요구함으로써 그 증명력을 인정하려는 것은 그 예인 것이다. 또 소송당사자에게 그들의 법실현을 가능케 하기 위해 부여되는 확고한 소송법상의 지위와 권리, 즉 고소권, 진술거부권, 공소권, 상소권, 강

---

42) 이런 예들 이미 M. Rümelin, *Die Rechtssicherheit*, Tübingen 1924, 13면 이하, 17면 이하; H. Henkel, 앞(주 20)의 책, 440면 이하.
43) 이 점 H. Henkel, 앞(주 20)의 책, 441면 참조.

제집행권 등등 모두 법의 실현상의 안정성에 속하는 것들이다. 또 많은 법규들은 국가기관으로 하여금 법 실현의 통제를 맡게 함으로써 그 보장에 기여하고 있는 것이다. 어쨌든 위에서도 지적했지만 법의 실현상의 안정성이 보장될 때 비로소 법의 정향상의 안정성도 보장된다는 의미에서 법보장의 안정은 중요한 의미를 가지고 있다고 하겠다. 그래서 순수규범주의자인 켈젠도 실효성을 법효력의 이른바 '조건'으로 보았던 것이다.[44)

4.3.

법적 안정성의 또 다른 요소는 모두 같은 뜻으로 포괄될 수 있는 법의 계속성(Kontinuität), 지속성, 확고성(Stabilität)이다. 법의 정향상의 안정성에 대한 요구와 법의 계속성에 대한 요구와는 불가분의 관계에 놓여 있다. 즉 "법의 계속성과 확고성은 미래에 대한 법의 정향상의 안정성 그리고 이와 함께 미래에 대한 계획의 기초를 창조하는 것이다."[45) 법의 가능한 한의 확고성에 대한 요청은 법의 정향상의 안정에 이바지할 뿐만 아니라, 그것은 규범질서의 자기구속성의 덕목으로도 작용하여 법의 변덕에 대한 보호도 기해주는 것이다. 또 계속성과 확고성은 전래된 것을 역사적 체험의 결과로 신뢰하고 정당화한다. 여기에 '법은 법으로 남아 있어야 한다'든가 'Gutes altes Recht'의 사상은 뿌리박고 있는 것이다.[46) 이러한 근거에서 라드브루흐는 "실정법은 ─ 법적 안정성이 보장되자면 ─ 너무 쉽게 변경된다든가, 기회입법에 빠져 모든 일시적 착상을 막힘없이 법률의 형식으로 변형시켜서는 안 된다: 이러한 관점에서 보면 권력분립의 '견제와 균

---

44) H. Kelsen, *Reine Rechtslehre*, 제2판, Wien 1960, 10면. 자세한 설명은 졸저, 「법철학 I」, 법문사, 1982, 72면 참조.

45) R. Zippelius, 앞(주 24)의 책, 162면.

46) 이 점 P. Bockelmann, 앞(주 34)의 책, 47면; H. Coing, *Grundzüge der Rechtsphilosophie*, 제3판, Berlin 1976, 140면; 최종고, 「법사와 법사상」, 박영사, 1980, 201면 이하 참조.

형', 의회기구의 둔중성 등은 하나의 법적 안정성의 보장인 것이다"
라고 말했을 것이다.[47] 뤼멜린도 일찍이 법의 확고성에 관한 국민의
보호되어야 할 신뢰를 '법지속이익'(Rechtsdauerinteresse)이라고 일컬
어 이를 법적 안정성의 중요한 요소로 보았었다.[48] 이러한 신뢰보호
는 따져 보면 우선 정의의 요청이기도 하다. 즉 한 번 규준적인 먹
줄로 정해 놓은 것이면 계속 그것으로 남아 있어야 할 것이다. 그런
가 하면 그것은 또 정의인식의 한계성과도 관련있다. 수학과 같은
학문 분야에 법적 안정성과 같은 원리는 없다. 의심할 수 없는 인식
에 의거한다면 신뢰보호 같은 것이 있을리 없는 것이다.[49]

그런데 법의 계속성, 신뢰성, 확고성에 대한 이익은 그와 반대되는
다른 이익과 충돌되기도 한다. 헨켈이 지적하듯이 "법은 역사성의 운
명에 놓여 있으며, 또 이에 따라 변화과정을 밟으면서 사회의 외적
및 내적 전개과정에 적응하게 된다. 따라서 확고성을 법의 불변성으
로 이해한다면 이는 존재법칙에 위반되는 하나의 기대일 것이다."[50]
"Law must be stable, and yet it cannot stand still"(Pound)! 사실
법은 계속적으로 사회관계와 최선의 사회구조에 관한 지배적 표상에
적응하여야 한다. 그렇지 않으면 정말 "법률이니 제도니 하는 것은
영원한 질병처럼 유전되어 가는 것"(괴테)이라고 비난받을 것이다.
이렇게 볼 때 법의 정향상의 안정성과 확고성, 그리고 법의 진보와
적응은 대립되는 것이다. 이러한 두 이익 사이의 갈등은 진정 저울
질을 요구한다. 그러나 위에서도 지적했지만 안정과 계속의 요구는
정의의 요청이기도 하다. 따라서 어떠한 규범의 변화도 적응의 필요
가 계속에의 이익보다 더 무겁다는 증명이 있을 경우에만 정당화될
것이다.[51] 이러한 법의 계속성과 확고성의 요청에 의해 법률불소급

---

47) G. Radbruch, *Vorschule der Rechtsphilosophie*, 제2판, Göttingen 1959, 30
   면.
48) M. Rümelin, 앞(주 42)의 책, 12면 이하.
49) 이 점 R. Zippelius, 앞(주 24)의 책, 164면 참조.
50) H. Henkel, 앞(주 20)의 책, 442면.

의 원칙이나, 일단 성립된 점유 및 법상태의 지속과 그것에의 신뢰의 이익(예컨대 취득시효 같은 것) 등은 다시 한 번 근거지어진다 하겠다. 어쨌든 "법규란 생의 변천운동 속에서의 하나의 불변천의 요소이며, … 끊임없이 다르게 규제되기를 바라는 듯한 방향 없는 욕구의 흐름에 대한 하나의 제방이다. 법은 어제처럼 오늘도 그리고 오늘처럼 내일도 효력 있어야 한다. 왜냐하면 법은 그것이 지속적일 때 비로소 계산가능하고 또 신뢰할 수 있으며 그리고 법의 이러한 신뢰성, 안정성은 정의가 지배하기 위한 전제이기 때문이다"라고 한 보켈만의 말은 타당한 것 같다.[52]

4.4.

법적 안정성의 개념은 제정된 규범법에만 관계되는 것은 아니고, 법적 결정, 특히 법원의 판결과 관청에서의 행정행위(결정)에도 요구된다. 치펠리우스가 지적하듯이 당국에 의한 결정들은 법적 확실성을 계시하는 기능만을 갖고 있는 것이 아니라, 하나의 결정이 엄밀하고 일의적인 법인식에 의해 획득될 수 없는 곳에서는 법적 확실성을 창조하는 기능도 갖는 것이다.[53] 모든 법적 문제를 인식을 통해 모두 해결한다는 것은 종종 이루어질 수 없는 하나의 이상인 것이다. 다양한 생활형태는 단순한 법인식으로 의심없이 대답해 줄 수 없는 사례들을 제공하며 또 결정하도록 만든다. 이러한 결정들의 예견가능성, 확고성, 통일성과 계속성은 매우 중요한 법적 안정성의 요청들이라 하겠다.[54]

우선 법의 정향상의 안정성은 판결 및 행정행위의 내용에 대한 '예견가능성'을 요구한다. 이는 물론 규범법의 '확정성'의 요구에 합치되고 또 그것에 의거하는 요청이다. 사법적으로나 행정실무상 이것은

---

51) 이 점 R. Zippelius, 앞(주 24)의 책, 163면.
52) P. Bockelmann, 앞(주 34)의 책, 48면.
53) 이 점 R. Zippelius, 앞(주 24)의 책, 164면.
54) 이 점 Henkel, 앞(주 20)의 책, 442면 이하 참조.

매우 중요한 의미를 가지고 있다. 이는 원고나 변호인의 소제기나 상소에서 특히 중요시된다. 그러나 검사에게도 수사를 종결하고 기소함에 있어서 공판 후 어떠한 판결내용을 예견하고 계산할 수 있는가는 중요한 것이다. 다음으로 법적 안정성은 이러한 결정, 특히 판결의 '확고성', '신뢰성'을 요청한다. 이를 위해 판결의 '확정력'의 제도가 존재한다. 즉 재판은 소송당사자들에 의해 더 이상 다툴 수 없게 하는 형식적 확정력에 의하든가 또는 동일한 사건에 대해 다른 소송절차에서 달리 판결내리는 것을 배제하는 실질적 확정력을 통해서 변경될 수 없게 되는 것이다. 판결이 부당하다 해도 그것에 대한 신뢰의 이익이 그 실질적 정당성에 우선된 것이다. 물론 판결에 큰 흠결이 있을 경우에 한하여 무효나 재심의 기회가 주어질 뿐이다. 이 재심의 사유도 법적 안정성의 요구에 따라 다시 엄격히 열거·제한되어 있다. 어쨌든 확정력의 제도는 여러 면에서 법적 안정성의 기대에 부응한 것이다. 즉 한편에서는 판결의 지속적인 존립에 대한 확실성을 가지기를 바라는 당사자들의 신뢰에, 다른 한편에서는 개개의 사건에서의 법의 탐구를 둘러싼 의심과 다툼이 어느 시점에서부터는 법평화를 위해 끝이 나야 한다는 법공동체의 기대에 부응한 것이다.[55] 또 법상태의 명확성과 확고성에 대한 요구는 행정법에서는 행정행위의 '공정력'으로 나타나고 있다. 비록 흠있는, 즉 위법·부당한 행정행위라도 그것이 중대·명백하여 당연무효가 아닌 한 권한 있는 기관에 의해 취소되기까지는 원칙적으로 효력을 가진다는 원리는 관적 결정의 신뢰원리의 산물인 것이다.

끝으로 법적 안정성은 판결의 통일성과 계속성에 대한 요청으로 나타난다. 최고법원의 판결의 '판례'(선례)로서의 사실상의 작용은 바로 법적 안정성에 이바지하는 것이다. 또 법률에 의해 지도되지 않은 '법발견'의 영역, 즉 법의 '발전적 형성'의 영역에서의 제도화된 법

---

55) 이 점 역시 H. Henkel, 위의 책, 443면 참조.

사상 내지 법원리 등도 마찬가지이다. 판결들은 다른 경우들에서도 역시 문제될 법적 문제들에 대해 대답을 주기 때문에 같은 종류의 문제들을 다룰 모든 법원에 대해 매우 큰 의미를 가지는 것이다. 사실 한번 내려진 결정에는 앞으로의 경우에도 동일한 원리에 따라 결정할 것이라는 어떤 구속력이 생긴다. 즉 법적 안정성은 법에 있어서 국가권력이 한번 선택한 길은 정당한 이유가 없는 한 떠나지 않을 것을 요구하는 것이다. 또 같은 사례들이 한번은 이렇게 또 한번은 저렇게 시시각각 달리 결정된다는 것은 평등원리와도 부합되지 않는다. 따라서 이때까지의 해석에 변경을 할 이유가 있을 때에는 또한 이러한 이유가 계속성의 이익에 우선될 것인가를 고려해야 할 것이다.[56] 물론 판례는 일반적으로 대륙법계에서는 영미법계에서처럼 일반적 구속력을 갖고 있지 못하다. 그러나 최고법원의 판례는 그 규준부여적인 확신력 때문에 사실상으로는 법제도에 큰 작용을 하고 있는 것이다. 또 판례에는 법원만이 아니라 국민이나 법조인 모두가 관심을 갖기 때문에 그것은 판결의 통일성과 계속성이라는 면 이외에 정향상의 안정성의 면에서도 큰 의미가 있다고 하겠다. 어쨌든 최고법원의 판결의 통일화 경향은 나아가 상급법원에서 상이하게 판결되었고 또 매우 중대하면서도 계속 의심을 자아내는 법적 문제들을 특수한 결정기구, 예컨대 전원합의부(법원조직법 제7조)에서 판결토록 하는 법적 규정들을 두게 하는 데까지 이르고 있는 것이다.

4.5.

법적 안정성에 대한 요청은 끝으로 '법적으로 중요한 사실'에 대한 정향상의 안정성을 요구한다.[57] 위에서 지적한 법규범과 법적 결정에 대한 신뢰도 인간 공동생활의 기초로서 중요한 의미를 갖고 있

---

56) 이런 점 Ch. Perelman, *Justice et Raison*, Bruxelles 1963, 232면 참조; R. Zippelius, 앞(주 24)의 책, 163면 참조.
57) 이 점과 관련하여는 R. Zippelius, 앞(주 24)의 책, 165면 이하 참조.

지만 그에 못지않게 개인의 일관된 행위태도와 약속에 대한 신뢰도 중요한 것이다. 그래서 신의의 원리와 '약속은 지켜야 한다'는 원리는 자연적인 법의 기본 원리로 생각되어 왔던 것이다. 주지하듯이 사람들은 자기의 약속을 지켜야 하며 그리고 거기에 두어진 신뢰는 실망시켜서는 안 된다는 사상은 자율성의 원리와 함께 계약법의 기초를 이루고 있다. 주지하듯이 신의성실의 원칙은 누구도 스스로의 행위와 모순되지 않을 것을 요구한다; 누구나 권리자로 하여금 시효를 중단 못하게 한 자는 스스로 시효에 호소할 수 없는 것이다. 누구나 자기의 권리를 오래도록 행사하지 않은 자는 그것으로 인해 신뢰 사실을 만들어 놓은 것이며, 따라서 일정 기간 후는 그 권리는 더 이상 행사되지 않는다는 것을 법적으로 신뢰할 수 있게 만든 것이다(소멸시효). 누구나 장기간 선의이며 평온하게 물건을 점유한 자는 그 소유권을 취득하는 것이다(취득시효). 이는 일관되고 안정된 구체적 상황에 대한 신뢰를 보호할 가치가 있다고 보기 때문이다. 또 법은 일정한 법상태와 전형적으로 관련 있는 사실에 대한 신뢰도 안정성의 관점에서 보아 보호하고 있다. 그래서 소유자가 아닌 자로부터 선의로 물건을 양수받은 자에게 이러한 신뢰보호는 부여되는 것이다(선의취득). 독일처럼 부동산등기부에 공신력을 인정하는 것도 마찬가지 이치에서이다.

　나아가 실로 법적 안정성의 요구는 사실적 상태를 법적 상태로, 다시 말해서 법이 아닌 것을 법으로 만들게까지 하는 것 같다. 그래서 라드브루흐는 다음과 같이 말하기까지 하였다: "원래는 법률에 반했던 관습이 법이 되고, 그리고는 그에 반하는 법률을 개폐시킬 수 있다. 혁명은 그것이 승리하지 못한 한 내란이고 범죄이지만, 승리하고 나면 새로운 법의 기초가 된다. … 혁명정부는 그가 평온과 질서를 유지할 수 있다는 것을 보임으로써 정당화되는 것이다. 따라서 법적 안정성의 사상은 힘과 법 사이에도 아주 역설적인 관계를 생기게 한다: 즉 힘은 법에 앞서지는 않지만, 승리한 힘은 새로운 법상태를 창조하는 것이다.[58] 아마도 이러한 말은 "역설적이지만 안정이 변화에 의해서만 유지되고, 반면 변화를 촉구하기를 마다하면 불안정과 사회적 분열을 가져오고 마는 때가 있는 것이다"라는 보덴하이머의 말로써만 설명될 수 있을 것 같다.[59]

V

이때까지 우리는 법적 안정성을 그 가치관념의 형성과정에 따라 또 그 다양한 의미요소들을 들추면서 개괄적으로 살핀 셈이다. 이제 우리는 끝으로 법의 가치이념으로서의 그것이 갖는 의미를 고찰하여 보아야 하겠다.

누구보다 법적 안정성을 예찬한 이는 벤담이다. 그의 찬사를 들어보자: "입법에 있어서 가장 중요한 목적은 안정성이다."[60] "우리는 이제 법의 근본적인 목적, 즉 안정성의 배려라는 문제 앞에 섰다. 저 더 할 나위 없이 고귀한 선이며, 문화의 특수한 표지인 안정성은 전적으로 법의 작품인 것이다."[61] "법의 목적들 중 안정성만이 필연적으로 미래를 포섭하는 유일한 목적이다. 안정성이란 그것이 포괄하는 모든 것에 대해 하나의 주어진 미래 시간에로의 연장을 뜻한다. 그래서 안정성은 빼어난(pre-eminent) 목적이다."[62] "안정성의 원리가 미쳐야 할 범위를 정확히 알자면, 인간은 고락에 있어서 동물처럼 현재에 국한되어 있지 않다는 것, 인간은 고통과 쾌락을 예감할 수 있다는 것, 그에게는 현재의 손해를 막아주는 것으로는 충분하지 않고 가능한 한 미래의 손해로부터도 보장받는 것이 꼭 필요하다는 것

---

58) G. Radbruch, 앞(주 47)의 책, 31면.
59) E. Bodenheimer, *Jurisprudence. The Philosophy and Method of Law*, 개정판, Harvard Univ. Press, Cambridge, London 1978, 240면.
60) J. Bentham, Principles of Civil Code, *The Theory of Legislation*, C. K. Ogden 편, 제2판, London 1950, 98면.
61) J. Bentham, 위의 책, 109면.
62) J. Bentham, 같은 책, 96면 이하.

등을 생각하여야 한다."63) "기대는 현재의 삶과 미래의 삶을 연결케
하고 또 우리를 넘어 다음 세대에로 이르게 하는 사슬이다. 안정성
의 원리는 이러한 기대의 유지에까지 미친다!"64)

이렇게 볼 때 벤담은 법적 안정성에서 법의 최고의 목표를, 문화
의 결정적 징표를 보았으며, 또 그것만이 미래에 대한 계획을 세우
게 하기 때문에 인간의 삶과 동물의 삶 사이의 차이도 그것에서 찾
은 것이다. 또 그것만이 인간의 삶을 개개의 순간의 나열이 아니라
하나의 지속적인 경과로 만드는 것이었다. 벤담은 나아가 법의 여러
목적들과의 관계에 관하여 다음과 같은 말을 하였다; "이러한 (법의)
목적들을 결합하기가 불가능한 상황들이 존재한다. 이러한 원리들의
하나에 의해 취해진 조치가 다른 것에 의해 비난받는 때가 종종 일
어난다. … 이러한 목적들의 둘 사이에 이와 같은 모순이 존재할 때
어떤 것을 우선시킬 것인가를 결정할 어떤 수단을 반드시 찾아야 한
다. 입법에 있어서 가장 중요한 목적은 안정성이다. … 안정은 … 여
러 부문들을 갖고 있다. 그리고 그 어떤 부문들을 다른 것들에 양보
되어야 한다. 예컨대 안정의 한 부문인 자유는 공공의 안정(general
security)의 배려에는 양보되어야 한다. 왜냐하면 자유의 희생 없이는
법들은 만들어질 수 없기 때문이다. … 평등은 안정과 충돌되지 않는
경우, 법 자체가 이미 만들어 놓은 기대를 좌절시키지 않는 경우, 이
미 이룩된 질서를 혼란시키지 않는 경우들 이외에는 선호되어서는
안 된다!" 65)

이와 같은 벤담의 말들에서 우리는 그가 법적 안정성을 최고의

---

63) J. Bentham, 같은 책, 110면.
64) J. Bentham, 같은 책, 111면.
65) J. Bentham, 같은 책, 98면. 벤담은 '자유'에 관해 다음과 같이 말한다: "어떤
   이들은 법의 주된 목적에 '자유'가 들어가지 않는 것에 대해 놀랄 것이다. 그
   러나 자유의 명백한 관념은 우리로 하여금 그것을 안정성의 한 부문으로 여기
   게 할 것이다. 개인의 자유는 개인이 받는 어떤 종류의 침해에 대한 안정이
   다. 이른바 '정치적 자유'는 안정성의 다른 영역, 즉 정부의 장(長)들로부터 오
   는 부정의에 대한 안정인 것이다"(J. Bentham, 같은 책, 97면).

법가치로 보고, 자유란 그것의 한 부문(branch)에 불과하고, 평등, 즉
정의도 그것에 대해 우위를 차지할 수 없다고 생각한 것을 알 수 있
다. 그러나 오늘날 벤담과 같은 정열로 법적 안정성을 찬미할 수 있
을까? 사실 법의 여러 가치이념들은 국가와 법에 대해 한 시대가 갖
는 이데올로기적 근본 견해에 따라 그 평가도 달라져 왔다.[66] 그렇
다면 '법적 안정성'이라는 가치의 '시세변동'(Kursschwankung)도 없을
리 없을 것이다.[67]

물론 법적 평화, 실증성, 법적 안정성이 중요한 법가치의 하나라
는 점에서만은 변동이 없다. 벨첼도 다음과 같이 피력했다: "법은 현
실적인 '질서'이다. 법은 만인에 대한 만인의 투쟁이라는 혁명적이고,
전법적인 상태의 무규칙성 속에 질서와 규칙이 들어서는 곳에서 시
작된다. '현실적'인 공동생활을 질서지을 수 있는 규범들만이 법일 수
있으며, 그리고 현실을 질서지을 수 없는 최이상적인 규범은 아마도
한번은 법이 '될' 수는 있으나, 결코 법으로 '있는' 것은 아니다."[68]
이렇게 해서 "법이 실정화되는 것은 법의 개념에 속한다"는 말까지
나온 것이다.[69] 어쨌든 현실적인 질서력 그 자체가 특수한 법가치인
것이다. 이는 다시 말해서 모든 이의 모든 이에 대한 존재 '안정'인
것이다. 따라서 이러한 생명적 가치영역, 즉 공동체구성원의 생리적
(신체적) 존재의 안정 속에 법의 '제1차적 질서가치'가 놓여 있는 셈
이다. 그런데 법질서의 가장 기초적인 기능으로서의 이러한 법을 '통
한' 안정은 법'의' 안정에로 나아가야 한다. 단순한 '법을 통한 존재안
정'은 사회생활의 구체적 형성과 관련해서는 신체적 존재의 안정에
있어서까지도 전적으로 확정하여 놓고 있는 바가 없는 것이다. 다시

---

66) 이 점 G. Radbruch, 앞(주 1)의 책, 104면; H. Henkel, 앞(주 20)의 책, 447
면 이하.
67) 이 지적은 J. Esser, *Grundsatz und Norm*, 제3판, Tübingen 1974, 376면.
68) H. Welzel, Das Recht als Gemeinschaftsordnung, *H. Henkel-Festschrift*,
Berlin 1974, 13면. 이러한 생각은 이미 그가 홉스와 관련해서 피력했었다:
Naturrecht und materiale Gerechtigkeit, 제4판, Göttingen 1962, 116면.
69) G. Radbruch, 앞(주 19)의 책, 169면.

말해서 사회질서의 구체적 형성과 관련해서는 전적으로 무규율적인 것이다. 여기에 법'의' 안정성, 즉 법적 안정성이 법의 '제2차적 질서 가치'로 등장하게 되는 것이다. 즉 법규범과 법적 결정의 내용적 확정성, 계산가능성, 예측가능성, 불가침성, 불변성, 계속성, 확고성, 실현가능성 등이 그것이다. 확실히 합규칙성, 합법칙성, 개인적 자의의 배제야말로 생존의 계속적인 안정을 가능케 하고 미래를 독자적으로 설계할 가능성을 주는 것이다. 이를 통해 생활의 순간순간도 고립되지 않고 서로 연속된 전체의 부분들이 되는 것이다. 벤담이 법적 안정성을 그렇게 찬미한 이유도 바로 여기에 있으며 또 그의 주장은 타당한 것이다.

그런데 그는 법적 안정성을 중요한 법가치로 인정하였을 뿐만 아니라, 그것을 다른 법가치에 우선하는 '최고의', 또 다른 법가치에 결코 희생되지 않는 '절대적'인 가치로 부각시켜 놓고 있다. 사실 '법을 통한 안정'이라는 제1차적 질서 가치와 '법의 안정성'이라는 제2차적 질서가치는 법의 '기능가치'로서는 하나의 '고유하고, 독자적이고 그리고 불가결한' 법가치로 인정되어야 할 것이다.[70] 따라서 법적 안정성은 특히 입법자나 법적용자가 따라야 할 가치이념이며 지도목표라 하겠다. 풀러가 법적 안정성의 여러 요소들을 그의 이른바 법에 있어서의 '열망의 도덕성'의 덕목들로 삼은 것도 이해되는 것이다.[71] 또 법적 안정성, 특히 그 계산가능성은 라즈가 지적한 것처럼 개개의 인간이 하나의 '합리적이고 자율적인 존재'(rational autonomous creature)라는 점을 전제하고 있으며, 그러한 한에서 인간 존엄성의 한 부분도 실현하고 있는 것이다.[72] 그리고, 또 위에서 지적했지만 법적 안정성의 여러 의미요소들은 정의, 즉 평등취급의 요청에 의거

---

70) 이 점 H. Henkel, 앞(주 20)의 책, 444면.

71) Lon L. Fuller, *The Morality of Law*, 개정판, New Haven and London 1969, 특히 63면 이하 참조.

72) J. Raz, The Rule of Law and its Virtue, *The Authority of Law*, Oxford 1979, 222면(210~229면).

하고 있는 것이다. 이렇게 볼 때 법적 안정성과 다른 법가치적 고려 (예컨대 자유, 정의, 나아가 공공복리)와의 관계에 관해서는 간단히 결론내릴 수 있는 것은 아닌 것 같다. 일찍이 소크라테스는 법률적 질서에 대한 존중에서 부당한 판결에 순종하여 죽음을 택했었다. 실로 법적 안정성은 정의와의 충돌에서도 쉽게 희생되지는 않는 것 같다. 그러나 라드브루흐는 아주 극단적인 경우, 즉 그 부정의가 '참을 수 없을 정도'에 이르면, 정의는 실정법과 법적 안정성에 우선하여야 한다고 한 것은 유명하다.[73] 또 위에서도 지적했지만 법적 안정성과 함께 인간존엄성, 따라서 자유의 확보가 실현되는 면이 있음도 자명하다. 그러나 법적 안정성은 전체이익을 우선시키는 권위적 국가와 결부되어, 그것이 권위적 통치자의 명령에 대한 순종 이외의 아무것도 아닌 것이 되면 자유의 보호와는 거리가 멀게 되는 것이다.[74] 어쨌든 여기에 이르면 카우프만의 다음과 같은 경고는 타당하다: "그러나 도그마로 상승되면, 법적 안정성의 사상은 하나의 위험한 이데올로기가 된다. 그것은 일면적으로 지배계층을 비호하고, 기존하는 권력지위의 유지와 확고화에 기여하고, 새로운 힘과 이념들에 결코 찬스를 주지 않는다. 그러면 법은 '평온과 질서'를 이룩하여야 하고 그리고 그 목적은 '법적 평화'라고 말한다는 것은 생각해 볼 문제이다. … 법의 목표는 … 그러한 평화는 아니며, 오히려 '자유의 안정'인 것이다."[75] 말하자면 자유는 법적 안정성의 한 부문에 불과한 것이 아니라, 법적 안정성은 오히려 자유에 이바지하여야 한다는 것이다. 이러한 점을 고려해 볼 때 법적 안정성은 그 실현이 생각할 수 있는 모든 경우 언제나 유익할 뿐이고, 따라서 우선하여야 한다는 의미에서 최고이고 또 절대적인 그런 법의 가치이념은 아닌 것 같다.[76]

---

73) G. Radbruch, Gesetzliclies Unrecht und übergesetzliches Recht, 앞(주 1) 의 책, 119면. 또 앞(주 19)의 책, 353면.
74) 이 점 G. Radbruch, 앞(주 1)의 책, 102면 참조.
75) A. Kaufmann, *Beiträge zur juristischen Hermeneutik*, Köln 1984, 41면.
76) 이 점 H. Wiedemann, Rechtssicherheit—ein absoluter Wert?, *K. Larenz-*

위에서도 잠깐 지적되었지만 법적 안정성의 가치는 그 핵심역할
의 면에서 보면 우선 하나의 기능가치이고, 또 거기에서 법은 법공
동체의 구성원의 실존을 안정화시키고 그리고 법의 계산가능성을 확
보하려는 수단으로서의 수단가치(Mittelwert)로서 나타나는 것이다.
그러나 이러한 생각은 우리들로 하여금 법의 일반적인 가치로서의
법적 안정성의 지위를 전적으로 부정하거나, 의심케 하거나, 과소평
가하는 데에로 나아가서는 안 될 것이다. 아닌게 아니라 그러한 염
려들을 자아내게 하는 말들을 곳곳에서 읽을 수 있다. 이는 우선 엥
기쉬에서 들을 수 있다: 법적 안정성이란 "(결코 언제나 또 어디에서나
가 아니라!) 사정에 따라 정당한 법에 대해 '본질적'일 수 있다. 그러
나 이는 다만 그것이 정의(예컨대 평등원칙의 실현)에나 또는 법에 의
해 추구되었거나 추구할 특별한 '목적'들에 이바지하기 때문에 그런
것이다. 예를 들자면 과세평등의 의미에서의 조세정의를 확보하기 위
해서 확고한 세율이 필요하며, 국민의 '자유'를 보호하기 위해서 구성
요건적으로 어느 정도 날카롭게 한계지어진 형법과 처분규정이 필요
하며, 사적자치의 테두리 안에서의 법적 '거래'를 마찰 없이 이루어지
게 하기 위해서 명확한 계약유형을 필요로 하며, 부동산에 대한 소
유권관계를 '공시'하기 위해서 등기부와 공증적 행동이 필요하며, 다
투는 당사자 사이에 '평화'를 이루기 위해서 확정력의 제도가 필요한
것이다. 따라서 이른바 법적 안정성의 이익에서 일어나는 것은 언제
나 법이념인 특수한 정의 및 합목적성의 요청에 부응하는 것이다.
그리고 많은 경우 법적 안정성은 정의와 합목적성이 문제를 달리보
기에 ('신의성실', '형평'이 고려되어야 한다!) 그만 제2차적인 것으로 취
급되는 것이다. 따라서 법적 안정성은 결코 법이념의 보편적이고 고
유한 구성부분은 아니며, 그것은 오히려 법이념에서 이끌어내어진 제
2차적이고 또 철두철미 조작가능한(durchaus manipulierbar) 정법의

Festschrift, München 1973, 199면 이하. 또 E. Bodenheimer, 앞(주 59)의
책, 239면 참조.

부수현상인 것이다."[77] 이러한 엥기쉬의 결론은 지나친 점도 있는 것
같지만 보덴하이머도 비슷한 생각을 피력하고 있다: "왜 안정성이 정
의의 이론에 있어서 무대뒷자리를 차지하고 있는가에 대한 이유는
법질서에 있어서의 그것의 역할의 하나가 단순히 제2차적이고 파생
적인 성격을 갖고 있다는 사실에서 찾아야만 한다: 즉 안정성은 예
컨대 생명, 재산, 자유, 그리고 평등과 같은 다른 가치들의 향유를
안정화하고 또 가능한 한 지속화하려는 데 이바지한다."[78]

　그러면 법적 안정성은 법의 '일반적인' 가치 내지 이념은 아니란
말인가? 생각건대 어떠한 법도 존재하는 법이려 하는 한 법의 실증
성과 그 법적 안정성은 늘 구현시켜야 할 가치일 것이며, 그러한 한
법의 고유하고 보편적인 그것일 수 있다고 하겠다. 그래서 그것은
모든 법체계 안에서 '기초적인 일반적 가치'로 추구되고 있는 것이다.
나아가 이러한 가치로 추구됨으로써 실증성과 법적 안정성은 또한
정법의 요소이기도 한 것이다. 더욱이 위에서 보았듯이 법적 안정성
의 여러 의미요소들과 요청들은 일부분은 정의, 일부분은 합목적성
등 다른 법가치들의 요청들과 중첩되는 관계에 놓여 있었지 않는
가? 그래서 그것은 법의 정당성과는 더욱 더 뗄 수 없는 관계에 놓
이게 되는 것이다. 이는 누구보다 정법론의 어른인 슈탐믈러의 다음
과 같은 말에서 잘 나타나 있다: "정법이란 특별한 성질을 가진 제정
법이다", "모든 제정법은 정법이려는 시도이다!"[79] 그러나 주지하듯
이 실증성과 법적 안정성의 보장이 곧 정당한 법의 보장은 아니다.
그것은 어디까지나 내용적으로 정당한 법의 수단이고, 나아가 불가결
한 조건일 수도 있지만, 정당성을 바로 확보하여 주는 것은 아닌 것

---

77) K. Engisch, *Auf der Suche nach der Gerechtigkeit, Hauptthemen der Rechtsphilosophie*, München 1971, 193면 이하.
78) E. Bodenheimer, 앞(주 59)의, 책, 236면 이하. 그러나 안정성의 고유한 가치성도 동시에 긍정하였다.
79) R. Stammler, *Die Lehre von den richtigen Rechte*, 신고판(新稿版), Halle 1926, 52면, 57면.

이다. 실로 추구되고 또 확보되어야 하는 것은 '특별한 성질을 가진' 제정법인 것이다. 그래서 아마 엥기쉬도 라드브루흐처럼 실증성을 바로 정법의 개념으로 보지 않고, '가능적' 실증성을 정법의 개념으로 보려고 했을 것이다.[80] 우리가 이렇게 이해하는 한 다음과 같은 라드브루흐의 유명한 말도 끝맺는 말로서 의미 있을 것 같다: "실증적이려 하는 것이 정법의 개념에 속하는 것과 마찬가지로 내용적으로 정당하려는 것이 실정법의 과제인 것이다!"[81] 그러면 진정 내용적으로 정당한 법에로의 장정은 이제부터 시작되는 듯하다.

---

80) K. Engisch, 앞(주 77)의 책, 193면.
81) G. Radbruch, 앞(주 19)의 책, 169면.

정의에 관한 연구 I[†]
정의의 기본개념과 기본원리

정의! 이 신비에 찬 여신만큼 그토록 일찍부터 찬양되고 또 그토록 격렬하게 논의된 것은 아마도 없을 것이다. 물론 평화와 안정도 정의 못지않게 몹시 강조되고 높게 예찬되기도 했지만 가끔은 그 반대인 전쟁과 불안정이 칭송되기도 했었다. 그러나 정의가 아닌 부정의가 칭송되는 일이 있었던가? 참으로 예부터 정의에 대한 찬양은 그지없었다: "어느 민족이나 정의를 받들면 높아진다"(잠언). "정의에 주리고 목마른 사람은 행복하다"(마태오). "군자는 의로서 바탕을 삼는다"(논어). "정의란 너무나 아름다운 덕목이어서 샛별도 그처럼 찬란하게 빛나지는 않는다"(아리스토텔레스). "정의가 무너지면 인간이 땅 위에 더 살 가치가 없다"(칸트)! 오늘날도 이에는 변함이 없는 듯하다. 예컨대 페를만은 "정의는 우리의 정신세계에서 가장 높이 숭상되는 개념들 가운데 하나이다. 종교인이든 비종교인이든 보수주의자이든 혁명가이든 누구를 막론하고 정의에 호소하며, 감히 정의를 부인하는 사람은 없다. … 정의는 기존질서를 보호하기 위해서도 혁명적 전복을 위해서도 호소된다. 이러한 의미에서 정의는 하나의 보편적 가치이다"라고 피력했으며,[1] 라드브루흐는 "정의는 진리, 선, 미와 같은 절대적 가치이며, 따라서 자체근거적이고 더 높은 가치로부

[†] 서울대학교 법학 제29권 제2호, 1988.
　이 논문은 다섯 부분으로 예정된 필자의 '정의에 관한 연구'의 첫 부분에 해당한다.

[1] Ch. Perelman, Cinq leçons sur la justice, *Droit, morale et philosophie*, Paris 1968, 2면; 심헌섭 · 강경선 · 장영민 옮김, 「법과 정의의 철학」, 종로서적, 1986, 74면.

터 도출된 것은 아니다"라고까지 고양해 놓았으며,[2] 잘 알듯이 롤즈
는 "사상체계의 제일 덕목이 진리라면 사회제도의 제일 덕목은 정의
이다. 이론이 아무리 정치하고 간명하다 할지라도 그것이 진리가 아
니라면 배척되거나 수정되어야 하듯이, 법이나 제도가 아무리 효율적
이고 정연한 것일지라도 그것이 정의롭지 못하면 개혁되거나 폐기되
어야 한다"고 역설하고 있으니 말이다.[3]

실로 정의는 진리나 선과 같이 더 이상 소급될 수 없는 그야말로
'시원적 개념'으로 여겨지고 있으며, 그리고 비록 옛처럼 선천적, 형
이상학적 내지 우주질서적 차원에까지 확대시키지는 않는다 하더라
도, 적어도 인간관계의 영역이면 그것이 사회적, 정치적 영역이든 법
적 영역이든, 또 사인 간의 영역이든 공적, 국가적 영역이든 관계없
이 모두에 대해 평가적 의미를 지니는 그리고 누구에 의해서나 정열
적으로 요구되는 그야말로 '보편적 원리 내지 가치이념'으로 타당하
고 있는 듯하다. 이처럼 열망되고 있는 것이 정의라면 이에 대한 탐
구는 인간지성에 부과된 최중대한 과제라 아니할 수 없을 것이다.

I

정의에 대한 탐구는 '정의란 도대체 무엇인가?'라는 물음에서부터
시작되지 않을 수 없다. 그러나 이는 '진리란 무엇인가?'라는 빌라도
의 물음처럼 근본적이고 근원적인 물음이어서 도대체 하나의 정의로
써 대답될 수 있는 것일까? 아닌게 아니라 사람들은 정의를 진리나
선과 같이 '시원적'인 개념으로 여긴다. 그리고 이러한 개념들은 정의
될 수 없다고 한다.[4] 나아가 사람들은 정의를 '자유'니 '의무'니 하는

2) G. Radbruch, *Vorschule der Rechtsphilosophie*, 제2판, Göttingen 1959, 24면.
3) J. Rawls, *A Theory of Justice*, Harvard U. P., Cambridge, Massachusetts
   1971, 3면, 롤즈 지음, 황경식 옮김, 「사회정의론」, 서광사, 1985(수정판), 25면.
4) 이 점 특히 G. Simmel, *Einleitung in die Moralwissenschaft*, 제1권, Berlin
   1982, 8면; G. E. Moore, *Principia Ethica*, 1903, Cambridge 1968, 6면; 자

평가적인 개념들처럼 높이 숭앙받기는 하지만 그만큼 감정적 색채가 짙은 '착종적'인 것으로 여긴다.[5] 그리고 이러한 개념들에서는 도대체 '정의'한다는 것과 '옹호'한다는 것을 구별하기란 극히 어렵다고 한다.[6] 하지만 정의가 도대체 정의될 수 없다는 생각에는 찬동할 수 없다. 정의가 더 이상 분석될 수 없을 정도로 시원적이고 또 감정적으로 착종된 개념이라 할지라도 그것이 전혀 정의될 수 없다는 것을 의미하지는 않을 것이다. 정의라는 개념은 그토록 오랫동안 사용되어 왔고, 빼어난 사상가들에 의한 그토록 많은 내용규정의 시도들이 있어 왔다. 즉 정의에 관한 기술가능한 언어관용과 이념사가 형성되어 있다. 어떻게든 서술될 수 있는 것은 모두 근본적으로 정의될 수 있다고 일단은 보아야 할 것이다.[7] 또 정의의 감정적 요소는 합리적으로 검토되어야 할 중요한 과제이며, 나아가 정의의 '정의'와 '변호'도 분간하기 어렵다. 하지만 이는 롤즈처럼 '개념'(concept)과 '관' 또는 '견해'(conception)를 조심스럽게 구별만 한다면 가능한 것이다.[8] 즉 어떤 것을 정의롭다거나 정의롭지 않다고 평가하는 실체적인 원리 내지 규준들을 제공하는 정의의 관(이념) 내지 견해들과 이들이 그 안에서 표현되고 또 이들의 공통적인 역할(要素)로 특징지어지는

세히는 졸저, 「법철학 I」, 법문사, 1982, 201면 참조.

5) 정의개념의 착종성에 대해서는 페를만 지음/심헌섭 외 옮김, 앞(주 1)의 책, 7면 참조.

6) 이러한 개념들의 정의란 일정한 가치를 전제하며, 이러한 가치란 어떤 규정적인 정의 속에 내포되어 있다기보다 옹호되어야 하기 때문일 것이다. 이 점 W. Sadurski, *Giving Desert its Due. Social Justice and Legal Theory*, Dordrecht, Boston, Lancaster 1985, 9면 참조.

7) 이 점 I. Tammelo, *Theorie der Gerechtigkeit*, Freiburg, München 1977, 17면, 26면 참조. 이 저서는 정의의 관념을 다듬는데 매우 가치 있는 간결한 지도서이다. 필자도 이에 따랐으나 좀 더 자세히 그리고 그 배후에까지 파고들어 보완하면서 설명하려 했다.

8) 이러한 '정의개념'과 '정의관'의 구별에 관해서는 J. Rawls, 앞(주 3)의 책, 5면, 9~10면, 그리고 옮긴 책, 27면, 31~32면 참조. 또 R. Dworkin, *Taking Rights Seriously*, Harvard U. P. 1977, 134~136면 참조. 이와 동일한 차원에서 놓고 볼 수 있는 것은 페를만의 형식적 정의와 구체적 정의의 구별이다. 앞(주 1)의 책, 심헌섭 외 옮김, 7면 이하.

'틀'(framework) 내지 영역은 구별될 수 있는 것이다. 이러한 틀 내지 영역을 구획짓는 것도 다름 아닌 정의의 개념정의라 할 수 있을 것이다.

무릇 개념규정은 개념에 포섭된 대상들의 공통된 특성을 나타내는 개념의 징표를 밝힘으로써, 다시 말해서 개념의 내포와 외연의 상호적 규정을 통해서 이루어진다고 하겠다. 그런데 개념의 이러한 징표를 밝힘에 있어서는 그것이 수학적 내지 자연과학적인 것이 아닌 한 그 간주관성을 위해서도 개념이 언어관용상, 그리고 정의와 같은 평가적인 개념인 경우에는 특히 그 이념사상 및 학설상 지니고 있는 의미로부터 완전히 자유로울 수 없는 것이다. 따라서 이러한 의미는 그 개념정의의 실마리로 삼아야 하는 것이다. 물론 정의라는 개념을 두고 보더라도 이러한 의미는 확정되어 주어져 있는 것은 아니다. 그러나 정의 문제에 관한 풍부한 저서들 속에는 우리가 의거할 수 있는 언어사용과 이념사에 대한 충분한 기술과 탐구가 존재하고 있는 것이다. 그러면 사람들은 무엇을 두고 정의 또는 부정의라 했으며 또 무엇에 대해 정의 또는 부정의를 말하고자 했는가? 이에 대해 자세히 기술하는 것은 정의론의 역사를 서술하는 것이 될 것이기에 여기서는 정의의 개념을 얻고자 하는 우리에게 실마리를 제공할 정도의 약설로 만족할 수밖에 없겠다.[9]

잘 알듯이 정의의 이념은 우리로 하여금 서구 고대의 그리스철학에로 이끈다. 여기서 정의는 처음 신화적으로 상징되었는가 하면, 우

---

9) 정의론의 역사적 전개에 관해서는 특히 김철수, 「법과 사회정의」, 서울대학교 출판부 1983, 84면 이하; 황경식, 「사회정의의 철학적 기초」, 문학과 지성사 1985, 399면 이하; G. Del Vecchio, *Die Gerechtigkeit*, 제2판, Basel 1950, 5면 이하; I. Tammelo, *Theorie der Gerechtigkeit*, Freiburg, München 1977, 29면 이하; H. Welzel, *Naturrecht und materiale Gerechtigkeit*, 제4판, Göttingen 1962; 특히 그리스에서의 정의개념에 관해서는 박은정, 정의론의 인간학적 기초, 세계의 문학, 1983 봄, 민음사, 49면 이하; A. Verdross, *Grundlinien der antiken Rechts- und Staatsphilosophie*, 제2판, Wien 1948; E. Wolf, *Griechisches Rechtsdenken*, 제1권~제5권, Frankfurt/M. 1950 등 참조.

주론적으로 또 수리론(數理論)적으로도 사색되었다. 즉 정의는 아득히는 충분히 교량된 판단 위에 각자에 응당 돌아가야 할 바를 돌려주게 하고, 과잉과 허위와 쟁투와 폭력과 대적한 여신 'Dike'로 상징되었었다.[10] 이러한 정의는 그리스 철학의 초기 아낙시만드로스를 비롯한 자연철학자들에 의해서는 현상세계 전체를 지배하는 우주적 근본원리(arche)로 간주되었다.[11] 이어 피타고라스는 세계를 수적 관계로 이룩된 질서로, 즉 수를 만물의 본질로 보면서 정의는 '같은 것에 같은 것으로 갚음하기 때문에 같은 것에 같은 것을 곱하는 자승수로 이루어져 있다'고 가르쳤고, '4' 또는 '9'를 정의라 일컬었다. 요컨대 정의는 '평등성'으로 파악되었다.[12]

그러나 정의사상이 절정에 이른 것은 역시 소크라테스, 플라톤, 아리스토텔레스의 시대, 그리고 비록 단편적 언급에 머물고 말았지만 중국에서의 공맹시대에 와서이다. 공자, 소크라테스, 플라톤, 그리고 맹자에서는 정의는 주로 인간의 삶 전체를, 즉 인간의 내적 및 외적 활동을 규율하는 윤리적 원리로서의 덕목으로 또 이상적으로 기안된 국가에서 자기 할 일을 행하는 데 그 뜻이 있는 것으로 파악되었다. 즉 그들은 정의를 주로 바른 인간과 특히 정당한 국가질서에 관한 일반적인 표상으로 여겼다.[13] 그런데 정의에 관해서 이러한 일반적

---

10) 특히 I. Tammelo, 앞(주 7)의 책, 33면 이하 참조.

11) 이는 서구에서의 정의에 관한 최초의 언급이라고 하는 아낙시만드로스 (Anaximandros)의 "사물의 시원은 무한정(apeiron)이다. … 거기에서 사물들은 그 생겨남을 받지만 거기에서 또한 그것들은 필연에 의해 사멸한다. 왜냐하면 그것들은 시간의 질서에 따라 서로가 서로의 부정의에 대해 벌과 보상을 주고받기 때문이다"라는 유명한 말이 잘 나타내 준다. 이 밖에 파르메니데스(Parmenides), 헤라클레이토스(Herakleitos)도 같은 생각이었다. H. Diels/W. Kranz, *Die Fragmente der Vorsokratiker*, 제11판, Zürich, Berlin 1964, B 1, B 8, B 102 참조.

12) 이러한 설명은 A. Verdross, *Abendländische Rechtsphilosophie*, 제2판, Wien 1963, 9면; I. Tammelo, 앞(주 7)의 책, 8면 이하, 37면 참조.

13) 이 점은 공자가 "군자는 의로써 바탕을 삼고"(君子義以爲質), "군자는 정의를 표준으로 삼고"(君子喩於義), "임금은 임금노릇을 하며, 신하는 신하노릇을 하며, 아비는 아비노릇을 하며, 아들은 아들노릇을 하는 것이다"(君君臣臣父父

인 표상을 넘어 특수한 개념으로 규정해 준 이는 아리스토텔레스이
었다. 그는 우선 사람들이 법을 침해하거나 자기 몫 이상으로 가지
는 자를 정의롭지 않다고 말하는 것을 근거로 삼아 법적인 것과 공
정한 것, 즉 평등성을 정의의 두 의미로 보았다. 그런데 법에 의해
명령된 대부분의 행위는 전체적인 덕목의 견지에 의한 것이기에, 다
시 말해서 법은 덕이면 모두 실행토록 명하고 악이면 모두 금하기에
이러한 법적인 것으로서의 정의와 공정, 즉 평등으로서의 정의는 같
지 않고 전체와 부분처럼 구별될 수 있고, 따라서 전자의 '일반적(전
체적) 정의'와는 구별된 후자의 '특수적 정의'를 말하지 않을 수 없다
고 했다. 이를 그는 첫째로 그 구성원에 나눌 수 있는 공동체의 명
예, 금전 기타를 분배할 경우에 나타나는 특수적 정의와 둘째로 사
람과 사람 사이의 거래에서 시정적인 역할을 하는 특수적 정의로 분
류했다. 그리고 전자에서는 예컨대 각 구성원에게 분배된 명예 및
이익은 각 구성원의 '공적'에 비례하여야 하는 이른바 '기하학적(비례
적) 평등'이 문제되고, 후자에서는 자발적인 거래(예컨대 매매나 임대
등)를 통해서나 비자발적인 거래(예컨대 절도나 강도 등)를 통해서 생
긴 불균형을 바로 잡아주는 '산술적(평균적) 평등'이 문제된다고 지적

子子)라고 말한데서(논어, 신역사서 II, 현암사, 1965, 116면, 15면, 195면 참
조), 맹자가 "의는 사람이 올바르게 걸어가는 길이오"(義人之正路也)라고 말
한데서(맹자, 신역사서 III, 현암사, 1965, 29, 30면), 또 플라톤이 "확실히 자
기의 일을 행하고 여러 일에 참견하지 않는 것이 정의라는 것은 우리는 다른
여러 사람에게서 들었고 또 우리들 자신도 확실히 여러 번 말하기도 했네"(박
종현 역, 플라톤, 「메논, 파이돈, 국가」, 서울대학교출판부, 1987, 284면), "목
공이 제화공의 일을 또는 제화공이 목공의 일을 하려고 꾀하거나 또는 이들
이 서로의 도구나 직분을 바꾼다거나 또는 심지어 동일한 사람이 이 양쪽 일
을 다하려고 꾀하거나, 또는 그 밖의 모든 것들이 뒤바뀐다면, 그래 이런 것
이 나라를 크게 해칠 것으로 자네에겐 생각되는가?" … "그러므로 세 부류인
이들 간의 참견이나 상호이행은 이 나라에 최대의 해가 되는 것이며, 따라서
가장 나쁜 것으로 지칭되어 지당할 것일세" … "이런 부류들의 각각이 이 나
라에 있어서의 제 할 일을 할 때의 이 상태가 정의이며, 또한 이것이 이 나라
를 올바른 나라로 되게 하겠군" "또한 이런 점에서 보아도 제것의 소유와 제
할 일의 행함이 정의라는 동의를 얻었네 그려"(역시 위의 박종현 역, 285면
이하)라고 자세히 이야기한 데서 잘 알 수 있다.

했었다. 이로써 아리스토텔레스에 의해 정의는 이른바 '분배적 정의'
와 '평균적 정의'로 구성되게 된 것이다. 이 밖에 아리스토텔레스는
정의의 엄격성에 대한 완화로서의 '형평'의 덕목도 강조했었다.[14]

후기고대(로마)시대와 중세는 아리스토텔레스의 정의론에 의해, 특
히 그의 분배적 정의의 관념에 의해 지배되었다. 중세의 토마스 아
귀니스는 정의를 '각자에 그의 것을 주려는 영구부단의 의지'라고 한
로마법률가들의 분배적 정의관을 일단 옹호하면서, 나아가 이러한 정
의는 그 이름에 따라 평등을 뜻하고, 평등이란 자신과가 아니라 타인
과의 사이에 존재하므로 정의는 본질적으로 항상 타인과의 관계를 함
의한다는 점을 강조했다. 그래서 정의는 다른 덕목들, 예컨대 지혜, 절
제, 용기와는 달리 '타인에로 향한'(ad alterum) 덕목으로 규정되었다.
그리고 그는 이 타인이 다른 개인으로서의 타인이 아니라, 전체(법공
동체)로서의 타인인 경우의 일반적(법률적) 정의(justitia universalis)도
지적했었다.[15]

그러나 근세에 와서는 평등사상의 고양에 의해 정의관에도 변화를
가져왔다. 인간은 원래부터 자유롭고 평등하고, 인간은 인간으로서 평
등한 권리와 의무를 지닌다는 사조와 함께 출신, 신분, 소유 등 어딘
가 서열적 차별을 고려하면서 이해되었던 '각자에 그의 것!'이라는 정
의의 원리는 전면에서 물러나고 정의는 평등의 원리, 적어도 우선은
'법률 앞에서의 평등'이어야 한다고 인식되었던 것이다. 이러한 정의
원리는 프랑스 혁명과 그 후의 민주주의의 발전을 지배했었다. 그러
나 법 앞에서의 형식적 평등이 실질적 관점에서 조명되면서부터 정의
의 원리는 '최대다수의 최대행복'이라는 공리의 원리로나(벤담), '각자

---

14) 아리스토텔레스의 정의론에 대한 설명은 그의 *Ethica Nicomachea*, 제5장;
   The Works of Aristotle, D. Ross 편, 제9권, Oxford U. P. 1975; 최명관 역,
   「니코마코스 윤리학」, 을유문화사, 1968, 269면 이하 참조.

15) Thomas Aquinas, *Summa Theologica*, II-II, Q. 58, 2, 5. 참조는 D.
   Bigongiari 편, *The Political Ideas of St. Thomas Aquinas*, Hafner Press,
   New York, London 1975, 108면 이하.

에 그 일한 바(성과)에 따라' 또는 '각자에 그 필요에 따라'라는 원리로도(맑스) 새겨지게 되었다.[16] 공리주의자인 밀은 정의를 어떠한 의미에서 파악하든 그것은 모두 깊이 파고 보면 공리의 원리에 의거하고 있음을 지적했을 뿐만 아니라, 나아가 다른 덕목과는 달리 법처럼 상대방에서의 권리의 존재를 승인해야 하는 '완전한 의무'로 보면서 "정의란 그것을 행하는 것이 옳고 행하지 않는 것이 잘못일 뿐만 아니라, 어떤 개인이 우리로부터 그의 권리로서 청구할 수 있는 어떤 것이다"라고 지적했다.[17]

오늘날에 와서 주목을 끈 정의론은 페를만과 롤즈의 그것이다.[18] 페를만은 정의판단의 여러 규준을 제공하는 정의공식들을 통틀어 '구체적(실질적) 정의'라 하고, 이들 구체적 정의들에 최소로 합의된 요소로 이루어진 정의의 공식을 '형식적(추상적) 정의'라 일컫고, 이를 '동일한 범주에 속하는 존재들은 동일하게 다루어야 한다는 행동의 원칙'이라고 표현했다. 롤즈는 정의를 행동의 원리라기보다는 무엇보다 사회 내에서의 기본적인 권리와 의무, 또 이익과 부담의 분배적 국면을 결정할 사회구조의 원리로 파악하고, 이러한 원리를 제시하는 '정의관'(conception of justice)과 상이한 정의관이 공통적으로 갖는 역할, 즉 자의적 차별의 금지와 적절한 조정이라는 특징으로 규정되는 '정의의 개념'(concept of justice)을 구분했다. 그런데 페를만과 롤즈의 정의론에서의 특징은 둘 다 실질적 정의판단(구체적 정의, 정의관)의 합리적 근거지음, 즉 정당화에 대해 진력했다는 데 있다. 즉 페를만은 정의와 부정의에 관해 이성적 '합의'에 이를 수 있는 합리적 담화의 조

---

16) 공리주의적 정의관은 J. Bentham, *An Introduction to the Principles of Morals and Legislation*, University of London 1970, 제1장 및 제10장 참조. 맑스의 정의관은 특히 그의 Kritik des Gothaer Programm, *Marx-Engels-Werke*, Berlin 1962, 제19권, 15면 이하 참조.

17) J. S. Mill, *Utilitarianism-Liberty-Representative Government*, Everymann's Library, London, New York 1957, 38면 이하(특히 46면) 참조.

18) 이하의 인용과 설명은 페를만, 앞(주 1)의 옮긴 책, 21면, 111면 이하; 롤즈, 앞(주 3)의 옮긴 책, 29면, 32면 이하, 81면 이하, 316면 이하 등 참조.

건과 규칙을 다듬은 '논의이론적 정의론'을, 롤즈는 한 주체가 정의와 부정의에 관해 하나의 합리적이고 또 모두가 수락할 수 있는 결정을 내릴 수 있는 조건과 규칙을 다듬은 '결정이론적 정의론'을 각각 제창했다. 특히 롤즈는 그에 의해 구성된 결정주체, 즉 임의로 선발되고 건전한 이기심을 가진 개인으로 하여금 가설적인 평등한 원초적 입장에서 '무지의 베일'을 가린 채, 즉 그의 부, 지위, 재능 등이 어떨지에 대해 일체 모른 채, 그러나 최소위험의 원칙에 따른다는 규칙 밑에서 사회구조의 정의원리를 결정(선택)케 하였다. 그래서 그는 "모든 사회적인 기본 가치(선)들-자유, 기회, 소득, 부 및 자존감의 기반-은 이러한 가치들의 일부 또는 전부의 불평등한 분배가 최소수혜자의 이득이 되지 않는 한 평등하게 분배되어야 한다"는 '일반적 정의관 즉 평등주의적, 사회국가적 정의관에 도달했고, 그는 다시 (약간 단순화해서 표현하면) 첫째로 "각자는 다른 이의 유사한 자유와 양립가능한 가장 광범위한 기본적 자유에 대한 평등한 권리를 가져야 한다"는 이른바 '평등한 자유의 원칙'이라는 제1원칙과, 둘째로 "사회적, 경제적 불평등은 그것이 최소수혜자에 최대의 이득이 되고 또 기회 균등의 원칙하에 모든 이에게 개방된 직책과 직위에 결부되도록 편성되어야 한다"는 '차등의 원칙'이라는 제2원칙들로 이루어져 있는 유명한 '특수적 정의관'을 획득하기에 이르렀다. 정의는 롤즈에 의해 '사회적 정의'로 관념되기에 이르렀고, 이는 정의의 이념사 속에서 예부터 자주 구상되었던 일반적 정의, 즉 정당한 사회(국가)질서의 이론을 거의 방불케 하는 정의이론이었다.

II

이상으로 우리는 정의의 이념사와 언어관용을 간단히 훑어보았다. 한말로 말해서 거기에는 동요도 많고 또 그만큼 다의성도 엿보인다. 정의의 개념이 이러한 약설로 곧바로 얻어질 수는 없겠다. 실로 학문적 개념은 실재의 여러 상이한 국면들 사이를 명확하게 선을 그으면서 분별할 수 있어야 한다. 따라서 정의의 개념도 그 이념사와 언어관용을 발판으로 하면서 조심스레 다듬고 나아가 구성함으로써만 얻어질 것이다. 그러면 이제부터 그것을 다듬어 보기로 하자.

우선 전통적 방법에 따라 특징지을 최상위의 징표, 다시 말해서 그 유개념(類概念)적 징표를 지적하는 것으로 시작해야 하겠다. 말할 것도 없이 정의는 정의롭다는 속성이 귀속되고 있는 상태를 가리킬 것이다. 문제는 이 정의롭다는 속성이 어떠한 성질의 것이냐일 것이다. 무릇 속성에는 예컨대 '부피가 있는', '뜨거운' 등과 같이 대상 속에 주어져 있는 객관적 속성이 있는가 하면, 예컨대 '아름다운', '선한' 등과 같이 인간주체에 의해 대상에 부여되는 (주관적!) 속성들이 있다. 후자를 특히 '가치속성'이라 한다. 정의롭다는 속성이 이 후자에 속함은 명백하며, 따라서 우리는 우선 정의(속성)을 '가치속성'이라고 규정할 수 있겠다.[19]

그런데 가치속성에는 여러 가지가 있다. 정의가 가치속성이라면 어떠한 그것이란 말인가? 이에 대답하자면 우선 그것이 귀속되는 대상들을 살펴 볼 필요가 있다. 무엇을 두고 정의롭다고 하는지는 위의 약설에서도 엿볼 수 있었지만 여러 가지이다. 인간도, 의사결정도, 행위도, 규범과 규범질서도, 상황과 사태도, 사회구조도, 나아가 형벌, 임금, 가격, 조세도 모두 정의롭다거나 그렇지 않다고 일컬어진다. 심지어는 신에 대해서도 또 자연과 역사에 대해서도 그렇게 말하기도 한다. 그러면 과연 이 모두가 정말 전적으로 그리고 같은 차원에서 정의롭다고 일컬어져야만 할 것인가? 오늘날 이에 대해서는 견해의 대립이 보인다. 롤즈는 "우리에 있어서 정의의 제1대상은 사회의 기본구조이다", 나아가 "기본구조는 그 영향력이 이처럼 심대하고 또 애당초부터 나타나기 때문에 정의의 제1대상이 된다"고 말

---

19) 이에 관한 자세한 설명은 I. Tammelo, 앞(주 7)의 책, 69면 이하 참조.

하고 있다.[20] 이에 대해 하이에크는 "엄격히 말해서 오직 인간행위만이 정의롭다거나 정의롭지 않다고 말할 수 있다"라고 반박한다.[21] 생각건대 사람들이 일정한 대상을 정의롭다고 일컬을 때 우리는 그것이 제1차적인 의미에서 그러는지 파생적인 의미에서 그러는지를 구별해 보아야 한다. 그런데 좀 더 자세히 고찰해 볼 때 사람들이 정의롭다고 일컫는 모든 경우에 언제나 '함께' 생각된 대상이 존재한다는 것을 알 수 있다. 그것은 바로 행위 또는 행위의 양태, 즉 행태인 것이다. 즉 정의로운 인간은 정의롭게 행위할 생각을 가지고 또 늘 그러한 심정에 따라 행위하는 인간이며, 정의로운 의사결정은 정의로운 행위를 시인하고 명하는 결정이며, 정의로운 규범은 정의로운 행위를 규정하거나 허용하는 규범이며, 정의로운 규범질서는 정의로운 행위를 가능케 하거나 요구하는 질서이며, 정의로운 상황과 사태는 그것이 인간행위에 의해 그렇게 야기되었거나 변화시킬 수 있을 때의 그것이며,[22] 정의로운 사회구조란 인간행위에 의해 그렇게 창설되었거나 정의로운 인간행위를 요구할 때의 그것이며,[23] 정의로운 형벌, 임금, 조세란 범죄, 노동, 부에 대해 적정하게 부과하고, 지불하는 정의로운 행위의 기준을 이루는 그것들인 것이다. 이렇게 볼 때 '제일차적으로' 정의롭다고 일컬어질 대상은 인간의 행위라고 보아야 하겠다.[24]

이는 사실 전통적인 견해이기도 하다. 아리스토텔레스도 그의 정

---

20) J. Rawls, 앞(주 3)의 책, 7면; 롤즈, 앞(주 3)의 옮긴 책, 29면; 또 밀러는 "우리는 정의로운 인간, 정의로운 행위 그리고 정의로운 사태(state of affairs)를 말한다. 그러나 이들 사용중 맨 마지막이 제1의 것으로 간주되어야 한다 …"라고 하면서 '사태'를 제1대상으로 보고자 한다(D. Miller, *Social Justice*, Oxford 1979, 17면).

21) F. A. v. Hayek, *Law, Legislation and Liberty*, 제2권, *The Mirage of Social Justice*, The University of Chicago Press, Chicago and London 1976, 31면.

22) 이 점 밀러도 명백히 시인한다. 앞(주 20)의 책, 18면.

23) 이 점은 롤즈에서도 같다 하겠다. 왜냐하면 그의 '사회구조'란 적어도 의도상 행위지도(향도)적인 '정의의 원리'에 의해 정의되고 있기 때문이다.

24) 이러한 결론과 설명은 I. Tammelo, 앞(주 7)의 책, 74면 참조.

의에 관한 설명을 정의와 부정의는 첫째로 '어떠한 종류의 행위와 관련되고 있는가'라는 질문에서부터 시작했으며, 토마스 아퀴나스도 같은 생각이었으며, 이는 오늘날의 지배적인 견해인 것이다.[25] 따라서 우리가 규범이나, 특히 사회구조를 정의롭다고 하는 것은 엄격히 본다면 '파생적'인 의미에서 그렇게 말한다는 것으로 이해해야 할 것이다. 그러나 어떤 이의 의도적 행위라기보다 여러 개인들의 행위의 상호작용으로 마치 스스로 결과된 것으로 볼 수 있는 '사회구조'를 두고 그것을 일차적인가 파생적인가, 또 직접적인가 간접적인가를 따지지 않고 일반적 그리고 포괄적으로 정의의 대상으로 논하는 것은 이미 언어관용화되어 있다. 그래서 사람들은 정의의 주요대상으로 행위와 행위주체, 규범과 규범질서, 나아가 사회구조를 든다.[26] 그러나 어쨌든 정의가치가 '궁극적으로' 귀속되는 것은 인간의 행위, 실로 그 '유의적 행위'라 하겠다. 이렇게 인간의 행위에 귀속되는 가치속성을 윤리적(도덕적)이라 한다. 이러한 의미에서 우리는 우선 정의를 '윤리적 가치속성'이라고 규정할 수 있겠다. 정의는 그래서 주체의 측에서 보면 '덕목'의 하나인 것이다.

그런데 우리가 정의롭다고 지칭되는 인간행위 기타 정의의 대상들을 살펴보면 이들은 원칙적으로 인간상호간의 관계에 관련되고 있음을 어렵지 않게 알 수 있다. 그 표현이 비록 '간(間)-인간적'이지 않다 하더라도 정의원리의 본질적 구조는 '간(間)-인간적'인 것이다.

---

25) Aristoteles, 앞(주 14)의 책, 1129a; Thomas Aquinas, 앞(주 15)의 책, 107면(II-II, 58, 1) ("정의는 영구부단의 의지에 의해 각자에 그의 것을 주는 행위습관(habitus)이다"); 오늘날은 위에서 언급한 페를만, 하이에크, 타멜로 등 외에 켈젠도 H. Kelsen, *Reine Rechtslehre*, 제2판, Wien 1960, 358면("정의는 특수한 인간행위의 속성이다").

26) 이렇게는 R. Dreier, Recht und Gerechtigkeit, D. Grimm 편, *Einführung in das Recht*, Heidelberg 1985, 98면; P. Koller, Die Idee der sozialen Gerechtigkeit, *Objektivierung des Rechtsdenkens*, Gedächtnisschrift für I. Tammelo, Berlin, 1984, 97면 등 참조. 사람들이 가끔 신, 자연, 역사에 대해 정의를 말하나 이는 이것들을 의인화해서 표상할 때 가능한 것이며, 따라서 우리의 관심 밖에 두어야 하겠다.

우리가 정의로운 인간이라고 할 때 그것은 타인에 대해 정의롭게 행
위하는 자를 말하며, 우리가 정의로운 제도를 말할 때 그것은 인간
사이의 정의로운 관계를 수립하는 그것을 두고 말하는 것이다.[27] 일
찍이 아리스토텔레스도 인간 사이의 이익과 부담의 분배, 또 인간
사이의 불균형의 시정을 놓고 정의를 논했고, 또 그가 정의를 그처
럼 찬양한 것도 그것이 이웃에 대해서까지 실행될 수 있는 덕목이라
는 점에 주목했던 때문이었으며, 특히 토마스 아퀴나스는 명백히 "정
의는 다른 사람들과의 관계에 놓여있는 사람을 규율한다"고 했다.[28]
켈젠도 "정의는 특수한 인간행위, 즉 타인의 취급을 그 본질로 하는
행위의 속성이다"라고 지적했다.[29] 이렇게 볼 때 정의가 사회적 영
역, 즉 인간상호간의 영역을 문제 삼는다는 것은 예외 없이 승인되
고 있는 견해인 것 같다.[30] 따라서 정의가 타인이나 집합이나 사회
를 다루는데 관련된 유의(의도)적인 행위, 오늘날의 표현을 빌리면
'상호작용행위'(Interaktion)라고 지칭되는 행위에 귀속되는 덕목이라
는 점에서 그것을 우리는 '윤리적, 사회적 가치속성'이라고 할 수 있
겠다. 그런데 개인들의 상호적 관계, 즉 그들 상호간의 행위를 규율
하는 도덕을 '사회도덕'(사회윤리)이라고 하고, 이를 개인이 자기의 삶
을 어떻게 형성하여야 하는가에 관한 '개인도덕'(개인윤리)과 구별한

---

27) 이런 결론은 아리스토텔레스 이후 일관된 견해이다. 특히 I. Tammelo, 앞(주
  7)의 책, 74면 참조.
28) Aristoteles, 앞(주 14)의 책, 1129b, 25~30; Thomas Aquinas, 앞(주 15)의
  책, 113면(II-II, 58, 5).
29) H. Kelsen, 앞(주 25)의 책, 358면.
30) 이처럼 정의가 인간의 행위를 대상으로 할 뿐만 아니라, 나아가 인간상호간의
  행위에 관련되어 있다는 것은 그것이 인간은 행위하는 존재이고 또 공동체적
  존재라는 '인간학적' 기초와 밀접한 관계에 있음을 말한다고 하겠다. 이 점 O.
  Weinberger, Die *conditio humana* und das Ideal der Gerechtigkeit, D. N.
  MacCormick/O. Weinberger 공저, *Grundlagen der Institutionalistischen
  Rechtspositivismus*, Berlin 1985, 245면 이하 참조. 바인베르거는 여기에서
  정의의 원리를 행위결정인으로서의 역할에서 이해하고 정의원리의 내용을 공
  동생활 내에서의 그 기능에서 설명하려고 시도한다. 또 좀 더 깊은 '정의론의
  인간학적 기초'에 관한 논의는 박은정, 앞(주 9)의 글 참조.

다면 정의는 '사회도덕적(윤리적) 가치'라고 규정할 수 있겠다.[31]

정의가 이렇게 사회윤리적 가치로 규정됨으로써 그것은 '순수한 도덕' 그 자체와는 거리를 두게 마련이다. 그러면 무엇이 그렇게 거리를 두게 하는 징표인가가 탐구되어야 하겠다. 사실 도덕일반이 단순한 편의주의로부터 구별되는 징표는 '의무'의 관념이다. 의무란 그것을 '도덕법칙에 의한 직접적 강요'(칸트)라 하든, 어쨌든 그것은 어떤 것을 이행하도록 정당하게 강요되어 있는 상태를 뜻한다.[32] 의무란 사람이 빚을 갚아야 하듯이 반드시 해야 하는 일이다. 우리가 어떤 것을 해야 한다고 생각하지 않을 때 우리는 그것을 의무라고 하지 않는다. 어떤 것이 사람에 의해 행해지는 것을 원하고, 행해질 경우 존경하지만 꼭 해야만 한다고 승인하지 않을 경우 이는 도덕적 의무의 경우는 아니다. 어쨌든 '의무'의 징표는 사회도덕, 특히 정의 가치에 있어서도 특징적인 징표이다. 어떤 자가 정의상 어떤 일을 하여야 한다고 생각할 때 그는 그것을 하도록 강요되어 있다고, 즉 그것을 할 의무를 갖고 있다고 하는 것이 언어관용이기도 한 것이다.

---

31) 개인도덕과 사회도덕의 구별에 관해서는 V. Kraft, *Grundlagen der Erkenntnis und der Moral*, Berlin 1968, 110면 이하 참조. 또 고전적 지적으로는 Thomas Aquinas, 앞(주 15)의 책, II-II, 58, 8: "이성에 의해 바로 잡을 수 있는 것은 모두 도덕적 덕목의 문제이다. 왜냐하면 철학자(아리스토텔레스)에 의하면 이는 바로 이성으로 정의되고 있기 때문이다. 그런데 이성은 마음의 내적인 정열뿐만 아니라 외적 행위도, 그리고 또한 인간이 사용하는 외적 사물도 바로 잡는다. 그런데 인간이 서로 교통하고 그래서 한 사람과 다른 사람과의 관계가 고려되게 되는 것은 외적 행위와 외적 사물과 관련하여서이다. 이에 반해 우리가 인간 그 자신의 정직을 고려하게 되는 것은 내적 정열과 관련하여서이다. 따라서 정의는 대타인적이기 때문에 그것은 도덕적 덕목의 전 문제에 관해서가 아니라, 단지 외적 행위와 사물, 그것도 이들을 통해 한 사람이 다른 사람과 관계를 맺는 한에서의 대상에 대한 어떤 특수한 국면에서의 그것들에 관해서만 관심을 갖는다." 그리고 특히 I. Kant, *Metaphysik der Sitten*, Philosophische Bibliothek, Hamburg 1959, 특히 261면 이하의 '자기자신에 대한 의무'(자살, 자상, 자기비방, 자기기망 등을 안할 의무)와 '타인에 대한 의무'(사랑, 선행, 감사, 동정, 존경 등의 의무)의 구별 참조. 이러한 구별적 설명에 대한 불만은 박은정, 앞(주 9)의 글, 46면 참조.

32) '도덕적 의무'에 관해서는 I. Kant, 위의 책, 25, 311, 347면 등 참조; 특히 J. S. Mill, 앞(주 17)의 책, 44면 이하 참조.

그렇다면 의무의 관념의 면에서는 도덕 일반과 정의는 구별되지 않는다. 따라서 도덕일반과 정의를 구별케 하는 특징을 찾아야 하겠다.

일찍이 사람들은 '자기자신에 대한 의무'(개인윤리)와 '타인에 대한 의무'(사회윤리)를 구별했을 뿐만 아니라 '불완전한 의무'와 '완전한 의무'를 구분하려 했다.[33) 여기에서 불완전한 의무란 '선행'의 경우처럼 어떤 행위가 의무적이기는 하지만 그 개별적 수행의 기회는 행위자의 선택에 맡겨져 있는, 다시 말해서 실행해야 할 의무는 있지만 대상인물이나 시기가 확정되어 있지 않은 의무를 두고 말한다. 그 반대가 완전한 의무이다. 밀은 이를 "법철학자의 좀 더 명확한 언어에 따르면, 완전한 의무란 그것으로 인해 어떤 한 사람 또는 사람들이 그것과 상호관계에 있는 '권리'를 획득하게 되는 의무이며, 불완전한 의무란 그와 같은 권리와 상호관계에 결코 놓여있지 않은 의무이다"라고 표현했던 것은 유명하다.[34)

밀에 의하면 예컨대 법적인 권리가 침해될 경우, 도덕적 권리가 침해될 경우, 응분의 몫을 받지 못할 경우, 신의를 깨뜨릴 경우, 불편부당하지 못할 경우, 평등이 근거 없이 침해될 경우 등에 (부)정의가 이야기되는 것이 보통이고, 이들 경우들을 함께 묶는 관념은 단순히 의무의 관념만이 아니고, 나아가 법이 소유권이나 기타의 권리를 부여할 때 사람들에 주어지는 청구권 같은 개인적 권리의 관념도 포함하고 있다는 것이다. 그래서 그는 "정의란 그것을 행하는 것이 옳고 행하지 않는 것이 나쁠 뿐만 아니라 어떤 개인이 그렇게 할 것을 그의 도덕적 권리로서 청구할 수 있는 것이라는 것을 함의하고 있다. 아무도 우리에게 관용이나 선행을 요구할 도덕적 권리를 갖고 있지 않다. 왜냐하면 우리는 그러한 덕목들을 어떤 일정한 개인에 대해 실행하도록 도덕적으로 의무지워져 있지 않기 때문이다"라고 지적했다.[35) 즉 밀에 의하면 순수한 도덕 일반은 의무만을 부과하는

---

33) 특히 J. S. Mill, 위의 책, 46면.
34) J. S. Mill, 같은 책, 46면.

정의에 관한 연구 I

데 대하여, 정의는 나아가 '의무-권리관계'를 성립시키는 것이며, 여기에 양자 사이의 결정적 차이가 있다는 것이다. 사실 우리가 여기에서의 '권리'와 '의무'를 도덕적으로 이해된 그것으로 보는 한 그의 설명에 대해서는 반론할 수 없는 것 같다.

정의가 이렇게 '의무-권리관계'로 특징지어짐에 따라 그것은 도덕 중에서도 특히 법에 친근한 부분이라는 것은 짐작하고도 남는다 하겠다. 사실 법과 정의는 어원상으로도 서로 뗄 수 없는 관계에 놓여 있었다.[36] 더욱이 법의 특징은 사람들 상호간의 결합을-한쪽에 권한을 주되, 다른 쪽에는 반드시 그에 대응하는 강요(즉 침범하여 장애를 하지 않도록 할 의무)를 부담시키면서, 그리고 그 반대의 경우도 똑같이 하면서-이루어 놓는 데 있다.[37] 이렇게 정의관계와 법관계는 '권리의무의 상호관계'라고 할 수 있겠고, 이 점에서 순수한 도덕과는 다른 것이다. 그렇다면 우리는 정의를 '도덕적, 사회적, 그리고 권리의무의 상호관계에 관한 가치'라고 규정할 수 있겠다. 또 순수한 도덕이 불완전의무인데 반해 정의는 완전의무라고 할 수 있으므로 우리는 정의를 '도덕적, 사회적, 그리고 완전의무적 가치'라고 말할 수 있다.[38]

우리는 정의속성을 그 특징적인 개념징표들에 따라 규정하면서

35) J. S. Mill, 같은 책, 46면.
36) 그리스어에서의 '정의'(dikaion)라는 말은 '법률소송'(dikai)에서, 또 라틴어에서의 '정의'(justum)란 말은 '명령된 것'(jussum)에서 나왔으며, 영미에서는 'Law Courts'와 'Courts of Justice'를 차별 없이 쓰고 있다. 또 한문에서의 법이란 말의 고어는 '灋'이라는 자로서 이는 정의를 나타내고 있다고 한다. 정의의 어원이 법이든 법의 어원이 정의이든 어쨌든 어원상으로 밀접한 관련이 있음은 명백하다.
37) 이 점 졸저, 「법철학 I」, 법문사, 115면; G. Del Vecchio, *Lehrbuch der Rechtsphilosophie*, 제2판, Basel 1951, 371면, 380면, *Gerechtigkeit*, 제2판, Basel 1950, 114면 이하; G. Radbruch, *Rechtsphilosophie*, 제5판, Stuttgart 1956, 134면 참조.
38) 이러한 정의 역시 I. Tammelo, 앞(주 7)의 책, 75~76면; R. Stranzinger, Gerechtigkeit als vollkommene Pflicht, *Theorie der Normen*, O. Weinberger-Festgabe, Berlin 1984, 175면 이하 참조.

위와 같이 정의하는 데까지 이르렀다. 그러나 이도 최종적인 것이 아니라 그 전단계적 규정에 머물고 있음을 알아야 한다. 가치성, 사회(도덕)성, 권리의무의 상호관계성은 정의뿐만 아니라 합법성 내지 법적 안정성 등도 갖는 속성들이다. 따라서 이것들은 정의개념의 징표로서는 아직도 '최근류'(*genus proximum*)적 징표에 해당될 뿐 그야말로 '종차적' 징표(*differentia specifica*)는 아니다.[39] 이 종차적 징표를 밝힘으로써만 정의를 다른 가치속성들로부터 결정적으로 구별할 수 있을 것이다. 이는 곧 정의속성의 일반적 징표가 아니라 그 '특수적' 징표, 즉 정의의 '핵심'을 밝히는 일이기도 하다.

위에서 밝혔듯이 정의롭다는 가치속성이 귀속되는 주요대상은 행위와 행위주체, 나아가 규범과 사회구조들이다. 이것도 위의 약설과 고찰을 근거로 해서 볼 때 오직 돌아갈 몫의 분배, 그리고 불균형의 시정 등 인간관계에 있어서 주거나 가지거나, 요구하거나 거절하거나에, 다시 말해서 '권리와 의무, 이익과 부담의 분배와 평형'에 관련되고 있는 한에서의 행위, 규범, 그리고 사회구조인 것이다.[40] 따라서 정의의 '주제'는 인간 사이에서 이익과 부담을 어떻게 분배하고 평형시켜 줄 것인가에 대한 판단이라고 하겠다. 잘 알듯이 인간은 누구나 그가 갖고 있는 다소의 정의감, 특히 부정의에 대한 격분을 바탕으로 이익과 부담의 분배와 평형에 대해 정의롭다거나 정의롭지 않다는 평가를 나타낸다. 그리고 이러한 평가 또는 평가들을 기초로 해서 정의판단 내지 정의의 표상(正義觀)이 공식화되어 표현된다고 볼 수 있다. 그런데 위의 약설에서부터도 짐작되듯이 이러한 정의판단의 공식은 한둘이 아니라 여러 가지이고, 또 시대와 사회에 따라 같지 않다. 여러 사람들이 정리해 놓은 정의의 공식들을 골라 모아보면 다음과 같다.[41]

---

39) 이 점 I. Tammelo, 앞(주 7)의 책, 76면 참조.
40) 이 점과 관련하여서는 R. Dreier, 앞(주 26)의 글, 98면 참조.
41) 참조는 Platon, 앞(주 13)의 책, 332c, *Nomoi*, 757; Aristoleles, 앞(주 14)의

각자에 같은 것을(평등지상주의자)

각자에 그의 것을(토마스 아퀴나스)

같은 범주에 속하는 자는 같게(페를만)

같은 것은 같게, 다른 것은 다르게(하트, 헨켈)

각자에게 그의 공적에 따라(아리스토텔레스)

각자에게 그의 능력과 필요에 따라(맑스)

각자에게 그의 업적(일의 결과)에 따라(업적주의자)

각자에게 최대의 기본적 자유를(롤즈)

각자에게 최선의 생활에 대한 균등한 기회를(프랑케나)

각자에게 그의 지위(계급)에 따라(귀족주의자)

각자에게 그의 본성에 따라(자연법론자)

각자에게 법률이 정한 바에 따라(법실증주의자)

그러면 이렇게 다양한 정의의 공식들에서 어떻게 정의의 핵심징표를 찾을 수 있을 것인가? 각각이 바로 그 핵심징표는 아닌가? 그러면 정의의 공통적인 기본개념, 즉 정의개념 그 자체는 얻어질 수 없는 것이 아닌가? 아닌게 아니라 켈젠은 정의의 공식들로 이보다 더

책, 제5장; Thomas Aquinas, 앞(주 15)의 책, II-II, 58, 5; K. Marx, 앞(주 16)의 글; 페를만, 앞(주 1)의 옮긴 책, 9면 이하; 롤즈, 앞(주 3)의 옮긴 책, 특히 316면 이하; A. Ross, *On Law and Justice*, University of California Press, Berkeley & Los Angeles, 1974(1958), 269면 이하; A. M. Honoré, Social Justice, R. S. Summers 편, *Essays in Legal Philosophy*, Oxford 1968, 61면 이하(지금은 *Making Law Bind*, Oxford 1987, 193면 이하); W. K. Frankena, Some Beliefs about Justice, K. E. Goodpaster 편, *Perspectives on Morality, Essays of W. K. Frankena*. University of Notre Dame Press, Notre Dame, London 1976, 93면 이하; G. Vlastos, Justice and Equality, R. B. Brandt 편, *Social Justice*, Prentice-Hall Englewood Cliffs, N. J. 1962, 35면; D. Miller, 앞(주 20)의 책, 52면 이하; J. R. Lucas, *On Justice*, Oxford 1980, 164면 이하; R. Dreier 앞(주 26)의 글, 99면; R. Stranzinger, Gerechte Handeln. Formale und materiale Bedingungen, E. Morscher/R. Stranzinger 공편, *Ethik, Grundlagen, Probleme und Anwendungen*, Akten des Fünften Internationalen Wittgenstein-Symposiums, Wien 1981, 258면; H. L. A. Hart, *The Concept of Law*, Oxford 1961, 163면; H. Henkel, *Einführung in die Rechtsphilosophie*, 제2판, München 1977, 395면 이하 등 참조.

많은 열여섯 개나 들고서 검토한 다음 이들은 서로 다른 결과에로 이르며, 이들 중 어느 것이 우위에 있는가는 합리적으로나 학문적으로 결정할 수 없고, 따라서 하나의 정의개념이 아니라 여러 개의 그 것들이 있으며, 또 그것들 사이의 선택결정은 주관적 평가의 문제라고 결론지었다.[42) 그러면 우리도 이러한 결론에 따라야 할 것인가? 얼른 생각되는 것은 우리가 만약 여러 정의의 공식들에 어떤 공통적인 징표를 발견할 수 있다면 이러한 결론에 성급하게 동의할 수는 없을 것이라는 점이다. 그러면 이는 과연 가능한가?

우리가 위의 정의의 공식들을 정확히 관찰해보면 초견상(初見上. 법률가들의 통상적인 표현은 일응(一應) — 편집자) 평등화를 지향하는 '각자에 같은 것'이라는 공식과 구체화를 지향하는 '각자에 그의 것'이라는 공식은 서로 대립되는 것같이 보이는 것이 분명하나, 그 이외의 다른 공식들은 이 양 공식의 종합이거나 또는 특히 '각자에 그의 것'이라는 공식의 '구체화와 해석들'로 보인다.[43) 그렇다면 문제는 '각자에 같은 것'이라는 정의의 공식과 '각자에 그의 것'이라는 정의의 공식 사이가 어떠한 관계에 있느냐라 하겠다. 그러면 이 둘 사이는 진정 대립되는 것이어서 어느 하나도 다른 것에 대해 개념상의 상위성을 말할 수 없는 것인가?

사실 이는 답하기가 만만치 않은 문제이다. 일찍부터 이에 관한 논의는 있어 왔다. 위에서 보았지만 정의의 본질이 평등에 있다는 견해는 피타고라스의 사상에서 출발해서 아리스토텔레스에 와서는 움직일 수 없는 강한 의미를 지녔고, 오늘날에는 페를만, 롤즈 등에서 그 기세는 여전하다.[44) 라드브루흐도 "정의의 핵심은 평등의 사

---

42) H. Kelsen, Das Problem der Gerechtigkeit, *Reine Rechtslehre*(앞의 주 25) 의 부록, 355~414면; 또 그의 *Was ist Gerechtigkeit?*, Wien 1958, 특히 40 면 이하; 박길준 역, 「정의란 무엇인가」, 전망사 1984, 37면 이하 참조.

43) 이 점 R. Dreier, 앞(주 26)의 글, 100면 참조.

44) 특히 규칙의 평등적용과 관련하여서 강조되었다. 페를만, 앞(주 1)의 옮긴 책, 20면, 44면; 롤즈, 앞(주 3)의 옮긴 책, 513면 참조. 평등개념의 의미에 관한 자세한 논의는 P. Westen, The Empty Idea of Equality, *Harvard Law*

상이다"라고 말했었다.[45] 이에 대해 정의의 본질은 '각자에 그의 것'을 주는 데 있다는 주장은 시모니데스[46]를 시작으로 해서 로마법률가, 특히 토마스 아퀴나스에서 강력히 옹호되었고, 오늘날에도 타멜로 등에 의해 강하게 지지되고 있다.[47]

이들 양 입장이 서로 다른 논거에서 있음은 말할 것도 없다: 평등을 정의의 핵심으로 보는 이들은 이미 아리스토텔레스에서도 보았지만 평등을 산술적(평균적) 평등뿐만 아니라 기하학적(비례적) 평등까지를 포괄하는 의미로 파악하여 '각자에 그의 것'과 '각자에 같은 것'을 평등개념 아래로 포섭시킨다.[48] 이에 대해 '각자에 그의 것'을 정의의 본질로 보려는 이들은, 엄격히 본다고 할 때 산술적 평등과 비례적 평등은 형식과 내용 사이처럼 서로 분리되어야 하고, 나아가 엄격한 의미에서의 평등은 도대체 인간현실의 정의에 대해서는 협소할 뿐만 아니라 부적합하다고 한다.[49]

생각건대 평등을 정의의 개념징표로 보려는 주장이 인간의 근원적인 정의감에 의해서도 뒷받침되고 있는 것은 사실이다. 인간 중에는 간혹 천성이 굴종적이거나 '불평등에 대한 사랑'까지도 갖는 자가 없지는 않지만 거의 모두는 강한 평등에의 요구를 가지고 있다. 때로는 심지어 자유를 버리면서까지 평등을 택할 정도이다. 물론 여기에는 자기가 남보다 잘 되는 것은 좋아하나 남이 자기보다 잘 되는 것은 싫어하는 인간의 질투심도 작용할 것이다(라드브루흐). 그러나

Review, vol. 95, 1982, 537면 이하; K. Greenawalt, How Empty is the Idea of Equality?, *Columbia Law Review*, vol. 83, 1983, 1167면 이하 참조.

45) G. Radbruch, 앞(주 2)의 책, 24면.

46) Platon, *Politeia*, 332c, 박종현 역, 플라톤, 앞(주 13)의 책, 183면 이하 참조.

47) I. Tammelo, 앞(주 7)의 책, 76면. 또 R. Dreier, 앞(주 26)의 글, 100면.

48) 라드브루흐도 같은 논리에 서고 있다. G. Radbruch, 앞(주 2)의 책, 24면 이하 참조.

49) 이 점 O. Weinberger, *Logische Analyse in der Jurisprudenz*, Berlin 1979, 146면 이하; I. Tammelo, 앞(주 7)의 책, 76면 이하, 또 그의 *Zur Philosophie der Gerechtigkeit*, Frankfurt/M., Bern 1982, 65면 이하 참조.

우리의 문제는 평등을 정의의 '본질징표'로 여길 것인가이다. 이러한
'평등지상주의'(egalitarianism)에 대해서는 여러 가지 점에서 의문이
앞선다. 우선 이에 대한 페를만의 다음과 같은 지적은 설명인 동시
에 거부이다: "고려의 대상이 되는 모든 사람들은 그들의 독특한 개
성에 관계없이 모두 똑같이 대우받아야 한다. 젊은 사람과 늙은 사
람, 건강한 사람과 병든 사람, 부유한 사람과 가난한 사람 … 유죄인
등 어떠한 차별이나 구별이 없이 똑같이 다루어져야만 정의로운 것
이다. 비근한 예를 들자면 완벽한 정의의 상태는 죽음이다. 죽음은
어느 특권과도 관계없이 모든 사람에게 찾아오기 때문이다."[50] 사실
인간현실 안에는 모든 것이 오히려 상이함이 그 특징이다. 여기에서
의 평등이란 항상 어떤 일정한 규준에 비추어 보아 그럴 뿐이다. 그
래서 후설도 "우리는 두 개의 물건에 대해 그들이 평등하게 되는 관
점을 적시하지 않고는 평등하다고 지적할 수 없다"고 했을 것이다.[51]
따라서 지상적 정의에 있어서는 평등도 일정한 평가규준에 따른 평
등이 문제될 뿐이라 하겠다. 이러한 문맥에서의 '평등'이란 바로 정의
에 대한 다른 이름일 따름이다. 따라서 정의를 고려않고 평등요구만
을 따른다는 것은 우리가 부정의하다고 느낄 잘못된 사회 상태, 심
지어는 오히려 불평등을 초래할 수 있다는 것은 확실하다.[52] 또 평
등을 정의의 핵심으로 보려는 견해는 본질적으로 평등한 것도 불평
등하게 다루어야 할 경우도 있다는 사실과 모순된다. 예컨대 사람은
사람이기에 평등하지만 이는 반드시 평등하게만 대우해야 한다는 것
을 정당화하지 않는다. 그래서 생래적으로나 사회적으로 불리한 입장
에 있는 사람은 더 유리한, 말하자면 불평등한 처우를 해주는 것이

50) 페를만, 앞(주 1)의 옮긴 책, 10면. 평등지상주의적 견해에 대한 더 자세한 비
    판은 R. Alexy, *Theorie der Grundrechte*, Baden-Baden 1985, 359면 이하
    참조.
51) E. Husserl, *Logische Untersuchungen*, 제2권, 제2부, 제5판, Tübingen 1968
    (1901), 112면.
52) 이 점 I. Tammelo, 앞(주 49)의 *Zur Philosophie der Gerechtigkeit*, 66면 참조.

정의로운 것이다. 물론 '법 앞에서의 평등'의 원칙이 모든 사람은 법 주체로서 법률상 언제나 평등한 권리와 의무를 갖는다고 하지만, 이는 모두가 예컨대 권리의 실현에 있어서 평등한 지위에 있다는 것을 뜻하지는 않는다. 이 원칙은 그것이 입법이나 법적용의 영역에 있어서 '자의적이고 사리에 맞지 않은 차별'을 금지하는 작용을 할 때에만 이성적인 의미를 갖는 것이다. 이렇게 볼 때 이 원칙의 중심은 평등의 이념이라기보다 오히려 정의의 이념에 놓여 있는 것이다.[53] 나아가 평등의 원리는 정의의 판단을 내리는 데 결정적이 아닌 경우도 많다는 것이 지적된다. 예컨대 지금 거지가 구걸하기에 1,000원을 준다고 하여, 한 달 후 같은 상황에서 구걸하는 거지에게도 돈 1,000원을 주어야 한다고 정의는 명하지 않는다. 더 적게 또는 더 많이도 줄 수 있는 것이다. 또 정의는 예컨대 난파자들에게 그들의 생명을 유지하기에 부족한 음식을 모두가 죽더라도 끝까지 평등하게 분배하라고 요구하지는 않을 것이다. 만약 평등이 잔인한 규범도 모든 수규자에게 똑같이 적용을 보아야 한다고 하면 이는 정말 부조리일 뿐이다. 즉 정의는 가능한 한 잔인에서 해방될 것을, 그리고 고통과 희생을 최소화할 것을 요구한다고 하겠다.[54]

이렇게 고찰해 볼 때 정의는 반드시 평등의 요청에 따를 것을 요구하지 않고 오히려 많은 경우는 심지어 그것을 금지하기도 한다는 점을 알 수 있고, 따라서 평등을 정의의 '개념징표'로 본다는 것은 부당하다는 것이 밝혀지는 것 같다. 물론 그렇다고 평등이 정의에 대해 전적으로 무의미한 것은 아니다. 평등은 정의에 대해 '구성적'이라기보다 오히려 '부수적', '불확정적'인 것이다. 평등의 이러한 부수적 의미는 물론 급부에 대한 동가치적인 반대급부, 손해에 대한 동

---

53) 이런 점 I. Tammelo, 위의 책, 68면; O. Weinberger 앞(주 49)의 책, 154면 이하 참조.
54) 이런 여러 점들은 I. Tammelo, 같은 책, 68면; 페를만, 앞(주 1)의 옮긴 책, 특히 159면(주 2); J. Stone, Justice not equality, E. Kamenka/A. E.-S. Tay 공편, *Justice*, 1979 특히 113면 참조.

가치적 배상 등 이미 아리스토텔레스가 지적한(경제적 관계에서의) 평균적 정의에서 잘 나타난다. 그러나 이는 정의의 전부는 아니다. 물론 이른바 분배적 정의에서도 비례의 평등이 논의되는 한에서는 평등의 원리가 의미를 가지나 이는 도입되는 평가적인 규준들 사이의 상충가능성 때문에 많은 경우 정향적 보조역할밖에 하지 못하는 것이다.

이처럼 평등이 정의에 대해 구성적이 아니라 부수적인 의미를 갖는다고 한다면 평등은 정의의 사상에서 어떠한 위치를 차지할 것인가가 문제라 하겠다. 이에 대해서는 오늘날 많은 이들이 지적하듯이 평등을 부정(거부)될 수 있는 '추정'(presumption)으로 받아들이는 것이 타당하다고 하겠다.[55] 즉 만약 불평등취급이 정당화되지 않는 한 평등취급은 정의를 위하여 요구되는 것이라고! 이럴 경우 평등의 원칙은 추정으로서 정의의 규준 중의 하나로 받아들여지게 되는 것이다. 다시 말해서 평등은 정의론에서 '하나'의 논거(topos)가 될 뿐이다. 이는 곧 평등의 원리는 '각자에 그의 것'이라는 정의의 공식 아래, 위에서 열거한 여러 정의의 공식들과 함께 포섭된다는 것을 뜻한다.[56] 이리하여 우리는 '각자에 그의 것'이 '각자에 같은 것'보다

---

55) 이는 평등지상주의와는 다르다. '평등의 추정'을 옹호하는 견해로는 I. Tammelo, 앞(주 49)의 책, 69면; 페를만, 앞(주 1)의 옮긴 책, 161면; S. I. Benn/R. S. Peters, *Social Principles and the Democratic State*, London 1959; S. I. Benn, Egalitarianism and the Equal Consideration of Interests, J. R. Pennock/J. W. Chapman 공편, *Equality*, Nomos IX, New York 1967, 61~78면 등 참조. 평등지상주의에 대해서는 물론 '평등의 추정에 대해서도 비판하는 견해는 J. R. Lucas, 앞(주 41)의 책, 172면 이하; J. Stone, 앞(주 54)의 글, 100면 이하 참조. 그리고 미국의 철학자 파인버그는 좀 다른 견해를 피력하고 있다. 즉 그는 "모든 사람을 그들 사이에 중요한 차이가 있는 것이 '밝혀질 때까지는' 평등하게 다루라"라고 하는 '추정적 원리'(Presumptive Principle)에 대하여, "모든 사람을 그들 사이에 중요한 차이가 있는 경우를 '제외하고는'(예외로 하고는) 평등하게 다루라"라고 하는 제외적(예외적) 원칙(Exceptive Principle)을 제창한다. 이는 중요한 차이가 있는지 없는지 불확실한 경우에도 자의적으로 평등한 취급을 추정하는 것을 막을 수 있다는 이유에서라고 말한다. J. Feinberg, *Social Philosophy*, Englewood Cliffs, N. J. 1973, 100면 이하(102) 참조. 그러나 '의심있을 때에는 평등을 위하여'가 타당하리라고 생각된다.

상위에 있음을 알 수 있다. 실로 평등을 정의의 본질징표로 보는 것은 정의의 개념을 너무 좁게 파악하는 것이 된다. 따라서 '각자에 그의 것'이라는 정의의 공식을 정의의 '본질적 개념징표'로 규정하는 것이 타당하다고 하겠다.

이렇게 볼 때 결국 정의란 각자에 그의 것을 주게 하는 행위, 규범, 나아가 사회구조의 속성이라는 것이 밝혀진다. 즉 하나의 행위는 그것이 각자에 그의 것을 주는 명령에 따를 때 정의로우며, 하나의 사람은 이러한 명령에 따른 영구부단의 의사를 가질 때 정의로우며, 하나의 규범은 그것이 각자에 그의 것을 주기를 명령하거나, 허용하거나, 수권하거나 그의 것을 빼앗는 것을 금지할 때 정의로우며, 사회구조는 그것이 각자에 그의 것을 주게끔 수립되어 있을 때 정의롭다고 할 수 있는 것이다.[57] 이제 우리는 드디어 정의의 그야말로 '종차적' 본질징표를 찾은 셈이다. 이는 바로 그 안에서 여러 정의의 관(견해)들, 즉 정의의 공식들이 표현될 수 있고 또 그 공통적 역할을 나타내주는 틀 내지 영역의 마지막 본질적 징표인 셈이다. 이리하여 우리는 정의를 다음과 같이 마무리하여 정의할 수 있겠다[58]: 정의는 권리의무의 상호관계에 그리고 각자에 그의 것을 주는 것에 관련되는 윤리적 사회적 가치이다!

III

이때까지 우리는 정의의 개념징표를 찾는 데 골몰한 나머지 이와 뗄 수 없는 관계에 놓여 있는 정의의 종류와 원리에 관한 언급에는 소홀했다. 위에서 짧게 살핀 정의의 이념사 속에서도 정의의 모습은 다채롭게 나타났다. 사실 정의의 종류와 원리는 관점에 따라 여러 가지로 분류할 수 있을 것이다.

---

56) 이 점 D. Miller, 앞(주 20)의 책, 20면 이하 참조.
57) 이렇게는 R. Dreier, 앞(주 26)의 책, 100면.
58) 이 또한 타멜로의 정의이기도 하다. I. Tammelo, 앞(주 7)의 책, 77면.

그런데 우리가 우선 정의의 '기본적' 종류에만 관심을 둔다고 해도 우리는 무엇보다 정의가 어떠한 행위영역에서 문제되며 또 거기에서 그것이 어떠한 모습으로 나타나는가를 살펴야 할 것이다. 정의가 문제되는 전형적인 경우들로는 위에서도 지적되었지만 손해를 배상한다든가 노무(급부)에 대해 급여를 한다든가, 범행을 처벌한다든가 공동작업으로 인한 이득을 분배한다든가, 나아가 공적에 대해 포상한다든가와 같은 행위상황이다. 그런데 이 모든 경우들에 정의, 즉 권리와 의무, 이익과 부담의 부여가 문제된다고 하더라도 이들은 하나의 공통적인 원리 밑에 두기에는 힘드는 상이한 문제상황들인 것이다. 즉 한쪽에는 이익과 부담의 '평형'이 전형적으로 문제되는 상황이 있는가 하면 다른 쪽에는 그 '분배'가 전형적으로 문제되는 상황이 있는 것이다. 그래서 오래전부터 정의가 어떤 상황과 관련하여 고려되는가에 따라 정의의 종류를 분류하는 것이 보통이었다. 위에서도 지적했지만 이미 아리스토텔레스도 두 유형의 정의, 즉―비록 그 명칭은 토마스 아퀴나스에 의해 붙여졌지만―'평균적 정의'(*iustitia commutativa*)와 '분배적 정의'(*iustitia distributiva*)를 구별하였다. 이 구별은 토마스 아퀴나스에 의해 더욱 다듬어져 그 후의 정의 논의의 바탕이 되고 있는 것이다.[59]

---

59) 물론 아리스토텔레스와 토마스 아퀴나스에서의 이 구별은 다른 구별에 예속되는 것이었다. 그것은 '일반적 정의'(*iustitia universalis*)와 '특수적 정의'(*iustitia particularis*) 구별이다. 평등적 정의와 분배적 정의는 특수적 정의에 속하는 것이었다. 이러한 두 구별의 내용은 다음과 같은 삼각형의 도식으로 설명할 수 있다:

여기에서 국가는 공동체, 사회전체를, 시민은 개인을 뜻할 수 있다. 일반적 정의는 정확히 말해 국가(전체)에 대한 시민(개인)의 관계에 자리잡고 있다. 이는

시민이 국가의 것을 국가에 주라고 요구한다고 하겠다. 다시 말해서 그것은 공공복리를 지향하는 행위를, 그리고 국가법률에의 복종을 요구한다. 그래서 이를 '법률적 정의'(*iustitia legalis*) 또는 '복리적 정의'라고도 한다. 이 개념은 복리개념을 제외하면 국가법률 자체의 정당성(정의)에 대한 규준을 포함하고

물론 너무나 보편적인 이러한 분류는 정의의 다양한 차원들을 충
분히 고려하려면 더욱 다양화 내지 세분화가 요청될 것이지만,[60] 그
것은 우리들로 하여금 정의가 상이하게 논의되는 '상이한 사회관계의
기본형태'를 주목하게 한데 큰 의미를 지니고 있는 정의의 기본적인
분류인 것이다. 즉 인간은 우선 독립된 행위주체로서 상호이익을 위
해 계약 기타 교환관계를 통해 재화와 급부를 교환하는 상호작용 안
에 놓인다. 이러한 교환유형으로서의 인간의 사회관계의 기본형태를
정의롭게 형성하는 것이 '평균적 정의'의 문제인 것이다. 다음으로 인

있지 않다. 이러한 도식과 설명은 특히 Arthur Kaufmann, Recht und
Gerechtigkeit in schematischer Darstellung, A. Kaufmann/W. Hassemer
공편, *Einführung in Rechtsphilosophie und Rechtstheorie der Gegenwart*,
Heidelberg, Karlsruhe 1977, 275면 이하; R. Dreier, 앞(주 26)의 글, 103면
참조.

60) 분류의 다양화 시도에 관해서는 G. Del Vecchio, 앞(주 9)의 책, 55면; J.
Pieper, *Das Viergespann*, München 1964, 104면 이하 참조. 또 김철수, 앞
(주 9)의 책. 특히 105면 이하 참조. 이와 관련하여 특히 주목을 끈 것은 코
잉의 '보호적 정의'(*iustitia protectiva*)이다. 코잉은 평균적 정의와 분배적
정의 이외에 지배관계에 있어서의 '권력남용으로부터의 보호'를 핵심 내용으
로 하는 보호적 정의를 제3의 정의로 주창했었다(H. Coing, *Die obersten
Grundsätze des Rechts*, Heidelberg 1947, 48면 이하, *Grundzüge der
Rechtsphilosophie*, 제2판, Berlin 1969, 215면 이하). 그러나 이는 보호지위
의 부여에 관련된 분배적 정의의 일환으로 생각된다.
오늘날 철학적으로 관심을 모으는 것은 우선 정의를 분배적 정의로 보더라
도 '비교적(比較的) 정의와 비(非) · 비교적 정의'(Comparative and Non-
comparative Justice)로 분류하려는 시도이다(J. Feinberg, *Rights, Justice,
and The Bounds of Liberty. Essays in Social Philosophy*, Princeton
University Press 1980, 265면 이하 참조). 즉 몫이 타인과의 비교에 의해서
가 아니라 절대적 기준에 의해서 정해지는 비(非) · 비교적 정의가 있다는 것
이다(예컨대 성적채점). 그러나 절대적 기준이란 생각하기 어렵고 그것은 항
상 비교에 의해 만들어지는 것이라고 생각할 수 있다. 또 오늘날 '실체적 정
의와 절차적 정의'(Substantive and Procedural Justice)의 분류가 주목받는다
(이 점 롤즈, 앞(주 3)의 옮긴 책, 103면 이하 참조). 즉 '결과'의 정의가 실체
적 정의라면, 이러한 결과를 가져오게 하는 '절차'의 정의가 절차적 정의라는
것이다. 그러나 '순수한 절차적 정의'란 잘못된 생각이다. 절차적 정의란 실체
적 정의로부터 도출되거나 그것에로 환원될 것이다. 그렇지 않은 순수한 절차
적 정의란 엄격한 의미에서 정의의 범주가 아닐 것이다. 정의의 여러 분류에
대한 검토는 특히 W. Sadurski, 앞(주 6)의 책, 11~56면 참조.

간은 공통적인 활동에 협력하거나 일정한 이익에 대해 공동적인 권리를 갖거나 함으로써 서로 공동체에 참여하게 된다. 그런데 어떠한 공동체에서든 권리와 의무, 이익과 부담의 부여 문제, 나아가 지배관계의 문제가 어떠한 종류로든 있게 마련이다. 어떻든 이러한 협동체적 유형으로서의 사회적 관계의 기본형태를 정의롭게 형성하는 것이 '분배적 정의'의 문제라고 하겠다.[61]

이처럼 두 종류의 사회적 상호작용의 관계, 즉 교환관계와 협력체 참여자 간의 관계에 있어서 정의가 '윤리적' 요청으로 타당하다고 한다면, 이는 본질적으로 어떠한 행동원리를 '기본적으로' 포함하고 있는가를 묻지 않을 수 없겠고, 정의는 이에 따라서도 분류된다. 무릇 행위들은 그것이 정의롭든 정의롭지 않든 목적지향적인 것이 보통이다. 그런데 정의로운 행위의 목표는 정의원리의 요청을 충족하는데 있을 것이다. 물론 정의원리는 인간행위를 평가하는 역할도 하지만 인간행위를 향도하는, 다시 말해서 인간행위를 결정하는 역할도 하는 것이다.[62] 이것이 행동원리로서의 정의원리이다. 우리는 위에서 여러 정의의 공식들을 열거했었다. 그것들은 모두 자세히 따져 볼 필요도 없이 행동의 원리로 파악할 수 있다. 그러나 그것들은 서로 다른 행위영역에 걸쳐있고 서로 다른 논거 위에서 주장되는 것처럼 보여서 어떤 통일된 행동원리를 그것들에서 도출해 낼 수 있을까가 의심되기도 한다.

그런데 우리가 인간의 행위를 두고 — 이것이 어떠한 행위영역에 속하든 관계없이 — 각종의 규준에 따라 정의롭다거나 정의롭지 않다고 할 때 이 정의판단이 '최소한도'로 함의하는 바가 있다면 그것은

---

61) 이런 점 특히 P. Koller, Die Idee der sozialen Gerechtigkeit, W. Krawietz 등 공편, *Objektivierung des Rechts*, Gedächtnisschrift für I. Tammelo, Berlin 1984, 99면 이하 참조.

62) 이 점 특히 O. Weinberger, Analytisch-dialektische Gerechtigkeitstheorie, D. N. MacCormick/O. Weinberger 공저, *Grundlagen des Institutionalistischen Rechtspositivismus*, Berlin 1985, 185면 참조.

아마도 틀림없이 그 규준이 정한 바의 조건하에서는 모두가 일정한
방법으로 행위하여야 한다는, 말하자면, 어떤 규율에 합치한다거나
합치하지 않는다고 하는 주장일 것이다. 여기에서 우리는 정의판단과
함께 일정한 행위만이 아니라 그 행위가 따르는 규율도 평가하며,
그러한 한 정의판단은 어쨌든 같은 경우에는 같은 방법으로 적용하
라고 요구하는 규율을 승인하는 것임을 알 수 있다. 이처럼 정의판
단이 필연적으로 규율의 존재를 인정하기 때문에 이는 곧 '같은 것은
같게 다루어야 한다'는, 다시 말해서 '규율이 정한 바의 징표와 관련
하여 같은 조건을 충족한 자, 즉 같은 집합에 속하는 자는 같게 다
루거나 평가해야 한다는 '형식적 평등'의 개념에 입각한－위에서 지
적한 페를만의－이른바 '형식적 정의의 원리'에로 이른다.[63]

물론 이 원리는 정의롭게 행위하려면 어떠한 규율에 따라야 하는
지 또 규율이 다루어야 할 사람과 방법을 어떻게 비교해야 하는지에
대해 정보를 주고 있지는 않다. 그러나 그것은 정의에의 요청이 있
는 행위영역에는 적어도, 우리는 규율에 따라야 하고 또 이 규율을
그 정한 바의 징표와 행위방법과 관련하여 모든 개인들에 동일하게
적용하여야 한다는 것을 바라는 것이다. 이러한 의미에서 이 원리는
근본적으로 도덕철학상의 일관성의 요청, 즉 도덕판단의 '보편화가능
성의 원리'(Principle of Universalizability)와 같은 기능을 한다고 하겠
다.[64] 어쨌든 이 형식적 정의의 원리는 정의가 요청하는 최소한의
행동원리라고 하겠다. 그러나 일관된 규율적용이란 정의만이 아니라
실천이성 일반에 의해 요청되는 것이므로 이 원리는 정의만의 특수
원리는 아니다.[65] 따라서 이 원리에 입각하여 평등성을 정의의 핵심

---

63) 이에 관해서는 특히 페를만, 앞(주 1)의 옮긴 책, 21면; P. Koller, 앞(주 61)
   의 글, 101면; O. Weinberger, 앞(주 49)의 책, 15면 이하 참조.
64) 이 원리에 관해서는 I. Kant, *Grundlegung zur Metaphysik der Sitten* 이외
   에 요즈음은 특히 R. M. Hare, *Freedom and Reason*, Oxford 1963, 7~50
   면; 또 자세한 설명은 R. Alexy, *Theorie der juritischen Argumentation*,
   Frankfurt/M. 1978, 90면 이하 참조.
65) 이 점 I. Tammelo, 앞(주 49)의 책, 69면; R. Alexy, 앞(주 50)의 *Theorie*

으로 규정하려는 것은 잘못일 것이다.

　그런데 이 형식적 정의의 원리는 실로 어떠한 어처구니없는 규율
체계, 예컨대 사람을 머리색깔, 인종, 나아가 체구에 따라 달리 다루
려는 규율체계에도 타당할 수 있다. 따라서 이 원리는 정의로운 실
제를 결코 보장하지 않는다. 그래서 형식적 정의를 넘어 우리는 사
람을 차이있게 다룬다면 그 차이의 기준은 어떤 것이어야 하며 또
그 다루는 방법은 어떠해야 하는가를 정하는 규율과 규준 그 자체의
정의를 묻게 된다. 이것은 이른바 '실질적(구체적) 정의'의 문제이다.
그런데 이와 관련하여서는 형식적 정의의 원리처럼 정의의 모든 적
용영역에 타당한 하나의 공식을 설정할 수는 없다. 위에서도 지적되
었지만 개개의 적용영역들은 매우 상이한 정의관들에 의해 지배되고
있다. 따라서 적어도 실질적 원리를 발견하자면 각 적용영역을 나누
어서 고찰해야 할 것이다.

　우리가 여기에서도 다시 교환관계와 공동체참여자 사이의 관계로
나누어 따로 고찰한다면 먼저 교환관계의 정의를 판단하는 근본적인
관점은 무엇일까를 물어보아야 하겠다. 가장 널리 알려진 평균적 정
의의 표상은 바로 이른바 '호혜성(또는 상호성)의 원리'(Principle of
Reciprocity), 즉 교환관계는 교환되는 재화와 급부의 동가치성을 도
모하면서 모든 참여자들의 상호이익에 이바지하여야 한다는 원리이
다.[66] 이 정의의 원리는 오랜 역사적 전통을 갖고 있다. 이는 평균적
정의란 상호 교환된 대상간의 산술적 평등을 기하는 데 있다는 아리
스토텔레스적 관념의 기초이기도 하다. 그러나 상품교환의 확대와 분
업으로 말미암은 (교환거래되는) 재화와 급부의 이질성 때문에 상이한
재화와 급부 간의 직접적인 가치비교가 더욱 더 어렵게 되자 호혜성
의 원리도 점점 더 그 설득력을 잃게 되었다. 그러면 재화와 급부의

---

　　der Grundrechte, 361면 참조.

66) 이 원리에 관해서는 특히 B. Barry, *Justice as Reciprocity*, 앞(주 54)의 E.
　　Kamenka/A. E.-S. Tay 공편, *Justice*, 50면 이하 참조.

가치는 어떻게 측정될 것인가? 그것에 투입된 노동력에 의하는가 또
는 수요와 공급의 법칙에 의하는가? 거기에 계약자체의 원리는 어떠
한 역할을 할 것인가? 어느 정도로 국가는 시민개개인의 교환관계에
규제적 개입을 할 수 있으며 또 하여야 하는가? 이러한 문제에 대해
학문적으로 대답하는 데에는 한계가 있는 것 같다. 특히 이는 시장
경제인가 계획경제인가라는 아직도 미해결된 정치경제학의 문제와
직접 관련되고 있다. 여기에서 평균적 정의와 분배적 정의와의 밀접
한 상호관계가 밝혀진다. 어쨌든 호혜성의 원리는 시장경제의 발전과
관련하여 보면 평균적 정의의 일정한 절차적 요청에 의해 밀려나게
된 것은 사실이다. 그리하여 교환관계의 정의는 이제 모든 참여자가
평등한 지위에 있는 권리주체로서 자유롭게, 즉 사기나 강박 등이
없이 교환관계에 들어서고 그들 상호간의 이익을 위해 참여하여야
한다는 기본전제가 충족되면 이루어지는 것으로 보게 된 것이다.[67]

　이상과 같이 평균적 정의는 서로 독립적이고 평등한 지위에 있는
계약당사자 사이의 상호관계를 대상으로 삼는데 대하여 분배적 정의
는 공동체적 협력관계에 있는 다수인 사이의 인간관계가 그 적용영
역이 된다. 그러면 분배적 정의를 지배할 하나의 기본적인 실질적
원리는 있는 것인가? 위에서 지적했지만 분배적 정의에 관해서는 여
러 관점, 그리고 여러 규준이 존재한다. 그중 어떤 것이 우위에 있는
가에 관해서도 견해가 상이할 뿐만 아니라 상황을 달리함에 따라 분
배의 원리도 달라진다. 사람들은 어떤 경우에는 '평등의 이상'에, 다
른 어떤 경우에는 '필요' 또는 '업적'에 호소한다. 더욱이 동일한 사람
도 상이한 분배상황에 따라 상이한 원리를 우위에 놓곤 한다. 많은
경우 '완전한 평등'이 유일하게 정당한 것으로 보이지만, 다른 상황에
서는 '성과'에 비례한 분배가 적정하다고 생각된다. 한 번은 특히 참
여자의 '노력'을 문제 삼지만, 다른 한 번은 그 상이한 '필요'에 더

---

67) 이런 문제점 등은 특히 R. Dreier, 앞(주 26)의 책, 104면 이하; P. Koller, 앞
　　(주 61)의 글, 104면 등 참조.

큰 관심을 둔다. 이와 같이 분배적 정의의 표상 자체에 대해서도 논란이 많을 뿐만 아니라 표상을 같이한다 해도 그 규준을 둘러싸고 또 상황을 달리함에 따라 다른 견해를 내세운다는 것을 알 수 있다. 그러면 분배적 정의에 관해 어떤 기본적인 행동원리를 찾고자 하는 우리의 노력은 성과를 거둘 수 없는 것일까? 그렇게만은 결코 생각되지 않는다. 분배적 정의에 관해 그 표상과 견해가 아무리 다양하고 상이하더라도 거기에는 하나의 공통적인 점이 있다. 그것은 위에서도 지적되었듯이 이들이 혹은 업적에 따른 분배를, 혹은 성과에 따른 분배를, 혹은 필요에 따른 분배를 주장하든 어쨌든 모두가 이들에 의해 요청된 분배양상이 정당화되는 경우를 제외하고는 평등취급 내지 평등분배를 추정한다는 사실이다. 즉 이들은 모두 권리와 의무, 이익과 부담의 분배에 있어서 상이한 분배가 정당화되는 경우가 아닌 한은 적어도 평등분배가 정당하다는 일종의 평등추정을 내포하고 있다고 하겠다. 이것을 우리가 모든 분배적 정의의 기본원리로서의 '평등취급 내지 평등분배의 원리'라고 한다면 이는 다음과 같이 공식화될 수 있을 것이다. 즉 공동체에 참여하고 있는 모든 구성원들은 정의상 중요한 근거에 의해 상이한 취급 내지 불평등한 분배가 정당화되지 않는 한 평등하게 취급받아야 하고 또 권리와 의무, 이익과 부담은 그들에게 평등하게 분배되어야 한다.[68]

이 평등취급(분배)의 추정의 원리와 관련하여 알아야 할 중요한 점은 이 원리는 형식적 정의의 요청과 동일하지는 않으며, 오히려 이를 포괄할 뿐만 아니라 이를 넘어선다는 것이다. 즉 평등취급의 원리는 평등한 사람은 평등하게 다룰 뿐만 아니라, 나아가 모든 참여자는 중요한 근거가 없는 한 평등하게 다루어야 한다고 요청한다.

---

68) 이와 같이는 P. Koller, 위의 글, 105면. 이미 W. K. Frankena, The Concept of Social Justice, R. Brandt 편, *Social Justice*, Englewood Cliffs, N. J. 1962, 특히 13면 이하 참조. 프랑케나는 조건부(*prima facie*) 평등취급의 원리라 일컬었다.

말하자면 평등취급의 원리는 (도덕적으로 수락가능한 근거들에 의해 부정될 수 있는) 모든 참여자의 평등추정의 기능이라 하겠다.[69] 이에 반해 형식적 정의의 원리는 '불평등의 추정'과도 양립될 수 있을 것이다. 형식적 정의의 요청은 순형식적 원리인데 반해 평등취급의 원리는 논리적인 성질을 넘은 그야말로 실질적인 규범적 원리라고 하겠다.[70] 그러나 또 지적하여야 할 것은 우리가 이 원리를 분배적 정의의 근본원리로 받아들인다 하더라도 얻는 것은 많지 않다는 점이다. 왜냐하면 이 원리는 어떠한 근거가 불평등취급을 정당화할 중요한 근거인가를 말해 주고 있지 않기 때문이다. 이러한 근거는 바로 공동의 재화와 부담을 분배하는 데 있어서 결정적이 될 규준과 척도들을 전제하는 것이기 때문에, 불평등취급의 타당한 근거에 관한 문제는 또한 분배적 정의의 규준과 척도에 대한 문제, 즉 정의관 내지 정의이론의 문제로 이해될 수 있는 것이다.[71] 그런데 사회관계는 상이한 목적설정을 지닌 상이한 형태로 나누어질 수 있기에 거기에서의 정의로운 행위의 규정근거로 볼 수 있는 규준과 척도들이 또한 다양할 것임은 명백하다. 따라서 불평등취급을 정당화할 근거로서의 정의의 규준과 척도에 관한 물음이 단순하지 않을 것만은 틀림없다. 이에 관한 상론은 다음 '정의의 이론'의 자리에서 계속되어야 하겠다.

IV

정의의 관념을 명확히 하는 마당에서 그 언급을 놓쳐서는 안 될 것이 또 남아 있다. 이는 '정의', '사회적 정의' 그리고 '정당성' 사이의 관계에 관한 문제이다. 이는 물론 간단히 다룰 수 있는 문제는

---

69) 이 역시 P. Koller, 같은 글, 같은 면 참조. 또 S. I. Benn/R. S. Peters, 앞(주 55)의 책, 111면 참조.
70) 이 역시 P. Koller, 같은 글 107면 참조.
71) 이런 점 R. Dreier, 앞(주 26)의 책, 106면 이하; P. Koller, 같은 글, 같은 면 참조.

아니다. 그러나 이들 사이의 개념적 관계를 밝히는 한도에서라도 약간의 지적은 있어야 하겠다.

위에서 우리는 사회구조 내지 사회관계는 어떻든 정의의 대상이 된다고 보았다. 따라서 우리가 '사회적 정의'라는 개념을 표상하는 데 주저할 것은 없다. 그런데 정의의 대상을 엄격하게 인간의 행위로 국한한 하이에크는 '사회적 정의'란 중앙집권적으로 조직된 체제에서나 의미가 있는 것이며, 책임있는 사람이면 그 사용을 부끄러워해야 할 지적으로 평판 나쁜 어휘이고, 선동이나 값싼 저널리즘의 징표라고 비판했다.[72] 그러나 오늘날 그의 견해는 일반적 확신이 못되고 있다. 오히려 그와 반대로 사회적 정의는 공공의 의지이나 정치적, 철학적 논의에서 중요시되고 있다. 이는 사회적(경제적) 발전과 함께 사회적 분배의 정의문제가 더욱 의지되고 있기 때문일 것이다. 그렇다면 문제는 이것의 의미규정이다.

가장 일반적으로 보이는 것은 사회적 정의를 정의 일반의 한 부분, 즉 그 하위개념으로 파악하는 견해이다. 여기에서 사회적 정의는 특히 '법적 정의'와 구별되는 정의의 일종으로 간주된다. 즉 그것은 혹은 법을 통한 형벌의 부과나 손해의 배상을 제외한 사회를 통한 이익과 부담의 분배로나, 혹은 어떠한 법규이든 관계없이 그것과의 합치라는 형식적, 법적 정의가 아닌, 즉 법규의 내용, 다시 말해서 사회구성원 사이의 정당한 부담과 이익의 분배를 확인하는 '실질적 정의'로 이해된 것이다.[73] 생각건대 형벌이나 배상은 넓게는 부담과 이익에 포섭될 수 있고 또 사회적 정의에 형식적 정의가 배제되어 있지는 않으므로 사회적 정의와 법적 정의는 반드시 상호배척적이지는 않다. 그렇다고 양자가 필연적으로 상관관계에 놓여있는 것 같지

---

72) F. A. Hayek, 앞(주 21)의 책, 특히 97면 참조. 오늘날 노직이 같은 생각이다. R. Nozick, *Anarchy, State and Utopia*, Basic Books, Inc., New York 1974, 특히 149면 이하 참조.

73) 전자는 특히 D. Miller, 앞(주 20)의 책, 21면 이하, 후자는 특히 W. Sadurski, 앞(주 6)의 책 36면 참조.

도 않다. 사실 사회는 형식적, 법적 측면만이 아니라, 문화적, 경제적, 도덕적, 습속적인 비형식적 측면을 지니고 있다. 따라서 사회가 정의롭자면 형식적인 측면에서는 물론 비형식적 측면에서도 정의로와야 한다. 이렇게 본다면 사회적 정의는 법적 정의도 포괄할 수 있는 것으로 생각된다.

이렇게 볼 때 사회적 정의는 오히려 정의의 개념과 그 내재적 원리를 사회전체에서의 개인들과 그 행동들의 속성으로서가 아니라, (국가)사회와 그것의 행위 내지 제도 자체의 속성으로서의 정의로 파악되는 것이 가장 그 특징을 나타낸다고 하겠다.[74] 즉 개인들과 그 행위들에가 아니라 전체로서의 사회 자체에 적용된 정의와 그 원리로서의 사회적 정의로서 말이다. 여기에서 사회적 정의란 정확히는 사회적 관계의 전체를 정의의 요청의 적용영역으로 고찰하려는 것을 의미한다. 이는 사실 통치권행사의 거대한 독점화와 사회적 재화생산의 엄청난 증대 및 분업화 등 현대사회의 발전이 사회를 하나의 통일적인 사회적 협력체제로 보지 않을 수 없게 한다는 현실과도 일치된다 하겠다.[75] 이제 사회적 공동생활의 조직된 체제로서의 사회는 또한 그 존속을 위한 공동협동체로서 재화와 지위의 정의로운 분배, 권리와 통치권의 정의로운 행사, 의무와 부담의 정의로운 부여 등의 과제를 갖게 된 것이다. 물론 사회전체가 이렇게 파악됨에 따라 그 기본적 제도도 사회적 이익과 부담의 분배메커니즘으로 기능하게 되고 이에 따라 사회관계는 분배적 정의와 그 원리의 적용장으로 보기에 이른 것이다. 그래서 사회적 정의의 문제는 주로 사회적 관계의 총체로서의 사회의 분배적 정의의 문제가 된 것이다.[76] 물론 사회구성원 사이의 교환관계는 평균적 정의의 요청에 응해야 하겠지만, 이것도 사회

---

74) 이 점 이미 W. K. Frankena, 앞(주 68)의 글, 1면 이하 참조.
75) 이 점 P. Koller, 앞(주 61)의 글, 109면 이하 참조.
76) 이 점 특히 W. K. Frankena, 앞(주 68)의 글, 9면 이하; P. Koller, 위의 글, 110면 참조.

적 기본구조에 의해 정의된 당사자의 출발조건에 대한 고려 없이는 판단할 수 없게 되었다. 이를 법공동체에서의 정의와 관련하여 라드 브루흐는 다음과 같이 잘 표현했다: "사법의 법적 평등질서는 분배적 정의의 행동의 결과이다. 왜냐하면 평균적 정의가 적용되기 위해서는 그것에 참여된 사람들이 우선 분배적 정의에 의해 평등한 법률적 능력을 인정 받고 있어야 하기 때문이다. 그래서 분배적 정의 -'각자에 그의 것'- 는 정의의 근원형태(Urform)이고, 평균적 정의는 정의의 파생적(abgeleitete) 형태이다."[77]

어쨌든 사회적 정의가 이렇게 정의와 그 원리의 사회체제 자체에의 적용으로 이해되고, 또 그것이 주로 분배적 정의의 문제로 다루어지게 된다면, 그 원리도 위에서 설명한 분배적 정의의 원리, 즉 '평등취급(분배)의 추정의 원리'가 되지 않을 수 없겠다. 다시 말해서 이 원리가 사회적 총체제 내에서의 사회적 이익과 부담의 분배에도 타당해야 하겠다. 따라서 우리가 사회의 총체적 구조와 관련하여 평등취급(분배)의 추정의 원리를 특정화해서 표현하고자 한다면 다음과 같이 말할 수 있겠다: 사회의 모든 구성원은, 불평등한 분배를 정당화하는 정의상의 중요한 근거가 있는 경우가 아니라면, 분배가능한 사회적 이익과 부담에 대한 평등한 몫을 가져야 한다![78] 실로 이러한 원리는 사회적 정의의 근본요청을 나타낸다고 하겠다. 그리고 이 원리도 또한 달리 다루어야 할 근거를 제시하고는 있지 않지만 그것이 주어질 때에는 실질적으로 내용있는 사회적 정의의 요청으로 밝혀질 것이다. 어떠한 규준이 그러한 근거인가는 정의관, 즉 사회적 정의관이 논의해야 할 과제일 것이다.

이상으로 정의와 사회적 정의의 관계에 대해 간단히 살펴보았다. 그런데 위에서도 약간 이야기할 기회가 있었지만 (특수적)정의는 아리스토텔레스에서 벌써 '일반적 정의'와 대조되어 이해되었다. 이 일

---

77) G. Radbruch, 앞(주 2)의 책, 25면.
78) 이렇게는 P. Koller, 앞(주 61)의 글, 110면.

반적 정의는 그야말로 플라톤적 정의관으로서 사회의 총체적 기본 구
조의 분배적 측면에 관한 기본원리만을 문제 삼는 사회적 정의와는
달리 사회체제 일반이 갖는 정의를 포함한 여러 가치들(예컨대 효율
성, 자유 등) 사이의 조정을 문제 삼는 전체적인 관점으로서의 '사회적
정당성 즉 '사회적 이상'(social ideal)인 것이다.[79] 거듭 이야기하지만
개념은 가능한 한 특수적이어야 하는 것이 개념경제성의 원칙의 기본
적 요청이다. 이러한 뜻에서 우리는 정의, 나아가 사회적 정의의 특
수적 징표를 이익과 부담의 분배에 있어서의 비례성(그의 것), 평등
성, 나아가 등가성으로 보게 된 것이다. 이렇게 본다면 행위나 규범
이나 사회체제가 정의의 속성만을 갖지 않을 것임은 명백하다. 행위
는 잔인, 부정직, 비겁할 수 있고, 규범, 그리고 사회체제와 그 행위
는 비이성적, 비인도적일 수 있다. 그렇다고 그것들이 반드시 부정의
하다고 할 수는 없다.[80]

　실로 정의는 인간의 행위와 사회구조가 갖는 매우, 아마도 가장
중요한 가치이지만 유일한 그것은 아니다. 다시 말해서 정의는 이상
적인 행위나 사회질서에 대한 총체적 비전은 아닌 것이다.[81] 따라서
완전히 정의로운 행위나 사회도 이상적인, 완전히 좋은 그것이지 않
을 수 있는 것이다. 이에 사람들은 정의와 구별된 '정당성'(rightness,
Richtigkeit)의 관념을 표상하기에 이른 것이다. 물론 때로는 좁게, 때

---

79) 이 점 롤즈, 앞(주 3)의 옮긴 책, 31면 참조. 물론 '사회적 정의'와 '사회적 이
　　상'의 구별에 관한 롤즈의 이러한 견해가 그의 저서에서 관철되고 있는지는
　　의심도 든다. 그래서 그는 사회적 정의만이 아니라 '사회적 이상'을 서술하고
　　있는 것이 아닌가라는 비판도 있다. 이 점 특히 W. Sadurski, 앞(주 6)의 책,
　　13면 참조.
80) 예컨대 사형제도는 칸트나 헤겔도 생각했듯이 절대적으로 정의로울 수 있으나
　　인도성 등 다른 관점에서 보면 이상적인 것이 아닐 수 있다. 이 점 졸문, '법·정
　　의·형벌', 김태길 외 공저, 「정의의 철학」, 대화출판사, 1977, 75면(특히 85면)
　　이하 참조. 지금은 김우창 편, 「정의와 사회복지」, 한국아카데미총서 2, 문학예
　　술사, 1985, 74면(특히 83면) 이하 참조. [이 책 231면 이하, 특히 240면 이하
　　참조 ― 편집자]
81) 이런 점 특히 W. Sadurski, 앞(주 6)의 책, 11면, 특히 261면 이하; A.
　　Heller, *Beyond Justice*, Oxford, New York 1987, 273면 이하 참조.

로는 넓게 끊임없는 동요를 거듭하는 언어의 의미를 생각할 때 양 개념 사이의 관계에 관해 절대적으로 타당한 결정을 내린다는 것은 불가능한 것같이 보이며, 따라서 어떤 의미에서의 정의의 개념을 사용하는가는 어휘재량의 문제가 아닌가라는 생각도 든다.[82] 그러나 학문상의 개념경제성의 원칙에 비추어 볼 때 이러한 생각은 최대한 피해야 한다. 따라서 우리는 정당성과는 구별된 정의의 특수개념을 계속 손에 넣고 있어야 하는 것이다.[83] 물론 이 양자가 어떠한 관계에 있으며 또 있어야 하는가에 대해서는 이 자리에서 벌써 상론할 문제는 아니다. 이는 '정당성'에 관한 이론의 과제인 것이다.

V

이상으로 우리는 정의의 개념을 비롯하여 그 기본적인 종류와 원리, 나아가 그것과 밀접하게 관련되고 있는 개념들과의 관계에 대해 살펴보았다. 이때까지의 고찰이 비록 메마른 것이기는 하지만 이로써 정의에 관한 논의의 영역이 구획된 셈이다. 그런데 정의에 대해서는 종래부터 많은 비판과 회의가 있어왔다. 물론 이러한 비판은 정의의 기본적 개념규정과 원리에 대해서만 관련되고 있는 것은 아니기에 이에 대한 자세한 언급은 정의에 관한 탐구가 끝나는 자리에 가서야 비로소 가능할 것이다. 그러나 정의에 관한 개념적 고찰이 일단락된 이 자리이고 보면 그러한 비판에 대한 근본적인 태도표명은 있어야

---

82) 사실 법철학자 슈탐믈러는 정의를 넓게 '사회적 이상'으로 파악하여 그의 유명한 '정법론'을 전개했다. R. Stammler, *Lehrbuch der Rechtsphilosophie*, 제3판, Berlin, Leipzig 1928, 211면 이하, 특히 216면. 또 그의 *Die Lehre von dem richtigen Rechte*, Halle 1926, 특히 74면 이하 참조. 이항녕, 「법철학개론」, 재개정판, 박영사(서울), 1974, 321면도 정의를 광의로 파악하고 있다.

83) 이러한 구별에 대해 의미론적으로 우려도 하나 확고하게 이를 옹호하는 입장은 K. Engisch, *Auf der Suche nach der Gerechtigkeit*, München 1971, 157면. 또 W. Sadurski, 앞(주 6)의 책, 280면 이하도 마찬가지이다. 일찍이 밀도 '모든 도덕성을 정의에로 통합하려는'(to merge all morality in justice) 관념들에 대해 경고했었다. J. S. Mill, 앞(주 17)의 책, 47면.

하겠다.

잘 알듯이 우리가 정의의 종차적 개념징표로 규정한 '각자에 그의 것'이라는 정의의 공식은 물론이고, 그것의 부수적 추정적 징표로 받아들인 평등성(동가성)도 많은 비판을 받았다. 이러한 비판은 여러 가지 양상으로 표현되어 있지만 그 핵심은 이것들이 무엇이 '그의 것'이며, 무엇이 평등한 것인가를 밝혀주지 않기에 정의는 결국 '아무런 내용도 없으나 '어떠한 내용도 받아들일 수 있는', '동어반복적 개념과의 유희'에 불과한, '어떠한 종류의 실질적 원리도 내세울 수 있게 하는', '정반대의 가치판단도 배제하지 않는', '내용공허한', '전적으로 무가치한', 그야말로 한낱 '공허한 공식'(Leerformel)일 뿐이라는 것이다.[84] 그러면 이러한 극단적인 비판에 우리는 송두리째 동의하여야만 할까? 물론 비판에서 지적된 것처럼 무엇이 '그의 것'이며 또 '평등한' 것인가에 대한 규준이 제시되어 있지 않기 때문에 형식적이고 내용이 매우 '빈약한' 것은 사실이다. 그렇지만 그것들은 내용이 '공허한' 것은 아니다. 우선 '각자에 그의 것'이라는 공식과 함께 정의는 결코 도덕적 덕목의 개념과 동일한 것이 아니라, 그 일부, 즉 이익과 부담의 분배와 평형의 영역에 관련된 덕목이라는 것을 뜻한다는 점에서도 내용공허하지는 않다.[85] 또 이 공식들이 내용공허하지 않다는 것은 예컨대 이를 부정하여 '각자에 그의 것이 아닌 것을 주라' 또 '같지 않는 것을 같게 다루라'라고 표현하여 볼 때 이 얼마나 우리의 도덕적 감정에 거슬리는가를 보아서도 알 수 있다. 만약 부정된 원리가 정말 전적으로 내용공허한 것이라면 그 부정도 내용공허해야 할 것이다.[86] 그러나 그렇지는 않지 않는가. 그리고 또 위에서도 약간 언급했지만

---

84) 이러한 비판은 M. E. Mayer, *Rechtsphilosophie*, Berlin 1922, 78면; A. Ross, 앞(주 41)의 책, 275면; H. Kelsen, 앞(주 42)의 Das Problem der Gerechtigkeit, 357면 이하; *Was ist Gerechtigkeit?*, 24면, 40면; 황산덕, 「법철학강의」, 제4정판, 방문사, 1983, 148면 등 참조.

85) 이 점 R. Dreier, (앞 26)의 글, 100면.

86) 왜냐하면 부정의 논리적 조작이란 순전히 형식적이기 때문이다. 이 점 I. Tammelo, 앞(주 7)의 책, 24면 이하 참조.

오늘날 정의의 제규준에 관한 탐구가 그것이 논의이론에 의하든 결정이론에 의하든 성과 있게 진행되고 있고, 따라서 과거와는 달리 '실천적 합리성이 상당히 도모되고 있는 만큼 '정반대의 가치판단도 배제하지 않는' 정의이론은 어느 정도 피할 수 있게 된 것이다. 이 점은 다음에 본격적으로 다루게 될 것이다. 끝으로 덧붙여서 생각할 것은 정의의 원리, 특히 형식적 정의의 그것과 관련한 비판이다. 위에서도 언급했지만 형식적 정의의 원리는 그 자체로서는 정의로운 실천을 보장해 주지 않는다. 그러나 비록 그것이 보편화주의적인 규칙적용을 명할 뿐인 것같이 보이지만, 그것은 나아가 사람을 평등하게 또는 불평등하게 다루는 데 중요하다고 볼 규준들을 밝히고 그리고 비판적 토의에 부치라고 강요할 뿐만 아니라, 일단 정립된 인간행위의 규칙체계는 어떤 것이든 제일적이고 비자의적인 적용의 요청 밑에 두게 한다고 볼 수 있다. 이는 실천이성의 일반적 명령이기도 하지만 정의개념의 기초적 요청이기도 한 것이다.[87]

이상으로 우리는 정의에 대한 핵심적 비난들을 검토하고 그것들이 '전적으로는' 타당한 것이 아니라는 것을 밝힌 셈이다. 이로써 또한 우리는 반사적으로 정의가 일반적인 가치속성으로서 그 의미를 결코 잃지 않고 있음을 안 셈이다. 어쨌든 정의에 대한 비난을 전체적으로 놓고 생각해 본다면 이는 정의에 대한 너무 큰 기대에 의거하고 있다고 볼 수 있다. 즉 정의는 인간의 사회생활에서 일어나는 그때그때의 온갖 문제적 사건들에 있어서 항상 정의로운 결정을 '도출'해 낼 수 있는 하나의 '결정원'이어야 한다는 기대이다. 그러나 이는 정의론이 감당할 임무는 못된다. 정의론의 고유한 과제는 해답을 '도출'하는 것이 아니라 해답에로 '유도'하는 사고수단을 제공하고 사고방법을 제시하는 데 있다고 하겠다.[88] 실로 정의는 매우 형식적인 원리이다. 그러나 그것은 전적으로 무가치하고 무내용한, 말하자면 '공허한' 것은 아

---

87) 이 점 P. Koller, 앞(주 61)의 글, 102면 참조.
88) 이 점 I. Tammelo, 앞(주 7)의 책, 22면.

니고, '방향제시적인 지시'를 주는, '그 구체화를 위해서는 다른 가치관
점과의 결합을 필요로 하는' 하나의 '개방적 원리'(offenes Prinzip)인
것이다.[89] 정의는 규칙적이고 정당한 규준에 의한 취급을, 다시 말해
서 '자의의 금지'를 요청함으로써 소극적인 면에서는 부정의를 판정하
고 배제하는 먹줄의 역할을 할 뿐만 아니라, 그 규율하는 사회관계의
특수화에 따라 그 공식의 내용도 규율임무에 일치해서 또한 특수화되
고, 끝내는 어느 정도 내용 있는 기준이 됨으로써 인간관계의 정의로
운 질서를 위한 적극적인 '지도사상'으로서의 기능도 한다고 하겠다.
이렇게 생각해 본다고 할 때 모든 지도적인 가치원리에 대해서도 그
렇겠지만 어쨌든 정의에 대해 '전부 아니면 전무'라는 양자택일적 태
도로 바라보는 것은 결코 옳지 않은 것이라 하겠다.[90]

---

89) 이 점 H. Henkel, 앞(주 41)의 책, 400면; K. Engisch, 앞(주 83)의 책, 178
   면 등 참조.
90) 이 점 H. Henkel, 위의 책, 400면 이하 참조. 이러한 태도는 드워킨이 '원
   리'(principle)를 '전부 아니면 전무'(all-or-nothing)의 형식으로 적용되는 '규
   율'(rule)과는 달리 '무게 또는 중요성의 차원'(dimension of weight or
   importance)을 갖는 것으로 보자는 태도와 비교될 수 있다. R. Dworkin, 앞
   (주 8)의 책, 24면 이하 참조.

정의원리의 구도[†]

I. 서 언

정의는 고금에 걸쳐 높이 찬양되고 엄숙히 맹서되었다: "군자는 (정)의를 으뜸으로 삼는다"(공자).[1] "정의란 너무나 아름다운 덕목이어서 샛별도 그처럼 빛나지 않는다"(아리스토텔레스).[2] "정의가 무너지면 인간은 땅 위에 더 살 가치가 없다"(칸트).[3] 오늘날도 다른 바 없다: "사상체계의 첫째 덕목이 진리라면 사회제도의 첫째 덕목은 정의이다. 그러나 이론이 아무리 정치하고 간명하다 할지라도 그것이 진리가 아니라면 배척되거나 수정되어야 하듯이 법이나 제도가 아무리 효율적이고 정연한 것일지라도 그것이 정의롭지 못하면 개혁되거나 폐기되어야 한다"(롤즈)![4]

이렇듯 정의가 열망되고 보니 다투는 자 그 어느 누구도 정의에 호소하지 않는 자 없는 것이다. 그러면 도대체 정의란?

II. 정의의 표상 및 개념

'정의란 무엇인가?'라는 물음은 자주 '진리란 무엇인가?'라는 물음

---

† 법철학연구 제20권 제3호, 한국법철학회, 2017.

1) 공자, 「논어」 양화편 23, 김학주 편저, 서울대학교출판부, 1985, 399면.

2) Aristoteles, *Ethica Nicomachea*, W. D. Ross 편, *The Works of Aristotle* 제 9권, Oxford, 1129b.

3) I. Kant, *Die Metaphysik der Sitten*, Karl Vorländer 편, Philosophische Bibliothek Bd. 42, Meiner, Hamburg 1959, 159면.

4) J. Rawls, *A Theory of Justice* 제2판, Cambridge Massachusetts 1999, 3면.

에 비견되곤 한다. 그렇지만 그 논의의 마당은 다르다. 진리는 이론, 즉 학문(과학)의 영역에서 탐구되지만 정의는 실천, 즉 윤리의 영역에서 논구된다. 그래서 정의는 예부터 저 '중용의 훌륭한 성품'(인간적 훌륭함)이라고 일컫는 덕(德)의 일종으로 표상되었다. 말하자면 정의는 '지혜', '용기', '절제'와 함께 이른바 '4대 덕목' 중 하나라는 것이다.[5]

무릇 다른 덕목들과 구별되는 정의만의 특유한 징표는 무엇인가? 이는 아무래도 정의 덕목의 외향성(外向性)에 있는 것 같다. 정의는 다른 덕목들처럼 내향적이지 않고, 즉 자신에로만 향하지 않고 자신 밖의 이웃에, 즉 타인에 대해서 행사될 수 있는, 바꾸어 말해서 타인을 처우(處遇)하는 데 발휘되는 특성을 지니고 있다. 바로 이 특성 때문에, 즉 이 이타성(利他性) 때문에 아리스토텔레스는 정의를 '완전한' 덕목, 더할 나위없이 높고 찬란한 덕목으로 칭송한 것이다.[6] 그런데 이러한 정의 덕목의 외향성, 즉 '타인 지향성'(prosallon, *ad alterum*)에서 타인은 또 단수가 아닌 복수인 데 특색이 있다. 여럿이 아닌 하나뿐인 학생을 담당하는 시골 교사의 그 학생에 대한 어떤 처우를 두고 정의를 말하지 않는다. 실로 정의는 타인'들'에 대한 처우행위의 속성이다. 그래서 정의는 '사회적', '비교적' 덕목이다. 이에 정의는 통치자, 법관, 교사, 부모, 나아가 남들을 처우하는 모든 이들에게 특히 요구되고 있는 것이다.[7]

무릇 덕목은 실천, 즉 인간행위의 속성이다. 덕목이 다양한 만큼 인간행위도 여러 덕목을 지니게 된다. 이렇게 인간행위가 다양한 덕목을 지니는 것은 그것이 각 덕목에 특유한 기준과 원리를 체현하고 있기 때문이다. 다시 말해서 인간행위가 각 덕목 특유의 기준과 원

---

5) 동양 고전으로는 「중용」, 서양 고전으로는 Aristoteles, 앞(주 2)의 제2권~제5권, 정의에 관해서는 제5권.
6) Aristoteles, 앞(주 2)의 책, 1129b~1130a.
7) 오늘날의 지적으로는 K. Engisch, *Auf der Suche nach der Gerechtigkeit, Hauptthemen der Rechtsphilosophie*, München 1971. 특히 154면 참조.

리를 내적으로 의욕하고 그것에 따라 행위하는 자의 심적 태도의 표출 내지 표현이기 때문이다. 그래서 정의로운 행위란 것은 이를테면 법률에 따라 행위하는 것이 아니라 정의의 기준과 원리를 의욕하고 내심에서 그것에 따라 행위하는 자의 행위인 것이다.[8]

여기서 우리는 정의의 기준과 원리, 즉 지도원리로서의 정의와 내심적 태도로서의 정의, 바꾸어 말해서 '객관적 정의'와 '주관적 정의'를 구별하고 그 관계를 묻게 된다. 이에 대해서 한편에서는 객관적 정의는 주관적 정의의 투영체일 뿐이라고 하고, 다른 한편에서는 주관적 정의는 객관적 정의의 실현의사일 뿐이라고 주장할 수 있다.[9] 그러나 그 어느 하나의 우위성에 대한 이와 같은 다툼은 양자의 상관성을 감안하면 대단할 수 없다. 그래서 객관적 정의와 주관적 정의의 관계는 마치 '진리'와 '진실성'의 관계와 같다고 보는 것이다. 말하자면 객관적 정의가 정의의 제1차적 형태이고 주관적 정의는 그 제2차적 형태인 것이다.[10] 그래서 사람들은 그토록 일찍부터 인간행위의 지도원리로서의 정의, 즉 객관적 '정의의 원리'를 탐구한 것이다.

III. 정의와 정당성

그렇다면 정의란 어떠한 지도원리, 즉 어떻게 사람들을 처우하는 기준 내지 원리란 말인가? 실로 이 물음만큼 오랫동안 고매한 철학자와 사상가들의 깊은 사색과 끈질긴 천착을 끊임없이 요구한 것도 드물 것이다. 여기 우리의 물음에 진정으로 부응한 의미에서의 정의의 탐구는 놀랍게도 기원전 5세기 희랍의 서정시인(사상가) 시모니데스가 남겼다는 잠언, 즉 정의란 '각자에게 그가 응당 받아야 할 것을 주는 것'이라고 한 말에서부터 시작된 것이다.[11]

---

8) 이 점과 관련해서는 G. Husserl, *Recht und Welt. Rechtsphilosophische Abhandlungen*, Frankfurt/M. 1964, 249면 이하 참조.
9) 이 점 앞(주 7)의 K. Engisch, 154면 이하.
10) G. Radbruch, *Vorschule der Rechtsphilosophie* 제2판, 1959, 24면.

이는 우선 정의를 막연히 자연과 우주의 질서원리로 풀이하던 당시의 고대적 정의관념에서 탈피해 바로 '인간 처우'의 원리임을 명확히 선언했으며, 나아가 거기에서 '그가 응당 받아야 할 것'이 그의 것, 즉 자기의 것임을 뜻하지만 그 실은 타인의 것을 문제삼는 것이어서 정의란 타인의 처우, 즉 응분에 맞는 타인의 처우를 요구하는 원리임을 천명한 것이었다.

그러나 곧 이와는 퍽 대조적인 정의관이 대두했다. 공자는 정의를 한 나라의 정치와 직결시켜 "임금은 임금 노릇을 하고, 신하는 신하 노릇을 하고, 아버지는 아버지 노릇을 하고, 아들은 아들 노릇을 하는 것이다"라고, 즉 그의 이른바 '정명의 도[正名之道]'라고 주창했다.[12] 말하자면 정의는 정치공동체의 덕목으로서 구성원 저마다 직분을 다하는 것이었다.

이러한 정의관은 플라톤에 의해 더욱 거창하게 완성되었다. 플라톤은 정의에 관한 논의란 "예사로운 것에 관한 것이 아니라 어떤 생활방식으로 살아가야만 하는가에 관한 것"이라고 시종 주장하면서 그 거대 담론을 그의 유명한 「국가론」에서 펼쳤다. 여기에서 그는 시모니데스의 잠언을 바로 화두로 삼아 논의를 시작하지만 곧 이를 거부하고 정의를 특정(개별)인이나 특수 영역에서의 덕목이 아니라 개인, 사회, 국가를 아우르는 포괄적, 총체적 덕목으로 규정하면서 개인이나 국가(사회)의 정의는 그 개인의 구성요소, 즉 이성, 의지, 욕구, 그리고 그 국가의 구성요소(구성원), 즉 통치자, 군인, 일꾼이 각기 '제 일을 하는 것'(ta hautou prattein), 말하자면 개인이나 국가의 직분 수행이라고 주창했다.[13]

---

11) 이 잠언을 그대로 전한 이는 플라톤/박종현 역주, 「국가 · 政體」, 서광사, 1997, 64면(331e). 원어로는 "To ta opheilomena hekastō apodidonai"(각자에게 갚을 것을 갚는 것이 올바르다).

12) 공자, 「논어」 안연편 11.

13) 플라톤, 앞(주 11)의 「국가 · 政體」, 64면 이하, 257면 이하, 285면 이하, 305면 등.

그러나 공자나 플라톤의 정의관에는 정의의 본질적 징표인 타인의 처우에 관한 어떤 요구가 보이지 않는다. 그것이 요구하는 직분의 수행은 전체 사회체제를 지탱하는 생활원리의 엄수에 다름 아니다. 물론 이는 "뜻깊고, 합목적적이고, 정당한" 요구이지만 누구도 이를 바로 '정의로운' 그것이라고 하지 않는다. 말하자면 직분 수행의 원리는 스위스의 법철학자 네프의 지적대로 모든 공동체 질서의 '중대하고 정당한 원리'이지만 바로 정의를 문제삼고 있지는 않다.[14] 이로써 우리는 왜 공자, 플라톤이 주창한 '각자는 제 일을 하라'가 아니라, 시모니데스가 남긴 '각자에게 그에 합당한 것을 주라'는 잠언을 정의원리의 효시로 보게 되는지를 알게 된다.

IV. 분배적 정의와 평균적 정의

이렇게 정의원리의 원형으로 밝혀진 시모니데스의 잠언, 즉 '각자에게 그에 합당한 것을', 후세에서는 더욱 짧게 '각자에게 그의 것을'이라는 정의원리의 공식은 실로 정의 탐구의 보루였다. 그러나 그것은 무엇을 그에게 합당한 것으로, 즉 그의 것으로 볼 것인가를 결정할 규준을 그 자체 갖고 있지 못해 내용적으로 보면 일반적이고 추상적인 데 그칠 수밖에 없다. 플라톤은 이를 폄하하고 탓하면서 정의 탐구를 일찌감치 단념하고 가시적이고 거시적인 직분 수행의 원리를 제창해 이른바 '정당성(올바름)'의 '이념론'을 펼치는 데 매진했었다.[15]

그러나 아리스토텔레스는 달랐다. 그의 정의론은 독창적이라기보다 학구적이었다. 그는 '덕목 윤리학'의 수립자이다. 그에게서 정의는 '으뜸 덕목, 완전한 덕목, 중용의 덕목'이었다.[16] 그의 정의론은 그의

---

14) H. Nef, *Gleichheit und Gerechtigkeit*, Zürich 1941, 85면. 우리의 철학자 박종현 교수는 이를 고려해 '정의'와 구별해서 '올바름'의 덕목을 제창하고 있다. 박종현, 앞(주 11)의 「국가·政體」 전편에 걸쳐서이다. 특히 63면 이하.
15) 플라톤, 앞(주 11)의 책, 64면 이하.

유명한 「니코마코스 윤리학」 제5장에 잘 서술되어 있다. 그는 시모니데스가 밝힌 정의 탐구의 정로를 그야말로 탄탄대로로 닦은 정의론의 거장이다.

그는 정의란 자기가 받아야 할 것을, 말하자면 자기의 몫과 '같은 (평등한)' 것을 취하는 것이라는 시모니데스의 주장을 핵심 전제로 삼았다.[17] 이에 그는 특히 피타고라스를 따라 평등을 정의의 상관개념으로 규정했다.[18] 그리고 그는 특히 타인과의 관련을 토대로 이룩되는 사회 및 법공동체를 정의논의의 바탕으로 삼았다.[19] 이는 플라톤 사회철학의 영향이라 하겠다. 이러한 토대 위에서 그는 시모니데스의 주장을 더욱 '특수화', '구체화'시켜 정의론의 체계를 세웠다. 이것이 분배적 정의와 평균적 정의의 원리로 이루어진 그의 '특수적 정의'의 이론이다.[20]

우선 여기에서 '분배적 정의'는 사회공동체가 구성원들에게 재산, 명예, 기타의 가치를 그들의 공적(axia)에 따라 분배하는 것을, 말하자면 갑에게는 갑의 공적에 맞는 가치를, 을에게는 을의 공적에 맞는 가치를 분배하는 것을 문제 삼는다. 이에 따라 분배적 정의는 갑에 분배된 가치 A와 을에 분배된 가치 B의 관계가 갑의 공적 C와 을의 공적 D 사이의 관계와 같은 데, 즉 A : B = C : D인 데 있게 된다. 따라서 분배적 정의의 핵심은 비례의 평등, 그가 표현한 바의 이른바 '기하학적' 비례의 평등이고, 그 부정의는 이러한 비례를 깨고, 너무 많게 또는 너무 적게 갖는 것이다. 실로 그에 있어서 분배적 정의의

---

16) 이 점 H. Kelsen도 시인했다. H. Kelsen, *Was ist Gerechtigkeit?*, Wien 1953, 34면 이하.

17) Aristoteles, 앞(주 2)의 책, 1129a 이하.

18) 정의를 제곱수에 비유한 피타고라스의 수학적 설명은 유명했다. 이 점과 관련해서는 Giorgio del Vecchio, *Die Gerechtigkeit* 제2판, Basel 1950, 45면(46면) 이하 참조.

19) 아리스토텔레스에 와서는 벌써 법과 사회의 구분도 뚜렷해진 것이다. 이 점 W. Kersting 편, *Politische Philosophie des Sozialstaats*, Velbrück Wissenschaft 2000, 17면 이하 참조.

20) Aristoteles, 앞(주 2)의 책, 1130a 이하, 1130b 이하 참조.

원리는 '비례성(比例性)'의 원리이고, 그 척도는 공적이었다. 이 공적을 두고 그는 사회공동체의 체제에 따라 다를 수 있음을 인정했다. 즉 민주체제는 자유를, 과두체제는 출신과 부를, 귀족체제는 탁월성을 각각 공적으로 여긴다는 것이다. 이렇게 공적의 고려가 중시된 분배적 정의에서 '인격(인품)의 고려'가 있게 됨은 당연해 보인다.[21]

다음 그에서 '평균적 정의'는 (법공동체에서) 개인들 사이의 자발적인 거래관계, 예컨대 매매, 임대 등 계약의 형태로 이루어진 거래관계나 비자발적인 거래관계, 예컨대 살인, 강도, 절도 등 범죄의 형태로 이루어진 거래관계에서 어느 한쪽에도 과다와 과소가 없게 중간, 즉 그가 표현한 바의 '산술적' 비례의 평등을 기하는 것을 문제 삼는다. 말하자면 평균적 정의는 이들 전형적인 법률적 관계에서 급부와 반대급부, 법침해와 보상(또는 처벌) 사이의 평형인 것이다. 그래서 법관은 "너무 적게 갖게 된 자에게는 중간이 그의 부분을 넘는 만큼 보태어 주고 너무 많이 갖게 된 자로부터는 중간을 넘는 그의 부분만큼 빼앗아야 할 의무를 지고 있다"고 했다. 실로 평균적 정의의 원리는 '등가성(等價性)'이다. 여기서 거래당사자는 그 인격에 맞게, 즉 상이하게가 아니라 처음부터 평등하게 고려되고 있으며, 따라서 분배적 정의에서와는 달리 '인격의 불고려'가 강조되는 것이다. 실로 두 눈을 가린 정의의 여신상은 바로 평균적 정의의 상징인 것이다.[22]

이상과 같은 아리스토텔레스의 정의론은 '각자에게 그의 것'이라고만, 즉 포괄적으로만 주장된 정의원리를 넘어 그 적용영역에 따라, 즉 사회적 가치의 생산과 분배가 문제되는 사회공동체에서는 공적에 기한 분배적 정의의 비례성 원리를, 그리고 '평판 좋은 이가 사기치든 평판 나쁜 이가 사기치든, 또 평판 좋은 이가 간통하든 평판 나쁜 이가 간통하든' 상관 않고 똑같이 법침해와 그 처벌의 평형을 기하는 법질서에서는 평균적 정의의 등가성 원리를 각각 나누어 주창한 것이

---

21) Aristoteles, 위의 책, 1130b, 1131a~1131b.
22) Aristoteles, 위의 책, 1132.

다.[23]

이러한 아리스토텔레스의 정의론은 그 후 줄곧 정의 논의의 토대가 되어왔다. 네프는 심지어 "각자가 평균적 정의에 의해 평등하게 배당받고, 각자가 분배적 정의에 의해 평등한 규준에 따라 자신에 맞는, 그러나 차이 있는 분배를 받게 되어, 그 외 제3의 분배란 있을 수 없는 것이기에 정의원리에 대한 더 이상의 확대 논의는 논리적으로 있을 수 없다"고 평가했다.[24] 이러한 네프의 지적은 아리스토텔레스의 정의원리에 대한 그의 이해가 맞다면 적절하다고 할 것이다. 그러나 네프는 아리스토텔레스에서 원래 등가성의 규준에 따라 급부와 반대급부, 손해와 배상 사이의 '평형'을 문제 삼는 평균적 정의를 모든 이에 대한 '평등한 분배(처우)'에 관한 원리로 바꾸어 이해하고 있다. 이는 아리스토텔레스의 원래 주장에 맞지 않는 것이다.

그러나 이러한 네프의 오해는 바로 아리스토텔레스의 정의론이 지닌 불충분성을 깨닫게 해 준다. 위에서 보았듯이 아리스토텔레스에서 분배적 정의의 핵심은 비례성, 즉 공적에 따른 차등적 분배(차등성)이다. 그에서 평등분배에 관한 적극적 주장은 보이지 않는다. 물론 그에서도 공적에 차이가 없는 한 평등처우는 당연히 상정되는 것이고, 따라서 평등주의의 이념마저 전제되어 있다는 견해도 있다.[25] 그러나 이는 소극적인 논리적 추론일 뿐이다. 더구나 그는 분배의 규준인 공적을 두고 재산, 혈통도 그 내용이 될 수 있다고 했다. 이는 인격의 평등한 존중과 처우라는 평등주의 이념의 도덕적 요청을 외면한 것이다.

고대에서 이러한 '평등처우'의 요청은 오히려 공자가 그의 '정명의 도'와 나란히 주창한 이른바 '혈구의 도[絜矩之道]', 즉 "네가 바라는 바를 남에게 행하고, 네가 바라지 않는 바를 남에게 행하지 말라"는

---

23) Aristoteles, 위의 책, 1132a 이하.
24) H. Nef, 앞(주 14)의 책, 89면.
25) E. Tugendhat, *Vorlesungen über Ethik*, Frankfurt/M. 1993, 373면 참조.

주장에 담겨져 있어 보인다.[26] 오늘날 '황금률'로 불리어지는 '혈구의 도'를 두고 우리의 심재우 교수는 "이것은 각자의 인격의 평등성을 전제한다. 남녀·노소·신분의 귀천에 관계없이 모두 '사람'이므로 그 인간성을 존중하고 승인한다는 전제하에서만 실현될 수 있다"고 새기면서 평등처우의 원리가 잘 나타나 있다고 했다.[27] 나아가 미국의 저명한 싱어 교수는 황금률과 관련하여 이를 "모든 이의 행위는 동일한 기준에 의해 판단되어야 하고 누구도 특수한 지위를 요구할 권리를 갖고 있지 않다"로, 즉 모든 도덕적 원리는 보편적으로 수락할 수 있어야 한다는 그의 이른바 '보편화의 원리'로 새기면서 이는 바로 평등원리를 표명한 것이라고 피력했다.[28]

그러나 '혈구의 도', 즉 황금률에 대한 이러한 해석은 뜻깊지만 무리가 없지않다. 사실 혈구의 도, 즉 황금률도 타인의 처우를 문제 삼는다. 그래서 이는 더욱 정의의 원리에 비견된다. 그러나 이것이 문제삼는 타인의 처우는 단순히 일방의 타방에 대한 처우일 뿐이고 정의에서처럼 처우할 지위에 있는 제3자의 그것은 아니다. 또 그 처우의 의무도 그저 일방의 '바램'이나 '느낌'에 의해 확정되는 것이어서 '일반적'이지 않다. 따라서 혈구의 도(황금률)에 의한 평등처우의 요청은 일반적인 평등처우의 요청, 즉 평등원리에는 못 미친다고 하겠다.[29] 그러나 입장을 바꾸어 생각해(易地思之) 네가 싫어하는 것을 남에게 행하지 말고, 네가 바라는 것을 남에게 해 주라는 황금률은 중요한 사회연대적 도덕요청이어서 이른바 '상호성의 원칙'으로서 매우 존중된 것이다.

이렇게 보면 아리스토텔레스의 정의론에 대한 진정한 보완은 근대에 들어서야 이루어진 것이다. 근대는 '이성의 용감한 사용'이 강조되

---

26) 공자, 「논어」 안연편 2; 「중용」 13장.
27) 심재우, "동양의 자연법사상", 법학논집 제33집, 고려대학교 법학연구소, 1997, 367~439면. 특히 394면.
28) M. G. Singer, *The Ideal of a Rational Morality*, Oxford 2002, 273면.
29) 졸저, 「분석과 비판의 법철학」, 법문사, 2001, 364~383면 참조.

고 실현된 시대이다.[30] 자유로운 이성은 세상에 태어날 때부터 모두
자유롭고 평등하며 독립적인 인간의 자연상태를 상정하고, 이 같은
일체의 차별과 타율적 구속이 없는 상태에서 '각 구성원의 신체와 재
산을 온 공권력으로 방어하고 보호해 각 구성원은 서로 결합하면서도
스스로에게만 복종하고 이전과 마찬가지로 자유로운' 하나의 사회공
동체를 발견하려는 이른바 '사회계약사상'이 대두하게 되었다.[31]

이렇게 만민의 자연적 평등의 이념이 주장되자 정의의 이념도 차
등적 처우를 상정했던 '각자에게 그의 것'이라는 구호를 뒤물리고 평
등처우를 표방하는 '각자에게 똑같은 것'이라는 새로운 구호를 앞세운
것이다. 실로 '평등성(平等性)'이 분배적 정의의 으뜸 원리로 등장한
것이다. 그래서 정의는 '평등원리'로 해석되고, 이는 우선 적어도 일
반적으로 효력 있는 법률 앞의 평등이지 않으면 안 되었고, 나아가
이는 '본질적 차이'는 고려되어야 한다는 정의의 강한 '개별화적' 요구
의 도전 속에서도 물러서지 않았던 것이다.[32]

이렇게 근대는 평등원리를 확립해 정의이념의 혁신을 가져온 동시
에 아리스토텔레스의 정의론도 보완한 것이다. 말하자면 원래 비례성,
즉 차등성으로만 특징지어졌던 분배적 정의에 평등성의 원리도 자리
잡게 되고, 거기에 아리스토텔레스에서 특유의 의미를 지닌 평균적 정
의의 등가성 원리가 보태어져 정의의 원리는 '평등성', '비례성', 그리
고 '등가성'의 3자 정립(鼎立)으로 나타난 것이다. 이들은 바로 '각자
에게 그의 것'이라는 일반적인 정의원리를 넘어 인간의 행위, 규범
그리고 규범질서가 인간의 처우와 관련하여 특별히 정의롭기 위해 따
라야 하고 또 실현해야 하는 '특수한' 정의원리들인 것이다.

---

30) I. Kant, *Schriften zur Anthropologie, Geschichtsphilosophie, Politik und Pädagogik I*, W. Weischedel 편, Werkausgabe Bd. XI, Suhrkamp, Frankfurt, 53면: 이른바 'Sapere aude!'.
31) 대표적으로 J.-J. Rousseau, *Du Contrat Social*, Garnier, Paris 1954, 243면; 존 로크/이극찬 역, 「통치론」, 삼성출판사, 1982, 31면 이하 참조.
32) 이렇게는 K. Engisch, 앞(주 7)의 책, 151면 이하 참조.

V. 정의원리의 상호관계

그러면 이제서야 비로소 더 이상의 확대는 논리적으로 있을 수 없다고 말할 수 있을 이들 정의의 원리들은 서로 어떠한 관계에 놓여 있으며, 그리고 그중 어느 한 원리가 다른 원리보다 더 우위에 놓여 있는 것은 아닌지에 대해 살펴보아야 하겠다. 그런데 평등성, 비례성, 등가성 사이의 관계에 관한 문제는 평등성과 비례성이 분배적 정의의 원리이기 때문에 결국 분배적 정의와 평균적 정의 사이의 관계에 대한 문제로 귀결된다. 그러면 우선 분배적 정의의 두 원리, 즉 평등성과 비례성 사이의 관계를 살펴보기로 하자.

위에서 보았듯이 분배적 정의에서의 비례성의 원리와 평등성의 원리 사이는 시세 변동도 있었고 주장의 대립도 날카로워 그 관계규명이 단순해 보이지 않는다. 즉 고대에 득세했던 비례성, 즉 차등성의 원리는 '각자에게 그의 것'을 주창했고, 근대 이후 압도했던 평등성의 원리는 '각자에게 똑같은 것', '각자를 똑같이'를 주창했다. 무릇 이념과 가치의 주장은 극대화의 요구를 담고 있다. 그러고 보면 비례성의 원리는 가능한 한의 '구체화', '특수화', '개별화'를 지향하고, 평등성의 원리는 가능한 한의 '일반화', '평준화', '도식화'를 지향할 것이다.[33]

그러면 분배적 정의를 대표하는 두 원리가 이렇게 상호 대립되는 경향들을 나타낸다면 분배적 정의의 개념 자체가 부조리한 모순 내지 갈등의 그것이 아닌가라는 의문이 생긴다. 그러나 사정은 그렇게만 볼 것은 아니다. 그것은 어느 이념과 원리도 절대화를 실현시킬 수는 없기 때문이다. 이는 평등성과 관련해서는 예컨대 어른과 어린이, 능력자와 무능력자를 절대적으로 동등시 할 수 없는 데서 알 수 있고, 비례성(차등성)과 관련해서는 비교성과 일반성을 떠나 정의를 논할 수 없기 때문에 절대적 구체화나 개별화는 어불성설인 것이다. 따라

---

33) 이렇게는 K. Engisch, 위의 책, 159면 참조.

서 구체화나 개별화는 동종(류)성이나 유사성을 기초로 한 집합의 수준에서 멈추어야지 그 밑으로까지 갈 수는 없는 것이다.[34]

이리하여 분배적 정의에서 평등성은 비례성(차등성)을 고려하지 않으면 안 되고, 비례성은 평등성을 무시할 수 없게 된 것이다. 평등성과 비례성 사이의 이와 같은 사정으로 인해 분배적 정의의 원리는 결국 본질적으로 평등한 것은 평등하게 처우해야 한다고 하면서 또한 본질적 차이는 고려해야 한다고 주장하기에 이른 것이다. 이는 실로 서로 대립하는 분배적 정의의 두 의미를 본질성의 징표를 통해 함께 묶어 주고 있으며, 이렇게 수정된 평등성에는 '각자에게 그의 것'이라는 구호도 잘 들어맞아 분배적 정의의 통일성 내지 일체성도 또한 보여 주는 것이다. 물론 여기에서 포괄적으로 규정된 '본질성'의 의미규정이 문제이지만 이는 정의의 실질적 '평가'의 측면에 속하는 것으로서 분배적 정의의 개념적(형식적) 통일성에 대한 장애물은 아니라고 하겠다.[35]

그러면 이와 같은 분배적 정의는 등가성을 원리로 삼는 평균적 정의와는 어떠한 관계에 놓여 있는지 알아보아야 하겠다. 즉 분배적 정의와 아리스토텔레스적 의미의 평균적 정의 사이의 관계를 묻는 것이다. 이를 두고는 견해가 분분하다.

첫째는 양자를 분리하려는 견해이다. 즉 분배적 정의는 공동체적 상하관계에서, 평균적 정의는 거래적, 교환적 평등관계에서 거론되기 때문에, 즉 그 사회관계가 상이하기 때문에 서로 분리되고 상호 독립적이라는 것이다.[36] 그러나 상하와 평등이 맞물린 사회관계(예컨대 고용과 임금, 범죄와 처벌)에도 (평균적 및 분배적) 정의가 거론되기 때문에 분리설은 적절치 않아 보인다.

둘째는 분배적 정의를 평균적 정의에 환원시키려는 견해이다.[37]

---

34) 이 역시 K. Engisch, 위의 책, 160면 참조.
35) 이 역시 K. Engisch, 위의 책, 160면, 그리고 160면 이하 참조.
36) 이는 아리스토텔레스의 견해이겠다.

즉 분배적 정의에서의 분배를 앞서 이루어 놓은 성과에 평형을 이루어 주는 것으로, 다시 말해서 이루어 놓은 만큼의 성과에 그만큼의 등가적인 보답을 하는 것으로 보자는 것이다. 그러나 여기서의 등가성은 매매, 교환, 손해배상에서의 그것처럼 선명하지 않다. 더구나 과세나 사회부조의 분배적 정의를 등가성으로 알맞게 설명할 수는 없다. 여기서 중요한 것은 분배척도의 평등성이지 그 척도가 앞선 성과와의 등가성에서 도출되어야 하는 것은 아니다. 따라서 이 견해도 온당치 않아 보인다.

셋째는 반대로 평균적 정의를 분배적 정의에 종속시키려는 견해이다.[38] 이는 여러 갈래로 시도된 것이다. 우선 평균적 정의를 아예 모두의 평등처우로 해석해 버리는 것이다. 그러나 이는 이미 지적한 평균적 정의의 고유성을 마비시킨다. 다음으로 평균적 정의의 전제가 바로 분배적 정의임을 지적하는 것이다. 즉 평균적 정의가 적용되자면 우선 거래(교환)당사자가 분배적 정의에 의해 평등한 권리능력자로 인정되어야만 하고, 이에 따라 분배적 정의가 정의의 근원적 형태라는 것이다. 그러나 평등지위의 부여는 민주사회에서는 분배적 정의 자체에서도 자주 시도된다(예컨대 평등선거). 그래서 마지막으로 분배적 정의에서의 '각자에게 그의 것'이 평균적 정의에서의 '(앞서 이루어 놓은) 급부, 공적, 손해, 책임에 따라 산정되고, 이에 비례해서 반대급부, 서훈, 배상, 속죄가 분배되도록 한다'로 읽는 것이다. 이는 가능하다. 이로써 평균적 정의는 분배적 정의에 종속되는 것이다. 그렇지만 이때의 분배는 '앞서 이루어 놓은 급부' 등의 규준에 따른다는 의미에서 그 특유성은 간직된다고 하겠다. 다른 한편 이 경우 평균적 정의는 등가성의 엄격한 해석에서 벗어나 특히 형벌에서 그 분배적 정의론을 펼 수 있다. 그러나 이는 형벌에서 상위개념으로서의 분배적 정의가 발현된다는 것이지 평균적 정의의 평형사상이 완전히 단념된다

---

37) 이는 곧 등가와 분배를 동등시하려는 네프의 견해이겠다.
38) 대표적으로는 K. Engisch, 앞(주 7)의 책, 160면 이하 참조.

는 것은 아니겠다. 어쨌든 이 마지막 설명이 무방해 보인다. 그러나 분배적 정의에서의 '그의 것'은 앞서 이루어 놓은 급부 등에 한정되지 않고 그 외의 것들, 예컨대 필요, 능력 등에도 관련되어 있어 분배적 정의는 평균적 정의를 넘어서는 보다 상위의 포괄적 정의관념이다. 이로써 또한 분배적 정의가 왜 정의의 총칭인지를 알게 된다.

정의의 실질적 규준에 관한 연구[†]

정의는 인간의 사회적 행위에 관련된 중대한 도덕적 요청이다. 이러한 정의는 넓게는 인간들이 서로에 대해 갖는 권리와 의무의 총체로 이해되어 사회적 의무도덕 그 자체로 일컬어지기도 한다. 그러나 정의는 좁게는 사회생활상의 분배가능한 가치(이익)와 부담에 관련되고 있는 도덕적 권리와 의무만으로 파악되고 있다. 그런데 주지하듯이 사람들은 가치와 이익은 누구나 더 욕구하는 바이지만 의무와 부담은 누구도 그렇게 원치 않는다. 그래서 이들의 분배, 할당 및 교환에는 이해충돌이 따르기 마련이다. 그리하여 이에 대한 도덕적으로, 다시 말해서 보편적으로 수락할 만한 원리로서의 정의에 대한 요청은 지대했으며, 이는 마침내는 '각자에 그의 것을 주라'는 근본요청으로 집약되었던 것이다.

이러한 근본요청의 충족에 대한 강한 염원은 정의를 '비교불허의, 불가양(不可讓)의' 도덕적 가치로까지 고양시키고 있다. 그러나 이러한 요청이 행해지고 있는 사회적 행위나 규칙, 제도 및 사회질서는 실로 다종다양하고 복잡하다. 그러면 이 모든 경우들에서 정의는 과연 그 근본요청대로 구현될 수 있을 것인가. 사실 '각자에 그의 것'이라는 표어는 나치스의 저 악명 높은 수용소 입구에도 걸렸을 만큼 오용되기도 했다. 이에 사람들은 그러한 표어로 집약된 정의의 원리에 대해 전적으로 회의(懷疑)의 입장을 표명하기도 한다. 그러나 가치표어의 오용이 반드시 그것의 사용가능성(유용성)을 전적으로 지양해 버린다고 생각해서는 안 될 것이다. 중요한 것은 그러한 표어로

[†] 서울대학교 법학 제36권 제1호, 1995.

표현된 근본요청을 충족시킬 규준이나 공준들을 발견하는 문제일 것이다. 따라서 일반적으로나 공통적으로 승인될 수 있는 그러한 규준이나 공준들이 제시될 수 있다면 그것은 온갖 오용과 오해에서 벗어나 유의미하고 유용한 정의원리의 표어로 군림할 수 있게 될 것이다. 이리하여 정의에 대한 탐구는 이러한 정의의 근본요청을 구현시켜 줄 규준이나 공준들에 대한 모색으로 전개되지 않을 수 없는 것이다.

I

그러면 정의의 요청이 행해지고 있는 모든 사회적 행위에 대해 타당하다고 일반적으로나 공통적으로 승인되는 정의의 규준이나 공준들은 존재하는 것인가 또 존재한다면 어떠한 것들인가?

위에서도 이미 말했지만 정의의 요청 밑에 놓여지고 정의의 평가를 받게 되는 사회적 행위들은 다종다양하다. 사회생활상 가치(재화)나 급부를 서로 교환한다든가, 보수를 지급한다든가, 공동의 가치와 부담을 배분한다든가, 불법행위를 처벌한다든가, 나아가 권위(權威, 권력)를 수행한다든가 하는 사회적 행위가 그 대표적인 것들이다. 생각건대 이 모든 경우들에서 적어도 '하나의' 정의요청 내지 정의규준만은 그야말로 '일반적으로' 승인되고 있다고 해도 이의가 없을 것이다. 그것은 바로 다른 사람들을 같은 사정 아래서는 같게 취급하라는 요청 내지 규준일 것이다. 요약한다면 '같은 것은 같게 취급하라'는 요청이다. 이 요청이 일반적으로 승인되는 것은 바로 그것이 정의의 개념에 함의되어 있다고 볼 수 있기 때문이다. 왜냐하면 어떤 행위가 정의롭다고 할 때 그것이 충족시켜야 할 최소한도의 요청은 확실히 행위자가 같은 종류의 사정인데도 한 번은 이렇게 또 다른 한 번은 저렇게 자의적으로 행위하지 않고, 그가 같은 종류의 사정이면 같은 방법으로 행위하는 것이기 때문이다.

그런데 이처럼 다른 사람들을 자의적으로가 아니라 같은 사정 아

래서는 같게 취급한다는 것은 같은 조건 아래서는 같은 방법으로 적
용하는 어떤 규칙을 따른다는 것과 같은 의미이다. 규칙은 일반적으
로 누구든 일정한 조건을 충족하면 그에게는 일정한 효과가 귀속되
어야 한다고 규정한다. 따라서 甲이든 乙이든 같은 조건 A를 충족시
켰으면 그들에게는 같은 효과 B가 귀속되어야 한다는 결론을 얻는
다. 물론 이렇게 기해지는 평등취급은 내용적이 아니라 형식적이다.
왜냐하면 그것은 그저 모종의 규칙에 따르는 것에서 기해지는 것이
지 어떤 특정한 내용의 규칙에 따라야 한다고는 아직 전혀 말하고
있지 않기 때문이다. 이렇게 볼 때 우리가 일반적으로 승인하는 정
의의 요청 내지 규준은 '형식적 평등'의 요청이라고 하겠다. 그리고
이 형식적 평등은 일반적 규칙에 따라 취급하는 것과 '논리적으로 동
치적(同値的)'이다. 이러한 형식적 평등의 요청을 사람들은 '형식적
정의의 원리'라고 일컬으며, 이를 페를만은 '같은 범주에 속하는 존재
들은 같게 취급하여야 한다는 행동원칙'이라고 설명했다.[1]

 이렇게 정의의 규준 내지 공준으로 일반적으로 승인되고 있는 것
이 형식적 정의의 원리이지만 그 의의를 놓고 논란이 없지 않다. 오
늘날 논리학적, 철학적 연구가 지적하듯이 순형식적 관계를 표현하는
원리나 규칙은 내용적으로는 전적으로 공허하다. 따라서 그것은 가치
중립적이며 거기에서부터 어떠한 정책적 입장이나 내용적 관점을 획
득할 수 없다. 그리고 그것은 어떠한 내용적 함의도 갖고 있지 않기
에 어떠한 가치체계와도, 어떠한 당위질서와도 양립될 수 있다. 그것
은 어떠한 비민주적 차별을 담고 있더라도 일반적 규칙의 형식으로
표현되어 있는 한 그 어떠한 법질서에도 부합될 수 있다. 그래서 형
식적 평등의 요청은 어떠한 차별적 조건도, 어떠한 효과도 배척하지

---

1) Ch. Perelman, *Justice et raison*, Bruxelles 1963, 26면; 심헌섭 · 강경선 · 장
 영민 옮김, 「법과 정의의 철학」, 종로서적, 1986, 21면. 이렇게 '형식적 정의'
 를 정의하면 '실질적 정의'와의 구별도 명확히 되어 양자 사이의 구별에 관한
 오랜 논의도 일단락된다고 하겠다.

않는다. 그러나 그것은 적어도 차별적 '조건과 효과'만은 어떻게든 명시하기를 강요한다. 즉 차별적 취급의 중요한 요소들을 명시하기를 강제하는 것이다. 이를 통해 취급의 조건과 효과는 투명성과 비판적 검토에의 길이 열리게 된다. 이렇게 볼 때 형식적 평등의 요청은 정책적으로 유효한 분석적 도구의 역할을 한다고 하겠다.

나아가 이는 '법 앞의 평등'의 원칙과 뗄 수 없는 관계에 놓여 있다. 형식적 평등의 요청은 인간행위의 규칙과 관련되는 한 평등하고 비자의적 적용을 요구한다. '법 앞의 평등'은 일정한 법질서와 관련된 형식적 평등이다. 그것은 법규칙의 평등한 적용을 요구하며, 모든 사람들을 법이 규정하는 바에 따라 평등하게 취급할 것을 요구한다. 따라서 형식적 평등의 요청은 '법 앞의 평등'의 원칙의 중대한 부분 요소인 것이다. 이러한 점들을 고찰해 볼 때 형식적 정의는 정의의 약한 요청이기는 하지만 그러나 그것은 결코 전적으로 무의미하지는 않다고 해야 하겠다.[2]

그런데 흔히 형식적 정의의 원리는 '평등한 것은 평등하게, 불평등한 것은 불평등하게 취급하라'는 요청으로 표현되고 있다. 그리고 이러한 정의의 요청은 정의원리의 모든 설명에서 역시 의심의 여지 없이 '자명'한 것으로 받아들여지고 있다고 강조되곤 한다.[3] 그러나 실질적으로 상이한 범죄들에 대해 동일한 형벌을 그 법적 효과로 과(科)할 수 있듯이 가치적으로 평등하다고 볼 경우 상이한 조건 아래서도 평등한 당위효과를 발생시키는 두 개의 규범이 존재할 수 있는 것이다. 따라서 '불평등한 것은 불평등하게'는 오히려 하나의 내용적 평가원리로 해석되어야 한다.[4]

어쨌든 형식적 정의의 원리는 위에서도 언급했듯이 규칙에 따른

---

2) 이 점 P. Koller, *Theorie des Rechts*, Wien 1992, 281면: O. Weinberger, *Logische Analyse in der Jurisprudenz*, Berlin 1979, 152면 이하 참조.
3) 이렇게는 특히 H. Henkel, *Einführung in die Rechtsphilosophie*, 제2판, München 1977, 396면.
4) 이 점 O. Weinberger, 앞(주 2)의 책, 150면 이하 참조.

취급을 요구하지만 그 규칙의 내용에 대해서는 전혀 묻지 않는다.[5] 그래서 그것은 정말 받아들일 수 없는 방법으로 예컨대 성별, 인종, 심지어 머리색깔 등을 이유로 차별하는 규칙체계도 배제하지 않을 것이다. 그러나 우리가 어떤 행위를 정의롭다고 할 때는 그것이 '모종'의 규칙에 따를 뿐만 아니라 '어떤' 규칙에 따른 것인가도 문제삼는 것이다. 이렇게 볼 때 정의는 형식적 정의로서 만족할 수 없는 것이고 그것을 넘어 규칙들 그 자체가 일정한 정의의 요구들을 충족시켜야 한다고 주장하지 않을 수 없게 된다. 이러한 요청들이 이른바 '실질적 정의'의 요청들이다. 다시 말한다면 실질적 정의란 인간 상호간의 행위들을 규율하는 규칙들이 그 자체 일정한 정의의 요청들에 부합되어야 한다는 것을 의미한다. 그리고 이러한 요청들이 곧 실질적 정의의 규준 내지 공준들이다. 형식적 평등의 요청이 정의의 형식적 규준이라고 한다면, 이는 정의의 실질적 규준 내지 공준이라고 하겠다. 실로 형식적 정의는 정의의 필요조건이지만 그것의 충분조건은 못된다. 이렇게 볼 때 정의론의 중심은 정의의 실질적 규준에 관한 논의에 놓여 있다고 하겠다.[6]

II

그러면 과연 정의의 실질적 규준 내지 공준들이 존재하는가? 위에서 우리는 정의의 형식적 규준을 놓고는 일반적으로 의심하지 않는다고 했지만 실질적 정의의 규준에 관해서는 사정이 같다고 말할 수 없다. 물론 위에서 지적했듯이 머리색깔이나 피부색깔로 차별하는 규칙을 정의롭다고 하지 않을 것이다. 이는 성별, 종교, 신분 등에도 타당하며 드디어 '차별금지'조항으로 성문화되기에까지 이르렀다. 그러나

---

5) 바로 이 때문에 이는 내용적 규준에 대해 극히 회의적인 켈젠에 의해서도 인정받고 있다. 물론 논리학의 요구이지 정의의 요구는 아니라는 입장이기는 하지만(심헌섭 편역, 「켈젠 법이론선집」, 법문사, 1990, 233면).
6) 이 점 M. Kriele, *Kriterien der Gerechtigkeit*, Berlin 1963 참조.

이러한 실질적 정의의 규준은 규율과 질서가 언제 실질적으로 정의로운가를 '적극적으로' 근거지어준다기보다는 단지 언제 부정의한가를 가르쳐 주는 '소극적 규준'으로서의 기능밖에 하지 못한다. 그것은 말하자면 실질적 정의의 '소극적 규준' 내지 '최소조건'에 불과한 것이다. 우리가 모색코자 하는 것은 소극적 규준과 충분조건으로서의 실질적 규준 내지 공준이다. 이는 소극적 조건처럼 직각적인 정의감으로 확인될 수 있는 것은 아니다. 물론 대개의 사람들은 사회적 행위를 평가하는 데 정중선(正中線)으로 이바지할 일정한 실질적 정의의 공준을 승인하고 있다고 볼 수 있지만 각자의 그것에 관한 견해는 매우 상이할 것이다. 따라서 이의 탐색과 확정에는 이성적, 합리적 근거지음도 필요하며, 경우에 따라서는 지적 및 도덕적 모험도 요구될 것이고 또 각오도 해야 할 것이다. 실로 실질적 정의의 모색을 위한 장정이 미로에 빠지지 않는다고 장담할 수 없지만, 그렇다고 해서 아예 단념해 버릴 일은 더더욱 아닌 것이다.

우리는 우선 이러한 난문(難問)을 하나의 근본적인 개념, 하나의 일반적인 원리로서 일거에 해결하려는 여러 '고전적' 시도들을 보게 된다. 그 대표적인 것들을 살펴보자.[7]

1.

사람들은 '존재론적 근거'에 입각하여 자연법, 즉 자연합치성을 직접 정의의 실질적 규준 내지 공준으로 삼으려 한다. 보통 자연법이란 인간의 제정과는 관계없이 이미 주어져 있는 정의의 원리들을 말하지만, 여기에서는 그보다 더 좁게 주어져 있는 존재질서, 즉 사물의 본성이나 인간의 본성 그 자체에 자리잡고 있는 정의의 원리이다. 그리고 그 자연은 자연적인 그것이거나, 의미에 차 있고 가치적이고 이성적인 존재질서이거나의 둘 모두이다. 이들은 인간의 자연적 '공

---

7) 이와 관련해서는 R. Zippelius, *Irrgarten der Gerechtigkeit*, Stuttgart 1994, 7면 이하 참조.

통성'에서 평등의 원리를, 인간의 자연적 불평등에서 불평등의 원리를, 인간의 자연적인 사회성(군서(群棲)적 본능)에서 '약속은 지켜야 한다'는 원리를, 인간의 생물학적 자연에서 가족질서와 자녀출산 및 양육의무의 원리를 도출한다.[8]

그러나 이러한 자연법사상의 시도는 곧 중대한 비판에 부닥친다. 그것은 우선 단순한 존재에서 당위는 도출되지 않는다는, 다시 말해서 단순한 사실에서 무엇이 도덕적으로 정당한가는 도출될 수 없다는 통찰과 충돌된다. 따라서 그것은 이른바 '자연주의적 오류'에 빠지고 있다. 그러나 대개는 전제된 자연을 목적론적으로 파악하여 의미와 가치부합성을 투입시켜 이를 모면한다. 그러나 이러한 자연은 이미 정의로운 것이어서 그것으로부터의 정의원리의 도출은 순환논법에 불과하다. 다시 말해서 그것은 결론을 전제에 포함시키는 '부당가정의 오류'(*petitio principii*)를 범한 것이다. 그뿐만 아니라 이러한 형이상학적 자연관은 가치중립적인 자연과학적 자연관과 대적할 수도 없는 것이다.

2.

사람들은 '목적론적 근거'에 입각하여 공리의 증진, 즉 최대다수의 최대이익의 도모를 직접 정의의 실질적 규준 내지 공준으로 삼으려 한다. 여기에서는 인간의 복지를 증진하는 것이 선(善)이며, 정의도 법도 인간과 그 복지를 위해 존재한다. 즉 정의도 유익하기에 정의인 것이다. "공리의 원리란 어떠한 행위든 그것이 관련 이해당사자들의 행복을 증대시키거나 감소시키는 경향을 갖고 있는가, 또는 이를 달리 표현하면 행복을 촉진시키거나 저지하는 경향을 갖고 있는가에 따라 시인(是認)하거나 비인(非認)하는 원리를 의미한다."[9] 이처럼 공

---

8) 자연법론에 관해서는 이태재, 「법철학사와 자연법론」, 법문사, 1984; 황산덕, 「법철학강의」, 제4정판, 방문사, 1983; H. Welzel, *Naturrecht und materiale Gerechtigkeit*, 제4판, Göttingen 1962 등 참조.

9) J. Bentham, *An Introduction to the Principles of Morals and Legislation*,

리주의는 행위나 규칙을 그 자체가 아니라 그 결과를 놓고 도덕적으로 판단하며 그 결과의 평가기준은 공리이다. 이는 확실히 형이상학적이 아니고 합리적이긴 하다.

그러나 공리주의적 해결시도 역시 어려운 비판과 마주친다. 우선 그것은 도덕적 평가로서 적절치 못한 것이 밝혀진다. 그것은 일반적으로 아무리 비난받는 조치라 할지라도 그 결과를 합산해 보아 더 큰 사회적 이익을 가져올 경우 허용할 것이다. 그뿐만 아니라 공리의 합산에 있어서 차이가 없을 경우 그것의 분배 문제에는 관심두지 않는다. 따라서 한 사람의 행복은 다른 이의 같은 행복에 희생될 수도 있다. 또 두 행위 중 하나는 열 사람 중 한 명에게만 100의 이익을 주고 나머지에게는 아무런 이익도 주지 않고, 다른 하나는 열 사람에게 골고루 9의 이익을 분배할 경우 전자를 우선시킬 것이다. 이는 문제되는 판단이다. 왜냐하면 복지가 자의적으로 불평등하게 분배된 사회보다 적절하게 분배된 사회가 더 정의로운 것이기 때문이다. 이렇게 볼 때 복지의 총량 극대화뿐만 아니라 그것의 정의로운 분배도 또한 중요하다는 것이 밝혀진다. 그렇다면 단순한 이익충족의 극대화에서 도출되지 않는 도덕적 판단의 기준이 필요한 것이다.[10]

오늘날 공리주의는 이러한 비난을 모면하기 위해 행위의 도덕적 평가를 '모든 이가 그와 같은 경우에 같은 방법으로 행위한다면 무슨 결과가 나올까?'에 비추어 내리려는 '규칙공리주의'로 발전했다. 그러나 규칙공리주의도 복리의 극대화를 도모하는 한은 분배적, 평형적 정의에도 이르지는 못할 것이다. 왜냐하면 하나의 규칙이 소수에 더 큰 이익을 주지만 그것이 모든 이에게 평형되게 이익을 주는 다른 규칙보다 그 이익의 총량에 있어서 크다면 이것이 우선될 것이기 때문

Bums/Hart 공편, London 1970, 11면 이하.

10) 이런 점 O. Weinberger, *Norm und Institution*, Wien 1988, 233면; R. Zippelius, *Rechtsphilosophie*, 제3판, München 1994, 102면 이하; J. Rawls, *A Theory of Justice*, Harvard U. P., Cambridge, Massachusetts 1971, 22면 이하 참조.

이다.[11]

공리주의는 가치론적으로도 문제점이 있다. 우선 행위나 규칙의 모든 결과를 파악하는 것은 실제 불가능하다. 또 행복의 양화(量化)도 쉽게 이루어지지 않는다. 행복의 다양성과 질적 차이 때문에 비교도 곤란하다. 이익과 손해에 대한 간주관적으로 타당한 가치결정의 수가(數價)가 확보되지 않는다면 어떻게 그것의 총량이 결정될 수 있는가이다. 이렇게 볼 때 공리주의는 계산적 결정원리로서가 아니라 최대다수의 이익은 극대화되어야 하고 최대다수의 고통은 극소화되어야 한다는 단순한 규정적(規整的) 사상원리로 보는 것이 타당하다. 끝으로 공리의 원리는 그 관심방향에 있어서 근본적으로 하나의 '집성원리'(aggregative principle)로서 '각자에 그의 것'이라는 '분배원리'로서의 정의와는 상반되고 있다는 점도 지적되어야 하겠다.[12]

3.

사람들은 '이성적(초월적) 근거'에 입각하여 이른바 '보편화가능성의 원리'를 정의의 (실질적) 규준 내지 공준으로 보려 한다. 이들은 보편화가능한 것만이 당위로 설정될 수 있다고 주장한다. 이 견해의 사상사적 기초는 칸트의 '정언명령'이다. 칸트에 의하면 당위는 자연적 소여(所與)로부터는 물론 행복(공리)과 같은 존재적 사실로부터도 도출될 수 없다는 것이다. 도덕적 명령은 사실에서 도출되지 않듯이 경험에서도 발견될 수 없고, 오직 선험적(초월적)으로 순수이성적 통찰을 통해 획득될 수 있다. 그러므로 그것은 '단순한 보편적 입법의 형식'을 취할 수밖에 없다. 그래서 정당한 도덕적 명령은 '너는 오직 너의 행위의 준칙이 동시에 보편적 법칙이 되는 것을 의욕할 수 있는 그런 준칙에 따라 행위하라'는 그의 이른바 정언명령으로 나타난 것

---

11) 규칙공리주의에 대해서는 D. Lyons, *Forms and Limits of Utilitarianism*, Oxford 1965, 119면 이하 참조.

12) 이 점 B. Barry, *Political Argument*, Oxford 1965, 제3장 참조.

이다.[13] 칸트는 무제약적으로 정당한 윤리적 및 법적 행위의 원칙들은 이 정언명령에서, 다시 말해서 '나는 나의 행위준칙이 보편적인 법칙이 되어야 한다고 의욕할 수 있게 행위하여야지 결코 달리 행위하여서는 안 된다'는[14] 원리에서 도출할 수 있는 것으로 믿은 것이다. 말하자면 보편화가능성을 윤리적 및 법적 행위의 정당성의 척도로 삼은 것이며, 이를 통해 하나의 통일적인 도덕에 이를 것으로 판단한 것이다.[15]

정언명령은 행위준칙의 보편화가능성을 그 정당성의 척도로 삼는다. 규범의 일반성은 각자에게 같은 조건 아래서는 또한 같은 취급을 보장한다. 따라서 이는 위에서 논한 형식적 평등의 원리와 비슷하다. 그러나 정언명령은 그것을 넘어서고 있다. 즉 그것은 단순한 규칙준수뿐만 아니라 규칙이 보편화가능할 것을 요구한다. 다시 말해서 그것은 규칙이 정의로운가 아닌가를 내용적으로 결정할 규준을 제시하려고 한다. 문제는 이에 성공하고 있는가이다. 우선 보편화가능성 자체가 문제이다. 과연 자기 자신뿐만이 아니라 모든 사람이 같은 것을 보편적인 법칙으로 의욕하여야만 하는지가 의문이다. 어떤 이가 무엇을 일반법칙으로 의욕할 수 있는가는 그의 주관적 입장에 의거하는 가치결정이다. 이에 의거하여, 예컨대 소유권은 존속되어야 한다는 주장도 반대로 소유권은 존속되어서는 안 된다는 주장도 보편화될 수 있다. 또 낙태와 관련하여서도 여러 해결방안들이 보편화될 수 있다. 그러나 여기에서 그 어느 것이 정당한 것인가에 대한 판단이 곧 이끌어내어지는 것은 아니다. 실로 정언명령은 도덕적 평가의 일반성에로는 이끌지만 그것의 객관적 정당성은 보장하지 않는 하나의 사유공식이라고 하겠다. 이렇게 볼 때 정언명령은 정의의 필요조건은 충족시

---

13) I. Kant, *Kritik der praktischen Vernunft*, Hamburg 1959, 31면; *Grundlegung zur Metaphysik der Sitten*, Hamburg 1965, 42면.

14) 위의 *Grundlegung*, 20면.

15) 오늘날 이러한 견해의 대표로는 R. M. Hare, *Freedom and Reason*, Oxford 1963; *Moral Thinking*, Oxford 1981 참조.

킨다 하더라도 충분조건에는 이르지 못한다고 하겠다. 실로 정언명령은 이것을 또는 저것을 보편적으로 허용하거나 허용하지 않을 경우 어떠한 결과에 이를 것인가라는 문제를 제기한다. 이는 더 이상 선험적일 수 없으며 경험적 토대 위에서 목적론적으로 또 정책적으로, 따라서 또한 가치론적으로 보아 문제삼고 토론할 문제이다.[16)

4.

사람들은 '평등주의적 근거'에 입각하여 '평등(취급)의 원리'를 정의의 실질적 규준 내지 공준으로 삼고자 한다. 네프는 평등취급의 원리를 정의문제에 대한 결정적인 열쇠로 삼는다. 여기서 평등(취급)은 두 가지 의미로 나뉜다. 예컨대 매표원은 손님들을 똑같이 기다리게 할 때, 즉 나중 온 자를 먼저 온 자에 우선시키지 않을 때, 다시 말해서 모두를 절대적으로(!) 평등하게 취급할 때 가장 정의롭게 행위한 것이다. 그러나 채점자나 비평자는 이러한 의미로 모두를 평등하게 취급할 수 없으며, 오직 평등한 척도에 따라 측정하여 그것에 맞게, 즉 불평등하게 취급해야 한다. 그때 그는 정의롭게 행위한 것이다. 이때도 평등한 척도에 따른 취급이어서 평등취급에 속한다고 한다. 여기서도 정의는 비록 다른 의미에서이지만 평등취급을 요구한다. 그래서 네프는 "정의는 … 평등취급이다"라고 결론내리고, 이를 '평등한 것은 평등하게, 불평등한 것은 불평등하게 취급하라'로 공식화했다.[17)

그런데 여기서 네프는 '평등한 것은 평등하게'가 '절대적' 의미에서 이해된다고 하지만 그러한 의미의 평등은 위에서 논한 형식적 정의에 국한된다. 그렇다면 여기서의 평등은 형식적 평등과 구별되는 실질적, 내용적 평등이다. 따라서 평등취급도 사실은 '적절한', '상당한' 평등취급을 뜻한다. 그래서 위의 공식은 '본질적으로 평등한 것은

---

16) 이 점 K. Engisch, *Auf der Suche nach der Gerechtigkeit*, München 1971, 211면.

17) H. Nef, *Gleichheit und Gerechtigkeit*, Zürich 1941, 87면 이하, 92면, 104면 참조.

평등하게, 본질적으로 불평등한 것은 불평등하게 취급하라'로 재정리
된 것이다.

실로 두 종류의 평등취급이 정의의 핵심이라는 사상은 정의철학
의 진정한 거장인 아리스토텔레스에 뿌리두고 있다.[18] 그는 정의가
두 개의 상이한 평등취급의 문제, 즉 예컨대 급부와 반대급부를 '평
형케 하는' 문제와 이익(가치)과 부담을 '알맞게 배분하는' 문제에 관
련된다는 것을 지적했다. 전자는 사적 거래, 즉 매매나 임대 나아가
불법행위에서의 정의로운 평형을 문제삼는다. 이 평형의 원리는 산술
적(평균적) 평등이다. 어느 쪽에도 이득이나 손실이 있을 수 없다. 이
는 그야말로 '인격을 염두에 두지 않고' 타당한 것이다. 후자에서는
공공가치나 부담의 분배가 문제이다. 여기서는 사정이 다르다. 예컨
대 포상과 서훈이 산술적 평등에 따라 이루어질 수 없다. 과세도 마
찬가지다. 이는 '인격을 염두에 두고' 알맞게 배분되어야 한다. 이 배
분의 원리는 기하학적(비례적) 평등이다. 전자에서는 '각자에 똑같은
것'이, 후자에서는 '각자에 그의 것'이 정의원리이다. 그것들은 모두
평등원리 밑에 있지만 평균적이냐 비례적이냐에 따라 구별된다. 이로
써 이른바 '평균적 정의'와 '분배적 정의'의 구별이 확립된 것이다.

실로 플라톤, 아리스토텔레스에서 지금에 이르기까지 정의와 평등
은 뗄 수 없는 관계에 있는 것으로 보고 있다.[19] 위의 형식적 정의에
서도 그러했지만 평등의 관념은 확실히 정의문제를 푸는 하나의 열쇠
처럼 보인다. 더욱이 평균적 평등과 비례적 평등은 정의문제의 특수
한 해법과 정의고려의 특수한 구조를 보여준다. 이를 통해 정의문제
는 특수한 개념적 조형을 갖춘다. 그렇다면 평등취급의 원리는 정의
의 공준으로서 정의의 문제를 의문의 여지없이 해결하여 주는가? 얼

---

18) Aristoteles, *Ethica Nicomachea*, The Works of Aristotle IX, Ross/Urmson
공편, Oxford 1975, 1130n~1131n 참조.
19) Platon, *Nomoi*, 757; G. Radbruch, *Rechtsphilosophie*(1932), 제5판, Stuttgart
1956, 125면; J. Rawls, *A Theory of Justice*, Harvard U. P., Cambridge,
Massachusetts 1971, 62면 참조.

른 보아 평균적 정의의 영역에는 그렇다고 말할 수 있는 경우도 있다. 예컨대 항아리를 깨트린 경우 가능하다면 같은 종류의 항아리를 공급해야 하는 원상회복의 원리에서 특히 그렇다. 그러나 여기서도 벌써 재화나 노역의 교환에서부터 의문이 생긴다. 즉 어떠한 재화와 노역 사이의 교환이 평등의 원리에 비추어 정당한가가 문제된다. 정당한 임금과 정당한 가격이라는 난제도 바로 이러한 문제와 결부되어 있다. 정당한 임금이란 단순히 노동시간에 따라 결정된 그것인가? 정당한 가격이란 자유시장에서 형성된 그것인가? 이러한 문제에 대해 평등원리가 직접 대답하고 있지 않다.

이는 분배적 정의의 영역에 이르면 더욱 명백히 드러난다. 이미 서두에서 정의의 근본요청으로 지적한 '각자에 그의 것'과 '본질적으로 평등한 것은 평등하게, 본질적으로 불평등한 것은 불평등하게 취급하라'는 원리는 그야말로 다른 규준들과 평가들에 의해 충전되기를 기다리는 공식들이다. 왜냐하면 각자가 '그의 것'으로 고찰할 수 있는 것이 진정 무엇인가, 도대체 불평등한 취급을 정당화하는(실로 요구하는) 차이는 어떤 것들인가에 대해 이 공식들은 대답해 주고 있지 않기 때문이다. 이렇게 볼 때 평등취급의 원리도 그 자체로서는 정의문제를 충분하게 해결할 수 있는 처지에 있지 않다. 그것은 그 자체 안에 이미 놓여있지 않은 평가규준 내지 공준을 요구하고 있는 것이다.

나아가 평등원리가 위에서 지적했듯이 정의를 특수하게 구조지우는 기능을 수행한다고 해서 정의가 평등에로 완전히 환원된다고 보아서는 안 된다. 한때 네프는 정의를 평등취급으로 못 박고, 이를 절대적 평등취급과 분배적 평등취급으로 분류하면서 그 이외의 분류는 존재하지 않고, 따라서 그 이외의 정의도 존재하지 않는다고 단언했었다.[20] 그러나 이는 재고가 요청된다. 평균적 정의와 관련해서 논의되는 것은 교환적 정의뿐만 아니라 전보적, 시정적 정의 등이 포함되고 있다. 이 모

---

20) H. Nef, 앞(주 17)의 책, 89면.

두가 '절대적' 평등 밑에 놓일 수 없다. 또 분배적 정의의 비례적 평등은 엄격히 해석해서 평등은 아니다. 오늘날 절차적 정의니 역할정의도 논의된다. 이들은 평등에 직접 의거하고 있지 않다. 정의의 문제는 평등으로 환원될 수 없는 문제들의 뭉치이다. 정의의 이념은 그야말로 복합적이다. 그것은 평등의 공준과 관련되고 있지만, 또한 동시에 늘 내용적인 가치규준의 체계와 함께 논해야 할 사회적 이상인 것이다. 따라서 정의는 평등에 의거하고 있는 것이 사실이지만 그러나 결코 그것으로 완전히 환원될 수는 없는 것이다.[21]

이상으로 우리는 정의의 실질적 규준에 대해 하나의 일반적 원리를 통해 대답해 보고자 하는 여러 대표적인 시도들을 살펴보았다. 자연법 원리와 공리의 원리는 실질적이기는 하지만 정의의 직접적 공준으로서는 상당하지 않다. 물론 이는 그것들이 실질적 정의의 고려에서 배후적 규정원리로서도 전적으로 배제된다는 것을 의미하지는 않는다. 보편화가능성의 원리는 형식적 정의의 요청을 넘어선 점은 보이지만 여전히 그것만으로는 정의판단의 충분한 바탕은 못된다. 평등(취급)의 원리는 정의의 특수한 개념적 재단법을 가리키기는 하지만 그 구체적, 실질적 규준 내지 공준을 스스로 갖고 있지 못하며, 오히려 빈 자신의 충전을 위해 그것을 요구하며, 나아가 평등의 재단법은 정의의 영역을 너무 협소화시키고 있다.

III

이때까지 살펴 본 정의의 (실질적) 규준에 대한 실로 고전적 시도들은 확실한 해결보다는 오히려 우리를 불확실성의 심연 속으로 밀어 넣는다. 그렇다면 이제 우리가 잡을 것은 무엇인가? 우리는 양심이나 직각적인 정의감에 다시 의존하는 수밖에 없는 것인가? 그러나 이러한 결론은 성급하다. 우리는 좀 더 실질적으로 정의를 분류하고

---

21) 이렇게는 O. Weinberger, 앞(주 2)의 책, 162면 이하 참조.

그것들에 타당한 규준 내지 공준들을 모색해 보는 것이 요망된다고 하겠다.

이를 위해서는 우리는 다시 아리스토텔레스에서 시사를 받아야 한다. 아리스토텔레스는 정의의 구분과 관련하여 "특수적 정의 중 그 하나는 명예나 금전이나 이 밖에 공동체의 구성원에 분배될 수 있는 것들의 분배에 관한 것이다. 이런 것들에서는 한 사람이 다른 사람과 더불어 불평등하게 취득할 수도 있고 평등하게 취득할 수도 있기에 말이다. 다른 하나는 사람들 사이의 상호거래에서 바로잡는 구실을 하는 그것이다. 이는 다시 둘로 나뉜다. 그것은 거래형식이 하나는 자의적이고, 다른 하나는 비자의적이기 때문이다. 자의적인 것으로는 판매, 구매, 대금(貸金), 전당, 대여, 위탁, 대가(貸家) 같은 것들이 있다. 이것들은 자의적이라고 하는 것은 그런 계약의 시초가 자의적이기 때문이다. 비자의적인 것 가운데는 절도, 간음, 독살, 유괴, 노예유출, 암살, 위증처럼 은밀한 가운데 행해지는 것과 구타, 감금, 살인, 강탈, 치상, 학대, 모욕처럼 폭력적인 것이 있다"고 설명했다.[22]

아리스토텔레스의 이러한 정의의 구분에 관한 설명은 그 후 계속 논란의 대상이 되었다. 즉 그의 정의구분은 더 세분될 수 있기에 불충분하고 또 상이한 종류의 것들인 계약과 범죄가 한통속에서 취급되었기에 무리가 있다는 것이다.[23] 그러나 그의 정의구분이 상이한 사회적 행위형식들은 상이한 정의의 규준들을 요구한다는 중대한 통찰에 입각하고 있다는 점은 중시되어야 한다. 이는 오늘날에도 정의의 종류를 분류하는 데 늘 기초가 되고 있다. 주지하듯이 코잉은 정의와 유의미한 관계를 갖는 생활유형을 평등관계, 공동체관계, 권력관계로

---

22) Aristoteles, 앞(주 18)의 책, 1130n 이하; 최명관 역, 「니코마코스 윤리학」, 을유문화사, 1968, 273면.
23) 이 점에 관해서는 특히 G. del Vecchio, *Gerechtigkeit*, 제2판, Basel 1950, 55면 이하 참조.

나누고 그것들에서 요청되는 정의로서 평균적 정의, 분배적 정의, 보호적 정의로 삼분했던 것이다.[24]

이 코잉의 정의삼분에 대해서 일찍이 황산덕 박사는 "삼종의 사회관계는 그 하나하나가 순수한 형태로서 나타나 있는 것은 아니다"라고 언급하고, 더욱이 사회관계는 이데올로기의 입장에 따라 달리 볼 수 있으며(예컨대 고용관계), 따라서 정의는 엄격히 분별된 사회관계에 맞추어 구별되는 것이 아니라고 예리하게 비판했다.[25] 또 보호적 정의도 별개의 정의가 아니라 '보호권의 부여'의 문제로서 분배적 정의로 다룰 수 있다고 비판되었으며,[26] 나아가 정의를 어디까지나 평등원리에 관련해서 이해하려는 이는 보호적 정의를 정의 밖의 이념으로 취급하고자 했다.[27]

사실 사회관계는 '적확하게' 분별할 수 있는 것이 아니고 매우 복합적이고 톱니바퀴처럼 맞물려 있는 경우가 많다. 그럴 경우 어느 한 이데올로기에 의한 일방적 해석 자체에도 문제점이 있다. 오히려 그 해석도 맞물린 것이어야 한다. 또 위에서 지적했지만 정의는 평등원리만으로 환원될 수 없다. 따라서 코잉의 분류는 의미가 있다고 하겠으나 충분치 못한 데 문제가 있다. 확실히 코잉의 견해처럼 기초적인 사회관계는 동일하지 않고 상이하게 분류될 수 있으며, 그러한 상이한 사회관계에 하나의 정의규준이 적용될 수 없는 것도 자명하다. 그러면 사회관계는 어떻게 더 적절하게 분류될 수 있을까? 우리는 다음과 같은 4개의 사회적 행위형식과 그것에서 각각 요청되는 4종류의 정의가 분류될 수 있지 않는가 생각된다.[28]

첫째로 들 수 있는 사회적 행위의 기초적인 형식은 교환관계, 즉

---

24) H. Coing, *Grundzüge der Rechtsphilosophie*, 제2판, Berlin 1969, 211면 이하(지금은 제5판, 1994).
25) 황산덕, 「법철학(1953)」, 제3정판, 법문사, 1972, 123면 이하.
26) H. Henkel, 앞(주 3)의 책, 408면.
27) K. Engisch, 앞(주 16)의 책, 158면.
28) 이렇게는 P. Koller, 앞(주 2)의 책, 284면 이하 참조.

가치(재화)와 급부를 서로 주고받는 관계이다. 사람들은 서로의 이익을 도모하고자 소유권이나 노역이나 처분권 또는 기타의 가치를 교환하기 위해 이러한 상호(작용)관계에 들어선다. 원시적 사회에서의 물물교환이나 여러 형태의 자유로운 계약관계, 즉 매매, 임대, 고용계약 등이 이에 속한다. 이들 관계에서는 사람들은 서로 독립된 개인으로서 교환할 가치들에 대한 배타적 처분권을 갖고 있다. 따라서 가치의 교환은 이미 처분권의 상호승인을 전제한다. 교환관계의 정의는 각 참여자가 자유로 자기의 이익을 위해 교환관계에 들어설 것을 그리고 거기에서 누구도 부당하게 이득을 챙기지 않을 것을 요구한다. 이러한 요구를 보장하기 위해 교환관계가 응치 않으면 안 될 요청이 이른바 교환적 정의의 그것이다 – 교환적 정의.

둘째로 들 수 있는 기초적 형태의 사회관계는 역시 공동작업이나 공동생활을 하는 가운데 이루어지는 공동적 관계이다. 이는 우선 가족, 씨족공동체, 작업공동체나 팀에서처럼 공동의 목적을 추구하는 소공동체에서 특히 명백히 볼 수 있다. 이러한 집단에서는 공동의 이익과 부담의 정의로운 배분문제가 생긴다. 이를 더 자세히 말한다면 첫째로 어떠한 임무와 의무를 공동작업의 범위 안에서 참여자에게 배분시키며, 둘째는 공동작업의 과실을 어떻게 나눌 것인가의 문제이다. 경우에 따라서는 기존이익에 대한 공동의 청구권만 갖는 공동관계도 있다(상속). 어쨌든 이러한 경우에는 그러한 이익과 부담을 정의롭게 배분하는 것이 문제이다. 그런데 이러한 공동체관계는 크게는 사회전체와 관련하여서도 특히 논해질 수 있다. 물론 사회는 공동체관계로만 이루어지는 것은 아니다. 그러나 사회를 롤즈처럼 '상호이익을 위한 협동체'라는 관점에서 볼 경우 특히 그렇다.[29] 이렇게 볼 경우 사회전체의 제도적 질서에 대해서도 분배적 정의는 요청된다. 어쨌든 이러한 공동체관계의 가치(이익)와 부담, 득과 손의 분할,

---

29) J. Rawls, *A Theory of Justice*, Harvard U. P., Cambridge, Massachusetts 1971, 4면.

배분을 문제삼는 들은 이른바 분배적 정의의 대상인 것이다 - 분배적 정의(사회적 정의).[30)]

셋째로 들 수 있는 사회적 관계의 형태로는 개인 또는 집단이 다른 사람들에 대해 그들의 행위를 규정하는 힘이나 권능을 갖는 이른바 지배관계이다. 보통 권위와 동일시되는 지배는 단순한 힘과는 '권능'에 의해 구별된다. 이 권능은 관련자의 승인이나 승인된 사회규범에 의거한다. 이러한 지배관계는 부모와 자식, 상관과 부하, 정부와 시민 사이에 존재하는 관계이다. 사회질서의 유지를 위해서나 사회적 공동작업의 효율적인 형성을 위해서 사회단체 내에서 지배가 필요하다는 것은 논란의 여지가 없다. 그러나 지배는 충돌을 제거하기도 하지만 새로운 충돌을 발생시키기고 그 자체 상당한 위험도 내포하고 있다. 그것은 피지배인의 자기결정권을 제한한다. 그래서 어떤 조건과 어떤 범위에서 지배는 정당화되는가라는 문제가 제기된다. 이러한 지배관계가 정의롭기 위해 부응해야 할 요청은 '정치적 정의'라 지칭할 수 있다 - 정치적(보호적) 정의.[31)]

넷째로 들 수 있는 사회관계의 형태는 확립되어 있는 사회공동생활의 규율을 고의 또는 과실로 침범하고 부당하게 타인의 권리를 침해하고, 타인에 대한 의무를 위반하는 사실과 결부되어 있는 불법관계이다. 여기에서 침해된 권리는 회복되어야 하고 가해진 손해는 배상되어야 하고, 나아가 중대한 권리에 대한 침해는 처벌되어야 한다는, 다시 말해서 불법의 시정에 대한 요구가 제기된다. 이러한 시정은 본질적으로 두 부분으로 이루어진다. 그 첫째가 불법의 전보이고, 그 둘째가 불법의 응징 또는 처벌이다. 이러한 불법의 시정에 관련된 정의의 요청을 '시정적 정의'라 할 수 있고, 이는 불법의 배상과

---

30) R. Brandt 편, *Social Justice*, Englewood Cliffs, N. J. 1962; D. Miller, *Social Justice*, Oxford 1976; J. Rawls, 위의 책 참조.
31) 이렇게는 O. Höffe, *Politische Gerechtigkeit*, Frankfurt/M. 1984; H. Coing, 앞(주 24)의 책, 215면 이하 참조.

관련된 '보상적 정의'와 범행의 처벌과 관련된 '응징적(보복적) 정의'
로 구분된다 – 시정적 정의.[32]

이처럼 사회관계는 기본적으로 4개의 상이한 형태로 분류될 수
있고 또 그들은 각각 상이한 이해충돌을 기초로 해서 이루어져 있기
때문에 또한 각각 특수한 실질적 정의를 요청하고 있는 것이다. 그
렇다면 이러한 각 실질적 정의의 기본적인 규준 내지 공준들은 존재
하는 것인가?

IV

위에서 이미 언급했지만 이러한 규준 내지 공준에 대해서 사람들
은 그 표상하는 바가 상이할 것이다. 그렇다고 하여 여기에서 널리
승인받을 수 있는 그런 규준 내지 공준이 결코 존재하지 않는다는
결론이 나온다고 생각하는 것은 잘못이다. 왜냐하면 견해의 상이성이
모든 그런 견해들에 '공통적'인 일정한 '기본적'인 공준들의 존재를
반드시 부정하는 것은 아니기 때문이다. 그렇다면 널리 승인받으면서
또 합리적으로 근거지울 수 있는 규준 내지 공준들은 어떤 것인가?

1.

교환적 정의의 공준과 관련하여서는 교환된 가치(재화)나 급부 사
이에 '절대적 평등'을 이룩하여야 한다는 주장도 보인다. 라드브루흐
는 "교환적(평균적) 정의는 급부와 반대급부, 예컨대 상품과 가격, 손
해와 변상, 책임과 형벌의 절대적 평등을 의미한다"고 했다.[33] 그러
나 절대적 평등이란 부적절하거나 최소한 잘못된 말이다. 그것은 원
상회복에나 볼 수 있을 뿐이다. 교환적 정의의 공준에 관한 그야말

---

32) 이렇게는 P. Koller, 앞(주 2)의 책, 286면.

33) G. Radbruch, *Vorschule der Rechtsphilosophie*, 제2판, Göttingen 1959, 25
면. 그런데 그의 기본서인 앞(주 19)의 책에서는 책임과 형벌 사이는 상대적
평등, 즉 분배적 정의가 있어야 한다고 했다(125면).

로 태고적이고 널리 승인된 표상은 교환된 가치나 급부 사이에 '동가
치성' 또는 '동치성'이 존재할 때 교환은 정의롭다는 것이다. 즉 교환
적 정의는 대상의 평등이 아니라 – 평등한 대상은 보통 교환하지 않
는다 – 급부들의 가치평등성(동치성)을 요청한다. 특히 아리스토텔레
스에 의해 대표된 이러한 견해는 원시 민족에서의 상호성(호혜성)의
관계에서는 결정적이었으며, 오늘날도 그러한 상호성의 사회관계에서
는 여전히 타당하고 있다. 언제 동치성이 존재하며 이러한 동치성은
어떤 척도에 따라 결정되는가가 중요한 문제이다. 이는 물론 평등의
정의원리 자체가 결정해 주지 않는다. 교환대상의 동치성을 확정하자
면 가치와 노역 등에 대한 일반적으로 승인된 '가치의 척도'가 존재
해야 한다. 전통적 사회에서는 이를 가치를 생산하거나 급부를 이행
하기 위해 바친 '노동시간'으로 보았다. 그러나 분업적 생활관계의 세
분화와 화폐경제적 교환관계의 증대로 인해 가치와 노역의 평가가
점점 그것을 위해 바친 시간에 의해 결정되지 않게 되자 그만큼 그
것은 척도로서의 합당성도 상실하게 되었다.

　법률행위의 사적자치의 원칙과 자유시장경제의 원리에 입각한 사
회체제에서는 급부의 가치를 평가하는 것은 당사자 자신들이다. 여기
에서는 소유권 등 일정한 처분권을 누리는 '자유롭고 동등한' 이들
교환당사자가 교환행위의 상호이익을 보장하는 조건들 아래서 서로
의 이익에서 '자의적'으로 교환관계를 이루면 그것은 정의롭다. '완전
시장의 이상' 속에 자리잡고 있는 이들 조건들은 충분한 수요와 공급
이 존재하여 누구도 일방적으로 가격을 지시할 수 없을 것을 또 모
든 시장참여자들은 그들의 결정에 대해 중요한 사실에 관해 충분한
정보를 갖고 있으며 그리고 법적 규제에 의해 강제, 기망 등이 배제
되어 있을 것을 요구한다. 이는 이러한 조건들 아래에서 교환관계를
맺는 합리적 인간들은 그것이 그들에게 최대의 이익을 기해줄 때에
만 그러한 관계를 맺는다는 것을 상정하고 있다. 따라서 누구든 공
정한 조건 아래에서 자의적으로 교환관계에 들어서는 자는 그 결과

에 대해 불평할 아무런 근거를 갖고 있지 않게 된다. 이리하여 교환
적 정의의 공준으로는 점차로 '동치성의 원리' 대신 다른 원리 즉 '공
정한 시장관계의 원리', 더 적절하게는 '절차적 교환정의의 원리'가
등장한 것이다.[34]

그러나 이러한 교환적 정의의 공준에 대해서는 더 고려되어야 할
점이 있다. 우선 국가적 통제 하의 기획경제체제에서는 가격형성이
다르게 이루어진다는 점이다. 이는 정의에 정치적 이데올로기의 요소
가 들어와 작용한다는 것을 밝혀주고 있다. 문제는 국가가 어느 정
도 시민의 교환관계에 간여할 수 있으며 또 그렇게 하여야 할 것인
가이다. 이는 교환적 정의와 배분적 정의 사이에 밀접한 관계가 있
다는 점을 보여주기도 하는 문제이다. 이러한 사정은 정당한 임금의
문제에서도 마찬가지이다. 여기서도 동치성의 원리는 단순히 노동시
간 등에 의해 결정되는 것이 아니라 다른 가치 및 목적관점, 예컨대
사회정책, 경제, 가족부양, 최소한의 인간다운 수요충족의 보장 등에
대한 고려를 통해 보완되고 충전될 것을 요구할 것이다.[35]

2.

실로 정의의 실질적 규준 및 공준에 관한 논의의 주요영역은 분
배적 정의이다. 교환적 정의가 독립적 권리를 갖는 당사자들 사이의
교환관계에 관련되는데 반해 분배적 정의는 이익도 생기지만 부담도
지게 되는 하나의 공동적 협력체의 참여자들 사이의 사회적 관계에
관련된다. 여기서는 이러한 이익과 부담의 배분이 중요문제가 된다.
이 분배적 정의의 규준에 관해서는 실로 오래된 표상과 새로운 표상
이 구별된다. 오래된 표상이란 아리스토텔레스에서 이미 보는 바와

---

34) 교환적 정의의 공준에 관한 이런 점은 H. Henkel, 앞(주 3)의 책, 410면: P.
　　Koller, 앞(주 2)의 책, 287면 이하; J. Finnis, *Natural Law and Natural
　　Rights*, Oxford 1980, 177면 이하; J. R. Lucas, *On Justice*, Oxford 1980,
　　208면 이하 참조.
35) 이 점 K. Engisch, 앞(주 16)의 책, 166면 이하(169) 참조.

같이 협력체의 참여자들은 이익과 부담을 그들의 '가치'에 비례하여
배분받아야 한다는 것이다.[36] 여기에서 가치(품위)란 참여자들의 상
이한 특성, 예컨대 출신, 지위, 공과, 업적, 필요(수요) 및 권리 등에
의해 규정될 수 있는 것으로 보았다. 새로운 표상이란 근세 이후 모
든 사람들은 평등하게 태어났으며, 그에 따라 누구도 출신만을 이유
로 특권을 주장할 수 없다는 견해가 자리잡게 되면서부터 형성된 것
으로서 모든 사람들은 동등하며 권리와 의무의 불평등배분은 일반적
으로 수락가능한 근거에 의해 정당화될 경우에만 허용된다는 것이다.
이리하여 오래된 비례원칙보다는 평등원칙 위주의 분배적 정의관이
등장한 것이다. 이는 '일반적으로 수락가능한 근거'가 불평등취급 내
지 불평등배분을 정당화하지 않는 '한' 협력체의 구성원은 '평등하게'
취급되고 또 공동의 이익과 부담은 평등하게 배분되어야 한다고 함
으로써 더욱 절차적이기도 하다. 이것이 이른바 분배적 정의의 '평등
취급(추정)의 원리'이다.[37] 오래된 분배적 정의에 대한 새로운 분배적
정의관의 도전은 엄격히 따져 본다면 새로운 그것이 평등지상주의는
아니라는 점에서 대단한 것은 아니며 또 실질적 평등을 지향하는 상
황에서는 평등추정의 원리는 비현실적 상정인 것같이 보인다.[38] 따
라서 무엇보다 중요한 것은 일반적으로 수락가능한 근거에 입각한
평등 또는 불평등분배이다. 이러한 일반적으로 수락가능한 근거가 바
로 분배적 정의의 실질적 규준 내지 공준이다.

　주지하듯이 현대철학에서 정의에 관한 논의를 불붙였고 형식적
정의와 실질적 정의(그의 표현으로는 '구체적 정의')의 구별을 확립했던
페를만은 철학자들에 의해 일반적으로 참조되고 있는 다음과 같은

---

36) Aristoteles, 앞(주 18)의 책. 1131n 이하; *Politica*, The Works of Aristotle
　　X, Ross 편, Oxford 1972, 1282n 이하; 정태욱, 아리스토텔레스의 정의에 관
　　한 소고, 서양고전연구, 제3집, 1989, 31면 이하 참조.
37) 이 점 졸고, "정의에 관한 연구 I", 서울대학교 법학 제29권 2호(1988), 91면,
　　97면 참조. 이 책 54면 이하 참조—편집자.
38) 이 점 졸고, "Ota Weinberger의 제도적 법실증주의", 서울대학교 법학 제35
　　권 1호(1994), 153면 참조.

여섯 개의 정의의 공준을 들었다.

각자에게 똑같은 것을

각자에게 그의 공적(과)에 따라

각자에게 그 일의 결과에 따라

각자에게 그의 필요(수요)에 따라

각자에게 그의 지위(계급)에 따라

각자에게 법이 정한 바에 따라[39]

페를만에 의하면 이들 여섯 개의 규준들 중 첫째 것은 '형식적 정의'로 볼 수 있고 다른 다섯 개의 규준들에 의해 형식적 정의가 구체화됨으로써, 다시 말해 보충 내지 충전됨으로써 형식적 정의와는 구별된 '구체적(실질적) 정의'가 얻어지는 것이며, 이들 각 공준들은 서로 단순한 택일관계에 있는 독립된 것들이라는 것이다.[40]

그러나 페를만이 든 공준들은 자세히 살펴보면 다시 정돈될 수도 있는 것 같다. 첫째의 공준은 평등주의를 표방하는 것으로서 형식적으로 파악하면 형식적 정의와 같다 하겠으나 실질적으로 파악하면 사회적 평등의 이상을 나타내는 것으로서 넷째의 필요공준과 그 이념에 있어서 유사한 것이다. 둘째의 '공적', 셋째의 '성과', 다섯째의 '지위'는 서로 유사하다. 다시 말해서 성과와 지위에 따른 배분은 더 일반적인 공적에 따른 배분에 포괄된다고 하겠다. 공적은 아리스토텔레스처럼 '가치'(axia)로 해석할 수 있다. 그렇다면 이는 도덕적 공적뿐만 아니라 노력, 재능, 지위도 모두 가치의 일종으로 볼 수 있겠다. 그러나 넷째의 '필요'에 따른 배분은 이들과 똑같이 평가할 수 없다. 필요 그 자체는 선이라기보다 악으로서 장려해야 할 것이 아니라 제거해야 하는 그 무엇이다. 또 필요에 따른 배분과 공적에 따른 배분은 아무런 관계가 없다. 하나를 중시하면 다른 것은 오히려

---

39) 앞(주 1)의 *Justice et raison*, 15면 이하; 「법과 정의의 철학」, 9면 이하.

40) Ch. Perelman, 위의 책 25면, 29면; 「법과 정의의 철학」, 20면, 23면 참조.

제쳐 놓아야 한다. 사실 정의의 적용상 가장 심각한 충돌은 필요와 공적 사이에서 일어나기도 한다. 더욱이 필요의 충족은 공적과 무관한 자에게도 요구된다. 필요의 공준은 인간 그 자체를 평가한다. 그래서 첫째 공준인 평등주의를 지향한다. 말하자면 그것은 실질적 평등주의의 원리인 것이다. 공적주의자와 평등주의자 사이의 갈등은 실로 공적과 필요의 그것인 것이다. 여섯째의 '법이 정한 바', 즉 '법적 권리'의 공준은 페를만 자신의 말처럼 첫째에서 다섯째까지의 공준과는 판단자에서 볼 때 그 선택이 자유롭지 않다는 의미에서 다르다. 이는 다른 공준들처럼 새로운 권리의 배분이나 재배분을 생각하는 것이 아니라 복리의 현상유지를 지향한다. 다른 공준들은 정의의 개혁적 공준이라고 한다면 이는 보수적 공준이다. 그러나 무정부주의자가 아니고 사회에는 법이 필요하고 생각하는 이들이라면 법에 의해 부여된 권리는 유지되어야 한다고 할 것이다. 또 골수보수주의자가 아닌 한 법적 권리를 유일한 정의의 공준으로 주장하지 않을 것이다. 따라서 이는 다른 정의의 공준과 더불어 (보수적)정의의 공준으로 수락될 것이다.[41]

이렇게 고찰해 볼 때 분배적 정의의 실질적 규준은 공적(desert), 필요(수요, need), 권리(right)로 3분된다.[42] 최근 왈저는 분배적 정의의 공준과 관련하여 사회적 가치들의 세분된 명단에 따라 이른바 '정의의 영역'들을 세분하는 기술을 발휘하여 이들 각각에서 상이한 자원과 기회를 배분받게 하는 공준들을 열거하려 했다.[43] 물론 분배적 정의의 공준에 대해 다원주의의 입장을 천명하는 것에는 찬성하나

---

41) 페를만의 공준들에 대한 재검토는 D. D. Raphael, 'Perelman on Justice', *Revue internationale de philosophies. Essais en hommage à Ch. Perelman*, 1979, 260~276면 참조.

42) 이렇게는 D. Miller, *Social Justice*, Oxford 1976, 52면 이하; 오병선, "형평, 연대 및 통합적 정의의 법이론적 고찰", 「법철학과 형법의 제문제」, 법문사, 1989, 139면 이하 참조.

43) M. Walzer, *Spheres of Justice*, Oxford 1983. 왈저는 11개의 사회적 가치들을 들고 있다(제2장에서 제12장까지).

'결의론적' 태도로 완결지어질 수 없는 것이 정의의 규준이 아닌가
생각된다. 따라서 일반적으로 승인될 수 있고 합리적으로 근거지을
수 있는 분배적 정의의 공준은 위의 공적, 필요, 권리의 3공준이 아
닌가 생각된다. 그러면 이에 관해 간략하게나마 살펴보기로 하자.

(i) 공적은 개인의 특수한 자질 및 행위에 입각한 처우의 규준(공
준)이다. 다시 말해서 그것은 성실한 노력을 바쳐 이루어 낸 사회적
으로 가치있는 결과(업적)이다. 이에 입각하여 유리한 또한 불리한
처우를 하자는 것이다.[44] 그래서 누구든 특별한 재능, 능력, 노력을
근거로 해서 다른 사람보다 더 많이 사회적 가치창조에 이바지한 경
우, 누구든 공공의 복리에 대해 더 큰 책임을 지는 경우, 누구든 공
공의 필요에 부응해 노역을 수행하는 경우, 누구든 비범한 재능 또
는 능력을 바탕으로 일반적으로 소망된 성과를 이룬 경우, 누구든
비록 다른 이보다는 결과적으로는 더 많은 기여를 하지 못했다 하더
라도 공공이익에 관련된 임무를 수행하기 위해 특별한 노력을 한 경
우, 그렇지 않은 다른 사람보다 유리한 처우를 받는 것은 정당화되
는 것이다. 반대로 누구든 정당한 근거없이 사회적 공동생활의 의무
와 부담에 참여하지 않는 경우 다른 사람보다 가치와 권리의 배분에
있어서 불리한 처우를 받는 것이 허용되는 것이다.[45]

물론 공적은 개인의 상이한 기여를 평가함에 있어서 비교의 기초
로 간단하게 사용할 수 있는 잣대는 아니다. 보통 그것의 특징적 개
념징표로는 다음과 같은 세 가지가 지적된다. 첫째로 공적은 한 인
격의 답책적 행위에 직접적으로 관련된 것이어야 한다는 점이다. 따
라서 자연적 자산이나 환경 등은 그 자체로는 공적의 사항이 못된다.

---

44) 이 점 D. Miller, 앞(주 42)의 책, 85면; W. Sadurski, *Giving Desert Its Due, Soical Justice and Legal Theory*, Dordrecht, Boston, Lancaster 1985, 116면 참조.
45) 이 점 P. Koller, Die Idee der sozialen Gerechtigkeit, *Objektivierung des Rechts. Gedächtnisschrift für Ilmar Tammelo*, W. Krawietz 등 공편, Berlin 1984, 112면 이하 참조.

둘째로 공적은 언제나 도덕적 평가를 함의하고 있다는 점이다. 즉 어떤 이의 어떤 이에 대한 인간적 평가를 함의한다. 이는 그렇지 않은 필요(수요)의 공준과 구별케 하는 특징이다. 셋째로 공적은 과거의 행위에 대한 평가와 관련되어 있다는, 다시 말해서 과거정향적이라는 점이다. 따라서 장래의 이익은 공적으로 볼 수 없다.[46]

공적의 이와 같은 개념징표는 정의와 관련된 다른 공준들과의 혼동을 피하기 위해서 낮게 평가해서는 안 되지만 공적이 그 적용에 있어서 견해의 대립이 있을 수 있는 일련의 규범적 전제 위에 또 검토가 용이하지 않은 경험적 상정 위에 이루어진 그 자체 매우 이질적인 평가기준들의 총체라는 점을 밝혀주고 있다. 따라서 공적에 대한 개념적 및 철학적 재구성의 노력이 경험적 사실에 대한 상이한 견해와 기본적인 가치결정에 대한 의견의 차이로 인해 생기는 여러 문제들을 완전히 해결해 주리라고 기대하는 것은 무리일 것이다. 그러나 어쨌든 사회가 특수한 이익과 유리한 처우를 보장해 주는 공적이 모든 이의 이익에 관련된 공동적 목적의 수행에 이바지한 것이어야 함은 의심할 수 없겠다.

(ii) 필요의 공준은 인간의 필요(수요)에 따라 사회이익을 배분하고 또 그것에 대한 권리까지 승인하는 것이 공정하다는 원리에 입각하고 있다.[47] 물론 필요의 차이가 단순히 개인의 기호, 성향, 능력, 관심의 상이함에 비롯된 경우 사회적 이익과 부담의 배분문제는 생기지 않는다. 그러나 필요의 차이가 필요자에게 더 큰 사회적 이익을 부여하거나 공동의 부담을 면하게 해줌을 통해서, 즉 사회적 이익과 부담의 불평등한 배분을 통해서 상쇄시키지 않으면 안 될 경우가 있다. 이리하여 필요의 공준은 개인의 상이한 필요와 이익의 상

---

46) 이와 관련하여서는 W. Sadurski, 앞(주 44)의 책, 116~157면; J. Feinberg, *Doing & Deserving*, Princeton, N. J. 1970, 55면 이하; 오병선, *Teleological Desert and Justice*, Seoul 1994, 21면 이하 참조.
47) 이 점 T. Honoré, Social Justice(1962), *Making Law Bind*, Oxford 1987, 206면.

태를 고려하여 공동의 이익과 부담을 불평등하게 배분하는 것을 허용하는 것이다.[48]

필요는 복잡한 개념이다. 이는 우선 주관적이 아니라 객관적으로 규정되어야 한다. 즉 단순한 심리적 욕구가 아니라 충족되어야 하는 '당위적 욕구'가 필요이다. 또 필요이익에는 우선순위의 규범이 존재한다. 즉 삶이 없이는 아무것도 불가능하고, 숙식의 충족이 없이는 교육과 예술도 거의 가치를 잃는다. 그러나 이러한 이익을 필요로 여겨야 하는가는 이익서열에서의 상대적 지위에 의거한다. 예컨대 주거는 교육에 대해 필요[적]이다. 그리고 이러한 필요의 결여가 사람에게 중대하게 그리고 근본적으로 해를 미칠 때 그것은 '기본적 필요(수요)'가 된다.[49] 그래서 영양실조, 질병, 신체적 장애, 부상, 조사(早死) 등은 늘 기본적 수요이다. 물론 어떤 필요는 다른 필요보다 더 본질적일 수 있다. 어쨌든 이는 생존의 최저수준에, 생물학적 및 사회적 생활의 기본적 조건에 밀접하게 관련되어 있다. 이러한 기본적 필요는 사회적·문화적 여건에 따라 그 기준도 상대적일 수 있는 가능성을 갖는다. 그러나 이는 위의 진정 '기본적'인 필요를 부인할 정도로 과장되어서는 안 된다. 이런 점만 유의한다면 "사람이 생존하려고 하면 또 살 만한 삶을 가지려 하면 요구되는 것들"이 기본적 수요라고 하겠다.[50]

이러한 기본적 필요의 충족이 없음으로 인해 생기는 필요의 차이가 위에서 말한 상쇄시켜 주어야 할 경우인 것이다. 이를 위해 기본적 필요(수요)의 확정과 그 서열의 결정이 있어야 하고, 이에 따라 우선적으로 충족해야 할 필요와 그 충족의 대가도 결정될 수 있다. 이런 과정을 통해 '최저기준'이란 관념의 개념규정도 가능케 된다. 주

48) 이런 점, P. Koller, 앞(주 45)의 글, 113면 이하 참조.
49) 이 점 J. Feinberg, *Social Philosophy*, Englewood Cliffs, N. J. 1973, 111면.
50) R. Peffer, A Defence of Rights to Well-Being, *Philosophy and Public Affairs* 8(1978), 80면: W. Sadurski, 앞(주 44)의 책, 159면.

지하듯이 이 생존(필요)의 최저기준의 개념을 둘러싸고 치열한 논쟁
과 투쟁이 이어졌다. 이를 통해 자유시장경제적 노동관은 개혁되었
고, 필요의 충족은 공리주의를 넘어 평등주의적 인본주의에 터잡게
되었으며, 필요의 공준은 현대의 온갖 사회입법에서 그 자리를 더욱
굳혔다. 이로써 이 공준에 입각한 정의근념은 박애의 개념과도 가장
밀접해졌다.[51]

기본적 필요(수요)는 위와 같은 인지될 수 있는 사정에 비롯된 것
일 뿐만 아니라, 그러한 필요의 충족은 정당한 권리로서 인정될 수
있어야 한다. 이러한 권리성은 필요자(수요자)가 받는 이익이 다른
이가 입는 손해보다 우월한가 또 수요자의 열악한 상태가 자기 죄
없이 발생했는가에 따라 측정될 것이다. 자기 책임 때문에 발생한
필요의 상태는 권리성이 약하다. 물론 이러한 필요(수요)의 권리성(정
당성)에 관한 결정의 문제는 적용상 모호한 요소를 갖고 있을 것이
며, 이에 따라 필요의 차이에 따른 (불)평등취급의 정당화의 문제도
그만큼 임의성을 갖게 될 것은 물론이다. 그러나 이것이 기본적 수
요에 따른 분배의 정당성을 부정하는 데까지 가서는 안 될 것이
다.[52] 실로 기본적 수요의 공준은 다른 공준보다 더 기본적이다. 이
것이 충족되지 않을 때 다른 공준의 문제는 의미있게 논의될 수 없
다. 필요의 공준이야말로 인간은 목적 그 자체라는 칸트의 이념을
실질적으로 뒷받침하고 있다. 이런 의미에서 필요, 더욱이 기본적 필
요의 충족은 (기본적)권리로서 인정된다.

(iii) 권리의 공준은 권리가 실증적이든 이상적이든 정의로운 분배
의 '한' 유형이라는 주장을 바탕으로 한다.[53] 사회마다 사회생활을

---

51) 이 점 Ch. Perelman, 앞(주 1)의 책, 33면 이하: 「법과 정의의 철학」, 27면
　　이하 참조.
52) 이렇게는 F. A. v. Hayek, *The Constitution of Liberty*, London 1960, 297면
　　이하. 이런 견해에 대한 비판은 W. Sadurski, 앞(주 44)의 책, 167면 이하 참
　　조.
53) 이 점 D. Miller, 앞(주 42)의 책, 57면 참조.

규율하고 개인의 권리와 권한은 물론 그 기대를 규정하는 규범이 존재한다. 이러한 규범은 그 자체 정의의 원리 밑에 놓여 있기도 하지만, 그 사회적 기능과 관련하여 그것으로부터 정의의 문제도 생긴다. 즉 규범은 그 목적을 달성하기 위해서는 그것이 이루는 사회관계의 안정과 지속을 보장해야 한다. 그러자면 우선 권리와 의무의 발생조건 및 관계가 명백하고 객관화되어 있어야 한다. 말하자면 한번 정립된 사람들의 권리는 지속적으로 신뢰될 수 있어야 한다. 물론 규범은 변경될 수 있고 또 한번 획득한 권리는 절대로 제한되거나 박탈될 수 없는 것은 아니다−그러나 사람들의 생활계획이 기존하는 권리의무에 대한 기대에 따라 이루어지므로 이에 따른 가치(이익)과 부담의 배분은 다른 정의의 공준에 비추어 보아 완전히 정의롭지 않더라도 기존하는 권리는 존중되는 것이 필요하다−이리하여 기득권이 있느냐 없느냐는 이익과 부담의 배분에 차이를 나타낸다. 그러한 기득권이 있을 경우 일단 그것의 유지를 위한 이익과 부담의 배분은 정당화된다. 물론 이러한 추정은 다른 공준에 의한 권리를 심히 침해할 경우에는 부인될 수 있다. 예컨대 무제한의 토지소유권은 공적과 필요의 공준에 따른 이익과 부담의 배분요구와 심한 모순 때문에 정의롭지 않을 수 있는 것이다.[54]

이러한 기존하는 사회규범에서 비롯되는 권리 이외에 종교적 및 도덕적 관념에 입각해서 특별한 발생조건과 관계없이 인간이 인간으로서 가져야 하는 일정한 일반적인 기본권이 있다는 것이 주장된다. 이러한 권리는 인간의 자연과 직접 관련되어 있기 때문에 '자연권'이라고 불린다. 이는 어떤 특정한 사회 내에서 실제로 승인되었는가에 관계없이 모든 사람에 대해 주장된다는 의미에서 '이상의 권리'이다. 즉 누구나 인간의 존엄에 대한 존중을 요구할 권리, 인간의 기본적 수요(필요)에 대한 충족을 요구할 권리, 일정한 인격적 자유에 대한

---

54) 이런 점 P. Koller, 앞(주 45)의 글, 115면 이하 참조; D. Miller, 위의 책, 77면 참조.

권리 등을 가진다는 것이다. 이에는 전통적인 자연권, 즉 생명권, 자유권, 재산권과 같은 것이 있는가 하면 근로권, 생존권과 같은 사회적 및 경제적 권리도 있다. 전자는 어떤 것을 행할 수 있는 권리로서 다른 이에게는 방해하지 않을 의무를 지우며, 후자는 어떤 것을 부여받을 권리로서 다른 이에게는 제공할 의무를 지운다.[55] 어쨌든 이러한 권리 중 위에서 지적한 중요한 것들은 오늘날 널리 승인되고 있고 또 논란도 거의 없다. 물론 그렇다고 해서 그것이 침해되고 있는 곳이 없다는 것은 아니다. 만약 그것이 인간의 자연적인 권리로서 일치되게 승인된다면, 그것은 사회적 가치와 부담의 배분에 있어서 최대한 고려되어야 할 것이고, 위의 실증적인 기득권과는 달리 다른 정의의 관점들과의 관계에 있어서 절대적 우위의 지위를 점하게 될 것이다. 따라서 정의로운 사회에서는 다른 정의의 관점들에 앞서 모든 이에게 자연적인 권리로 인정된 것은 모두 갖도록 먼저 배려를 하는 것이 타당하다. 그러나 어떠한 권리가 개별적으로 이러한 자연권으로서 그것으로부터 아주 구체적이고 일반적으로 승인받을 수 있는 정의의 요청들을 이끌어낼 수 있는 것인지에 대해서는 완전히 일치된 견해가 정립되어 있지 못하고 있는 것은 확실하다.[56]

이상으로 분배적 정의의 실질적 규준 내지 공준을 3분하여 간단히 살펴보았다. 우리는 이러한 규준들을 근거로 그 어느 것에 따라 동가치적인 사례들은 평등한 취급을, 우선적인 것으로 평가받을 경우에는 유리한 처우를 각각 받아야 한다고 말할 수 있다. 어쨌든 이들 세 규준들은 각각 다른 것으로 완전히 환원될 수 없는 독립적인 것들로서, 공적은 각자의 행위와 자질의 특성을 승인하고, 필요는 각자의 생활설계에 대한 필수조건을 제공하고, 권리는 기대의 안정과 자유를 보장하도록 요구한다. 그러나 이들에 대한 배려로 분배적 정의의 문제

---

55) D. Miller, 같은 책, 78면 참조.
56) 이 점 특히 D. D. Raphael 편, *Political Theory and the Rights of Man*, London 1967 참조.

가 곧 완전히 해결된다고 볼 수는 없다. 공적, 필요, 권리의 그 어느 규준도 그 자체를 놓고 보면 정도의 차이는 있지만 모호하여, 그야말로 주관적 가치선호의 임의성에 결부되어 있을 뿐만 아니라 그 규준들에 따른 평가의 결과도 서로 충돌관계에 놓여 있을 수 있다는 것을 어렵지 않게 간파할 수 있다. 따라서 어느 하나를 우선시하거나 결정적으로 보는 데는 그것을 뒷받침하는 사회관이나 공동체의 이상에 대한 표상을 바탕으로 해서만 가능할 것이다.[57] 그것이 독단적일 수 있는 것은 물론이다. 그렇다고 해서 분배적 정의의 공준 문제를 단순히 공동체를 이루는 공통된 이해와 약정에 의거하고 있는 것으로 보고, "한 주어진 사회는 그 실체적 생활이 일정한 방법으로, 즉 구성원의 공통된 이해에 충실하게 따르는 방법으로 이루어진다면 정의롭다"고 하는 왈저의 이른바 공동체주의적 정의론으로 결정을 볼 문제도 아닌 것 같다.[58] 가치론은 사회존재론에 불과한 것은 아니다. 가치의 분배가 아무리 전통적으로 확고하게 지지받더라도 그 공정의 여부에 대한 재검토의 길은 열려 있어야 한다. "정의는 우리의 비판이지, 우리의 거울은 아니다."[59]

3.

정치적 정의의 대상은 위에서 지적했듯이 지배의 수행이다. 지배는 타인에 대해 구속적인 결정을 내릴 수 있는 '권능'을 토대로 수행된다. 따라서 지배는 그 개념상 정당화의 요소를 벌써 내포하고 있다. 그러나 이러한 종류의 정당화는 그 도덕적 정당화까지 함의하는 '정치적 정의'의 요구에는 충분치 못하다. 오늘날 일반적으로 지배의 수행은 자기목적이 아니라, '일반적으로 수락가능한 목적'에 이바지하

---

57) 이런 점, D. Miller, 앞(주 42)의 책, 152면; G. Radbruch, 앞(주 19)의 책, §7, §8 참조.
58) M. Walzer, 앞(주 43)의 책, 313면.
59) 이렇게 R. Dworkin, What Justice Isn't, *A Matter of Principle*, Harvard U. P., Cambridge, Massachusetts 1985, 219면.

는 한에서만 정당화된다고 보고 있다. 이미 코잉은 그의 새로운 종
류로서의 이른바 '보호적 정의'(iustitia protectiva)와 관련하여 "인간
에 대한 인간의 힘은 제한되지 않으면 안 된다. 무제한한 힘은 법에
반한다"고 하면서 모든 지배(힘)의 자의적 남용을 막는 것이 그 과제
라고 보았다. 그는 이러한 보호적 정의의 원리로는 첫째 지배는 그
사물의 본성상 그것이 추구하는 사회적 목적에 이바지하게끔 수행되
어야 하고, 둘째 피지배자의 기본권을 존중하여야 한다는 근본적인
관점에 입각하여 '지배가 필연인 한 그것은 그것이 추구한 사회적 목
적이 요구하는 범위에 국한되어야 하며', '어떠한 지배도 다른 이에게
서 그의 기본권의 향유를 박탈할 수 없다'는 두 원리를 제시하였다.[60]

'정치적 정의'의 원리와 관련하여서는 오늘날 회페가 다시 '근본
적' 관점에서 다루고 있다.[61] 그는 고대로부터 정치관계가 도덕철학
적 비판의 대상이 되어 온 점에 입각하여 정의는 본질적으로 '정치적
정의'이며 이의 핵심은 법과 국가의 윤리적 비판 내지 정당화에 있다
고 본다. 그런데 법과 국가의 필연성은 곧 자유의 제한, 즉 강제의
필연성을 의미하며, 이는 피강제자측에서 보면 명백히 하나의 불이익
으로서 정당화되어야 한다. 그런데 말할 것도 없이 강제는 피강제자
로부터 수긍될 때 정당화되나 이는 강제를 상쇄하고도 남을 이익이
있을 때 가능하다. 그러면 그것은 어떤 경우이겠는가이다. 만약 이익
이 공리주의적으로 이해된다면 이는 소수의 희생 위에 이익의 극대
화가 이루어질 수 있고 이 경우 강제는 소수에게는 수긍될 수 없는
폭력에 불과하다. 그래서 철저한 보편화를 요구하는 도덕적 근본입장
(정언명령)에 입각해 볼 때 피강제자 각각에 대해 손해보다 이익을
가져다주는 그야말로 '분배적 이익'이 있을 경우에만 강제는 정당화

---

60) H. Coing, 앞(주 24)의 책, 216면 이하. 이 이외에 그는 '지배자는 피지배자
　　와의 관계에 있어서 신의성실의 원리에 구속된다'와 '모든 힘은 통제되지 않
　　으면 안 된다'라는 두 공준을 더 들고 있다.
61) O. Höffe, *Politische Gerechtigkeit*, Frankfurt/M. 1987.

된다는 것이다. 이리하여 회페는 우선 정치적 정의의 근본원리는 자유의 제한과 그 상호강제를 모든 이에게 분배적으로 이익이 되도록 하여 그야말로 '분배적으로 이익이 되는 자유공존'을 이루는 것이며, 그리고 이러한 과제도 또한 보편적으로 타당한 원칙들, 즉 '인권'을 바탕으로 하여 수행되어야 한다고 피력한다.[62] 이러한 견해들에 입각해서 볼 때 지배와 강제가 정당화되기 위해서는 그것은 첫째로 인간의 정당한 권리를 보장해야 하고, 둘째로 일반적으로 모두에 이익이 되는 사회협력체를 확보해야 한다고 하겠다. 이에 따라 지배의 수행은 그것이 첫째로 모든 이의 상호적 권리의무를 보장하는 데 불가결하고 또 적절할 때, 둘째로 모든 이에 이로운 협력적 사회관계를 확보하는 데 요구되고 있을 때, 다시 말해서 정의롭고 일반적으로 이익이 되는 사회적 공동생활의 형성에 이바지할 때 정의로운 것이며, 이것이 곧 정치적 정의의 공준이라고 하겠다.[63]

일찍이 황산덕 박사는 코잉의 보호적 정의의 이념과 관련하여 그것이 추구하는 실력의 제한이란 그 제한원리인 조리(사회적 목적)와 기본권의 부정확성 때문에 결국은 하나의 기만에 지나지 않는 실력의 '자기제한'에 이르고 마는 것이 아니냐는 강한 의문을 피력했었다.[64] 이러한 자기한계에 대한 언급은 지나치다고 해도 보호적 정의의 이념은 지배 그 자체의 필연성, 다시 말해서 공리의 원리와 항상 긴장관계에 놓여있는 것은 사실이다. 또 정치적 정의는 다른 정의의 요구에 관련되어 있다. 우선 위에서 보호적 정의와 관련해서 언급되었듯이 정치적 정의는 기본권의 보호 및 배분에 관한 분배적 정의의 요구에 관련된다. 나아가 지배는 보편화가능성의 도덕적 요구에 입각

---

62) 더 자세한 소개는 졸문, '독일 철학 및 법철학에서의 정의론의 동향', 서울대학교 법학, 제34권 3·4호(1993), 51~56면 참조. 이 책 145면 이하 참조— 편집자.

63) 지배와 권위의 정당화에 관해서는 J. Raz, Legitimate Authority, *The Authority of Law*, Oxford 1979, 3면 이하; J. Finnis, 앞(주 34)의 책, 1980, 231면 이하; P. Koller, 앞(주 2)의 책, 291면 등 참조.

64) 황산덕, 앞(주 25)의 책, 128~130면 참조.

할 것이 요구된다. 특히 회페는 정치적 정의를 원초적 자연상태의 무제한의 자유, 즉 무정부상태를 개인상호간의 자유단념(斷念)의 '교환'을 통해 극복하고, 그럼으로써 오히려 자유를 확보받는 원리로 이해함으로써, 그것은 근원적으로 일종의 교환적 정의로 파악되고 있다.[65] 어쨌든 정치적 정의는 이렇게 다른 정의의 요구들에 관련되어 있음으로써 그러한 정의의 공준들 사이에 존재하는 긴장관계도 또한 고려하여야 하는 것이다.

4.

끝으로 시정적 정의의 실질적 규준 내지 공준은 위에서 언급했듯이 보상적 정의의 그것과 응징적 정의의 그것, 다시 말해서 민사적 정의의 그것과 형사적 정의의 그것으로 나누어서 다루어야 할 문제이다. 그러나 이는 극히 복잡한 문제이어서 여기에서 자세히 설명한다는 것은 불가능한 일이다. 또 바로 위에서 다른 정치적 정의의 공준과 마찬가지로 시정적 정의 역시 다른 정의의 요구들과 관련되어 이해해야 한다. 어쨌든 시정적 정의의 두 종류는 모두 권리와 의무의 존재를 전제하고 그 침해에 대해 배상이나 형벌을 부과할 것을 요구하는 것이다. 어떠한 의무침해행위에 배상 또는 형벌, 또는 양자 모두를 부과하여야 하는지는 본질적으로 '불법의 종류'에 달려있는 문제이다.

일반적으로 말한다면 의무침해로 인해 동시에 '개개인의 권리'가 침해됐을 경우 정의는 배상을 요구하고, 의무침해행위에 대한 응징이 단순히 개개인의 이익에서가 아니라 일반적 이익에서 행해질 경우 형벌이 부과되어야 한다고 할 수 있다. 이러한 조건 모두를 충족시킨 행위에는 배상이나 형벌 그 어느 것이나 부과시킬 수 있다. 어쨌든 근본적으로 법의무침해가 배상이나 형벌을 요구하는 경우, 그 범

---

65) 이 점도 앞(주 62)의 졸문 참조. 이 책 148면, 특히 168면 이하 참조—편집자.

위는 불법에 '상당하게', 다시 말해서 한편으로는 '침해된 권리와 의무의 중요도'에, 다른 한편으로는 '의무침해의 정도'에 합치되어야 할 것이다.

그러나 이러한 시정적 정의의 근본요구가 궁극적으로 어떻게 실현되는가는 민사책임이나 형사책임의 본질에 대한 근본적 통찰을 바탕으로 이루어질 문제이다. 그런데 이러한 통찰은 평균적 정의와 분배적 정의의 공준에 대한 배려와 배상과 형벌의 근본목적에 대한 고찰을 바탕으로 얻어진다. 오랫동안 평균적 정의가 배상이나 형벌의 토대로 생각되었지만 지금은 상황이 그렇지 않다. 형벌은 오히려 분배적 정의의 몫으로 여겨지고 있다. 또 배상에서는 '손해의 정의로운 (공평한) 분담'이 근본목적이라면 형벌에서는 '유책적 행위에 대한 응징'이 그것이다.[66] 그래서 배상에서는 특히 과실과 관련하여 상당히 약화수정된 객관적 '과책원리'가 그 기준인데 반해, 형벌에서는 여전히 개인적인 '책임원리'가 그 기초가 되고 있다.

이처럼 시정적 정의의 지배적 공준이 객관적 불법귀속과 주관적 책임귀속의 공준으로 구성되어 있지만 이도 매우 동적인 변화 속에 휩싸여 있다. 배상은 이제 불법과 과책이 없이도 부담하지 않을 수 없는 경우가 있게 되었는가 하면(위험책임), 형벌도 책임귀속의 이론적 가능성에 대한 회의 때문에 순전한 방위 및 예방목적의 관점에서 취해지는 조치의 일종으로 주장되기도 한다.[67] 이리하여 과책원리는 위험분배의 원리로, 책임원리는 비례의 원리(분배원리)로 파악될 때도 있게 된 것이다. 이렇게 볼 때 불법적 사회관계의 시정을 요구하는 시정적 정의의 공준도 그 어느 다른 정의의 공준 못지않게 동요와 긴장을 내포하고 있다고 하겠다.

---

66) 이 점 K. Larenz, *Richtiges Recht*, München 1979, 106면; 양창수 역, 「정당한 법의 원리」, 박영사, 1986, 104면 참조.

67) 이의 이론적 옹호자로서는 예컨대 U. Klug, *Skeptische Rechtsphilosophie und humanes Strafrecht*, 제2권, Berlin 1981, 3면 이하 참조.

V

이상으로 우리는 정의의 근본요청을 실질적으로 충족시킬 정의의 실질적 규준 내지 공준이 하나의 근본원리로 대답될 수 없다는 견지에 입각하여 우선 정의를 사회관계를 바탕으로 교환적, 분배적, 정치적 및 시정적 제 정의로 분류하고 이들의 각 공준들을 개별적으로 모색해 보았다. 이제 이를 마무리하는 자리에서 나무만을 살피다가 숲을 못 보는 잘못을 범하지 않기 위해서는 좀 더 통합적인 언급이 필요해진 것 같다. 인간 사이의 관계가 개별적으로 분리되어 있지 않고, 교차되고 혼합되어 하나의 복잡한 관계복합체로 이루어져 있듯이 실질적 정의들과 그 규준들도 무관한 관계에 있지 않고 서로 제약하고 또 보충하는 관계에 놓여 있다고 할 것이다. 따라서 하나의 인간관계에도 모든 종류의 정의의 요청이 적용될 수 있는 것이다. 예컨대 조그마한 가족구성원 서로 간에도 교환관계, 공동체관계, 권위관계, 나아가 의무침해에 대한 반작용을 볼 수 있고 따라서 여기에서도 그에 상응하는 상이한 실질적 정의의 요구들이 타당한 것이다. 우리가 사회전체에 대해서도 똑같이 말할 수 있는 것은 물론이고, 이와 같은 사회전체의 기본적인 사회관계에 관련된 정의요청들의 총체는 오늘날 특히 '사회적 정의'라는 이름 밑에서 맹렬한 논의가 전개되고 있다.[68] 이는 여기에서 간단하게 언급할 문제가 아닌 별도의 고찰을 요하는 주제이다.

이렇게 '사회적 정의'라는 큰 주제가 전혀 다루어지지 않았음은 물론 이때까지의 설명만으로 정의의 근본요청이 충분하게 충족되리라고 낙관적으로 결론내릴 단계에도 도달하지 않았다는 의미에서 이 연구는 아직 완성품이 못된다. 우리가 방금 지적했듯이 위에서 언급된

---

68) 롤즈의 정의론을 둘러싼 세계적 논의가 그것이다. 우리의 연구로는 김태길, 「한국인의 가치관연구」, 문음사, 1982, 237면 이하; 황경식, 「사회정의의 철학적 기초」, 문학과 지성사, 1985 등 참조.

여러 규준 내지 공준들이 서로 제약하고 보충하는 관계에 놓여 있는 것은 확실하지만 그것이 어떻게 현실적으로 수행될 것인가는 더 탐구해야 할 과제인 것이다. 위에서 언급했듯이 모든 정의의 실질적 규준들은 그 자체 완벽한 것이 아니라 '모호와 임의의 여지'를 지니고 있으며, 그들 상호간에는 명백한 서열관계가 확립되어 있지 않으며, 오히려 긴장과 갈등의 관계가 지배하고 있다. 이리하여 다시 이들 정의규준들에 대해 위에서 또 배후에서 규정적 역할을 할 근본원리들을 탐색·검토하고, 이들 원리들 사이를, 따라서 또한 이들의 비호를 받을 정의규준들 사이를 고량(考量)할 방법을 모색하는 것이 절실하게 요구된다. 실로 정의의 규준에 관한 연구는 종국적으로 한편으로는 좀 더 거시적인 가치론 및 사회론을, 다른 한편으로는 실천적 논의의 방법론을 바탕으로 하여서만 마감될 수 있는 것이다. 이도 여기서 끝맺지 못한 채 과제로 남겨 둔 셈이다.[69]

---

69) 이와 관련한 우리의 연구로는 김태길, 「변혁시대의 사회철학」, 철학과 현실사, 1990; 차인석, 「사회의 철학」, 민음사, 1992 등 참조.

독일 철학 및 법철학에서의 정의론의 동향 [†,††]

필자는 지난 1990년 8월 말에서부터 꼭 1년간 문교부의 지원으로 실로 오랜만에 독일을 다시 찾아 괴팅겐(Götttingen) 대학교에서 연구할 기회를 가졌다. 주로 독일철학 및 법철학에서의 정의론의 동향을 좀 더 깊이 살피고자 했다. 물론 이는 평소에 늘 관심을 갖고 주목했던 바이어서 특별한 계획은 아니었다. 실로 때늦게 가져 본 최고의 연구환경에도 불구하고 게으르고 건강치 못한 탓으로 뜻한 대로의 연구성과를 거두지 못한 채 귀국했고, 돌아와서도 곧장 연구보고를 하지 못했다. 뒤늦게나마 아래와 같이 정리했지만 오늘날 정의론의 흐름에 대해 관심을 가진 이들에게는 잘 알려진 견해들이라 새로운 지적이 못된다. 그러나 그 밖의 새 동향이 크게 나타나고 있지도 않다. 괴팅겐에 머무는 동안 모든 친절을 아끼지 않았던 드라이어(Ralf Dreier) 교수가 새삼 회상되며 감사하지 않을 수 없다.

I

독일 철학이 60년대 후반부터 '실천철학의 복권'을 다짐한 이후 실천 일반에 대한 철학적 조명이 다시 시도되기 시작하였고, 따라서 정의(정당성)에 대한 논의도 자연히 활발해지게 되었다.[1] 이런 논의로

---

† 서울대학교 법학 제34권 제3·4호, 1993.

†† 심 교수의 알렉시의 저서 「법적 논의이론」에 대한 서평, Robert Alexy, *Theorie der juristischen Argumentation. Die Theorie der rationalen Diskurses als Theorie der juristischen Begründung*, 서울대학교 법학, 제24권 2·3호, 1983, 307~310면은 이 글에 반영되어 있으므로 별도로 싣지 않았다. 특히 아래 II (157면 이하) 참조.

1) 이의 대표로는 M. Riedel 편, *Rehabilitierung der praktischen Philosophie*, 제1권(1972), 제2권(1974).

오늘날 독일에서는 물론이고 세계적으로도 매우 주목받고 있는 것은 이른바 프랑크푸르트 학파의 비판이론의 맥을 잇고 있는 아펠(Karl-Otto Apel, 1922~2017), 특히 하버마스(Jürgen Habermas, 1929~)에 의해 주장된 담론윤리학의 정의론이다.

담론윤리학은 아펠이 시도한 '철학의 변형'에서 시작됐다.[2] 아펠은 '이성화된 공중'에 터 잡아 칸트 이래의 순수의식과 주관의 철학을 '간주관적 의사소통의 철학'으로 변형시키려 시도했다. 이에 따라 모든 인식(따라서 또한 진리개념)의 전제는 의식 그 자체가 아니라 인간의 '의사소통적 공동체'로 바뀌었다. 여기서의 합의를 인식과 진리의 척도로 보고자 했다. 이는 권위나 명령에서가 아니라 실천이성을 실천적으로 실현하는 담론(Diskurs)으로 도출되어야 했고, 사람들 사이의 논의(Argumentation)는 이제 합리적으로 피할 수 없는 것이 된 것이다.[3] 이는 사람들 사이의 담화를 제약하는 모든 사회적 불평등을 제거한 그야말로 '지배로부터 자유로운 의사소통'까지 요구하기에 이르렀다.[4] 이에 따라 아펠에서의 의사소통적 공동체는 '현실적' 그것과 '이상적' 그것으로 이루어졌다. 후자는 진리의 확정적 판단자로 현실적인 담론에서 늘 척도와 준거점으로 전제되는 것이다. 이는 칸트적 의미에서의 '규정적(規整的) 이념'(regulative Idee)인 동시에 그 이상이다. 즉 사람들은 어떠한 담론상황에서도 이미 이상적 공동체의 조건들이 주어진 것처럼 항상 사실로 그렇게 행위하여야 한다는 것이다. 그렇지 않고는 결코 진정한 논의적 담론은 이루어질 수 없고, 오직 이른바 전략적 행위만이 있게 되기 때문이다. 즉 이상적 의사소통공동체의 이념은 현실적 담론의 선험적 전제로 파악되었다.[5]

---

2) K.-O. Apel, *Transformation der Philosophie*, 전2권, 제2판, Frankfurt/M. 1981(1973).

3) K.-O. Apel, 위의 책, 제2권, 158면 이하: 또 그의 *Denkweg von Charles S. Peirce*, 58면 등 참조.

4) K.-O, Apel, Ist die Ethik der idealen Kommunikationsgemeinschaft eine Utopie?, W. Voßkamp 편, *Utopieforschung*, 제1권, Stuttgart 1982, 325~355; 340면.

규범적 윤리학도 개인주의적으로나 유아론적(唯我論的) 방법으로가
아니라 의사소통적 공동체 내에서의 논의의 효력조건에 따라 규정되
었다. 아펠은 누구나 논의에 참여하는 자는 광범한 규범적 의무를
지는 것으로 보았다. 즉 누구나 이성적 논거로 정당화되는 타인의
권리들을 승인하여야 하며, 자기의 권리는 타인에 대해 마찬가지의
논거로 정당화할 의무를 진다. 공동체의 가능적 구성원(어린이)의 권
리가 고려됨은 물론이다. 또 칸트의 순수 의무윤리학에서와는 달리
인간의 필요(Bedürfnis)도 윤리적 의미를 지니고, 논거를 통해 간(間)
인간적으로 정당화되는 것이면 승인되어야 했다. 또 아펠은 도덕적
근거지음에 단순한 사실적 일치로서의 합의는 충분한 것이 못되며,
윤리적 이성은 그 정향의 척도로서 보편화된 상황에서의 합의, 즉
모든 관여자들의 합의가 요청된다고 했다. 그래서 그는 도덕의 근거
지음은 이상적 의사소통의 척도와 필연적으로 상관관계에 놓이며, 그
래서 윤리적 보편화는 유토피아적 성격을 띤다고 보았다.[6]

이러한 아펠의 '철학의 변형'의 시도와 함께 제창된 '의사소통적
윤리학'(kommunikative Ethik)의 이념은 하버마스에 의해 이른바
'담론윤리학'(Diskursethik)으로 발전되었다.[7] 여기에서 정의합의설
(Konsenstheorie der Richtigkeit)이 주장된 것이다. 이는 그의 유명한
'진리합의설'(Konsensustheorie der Wahrheit)[8]과 담론적으로 해석된
'보편화의 원리'(Universalisierungsgrundsatz)를 바탕으로 이룩된 것이다.

전통적으로 진리는 '진리대응설'에 따라 언명과 사실의 일치로 설

---

5) K.-O. Apel, 앞(주 2)의 책, 제2권, 358면 이하: 또 그의 *Diskurs und
   Verantwortung*, Frankfurt/M. 1990, 270면 이하; K.-O. Apel 편, *Sprach-
   pragmatik und Philosophie*, Frankfurt/M. 1982, 10면 이하.

6) K-O. Apel, 앞(주 2)의 책, 424면 이하; 앞(주 4)의 글, 344면 이하.

7) J. Habermas, Diskursethik-Notizen zu einem Begründungsprogramm,
   Moralbewußtsein und kommunkatives Handeln, Frankfurt/M. 1983, 53~
   123면.

8) J. Habermas, Wahrheitstheorien(1972), *Vorstudien und Ergänzungen zur
   Theorie des kommunikativen Handelns*, Frankfurt/M., 제2판, 1986, 127~
   183면.

명되었다. 여기에서 언명이 대응할 사실은 사실상 존재하는 경험적 대상으로 생각되었다. 그러나 사실과 대상은 구별되어야 한다는 것이 밝혀졌다. 즉 '사실'은 참된 언명에 의해 표현된 바 그것으로 대상처럼 체험되는 것이 아니라 주장된 것이고, 따라서 언어의존적이라는 것이다. 말하자면 사실은 언명이 표현됨으로써, 즉 '언표행위'(Sprechakt)를 통해 주장된 바 그것이다. 따라서 진리란 사실주장적 언표행위의 효력요청(Geltungsanspruch)이 된다. 그런데 이러한 언표행위가 때로는 주장이 아니라 하나의 사건일 때도 있다. 따라서 '시인될 수 있는' 언표행위의 효력요청만이 참일 수 있다. 이러한 시인은 언표행위의 효력요청이 의사소통의 영역으로서의 '담론'(Diskurs) 속에서 승인받을 때 비로소 존재하게 된다. 이리하여 하버마스는 다음과 같은 진리합의설에 이른다. "내가 하나의 대상에 대해서 하나의 빈사(賓辭)로 말할 수 있는 경우는, 나와 담화를 갖게 될 수 있을 모든 다른 이도 그 대상에 대해서 그 빈사로 말할 것이라고 볼 경우에 한한다. 나는 참된 언명을 거짓 언명으로부터 구별하기 위해 다른 이의 판단, 즉 나와 담화를 갖게 될 수 있는 모든 이의 판단과 연관지운다(여기에서 나는 반사실적으로[=가상적으로 — 편집자] 나의 인생사가 인간세계사와 동일한 외연일 때 발견할 수 있는 모든 담화의 상대방을 포함한다). 언명의 진리의 조건은 모든 다른 이의 가능적 동의이다."[9]

그런데 이러한 모든 이의 동의, 즉 합의가 우연히 이루어진 일치일 수는 없다. 이는 착오나 강제의 산물일 수 있다. 그래서 근거지어진 합의(begründeter Konsensus)만이 진리의 규준이 된다. "진리의 의미는 도대체 합의가 이루어졌다는 사실이 아니라, 합의가 오직 담론하게 되는 때와 담론하는 곳에서 근거지어진 합의임을 입증케 하는 조건들 밑에서 획득될 수 있음을 뜻한다."[10] 이에 이러한 조건을 충족시키는 담론상황으로서의 '이상적 담화상황'(ideale Sprechsituation)

---

9) J. Habermas, 위(주 8)의 책, 136면 이하.
10) J. Habermas, 같은 책, 160면.

이 상정된다. 하버마스는 "의사소통이 외적인 우연적 작용에 의해서 뿐만 아니라, 의사소통구조 자체에서 생기는 강제에 의해서도 방해받지 않는 담화상황"을 '이상적'이라 부른다. 그리고 의사소통구조가 강제적이지 않은 것은 오직 모든 담론참여자에게 언표행위를 선택하고 수행할 기회가 대칭적으로(균정되게) 분배된 경우만이라는 것이다.[11] 하버마스는 이러한 이상적 담화상황의 일반적인 대칭성 요구에서 다음과 같은 네 개의 공준을 도출했다.

1) "담론의 모든 가능적 참여자는 의사소통적 언표행위를 응용할 동등한 기회를 가져서, 그들이 언제고 담론을 개시함은 물론 서로 토론하고, 질문 답변함을 통해 담론을 항구화할 수 있어야 한다."

2) "모든 담론참여자는 의미해석, 주장, 추천, 설명 그리고 정당화를 제시하고, 그 효력요청을 문제 삼고, 근거짓고 또는 반박할 동등한 기회를 가져서, 어떠한 편견도 계속 문제시되지 않거나 비판에서 벗어나 있어서는 안 된다."

3) "담론에는 행위자로서 표현적 언표행위를 응용할 기회를, 즉 자신의 입장, 감정 그리고 소망을 표현할 기회를 동등하게 가진 담화자만이 참여가 허용된다."

4) "담론에는 행위자로서 규율적 언표행위를 응용할 기회를 즉 명령하고 또 대항할, 허용하고 또 금지할, 약속을 주고 또 받을, 변명을 하고 또 요구 등등을 할 기회를 동등하게 가진 자만이 참여가 허용된다."[12]

하버마스는 이러한 담론규칙이 준수되는 이상적 담화상황의 조건 밑에서 논의적으로 이루어진 합의는 모두 근거지어진 것으로 진리의 규준으로 보고자 한다. 하버마스도 이러한 이상적 담화상황의 명백한 확인가능성은 곤란한 것으로 보아 이를 경험적 현상으로는 보지 않는다. 그렇다고 그 충족가능성을 선험적으로 부정하지는 않는다. 그

---

11) J. Habermas, 같은 책, 177면.
12) J. Habermas, 같은 책, 177면 이하.

래서 그것을 단순한 관념적 구성만으로 보지 않는다. 그래서 그는
이상적 담화상황을 '담론상 불가피하게 서로 하게 되는 상정(想定)'
(Unterstellung)이라고 설명한다. 이는 반사실적[가상적]일 수 있지만
그런 것이어야만 하는 것은 아니다. 그것은 의사소통과정에서 실효적
으로 작동되는 '의제'(Fiktion)이고, 동시에 사실상 얻어진 합의가 근
거지어진 그것인지를 검토하는 비판적 척도이다. 또 이러한 이상적
담화상황의 상정은 의사소통의 제1동작과 함께 사실상 '언제나 벌
써'(immer schon) 하게 되는 것이기 때문에 단순히 칸트적 의미에서
의 규정적 원리도 아니라고 한다.[13]

　　하버마스는 이러한 진리합의설이 실천적 문제에 대해서도 타당한
것으로 여긴다. 물론 그도 경험적 언명의 '진리'와 규범적 표현의 '정
당성'(Richtigkeit)을 구별한다. 그러나 행위규범이나 평가규범의 추천
에 내포되어 있는 효력요청의 시인은 (언명적) 주장 속에 합의된 효
력요청의 시인과 마찬가지로 담론적으로 검토될 수 있을 것으로 추
정하고, 모두 '담론적 결정'(diskursive Einlösung)이 가능하다는 점에
서 다 같이 진리합의설 의미에서의 진리성이 귀속될 수 있다고 본다.
이로써 실천적 규범적 표현의 진리가능성(Wahrheitsfähigkeit)이 인정
된다. 그래서 정당한 규범들은 진인 언명들과 같게 근거지어질 수
있다는 결론이다. 즉 모든 이의 가능적 동의가 그 정당성의 조건이
되는 것이다. 이에 '정의합의설'이 주장된 것이다. 다만 정당한 규범
과 평가의 근거지음은 진인 언명의 근거지음과는 그 '논의의 형식'에
서 구별된다는 것이다.[14]

　　주지하듯이 사실언명이 근거지어지는 이론적(경험적) 담론에서는
귀납원리가 그 논의의 규칙이다. 이를 통해 개별관찰은 일반적 가설
에로 가교지어진다. 규범도 '담론적 결정'이 가능하다면 이에 유비될

13) J. Habermas, 같은 책, 180면 이하.
14) J. Habermas, 같은 책, 144면; 또 그의 *Legitimationsprobleme im Spät-kapitalismus*, Frankfurt/M. 1979, 140면 이하.

가교원리로서의 논의의 규칙이 요구된다. 이를 하버마스도 칸트의 '정언명령'에서 찾는다. 그러나 그는 '너의 의사의 격률이 언제나 동시에 보편적인 법칙정립의 원리로서 타당할 수 있도록 행위하라'는 정언명령을 그 근거이념에 좇아 모든 가능한 관여자의 숙고된 동의를 얻을 수 없는 규범들은 효력이 없는 것으로 배격한다는 도덕원리로 해석한다.[15] 이는 보편화가능한 규범만을 타당한 것으로 수락하여야 한다는 '보편화의 원칙'(Universalisierungsgrundsatz)이다. 이는 정당한, 효력 있는 규범이란 '모든' 관여자의 동의를 '얻을 만한' 것이어야 한다는 것을, 다시 말해서 모두가 '의욕'할 수 있는 것이어야 한다는 것을 뜻한다는 것이다.[16] 하버마스는 규범이란 필요(수요)의 충족가능성이나 이익의 추구가능성을 규율한다고 본다.[17] 이에 따라 그는 모두가 의욕할 수 있는 효력있는 규범이란 "그것이 일반적으로 준수될 경우 '각' 개개인의 이익의 충족에 대해 생길(것으로 예견되는) 그것의 결과의 부수작용이 '모든' 관여자들에 의해 수락될 수 있을 것이라는 조건을 만족시키는 규범"이라고 결론내린다.[18]

하버마스의 이러한 해석에 의하면 개개인이 그런 조건이 충족되어 있는가를 검토하는 것으로는 충분하지 않게 된다. 이는 '모든' 관여자가 아닌 '몇몇의' 입장과 관점에서 판단이 이루어짐으로써 자신들의 이익을 보편적인 것으로 여기게 될 위험이 항상 존재하기 때문이라는 것이다.[19] 다시 말해서 모두가 자기의 가치표상에 동의할 수 있을 것인지 여부를 개인이 스스로 생각하는 것으로 충분치 않고, 모든 개인들이 스스로 그러한 생각을 하는 것도 충분치 않다. 진정 모두가 합동으로 참여해서 현실적으로 이루어지는 '현실적' 논의가 요구

---

15) J. Habermas, 앞(주 7)의 책, 73면.
16) J. Habermas, 같은 책, 75면: 단 그의 *Legitimationsprobleme*(앞의 주 14), 148면.
17) J. Habermas, 앞(주 8)의 책, 172면.
18) J. Habermas, 앞(주 7)의 책, 75면 이하.
19) J. Habermas, 앞(주 7)의 책, 75면 이하.

된다는 것이다. 하버마스에 의하면 도덕적 논의란 행위의 충돌을 합의적으로 조정하는 데 이바지한다. 이는 그 충돌로 막힌 합의를 복구함으로써 가능하다. 이는 또 개인의 고려만으로는, 다시 말해서 '독백적'(monologisch)으로는 해결되지 않고, '협동적 노력'(kooperative Anstrengung)을 요구한다는 것이다.[20] 그래서 하버마스는 정언명령을 "내가 일반적인 규칙일 것을 의욕하는 나의 격률을 모든 다른 사람들에 대해 타당한 것으로 명하는 대신, 나는 나의 격률을 그 보편성요구의 담론적 검토를 목적으로 모든 다른 사람들에게 제출하여야 한다"라고 재정식화한 다음, 그 중점을 "각 개인이 모순없이 일반적 규칙으로 의욕할 수 있는가"에서 "모두가 일치해서 보편적인 규범으로 승인하려고 의욕하는가"에로 옮긴다.[21] 정언명령에 함의된 보편화원리를 이와 같이 해석함으로써 하버마스는, 근본규범의 정당화를 각 개인이 시도하게끔 함으로써 그것의 '독백적 적용'으로 만족한 칸트나, 오늘날의 롤즈를 비판하고 있다.[22] 결국 보편화원리는 담론적으로 해석되어 모든 논의의 '협동적 수행'을 목적삼는 원리로 이해된 것이다.

나아가 하버마스는 보편화원리에 대해 "언제고 보편화가능한 판단을 구현하는 그런 행위규범들만이 '우리의' 정의의 표상에 합치하는 것은 확실하다. 그러나 이러한 '도덕적 관점'(moral point of view)은 우리 서구 문화의 특수한 도덕표상을 나타낸 것일 수 있다"라고 말한다. 이는 보편화원리도 근거지음(Begründung)을 필요로 한다는 것을 스스로 인정한 것이다. 이에 하버마스는 이의 근거지음으로 나아간다. 실로 '근거지음'의 문제는 논란이 많다. 그는 이를 연역적 증명이라는 좁은 의미에서가 아니라, 근거지음의 논의를 하려고 하면 '언제나 벌써'(immer schon) 생각해야 하는 논란의 여지없는 전제에

---

20) J. Habermas, 같은 책, 77면.
21) J. Habermas, 같은 책, 77면.
22) J. Habermas, 같은 책, 76면.

대한 반성(Reflexion auf Voraussetzung)으로 이해한다. 이는 이른바 '선험적 근거지음'이다.[23] 보편화원리는 실천적 담론에서 '논의의 규칙'으로 기능한다. 따라서 이의 근거지음은 이것이 바로 "논의 자체의 전제들에 의해 함의될 때" 이루어진다는 말이 된다. 그래서 하버마스는 우선 "논의적 대화의 일반적이고 필연적인 의사소통의 전제들을 생각하고 또 행위규범을 정당화하는 것이 무엇인지를 아는 자는 누구나 보편화원리의 타당성을 상정하지 않으면 안 된다는 것이 지적될 때 그것은 근거지어진다"라고 말한다.[24]

이를 위해 하버마스는 법이론가 알렉시의 연구를 수용하여[25] 이러한 논의의 전제를 위에서 언급한 '이상적 담화상황'에서 보다 더 자세히 구분하고 그 규칙들을 열거해 보인다:

전제의 논리적 차원

(1.1) 어떠한 담화자도 모순되게 말해서는 안 된다.

(1.2) a라는 상황에 대해 F라는 빈사를 적용하는 담화자는 모두 a와 모든 중요한 점에서 같은 다른 대상 모두에 대해서 F를 적용할 각오가 되어 있지 않으면 안 된다.

(1.3) 서로 다른 담화자들은 같은 표현을 서로 다른 의미로 사용해서는 안 된다.

전제의 절차적 차원

(2.1) 담화자는 모두 자신이 믿는 바만을 주장할 수 있다.

(2.2) 토론의 대상이 아닌 언명이나 규범을 논박하는 자는 이에

---

23) J. Habermas, 같은 책, 90면 이하, 자세히는 K-O. Apel, 앞(주 2)의 책, 제2권. 222면 이하. 405면 이하.

24) J. Habermas, 같은 책, 97면.

25) R. Alexy, Eine Theorie des praktischen Diskurses, W. Oelmüller 편, *Normenbegründung und Normendurchsetzung*, Paderborn 1978, 37면 이하.

대해 근거를 대지 않으면 안 된다.

전제의 수사법적 차원

(3.1) 언어능력과 행위능력있는 자는 모두 의논에 참여할 수 있다.

(3.2) a. 각자는 어떠한 주장도 다툴 수(문제 삼을 수) 있다.

　　　b. 각자는 어떠한 주장도 담론에 끌어 들일 수 있다.

　　　c. 각자는 자기의 입장, 소망 그리고 필요(수요)를 표현할
　　　　 수 있다.

(3.3) 어떠한 담화자도 (3.1)과 (3.2)에서 확정된 자기의 권리를
행사하는 데 있어서 담화의 안과 밖에 지배하는 강제에 의해 방해되
어서는 안 된다.[26)]

하버마스는 이러한 논의의 전제들을 단순한 '약정'(Konvention)이
아니라 '불가피한 암묵적 전제들'(Presupposition)로 본다. 이는 논의
한다고 하면서 이러한 전제를 하지 않는다면 이른바 언표행위의 '수
행적 모순'(performativer Widerspruch)에 빠지기 때문이라는 것이다.[27)]
그래서 그는 드디어 "만약 논의에 들어서는 자는 모두가 특히 담론규
칙(3.1)에서 (3.3)까지의 내용이 되는 전제를 생각하지 않으면 안 된
다면, 그리고 나아가 만약 우리가 행위규범이 효력이 있어야 할 것인
지를 가설적으로 설명하는 것이 무엇인지를 안다고 한다면, 그러면
규범적 효력요청을 '담론적'으로 해결하려고 진지한 시도를 하는 자는
모두 보편화원리의 묵시적 승인과 동등한 절차조건을 직관적으로 생
각한다. 말하자면 문제의 규범이 실천적 담론의 참여자들로부터 동의
를 얻게 되는 경우란, 오직 이 규범의 '일반적' 준수로부터 '각 개인'
의 이익의 충족에 대해 생기게 될 것으로 예견되는 결과와 부수작용
이 모든 이에 의해 '강제 없이' 수락될 수 있다고 하는 보편화원리가

---

26) J. Habermas, 같은 책, 97면 이하.

27) J. Habermas, 같은 책, 90면 이하, 자세히는 K.-O. Apel, Das Problem der
　　philosophischen Letztbegründung, B. Kanitscheider 편, *Sprache und
　　Erkenntnis*, Innsbruck 1976, 55~82면.

타당할 경우라는 것을 그러한 담론규칙들은 밝혀준다"고 말한다.[28]

하버마스는 이렇게 보편화원리가 논의의 전제들 자체에서 선험적으로 근거지어진다는 것이 밝혀진다고 할 때, 우리는 "실천적 담론의 참여자로서의 모든 관여자들의 동의를 얻는(또는 얻을 수 있는) 규범들만이 효력을 요청할 수 있다"고 하는 담론윤리학의 원리(diskursethischer Grundsatz)에 이른다고 한다.[29] 이 원리는 도덕이론의 근본표상으로서 논의의 규칙이고, 실천적 담론의 논리에 속하는 보편화원리와는 구별된다. 보편화원리는 도대체 도덕적 규범으로서 근거지어질 수 있는가를 규정하는 규칙이라는 것이다. 하버마스는 '담론윤리학의 원리'와 관련하여 이는 절차, 즉 규범적 효력요청의 담론적 해결에 관한 것으로서, 그러한 한 '형식적'이며, 내용적인 정향이 아니라 절차, 즉 실천적 담론을 제시하는 것이라고 말한다. 즉 실천적 담론은 "정당화된 규범을 창설하기 위한 절차가 아니라, 제안된 또 가설적으로 고려된 규범들의 타당성을 검토하기 위한 절차"라는 것이다.[30] 이로써 담론윤리학의 정의론(정당성이론)이 순수히 '절차적 이론'이라는 것을 밝히고 있다.

이상으로 담론윤리학적 정의론(정당성의 이론)을 살펴보았다. 담론윤리학은 이들이 맑스나 헤겔에 의해 고취된 역사철학에 더 이상 의거하지 않고, 이른바 '언어철학에로의 전향'을 감행한 후 전개한 실천철학의 표현이다. 담론윤리학은 위에서 본 바와 같이 어떠한 의미에서건 실천적 문제의 '진리가능성'을 주장하는 이른바 '인식주의적 윤리학'(kognitivistische Ethik)의 입장에 서고 있다. 또 보편주의적 윤리학의 입장에서 포스트모던적인 반보편주의적, 나아가 공동체주의적 윤리관에 맞서고 있다. 이러한 의미에서는 오늘날의 많은 인식주의적 윤리학자들, 특히 롤즈와 그 근본입장이 같다. 즉 모두 도덕적 정당

28) J. Habermas, 같은 책, 103면.
29) J. Habermas, 같은 책, 76면. 103면.
30) J. Habermas, 같은 책, 113면.

성의 인식규준으로서의 실천적 이성과 합리성을 인정한다. 그러나 위에서도 지적되었지만 실천이성의 실험을 두고는 계약론자인 롤즈는 '독백적인 결정모델'을 따랐고, 하버마스는 '담론적 합의모델'을 택한 것이다.[31] 물론 롤즈나 하버마스가 모두 이 실험에서 '순수절차적 방법'으로 결과를 얻으려 한 점에서는 다시 통일된 입장에 서 있다고 하겠다.

하버마스의 진리합의설은 여러 점에서 문제점이 지적될 수 있을 것 같다. 그는 학문이론에서의 진리개념이 근본적으로 의미론적인 것인데도 불구하고, 이를 어용론(오늘날 통상의 표현은 화용론 — 편집자)적인 것으로 보아 담론 속에서의 합의에 의해 결정되는 언표행위의 효력요청으로 규정하고 있다. 그리고 현실적 담론에서는 이상적 담화상황을 실현한다고 노력해도 진리에의 접근이 가능할 뿐 진리 자체의 획득은 불가능할 것이다. 또 이상적 담론에서는 이성적이고 자유로운 각 담화자가 승인하지 않으면 안 되게 하는 논거(조건)가 중요하지 합의가 결정적인 것은 아닌 것이다. 또 합의란 의견의 일치이고, 의견은 어디까지나 의견이지 진리에로 이르지는 못할 것이다. 따라서 진리합의설은 진리의 정의(定義)가 갖는 '이상적 성격'을 이해하지 않는 것이 된다. 진리란 탐구적 노력의 저편에 있는 이상적 준거점이다. '진리'와 '진인 것으로 여긴다' 사이의 개념적 차이는 인정되어야 한다. 진리합의설은 진리대응설을 비판하지만, 예컨대 '프랑스혁명은 1789년에 일어났다'가 사실과의 일치 이외에 합의를 별도로 필요로 하지 않는다는 점에서 볼 때 적절치도 않다.[32] 하버마스는 위에서 보았듯이 보편화원리가 그가 설정한 논의의 제 전제에서 자동적으로 함의되는 것으로 보았지만 이도 쉽게 납득되지 않는다. 다음

31) 이 점 R. Dreier, Recht-Staat-Vernunft, Frankfurt/M. 1991, 28면 참조.
32) 이런 비판은 O. Weinberger, *Rechtslogik*, 제2판, Berlin 1989, 84면 이하; 또 그의 Die Rolle des Konsenses in der Wissenschaft, im Recht und in der Politik, *Methodologie und Erkenntnistheorie der juristischen Argumentation*, A. Aarnio 등 편, Berlin 1981, 147면 이하 등 참조.

에 보겠지만 알렉시는 이를 독립된 전제로 설정하고 있다. 이 원리에 대한 그의 담론적 해석은 규범의 도덕적 합리성(정당성)의 요구에 더욱 철저하게 부응하려는 시도로 평가될 수 있겠으나 보통은 완전히 충족될 수 없는 이상을 정의한 것이라 여겨진다.

II

오늘날 독일 법철학에서 이러한 담론윤리학적 견지에 입각하여 이를 논의이론적 정의론으로 전개시키고 있는 이는 소장격의 유명한 법이론가 알렉시(1945~)이다. 위에서도 이미 지적했듯이 알렉시는 하버마스의 도덕철학적 사상을 독창적으로 발전시켜 그것을 완성시켰다고 해도 지나친 말은 아닌 듯싶다. 알렉시는 하버마스의 이념을 이어받아 "담론이론은 절차적 이론이다. 이에 따르면 하나의 규범은 그것이 담론의 규칙들로 정의된 절차의 결과일 수 있을 때에만 정당하다"라고 주장하면서 실천적 정당성의 순수절차적 개념을 더욱 뚜렷이 피력하고, 나아가 철저하게 관철시키고 있다.[33] 따라서 알렉시의 이론에서 결정적인 것은 바로 그에 의해 빈틈없이 고찰된 담론의 규칙들이라 하겠다. 알렉시가 든 담론규칙은 28개로서 이는 다음과 같이 6개의 집합으로 분류되어 체계화되고 있다.

1. 근본규칙

(1.2) 어떠한 담화자도 모순되게 말해서는 안 된다.

(1.2) 담화자는 모두 자신이 믿는 바만을 주장할 수 있다.

(1.3) a라는 대상에 대해 F라는 빈사를 적용하는 담화자는 모두 a와 모든 중요한 점에서 같은 다른 대상 모두에 대해서도 F를 적용할 각오가 되어 있지 않으면 안 된다.

---

33) R. Alexy, *Theorie der juristischen Argumentation*, 제2판, Frankfurt/M. 1991, 399면.

(1.3') 담화자는 모두 그가 주장한 상황과 모든 중요한 점에서 같은 모든 상황들에서도 마찬가지로 주장할 그러한 가치판단과 의무판단만을 주장할 수 있다.

(1.4) 서로 다른 담화자들은 같은 표현을 서로 다른 의미로 사용해서는 안 된다.

2. 이성규칙

(2) 일반적 근거지음의 규칙: 담화자는 모두 자기가 주장한 바를 요구가 있으면 근거지우지 않으면 안 된다. 단 근거지음을 정당하게 거부할 수 있는 이유들을 들 수 있으면 그렇지 않다.

(2.1) 담화할 수 있는 자는 모두 담론에 참여할 수 있다.

(2.2) (a) 각자는 어떠한 주장도 다툴 수 있다.

(b) 각자는 어떠한 주장도 담론에 끌어들일 수 있다.

(c) 각자는 자기의 입장, 소망 그리고 필요(수요)를 표현할 수 있다.

(2.3) 어떠한 담화자도 (2.1)과 (2.2)에서 확정된 자기의 권리를 행사하는 데 있어서 담화의 안과 밖에 지배하는 강제에 의해 방해되어서는 안 된다.

3. 논증책임의 규칙

(3.1) A라는 사람을 B라는 사람과는 다르게 취급하려는 자는 이를 근거지을 의무가 있다.

(3.2) 토론의 대상이 아닌 언명이나 규범을 논박하는 자는 이에 대해 근거를 대지 않으면 안 된다.

(3.3) 논거를 든 자는 반대논거가 있을 경우에만 그 밖의 다른 논거를 들 의무가 있다.

(3.4) 자기의 입장, 소망 또는 필요에 대해 - 앞선 표현에 관련된 논거가 아닌 - 주장이나 표현을 담론에 끌어들인 자는 요구가 있으면

왜 그가 이러한 주장이나 이러한 표현을 끌어들이는가를 근거지어야
한다.

4. 논증의 형식(6개의 기본형식*)

---

* 원문에는 '논증의 형식(6개의 기본형식)'이라는 제목만 제시되어 있고 내용
은 언급되지 않았다. 다소 복잡한 내용이지만 설명을 위하여 결정적인 것은
아니기 때문에 생략된 것으로 보인다. 알렉시의 설명에 따라 그 내용을 간
단히 보충한다. Robert Alexy, *Theorie der juristischen Argumentation*, 앞
(주 33)의 책, 245면 이하; 같은 내용 Robert Alexy, Eine Theorie des
praktischen Diskurses, Willi Oelmüller 편, *Normenbegründung und
Normendurchsetzung*, 앞(주 25)의 책, 43면 이하 참조.
실천적 담론은 '갑은 대한민국 국민이다'(A)라든가 '너는 저 사람을 도와야 한
다'(B)와 같은 '구체적인 규범적 언명'을 정당화하는 논증이다. 이때 사용되는
논증형식으로서 알렉시는 다음과 같은 도합 6개의 기본형식을 제시한다.

(4.1) T   (4.2) F   (4.3) F_R (4.4) T'
$\underline{R}$ $\underline{R}$ $\underline{R'}$ $\underline{R'}$
N   N   R   R

여기서 (4.1)과 (4.2)는 구체적 규범적 언명(N)을 정당화하는 기본적인 두 형
태로서, (4.1)은 N이라는 구체적인 규범적 언명(이 경우 A)은 일정한 사실적
요건(T)이 충족되면('갑은 대한민국의 영토에서 태어났다') 정당화된다. (4.2)
는 N이라는 구체적인 규범적 언명(이 경우 B)은 일정한 결과(F)를 제시함으
로써('저 사람이 목숨을 잃지 않게 된다') 정당화하는 논증형식이다. 이 두 경
우 모두 이행규칙(추론규칙)으로서 R이 필요하다. A의 경우는 '대한민국의 영
토에서 태어난 사람은 대한민국 국민이 된다'는 규칙이, B의 경우는 '위난에
빠진 사람의 생명을 구하려면 그 사람을 도와야 한다'는 규칙이 필요하다. 이
R은 잘 알려져 있는 경우가 많으므로 논의과정상 생략하는 경우도 있지만 그
추론의 구조는 명시할 필요가 있으며, 여기서 중요한 것은 이것이 규칙(규범)
이라는 것 외에, (4.1)과 (4.2)의 요건으로부터 N으로 이행하는 추론(이행)규
칙으로서 작용한다는 점이다.
이 (추론)규칙 R 자체도 정당화의 대상이 된다. 이를 정당화는 방법으로서,
알렉시는 두 가지를 제시한다. 그 하나는 R이 유효한 규칙인 경우의 상태를
언급함으로써(Z_R)(A의 경우 '대한민국의 국적법이 이렇게 규정하고 있다') 또
는 R을 따를 때 장차 야기될 상태를 언급함으로써 정당화하는 방법이다
(Z_F)(B의 경우 위난에 빠진 사람에게 도움을 주면(예컨대 수혈) 그 생명을 구
할 수 있다). 여기서 양자의 차이(규칙의 유효성, 사실의 법칙성)는 있지만,
Z_R이나 Z_F이나 규칙 R의 결과(F_R)라고 말할 수 있다((4.3)의 형식).
이와 같이 규칙 R의 결과(F_R)를 언급함으로써 R을 정당화하는 것 자체도 F_R
과 R을 매개할 일정한 추론규칙을 통해서 이루어진다. 이것은 추론규칙 자체
(R)를 정당화하는 제2차적 규칙(R')이 있어야 한다는 의미이다. 그런데 여기
서 F_R을 거론하지 않는 추론규칙도 생각할 수 있다. 이것이 다른 하나로서,

5. 특수적 근거지음의 규칙

5.1 보편화원리의 규칙

(5.1.1) 각자는 그에 의해 주장된 규범적 언명에서 전제된 규칙이 각 개인의 이익의 충족에 대해 갖는 결과들을 그가 이 개인의 상황에 놓이게 될 것이라는 가상의 경우에 있어서도 수락할 수 있지 않으면 안 된다.

(5.1.2) 각 규칙이 각 개인의 이익의 충족에 대해 갖는 결과들은 모두에 의해 수락될 수 있지 않으면 안 된다.

(5.1.3) 규칙은 모두 일반적으로 공시될 수 있지 않으면 안 된다.

5.2 비판적 검토의 규칙

(5.2.1) 담화자의 도덕적 견해의 기초가 되는 도덕적 규칙들은 비판적 생성사의 검토를 버틸 수 있지 않으면 안 된다. 하나의 도덕적 규칙은 (a) 그것이 원래는 합리적으로 정당화될 수 있었지만 그 사이 정당성을 상실하였거나, (b) 그것이 원래도 합리적으로 정당화될 수 없었고 또한 여전히 그것에 대한 충분한 새로운 근거를 들 수 없을 경우에는 그러한 검토를 버티지 못한 것이다.

(5.2.2) 담화자의 도덕적 견해의 기초가 되는 도덕적 규칙들은 그 개인적 발생사의 검토를 버틸 수 있지 않으면 안 된다. 하나의 도덕적 규칙은 그것이 정당화될 수 없는 사회화의 조건을 근거로 해서만 인수되었다면 그러한 검토를 버티지 못한 것이다.

F_R과는 무관한 요건 T'('너는 인간이다') 하에서, 예컨대 '인간은 타인에 대한 연대감 속에서 살아야 한다'는 등과 같은 2차적인 R'을 통해서 R('위난에 빠진 자를 도와라')은 정당화될 수 있다((4.4)의 형식).

여기에 추가적으로 필요한 것은 규칙들간의 당해 사안에서의 우위관계를 정해 주는 우선의 규칙으로서, (4.5)는 항상 R_i가 R_k에 우선한다는 규칙이며, (4.6)은 일정한 조건 C의 경우에만 R_i가 R_k에 우선한다는 규칙이다.

(4.5)　　R_i P R_k

(4.6)　　$(R_i$ P $R_k)C$

이렇게 논증의 6가지 기본형식이 존재하게 된다.

5.3 실현가능성의 규칙 : 사실상 주어진 실현가능성의 한계는 엄수되어야 한다.

6. 이행규칙

(6.1) 담화자에게는 언제나 이론적(경험적) 담론으로 이행하는 것이 가능하다.

(6.2) 담화자에게는 언제나 언어분석적 담론에로 이행하는 것이 가능하다.

(6.3) 담화자에게는 언제나 담론이론적 담론에로 이행하는 것이 가능하다.[34)]

이상으로 알렉시가 실천적 정당성을 확보해 주는 것으로 상정한 담론적 절차의 규칙들을 옮겨 보았다. 이들을 통해 정당한 실천적 통찰에로 이른다는 점에서 이들은 '실천이성의 법전'으로 일컬어진다.[35)] 첫째의 '근본규칙'의 집합은 이론적이든 실천적이든 상관없이 모든 언어적 의사소통의 가능성의 조건들을 정식화한 것이다. '실천적 합리성의 최소조건'이라고 한다. 둘째의 규칙집합 중 '일반적 근거지음의 규칙'은 담론당사자를 동등하게, 보편적으로 그리고 강제하거나 강제됨이 없이 대하게끔 요청하고(동등성, 보편성, 무강제성) 이는 다시 하버마스의 '이상적 담화상황의 이념'에 일치되는 '이성규칙'들로 정식화되고 있다. 이는 오직 근사적(近似的)으로만 실현될 수 있는 것으로서 실천이성의 이상적 성격을 표현하고 있다. '실천적 합리성의 최대조건'이라고 한다. 다섯 번째의 '특수적 근거지음의 규칙'은 보편화원리의 세 변형을 표현한 것으로서 (5.1.1)은 역할교환의 원리 역지사지(易地思之)를, (5.1.2)는 합의의 원리를, (5.1.3)은 공시의 원리를 각각 정식화한 것이다.[36)]

---

34) R. Alexy, 위의 책. 233~255면.
35) R. Alexy, 같은 책. 234면.
36) R. Alexy, Idee und Struktur eines vernünftigen Rechtssystem, *Rechts-*

이상과 같은 알렉시의 담론절차의 규칙체계는 그야말로 그의 철학적 천착력(穿鑿力)을 과시한 탁월한 업적으로 평가되고 있으며 위에서 지적했듯이 하버마스도 이를 수용하였다. 그래서 다시 알렉시의 체계에 따라 옮겨본 것이다. 말할 것도 없이 알렉시에서도 하버마스와 마찬가지로 실천적 정당성은 합리적 담론의 산물이고, 이러한 합리적 담론의 제 규칙은 실천적 정당성, 즉 실천적 규범의 정당화와 근거지음의 규범으로 파악될 수 있는 것들이다. 이 규칙의 근거지음과 관련하여 알렉시는 아펠과 하버마스의 선험적(보편적) 어용론의 관점에서 누구든 주장한다든가 근거지우려 하는 자는 필연적으로 담론규칙을 통해 정의된 담론에 참여하게 되며, 일생을 통해 어떠한 진지한 주장과 근거지음도 시도하지 않는 자는 인간의 가장 일반적인 생활형식에 참여하지 않은 것이 된다고 지적한다.[37) 또 알렉시는 보편화원리를 하버마스처럼 그가 설정한 규칙들에서 자동적으로 합의되는 것으로 보지 않고 독립된 담론규칙으로 설정하고 있다. 그리고 알렉시는 무모순성(1.1), 경험적 진리(6.1), 논리적 분석(6.2)에 관한 규칙들도 설정하고 있다. 알렉시는 이처럼 담론의 규칙들을 철저하게 설정함으로써 담론이론이 결코 임의의 언어적 의사소통의 합의 결과를 정당하다고 하는 것이 아니라는 것을 강조한 것이다.[38) 그러나 알렉시도 담론이 논의규칙들을 어느 정도로 충족시키는가에 따라 이상적 담론과 현실적 담론으로 구별하고, 이에 따라 또한 규정적(規整的) 이념의 지위에 머무는 '절대적 정당성'의 개념과 '상대적 정당성'의 개념을 사용하기에 이른다.[39)

법철학에서 아펠, 하버마스는 물론 특히 알렉시의 논의이론에 대해 가장 강한 비판을 가하고 있는 이는 철학과 법철학의 노장 바인

---

und Sozialphilosophie in Deutschland heute, R. Alexy, R. Dreier, U. Neumann 편, Stuttgart 1991, 30면 이하.
37) R. Alexy, 앞(주 33)의 책, 418면.
38) R. Alexy, 같은 책, 401면.
39) R. Alexy, 같은 책, 412면 이하.

베르거(Ota Weinberger)[1919~2009 – 편집자]이다. 그는 실천적 정당성의 절차적 관념이 정당성의 개념을 그르치고 있다고 공박한다. 즉 담론이란 사유를 풍부하게 하고 더 발전시키는 수단이지, 그 규칙을 지킨다 해서 결과의 정당성이 보장되는 것은 아니며, 즉 그것은 발견적 역할은 할지언정 정당성을 보증하는 역할을 하는 것은 아니며, 정당하냐 진리냐 하는 것은 그것이 담론의 결과이냐 아니냐가 아니라, '논리, 경험 그리고 입장'에 입각한 '좋은 근거'에 달린 것이라고 비판하고 있다.[40] 또 선험적 어용론이 의사소통의 필연적 조건들을 밝힐 수 있지만 그것들은 어디까지나 중립적이어야 하고, 거기에서 도덕적 내용의 요구들을 도출해 낸다는 것은 잘못된 것이라고 한다. 즉 어떤 것에 대해 도덕적 요청을 갖는다는 것은 의사소통에 달려있는 것은 아니라는 것이다(어린 아기의 부모에 대한 부양요구). 또 개개의 논의규칙들은 논의의 여지없이 '언제나 벌써' 전제되는 것이 아니라 그 자체 근거지음이 요구된다는 것이다. 예컨대 담화자에게 단순히 모순되게 말해서는 안 된다고 요구하는 것으로는 불충분하고 (1.1), 모순(특히 규범간의)의 정의(定義)가 필요하고, 그러자면 토론자들이 언제나 올바른 추론과 올바른 논리적 분석을 할 것을 요구해야 할 것이며, 근본규칙(1.3), (1.3')에서의 '중요한 점에서 같음'이나, 이성규칙(2)에서 '정당하게 거부할 수 있는 이유' 등에서의 '중요한', '정당하게'는 가치결정의 문제이며, 논증책임의 규칙(3.1), (3.2), (3.4)는 근거의 승낙과 고량(考量)에 달려 있어 불확정적이라고 지적하고 있다.[41] 이러한 점에서 본다면 논의의 제 규칙은 담론이론가들에서처럼 단순한 인식의 대상이 아니고, 가치결정과 확정의 문제이며, 확

40) O. Weinberger, Logische Analyse als Basis der juristischen Argumentation, *Metatheorie juristischer Argumentation*, W. Krawietz, R. Alexy 편, Berlin 1983, 188면 이하.
41) O. Weinberger, Der Streit um die praktische Vernunft, *Plenarreferate/ Plenary Lectures, 15. Weltkongreß für Rechts- und Sozialphilosophie*, Göttingen 1991, 43면 이하.

정의 문제란 진위가 아니라 합목적성의 문제이며, 따라서 이들이 추구하는 '인식주의적 윤리학'의 시도도 실패된 것이라는 비판도 나오고 있다.[42]

이와 같은 담론이론적 정의론에 대한 비판은 경청할 가치가 충분히 있다. 따라서 담론의 절차는 담론이론이 주장하듯이 정의와 정당성을 '보장'한다고 보는 데는 논란이 있겠으나 실천적 정당성의 요건으로서의 보편화원리에 대한 또 하나의 해석가능성, 즉 '보편적인 담론적 합리성'(universelle Diskursrationalität)을 제시하고 있다는 데에 의의가 있는 것으로 보인다.

III

오늘날 독일에서 담론이론에 대해 비판적이며, 따라서 또한 정의론에서도 절차적이 아니라 상당히 실질적(실체적, 내용적)인 정의론을 전개하고 있는 이는 역시 소장격의 철학자 Höffe(1943~)이다. 회페는 아펠이나 하버마스에 못지않게 실천철학과 법철학에 대한 많은 연구를 내놓고 있다. 회페는 담론윤리학에 대해 그것이 포괄적인 도덕이론이 못된다고 비판한다. 도덕의 근거지음이 포괄적이자면 첫째로 도덕개념 자체에 대한 설명이 있어야 하고, 둘째로 도덕적 주체의 구성이 논해져야 하고, 셋째로 도덕적 규준의 설정이 있어야 하고(근거지음), 넷째로 이 규준에 의한 도덕과 비도덕의 판정이 있어야 한다. 이러한 관점에서 보면 담론윤리학은 도덕의 판정을 위한 (절차적) 규준만을 논하고 있는데 즉 넷째 번의 과제만을 문제삼고 있는데 불과하여, 그것은 도덕(정립)이론 그 자체라기보다 그 효력이론이라는 것이다.[43] 그런데 이 부분과제와 관련해서도 '이상적 담론'은

---

42) E. Hilgendorf, *Argumentation in der Jurisprudenz*, Belin 1991, 215면 이하.

43) O. Höffe, *Ethik und Politik, Grundmodelle und Probleme der praktischen Philosophie*, Frankfurt/M. 1979, 244면 이하.

순환론에 빠지고 있다고 지적한다. 왜냐하면 그것의 제조건 중 일부
는 그 자체 판정을 요하는 조건이 판정규준으로 전제되어 있기 때문
이다. 따라서 이러한 근거 자체를 근거지우는 절차가 도덕이론의 제
1과제가 되겠고, 이는 곧 도덕개념 자체의 설명이라는 첫째 과제에
서부터 근본적으로 출발해야 한다는 것을 뜻한다.

그래서 회페는 의미론에서부터 출발한다. 회페는 도덕을 실천(행
위)에 대한 최고요청으로, 어떤 것에 대한 선(善)이 아니라 선 그 자
체로, 전적으로 그리고 무조건적으로 구속적인 선, 즉 '정언명령'으로
본다. 하나의 실천은 그것이 어떤 이의 의사에 의해서가 아니라 보편
적으로 타당할 때 무제한적으로 그리고 필연적으로 구속적이다. 따라
서 실천의 철저한 보편화가 '도덕적 관점'(moral point of view)이 된
다. 정언명령은 이처럼 도덕적 관점의 성격을 특징지을 뿐만 아니라,
그 엄격한 보편화가능성과 함께 도덕적 관점의 규준도 제공한다고 본
다.[44] 이렇게 도덕개념이 분석된다면 이것이 진정 이상적 담론(의사소
통)의 결정요소 내지 조건이 되어야 한다는 것이다. 또 이러한 도덕
적 요청은 법과 관련하여서는 보편적인 동의를 얻을 수 있는 일반적
인 원리들(예컨대 인권 내지 기본권)에 따른 자유의 상호제한과 보장이
라는 (칸트적)이념에 이르게 되고, 이러한 법원리는 인격의 상호승인
과 자유로운 개발의 일반적 전제가 되며, 이러한 의미에서 이 또한
이상적 담론의 일반적 조건이 된다는 것이다.[45] 이러한 회페의 지적
은 담론윤리학이 진정 도덕정립론이고자 한다면 그것이 형식적인 순
수절차이론일 수 없다는 것을 밝힌 것이다.

나아가 회페는 진리합의설에 대해서 우선 그것이 일반적인 표상에
반한다는 의미에서 '역설적'이라고 지적한 다음, 첫째로 오늘날 '유일
한' 진리이론의 모색은 뜻있게 받아들여지지 않는다는 점, 둘째로 포

---

44) O. Höffe, Political Justice – Outline of Philosophical Theory, *ARSP* vol.
   1985 LXXI/2, 153면 참조.
45) O. Höffe, 앞(주 43)의 책, 249면.

괄적인 진리개념이고자 하면 진리대응설 등 다른 진리설의 요소 없이
는 불가능하다는 점, 셋째로 합의의 개념은 '규범적으로' 이해되었기
때문에 진리의 규준과 보장이 못되고 오히려 진리에 따라 규정되어야
한다는 점 등을 들어 비판하고 있다.[46] 이처럼 도덕정립이론에서 도
덕개념 자체의 설명에서부터 시작해야 한다는 그야말로 '근본주의적'
입장을 취한 회페는 정의론에서도 마찬가지이다. 회페는 서양 고대에
서부터 실천적 현실, 즉 정치관계가 철학적(윤리적) 비판의 대상이 되
어 왔고 이것이 정의의 이름으로 행해진 바에 주목하고, 따라서 정의
는 본질적으로 '정치적 정의'(politische Gerechtigkeit)라고 할 수 있고,
또 정치관계는 법과 국가질서의 형태를 취하고 있는 바 정치적 정의
는 결국 '법과 국가에 대한 윤리적 조망, 즉 윤리적 비판 내지 정당
화'라고 규정짓는다. 이러한 그의 이른바 '정치적 정의론'도 (칸트적인)
근본주의적 정치철학에 입각해서 전개된다.[47]

　우선 그는 법과 국가의 근본적인 윤리적 정당화(시인)에 대해 부
정적인 두 입장부터 비판한다. 우선 법과 국가를 아예 부정의한 것
으로 보는 무정부주의에 대해서는 법과 국가없는 자유로운 공존이란
생각할 수 없다고 대응하고, 또 법과 국가에 대한 윤리적 정당화를
불필요한 것으로 보는 법실증주의에 대해서는 이는 자의국가의 백지
위임적 시인에 빠진다고 공격한다. 이렇게 이러한 극단적인 입장의
부당성을 지적한 회페는 절충적 입장에서 법과 국가의 필연성은 시
인하되 그 도덕적 정당화는 요구하여야 한다는 주장에 이른다.[48] 그
런데 법과 국가의 필연성은 자유의 제한을 불가피하게 가져오고, 자
기의 외부로부터 오는 이러한 자유의 제한은 강제적 성격을 띠는 것
으로서 이러한 강제는 그 자체 강제당하는 자에서 보면 하나의 불이

---

46) O. Höffe, 앞(주 43)의 책, 251면 이하(272면 이하).
47) O. Höffe, *Politische Gerechtigkeit, Grundlegung einer kritischen Philosophie von Recht und Staat*, Frankfurt/M. 1987, 11~35면.
48) O. Höffe, 같은 책, 11면. 110면. 193면 이하 등.

익으로서 이는 정당화되어야 한다는 것이다.

회페는 이로써 그의 정치적 정의론의 중심에 서게 된다. 여기에서도 그는 정의의 의미론에서부터 출발한다. 정의란 물론 정의와 부정의의 규준이 규정됨으로써 정의된다. 이에 대해 논란이 없는 것은 아니다. 그러나 이는 분배적 정의의 규준에 한해서 그럴 뿐이라고 회페는 말한다. 아리스토텔레스 이후 이와 나란히 자리 잡아온 교환적(평균적) 정의나 절차적 정의는 그렇지 않다는 것이다. 즉 누구나 동가치의 원리에 입각한 거래의 정의를 의심하지 않으며, 누구도 '상대방의 의견도 청취해야 한다'든가 '누구나 자기의 사건에 대해 법관이 되어서는 안 된다'는 원리에 대해 다투지 않는다는 것이다. 이렇게 교환적 정의나 절차적 정의가 논란되지 않는 것은 이 모두가 더 높은 정의의 원리인 '공평성'(Unparteilichkeit)의 이념에 이바지하기 때문이라는 것이다. 회페는 나아가 분배적 정의도 이 공평성의 이념에 근거시키려 한다. 분배적 정의는 공통적으로 사람을 '일정한 관점'에 따라 취급하라고 하며('형식적 정의'), 이는 공평성의 원리에 쉽게 포섭되며, 분배원리 자체도 '인적 고려'를 함이 없이 사태에 즉해서 적용함으로써 공평성을 기할 수 있다는 것이다. 물론 분배원리의 확정과 관련하여 끝내 논란이 남는다 해도 이는 정치적 정의의 중심문제는 아니라는 것이다. 그래서 회페는 정의와 관련하여 근본적으로 공평성의 이념에 입각한 '교환적 정의'를, 그리고 나아가 절차적 정의를 으뜸가는 내용으로 규정짓는다.[49]

그러면 회페는 이러한 정의관을 그의 정치적 정의의 문제, 즉 법과 국가의 정당화에서 어떻게 전개하고 있는가? 법과 국가가 없는 상태, 말하자면 자연상태에서는 각자는 자기의 총체적 자유를, 예컨대 다른 각자를 침해할 자유까지를 갖는다. 이는 동시에 다른 각자의 마찬가지의 자유 밑에 놓이게 된다. 말하자면 자연상태는 가해자의 사

---

49) O. Höffe, 같은 책, 41면 이하.

회적 대칭상태이다. 이에 대한 대안은 어떤 부정밖에 없다. 서로 침해할 자유를 단념함으로써 그런 상태를 지양하는 길이다. 생명과 신체의 자유는 서로 그것에 대한 침해의 자유를 단념함으로써 확보된다. 이는 피해자와 가해자의 대칭성에서 보아 당연하다. 회폐는 이러한 교호적인 자유단념과 함께 하나의 '거래'(Tausch), 즉 적극적인 급부의 주고받음이 아니라 단념의 주고받음인 소극적 거래가 이루어진다고 본다. 그러나 이 소극적 거래를 통해 자유의 확보, 주관적 공권(인권으로서의 법질서)의 정립이라는 적극적인 성과를 얻게 된다. 이렇게 볼 때 자유는 어떤 제3자의 '위로부터'의 분배로 볼 수 없고, 서로 자유를 얻게 하는 것은 서로 자유를 단념하는 사람들 자신인 것이다. 따라서 자유권은 결코 분배적 문제가 아니라 교환문제가 되는 셈이다. 이렇게 회폐는 정치적 정의에서 중요한 것은 분배적 정의가 아니라 평균적, 교환적 정의라고 주장한다.[50]

그런데 법과 국가의 정립이 근본적으로 교환적 정의 위에 이루어진다는 것은 정당화의 첫 단계에 불과하다. 그 다음 단계는 과연 사람들이 이러한 단념의 교환거래에 나서야 하는가이다. 말할 것 없이 제한과 강제는 일차적으로 강제당하는 자에 의해 수긍될 때 정당화된다. 그렇지 못할 때 강제는 단순한 폭력이다. 따라서 정당화는 외부로부터가 아니라 당사자에서 온다. 그러면 당사자는 왜 강제에 동의하겠는가이다. 이에 대한 대답은 그 자체 하나의 손해인 강제는 더 큰 이익을 약속하기 때문일 것이라는 데 있을 것이다. 따라서 공적 강제를 갖는 것이 강제 일체를 단념하는 것보다 이로와야 한다. 말하자면 정당화문제는 이익과 손해의 저울질에 의해 결정된다는 것이다.[51] 문제는 이 이익과 손해를 어떠한 의미에서 이해할 것인가이다.

---

50) O. Höffe, 같은 책, 382면 이하; 또 그의 *Gerechtigkeit als Tausch? Zum Politischen Projekt der Moderne*, Baden-Baden 1991, 24면 이하.
51) O. Höffe, 앞(주 47)의 *Politische Gerechtigkeit*, 69면 이하; 앞(주 50)의 *Gerechtigkeit als Tausch?* 20면 이하.

회페는 이를 우선 공리주의적으로 이해할 가능성을 검토한다. 여기에서는 당사자에 대한 이익과 복리가 그 규준이 되고, 그것은 총합적(kollektiv)으로 평가된다. 물론 평가가 총합적이라 해서 손해자는 안중에 두지 않고 이득자에게만 관심을 두어 당사자의 일부에 대해 긍정적 결산이 나오면 강제를 정당한 것으로 보지는 않는다. 여기에서도 '한 사람, 한 표'로 평가된다고 한다. 문제는 공공의 이익은 개인의 이익과 같은 방법으로 규정된다는 데에 있다. 동일한 개인의 손익이 아니라 한 사람의 이익과 다른 사람의 손해 사이의 계산인데 이를 합쳐서 손해를 고량하는 것이다. 이리하여 긍정적 결산이 나오면 강제는 정당화된다. 따라서 비교적으로 큰 사회이익을 갖는 사회질서가 일반적으로 정당한 것이 된다. 회페는 이를 불충분하고 그릇된 정당화전략이라고 비판한다. 그 이유는 모두의 복리가 '분배적이 아니라 총합적으로' 이해되었기 때문이라는 것이다. 이리하여 총이익의 극대화만이 중시되고 각 구성원에 대한 총이익의 분배는 아무런 독자적인 역할을 못한다. 그래서 한 사람의 손해는 다른 사람의 보다 큰 이익으로 보상될 수 있게 된다. 이리하여 일부에 대해서 손해를, 심지어(노예나 소수집단에 대해서처럼) 극단적으로 손해를 주는 강제도 그것이 전체로서의 집단에 대해서 보다 큰 이익을 준다면 곧 정당화되는 것이다. 그러나 강제는 불이익을 받는 일부에서 보면 단순한 폭력일 따름이다.[52]

이리하여 회페는 무조건적이고, 철저한 보편화를 요구하는 진정한 도덕적 요청에서 이를 이해하고자 한다. 즉 이익과 손해를 총합적으로가 아니라 당사자 각자에 대해서 손해보다는 이익을 가져다 줄 때 강제는 정당화된다고 해야 한다는 것이다. 그래서 회페는 총합적 이익이 아니라 '분배적 이익(distributiver Vorteil)'이 규준이 된다고 한다. 그리고 여기서의 분배란 말은 이익을 분배하는 제3자가 있어야만 사

---

52) O. Höffe, 앞(주 47)의 *Politische Gerechtigkeit*, 74면 이하.

용되는 것은 아니라고 본다. 각자에 이로운 것도 훌륭히 교환으로
생길 수 있다는 것이다. 즉 분배적 이익은 상호적 이익에 있다는 것
이다. 이리하여 회페는 정치적 정의의 근본원리란 자유의 제한과 그
상호강제를 분배적으로 이익이 되도록 하여, 그야말로 '분배적으로
이익이 되는 자유공존'(distributiv vorteilhafte Freiheitskoexistenz)을 가
능케 하는 데 있다고 규정한다. 이는 자유의 제한이 엄격한 보편적 원
리에 따라 이루어질 것을 요구할 것이고, 따라서 정치적 정의란 한 개
인의 자유와 다른 각 개인의 자유가 엄격히 보편적인 법에 따라 양립
될 수 있는 조건의 총체라 할 수 있다. 이는 바로 칸트의 법철학에서
이끌어 내어지는 '평등한 자유의 원칙'인 것이며, 또 그의 말대로 그
것은 강제적 사회질서에 대한 '정언명령 즉 정언적인 법 및 국가의 명
령'(kategorischer Rechts- und Staatsimperativ)이라고 결론내려진다.[53]
이는 '정언적'이기에 이러한 원리가 무시되어 이루어진 사회적 가치도
정당화되지 않는다는 것을 뜻한 것이다.

　평등한 자유의 원칙으로서의 정치적 정의는 모든 법질서에 대해
그것이 보편적으로 타당한 원칙들에 따라 이루어지도록 요구한다는
것이다. 이러한 원칙들은 상이한 사회적, 정치적 국면에 따라 구체화
될 정치적 정의의 최후규준이다. 이는 답책적 인간결합의 보편적 조
건, 다시 말해서 인격들의 상호적·외적 승인의 조건으로서 실정적인
입법에 앞서 그리고 그것과 독립해서 인간 그 자체에서 기인된, 즉
인간존재로서의 각 인간존재가 갖는 천부적, 자연적, 불가양적, 불가
침적 권리인 '인권'이다. 회페는 이를 정치적 정의의 제2원칙이라고
규정한다.[54] 그리고 그는 이러한 인권에 대해서도 이를 인간 각자에
대한 분배적 이익을 근거로 서로가 주고받는, 다시 말해서 한쪽의 이
익은 다른 쪽의 자유단념이라는 급부를 통해 얻어지는 또 그 반대도
같은, 그야말로 상호적인 자유단념의 교환에 대한 권리와 의무로 설

53) O. Höffe, 같은 책, 76면 이하. 382면 이하. 또 앞(주 44)의 글, 154면.
54) O. Höffe, 앞(주 44)의 글, 155면.

명하고 또 이러한 인권은 분배적으로 이익이 되는 자유단념의 범위 내에서 다른 쪽의 행동자유에 대한 처분권, 즉 기본적 자유에 대한 침해를 저지할 권리로서의 강제권까지 가지며, 이는 그런 범위 내에서 도덕적으로 허용된다고 주장한다.[55]

이처럼 인권(자유권)이 분배적 이익 때문에 이루어지는 전면적인 자유단념에 의해 성립된다면, 공적인 강제질서란 불필요한 것이며, 따라서 또한 불필요한 제한이란 손해, 나아가 불법이므로 정당한 것은 정치적 지배가 아니고 지배로부터의 자유(무지배)가 아니겠는가이다. 회페는 이에 대해 인권은 더 명확히 정의되어야 하고, 이는 헌법과 법률의 과제이며, 또 명확한 정의에도 불구하고 해석의 다툼은 그치지 않을 것이고, 여기에 공권력으로서의 법원의 설치는 불가피하다고 본다. 나아가 상호적인 자유단념이냐 '단념에의 단념'이냐의 두 행동가능성 이외에 타방의 일방적인 자유단념 위에 이익을 얻으려는 행동가능성, 즉 이른바 '무임편승'이 문제이다. 이러한 기생적 태도를 저지하기 위해 또 소극적 자유단념이 의미 없는 말이 되어버릴 위험을 막기 위한 법질서와 국가질서라 부르는 공권력, 즉 '정의의 칼'이 불가결하다는 것이다. 말하자면 기본적 자유를 '부여하는 것'(gewähren)은 교호적 자유단념이지만, 그것을 '보장하는 것'(gewährleisten)은 공동체라는 것이다. 그리고 이 보장이 비로소 분배적 정의의 과제가 된다. 그런데 회페는 이 공권력의 투입도 교환, 즉 새로운 소극적 의미의 교환에 근거하고 있다고 본다. 즉 수범자들은 서로 자기의 자유권을 사적으로 관철할 것을 단념한다는 것이다. 이러한 단념은 전면적으로 또 각자에 있어 동시에 행해짐으로 해서 이 소극적 교환은 정의로운 것으로 타당할 수 있다는 것이다.[56]

이리하여 회페는 공적 강제질서란 일차적으로는 '분배적으로 보편

---

55) O. Höffe, 앞(주 47)의 *Politische Gerechtigkeit*, 399면 이하.
56) O. Höffe, 앞(주 50)의 *Gerechtigkeit als Tausch?* 30면, 이하; 또 앞(주 47)의 *Politische Gerechtigkeit*, 435면 이하.

적인 동의가능성'에서, 그리고는 직접적으로 이익이 있어서가 아니라 자유권의 관철보장을 위해 보충적으로 정당화되는 것으로 본다. 그리고 이 모두 교환적 정의의 이론으로 설명된 것이다. 회폐에 있어서의 이러한 정치적 정당화는 그의 정의론을 주장케 한 법실증주의와 무정부주의에 대한 마지막 대답도 담고 있다. 즉 법실증주의에 대해서는 강제질서란 그것이 기본적 자유(인권)와 같은 법의무 내지 정의의 요청에 정향되어 있을 때에만 적나라한 폭력이 아니라는 것을 강조하고 있으며, 그리고 무정부주의나 '지배로부터의 자유'의 주장에 대해서는 각자 모두에 이익이 되는 사회적 규율이 존재하며 또 이 공통적인 이익은 이를 타인의 부담에 기생하여 착취하는 것이 - 공적 강제력의 도움으로 - 이익이 안 될 때에만 실효적일 수 있다는 것을 말해 주고 있는 것이다.[57] 이리하여 회폐는 드디어 일정한 근본적인 정의의 규준을, 다시 말해서 집단적 안전의 원리도 포함한 분배적 이익의 원리를 충족시키지 않는 규범체계는 법질서가 아니라고 하는, 그야말로 법정의(定義)적 정의(rechtsdefinierende Gerechtigkeit)의 요소가 있다는 것을 주장하기에 이른다.[58]

이상으로 회폐의 이른바 (정치적) 정의론을 살펴보았다. 그의 도덕이론과 정의이론은 하버마스는 물론 롤즈에 대한 도전이기도 하다. 회폐는 롤즈와 하버마스의 절차적 정의론과는 대조되게 근본철학적 입장에로 돌아가 정언적 도덕개념과 교환적 정의개념에 입각하여 실체적인 자유와 인권의 정의이론을 전개시키고 있다. 회폐는 근세, 말하자면 계몽기의 정치적 프로젝트인 자유의 원리를 그 누구보다 더 칸트에 입각하여 구현코자 한 것이다. 그는 보편화원리를 하버마스처럼 논의의 규칙들에서 단순히 합의되는 것으로 보지 않고, 이상적 논의규칙 그 자체로 규정하려 했으며, 롤즈와는 달리 자유의 원리를 분배적 정의가 아니라 교환적(평균적) 정의의 관점에서 설명하려 했다.

---

57) O. Höffe, 앞(주 47)의 책, 434면 이하.
58) O. Höffe, 같은 책, 159면 이하, 165면 이하.

그는 여러 곳에서 롤즈보다 더 칸트적임을 강조했다.[59] 그는 그의 정의론이 궁극적 근거지음(Letztbegründung)에 의거하고 가설적이 아닌 정언적 구속성을 지니고 있음을 이른바 '이성의 사실'(Faktum der Vernunft)로 실증하고 있다.[60]

이러한 그의 주장이 근원적으로 자유로운 대등한 개인들간의 상호적 '교환'을 바탕으로 전개되고 있음에 대해 하버마스는 그것의 개인주의적 또는 자유주의적 전제를 비판하기에 이른다. 즉 인간 주체는 '언제나 이미' 행동의 자유를 갖는 것이 아니라—이렇게 생각하는 것은 '자유주의적 선판단(편견)'이다—사회적 관계 내에서 또 그것을 통해서 비로소 행동자유의 능력을 갖는 것이며, 따라서 더 고차적인 간주관성(Intersubjektivität)의 관점이 결여되어 있음이 아쉽다는 것이다.[61] 아닌게 아니라 회페는 독일 안에서의 자유주의적 정의론자라 할 수 있겠고, 국제적인 논의에서의 롤즈와 노직(Robert Nozick)의 대결에서는 노직 편에 서 있다고도 볼 수 있겠다. 물론 회페는 자유와 법(국가)을 처음부터 분리할 수 없는 것으로 보고 또 위에서도 보았듯이 자유의 '부여'와 '보장'을 구별하고, 보장은 분배적 정의의 몫으로 봄으로써 노직처럼 이를 부인하려는 자유지상주의자는 아니다.

생각건대 회페의 정치적 정의론은 실증주의적인 가치상대주의와 회의주의에 대항해 실천이성에 입각한 법과 국가의 '정언적' 정당화의 원리를 제시하려는 시도라 하겠다. 그런데 그는 이를 오늘날의 자유민주국가적 기본가치의 일반적인 시인이라는 '이성의 사실'에서 확인하려 했다. 그런 한에서 그의 '궁극적 근거지음'과 '정언성'의 요청이 과연 충족되었는지는 여전히 문제로 남는다. 또 '평등한 자유의 원리'가 단순히 소극적인 자유단념의 교환으로 정립된다고 일차적으로 믿

---

59) O. Höffe, 같은 책, 22면: 또 그의 *Kategorische Rechtsprinzipien*, Frankfurt/ M. 1990, 306면 이하.

60) O. Höffe, 앞(주 47)의 책, 78면.

61) J. Habermas, Otfried Höffes politische Fundamentalphilosophie, *Politische Vierteljahresschrift*, 1989, 30. Jg., 제2권, 320면 이하.

는다는 것도 너무 소박하다. 거기에는 자유들 사이의 비배척성, 나아가 그 부정적 결과들에 대한 상호적 고량도 필요한 것이다. 나아가 교환적 정의를 분배적 정의보다 더 근원적인 형태로 보려는 것도 지배적인 견해에 반한다. 일반적인 진리관에 반한다고 하여 하버마스의 진리관을 역설적이라고 했다면 그의 정의관도 같은 평가를 받아야 할 것이 아닌가 생각된다. 그러나 그의 교환적 정의관은 자유가 근원적으로 분배의 대상이 아니라 소극적 거래로 그 이전에 부여되어 있고 오직 그 거래의 공평을 기함으로써 분배적으로 새로운 자유공존을 이룩할 수 있다고 함으로써 매우 관심을 끄는 견해이기도 하다. 회페의 정의론은 '소극적 거래', 다시 말해 '소극적' 협력에 바탕을 둔 '소극적 계약론'이다. 이 점에서 적극적 협력에 바탕을 둔 적극적 계약론인 롤즈의 정의론과 대조를 이룬다. 그러나 그의 소극적 계약론이 법과 국가의 적극적 긍정과 아울러 법정의(定義)적 정의의 존재를 주장하는 데까지 이르고 있다는 점은 주목할 만하다.

IV

현실적인 법이 타협의 산물인 탓도 있겠지만 법률가는 보통 절충의 견해를 좋아한다. 바로 독일 법철학의 노장 아르투어 카우프만(Arthur Kaufmann 1923~2001)은 아펠, 하버마스, 그리고 알렉시의 절차적 정의론과 회페의 정치적 정의론을 절충한 듯한 견해를 내놓아 관심을 끈다. 그의 이른바 '실질적(대상적)으로 저초(底礎)된 절차적 진리론 내지 정의론'(sachlich fundierte prozedurale Theorie der Wahrheit bzw. Gerechtigkeit) 또는 '인격적으로 근거지어진 절차적 정의론'(personal fundierte prozedurale Theorie der Gerechtigkeit)이 그것이다.[62]

카우프만은 일찍부터 진리개념과 관련하여서는 진리수렴설(Kon-

---

62) A. Kaufmann, *Rechtsphilosophie in der Nach-Neuzeit*, Heidelberg 1990, 24면 이하, 41면.

vergenztheorie der Wahrheit)을 주장했다. 그는 철학이나 정신과학의 영역에 있어서 인식한다는 것은 인식주체의 특수성과 제약성을 통해 함께 규정되는 것으로서, 어떠한 인식도 주관적 요소로부터 완전히 자유로울 수 없으며, 따라서 인식이란 주체와 대상의 상호협력에서 이루어지며, '주체－객체 (분리의) 도식은 지양되어야 한다고 보았다. 그런데 철학은 전체를 인식대상으로 삼는다. 이것이 가능하려면 전체 밖에서 전체를 볼 수 있어야 한다. 그러나 철인들은 전체 안에서 일정한 입장으로부터 전체의 부분을 볼 뿐이다. 그래서 가능한 한의 적절한 전체상을 얻기 위해서 그들은 서로 이해하고 서로의 관찰과 체험을 나누게 된다. 그러나 단순한 개별인식의 집적으로는 지배설은 나올지 모르나 진리는 밝혀지지 않는다. 주목해야 할 점은 이러한 개별인식들이란 '동일한' 대상에 대한 상이한 인식들이라는 것이다. 이 상이성의 근거는 바로 상이한 인식주체에 연유된 것이다. 따라서 중요한 것은 이 인식의 주관적 요소를 서로 대비시켜, 서로를 약화시키거나 지양케까지 하여 진정한 합일체로 이루게 하는 것이다. 이처럼 '동일한 존재자'(대상)에 대한 상이한 주체에서 유래되고 또 상호 독립적인 상이한 인식들의 집적이 아닌 합일화, 말하자면 수렴, 즉 간주관성(Intersubjektivität)을 이루는 것은 인식의 수단일 뿐만 아니라 진리의 규준이라는 것이다. 여기에서는 인식이란 인식자의 산물이라는 절차적 견지도 지켜졌지만 순수한 대응설과 실체존재론에 얽매어 있지도 않다. 따라서 진리수렴설은 대응설도 합의설도 아니고, 양자의 일면성을 서로 결합시켜 하나의 합일체를 이룬 것이라고 보는 것이다.[63] 그러나 카우프만은 이러한 합일체를 이룬다는 것은 어려운 것이라고 자인한다. 이것도, 즉 수렴과 간주관성도 인식의 진위

---

63) A. Kaufmann, Gedanken zur Überwindung des rechtsphilosophischen Relativismus, *ARSP*, 제46권, 1960, 533면 이하; 지금은 그의 *Rechtsphilosophie im Wandel*, 제2판, Köln 1984, 54면. 57면 이하; 또 위(주 62)의 책, 35면 이하.

를 절대적으로 가려줄 수는 없다. 실로 이러한 규준은 존재하지 않는다. 모든 인식에는 불확실성의 여지가 있으며, 따라서 모험과 결단의 요소가 있다. 그러나 수렴의 수단이 결단에 객관적 기초를 줄 수 있으며 그것을 실질적으로 수렴할 수 있는 것이라고 본다.[64]

카우프만이 일찍부터 명시적으로 주장하고 옹호했던 이 진리수렴설은[65] 그가 최근에 말하듯이 진리합의설처럼 인식이란 개별인에 맡겨진 일이 아니라, 오히려 의사소통적인 공동의 노력을 필요로 한다는 전제 위에 서 있는 것이다.[66] 이러고 보면 아펠이나 하버마스가 의사소통의 철학을 전개하기 이전부터 카우프만은 의사소통과 간주관성을 강조한 것이라고 말할 수 있다. 이와 같이 그의 진리수렴설이 출발점에 있어서 진리합의설과 같다고 해서 이론적 결론이 같지는 않다. 카우프만은 "담론이론을 순형식적으로 보는 자는 그러한 담론이 형식적으로 정확하게 이루어진 합의를 확정케 할 수는 있어도 어떤 것에 대한 진리 및 정당성(正當性)을 확정케 할 수는 없다는 것을 솔직히 인정하지 않으면 안 된다"라고 말하고, 합의가 이루어졌다고 해도 그것은 이러한 합의가 진실을 담고 있다는 것에 대한 '징표'나 '추측'이 되는 것이지 진리의 규준은 아니며, 이러한 합의는 오인을 담고 있을 수 있으며, 따라서 진리의 규준은 오히려 수렴이라고 결론내린다.[67]

카우프만이 이러한 진리수렴설에 입각하여 정의론을 본격적으로 전개하기는 비교적 늦은 나이에 이르러서부터이다. 그는 1984년 '뷔

---

64) A. Kaufmann, 위의 *Rechtsphilosophie im Wandel*, 59면.
65) Kaufmann은 이를 A. Bruner, *Erkenntnislehre*(제2판, 1948)에 의거하여 주장하고 있다(위의 책, 54면, 58면 이하).
66) A. Kaufmann, Fünfundvierzig Jahre erlebte Rechtsphilosophie, *Rechts- und Sozialphilosophie in Deutschland heute*, R. Alexy, R. Dreier, U. Neumann 편, ARSP-Beiheft 44호, Stuttgart 1991, 149면 이하.
67) A. Kaufmann, Über die Wissenschaftlichkeit der Rechtswissenschaft, *ARSP* vol. 1986 LXXII/ 제4권, 439면 이하: 또 앞(주 62)의 책, 38면: 위의 글, 149면.

르츠부르크 강연' 제1권 '정의의 이론'에서 정의론을 문제사적으로 다루면서 여기에서도 '주체-객체의 도식'을 극복할 것을 강력히 주장했다.[68] 즉 그는 정의의 '대상'(was)과 정의인식의 '방법'(wie)을 오랫동안 엄격하게 분리하여 다루어 왔음을 잘못된 것으로 보았다. 정의란 전통적 자연법론에서의 '자연'이나, 법실증주의에서의 '법률'과 같이 순전한 의식 속에서의 모사의 대상으로 볼 것이 아니라는 것이다. 즉 정의란 정의판단의 저편에 놓여있지 않다는 것이다. 정의판단은 순합리적으로만 획득될 수 있는 것이 아니라, 거기에는 언제나 정의적 요소도 함께 작용하는 것이다. "바로 이 점에서 올바른 정의판단을 위한 최적조건들은 담론 속에서만 존재한다는 것이 명백해진다. 만약 정의판단이 합리적으로만 이루어질 수 있다면, 그것은 개개인에게도 가능하다. 그러나 그것이 정의적(情意的) 내용을 갖고 있기 때문에 이 요소를 간주관화를 통해 즉물화(卽物化)하는 것이 필요하다." 즉 그것은 "참여자들의 성찰과 논의, 간주관성과 합의"의 절차 속에서' 이루어져야 한다는 것이다.[69]

이런 한에서 카우프만도 담론이론 편에 서 있다고 고백한다. 담론이론가들은 대개 '이상적 담론' 속에서 참여자들은 판단의 일치를 볼 수 있다는 전제에 서 있다. 그러나 "담론이론이 '어떻게' 이성적으로 논의하느냐에 관한 '형식적' 규칙들을 열거할 뿐인 한, 그것들은 하나의 합의가 형식적으로 맞게 성립되었다고 확인할 수 있게는 하지만 어떤 내용적인 것(예컨대 규범)에 대한 진리(정당성)에 이르렀다고 주장할 수는 없다. 합리적이고 합의지향인 담론 그 자체는 '무엇이' 진리이고 정당한 것인지 또 '무엇을' 행해야 하는지를 말하지 않는다." "논의의 참여자들이 담론에 담론 그 자체가 아닌 하나의 내용을, 하나의 '테마'를 줄 때 비로소 담론은 하나의 진정(眞·正)한 결

---

68) A. Kaufmann, *Theorie der Gerechtigkeit, Problemgeschichtliche Betrachtungen*, Frankfurt/M. 1984, 9면.
69) A. Kaufmann, 위의 책, 37면.

과에로 이를 수 있다."[70] 따라서 모든 합리적 논의의 선험적 조건은 하나의 동일한 대상(테마)이 그 논의의 기초를 이루고 있다는 것이라고 하겠다. 그래서 '무엇이' 진정 문제인가가 어떻게 '어떻게'로부터만 나오는가라는 질문이 대답될 것이라는 것이다.[71] 즉 그는 "도대체 '어떻게'에서 나오는 '무엇은' 결코 존재하지 않는다. '어떻게'만이 있을 뿐이다"라고 대답한다.[72] 따라서 실질적(대상적)으로 저초된 절차적 진리(정의)론이 타당하다는 것이다.

카우프만은 오늘날 절차적 정의론으로 '계약모델'(Vertragsmodell)과 '담론모델'(Diskursmodell)을 든다. 전자는 롤즈에 의해 대표되고, 후자는 하버마스에 의해 주장된다. 그런데 계약설이란 어떤 것이 계약자에 '진정하게' 이로운 것이어서 계약자가 '이성적으로' 원하지 않을 수 없기 때문에 그것을 있어야 하는 것(당위된 것)으로 '가정하는' 것이고, 롤즈의 정의론이 그럴 듯한 것은 그 '원초적 입장'의 상정이 절차적 설정이라기보다 그것이 도덕적 입장에 대한 우리의 직관적인 이해에 가깝기 때문이며, 그가 도달한 정의의 원리들도 그가 이미 바탕으로 한 일정한 정의의 표상들 때문이라고 지적한다. 즉 규범적 내용들이란 결코 절차만에서 얻어질 수는 없다고 강조한다.[73] 그런데 하버마스의 담론모델은 순전히 합리적인 의사소통의 절차로부터 '진정'(眞·正)한 내용들을 획득하려는 과제를 설정했다. 이는 위에서 지적했다시피 하나의 자기기만에 빠지고 있다. 우리의 인식의 내용들은—적어도 압도적으로는—경험에서 온다. 누군가 이를 오직 형식에서, 절차에서 얻었다고 믿는 자는 자기기만에 빠진다는 것이다.[74] 그렇다고 절차이론이 무의미하고 쓸모없다는 것은 아니다. 그것은 하나의 '정당한 관점'을 지니고 있다. 즉 규범적인 것에 대한 진리와 정

---

70) A. Kaufmann, 앞(주 62)의 책, 39면.

71) A. Kaufmann, 앞(주 68)의 책, 38면.

72) A. Kaufmann, *Prozedurale Theorien der Gerechtigkeit*, München 1989, 12면.

73) A. Kaufmann, 위의 책, 13면. 15면.

74) A. Kaufmann, 같은 책, 18면, 20면.

당성은 절차를 '통해서'만은 아니지만 절차 '속에서' 일어나며, 다시 말해서 절차 없이는 일어나지 않는다는 것이다.[75] 이는 위에서 말했 듯이 규범적인 것의 인식이 항상 인식하는 자의 산물만은 아니지만, 인식하는 자의 산물이기도 하기 때문이라는 것이다.

카우프만은, 규범적 담론 속에 '실체적 대상'이 존재하지 않는다고 하는 것은 옳지만 그렇다고 해서 담론의 밖에 완성되지 않은 것으로 서의 어떠한 대상도 없다고 결론을 내리는 것은 틀린 것이라고 말한 다.[76] 즉 법률가라면 누구나 소송대상 없는 소송은 존재하지 않는다 는 것을 잘 안다. 말하자면 한편으로는 이러한 소송대상은 '소송대상' 으로서는 소송 이전에 이미 완성된 것으로 주어져 있는 것은 아니며 소송 속에서 그 정확한 윤곽을 얻게 되며, 다른 한편으로는 소송대상 은 소송의 산물만은 아니며, '법률관계적 성격을 지닌 역사적 사건'으 로서 소송에 앞서 놓여 있다고 하겠다. 카우프만은 이에 유비하여 윤 리학, 규범이론, 철학 등과 같은 규범적 제 학문의 대상을 규정한다. 그는 이의 대상이 '실체'로 존재하는 것은 아니지만 전혀 존재하지 않 는 것은 결코 아니라고 말한다. 그것은 궁극적으로 사람이라는 것이 다. 그것도 실체로서의 경험적인 사람으로서가 아니라 인격(Person) 으로서의 사람, 즉 사람과 다른 사람이, 사람과 사물이 맺고 있는 관 계(Relation)의 앙상블로서 이해된 인격으로서의 사람이라는 것이다. 나아가 이러한 인격으로서의 사람이 규범적 담론의 절차뿐만 아니라 그 내용까지도, 말하자면 담론의 방법(어떻게)과 대상(무엇)도 규정한 다는 것이다.[77]

이러한 견해를 바탕으로 카우프만은 결국 '인격적으로 저초된 절 차적 정의론'을 주장하기에 이른다. 이는 적극적으로는 '인격이 되라 그리고 타인을 인격으로 존중하라'(Hegel)라는 명령으로 표현될 수

---

75) A. Kaufmann, 같은 책, 20면 이하.
76) A. Kaufmann, 같은 책, 21면.
77) A. Kaufmann, 같은 책, 같은 면; 앞(주 62)의 책, 40면 이하.

있으며, 소극적으로는 '사람에게 인격으로서의 그에게 속하는 것, 즉 그의 것(특히 인권)을 부여하지 않을 때, 예컨대 유태인에게 생명도, 자유도, 소유권도 주지 않을 때 정의롭지 않다'고 하는 주장에 일치하는 것으로 그는 결론지운다.[78] 카우프만의 이러한 결론은 결국 하나의 실천적 규범은 일정한 담론의 규칙들로 정의된 절차의 결과일 때 정당하다는 하버마스나 알렉시의 견해에 만족하지 않고, 규범이란 사람에게 인격으로서의 그에게 속한 것을 부여함으로써 궁극적으로 근거지워진다는 것을 천명한 것이라고 볼 수 있다.

이상으로 카우프만의 정의론을 살펴보았다. 물론 카우프만의 이론은 깊이 있는 분석에서 나온 것은 아니고 거시적인 고찰로부터의 결론들이다. 그런데 철학을 정신과학으로 못박고 인식을 해석학적 활동, 즉 이해과정으로 국한해서 파악하고 있는 것도 문제이려니와 이에 따른 인식에 있어서의 '주체·객체 도식'과의 결별주장도 과장된 듯하다. 이러한 도식이 완전히 붕괴된 채 이루어진 이해는 객관적인 그것이 못된다. 철학적 인식의 대상을 전체로 규정하고 꼭 이와 관련하여 진리를 규정하려는 것도 문제가 있다. 부분적 진리와 반(半)진리는 구별되어야 한다. 전자는 진리이지만 후자는 그렇지 못하다. 확실한 진리규준이 없지만 그렇다고 진리수렴설로 만족할 것은 아니다. '규정(規整)적 이념'으로서의 (절대적)진리가 단념되어서는 안 된다.[79] 카우프만이 믿듯이 진리수렴설이, 진리합의설과 대응설의 요구에 맞게 이들을 무리없이 결합시킬른지는 쉽게 결론지을 수 없는 것 같다. 절충은 결단과 확정에나 있지 진리에 있는 것은 아니다. 이 점이 솔직히 시인되었어야 할 것이다. 이는 사실 그가 불모의 순수인식이 아니라 내용있는 인식을 획득하고자 한다면 어느 의미에서 손을 더럽히

---

78) A. Kaufmann, 같은 책, 같은 면. 또 앞(주 66)의 글, 161면; 앞(주 67)의 글, 442면.

79) 이런 점 G. Patzig, Objektivität und Wertfreiheit, *Neue Rundschau* 90 (1979), 399면 이하.

지 않으면 안 되며, 이는 모든 생산적이고 형성적인 활동에서는 그렇지 않을 수 없다고 말한 데서 나타나 있기도 하다.[80] 이는 손 더럽히지 않고 어떤 내용적인 결론을 얻어 보려는 절차 및 담론숭배적인 정의논의에 대한 그의 비판임에 틀림없다. 그러나 그의 인격개념도 내용적 규준을 충분히 제시하고 있다고 단언하기에는 거리가 먼 것 같다.

V

이상으로 독일 철학 및 법철학에서 오늘날 주목할 만한 정의에 관한 논의들을 살피고 이들에게서 제기된 문제점들도 아울러 지적해 보았다. 이들 논의들은 그 해석에 있어서의 뉘앙스에도 불구하고 모두 '보편화가능한' 규범들만이 정의롭고 윤리적으로 정당화될 수 있다는 견해를 바탕으로 하고 있다.[81] 이것이 순수히 도덕적 관점(정의)의 발견절차를 규정하는 것으로 이해됨으로써 '담론이론'으로 전개되고, 이것이 나아가 도덕적 관점(정의)의 실질적(내용적) 규준도 제시하는 것으로 파악됨으로써 '정치적 정의론'으로 주창된 것이라고 볼 수 있다. 일찍부터 정의는 그것이 분배를 문제삼든 형평을 문제삼든 어쨌든 평등을 그 핵으로 삼아 왔다. 이제 그것은 보편화의 원리로써 이렇게도 또 저렇게도 설명되고 있다. 정의는 그야말로 착종된 관념임에 틀림없다. 그래서 심지어는 허상에 불과한 것으로 여겨지기도 한다. 그러나 그렇게 생각할 문제는 아니다. 물론 우리가 정의에 관한 확고한 규준을 쥐어 본 일은 한 번도 없지만 정의를 찾는 것은 우리의 본질에 속한다. 정의는 주어져 있는 사실이 아니다. 그것은 과제, 즉 우리의 이성과 마음에 안겨진 과제이다. 오늘날 독일철학 및 법철학에서의 정의에 관한 논의도 이러한 시각에서 평가되어야 할 것이다. 다만

---

80) A. Kaufmann, 앞(주 66)의 글, 149면.

81) 여기에서는 요즈음 독일철학 일각에서 강하게 대두되는 규칙공리주의적 정의론(G. Patzig, N. Hoerster, R. Trapp)에 대한 소개를 하지 못해 아쉽다. 또 비판적 합리주의의 정의론(H. Albert, R. Zippelius)도 마찬가지이다.

정의에 대한 근본적 시각만이 주로 문제되고, 실질적인 정의분석(이른바 실질적 정의의 제공준)에 관한 깊은 논의가 결여되고 있음이 아쉬울 뿐이다.

법과 자유 [†]

법가치로서의 자유에 관한 한 고찰

　오늘날 평화나 안정, 정의나 평등에 못지않게 높이 찬양되는 법가
치가 자유이다. 자유의 법가치는 평화나 정의의 그것보다 결코 오래
되지는 않았지만 인류가 개명되기 시작한 후부터는 더욱 갈망되었다.
이는 주지하듯이 모든 이가 자유롭고 평등한 이른바 '자연상태'를 상
정하게 하였고(로크), "인간은 자유롭게 태어났으되 세상도처 사슬에
묶여 있다"는 분노 어린 고발로도 터져 나왔으며(루소), 드디어는 인
간은 자유를 불가양(不可讓)의 권리로 부여받았다는 승리감에 찬 여
러 보편적 인권선언들로 공포되었으며, 마침내는 여러 나라의 실정법
에 그 보장이 규정되기에 이르렀다.

　이리하여 자유는 이제 보편적이고도 구체적인 법가치로 자리잡았
으며, 자유에 대한 갈망을 고려않는 법질서는 하나의 단순한 억압일
뿐이지 정당한 질서로 여기지 않기에 이른 것이다. 이렇게 높이 평가
되고 갈망되는 자유지만 그것의 진정한 의미는 수세기를 걸친 철학
자, 정치가, 법률가들의 끈질긴 노력에도 불구하고 아직도 역설과 논
란 속에 있으며, 법질서가 고려해야 할 사람들이 누려야 할 자유의
정도와 한계에 대한 원리와 규준이 무엇인가에 대해서는 견해가 분분
하며, 법질서와 관련하여 마찬가지로 갈망되는 다른 여러 가치들과의
피치 못할 저 '제신(諸神)의 쟁투'(베버)를 어떻게 가라앉힐까에 대해

　† 서울대학교 법학 제42권 제4호, 2001.
　　본고는 2001년 8월 Microsoft 사의 지원으로 서울대학교 법과대학에서 주최한
　　학술대회인 "한국에서의 법의 지배(Rule of Law in Korea)"의 일환으로 작성
　　되었음.

어떤 해결의 묘책이 확고하게 발견되어 있지도 않다.

I

무릇 자유는 역설과 모순의 소용돌이 속에 휩싸여 있다. 그것은 우선 자유가 '자유에 고삐는 없어야 하지만 고삐 없는 것이 자유는 아니다'(타멜로)라는 역설 앞에 놓여 있기 때문이다. 실로 사람들은 사회적 맥락 속에서 자유를 옹호하지만 동시에 사람들의 행동에 대한 억제도 지지하는 것이다. 다시 말해서 사회가 자유의 상태일 것을 원하지만 방종과 자의(恣意)의 상태일 것을 원치 않는다.[1] 이러한 역설의 소용돌이를 벗어나기 위해서는 자유의 자기희생, 즉 자기규율이 뒤따르지 않을 수 없다. 이리하여 자유는 무슨 행위가 해도 좋은가를 규정하는 규범의 규제를 받게 된 것이다. 이를 밀은 "시민적 혹은 사회적 자유란 사회가 개인에 대하여 정당하게 행사할 수 있는 공권력의 성질과 한계에 관한 것이다"라는 말로써 극명하게 잘 표현해 주었다.[2]

특히 법규범은 이러한 허용된 행위의 자유에 명백한 한계를 그어 주려 한다. 이렇게 구획지어지는 법적 자유도 사람들은 그들이 하고자 하는 바를 과연 해도 좋은가를 문제삼고 있음은 물론이다. 이는 몽테스키외가 "자유란 법률이 허용하는 모든 것을 행할 수 있는 권리이다. 만약 시민이 법률이 금하는 것을 할 수 있다면 이런 힘은 다른

---

1) 타멜로의 역설표현은 I. Tammelo, *Zur Philosophie der Gerechtigkeit*, Frank-furt/M., Bern 1982, 57면('Freiheit als Kriterium der Gerechtigkeit'); 그리고 자유의 상태와 방종의 상태에 대한 언급은 R. E. Barnett, *The Structure of Liberty*, Oxford 1998, 1면 이하. 로크는 그의 '자연상태'를 '방종의 상태'가 아니라 자연법인 이성의 구속 하에 있음을 강조했다. J. Locke, *Two Treatises of Government*, P. Laslett 편, Mentor, Cambrige 수정판, 1963, 311면. 우리 번역으로는 로크 · J. S. 밀/이극찬 역, 「통치론 · 자유론」, 삼성출판사, 1991, 32면 이하.

2) J. S. Mill, On Liberty, *Utilitarianism-Liberty-Representative Government*, London, New York 1957, 65면; 이극찬 역, 위의 책, 237면.

사람도 가질 것이기 때문에 그는 결코 (법적으로 보장된) 자유를 더 이상 갖지 못할 것이다"라고 한 데서 잘 나타나 있다.[3] 그런데 이 법적 자유도 자기모순을 간직하고 있다. 법은 개념필연적으로 강제의 속성을 지닌다. 그런데 강제는 자유의 침해이며 부정이다. 그러나 법 없는 상태에서 강자가 갖는 불가예측의 무규율적 강제, 즉 강자의 무제한적 자유(자의)를 고려할 때 법강제와 자유는 손잡지 않을 수 없게 된 것이다. 다시 말해서 인간의 자유행사를 한계짓고 규율하는 것을 그 과제로 삼는 법은 인정된 것이다.[4]

이런 모순을 안고서 자유는 법적 규율의 대상이 된 것이다. 문제는 어떻게 규율할 것인가이다. 실로 어떻게 법을 제정하고 어떠한 목적에 법과 강제를 사용하는가에 따라 그 결과는 엄청난 차이를 가져온다. 두드러지게는 자유주의적 법질서나 권위주의적 법질서의 현상으로 말이다. 그러나 자유는 또 역설적이게도 단순한 규율의 대상일 수는 없다. 그토록 갈망되는 자유는 실로 타 동물과 구별되는 인간의 표지이다. 자유의 포기는 인간의 포기이다(루소). 자유는 그만큼 중요한 가치이다. 그런 만큼 자유의 규율은 자유의 보장을 위한 그것으로 이해되고, 나아가 자유는 법적 규율을 정당화하거나 비판하는 기능도 갖게 되는 것이다. 실로 자유는 법치의 원인인 동시에 그 보루인 것이다.

II

자유가 무엇인가는 쉽게 대답될 수 있는 문제는 아니다. 자유는

---

3) Montesquieu, *Esprit des lois*, Paris 1877(Librairie de firmin-didot), 127면 이하. 인용참조는 R. Zippelius, *Rechtsphilosophie*, 제3판, München 1994, 181면.

4) 법과 강제의 개념필연적 관련은 특히 I. Kant, *Metaphysik der Sitten*, Felix Meiner, Hamburg 1957, 36면; 법적(정치적) 자유의 모순성에 대한 지적은 A. Merkl, Idee und Gestalt der politischen Freiheit, *Die Wiener rechts-theoretische Schule* 제1권, Wien 1968, 635면 참조.

모호하고 복잡한, 말하자면 가족적 유사성의 개념(비트겐슈타인)이다.
그래서 그것은 다양하고 다면적이다. 법에서 문제삼는 자유도 그렇
다. 그것은 이른바 '의지자유'의 문제도 포함한다. 그러나 여기에서
다루려는 것은 사회적, 정치적, 시민적 자유로서의 법적 자유이다. 이
것도 유일하게가 아니라 내용적으로 유사하지만 다양한 개념들의 가
족을 이루고 있다. 따라서 자유의 의미가 무엇인가를 파악하기 위해
서는 여러 자유개념의 변형들을 우선 살펴보아야 한다. 그것은 어떠
한 개념이든 언어의 관용을 바탕으로 해서만 의미 있게 규정될 수 있
기 때문이다.

일찍이 콩스탕(1767~1830)은 고대국가(그리스)에서의 광범위한 국
정참여의 집단적 자유(정치적 자유)만으로서의 '고대적 자유'와 근대유
럽국가에서의 신체, 사상, 결사, 소유, 거주이전, 참정 등과 같은 시
민적 자유로서의 '근대적 자유'를 엄격히 대립시켰고 양자의 혼동을
많은 악의 원인으로 보았다.[5]

현대에는 벌린(1909~1997)이 다른 인간존재에 의한 의도적 방해
나 간섭이 없는 '소극적 자유(negative freedom)'와 스스로의 삶과 행
위를 합리적으로 주도·결정하는 '적극적 자유(positive freedom)'를
대응시키고, 전자는 자유주의적이어서 찬성하고 후자는 권위주의적이
어서 비판했다.[6]

---

5) 이 유명한 근세 자유주의자의 자유구별은 1819년 파리에서 행한 그의 강연 '고
대인의 자유와 근대인의 자유의 비교'(De la liberté des anciens comparée à
cette des modernes)에서 자세히 논했으며, 근대적인 개인적 권리의 의식이 전
혀 없이 공동체의 권위에 개인이 완전히 예속되면서도 공공장소에서 정사에 직
접 참여하는 것으로만 자유를 인정했던 고대인의 자유관념을 근대에 실현하려
는 것은 많은 악을 유발하는 것으로 보았다. 프랑스 혁명 당시의 혼란상에 대
한 강한 비판이었다. 여기서의 참조는 B. Constant, *Political Writings*, B.
Fontana 역, Cambridge 1988, 309~328면(310면 이하).

6) 이 유명한 현대 자유주의자의 자유구별은 1958년 옥스퍼드 대학에서 행한 그
의 강연 '자유의 두 개념'(Two Concepts of Liberty)에서 논했으며, 이성적
자기지배(자기실현)에로의 자유만을 인정한 일원적, 이념주의적 자유관(적극적
자유) 대신에 더 진실되고 인간적인 다원적 행위선택의 자유(소극적 자유)를
주창했다. 여기서의 참조는 I. Berlin, *Four Essays on Liberty*, Oxford 1969,

요즈음 밀러는 자유로운 자주적 공동체(국가)의 참여적 일원(국민)이냐를 중시하는 '공화주의적 자유', 개인이 타인에 의해 간섭이나 방해를 받지 않음을 강조하는 '자유주의적 자유', 그리고 자기의 진정한 욕구나 믿음에 따라 자율적으로 삶을 형성하는 '이념주의적 자유'를 정립(鼎立)시키고 있다.[7]

그런가 하면 법철학에서는 일찍부터 각자에 최대의 개인적 활동과 자기발현의 공간을 인정하는 '자유주의적 자유'와 각자에 국가적 의사형성에의 참여기회를 주는 '민주주의적 자유'의 대립, 인간의 행동영역에 대한 형식법적 보장, 즉 침해로부터의 보호에 주목하는 '형식적 자유'와 이를 넘어 개인에 자기발현의 '현실적' 제조건, 특히 교육의 기회와 재화획득의 경제적 기회가 마련되어야 한다는 '실질적 자유'의 대립 등이 논의되어 왔다.[8]

이렇게 자유의 의미를 놓고는 여러 견해들이 난립되고 있다. 사실 이들 견해들은 각각 인간존재와 삶의 의미, 나아가 정치적 이데올로기에 대한 상이한 근본관점들을 그 배경으로 하고 있다. 그렇다고 해서 그들에 공통된 의미를 찾을 수 없다고 단정할 일은 아닌 것 같다. 생각해 보면 위에서 살핀 여러 견해들 중 '공동체 자유의 형성'에서 고전적, 민주주의적, 공화주의적 자유 사이에는 관념적 일치가 뚜렷이 보이고, 그리고 '개인 자유의 보호'에서 근대적, 소극적, 자유주의적, 형식적 자유 사이에도 그렇다. 나아가 '자유의 실현'에서 적극적, 이념주의적, 그리고 실질적 자유 사이도 마찬가지다. 그런데 관점을 높게 자기실현의 측면에 두면 고전적, 민주주의적 및 공화주의적, 그리고 이념주의적 및 실질적 자유는 모두 적극적 자유에 포

118~172면.

7) 이런 자유의 정립은 D. Miller 편, *Liberty*, Oxford 1993, 서문(1~20면)에서 잘 설명되고 있다.

8) 여기의 설명은 전적으로 R. Zippelius, 앞(주 3)의 *Rechtsphilosophie*, 182~183면 참조. 우리 번역으로 양화식 역, 「법철학」, 지산, 2001, 296~300면 참조. 또 라드브루흐/최종고 역, 「법철학」, 삼영사, 제8장(96~108면) 참조.

섭될 수 있다. 그러면 결국 소극적 자유와 적극적 자유의 대립(!)만
이 남는 것이다.[9]

그러나 어쨌든 주목되는 것은 민주(공화)주의적 자유, 자유주의적
자유, 그리고 이념주의적 자유 사이의 대립이다. 그런데 이것도 화해
불가능의 것은 아니다. 인간이 자유로운 공동체 안에서만 공동체의
위대성(덕목)도 달성되는 동시에 시민의 자유도 보장되는 것을 바랄
수 있다고 보면 공화(민주)주의적 자유는 자유주의적 자유의 선재(先
在)조건으로 여길 수 있다.[10] 자유주의적 자유의 강력한 옹호자인 벌
린도 국가적 자주성을 자유의 한 이상으로 부정하지는 않았다. 그가
강조한 것은 최소한의 자유주의(소극)적 자유의 영역이 인간존재에
있어 본질적인 것이며 그리고 이는 공화주의(적극)적 자유가 신장되
어도 침해될 수 있다는 점이었다.[11]

나아가 공화(민주)주의적 자유 및 자유주의적 자유의 이념주의(적
극·실질)적 자유에 대한 관계인데 일반의사의 표현으로서 또 형식적
자유의 보장으로서 법은 대개 욕구의 극복 없이는 준수될 수 없고 또
그것은 자율적 삶의 충분조건은 못되지만 필요조건임에는 틀림없다
는 점에서도 융화(融和)의 관계에 놓여 있다고 하겠다.[12]

---

9) 자유의 이론들 사이의 이와 같은 관념적 일치 내지 유사성에 관해서는 우선
 D. Miller, 앞(주 7)의 책, 서문 참조.
10) 이 점 특히 Q. Skinner, The Paradoxes of Political Liberty, 위의 D. Miller
 편, *Liberty*, 181~205(197)면 참조; 또 D. Miller 편, 같은 책, 서문(6면) 참조.
11) 벌린의 이러한 이론적 발전은 그의 앞(주 6)의 책, 서문(9~63면) 참조. 이에
 대한 검토는 D. Miller 편, 같은 책, 10면 참조.
12) 공화(민주)주의적 자유관과 자유주의적 자유관의 공통적 기초인 법에 관해 공
 화주의적 자유관의 대표자인 루소는 "시민신분에 의해서만 … 인간이 자신의
 참된 주인이 될 수 있는 정신적 자유가 추가될 것이다. 왜냐하면 단지 욕망의
 충족만을 따르는 것은 노예의 굴종이고 스스로 만든 법을 좇는 것은 자유이기
 때문이다"라고 말했고(J.-J. Rousseau, *Du contrat social etc.*, Garnier,
 Paris 1954, 247면/이환 옮김, 사회계약론, 서울대학교출판부, 1999, 27면), 자
 유주의적 자유관의 대표자인 밀은 그것의 도움으로 외적 강제나 제약이 없게
 된 '자유로운' 상태에서도 인간은 관습 등에 강하게 지배되어 자유를 사용하기
 를 두려워 해 자기 자신의 삶의 양식을 선택하지 못할 수 있음을 지적했다(앞
 (주 1)의 로크·J. S. 밀/이극찬 역, 「통치론·자유론」, 316면 참조). 이런 언

이상을 종합해 보면 다양하게 나누어진 자유들은 서로 구별은 될
수 있지만 또한 융화관계에 놓이지 않을 수 없는 '유사한 아이디어의
덩어리'라고 말할 수 있겠고, 자유에 대한 온전한 이해는 세 자유가족
들의 요소들 모두에 의거함으로써만 가능하다고 하겠다. 이런 통찰 위
에서 보면 자유란 우선 인간이 스스로 참여해서 만든 사회 및 정치제
도 밑에서 살아야 하고, 아무런 제약을 받음이 없는 최대의 행동영역
을 향유하여야 하고, 나아가 어떻게 살아야 하는가에 대해 직접 결정
해야지 그것에 대한 생각을 다른 이로부터 빌리지 않을 때 진정하게
존재한다고 결론내릴 수 있겠다.[13]

III

이러한 자유파악은 실로 공화(민주)주의적 견해, 자유주의(소극)적
견해, 그리고 이념주의(적극·실질)적 견해의 요구들, 더욱 넓혀서 보
면 결국 소극적 자유와 적극적 자유의 요구들 모두를 고려한 것이지
만 철학적, 이데올로기적 입장으로 말미암아 그 구체적 이해에 논란
이 있게 되는 것은 막을 수 없다. 예컨대 자유주의자들은 소극적(자
유주의적, 형식적) 자유를 우위에 놓으려 하고, 이념주의자 및 사회주
의자들은 그것에 더하여 적극적(실질적) 자유를 전면에 내세운다. 그
래서 행위제약의 요소를 놓고도 자유주의자들은 외적 제약만을, 심지
어 법을 제외한 외적 강제만을 드는데 반해 사회주의자를 비롯한 다
른 이들은 내적 제약을 꼭 덧붙인다. 그러면 이러한 대립은 세계관적
인 그것으로서 해결할 수 없는 것일까. 그러나 그렇게 생각할 문제는
아니다.

우선 소극적 자유와 적극적 자유의 우위성 문제인데 이는 자유의

급 또한 D. Miller 편, 위의 *Liberty*, 19면 참조.
13) 이러한 포괄적 결론의 도출은 위의 D. Miller 편, *Liberty*에서의 밀러의 서문
(19~20면) 참조.

개념구조를 살피면 의미론적으로 잘못된 것임이 분명해진다. 자유라
는 말은 사회적으로 우선 행위를 하는 데 강제나 제약들에 의해 방해
받지 않고 있음을 가리키고, 다음은 하고 싶은 행위를 임의로 할 수
있는 능력을 가지고 있음을 가리킨다. 전자가 '소극적 자유'(freedom/
liberty from)이고, 후자가 '적극적 자유'(freedom/liberty to)이다. 그런
데 이들은 때로는 '어긋'나기도 하고 '일치'하기도 한다. 예컨대 일정
한 행위를 하는데 '어떤' 사정에 의해 방해받지 않아, 말하자면 소극
적 자유를 누리나, '다른 어떤' 제약에 의해 방해를 받아 임의로 행위
할 수 없는, 말하자면 적극적 자유를 누리지 못할 경우 양자는 어긋
난다. 그러나 어떤 이가 하고 싶은 행위를 하는 데 '아무런' 제약을
받고 있지 않다면 양자는 일치한다. 왜냐하면 그는 우선 소극적 자유
는 누리는 것이고, 나아가 행위능력이 전제된 그이고 보면 결의가 있
는 한 행위할 능력도, 즉 적극적 자유도 누리기 때문이다. 따라서 어
떤 행위에 대한 적극적 자유란 그 행위를 방해할 모든 제약이 없을
때 존재한다고 볼 수 있다.[14]

　이렇게 볼 때 소극적 자유와 적극적 자유는 그 상이한 의미와 기
능에도 불구하고 반드시 대립되고 있지는 않으며 또 완전히 분리될
별개의 대상도 아닌 것이다. 두 자유 모두 자기 의사에 따라 행위하
는 것을 방해할 제약들이 존재하지 않음을 뜻한다. 다만 소극적 자유
는 '약간의 일정한' 제약의 결여를 의미하고 적극적 자유는 '모든' 제
약의 결여를 요구하는 것이다. 달리 표현하면 적극적 자유는 소극적
자유를 포함한다고 말할 수 있다. 그래서 어떤 이가 그는 원하는 대
로 행위할 적극적 의미에서의 자유를 누린다고 하면, 우리는 그가 그

---

14) 이 점 J. Feinberg, *Social Philosophy*, Englewoods Cliffs, New Jersey 1973,
　　12~13면; P. Koller, On the Meaning and Extent of Social Freedom,
　　Philosophie des Rechts, der Politik und der Gesellschaft, O. Weinberger
　　외 공편, Wien 1988, 86~94(88)면 참조. 그리고 P. Koller, Freiheit als
　　Problem der politischen Philosophie, *Politik und Ethik*, K. Bayertz 편,
　　Stuttgart 1996, 111~138(112~113)면 참조.

렇게 행위하는 것을 방해할 모든 특수한 제약으로부터 자유롭다는 것을 전제하는 것이다. 그러나 이는 적극적 자유의 개념이 소극적 자유의 그것보다 우위에 있다거나 또는 소극적 자유의 개념은 필요 없다는 것을 의미하지 않는다. 양 자유의 개념들은 모두 필요하며 인간행위를 논하는 데 불가결한 것들이라고 해야 할 것이다. 따라서 상이한 맥락에서 어떤 자유의 개념을 사용하는가는 논리의 문제일 뿐만 아니라 화용론(話用論)의 문제인 것이다.[15]

다음으로 행위의 제약요소에 관한 논란인데 자세히 살펴보면 너무 극단적인 것이 문제이다. 행위의 제약요소란 일정한 행위의 수행을 불가능하게 하거나 아주 생각할 수 없게 만드는 사정을 일컫는다. 이러한 사회적 행위제약으로는 크게 외적 제약과 내적 제약으로 나뉜다. 외적 강제나 타인의 폭력은 외적 제약이고, 권력, 경제력(돈), 학력 같은 행위의 사회적 자원이라고 일컫는 것들이 결핍되고 있는 사정이 내적 제약이다.[16] 그런데 이런 행위의 제약과 관련하여 우선 극단적 자유주의 경제철학자 하이에크는 내적 제약은 아예 고려하지 않을 뿐만 아니라 외적 제약에서도 법을 제외시킨다. 그는 "자유란 오로지 인간의 다른 인간에 대한 관계를 말하는 것이며 그리고 자유에 대한 침해는 다른 인간에 의한 강제이다"라고 하면서, 다른 인간에 의한 강제가 아니라 유사한 경우 모든 이에게 동등하게 적용된다고 일반적으로 규정한 추상적인 법강제는 자연적인 장애물과 같은 것이어서 자유에 대한 장애라고 보지 않는다.[17] 그러나 자유를 제약하는

---

15) 이런 점 특히 J. Feinberg, 위의 책, 같은 면; P. Koller, 앞(주 14)의 첫째 글, 88면 참조. 그러나 법철학자 카우프만은 적극적 자유를 칸트에 따라 자기 답책적 자기결정에의 자유, 즉 자율성으로 이해하면서 그것이 자유의 토대라고 강조한다(Arthur Kaufmann, *Rechtsphilosophie*, 제2판, München 1997, 235면 이하 참조).

16) 이와 관련하여는 J. Feinberg, 위의 책, 같은 면; P. Koller, 앞(주 14)의 둘째 글, 115~116면 참조.

17) F. A. v. Hayek, *Die Verfassung der Freiheit*, 제3판, Tübingen 1991(1971), 16면, 185면. 이의 원본인 영어판 *The Constitution of Liberty*, Henley, London 1976(1960), 12면, 153면.

것은 강제만은 아니다. 또 법의 강제가 일반적이고 예측가능하다고 해서 강제가 아닌 것은 아니다. 일정한 행위를 금지 또는 요구하는 법은 실로 외적 제약의 대표인 것이다. 법은 자유를 제한하지만 최소한의 법질서는 결국은 최대한의 인적 자유를 제공한다고 하는 것이 옳을 것이다.[18]

다음은 내적인 사회적 제약과 관련해서인데 어떤 이들(대개 극단적 자유주의자들)은 사회적 자유란 외적 제약의 부재로써 족한 것이라고 하는가 하면, 다른 이들은 내적 제약의 부재까지 충족될 것을 주장한다.[19] 양 주장 사이의 다툼은 자못 치열하다. 그러나 우리가 강제와 폭력만 금하면 사회적 자유는 균등하게 보장되는 것이고, 이는 또한 필요한 사회적 자원이 완전히 결핍되어 조금만큼도 행동의 여지가 없는 이에게도 그런 것이라고 한다면, 사회적 자유란 정말 하나의 빈말에 그칠 뿐일 것이라는 점을 생각할 때 후자의 견해가 타당하다고 할 것이나 이에도 제한이 필요하다. 다시 말해서 행위의 사회적 자원이 완전히가 아니라 어느 정도 결핍된 상태는 사회적 자유를 부인하는 근거일 수는 없다고 하겠다. 왜냐하면 사회적 자유는 사실상의 행동가능성(능력)과 꼭 같지는 않으며, 또 사람들이 모두 똑같은 행동가능성을 갖지 않아도 보통 동등하게 자유롭다고 하는 이른바 "평등자유"의 의미를 유념해야 하기 때문이다. 이렇게 볼 때 아무런 제약이 없

---

18) 이에 관한 자세한 논의는 D. Miller, *Market, State and Community, Theoretical Foundations of Market Socialism*, Oxford 1990(1989), 26~30 면 참조.

19) 내적 제약의 부재를 문제삼지 않는 자유주의자들은 F. A. v. Hayek 외에 R. Nozick, "Coercion," 원래는 S. Morgenbesser 외 공편, *Philosophy, Science and Method*, New York 1969, 440~472면, 그 후 P. Laslett 외 공편, *Philosophy, Politics and Society* 제4집, Blackwell, Oxford 1972, 101~135면 그리고 H. Steiner, Individual Liberty, 원래는 *Proceedings of the Aristotelian Society* 75(1974/1975), 지금은 D. Miller 편, 앞(주 7)의 *Liberty*, 123~140면. 이에 반해 내적 제약의 부재를 적극 주장하는 이로는 L. Crocker, *Positive Liberty*, The Hague 1980. 물론 이에는 전통적으로 사회주의자가 속한다.

다는 것은 아무런 외적인 사회적 제약이 없을 뿐만 아니라 자기결정
적인 행위를 가능케 할 사회적 자원의 처분이 어느 정도가 아니라 극
심하게 결핍된 사정으로서의 내적 제약이 없다는 것을 의미한다고 하
겠다.[20]

이렇게 보면 위에서 규정한 자유의 의미는 좀 더 자세히 사람들이
스스로 참여해서 이룬 사회(정치)제도 밑에서 법을 포함한 외적인 사
회적 강제 및 제약이나 사회적 자원의 극심한 결핍과 같은 내적 제약
등으로 인한 방해를 결코 받음이 없이 자기의 의사에 따라 자신들의
삶을 형성할 수 있음에 있다고 일단 종결지을 수 있겠다.[21]

---

20) 이러한 입장은 P. Koller, 앞(주 14)의 둘째 글, 119~120면의 설명을 바탕으
로 한 것이다. 보다 일반적으로 기본생활의 안정에 대한 고려없는 자유의 공
허성에 대해서는 이미 김태길, "사회정의 그 이념과 현실", 「정의의 철학」, 대
화출판사, 1977, 25면 참조.

21) 이러한 자유관은 J. Raz의 '완전주의적 자유관'(Perfectionist View of Free-
dom)과 기본적으로 차이가 없다. 라즈는 "(정치적)자유란 개인적 자율성에
대한 권리이다"라고 하면서도 근본적으로 '개인주의적'은 아니다. 그는 "권리
(자유 – 필자)는 사람들에게 집단의 구성원으로서의 그들의 정체성을 자부할
수 있게 하는 공공문화를 함양하는 데 뜻을 두고 있다", "권리는 본래적으로
집단적 가치와 독립해서나 그것에 본질적으로 대립되어 이해해서는 안 된다"
라고 말한다. 그리고 나서 "완전주의적 자유관은 개인적 정치적 자유를 좋은
삶(good life)의 한 국면으로 여기기에 그렇게 부른 것이다. 그것은 개인적
자율성의 가치와 가치다원주의로부터 도출된 자유관이다"라고 주장한다(J.
Raz, *The Morality of Freedom*, Oxford 1986, 246면, 254~255면, 263면).
라즈는 근래 "정부의 주된 목적은 … 사람들(people)의 복락을 보호하고 증
진하는 데 있다. 이런 주장의 수락은 나의 견해를 종종 '완전주의'라 일컫게
한다", "완전주의적 정부, 즉 사람의 복락을 증진할 의무를 자각하고 있는 정
부는 오늘날의 조건에서는 사람이 성공적인 자율적 삶을 이끌어 갈 수 있다는
의미에서 자유로워야 할 필요가 있다는데 대해 민감하지 않으면 안 된다"라고
피력하고 있다(J. Raz, Liberty and Trust, *Natural Law, Liberalism and
Morality*, R. P. George 편, Oxford 2001(1996), 113면). 이상과 같이 라즈의
자유는 이념주의적 자유관, 자유주의적 자유관, 공화주의적 자유관을 포괄하
는 이른바 '공동체주의적 자유주의'의 자유관에서 파악되고 있다. 그의 자유
관이 일정한 '가치관'을 수락한다는 점에서 그것으로부터 중립적이려는 롤즈의
개인주의적 자유주의와는 구별된다. 이에 관한 논의는 깊은 정치철학의 문제로
서 더 이상 언급치 않겠다(이와 관련된 입문적 소개는 J. Gray, *Liberalism*, 제2
판, 1995, 85면 이하 그리고 자세하게는 S. Mulhall/A. Swift, *Liberals and
Communitarians*, Blackwell, Oxford, 제2판, 1996, 218면 이하, 309~347면

IV

이상과 같이 우리는 자유에 관한 여러 기존의 견해들을 종합적으로 검토하면서 자유의 의미를 규정해 보았다. 여기에서 우리가 얼른 깨닫게 되는 것은 자유는 인간이 꼭 지녀야 할 불가결의 가치이기는 하지만 그 개념 자체로부터도 무제한이 아니라 제한된 범위에서만 누릴 수 있음이 밝혀진다는 점이다. 즉 사회란 개인 혼자만이 독존하는 곳이 아니라 여러 개인들이 공존하는 곳이다. 따라서 여기에는 타 개인이 존재한다는 사실만으로도 각 개인의 행위에는 일정한 한계가 설정되는 것이라고 하겠다. 나아가 각 개인들은 수시로 상반되는 목표와 이해관계를 추구하는 까닭에 자기의 행위를 자기의 의사대로 규정하려는 그들의 자유들은 불가피하게 충돌할 수밖에 없게 된다. 이렇게 보면 다른 사회적 가치들과 마찬가지로 사회적 자유도 결코 충만되게 향유할 수는 없는, 말하자면 일종의 '부족한' 가치로서 그 '분배'와 '범위'가 모색되어야 하는 상황에 또한 놓여 있다고 하겠다.[22]

그렇다면 이러한 사회적, 즉 법적 자유의 분배와 범위는 어떻게 정하는 것이 타당하겠는가. 이에 관해서도 우선 명백히 말할 수 있는 것은 이미 위에서 언급했듯이 자유의 분배와 범위는 각자가 자기가 하고 싶은 대로 행위하게 내버려두는 완전히 무규율적인 사회적 공동생활의 상태에서는 존재할 수 없다는 점이다. 홉스적 자연상태에 비유될 수 있는 이런 무규율의 상태에서는 사람들은 제각기 자기의 이해관계가 걸린 일이면 무엇이든지 또 자기의 힘이 미치는 한에서는 어디까지든지 행하려는 무제한의 자유를 가지며, 이런 자유는 어떠한 임의의 강제도 허용하게 되고, 누구도 타인의 강제에 대해 똑같은 강제로 대응할 수 있을 뿐 어떤 보호를 요청할 권리란 있을 수 없게 된다. 따라서 이런 무제한의 자유란 자의나 방종과 마찬가지여서 그야

참조).
22) 이런 점 또한 P. Koller, 위의 글, 121면.

말로 포퍼가 간파했듯이 자유의 자멸로 귀결된다고 하겠고 또 '모두
에게 완전한 자유를'이라는 '무정부주의적 원리'로서는 파인버그가 지
적하듯이 강자에게만 더 많은 자유가 주어질 뿐 아무에게도 진정 안
정된 자유란 없게 될 것이다.[23] 따라서 인간의 행위를 규율하고 인간
의 자유를 제한하는 사회적 규칙이 있고서만 사람들은 일정한 범위의
안정된 사회적 자유를 누릴 수 있는 것이다. 또 이러한 규칙만이 사
람들로 하여금 자의적인 강제로부터 벗어나 자기 삶을 자기 뜻대로
형성할 수 있게 할 가능성을 제공한다고 하겠다.

그러면 이러한 사회적 규율이 어떠한 성질의 것이어야 하는가에
대해서, 다시 말해서 그것이 사람들에게 어떠한 방법(규준)으로 자유
를 분배해야 하며 또 자유를 어떤 범위에서 제한해야 하는가에 대해
묻지 않을 수 없다. 물론 이는 사회체제의 자유에 대한 규범적 표상
과 깊이 관련되어 있다. 이러한 표상이 다름에 따라 사회적 규율은
자유를 모든 구성원에게 평등하게 보장할 수도 또 차이 있게 분배할
수도 있고, 그 범위도 크거나 작거나로 변동될 수 있다. 사실 고대
종족사회에서는 종족의 일원이어야만 사회적 자유에 대한 다소간의
균등한 권리를 누렸고 그 외의 자는 노예나 비자유인으로 완전히 제
외되었다. 또 신분사회에 들어와서는 각자는 일정한 신분계층들에 속
해 그것들에 상이하게 규정된 권리와 자유를 향유했을 뿐이었다. 자
유란 일부 신분계층의 특권들이어서 신분사회에서는 일반적으로 '자
유'가 존재했던 것이 아니라 '자유(특권)들'이 차이 있게 향유될 뿐이
었다.[24]

그러나 근세이후 서양의 시민사회에 들어 와서는 많은 사상가들이
인간사회를 원점에서 다시 성찰하기 시작했고 이로써 사회적, 정치적

---

23) 이것이 포퍼가 말하는 '자유의 역설'이다. K. R. Popper, *The Open Society
   and its Enemies* 제2권, London 1973(1945), 124면. 우리 번역으로는 이명
   현 역, 열린사회와 그 적들 II, 민음사, 1982, 179면; J. Feinberg, 앞(주 14)
   의 책, 22~23면.
24) 이런 개관 역시 P. Koller, 위의 글, 122~124면 참조.

자유에 대한 규범적 표상도 크게 달라졌다. 이의 견인차 역할을 한
이는 두말할 필요 없이 로크였다. 그는 "모든 사람들이 자연적으로는
대체 어떠한 상태에 놓여 있는가"를 묻고 이에 대해 대답하기를 우선
그것은 완전히 자유로운 상태이라고 했다. 즉 "사람들이 일일이 다른
이의 의사에 구속됨이 없이 스스로 적당하다고 생각하는데 따라서 자
신의 행동을 규율하고 자신의 소유물과 신체를 마음대로 처리할 수
있는" 자유로운 상태라는 것이다.[25] 다음으로 그것은 평등한 상태라
고 했다. 그곳에서는 "모든 권력과 권한은 상호적이며 어느 누구도
다른 사람들보다 더 많은 것을 갖는 일은 없으며, 세상에 태어나면서
부터 아무런 차별도 없이 모두 똑같이 자연의 혜택을 누리며 똑같은
능력을 행사할 수 있고, 사람들은 누구나 남에게 종속 또는 복종되는
일이 없이 모두 평등한" 상태라는 것이다.[26] 그런데 이렇게 "원래 이
세상에 태어날 때부터 모두 자유롭고 평등하며 그리고 독립된" 인간
들이 자연상태를 벗어나 자발적 동의 하에 정치체를 형성하여 시민사
회의 구속을 받는 것은 오직 그들이 원래 향유하는 재산(생명, 자유
및 자산)을 불안정하고 위험스런 자연상태보다 더 안정되고 평화롭게
보전하기 위한 목적에 있을 뿐이라고 그는 강조했다.[27] 이 점에서는
루소도 다를 바 없었다. 그에 있어서도 "모두는 평등하고 자유롭게
태어났고, 자유는 인간본성의 한 귀결"이었으며, 사회란 각 구성원이
힘을 합쳐 신체와 재산을 보호하려고 하나로 합쳤기에 자신에게만 복
종하고 이전과 마찬가지로 자유로울 수 있는 결합체라고 주창되었
다.[28]

이런 사상을 토대로 자연히 인간은 '모두' 자유롭고 평등하게 태어
났으며, 그래서 각자는 근본적으로 최대한의 자유를 평등하게 요구할

25) 로크/이극찬 역, 앞(주 1)의 「통치론·자유론」, 31면.
26) 로크/이극찬 역, 위의 책, 같은 면.
27) 로크/이극찬 역, 위의 책, 101면, 124면 참조.
28) J.-J. Rousseau, 앞(주 12)의 Du contrat social, 236면, 243면/이환 옮김, 앞
(주 12)의 사회계약론, 6면, 19면.

수 있다는 규범적 표상이 형성된 것이다. 이것이 이른바 '만인의 생래적, 자연적 자유와 평등의 이념'이다. 이러한 이념 밑에서는 자유의 제한이란 오직 모든 이의 이익에 이바지할 경우에 한해 허용될 뿐이었다. 프랑스 인권선언 제1조는 어쨌든 이러한 규범적 표상을 압축해서 "인간은 권리로서 자유롭고 평등하게 태어나며 생존한다. 사회적 차별은 공동이익에 기초한 경우에 한해 행해질 수 있다"고 선언하기에 이르렀다.[29] 그러나 이러한 이념과 선언은 차별의 논거를 허용하고 있음으로 해서 절대군주제, 귀족제, 심지어 노예제도 모두의 이익에 이바지될 수 있는 한 옹호될 수 있지 않겠느냐는 논의를 때때로 등장시켰다. 그러나 점차 그러한 논의의 설득력이 없어지고 사회적 자유의 불평등한 분배에 대한 일반적으로 수락될 수 있는 근거가 없어짐에 따라 모든 시민은 '하나의 일반적인 자유'를, 즉 모든 시민은 최대한의 평등한 자유를 요구할 수 있다는 규범적 표상이 공인되었던 것이다. 그래서 모든 사람은 본래 자유롭고 평등하며, 그래서 사회의 시민으로서 최대범위의 평등한 자유를 향유한다는 현대적인 사회적 자유, 즉 '시민적 자유'의 원칙이 수립된 것이다.[30]

이 최대평등의 시민자유의 원칙은 사회적, 법적 자유의 정당한 분배와 범위의 규정에 관한 현대적인 일반원리를 나타낸 것이다. 즉 그것은 모든 시민에게 가능한 한 자유를 최대범위에서 평등하게 부여해야 한다는 원리인 것이다. 오늘날 철학자 롤즈는 이를 그의 사회정의의 제1원리라 일컬으며 "모든 개인은 다른 사람들의 같은 자유와 양립할 수 있는 가장 광범위한 기본적 자유에 대하여 동등한 권리를 가져야 한다"라고 표현했다.[31] 이 이른바 '최대평등의 자유에 관한 원

---

29) 성낙인, 「프랑스헌법학」, 법문사, 1995, 부록 908면, 938면.
30) 이런 평등자유사상의 발전과정도 우선 P. Koller, 앞(주 14)의 둘째 글, 124~125면; 일반적으로는 J. Schlumbohm, *Freiheitsbegriff und Emanzipationsprozess*, Göttingen 1973; H. Bielefehldt, *Neuzeitliches Freiheitsrecht und politische Gerechtigkeit*, Würzburg 1990 참조.
31) J. Rawls, *A Theory of Justice*, 개정판, Cambridge, Massachusetts 1999 (1971), 53면 참조.

리'(principle of greatest equal liberty)는 오늘날 자유주의적 자유원리의 표어로 통하고 있다. 일찍이 칸트는 "자유(다른 이의 강요적인 의사로부터의 독립)란 하나의 보편적인 법칙에 따라 다른 각자의 자유와 공존할 수 있는 한 각 인간에게 그 인간성(Menschheit) 때문에 귀속되는 유일하고 본래적인 권리이다"라고 했다.[32] 생각건대 최대평등의 자유원리는 자유로운 행위만이 인간 모두의 소망실현을 최적화할 수 있는 가능성을 내포하고 있으며 또 인간은 공동존재로서 자기결정적인 생활방식을 다른 동료에게도 똑같이 부여하려고 한다는 낙관적이고도 인도적인 사실에 근거하고 있다고 하겠다. 나아가 누구도 불필요한 자유의 제한을 받아들이려 하지 않을 것이며, 그런 한에서 이 자유주의적 공존은 지지를 얻을 수 있겠다.[33] 실로 칸트의(온갖 전율스런 현대적 독재를 본 우리로서는 과장된 듯 보이나, 행복추구권의 철학적 정당화도 제공한) 다음과 같은 말은 그 가장 강한 뒷받침인 것이다: "아무도 나로 하여금 자기 방법대로(그가 다른 이의 복락에 대해 생각하는 바대로) 행복하게끔 강제할 수는 없으며, 오히려 각자는 만약 그가 모든 각자의 자유와 하나의 가능한 보편적인 법칙에 따라 공존(양립) 할 수 있는 다른 이의 유사한 목적을 추구할 자유(다른 이의 이 권리)를 침해하지 않는다면, 자기의 행복을 자신이 좋다고 생각하는 방법으로 추구할 수 있는 것이다. 국민을 아버지가 자식들을 생각하는 것과 같이 생각하는 '호의(돌봄)의 원리(Prinzip des Wohlwollens)' 위에 설립된 국가, 다시 말해서 국민이 무엇이 그들에게 참으로 이롭고 해로운가를 식별할 수 없는 미성년자로서 어떻게 행복하여야 하는가에 대해서는 단지 국가수령(원수)의 판단만을, 그리고 그가 국민의 행복을 의욕하는가에 대해서도 그의 자비만을 기대하기 위해 단지 소극적

---

32) I. Kant, 앞(주 4)의 *Metaphysik der Sitten*, 43면.

33) 이 점 O. Weinberger, Freiheit und die Trennung von Recht and Moral, *Worauf kann man sich noch berufen?* ARSP‑Beiheft 제29호, Stuttgart 1987 참조(지면 표시가 빠진 채 복사된 논문이기에 몇 면에서인지를 정확히 밝히지 못함) (157면 — 편집자).

으로만 처신하도록 강요당하고 있는 후견주의적 국가(*imperium paternale*)는 우리가 생각할 수 있는 최대의(가장 나쁜—필자) 전제주의(국민의 모든 자유를 없앤, 그래서 어떠한 권리도 가지지 못하는 정치체)이다."[34]

V

위에서 지적했듯이 자유는 그것이 어떻게 누려지든 자유 사이의 상호관련성으로 인한 상호충돌은 피할 수 없다. 그래서 자유 사이에는 상호제한이 불가피하게 된다. 오늘날 적극적 지지를 얻고 있는 모든 이에게 최대자유를 평등하게 분배해야 한다는 시민적 자유의 이념과 원리도 자유의 제한을 초극한 원리는 아니다. 그것은 따지고 보면 콜러가 지적하듯이 사회질서는 각자의 최대한의 사회적 자유가 타 각자의 마찬가지의 자유와 양립되는 범위로 모든 이의 자유를 제한해야 한다는 것을 의미한다.[35] 그렇다면 그 제한의 조건과 규준은 어떠한 것인가를 묻지 않을 수 없다.

누구나 이에 대한 대답을 우선 칸트의 「법론」에서 찾는다. 칸트는 자유의 한계설정과 규율을 바로 법의 원리와 기능으로 보았다. 이는 그의 표현을 달리한 여러 법개념의 규정들에서 잘 나타나 있다: "법은 한 사람의 의사(자의)와 다른 사람의 의사가 자유의 보편적 법칙에 따라 함께 결합(zusammen vereinigt)될 수 있는 조건의 총체이다."[36] "각 행위는 그 자체나 그 준칙에 있어 각자의 의사의 자유가 모든 각자의 자유와 하나의 보편적 법칙에 따라 공존(zusammen-bestehen)할 수 있는 그런 것일 때 법적이다."[37] "법은 하나의 보편

34) I. Kant, Über den Gemeinspruch: Das mag in der Theorie richtig sein, taugt aber nicht für die Praxis, *I. Kant Werkausgabe* 제11권, W. Weischedel 편, Frankfurt/M. 1978, 145~146면.
35) P. Koller, 앞(주 14)의 둘째 글, 125면 이하 참조.
36) I. Kant, 앞(주 4)의 책, 34면 이하.

적인 법칙에 따라 가능한 한에서 각자의 자유를 모든 각자의 자유와의 일치(Zusammenstimmung)라는 조건에서 제한하는 것이다."[38]

그러면 이들이 의미하는 바는 무엇인가. 이들이 과연 어떤 조건 밑에서 각자의 자유는 다른 각자의 같은 자유와 일치하며, 어떠한 방법으로 모두에게 평등한 자유를 보장하기 위해 시민의 자유를 제한해야만 하며, 가능한 한의 최대의 자유를 확보하기 위해서는 어떠한 범위에서 자유를 제한해야만 하는가와 같은 질문들에 대해 명쾌한 해답을 주고 있는 것인가는 좀 더 검토해 보아야 알 수 있을 것 같다.

칸트에서 법은 위의 법개념에서 보듯이 각 개인의 행동자유, 즉 '타인의 강요적 의사로부터의 독립'을 그것이 다른 각자의 자유와 보편적인 법칙들에 따라 공존할 수 있는 범위까지 제한하는 과제를 가졌다. 이런 법은 자신의 법칙들의 안정을 기하기 위해 보편적 법칙에 반한 자유의 침해인 강제에 대해 강제로써 대처하지 않을 수 없기 때문에 스스로 또한 강제적이지 않을 수 없었다. 그래서 "법은 강제할 권능과 필연적으로 결합"되었다. 또 이는 "자유의 장애의 저지"로서 보편적 법칙에 따른 자유와 일치하는 것이었다.[39] 이렇게 볼 때 칸트는 모든 이에게 평등한 자유를 보장하여야 하는 자유의 제한이란 보편적이고 객관적인 강제규칙을 통해 이루어져야 함을 주장하였음이 밝혀진다. 그리고 이 경우 규칙의 보편성(일반성) 때문에 각자는 평등한 범위에서 외적인 강제규칙에 의해 제한 받게 되는 것이고 그리고 이런 강제가 없는 경우에는 자기의 삶을 자기가 좋다고 생각하는 대로 형성할 수 있는 소극적 자유를 또한 평등하게 누리게 되는 것이라고 하겠다. 따라서 그런 규칙에 의해 모든 이의 자유를 평등하게 제한하는 것은 시민적 자유의 '필요조건'임에는 틀림없다.[40]

---

37) I. Kant, 위의 책, 35면.
38) I. Kant, 앞(주 34)의 글, 144면.
39) I. Kant, 앞(주 4)의 책, 36면 참조.
40) 이런 점은 P. Koller, 앞(주 14)의 둘째 글, 126면; R. Zippelius, 앞(주 3)의 책, 182면, 양화식 역, 「법철학」, 295면 참조.

그런데 이러한 규칙을 통한 모든 이의 행동에 대한 평등한 제한만
으로 정말 모든 이는 평등하고 최대가능의 자유를 충분히 보장받는
것일까. 그러나 위에서 이미 지적한 것을 기초로 생각해 보면 보편적
강제규칙의 효력이 곧 평등한 자유의 충분한 보장을 제공하지는 않는
다고 하겠다. 왜냐하면 그런 강제규칙에 의해 모든 이의 자유를 균등
하게 제한한다고 해서 사회적 자유의 조건인 행동의 사회적 자원을
또한 모두가 자동적으로 갖게 되지는 않기 때문이다. 따라서 '평등한'
자유란 각자가 재산, 소득, 학력, 지식 등과 같은 그런 자원들을 어느
정도 갖추게 될 때 비로소 말해질 수 있는 것이다. 그리고 타 각자의
그것과 양립되는 '최대한'의 자유도 역시 각자가 최대한으로 사회적
자원을 갖출 때 말해질 수 있을 것이다. 이렇게 고찰해 볼 때 보편적
규칙의 효력만으로는 시민적 자유의 '충분조건'은 되지 못한다고 하겠
다.[41]

이 점은 다른 각자의 그것과 양립되는 각자의 최대한의 자유를 확
보해 주기 위해 또한 제한해야 하는 자유의 '범위'와 관련하여도 마찬
가지이다. 칸트는 그의 법개념이 표현하듯이 각자의 자유는 모든 사
람들의 자유들이 서로 '결합', '공존', '일치'하는 정도에서 그 제한이
이루어져야 한다고 보았다. 이 표현들의 명확한 의미는 분명치 않지
만 콜러가 지적하듯이 자유들이 상호 배척하는 관계(모순관계)에 놓여
있는 행위들을 허용하지 않을 때 그들은 상호 '일치'한다고 말할 수
있을 것이다.[42] 그러면 이 '상호비배척성의 규준'은 자유의 범위와 한
계에 대해 만족스런 대답을 주는 것인가. 생각건대 모두가 모든 물건
에 대해 소유하고 사용할 자유들을 갖는다면 이들 자유는 상호배척적
인 행위들을 허용하는 것이고, 따라서 그것들은 서로 양립 내지 일치
될 수 없다. 이는 오직 보편적인 배타적 권리의 규정을 통해 제한되

---

41) 이런 지적도 특히 P. Koller, 위의 글, 127면 참조.
42) 이런 해석은 P. Koller, 앞(주 30)의 *Theorie des Rechts* 제1판, 1992, 303면;
앞(주 14)의 둘째 글, 127면 참조.

지 않으면 이룩될 수 없다. 그것은 이런 규정을 통해 각자가 배타적 권리를 갖게 되면 상호배척적 행위를 할 수는 없게 되기 때문이다. 그러나 이 규준도 각자의 평등한 자유의 양립 내지 일치를 위한, 다시 말해서 평등한 자유의 상당한 제한을 위한 '필요조건'은 되지만 '충분조건'은 못된다고 하겠다. 왜냐하면 상호비배척성의 규준에서 보면 자유롭게 행할 수 있으나, 타인에 대한 부정적인 결과를 고려하면 어느 정도의 제한이 불가피한 행위들이 있기 때문이다. 예컨대 큰 소음을 야기해 주위를 괴롭히든가 공기를 오염시키는 행위들이 이에 속한다.[43)]

따라서 우리는 자유의 제한에 대한 칸트의 견해에 대해 완전히 만족할 수는 없게 된다. 이는 바로 칸트의 법철학에 기인되고 있다. 그는 "법이나 불법을 인식할 수 있는 보편적 규준"은 "경험적인 원리들을 버리고 판단의 원천을 순수이성에서 찾을 때" 보인다고 했다.[44)] 그래서 그는 최대평등의 자유를 위한 규준과 한계에 관해서 순형식적인 규준으로 일관했고, 그것을 인간의 기본적인 욕구나 이해관계, 그리고 인간의 복락에 미치는 부정적인 결과를 고려하여 규정하지 않으려 했다. 그러나 인간의 거의 모든 행위가 행위자뿐만 아니라 다른 이에게도 관련되는 여러 결과들을 수반하고 있음을 생각할 때 그런 규준이 만족스럽게 기능할 수 없음은 명백하다.[45)]

그렇다면 이러한 형식적 규준의 결함은 좀 더 강하고 실질적인 그것에 의해 보완되지 않으면 안 된다. 이는 칸트가 그렇게 배격했던 공리주의 철학에서 찾을 수밖에 없다. 바로 밀의 유명한 '자유의 원리'가 그것이다. 이 원리가 말하는 바는 "문명사회의 어느 구성원에

---

43) 이런 지적은 P. Koller, 위의 책, 같은 면; 위의 글, 128면 참조.
44) I. Kant, 앞(주 4)의 책, 34면. 인용참조는 R. Zippelius, 앞(주 3)의 책, 186면, 양화식 역, 301면 이하.
45) 이런 지적은 P. Koller, 앞(주 14)의 둘째 글, 129면. 더욱 자세히는 그의 Zur Kritik der Kantischen Konzeption von Freiheit und Gerechtigkeit, *Traditionen und Perspektiven der analytischen Philosophie, Festschrift für R. Haller*, Wien 1989, 54~69면(61면 이하) 참조.

대해 그의 의사에 반해 강제를 합법적으로 행사할 수 있는 유일한 목
적은 다른 사람에 대해 가해지는 해악(harms)을 방지하는 데 있다"는
것이다.[46] 여기에서 오늘날 '해악의 원리'(harm principle), 나아가 '상
호비침해의 규준'이라 일컫는 최대자유의 규준이 이끌어내어진 것이
다. 즉 평등한 자유의 제한은 오직 그것이 다른 사람을 침해하는 결
과를 갖는 행위를 방지하는 데 필요하고 또 적합할 때 그리고 그러한
한에서만 허용된다는 규준이다. 사실 이것만큼 오늘날 많이 논급되는
것도 드물다.[47]

　그런데 이 원리의 의미는 다른 사람에 대한 '해악'(harm) 또는 '위
해'를 어떻게 이해하느냐에 달려 있다. 우리가 행위의 부정적인 결과
를 모두 해악으로 이해한다면 이는 너무 강한 규준이 되고 만다. 다
시 말해서 그럴 경우 너무 광범위한 사회적 자유의 제한이 있게 될
것이다. 다른 사람의 마음에 들지 않는 행위를 모두 금지하고 나면
자유라곤 그리 많지 않을 것이다. 따라서 그것을 그렇게 강한 의미
로 이해할 이유는 없다. 그래서 이에 반해 부정적인 결과가 그야말
로 '상당한 정도'에 이르러야 침해 내지 해악이 있는 것이라고 한다
면, 여기에는 자유의 제한을 정당화하기에 '충분히 상당한' 침해는 언
제 존재하는가라는 질문이 제기된다. 그러나 이에 대해 해악의 원리,
나아가 상호비침해의 규준은 아무런 대답을 갖고 있지 않다. 그렇다
면 이 규준도 최대한의 자유를 규정하기 위한 결정적 규준을 제공하
기에는 역부족이라고 할 수밖에 없는 것이다. 사실 이 원리 내지 규

---

46) J. S. Mill, 앞(주 2)의 "On Liberty", 73면, 밀/김형철 옮김, 「자유론」, 서광사,
　1992, 23면. 밀/이극찬 역, 앞(주 1)의 「통치론·자유론」, 247면에서는
　'harm'을 '위해(危害)'로 옮기고 있다. 이미 프랑스 인권선언 제5조는 '법률은
　사회에 유해한 행위만을 금지할 권리를 갖는다'고 선언했었다(성낙인, 앞(주
　29)의 책, 부록, 908면, 938면). 자세한 설명은 J. Feinberg, 앞(주 14)의 책,
　25면 이하 참조.
47) 이 원리는 법과 도덕의 관계에 대해 많이 논의되고 있다. 이 점 우선 졸저 「법
　철학 I」, 법문사, 129면 이하 참조. 자세하게는 H. L. A. Hart, *Law, Liberty
　and Morality*, Oxford 1968(1963), 4면 이하 참조.

준이 말하는 바는 모든 이의 평등한 자유는 그 행사로 인해 다른 사람에 대해 '어떠한 또는 적어도 상당한' 해악 내지 침해도 가해지지 않을 때에는 제한되어서는 '안 된다'고 하는 주장일 뿐이다.[48]

이처럼 밀의 '자유의 원리', 다시 말해서 '해악의 원리', '비침해의 규준'도 칸트의 형식적인 '비배척성의 규준'이 갖는 결함을 말끔히 보완하지는 못하고 있음을 알 수 있다. 이리하여 요즈음 콜러는 현대의 결과주의적 윤리이론의 영향 하에 밀의 원리를 좀 더 구체화하여 '결과고량(考量)(Folgenabwägung)의 규준', 또는 '비용최소화의 규준'을 주창하고 있다. 콜러는 모든 이의 최대자유의 범위는 어떤 일을 임의로 할 수 있는 일반적인 자유의 결과와 그 자유의 제한의 결과를 관계당사자들의 모든 이해관계를 균등하게 고려하는 보편적이고 불편부당한 입장에서 고량함으로써 규정되어야 한다고 본다.[49] 그리고 그는 자유이든 그 제한이든 그것의 결과에는 긍정적인 것(이득)과 부정적인 것(비용)이 동시에 존재한다고 보면서 최대자유의 범위는 다음과 같은 고량의 규칙(Abwägungsregel), 즉 "일정한 행위를 임의로 수행할 각자의 자유가 다른 이에게 부정적인 결과를 가져 올 경우, 그 자유는 그런 행위를 임의로 수행할 일반적 자유의 부정적인 결과와 이 자유의 제한이 갖는 부정적인 결과가 균형을 이루게 되는, 즉 균등하게 되는 범위로 제한해야 한다"는 규칙에 의해 규정될 수 있다고 주장한다.[50] 그리고 이 경우 부정적인 결과(비용)가 최소가 되므로 이를 '비용최소화의 규준'으로 부르고 있다. 어쨌든 이 규준에 따라서 보면 사회적 정치적 자유는 인간의 행위자유의 부정적 결과가 자유의 제한의 부정적 결과를 넘어서지 않는 범위로 각자의 행동자유는 보편

---

48) 이런 지적은 R. P. Wolff, *The Poverty of Liberalism*, Boston 1968, 여기서의 참조는 P. Koller, 앞(주 14)의 둘째 글, 129~130면 참조.

49) P. Koller, 앞(주 30)의 *Theorie des Rechts* 제1판, 304면. 일반적으로는 J. Feinberg, The Interest of Liberty on the Scales(1978), *Rights, Justice and the Bounds of Liberty*, Princeton, New Jersey 1980, 30~44면 참조.

50) 맨 처음은 앞(주 14)의 첫째 글, 91면, 둘째 글, 130면 이하, 그리고 위의 책, 같은 면.

적이고 객관적인 규칙에 의해 제한되어야만 한다는 것을 의미한다고 하겠다.

생각건대 이러한 고량의 규준은 콜러 스스로 주장하듯이 평등자유의 최대범위를 어느 때고 명확히 규정할 수 있게 하는 기계적 방법은 아니나, 첫째로 개별적인 행위에 대한 각 규율의 예상된 결과가 확실하고, 둘째로 이러한 결과들에 대한 평가, 그리고 자유와 그 제한의 부정적 결과에 대한 평가에 관해 의견의 일치가 존재하고, 셋째로 그 평가가 어느 한 쪽의 다른 쪽에 대한 두드러진 우세를, 즉 자유의 자유제한에 대한 또는 자유제한의 자유에 대한 그런 우세를 판정내릴 수 있는 경우에는 어느 정도 명백한 결론을 얻게 할 것이다.[51] 그래서 불편부당한 시각에서 보아 일정한 행위를 임의로 수행할 일반적인 자유의 부정적 결과가 그런 자유의 제한의 부정적 결과를 단연 능가할 경우, 예컨대 살인, 상해, 강도, 절도, 사기 등의 경우 그런 행위를 금지하고 그 위반을 처벌할 근거는 충분히 있으며, 반대로 어떤 자유의 제한의 부정적 결과가 그런 자유의 일반적 행사의 부정적 결과보다 명백히 나쁠 경우 각자는 그런 자유를 누릴 도덕적 권리를 가지며, 사회질서는 이를 모두에게 보장해주어야 할 훌륭한 근거가 존재한다고 하겠다. 이런 자유들은 이른바 '기본적 자유', 즉 '인권'들이다. 예컨대 인격의 자유, 신앙과 양심의 자유, 사상·언론·출판의 자유, 집회 및 결사의 자유, 정치적 자유, 나아가 경제적 자유(소유권 및 계약의 자유) 등이 이에 속하는 것이다.[52]

그러나 위에서 든 세 개의 전제들이 충족되지 않는 경우 시민적 자유의 올바른 범위와 한계에 관해서는 명백한 일치를 보기란 사실 어렵다. 그러한 한은 고량의 규칙도 의견의 일치를 가져다 주지는 못할 것이다. 그러나 콜러도 강조하듯이 사회적 자유의 최대범위와 한계를 '합리적으로' 규정지으려는 시각에서 보면, 그것의 결과를 고량

---

51) P. Koller, 앞(주 14)의 둘째 글, 133면.
52) 이런 주장도 P. Koller, 앞(주 30)의 책, 304~305면 참조.

하는 방법 이외에 다른 길은 없는 것 같다.[53] 물론 이때 고량의 구체적 결론은 끝내는 오늘날 많이 거론되고 있는 이른바 '이성의 포럼'에서의 논의와 담론을 통해 결정될 수 있을 것이다. 그러나 거기에서도 고량의 규준은 계속 합리적 논의를 이끄는 역할을 할 것이다.[54] 이상의 고찰을 토대로 해볼 때 자유의 한계는 비배척성의 원리, 비침해의 원리(해악의 원리), 결과고량의 원리, 그리고 이성적 논의의 합동작용으로 그어져야 할 과제라고 결론지어야 하겠다.

VI

이상으로 법가치로서의 자유에 대해 그 의미, 그 바람직한 분배원리, 그리고 그 한계설정의 규준 등을 중심으로 살펴보았다. 이제 끝으로 자유라는 법가치 자체의 위상에 대해 약간 언급하여야 하겠다. 사실 법은 법목적, 법가치의 실현을 위한 수단이다. 그런데 어떤 법가치, 특히 평화나 자유는 오히려 법을 그 '존재의 조건'으로 삼는다. 그것은 이들이 그 자체 일정한 확고한 규준 내지 공준을 갖고 있지 못한데 기인된 것 같다. 이리하여 법이 오히려 이들 가치의 일반적 법칙 내지 조건이 되는 것이다. 홉스에서의 평화와 법, 칸트에서의 자유와 법이 그러했던 것이다. 이들에서 평화와 자유는 모두 '법적으로 보호된 영역의 존재'로 특징지어졌다. 이러한 한 평화와 자유는 차이가 없다. 그러면 그 차이는 어디에서 찾아야 할 것인가.

이는 알버트가 지적하듯이 자유의 이념(가치)이란 '자유의 크기'와 관련해서 설명될 수 있다는데, 다시 말해서 최대한의 행동가능성의 영역을 법적으로 보호해 주려는 데 있다고 해야 하겠다.[55] 바로 칸트

---

53) P. Koller, 앞(주 14)의 둘째 글, 132~133면.
54) '이성의 포럼'과 관련해서는 I. Tammelo, *Theorie der Gerechtigkeit*, Freiburg/ Br., München 1977, 105면 이하; 카임 페를만/심헌섭 외 역, 「법과 정의의 철학」, 종로서적 1986, 124면 이하(특히 132~137면) 참조. 그리고 R. Alexy, *Theorie der juristischen Argumentation* 제2판, Frankfurt/M. 1991(1983) 참조.

의 법개념이 그러하다. 그에 있어서 법은 위에서 보았듯이 일반적인 강제법칙을 통해 모든 구성원의 외적 행동자유를 그 상호적 양립가능성의 한계로 제한하면서 한 사람의 최대한의 자유를 다른 모든 사람들의 그런 자유와 공존케 하는 사회생활의 질서 체제를 의미했다. 이러한 법의 파악은 콜러도 지적하듯이 그 규범적 성격 때문에 '경험적'인 현상으로서의 실정법의 정의가 아니라, '모든 사람의 최대한의 평등한 자유'라는 근세 이후의 정치적 자유의 규범적 표상을 총괄해 표현한 '질서지어진 자유'로서의 윤리적 법관념을 우리에게 보여준 것이다.[56]

이렇게 보면 최대평등의 자유원리는 법의 존재조건을 넘어 법가치로서의 자유가 갖는 '규범적 규준과 공준'으로서의 의미를 갖고 있다고 할 수 있다. 따라서 법가치로서의 자유를 말함은 바로 이 원리를 논함이라고 하겠다. 그만큼 이 원리의 위상에 대한 '상당한' 인식은 중요한 것이다. 그런데 이 원리에 대해서는 한편 그 발상의 근원을 사회학적으로 따져 사람은 날 때부터 그야말로 '로서의 존재'로 태어나 신분, 계층, 부, 기회 등에 차이가 있어 자유롭고 평등하다는 상정 내지 가설은 애당초 잘못된 것이라고 비판할 수 있다.[57] 그러나 이런 비판에 대해서는 바로 루소의 다음과 같은 말, 즉 "아리스토텔레스 역시 … 인간은 본래 평등한 것이 아니라 날 때부터 혹자는 노예로 또 다른 사람은 지배자로 태어난다고 말한 바 있었다. 아리스토텔레스의 말은 옳았다. 그러나 그는 결과를 원인으로 착각했다"는 말을 또한 상기해야 하겠다.[58] 말하자면 아리스토텔레스가 '자연적 자유와

---

55) H. Albert, *Das Ideal der Freiheit und das Problem der sozialen Ordnung*, Freiburg/Br. 1994, 44면.
56) P. Koller, 앞(주 45)의 "Zur Kritik", 55면. 또 W. Kersting, *Wohlgeordnete Freiheit*, Frankfurt/M. 1993(1984) 참조.
57) 유명한 정치철학자 M. Walzer도 저 지난해(1999년 — 편집자) 한국 철학회 초청으로 한국에서 행한 강연에서, 모두에서 언급한 루소의 유명한 말과 관련하여 이런 언급을 했던 것으로 기억한다.
58) J.-J. Rousseau, 앞(주 12)의 *Du Contrat social*, 237면/이환 옮김, 앞(주

평등의 이념'을 가졌던들 그렇게 생각지는 않았을 것이라는 것이었
다. 따라서 그런 상정이 사실주장이 아니라 인간의 규범적 표상, 다
시 말해서 사회질서의 정당화와 비판에 대한 척도를 제공하는 하나의
도덕적 원리를 의미하는 것으로 인식한다면 그런 비판 자체가 잘못되
었다고 할 수 있겠다.

그런데 다른 한편 롤즈는 반대로 최대평등의 자유원리를 위에서처
럼 표현하면서 그의 정의의 제1원리로 삼았을 뿐만 아니라, 나아가
"자유는 오로지 자유를 위해서만 제한될 수 있다. 이에는 두 경우가
있는 바, (a) 보다 적은 자유는 모든 이가 향유하는 전체적 자유의 체
계를 강화하는 것이어야 하며, (b) 보다 불평등한 자유는 보다 적은
자유를 가진 시민들에게 수락될 수 있는 것이어야 한다"라는 자유의
최우선 규칙을 확정하면서, 최대평등의 자유원리를(물론 자유원리의 실
현을 위한 조건이 충족된 경우) 다른 어떠한 사회이상, 예컨대 경제적
이득, 경제적 정의, 공정한 기회균등을 위해서도 제한될 수 없다고
절대우선시한다.59)

그러면 이러한 자유원리의 절대적 설정에 대해서는 어떻게 생각해
야 할까. 사실 롤즈의 자유원리는 칸트의 법원리와 마찬가지로 일반
적인 법칙으로 타당할 수 있는 준칙에 따라 행위하라는 무제약적인
정언명령에 유추해서 도출된 것이다.60) 그것은 자유와 정의(정당성)가
합일된 도덕적 요구이었다. 말하자면 정당한 자유의 원리이다. 그래
서 그 절대적 설정은 이해가 간다. 더욱이 그의 자유는 경제적 자유
를 제외하고 있어 칸트처럼 선험적이고 순수이성적 공준인 자유는 일
체의 경험적인 욕구에 아랑곳하지 않아야 하니 말이다. 그러나 이런
설정은 '적극적으로는' 내적 및 외적 동요로 버티기 어려워 보인다.

---

12)의 「사회계약론」, 7~8면.
59) J. Rawls, 앞(주 31)의 책, 132면, 220면.
60) J. Rawls, 위의 책, 222면 참조. 롤즈는 물론 정언명령이 자유롭고 평등한 이
    성적 존재로서의 인간에 대한 행위원리라는 점을 강조하면서 자기의 정의원
    리와의 유사성을 지적한다.

우선 자유는 그 자체 경제적 자유를 포함한 자유들의 뭉치이다. 자유를 '하나의 실체'로 여기는 것은 잘못이다. 이들 자유의 요구들은 또 서로 충돌한다. 이의 한계를 긋는 일은 위에서도 언급했지만 완벽할 수 없다. 어쨌든 이러한 자기 `안에서의 내전은 그 원리의 절대화로 가라앉기는커녕 오히려 격렬해질 것이다. 예컨대 양심의 자유와 종교적 자유의 절대화를 상상하면 쉽게 알 수 있다. 이에 자유 이외의 다른 가치들에 의한 자유원리의 통제를 생각하지 않을 수 없다.61)

이리하여 자유의 가치는 밖으로 자기와 마찬가지로 '극대화'를 지향하면서 경쟁 · 병존하는 다른 가치들과 부딪치게 된다. 이들 가치들과의 관계에서 요구되는 것은 절대설정이 아니라 공동지배이다. 실로 가치질서의 꼭대기는 어느 가치 하나만이 자리잡는 첨탑(尖塔)이 아니라 여러 최고가치들이 상호 제한되면서 병존하는 공동지배의 고원인 것이다. 실로 타멜로의 다음과 같은 말은 명언이지 않을 수 없다: "진정한 자유는 필요한 만큼의 정의, 평등 그리고 평화 없이는 결코 없다. 진정한 정의는 필요한 만큼의 평등, 자유 그리고 평화 없이는 그리고 진정한 평등은 필요한 만큼의 평화, 정의 그리고 자유 없이는 결코 없다."62) 그리고 물론 진정한 평화도 필요한 만큼의 정의, 자유 그리고 평등 없이는 결코 없을 것이다.

이처럼 여러 최고 가치들은 '규범적 자기제한'의 미덕을 지녀야 하는 것이다. 그러나 이도 자기제한, 다시 말해서 타자배려의 어느 정도가 '필요한 만큼'인지에 대해 말해 주고 있지 않고 있으니 궁극적으

---

61) 이 점과 관련해서는 O. Weinberger, Begründung und Illusion, Erkenntnis-kritische Gedanken zu John Rawls' Theorie der Gerechtigkeit(1977), *Logische Analyse in der Jurisprudenz*, Berlin 1979, 208면 이하 참조; 또 그의 Information and Human Liberty, *Ratio Juris* 제9권 제3호, 1996, 248~257(255)면 참조; 또 H. L. A. Hart, Rawls on Liberty and Its Priority(1973), *Essays in Jurisprudence and Philosophy*, Oxford 1983, 223~247면 참조.

62) I. Tammelo, Friede als Rechtswert, *Europäisches Rechtsdenken in Geschichte und Gegenwart*, Festschift für H. Coing 제1권, München 1982, 681~689(687)면.

로는 규제적 의미를 넘지 못하고 있다. 그러나 하여튼 저 법가치의 고원에 인간존엄의 이상도 높게 자리잡고 있고, 또 이른바 '열린사회'를 위한 사회공학적 기획이 더욱 확고해지고 있는 한 최대평등의 자유원리에 대한 전적인 무시는 하나의 절대악과 같은 것이다. 마치 초개인주의적 입장에서든 초인격주의적 입장에서든 인권의 전적인 부인은 절대적으로 부정당한 법인 것처럼 말이다(라드브루흐). 따라서 자유원리의 절대적 설정은 적극적으로가 아니라 오히려 '소극적으로' 그 간과할 수 없는 의미를 가진다고 하겠다.

법과 인도성†

과학적 인도주의를 바탕으로

> 존엄성을 존중한다는 것은 다름 아니라 그것을 구성한다는 것이다.
>
> F. J. Wetz

I

지난 2000년 7월과 8월 여름방학 두 달 동안 우리 법과대학의 배려로 독일 콘스탄츠(Konstanz)대학에 연수차 머물 기회를 가졌다. 그때 놀랍게도 철학 및 법학 양 분야에서 학위를 하고 지금은 동 대학 법과대학에서 법철학과 형법을 강의하고 있는 에릭 힐겐도르프(Eric Hilgendorf) 교수를 방문하였는데 그는 기념으로 자신이 편집한 「과학적 인도주의」라는 책을 주었다.[1] 이 책이 출간된 것은 알고 갔지만 선물로 받고 보니 매우 고마웠던 것은 물론이려니와 필자의 학문적 지평의 확장과 다짐에도 큰 뜻이 있어 의미가 컸다. 이 책은 초기의 여러 논리적 경험주의 철학자들의 흔치 않은 도덕 및 법의 철학에 관련된 글들을 모은 책이다. 책명인 「과학적 인도주의(Scientific Humanism)」는 유명한 철학자 루돌프 카르납(R. Carnap)이 자기의 도덕철학적 근본입장을 가리켜 한 말이다. 카르납은 '과학적 세계관'의 수립을 다짐하며 유명한 철학자 모리츠 슐릭(M. Schlick)을 중심으로

---

† 서울대학교 법학 제41권 제4호, 2001.
  이번 호는 과분하게도 필자의 정년퇴임기념호로 기획된 것으로 알고 있다. 이 조그마한 에세이를 법학연구소와 여기에 실린 글들을 힘들게 집필하신 여러 교수님들께 충심으로 감사하면서 바치는 바입니다.
1) E. Hilgendorf 편, *Wissenschaftlicher Humanismus. Texte zur Moral- und Rechtsphilosophie des frühen logischen Empirismus*, Freiburg, Berlin, München 1998.

20세기 전반 오스트리아 빈(Wien) 대학에서 형성되어 '논리적 경험주의(또는 논리실증주의)'의 터전을 닦았던 이른바 Wiener Kreis(Vienna Circle, 빈 학단)의 한 핵심인물이다. 따라서 과학적 인도주의라는 말은 이 엄정한 철학파의 도덕철학적 세계관을 대변했다고 볼 수 있다. 이것이 비록 체계적으로 서술되지 않은 단순한 도덕철학적 의견이지만 지금도 각 분야에서 인도주의의 관념을 현대적으로 이해하고 또 다지는 데 중요한 의미가 있는 것으로 보이며 힐겐도르프 교수도 같은 뜻에서 책의 이름으로 올려놓은 것이다. 여기서는 이 책의 여러 글들을 내용적으로 언급하려는 것은 아니며 단지 법과 관련해서 '과학적 인도주의'의 의미를 조금 음미해 보고자 한다. 말하자면 이 책은 이 글의 화두를 제공한 셈이다.

II

사람들은 인도주의를 순수한 철학적, 형이상학적 사상으로나, 문학과 예술의 이상적 운동으로나, 나아가 인간의 한계상황에 직면하여 꽃피워지는 종교적인 숭고한 박애정신의 표출로 늘 높여서만 이야기했다. 우리는 사실 법과 법질서의 근본원리를 두고 법치주의, 민주주의, 자유주의, 사회주의, 그리고 그 여러 절충들을 언급한다. 그러나 그 원리로 직접 인도주의를 말하는 이는 드물며 꺼린다. 우리는 또 법의 이념과 목적을 두고 평화와 안정, 자유와 평등, 정의와 공공복리 또는 공동선, 나아가 합목적성, 정당성 등을 꼭 열거하지만 인도성을 그것들과 나란히, 또는 그 이상의 원리로 거명하는 일은 흔치 않으며 또 언급해도 기껏해야 뒷전으로 놓는다.

현대 법철학에서 법이념에 관해 논하자면 라드브루흐(Radbruch)를 언급하지 않는 이 없다. 사실 그이만큼 법을 법이념과 관련시켜 꼭 논해야 한다고 강조한 이도 드물다. 그런데 그에게도 전면에 나타난 법이념들은 잘 알듯이 정의, 합목적성, 법적 안정성이었으며, 이들

사이의 강한 긴장, 심지어 이율배반까지 지적하면서 이들의 콘도미니
엄을 주장하기에 이르지만 이들을 아우르는 더 높은 원리를 제시하
지는 않았다. 이러한 그의 법철학적 근본태도를 규정지은 것은 바로
"가치판단이란 인식되는 것이 아니라 고백될 수 있을 뿐"이라는 그
의 철저한 가치상대주의인 것은 물론이다.[2]

그러나 라드브루흐의 그늘에 가려 안타깝게도 주목받지 못한 같은
시대의 법철학자 M. E. 마이어는 달랐으며 그 점 우리는 크게 주목해
야 한다. 그도 물론 가치상대주의자이지만 좀 생각이 달랐다. 그는
첫째 가치란 진리문제처럼 인식, 증명되는 것은 아니지만, 그 정당성
은 터득, 확인되는 것이며, 둘째 가치가 상대적인 것은 주관적 인격
에 의거하는 것이 아니라 문화상태에 의거하기 때문인데, 문화가치란
상대적이지만 순전히 주관적이지 않은 실질적 정당성과 결부되어 있
으며, 셋째 정당성이란 '정도'(差等)의 속성을 지닌다고 보았다. 그리
고 나서 그는 라드브루흐의 가치관을 '회의적 상대주의'라 칭하고 이
에 대비해서 자기의 그것은 '비판적 상대주의'라 불렀다.

그는 이러한 비판적 상대주의에서는 정도에 있어서 차이를 나타
내는 정당성의 관념과 분리해서 생각할 수 없는 문화가치들을 서열
지우고 그 가장 높은 정도의 정당성을 지닌 문화가치를 인식하는 것
이 과제라고 보았다. 그러면서 그는 이러한 문화가치들은 아주 상대
적인 것에서부터 아주 상대적이지 않은 것으로 나열될 수 있으나 '인
간사회'의 문화가치라면 그 최궁극적이고 변함없는 가치는 바로 인
간성의 문화가치, 즉 인도성(Humanität)의 이념이지 않을 수 없다고
했다. 이 인도성의 가치에 이르면 문화가치도 상대적 효력을 넘어
'초상대적 효력'을 지닌다고 했다. 그런데 법이 하나의 문화현상인
것은 자명할진대 이 지상적 사상이 도달할 수 있는 최후적인 가치인

---

2) 라드브루흐의 법이념론에 관해서는 G. Radbruch, *Rechtsphilosophie*, R. Dreier/
   S. L. Paulson 공편, Heidelberg 1999, 13면 이하, 54면 이하, 73면 이하. 최
   종고 역, 「법철학」, 삼영사, 36면 이하, 85면, 109면 이하 참조.

인도성에서 '법의 이념(Idee des Rechts)도 인식된다고 그는 결론지었다.[3]

III

법이념으로서의 인도성! 이 지나치게 멀리 겨냥한 듯한 주장은 M. E. 마이어에서 과연 어떤 구체적 의미를 지녔던가? 이를 알자면 우선 그에게서 이념(Idee)이 어떻게 이해되었는가를 살펴보아야 한다. 그에 있어서 이념은 개념(Begriff), 목적(Zweck), 이상(Ideal)과 대비되어서 파악된 것이다. 우선 한 현상의 '개념'은 소재로부터 경험적으로 '형성'되지만 그 '이념'은 그것을 향하여 '평가'하는 규준 내지 원리였다. 이러한 평가적인 규범적 규준으로는 '목적'도 들 수 있다. 그러면 목적은 이념과 동일한 것인가. 그런데 목적은 정당한 것도 있으나 그렇지 않을 수도 있다. 이에 반해 이념은 그렇지 않다. 즉 이념은 순가치원리였다. 또 목적은 실천적 원리였다. 말하자면 목적은 달성 또는 회피하려는 목표로 생각되어 의지(의욕)와 결부되었다. 그러나 이념은 달성되는 것이 그 본질은 아니다. 더욱이 이념이 회피되어야 한다는 것은 생각할 수 없다. 말하자면 이념은 순수한 의미에서 규준 내지 척도였다. 그리고 이런 이념이 목적과 일체가 될 때 실천적 실현 의지와 결부되는데 이것이 '이상'이었다. 이 이상은 말하자면 '정당한 목적'이며, 실천적인 동시에 윤리적인 원리였다. 그래서 이상은 실현되어야 한다는 공준 밑에 놓였다.[4]

이와 같은 이념, 개념, 목적, 이상의 차이 있는 설명이 전제되어 이념 그리고 법이념의 개념이 규정되었다. 즉 "이념들이란 하나의 질료(소재)를 하나의 가치, 특히 하나의 최고의, 즉 최후적 종합을 나타내는 가치에 관련지우는 사상들이다. 법의 이념이란 더 이상 도출 불

---

3) M. E. Mayer, *Rechtsphilosophie*, 제2판, Berlin 1926, 63~97면 참조.
4) M. E. Mayer, 위의 책, 63~65면 참조.

가능한 법의 가치와 그것을 통해 모든 법질서의 영원한 의미가 확고
히 잡혀야만 하는 사상이다"라고 규정되었다.[5] 말하자면 이념이나 법
이념은 하나의 사상으로서 소재와 분리되지만, 그것을 최고가치와 관
련지우는 사상으로서 그것은 궁극적인 '종합원리(Synthesisprinzip)'였
던 것이다.[6]

그러면 이러한 법의 이념, 법의 최후적 종합원리로서의 '인도성'은
또 어떻게 파악되었던가. 그에 있어서 인도성은 '국가'사회도 '민족'사
회도 넘어서 생각해야 하는 '인간'사회에서의 인간성의 문화가치였다.
인간이 어떤 제약 밑에 사는 것이 아니라 아무런 제약 없이 그저 인
간이 사는 사회의 문화(가치)가 인도성이었다. 그래서 인도성의 본질
은 모든 인간을 인간으로 승인하며, 기존의 일체의 소속은 도외시하
고 인간사회에의 소속이라는 최후적이고 필연적인 소속만을 남겨 두
는 데 있었다. 이런 인간사회의 문화에는 사람이 어떤 국가, 어떤 종
교, 어떤 민족에 속하는가는 아무런 의미를 갖지 않으며 심지어 적이
라도 문제되지 않았다. 그가 인간이면 모두인 것이었다. 이를 독일
최고의 인도주의 문학가 Lessing처럼 "기독교인과 유태인은 인간이기
이전에 기독교인이고 유태인인가요? 아! 인간인 것으로 족한 사람을
당신에게서 하나 더 발견했다면 얼마나 좋겠어요!"라는 Nathan의 말
로 표현했다.[7] 좀 더 부연해서 그는 "그 본질은 모든 인간을 사상적
으로 모든 역사적인 사회적 자리매김에서 해방시키고 오직 인간사회
에의 소속만을 승인하는데, 달리 말해서 모든 사회적 생존체의 현존
을 규정지우는 여러 제약에는 '아무런' 의미도 부여하지 않고 인격의
존엄성에는 '모든' 의미를 부여하는 데 있다. 인도성은 '인간 자체'를
가르치고 요청한다"라고 했다.[8]

---

5) M. E. Mayer, 같은 책, 64면.
6) M. E. Mayer, 같은 책, 63면.
7) M. E. Mayer, 같은 책, 28~31면 참조. 우리 번역으로는 G. E. 레씽 지음/윤도
   중 옮김, 「현자 나탄」, 창작과 비평사, 1994, 64면.
8) M. E. Mayer, 같은 책, 87~88면.

그는 이렇게 이해된 인도성은 법이념이지 결코 법이상은 아니라는 것을 명백히 했다. 그것은 인도성이 이상처럼 '충족의 공준' 밑에 놓여 있지 않기 때문이라는 것이다. 말하자면 인도성은 종합원리와 평가원리이지 행동을 유발시키는 동기는 아니라는 것이었다. 그는 "美의 이념은 아직 어떠한 예술가도 고취하지 못했으며, 오직 살아있는 충만된 美만이 그런 기적을 일으킬 수 있으며, 그렇게 작용하는 경우 그것은 예술가에게 하나의 이상이다. 마찬가지로 인도성은 입법의 이상으로나 심지어 소송상의 판결을 위한 안내자로 파악될 수 없다. 이런 작용은 오직 법이상에서만 기대될 수 있으며, 그런 법이상은 항상 살아 있으며, 따라서 문화적 제약 하에 있다"라고 했다.[9] 그러나 인도성은 윤리적 의욕에 대해서는 목표로서 요청될 수 있고, 따라서 '윤리의 이상'은 될 수 있다고 그는 확언했다.[10]

IV

M. E. 마이어가 제창한 비판적 상대주의와 그것에 입각한 초인격주의적(transpersonalistisch)으로만 파악된 인도성의 법이념은 그 후 역사상 유례가 없었던 반인도적 나치국가의 법사고를 고려하면 그 자체로도 참으로 값진 것이었지만 문제는 인도성이 과연 '법이념'으로만 멀리 있어야 했던가였다. 법이념을 순전히 플라톤적으로 하나의 '본', 하나의 '즉자적 본질'로만 보려는 것은 타당치 않는 것 같다. 그에게도 법이념은 가치원리였다. 무릇 가치란 강한 '욕구'를 바탕으로 하고 있어 '있어야 함', 즉 그 실현을 위한 의지에의 요청을 담고 있다. 물론 이러한 요청에는 차등이 있을 수 있다. 그러나 어쨌든 이념을 실현에의 요청과 완전히 떼어놓고 이해하기는 불가능하다. 이 점 善도, 美도 마찬가지이다. 이렇게 본다면 이념은 이상과 같은 뜻으로, 즉

---

9) M. E. Mayer, 같은 책, 89면.
10) M. E. Mayer, 같은 책, 91면.

이념과 목적의 통일체로서 이해하는 것이 타당한 것이다.[11] 말하자면 이념이란 '목적가치'인 것이다. 이러한 의미에서 이념은 평가원리이기도 하고 (가능적) 구성(실천)원리이기도 한 것이다.[12] 말하자면 법이념은 법이상이기도 한 것이다. 따라서 인도성은 법이상이라고도 하겠다.

이를 확인시킨 이는 바로 만년의 라드브루흐였다. 그는 위에서 지적했지만 인도성을 법이념의 전면에 내세우지 않았다. 그런 그가 회의적 상대주의를 완화하기 시작하면서 인도성의 개념이 앞으로 나온 것이다. 그는 오로지 공공복리에만 봉사하고 개인의 이익에 대해서는 공공이익에 맞설 어떤 자격도 인정치 않는 질서는 어쨌든 법이라 일컬을 수 있는 권리가 없다고 하더니,[13] 만년에는 인권을 완전히 부인하는 것은 절대적으로 부정당한 법이라는 결론에 이르렀던 것은 유명하다.[14] 그래서 그는 "민족에 유익한 것이 법이다", "공익은 사익에 앞선다", "너는 아무것도 아니고 민족이 전부이다"라는 인도성과 인권을 부정한 나치즘의 3대 구호를 비난하고, 인도성의 이념이 인권 속에서, 반인도적 범죄의 처벌에서, 나아가 교육형사상에서 실현을 보고 있다는 의미에서 '법개념'(Rechtsbegriff)으로서의 인도성을 승인하기에 이르렀다.[15]

V

이에 인도성은 법이념, 아니 법이상, 나아가 법개념으로 굳게 자리 잡힌 것이다. 그렇다고는 하나 그 개념은 위에서 M. E. 마이어가 대강은 지적해 주었지만 아직도 현란만 한 것이 아닌가.

---

11) 이 점 특히 H. Rickert, *System der Philosophie*, I, Tübingen 1921, 158면.
12) 이 점 G. Radbruch, 앞(주 2)의 책, 12면.
13) G. Radbruch, Der Zweck im Recht(1937/1938), *Der Mensch im Recht*, Göttingen 1957, 89면.
14) G. Radbruch, *Vorschule der Rechtsphilosophie*, 제2판, Göttingen 1959, 29면.
15) G. Radbruch, 위의 책, 97~99면.

이 개념은 사실 라드브루흐가 지적했듯이 장한(자랑스런) 역사를 지녔다. 인도성은 일찍이 인간을 만물의 중심과 척도로 보려는 공자나 Protagoras의 인본사상에서 비롯되었다. 특히 공자를 비롯한 유가에서는 이를 사람다움을 뜻하는 '仁'을 생각(思)과 배움(學)으로 터득케하여 사람으로 하여금 서로 사랑하며 사람답게 살 수 있도록 하는 길로 여겼다.[16] 서양에서 인도성 이념의 본격적인 발원지인 스토아, 특히 키케로에서도 비슷하게 인간만이 지닌 이성과 의사자유를 바탕으로 한 인간의 정신적 및 윤리적 형성을 뜻했다.[17] 이와 함께 인간은 다른 생존체와 구별되는 존엄과 의무를 지니는 특수한 지위에 놓여 있다는 사상도 시작되었다. 이 사상은 기독교와 스콜라에 와서는 인간만이 神의 모습으로 창조되었고 그리스도에 의해 속죄되었음을 근거로 더욱 강조되었다.[18] 르네상스와 계몽기의 휴머니즘에서는 다시 고대적, 특히 키케로적 인도성의 관념과 함께 자연주의적, 행복론적 인간회부의 사상이 꽃피었다.[19]

그러나 뭐니뭐니 해도 근대이후의 인도성의 사상을 규정지어 놓은 이는 Kant였다. 그에 있어서 인간은 자연적 존재일 뿐만 아니라 도덕적 존재인 이중적 존재였다. 말하자면 '동물존재'인 동시에 '이성존재'였다. 인간은 전자로서 모든 존재 중의 하나이지만, 후자로서 다시 말해서 이성과 정신을 지닌 존재로서 인간은 값을 매겨 바꿀 수 있는 존재가 아니라, 값을 초월해 존재하는, 따라서 대체될 수 없는 무제약적이고 비교할 수 없는 가치로서의 '존엄성'을 지닌다고 했

---

16) 공자의 인본사상에 대해서는 우선 심재우, 동양의 자연법사상, 「법학논총」 33, 고려대학교법학연구소, 393면 이하 참조.

17) 이 점 G. Radbruch, 앞(주 14)의 책, 98면 참조.

18) 이 점 우선 Christian Starck/박정훈 역, 인간의 존엄성의 종교적 철학적 배경과 현대 헌법에 있어서 그 좌표. 이 글은 원래 "서울대학교 법과대학 초청 외국교수 발표문", 2003. 3, 2면 이하에 실렸던 것으로서, 후에 「민주적 헌법국가: 슈타르크 헌법논집. 헌법재판소, 기본권, 정부제도」, 김대환 편역, 시와 진실, 2015, 236면 이하에 수록되었다 ─ 편집자.

19) N. Abbagnano, Humanism, *The Encyclopedia of Philosophy*, P. Edwards 편, vol. 3/4, 70면.

다. 그래서 칸트에서는 인도성의 사상은 인간이 '이성적' 존재이기에 언제나 자기목적으로 존중되어야 하며, 결코 타인의 목적에 대한 단순한 수단으로 사용되어서는 안 된다는 '인간존엄성'의 의미로 각인된 것이다.[20]

이 오랜 장한 역사를 지닌 인도성의 사상을 라드브루흐는 세 측면으로 비추면서 "비인간적인 잔인에 대한 인간우호성(박애), 비인간적인 비하에 대한 인간존엄성, 비인간적인 문화말살에 대한 인간형성"으로 그 의미를 종합해 결론지었다.[21] 그러나 오늘에 있어 그 사상의 중심점에 놓여 있는 것은 역시 인간존엄성의 사상임은 두말할 필요가 없을 것 같다.

VI

그러면 이렇게 이해된 인도성과 인간존엄성의 이념은 법이상으로서 그 실현이 일반적으로 추구되는 데 문제는 없는 것인가. 얼른 보기에도 그렇지 않아 보인다. 우선 그것은 지나치게 일정한 '세계관'과 결부되었다. 즉 그것은 성스런 '종교적' 개념으로나 '이성철학' 밑에서만 이해되었다. 그래서 그 뿌리는 기독교적 서양에서만 찾아졌고 또 이성을 지닌 인간만이 불가침적 존엄을 지닌다는 것이었다. 그러나 인간의 신초상성(神肖像性) 그리고 자연을 완전히 벗어난 이성적 존재로서의 인간, 그리고 그것에 입각한 인간의 특수지위가 오늘날도 일반적으로 받아들여질까. 종교와 양심과 사상의 자유가 표방되어 '세계관적 중립성'이 요청되고 있는 다원적, 나아가 다문화적 사회에서 그것을 일정한 세계관에 못박아 보는 것은 무리가 아닐 수 없다.[22]

---

20) I. Kant, *Grundlegung zur Metaphysik der Sitten*, F. Meiner, Hamburg 1965, 특히 49면 이하(52면, 58면) 참조. 이규호 역, 「도덕형이상학원론」, 박영사, 1975, 77면, 86면 이하 등 참조.
21) G. Radbruch, 앞(주 14)의 책, 98면.

다음으로 그것은 지나치게 '인간중심주의'로 기울어졌다. 세계는 인간을 위해 만들어졌고 따라서 존엄이란 이런 인간의 특권이었다. 그러나 인간이 있기 전에 세계는 있어 왔고 인간이 없어진 이후에도 세계는 있을 것이 충분히 생각되며 실로 인생이란 하루살이, 한 톨의 먼지, 기껏 '똑똑한 먼지톨'(볼테르)에 불과하지 않는가. 그리고 계속되는 자연파괴에 직면하여 오히려 자연을 존중하고 아껴야 한다면서 '자연중심주의'의 윤리확립도 요청되어 인간을 위해서 또 인간 때문에 만들어진 것이 아니라 보호해야 하는 것이 자연이 아닌가.[23]

마지막으로 그것은 지나치게 '본질주의적'으로 규정되었다. 즉 그것은 신에 의해 창조된 그리고 이성적인 존재의 '본질징표'로서 인간에 내재되어 주어져 있다는 것이다. 그러나 오늘은 모든 현실이 '설명'될 수 있기를 요청받는 자연과학의 시대이다. 인간 게놈의 지도가 완성되었다고 야단이다. 인간 유전자의 수는 초파리보다 배밖에 안 되고 인간과 고등동물의 차이는 거의 없고, 인간을 만드는 것은 이성과 심령이 아니라 다른 영장류와 구별케 하는 아주 작은 DNA 영역만이라는 것이다. 나아가 인간의 사고와 행동도 유전학적으로 결정되어 있어 자유, 자율성, 자기결정이 전적으로 의미를 잃었다는 강한 결정론도 주장되고, 의식과 뇌작용의 밀접한 관련으로 보아 인간이란 자연작용의 꼭두각시이지 자기 삶의 자유로운 건축가가 아니라는 신경생리학의 주장도 드높아진 것이다. 이 같은 과학적 자연주의의 시각에서 보면 인간의 '본질존엄'이란 하나의 환영이 되고만 것이 아닌가.[24]

VII

그러면 인도성, 인간존엄성의 이념은 단념되어야 하는가. 그러나

---

22) 이 점, 특히 매우 감동적인 저서 F. J. Wetz, *Die Würde des Menschen ist antastbar, Eine Provokation*, Stuttgart 1998, 96면 이하 참조.
23) 이 점 또한 F. J. Wetz, 위의 책, 109면 이하 참조.
24) 이 점 또한 F. J. Wetz, 같은 책, 121면 이하 참조.

아무리 세계관적 중립주의, 지나친 인간중심주의, 과학적 자연주의 때문에 '본질존엄'은 도전을 받는다 하더라도, 또한 바로 그 세계관적 중립성 때문에 인도성과 인간존엄성에 대한 믿음이 금지될 수도, 과학적 자연주의가 명령될 수도 없을 뿐만 아니라, 라드브루흐가 위에서 지적한 바와 같은 역사현실 속에서 벌어지고 있는 비인간적 잔인, 비인간적 비하, 비인간적 문화말살, 나아가 인간이 겪고 있는 곤궁과 비참 등에 직면하면서 인간존엄성의 이념은 더욱 절실해졌다 하겠다. 따라서 존엄성의 이념은 방기되기는커녕 오히려 방기란 그야말로 무책임한 일임이 명백해진 것이다.[25]

그러면 탈신화의 과학시대에서 인도성과 인간존엄성의 이념은 근본적으로 어떻게 이해되어 계속 추구해 나갈 수 있을까. 이와 관련해서는 서두에서 지적했다시피 바로 유명한 과학철학자인 카르납이 피력한 이른바 '과학적 인도주의'에 관한 의견을 들어 보는 것이 매우 유익할 것 같다. 그는 이를 자신의 「지적 자서전」 끝머리에서 다음과 같이 서술했다.[26]

가치언명의 비인식성(non-cognitive nature)의 승인은 도덕적 또는 정치적 문제들에 대한 관심의 상실로 이끌거나 그 징조라는 견해는 나의 체험에 비추어 보면 명백히 반박되는 듯하다. 나는 비인식성 주장을 근 30년간이나 해왔다. 그러나 어릴적부터 지금까지의 내 삶을 통해 나는 항상 개인의 삶에 관한 것들이든 또 1차대전 이후는 정치에 관한 것들이든 도덕적 문제들에 대해 굉장한 관심을 가졌었다. 빈 학단의 우리 모두는 우리나라, 유럽 그리고 세계에서의 정치적 사건에 대해 강한 관심을 보였다. 이런 문제들은 이론적 문제들에 몰두했던 학단에서가

---

25) 이런 의미에서 Wetz는 "인간존엄성은 삭막한 세상에서도 아마 우리에게 가치를 부여하는 유일한 것이기에 그것이 존재하지 않으면 바로 존재하게 하기 위해서 존중되어야 한다"고 했다(위의 책, 182면).
26) R. Carnap, Intellectual Autobiography, *The Philosophy of Rudolf Carnap*, P. A. Schilpp 편, La Salle, III, 1963(The Library of Living Philosophers, 제11권) 82~83면. 독일어로는 R. Carnap, *Mein Weg in die Philosophie*, W. Hochkeppel 편역, 1992, 129~130면.

아니라 사적으로 토의되었다. 나는 우리 거의 모두가 다 같이 다음과 같은 세 견해들을 토의의 여지가 없는 당연한 문제로 여겼다고 생각한다. 첫째는 인간은 초자연적인 보호자나 적을 갖고 있지 않으며 또 그렇기 때문에 삶을 개선하기 위해 할 수 있는 것은 무엇이든 인간 자신의 임무(task)라는 견해이다. 둘째로 우리는 인류가 오늘날의 많은 고통들을 피할 수 있도록 삶의 조건들을 개선할 수 있다고, 또 개인, 공동체 그리고 전 인류를 위한 삶의 내적 및 외적 상황이 본질적으로 개선될 것이라고 확신했다. 셋째는 모든 신중한 행동은 세계에 대한 지식을 전제하며 과학적 방법은 지식을 얻는 최선의 방법이며 그렇기 때문에 과학은 삶의 개선을 위한 가장 가치있는 도구들 중의 하나로 여겨야만 한다는 견해이다. 빈에서는 이런 견해들에 대한 이름을 갖지 못했다. 이런 세 가지 확신들의 결합에 대한 미국적 술어로 된 간략한 표현을 찾는다면 가장 좋은 것이 '과학적 인도주의(scientific humanism)'인 것 같아 보인다.

이제 나는 이런 일반적인 원리들을 넘어 그 이전부터가 아니라면 빈 시절부터 주장했고 지금도 주장하고 있는 목적들과 수단들에 관한 견해들에 대해 더 구체적으로 지적하려 한다. 빈 학단 안의 여러 친구들은 이런 견해들을 두고 그 본질적 점들에 있어서는 의견이 모아졌으나 자세한 점에서는 물론 중요한 차이가 있었다. 산업화의 시대인 현재에 있어서 경제의 조직과 세계의 조직 같은 중대 문제들은 아마 '힘의 자유로운 상호작용(the free interplay of forces)'에 의해서는 해결될 수 없고, 합리적 기획을 요구하고 있다는 것이 나의 확신이었고 또 확신이다. 경제의 조직에 대해서는 이는 어떤 형태의 사회주의를 의미하고, 세계의 조직에 대해서는 그것은 세계정부로의 점진적 발전을 의미한다. 그러나 사회주의도 세계정부도 절대목적으로 생각되고 있지 않으며, 그것들은 단지 현재의 지식에 따르면 궁극목적의 실현으로 이끌 최선의 약속인 듯한 조직적 수단들일 뿐이다. 이 목적은 국가의 권력이 아니라 개인의 복락(well-being)과 발전이 최고로 평가받는 삶의 형식이다. 전쟁, 빈곤, 질병과 같은 고통의 주원인들이랄 수 있는 장애물들을 제거하는 것은 임무의 소극적 측면일 뿐이다. 그 적극적 측면은 개인들의 삶을, 그리고 가족, 교우, 직장 그리고 공동체에서 그들의 관계를 개선하고 풍요롭게 하는 데 있다. 삶의 풍요란 모든 개인들이 그들의 잠재적 능력을 개발할 가능성과 문화적 활동과 체험에 참여할 기회를 부여받는 것을 요구한다.

그리고 카르납은 또 다른 곳에서 다음과 같이 답변했다.[27]

그렇군요. Reichenbach와도 공유하는 입장이지요. 그 책에서 그도 마찬가지로 가치명제는 인식의 영역에 속하지 않고 실천적 입장(태도) 표명의 영역에, 또는 Stevenson의 표현처럼, 'attitude(태도)'의 영역에 속한다는 입장을 주장했습니다. 인간이 다른 인간에 대해 나타내는 태도는 그러한 가치명제들이나, 도덕적 규칙들이나, 윤리적 규범들이나 그와 비슷한 것들을 통해 표현될 수 있습니다.

따라서 우리가 가치들을 괄호 밖에 놓느냐 아니냐는 괄호 밖에 놓는다는 것이 무엇을 뜻하는가에 달려있습니다. 우리는 그것들을 ─ 우리가 이전에 자주 '무의미'라는 표현을 사용했지만 ─ 전적으로 무의미한 것으로 배제한다는 것이 아니라 단지 인식의 전체영역에서 갖는 그런 의미를 갖지 않는 언명으로서 배제한다는 것입니다. 우리는 그것들이 결코 인식내용을 갖고 있지 않다고 믿으며, 그리고 이것이 우리가 전에 '무의미'라고 말했을 때 진짜 생각했던 바입니다. 따라서 우리는 그것들이 단지 하나의 태도를 나타내는 것이라고 생각합니다.

내가 '단지'라고 말할 때 그것은 그 중대성의 멸시를 결코 뜻하지 않습니다. 가치언명과 가치언명에 대한 문제들과 토의들이 ─ 단지 철학자들 사이에서뿐만 아니라 ─ 사람들 사이의 가장 중대한 문제들과 대화소재들에 속한다는 것은 아주 명백합니다. 그렇지만 내가 생각하기로는 그것들을 인식으로 파악해서는 안 됩니다. '나는 이러이러한 성질의 인간사회의 상태를 이상으로 생각한다'라고 해야지요.

나 자신의 가치체계는 미국에서 '인도주의'라 일컫는 그것입니다. 이

---

27) R. Carnap, Andere Seiten der Philosophie. Aus einem Gespräch mit Willy Hochkeppel, *Club Voltaire, Jahrbuch für kritische Aufklärung* IV, Berlin 1989(München 1967), 367~368면.

는 첫째로 그 안에 神이나 악마와 같은 초자연적 본질체들이 나오지 않고, 그리고 둘째로 그 속에 조화롭게 조직된 사회형식을 지향하는 실천적 목표설정이 포함되어 있고 각 개인은 동등한 권리를 갖고 있으며 각자에게는 자기의 잠재력을 발전시키고 문화적 가치들에 참여할 가능성들이 요구되어 있는 세계상으로 이해되고 있습니다."

이상과 같이 카르납은 그의 이른바 '과학적 인도주의'의 도덕철학적 배경과 기본구상을 서술해 보여주었다. 그러면 이는 어떠한 시사점을 던져 주는 것일까. 이는 절을 바꾸어 좀 더 살펴보아야 하겠다.

VIII

카르납은 자기의 도덕철학적 입장이 이른바 '비인식주의'(non-cognitivism)임을 밝혔다. 이는 인간이 절대적이고 객관적인 도덕원리를 인식할 수 있는 이른바 실천이성을 갖고 있다는 도덕적 인식주의(cognitivism)를 부인하는 입장이다. 흔히 이런 인식주의를 취하는 입장에서만 인도성이나 정의와 같은 도덕적 및 정치적 문제에 대해 의미있는 주장을 개진할 수 있다는 견해가 있지만 카르납은 이를 틀렸다고 본다. 그것은 그런 인식을 바탕으로 주장되는 것이 아니라 단지 하나의 이상으로 표명된 입장이라는 것이다. 이런 비인식주의적 태도는 근본적으로 위에서 살핀 라드브루흐나 M. E. 마이어의 법철학에서도 크게 다르지 않게 나타나 있었다. 우리가 관심을 가질 것은 그의 인도주의에 관한 도덕철학적 배경이라기보다 그 이해에 대한 방향제시적 시사들이다.

카르납은 인도주의를 이해함에 있어서 초자연적인 본질성에 입각한 종교적인 태도를 배격하고 어디까지나 인간주의적 시각에 서려 했다. 그래서 그는 인도주의를 근본적으로 하나의 '인간적 임무'로 보아야 함을 강조했다. 카르납은 인도주의를 개인, 공동체를 넘어 '세계국가'의 인류사회를 궁극적으로 지향하는 전체 인류의 생활이념으로까

지 보려 했다. 카르납은 삶의 개선, 즉 소극적인 고통의 제거뿐만 아
니라 더욱 중요한 적극적인 삶의 풍요화를 인도주의의 중심에 놓았
다. 여기서는 중세적 금욕주의나 곤궁은 존엄을 조금도 해치지 않는
다는 경건주의(칸트)는 배격된 것이다. 카르납은 인도주의를, 사유되
어야 하지만 실현될 수는 없는 이념으로가 아니라 실현가능성이 있는
목적가치, 즉 이상으로 여겼다. 그는 그 실현수단으로 어느 정도 통제
된 경제조직과 조화롭게 조직된 사회형식(국가, 세계정부)을 들었다.
이 속에서는 삶의 조건이 개선될 수 있게 경제적 정의가 실현되어야
하고 동등한 권리와 기회균등을 실질적으로 보장하는 사회적 정의가
도모되어야 한다고 주장했다. 카르납은 극단적 경제적 자유주의는 거
부했지만 정치적 자유주의는 옹호했다. 그는 인도주의의 궁극목적은
국가의 권력이 아니라 개인의 행복(복락)과 발전이라고 강조했다. 마
지막으로 카르납은 인도주의, 특히 삶의 개선에 과학적 지식은 가장
가치있는 도구가 된다고 주장했다. 이는 인도주의와 과학이 대립관계
에 놓여 있지 않음을 밝힌 것이다.

　빈 학단의 대표자인 슐릭은 도덕적 가치란 쾌(快)와 불쾌(不快)와는
아무런 관련이 없다는 칸트 이래의 '의무의 윤리학'(Ethik der Pflicht)
을 배격하고 윤리적 행위도 쾌와 불쾌에서 나오며, 인간은 윤리적 행
위에 '기쁨'을 갖기에 고상한 것이라고 하면서 '동정의 윤리학'(Ethik
der Gute)을 옹호했다.[28] 그래서 이 논리경험주의에서는 신이나 자연
이나 기타 비슷한 당국에 의해 먼저 부과된 인간의 의무가 아니라
'인간적 행복'이 윤리학의 중심점에 섰던 것이다. 이들에서 윤리학의
근본 질문은 '무엇에 대해 나는 의무를 지고 있는가?'가 아니라, '나는
나의 본성과의 일치 속에서 행복하기 위해서는 어떻게 살아야만 하는
가?'였다. 그래서 슐릭은 "우리의 견해에 의하면 선을 의무에서 행하
는 이는, 그것을 그것이 이미 자연적이 되어버려 기꺼이 하는 이보다

---

28) M. Schlick, *Fragen der Ethik*(Wien 1930), R. Hegselmann 편, Frankfurt/
　　M. 1984, 199면.

낮은 단계에 놓여진다"고까지 했다. 그러면서 그는 칸트보다 M. Aurelius를 지지한다고 밝혔다. 실로 공리주의도 아닌 저 고전적 행복론이 옹호된 것이었다.[29]

카르납의 과학적 인도주의도 힐겐도르프가 지적하듯이 이러한 행복주의 윤리학에 그 기초를 둔 것이라고 볼 수 있다.[30] 그것은 과학적 인도주의가 어떤 추상적 가치의 절대적 근거지음 위에서 주장되는 것이 아니고, 경험과학의 수단으로 탐구하고 실현할 수 있는 인간의 행복과 발전이라는 인간의 기본적인 소질과 욕구에 바탕한 삶의 형식을 하나의 이상으로 주창했기 때문일 것이다.

IX

우리는 무엇보다 카르납이 일찍이 인도주의를 '인간의 임무'로 본데 크게 주목해야 한다. 이런 시각에서 보면 인도성과 인간존엄성도 하나의 본질징표로서가 아니라 '이루어' 놓아야 할 어떤 것임은 말할 필요도 없겠다. 물론 카르납의 의견에도 인간존재와 그 본성이 인도성과 전적으로 무관한 관계에 있지는 않다. 즉 인간은 삶을 이끌어 가면서 스스로의 계획과 가치규준에 따라 삶을 개선할 수 있는 능력을 가진 존재라는 것이 전제되어 있다. 그러나 이런 인간학적 사실이 곧 인도성의 징표로 규정되고 있지는 않았다.

유명한 사회학자 Luhmann은 "인간의 존엄성은 결코 어느 정도의 기초적 지능처럼 자연적으로 주어져 있지 않다. 그것은 또한 인간이 … 그 자체 지니고 있는 가치도 아니다. … 그것은 구성되어야만 한다", "인간은 자기의 존엄성을 일차적으로 스스로 책임져야만 한다"고

---

29) M. Schlick, 위의 책, 200면. 또 E. Hilgendorf, 앞(주 1)의 책, 412면(부록) 참조.

30) E. Hilgendorf, 위의 책, 412면. 여기서 그는 또 Sokrates를 자기의 철학적 모델로 삼는 Popper의 사회철학도 이런 도덕관에 근거하고 있다고 지적하고 있다. 이는 또 「열린사회와 그 적들」에서 명백히 '비인식주의'도 표방되고 있기 때문이다.

까지 하면서 존엄성이 본질징표가 아니라 하나의 소망개념(Wunsch-
begriff), 말하자면 개인이 이루어 내는 개인적 성취, 당위의 요구, 규
범적 요청으로 보았다.[31] 철학자 Tugendhat도 "인간은 즉자적으로
목적 자체이거나 절대적 가치, 그리고 존엄성을 가진다고 말하는 것
은 의미롭지 않다. 이는 그 의미가 증명될 수 없는 텅빈 말이다. 이
에 반해 우리는 우리가 하나의 인간을 그에 대해 우리가 절대적 의무
를 지고 있는 하나의 권리주체로, 그래서 하나의 존재(본질)로 존중함
으로써, 그에게 존엄성과 절대적 가치를 부여하는 것이라고는 말할
수 있다. 그러면 절대적 가치와 존엄성은 이렇게 정의되는 것이며 이
미 있는 어떤 것으로 전제되지는 않은 것이다"라고 했다.[32] 말하자면
인간은 서로 존중으로 대하고 존경을 표시할 때 존엄성은 이룩된다는
것이다. 루만이나 투겐타트에서는 "존엄이란 인간적 존중의 전제라기
보다는 오히려 그 결과인 것이다(Wetz)."

이제 인도성과 인간존엄성은 하나의 추상적인 본질징표로 표상된
것이 아니라 구체적인 형성임무가 된 것이다. 이런 견해는 일찍 법
철학자 Tammelo에 의해 표명되었다. 그도 인간존재와 그 본성, 즉
단순한 인간학적 사실은 확실히 가치로서뿐만 아니라 또한 반가치로
서도 나타날 수 있는 것이라면서 인간존엄성을 인간의 자연적인 본성
에 근거지우는 것은 적절치 못하다고 지적했다. 그래서 그는 인간존
엄성을 그런 인간적 현실을 '지점'으로 삼아 당위적 인간을 구체적으
로 구성할 '규제적 이념'(regulative Idee)으로 보고자 했다.[33] 헌법철
학자 Podlech도 루만의 견해에 따라 인간존엄성을 '인간적 성취(물)'
(menschliche Leistung)로 정의했으며, 이러한 인간존엄성의 필요조건
으로 한편으로는 삶의 물질적 기초의 확보, 다른 한편으로는 법평등

---

31) N. Luhmann, *Grundrechte als Institution*, Berlin 1965, 68면 이하.
32) E. Tugendhat, *Vorlesungen über Ethik*, 제2판, Frankfurt/M. 1994, 145면.
33) I. Tammelo, *Rechtslogik und materiale Gerechtigkeit*, Frankfurt/M. 1971,
    61면.

을 비롯한 제 기본권의 보장과 아울러 국가권력의 제한을 들었다.[34]

　요즈음에 와서는 힐겐도르프가 이에 합세했다. 그는 인간존엄성을 다른 이들처럼 칸트의 공식에 따라 해석치는 않았다. 다시 말해서 인간은 이성적 존재이기에 단순한 수단, 객체로 사용해서는 안 되고 항상 목적 자체로 취급해야 한다는 이른바 '객체공식', '도구화금지'의 요구는 목적-수단관계의 주관적 의존성 때문에 인간존엄성 이해의 협소화를 가져 올 수 있다고 비판했다. 그래서 그는 칸트가 목적공식으로써 확보하려 했던 바로 그 인간의 '고유가치'(Eigenwert)를 인간존엄성으로 우선 파악했다. 그리고 나서 그는 인간존엄성이라는 개념이 지닌 고도의 불명확성과 강한 감정성에 기인한 남용을 막기 위해 그 고유가치를 물질적 최소생존권, 자율적 자아발현권, 고통받지 않을 권리, 사생활보호권, 정신적 완전권, 법적 평등권, 최소존중권의 집단으로 국한해서 이해했다. 그래서 그는 인간존엄성을 이런 7개의 권리집단으로 규정하면서 이를 인간존엄성의 이른바 '앙상블이론'(Ensembletheorie)이라 불렀다.[35] 요컨대 힐겐도르프에서도 인간존엄성은 인간의 본질징표가 아니라 그 '고유가치'로서 그것도 한정적으로 '구성된' 기본적 권리의 앙상블이었다.

X

　카르납의 '과학적 인도주의'를 화두로 법과 인도성에 관해 조금 생각해 본다는 것이 꽤 길어진 것 같다. 인도성과 인간존엄성은 과거처럼 사념(思念)되어야 하지만 실현될 수는 없는 이념만으로 여기는 것

---

34) A. Podlech, Schutz der Menschenrechte, *Kommentar zum Grundgesetz für Bundesrepublik Deutschland*, R. Wassermann 편, Neuwied 1989, 199~224(208면 이하).

35) E. Hilgendorf, Die missbrauchte Menschenwürde, *Jahrbuch für Recht und Ethik*, 제7권, 1999, 137~155, 특히 138, 141면, 147면 이하. 한국어 번역으로는 김영환·홍승희 역, 남용된 인간의 존엄, 법철학연구, 제3권 제2호, 한국법철학회, 세창출판사, 2000, 259~284면.

은 그야말로 좋은 의미에서 시대착오적인 것 같다. 그것은 각국의 실정법적 최고규범이자 지도원리가 되었고 국제법적으로도 그렇다. 그래서 이를 표방하는 인도주의는 단순한 철학적 이론 내지 사상이 아니라 법원리로 자리잡은 것이라고 말할 수 있다. 그런데 이에 대한 이해의 태도가 존재론적(자연법론적)이고 이성철학적이어서, 또 윤리적 인식주의(ethical cognitivism)에 입각한 것이어서 위에서 지적한 것처럼 문제점도 있었다. 그래서 우리는 윤리적 비인식주의에 바탕을 두면서 인도성과 인간존엄성을 형성적·구성적 과제로 파악한 과학적 인도주의에 귀기울여 보자고 했다.

생각건대 인식과 평가는 크게 보면 모두 실천의 일부분이고, 인식론적으로 볼 때 일반적으로 수락된 실천적 평가는 물론 사실인식까지도 궁극적으로는 가설적인 성격을 지니고 있다고 보면 이들과 관련하여 모든 인식판단은 가설적이라는 의미에서 '회의적·비판적 인식주의'(skeptisch-kritischer Kognitivismus-Klug)도 주창될 수 있겠다. 그러나 좁게 그 특징으로 보면 인식은 사실을 재인식, 즉 서술하는 것이고 평가는 입장을 취하는 것이다. 그만큼 평가는 감정적이고 의지적이다. 이런 평가 중 도덕적 평가는 더욱 정(情)적(emotive)이고, 규범적 평가는 더욱 의(意)적(volitive)이다. 둘 다 인식(知)적(cognitive)인 것과 거리가 있음은 사실이다. 어쨌든 한 사회나 공동체에서 특히 중대하다고 생각되는, 그래서 가능한 한 많은 수의 집단구성원에 의해 같이 나누어 가져야 할 평가들은 '규범'으로 승격되어 결정체로 나타난다. 법질서는 여기에 기원되는 것이다.[36] 인식이 잘못된 주장과 행동에 대해서는 책임도 비난도 적거나 없지만 입장을 잘못 취한데 대해서는 비난이 가능하고 또 마땅히 비난받아야 한다. 그만큼 비인식주의는 답책성(答責性)을 바탕으로 하고 있다.

우리 헌법은 "모든 국민은 인간으로서의 존엄과 가치를 가지며,

---

36) 이런 지적은 아주 최근에 유명한 노분석철학자 G. H. v. Wright, Valuations-or How to Say the Unsayable, *Ratio Juris*, 제13권 제4호, 2000, 354면.

행복을 추구할 권리를 가진다. 국가는 개인이 가진 불가침의 기본적 인권을 확인하고 이를 보장할 의무를 진다"는 최고의 '근본규범'을 설정하고 있다. 이를 과학적 인도주의의 비인식주의 시각에서 새긴다면 규범설정자(입법자)의 엄중하게 같이 나눈 답책적인 입장의 표명이자 결정체인 것이다. 이는 또 무거운 '의무의 윤리학'이 아니라 고전적인 행복론적 윤리학, 즉 '동정의 윤리학'을 바탕으로도 새길 수 있어 행복추구권을 포함한 이 규범은 더욱 기꺼운 것으로 와 닿게 될 것이다. 더욱이 조금도 견강부회의 의도 없이 살필 때 놀랍게도 그 '전문'에는 정의·인도, 기회균등, 생활의 균등한 향상 등등의 이상들이 추구되어 있어 과학적 인도주의의 그것들과 조금도 다를 바 없다. 따라서 과학적 인도주의는 헌법의 도덕철학적 근거지음의 기초를 이룰 수 있겠다. 물론 인도성, 인간존엄성을 논함에 있어 최소한도의 형이상학적 요소를 배제할 수 없겠지만 과학적 인도주의는 인도성에 대한 지나친 존재론적, 형이상학적 사변의 깊은 잠을 뒤늦게나마 깨우게 할 것이다.

법·형벌·정의[†]

I. 머리말

　법의 영역에서처럼 정의의 호소가 강하고 잦은 곳도 드물 것이다. 법을 해석하고 적용·집행하는 데는 물론 법을 제정하는 경우, 나아가 법 자체를 찬양 또는 비난하는 데 정의는 항상 특수한 평가치가 되고 있다.

　사실 법은 여러 현상과 관련되고 있다. 즉 법은 도덕과도 힘과도 정치와도 국가와도 분리할 수 없는 관계에 놓여 있다. 그러나 이들 사이에는 긴장과 대립이 없지 않다. 특히 힘과는 떼어놓을 수 없는 사이지만 그로 인해 법이 욕보는 수가 많다. 그러나 정의와는 그렇지 않은 것 같다. 법이 정의에 이바지하면 그 명성은 더 높아졌다. 그것은 '정의가 무너지면 인간은 땅 위에 더 살 가치가 없다'(칸트)고 말할 만큼 정의는 높은 가치를 갖고 있기 때문일 것이다.

II. 주관적 정의와 객관적 정의

　법에 대해 이처럼 높은 가치를 가진 정의는 순수한 법적 개념은 아니다. 그것은 도덕 개념 중의 하나이다.

　정의는 한편으로는 도덕적 덕성이다. 즉 정의는 인간의 성품을 가리킨다. '정의로운' 법관, '정의로운' 입법자, '정의로운 교사' 등이 그 예들이다. 이러한 의미에서의 정의를 사람들은 '주관적 정의'라고 하며 단순히 '의(義)롭다'라고도 말한다.

[†] 김태길 외 공저, 「정의의 철학」, 대화출판사, 1977, 75~95면.

그런데 모든 주관적 태도는 그것이 정의롭기 위해서는 다시 정의로운 객관적 질서의 실현에로 향해져 있어야 할 것이다. 이 때의 정의는 인간의 성품이 아니라 질서의 다시 말하면 인간 간의 관계의 속성이 될 것이다. 따라서 정의는 다른 한편으로는 '객관적 정의'인 것이다.

주관적 정의와 객관적 정의는 어떠한 관계에 있는가? 사실 주관적 정의는 객관적 정의에로 향한 심정(心情) 및 정조(情操)인 것이다. 따라서 객관적 정의가 앞서고, 주관적 정의는 그에 뒤따른 것이라 볼 수 있다.[1]

따라서 우리의 관심은 객관적 정의에 있다. 객관적 정의와 법은 어떠한 관계에 있는가? 객관적 정의를 우리는 질서의 속성으로 보았다. 그러나 여기의 질서는 법질서와 동일한 것은 아니다. 정의는 법과 관계없는 사회관계, 예컨대 학생과 교사와의 관계에서도 문제될 뿐 아니라 법 자체가 항상 정의로운 것도 아니다. 따라서 정의는 법에 종속되어 있지 않다. 정의는 법 위에 또는 법 밖에 있는 초실정법적인 이상적 규준일 것이다.

III. 정의의 개념과 의의

정의란 무엇인가? 다시 말해서 질서의 속성으로서의 정의는 어떠한 것인가? 대개 일반적이고 이념적인 개념일수록 그 의미의 진폭이 넓은 것이 사실이다. 정의는 넓게는 국가적 사회적 질서의 궁극적 제 규준의 총체, 즉 정당한 질서 자체로 이해된다. 그러나 이는 정의의 집합 개념에 불과하다. 정의의 특수한 의미는 없는가?

(1) 광의의 정의 개념과 구별해서 이른바 '특수적 정의'의 개념을

---

1) 라드브루흐는 주관적 정의와 객관적 정의의 관계는 진실성(Wahrhaftigkeit)과 진리(Wahrheit)의 관계와 같다고 설명한다. G. Radbruch, *Vorschule der Rechtsphilosophie*, 24면.

밝혀놓은 이는 아리스토텔레스이다. 그에 의하면 정의는 '평균적(시정적(是正的)) 정의'와 '배분적 정의'의 두 종류로 구분되고, 그것들은 각각 상이한 두 가지 형태의 '평등'에 의해 특징지어졌다.[2]

상품과 가격, 손해와 배상, 범죄와 형벌 사이, 즉 급부와 반대급부 사이에 평등관계는 있어야 하며 이것이 깨어지면 누구나 정의롭다고 하지 않는다. 이를 기하는 것이 '평균적 정의'라 했다. 이러한 정의는 개인 사이에 자유로운 거래(계약 등)나, 자유롭지 않은 거래(범죄 등)에 관련된다. 어쨌든 이러한 거래에서의 평등은 사람을 보아서가 아니라 물(物)과 물(物)의 '동치(同値)'(Äquivalenz)의 원리에 따라 이루어진다. 따라서 평균적 정의는 개인 사이에 횡적 질서관계를 전제한다고 볼 수 있다.

그러나 재화나 명예 또는 공직을 여러 사람에게 분배하는 경우 이를 위와 같은 절대적 평등에 의할 수 없다. 따라서 여기에 불가피하게 접하게 되는 것은 '비례적 평등'이다. 각각 다른 사람에게 그에 알맞은 몫을 분배해야 할 경우 각각에 돌아갈 몫은 각각의 공적에 비례해야 한다는 것이다. 각각의 공적이 다른데 같은 몫을 다시 말해서 평등한 평가를 부여한다는 것은 오히려 평등을 깨는 일이다. 이러한 평등을 기하는 것이 '배분적 정의'이다. 배분적 정의는 평균적 정의와는 달리 분배하는 자와 분배 받는 자의 관계, 즉 종적(상하) 질서관계를 전제한다.

이와 같이 아리스토텔레스의 정의론은 인간의 사회관계에서는 항상 나타나는 두 개의 기본적 모델에서 출발했다고 볼 수 있다. 그 후 지배적이 된 것은 비례적 정의이었고, Cicero나 Ulpianus 등에 의해 이는 '각자에 그의 것을 주라(*suum cuique tribuere*)'는 공식으로 표현되었다.

---

2) 아리스토텔레스는 정의를 그의 니코마코스 윤리학 제5장에서 다루고 있다. 필자는 주로 J. A. K. Thomson 편역, *The Ethics of Aristotle. The Nicomachean Ethics*, Allen & Unwin, London 1963을 참조했다.

234 제1편 법이념론

그러나 배분적 정의에 있어서 '그의 것'의 기초가 점차 의문스럽게 되고, (자유, 박애 등과 함께) '만인의 평등'이라는 구호가 등장함으로 인해 이제 정의는 이른바 '평등의 원리'로 나타났다. 인간의 탈을 쓴 모든 사람은 원래 평등한 것이고 평등한 권리와 의무를 가지는 것으로 보게 되었다. 이에 정의는 '모든 사람을 평등하게 다루라'는 평등의 원리가 되었다. 그러나 어린아이와 성년을, 정신병자와 정상적인 자를 항상 통일하게 다룬다는 것은 합당하지 않다. 이리하여 평등의 원리는 가능한 한 모든 이를 평등하게 다루되, 그렇게 다룰 수 없을 만큼 중요한 차이가 있을 때는 불평등하게 다루는 것을 배제할 수는 없었다. 따라서 평등의 원리는 '평등한 것은 평등하게 불평등한 것은 불평등하게'로 읽을 때 비로소 완전한 것이 된다고 볼 것이다. 이것이 오늘날에 와서는 '본질적으로 평등한 것은 평등하게 취급하되, 본질적 차이는 고려해야 한다'로 집약되어 표현되고 있다.[3]

이상으로 이른바 '특수적 정의'의 개념을 출발점으로 해서 오늘날에 이르기까지의 정의 개념의 발전을 약술해 보았다. 사실 정의란 무엇인가라는 질문만큼 고명한 철인들의 성찰을 요구했던 것도 드물며, 이 질문만큼 정열적인 때때로 자주는 낙담에 찬 대답을 불러일으킨 것도 드물다. 또 이 질문만큼 값진 피와 쓰라린 눈물을 흘리게 한 것도 없을 것이다. 이에는 이유가 없는 것도 아니다. 우선 정의는 근원개념에 속한다. 이러한 개념은 한 말로 정의하기란 힘들다. 또 정의는 우리의 행동의 의미를 결정하는 감정적 색조가 짙은 가치개념이다. 따라서 그 의미 규정에는 주관적인 태도가 투입된다. 이러한 점을 고려할 때 정의(正義)의 정의(定義)는 '약정적'일 수도 없으며,

---

3) 이에 대해서는 김철수, 정의의 의의(하), 월간법전, 1975년 4월호, 통권 128호, 7(통산면수 5647)면 이하 참조. 또 K. Engisch, *Auf der Suche nach der Gerechtigkeit. Hauptthemen der Rechtsphilosophie*, R. Piper & Co., München 1971, 160면.

정의가 사물이 아닌고로 그 정의가 '실재적'일 수도 없다. 그러나 역사 속에는 정의에 관한 여러 표상들이 주어져 있다. 이를 자료로 해서 재정의한다든가 재구성하는 길밖에 다른 도리가 없을 것 같다.[4]

인류의 정신사(精神史) 안에 정의의 역할은 컸었고 또 그만큼 견해도 분분했다. 그러나 가장 큰 역할을 한 정의에 관한 견해는 무엇보다 위에서 언급한 '평등', '비례', '동치'라고 말할 수 있다. 물론 사람에 따라서는 혹은 평등이 혹은 '그의 것'이 더 강조되었다. 즉 다른 도덕원리와 구별되는 정의의 특징은 평등에 있다고 하는가 하면, 오히려 정의의 종차(種差)(differentia specifica)는 'suum cuique'(각자에게 그의 것을)에 있다고도 한다. 이에 관해서는 우리는 좀 더 살펴보아야 해답을 얻을 것 같다.

(2) 우선 아리스토텔레스에서는 평균적 정의와 배분적 정의의 관계가 명백하지 않았다. 그는 평균적 정의를 원래 상품과 가격, 손해와 배상 사이의 평등으로 이해했다. 급부와 반대급부 사이의 동치(同値)가 모델이었다. 그러면 배분적 정의에서도 이러한 평등의 모델은 적용되는가? 그러나 대답은 회의적이다. 예컨대 조세에서처럼 공공의 이익을 위해 부담을 공정하게 분배해야 하든가, 사회보장국가에서처럼 빈곤자의 공정한 보조를 하는 경우 평균적 정의는 협소해서 적합치 않다. 여기에는 비례적 평등만이 문제되며 이는 선행행위와 동치에서 이끌어져 나오는 것은 아니다.[5]

그러나 급부에는 그에 맞는 반대급부, 공적에는 그에 맞는, 영예, 손해에는 그에 맞는 배상이 돌아간다고 보면, '각자에 그의 것'이라는 배분적 정의의 원리는 평균적 정의에도 타당하다고 볼 수 있다. 이렇게 본다면 우리는 평균적 정의를 배분적 정의에 종속시킬 수 있다.[6]

---

4) Ch. Perelman, De la Justice, *Justice et Raison*, Presses Universitaires de Bruxelles, 1963, 13면 참조. 또 I. Tammelo, *Rechtslogik und materiale Gerechtigkeit*, Athenäum, Frankfurt/M. 1971, 52면 등 참조.
5) 이 점에 대해서는 K. Engisch, 전게서, 161면 참조.
6) 특히 델 베키오나 라드브루흐는 평균적 정의도 '평등인격이 부여될 때' 가능하

그러나 급부나 공적 등에 국한되지 않는 공적(公的) 및 사적(私的) 필요나 능력에 따른 배분적 정의가 존재한다고 본다면 평균적 정의는 배분적 정의보다는 협소하지만 독자적인 타당영역이 있으므로 배분적 정의에 매몰되지는 않는 독자성은 갖고 있다고 보아야 할 것이다.

다음으로 평등의 원리를 보아도 마찬가지의 결론을 얻을 것 같다. 우리의 현실 세계에는 똑같은 것이란 없다. 그렇게 같아 보이는 달걀도 똑같은 것은 없을 것이다. 수학이나 논리학에서의 추상적인 기호 이외에 같은 것이란 없다. 따라서 평등이란 일정한 관점에서 평등하게 평가될 때 존재하는 것이다. 어쨌든 평등의 원리가 '평등한 것은 평등하게 불평등한 것은 불평등하게 다루라'는 것을 의미한다고 할 때 그것은 모두 배분적 정의의 두 종류, '평등', '취급'의 두 종류인 것이다. 다만 하나는 일반화, 다른 하나는 구체화를 요청하여 전자는 '모든 사람의 평등한 권리'를, 후자는 '각자에 그의 것'을 요청한다. 그러나 절대적 일반화도 절대적 구체화도 있을 수 없는 고로 이것들은 다시 평가의 관점을 통해 서로 조정될 수 있으며 '형식적 통일성'은 잃지 않게 된다.[7]

(3) 우리가 정의를 위와 같이 평등, 비례, 동치에로 그 의미를 국한시킬 경우 이는 정의 개념의 자의적인 축소를 의미하는 것은 아닌가? 이태리의 유명한 법철학자 델 베키오(del Vecchio)는 '사회적 정의'의 개념을 강조했다. 즉 정의는 본질적으로 다수의 주체들 사이의 관계를 전제하는 한 항상 그리고 반드시 사회적이며, 정의는 개인을 사회적 관계의 관점에서 고찰한다고 했다.[8] 그러나 이는 결국 정의의 각 종류에 일반적인 징표, 즉 '대타인성(對他人性)'(ad alterum)을 강조하거나, 또는 임금의 정의, 근로자 보호 등과 같은 실질적 표상

다고 본다. G. del Vecchio, *Die Gerechtigkeit*, 2. Aufl., Basel 1950, 57면, 그리고 G. Radbruch, 전게서, 25면.

7) K. Engisch, 전게서, 162면 참조.
8) G. del Vecchio, 전게서, 40면 이하.

을 뜻하는 것이었다.[9]

코잉(독일)은 전통적인 두 종류의 정의에다 새로운 종류의 정의를 도입해야 한다고 주장했다. 이른바 보호적 정의(*justitia protectiva*)가 그것이다. 그는 국가의 권력 또는 (예컨대 가정 내의) 사적인 권위력은 제한되어야 하고 또 그 남용으로부터 개인을 보호해야 한다는 것이다. 그 확보책으로 그는 전형적으로 자유주의적인 법치국가적 제도, 즉 기본권, 권력분립, 법원 또는 의회의 통제를 들었으며, 또한 권력행사는 그 목적에 의해서(목적 구속은 힘을 제한한다. Die Zweckbindung begrenzt die Macht), 또는 수단과 목적의 '비례의 원칙'(Prinzip der Verhältnismäßigkeit)을 통해서 제한되어야 한다고 강조했다.[10]

철학자 롤즈는 사회제도와 관련하여 그것이 공정(fairness)으로서의 정의를 갖자면 (i) 그 구성원은 상충되지 않는 한 최대한의 기본적 자유에 대한 평등한 권리를 가지며, (ii) 최소 수혜자의 최대 이익과 (iii) 기회균등을 보장해 주어야 한다고 하면서 일종의 제도적 정의의 이론을 펴고 있다.[11]

코잉이나 롤즈는 서로 다른 각도에서 자유를 정의의 핵심 내용으로 고려하여야 함을 강조하고 있다. 이와 동시에 그들은 모두 정의를 '특수적 정의'의 의미에서가 아니라 오히려 넓은 의미의 정의, 즉 정당한 질서로 관념하고 있다. 이와 같은 관념을 보통 정당성(Richtigkeit)이라고 한다. 그러나 이러한 정당성은 평등 또는 비례로 국한 해석된

---

9) 사회적 정의의 일반이론에 관해서는, *Social Justice*, R. B. Brandt 편, Englewood Cliffs, N. J., Prentice-Hall, Inc., 1962년에 게재되어 있는 W. K. Frankena, The Concept of Social Justice(1~29면), G. Vlastos, Justice and Equality(31~72면)의 논문과 A. M. Honoré, Social Justice, *Essays in Legal Philosophy*. R. S. Summers 편, Blackwell, Oxford 1968, 61~94면 등 참조.

10) H. Coing, *Die Obersten Grundsätze des Rechts*, Heidelberg 1947, 48면, 역시 그의 *Grundzüge der Rechtsphilosophie*, 2. Aufl., Berlin 1969, 215면 이하.

11) 롤즈의 정의론에 대해서는 본서(김태길 편, 「정의의 철학」, 대화출판사, 1977)에 게재된 김태길 교수님과 김여수 교수님의 논문을 참조. J. Rawls, *A Theory of Justice*, Cambridge, Mass., Harvard U. P., 1971.

정의와는 일단은 구별하는 것이 바람직한 것 같다.[12] 사실 자유를 놓고 보더라도 그것은 평등하게 부여되어야 하지만 평등은 자유에만 관계되는 것은 아니다. 또 '각자는 자기의 것을 행하라'는 플라톤의 공식도 정의의 공식이라기보다는 정당성의 공식일 것이다. 나아가 살인자에 대한 사형은 응보주의자들이 믿는 바와 같이 정당하지는 않다.

또 벨첼은 실질적 정의(materiale Gerechtigkeit)란 정당한 사회적 행위의 방법이 아니라 그 대상 내지 내용을 찾는 데 있다고 보면서 이를 인간의 존엄성의 근거인 '자율성'(Autonomie)으로 규정했다.[13] 벨첼이 실질적 정의를 정당성으로 보고 있음은 명백하다.

(4) 이상으로 우리는 정의의 개념을 분석하고 분류하였으며, 그 상호관계와 그 의미의 진폭을 살펴보았다. 우리가 정의를 그 표준적인 의미, 즉 평등, 비례, 동치의 원리로 이해할 때 그것은 어디까지나 형식적 개념임에 틀림없다. 사실 그러한 원리들은 '누구'를 평등하게 다루어야 하며, 상이하게 다룬다고 할 때 그 '기준'이 무엇인가를 말해주지 않는다. 따라서 정의를 법과 관련해서 볼 때 그것은 하나의 '형식적 이념'이라고 말할 수 있다.

형식적 이념으로서의 정의는 어떠한 의미를 갖는가? 켈젠은 이를 전적으로 공허한(völlig leer), 전적으로 무가치한(völlig wertlos), 정반대의 가치판단도 배제하지 않는 공허한 공식(Leerformel)이라고 비판했으며,[14] 보다 앞서 마이어는 정의는 아무런 내용이 없고 어떠한 내

---

12) 동지(同旨), H. Henkel, *Einführung in die Rechtsphilosophie*, München 1964, 322면; K. Engisch, 전게서, 156면 이하. 그러나 김철수, 전게논문에서는 포괄적으로 해석하고 있다. 동 논문(하), 6(통산면수 5647)면.

13) 벨첼은 특히 칸트의 도덕철학 사상을 설명하면서 이를 밝히고 있다. H. Welzel, *Naturrecht und materiale Gerechtigkeit* 4. Aufl., Göttingen 1962, 특히 169면 이하.

14) 켈젠의 정의론 비판은 유명하다. 그는 정의의 원리로 제안된 여러 명제를 비판하고 있다. 예컨대 '각자에 그의 것'이라는 원리는 '그의 것'이 먼저 대답되어야 적용될 수 있으며, 이것은 결국 사회질서를 통해 결정될 수밖에 없다. 따라서 이 원리는 결국 어떠한 임의의 질서도 정당화하기에 이르고, 이렇다고 보면 그것이 정의의 정의(定義)로서는 완전 무가치한 것이라고 한다. 또 평등

용도 받아들일 수 있는 내용공허한(inhaltsleer) 것이라고 보았다.[15] 그러나 우리는 이러한 극단적인 견해에 찬동할 수는 없다. 우선 정의 는 소극적 측면에서 실질적 내용을 갖고 있다. 즉 평등·비례·동치 로서의 정의는 무엇보다 인간의 사회관계를 다룸에 있어서 '규율성'을 요구한다. 바꾸어 말하면 정의란 '자의의 배제'를 의미한다. 또 정의 의 원리들은 규준에의 구속을 요구한다. 그것도 사물의 즉(卽)한 규 준을 요청한다. 세금을 사람의 체중에 따라 부과한다면 이는 정의가 아니다. 따라서 무규준(無規準)은 곧 부정의임을 말해 준다. 나아가 정의의 원리는 방향제시적 지령 또는 규정적(規整的) 원리라고 볼 수 있다. 그것은 '본질적'으로 같은 것은 같게 '본질적'으로 다른 것은 다 르게 다루게끔 신중을 기하게 하고 어떤 것을 어떠한 관점 밑에서 같 게 또는 다르게 다룰 것인가에 대해 조심스런 고려를 하게 한다. 또

의 원리도 마찬가지라고 한다. 왜냐하면 모든 사람을 똑같이 다룬다는 것은 현실적으로 불가능한 것이 사실이고 보면 그것은 결국 어느 정도의 차이는 고려하지 말라는 것이 된다. 이렇게 본다면 이 원리는 결국 모든 법질서가 실 천하고 있는 것이고, 또 결정적인 것은 '무엇'이 평등하고 또 그렇지 않느냐는 것에 대해서 이 원리는 대답해 주고 있지 않다는 것이다. 또 '선에는 선, 악에 는 악'이라는 응보의 원리에서도 선과 악이 대답되지 않고 있다. 그리고 그것 에 대한 견해는 민족과 시대에 따라 다르다. 이렇게 볼 때 어느 법질서이고 응보의 원리를 실현하고 있지 않는 것은 없다는 것이다. 또 아리스토텔레스는 두 개의 악 사이의 중간이 덕이라고 하나, 무엇이 악이냐는 자명한 것으로 전 제하고 있으니 그 결정은 결국 기존 사회질서에 맡긴 것이다. 따라서 그의 중 용(mesotes)의 사상은 기존 사회질서의 유지라는 기능밖에 하지 않는다. 이리하여 켈젠은 정의란 모든 사람에 만족하는 방법으로 이익충돌을 해결하는 것을 목적으로 하는 데 그 본질이 있다고 보겠으나, 이를 위해서 든 원리들로 합리적으로 해결하지 못할 것은 자명하다. 거기에는 두 개의 방법만이, 즉 충 돌되는 이익들 중 어느 하나를 희생시키거나 또는 서로 간의 타협을 하는 길 밖에 없는데, 그러나 이들 방법 어느 하나도 절대적 정의를 주장할 수 없다. 따라서 절대적 정의란 하나의 '비합리적 이상'에 불과하며, 대답될 수 있는 것 은 아니다. 결국 존재하는 것은 상대적 정의뿐이며, 이의 도덕원리는 관용이 며, 이는 또 자유를, 자유는 또 민주주의를 전제하므로 '자기(=켈젠)에 있어 서'의 (상대적) 정의는 자유, 평화, 민주주의, 관용의 정의라고 말한다. 켈젠의 정의론비판은 그의 여러 글에서 발견되나 특히 다음의 두 저서에서 잘 나타 나고 있다. H. Kelsen, *Was ist Gerechtihkeit? Deuticke, Wien* 1953, 또 그 의 *Reine Rechtslehre*, 2. Aufl., Deuticke, Wien 1960, 357면 이하.

15) M. E. Mayer, *Rechtsphilosophie*, Springer, Berlin 1922, 78면.

정의의 원리는 가능한 한의 균등 취급을 위해 근소한 차이는 무시하도록 명하며 평균적 정의에서는 적정한 평형을 기하도록 노력하거나 적어도 무시해서는 안 된다고 명한다. 다른 한편 정의의 원리에 포함된 '본질적'이라든가 '적정'이라는 요소는 다른 여러 관점이 동원될 때 비로소 정의가 실용화될 수 있음을 암시하기도 하는 것이다. 요컨대 정의는 형식적이기는 하지만 전적으로 내용이 공허하다고 말할 수 없는 것이다.[16)

IV. 정의와 형벌

우리는 위에서 정의의 개념과 그 의의를 살펴 보았다. 이제부터 우리는 전통적으로 정의의 구체적 실질적 문제들 중 가장 중요시되었던 형벌을 살펴보기로 하자.

형벌은 그야말로 태고적 산물이다. 그것이 어떠한 형식으로 행해졌든 간에 어느 사회에나 존재했던 것은 의심의 여지가 없고, 또 그것이 존재해야만 한다는 데 대해서도 마찬가지였다. 그러나 그것이 어떻게 정당화될 수 있는가에 대해서는 끊임없는 논란이 거듭되었다. 그러나 형벌의 정당화의 근거로 역사적으로 압도적으로 내세워진 것은 두말할 필요 없이 정의이었다. 사실 어느 사회에서든 형벌에서만큼 정의에의 요청이 강한 것도 없었다. 그러면 형벌의 정의는 어떠한 성격을 띠는 것인가?

(1) 형벌이란 사회나 국가가 범죄자의 유책적 범행에 보이는 반응, 즉 범행을 이유로 범죄자에 가하는 해악적 조치이다. 이리하여 형벌은 우선 응보로 관념되었고, 그것은 특히 '응보적 정의'의 문제로 다루어졌다.

응보의 원시적 형태는 이른바 *Talio* 원칙이다. 즉 성서의 '눈에는 눈, 이에는 이'를 설명해 주고 있다. 동서양을 막론하고 고대의 형벌

---

16) 동지, H. Henkel, 전게서, 308면 이하. 그리고 K. Engisch, 전게서, 178면.

은 이 원칙에 따라 그 정의를 찾았다. 예컨대 위증을 범한 자에 대해서는 선서한 손을 잘라버려야 하며, 명예를 훼손한 자에 대해서는 혀를 베어내야 하며, 살인한 자에 대해서는 사형을 시켜야 하는 것이었다. 이와 같은 야만스런 응보는 심리적으로 보면 인간의 복수적 본능에 뿌리박고 있는 것이다. 그러나 역사적으로 가장 오래되고 또 아마도 가장 중요한 정의의 원리가 이 응보의 원리였음도 부인 못 할 사실이다.

형벌의 응보적 정의는 어떠한 사상적 근거를 바탕으로 계속 발전되어 왔는가에 대해서는 역사적 고찰을 통한 긴 설명을 요한다. 그러나 여기에서는 응보적 정의 사상의 절정을 보여 주었던 독일 관념주의 철학, 특히 칸트와 헤겔의 응보적 형벌관을 자세히 살펴보는 것으로 만족하기로 한다.[17]

(2) 칸트와 헤겔은 모두 응보의 이념을 형벌의 유일하고 가장 확실한 근거와 정당화로 본 점에서는 마찬가지였다. 우선 칸트의 견해부터 살펴보기로 하자.

(ㄱ) 칸트는 형벌을 우선 해악적 응보로, 그것도 정의의 요청으로만 보았고 형벌과 형벌로써 추구될 수 있는 목적과는 엄격히 분리했다. 그는 이렇게 봄으로써만 처벌받은 자는 그 품위에 있어서 인격으로 존중된다고 보았다. 그는 다음과 같이 말한다.

> 형법이란 명령권자가 복종자에게 그의 범행을 이유로 고통을 가하는 법이다. 따라서 국가의 최고위자는 처벌될 수 없으며, 사람들은 단지 그의 지배로부터 벗어날 수 있을 뿐이다.[18]
> 법관에 의한 형벌은 … 그것이 범죄인 자신을 위해서이든 또는 시민사회를 위해서이든 다른 선(이익)을 촉구하기 위한 수단으로 부과될

---

17) 이에 대해서 필자는 E. Schmidhäuser, *Vom Sinn der Strafe*, 2. Aufl., Göttingen 1971, 19면 이하의 설명과 인용문에 크게 의존한다.

18) I. Kant, *Metaphysik der Sitten*, Philosophische Bibliothek, Bd. 42, Hamburg 1959, 158면.

수 없으며, 그것은 언제나 오로지 그가 범행을 범했기 때문에 부과되어야만 한다. 왜냐하면 사람은 다른 이의 목적에 대한 수단으로 취급될 수 없기 때문이며 …. 형벌로부터 그 자신이나 동료, 시민에 대해 어떤 이익이 나올 것인가를 생각하기 전에, 범인은 먼저 벌받아야 하는 자이어야만 한다. 형법은 정언명령(Kategorischer Imperativ)이며, 그리고 '전 국민이 파멸되는 것보다 한 사람이 죽는 것이 더 낫다'는 바리새인의 표어에 따라 형법이 가져올 어떤 이익을 통해 형벌을 면제해 준다거나 조금이라도 감해 줄 그 무엇을 발견하려고 행복론의 사곡선(蛇曲線)을 긋고 다니는 자가 있다면 슬픈 일이다. 왜냐하면 정의가 무너지면 인간이 땅 위에 더 살 가치가 없기 때문이다.[19]

이와 같이 칸트는 형벌을 인간의 근원적인 정의의 요청을 반영한 것으로 보았다. 그러므로 그것은 초시대적·초공간적으로 규정되어야 했다. 이리하여 그는 형벌의 정의는 *Talio*의 원칙에 따라 '평등한 것은 평등한 것'으로 응보되어야 한다고 보았다.

그러나 어떠한 종류, 어떠한 정도의 공적 형벌이 원리가 되고 표준 척도가 되는가? 그것은 어느 한 쪽에도 기울지 않는 (정의의 저울의 눈금으로 본) 평등의 원리뿐이다. 따라서 내가 다른 국민 한 사람에 아무 이유 없이 해악을 가한 것은 내 자신에 대해 가한 것이며 내가 그를 욕하면 내 자신을 욕하는 것이고, 내가 그의 것을 훔치면 내 자신의 것을 훔친 것이고, 내가 그를 때리면 내 자신을 때린 것이고, 내가 그를 죽이면 내 자신을 죽인 것이다. 오직 복수의 법(*ius talionis*)만이 —그러나 이것은 물론 (너의 사적 판결이 아니라) 법원에서의 그것으로 이해해야 하지만 — 형벌의 질과 양을 확정해 줄 수 있다. 다른 것들은 모두 확실한 기준 없이 동요되고 있고, 또 혼입된 다른 고려 때문에 순수하고 엄격한 정의와는 균형을 이룰 수 없을 것이다.[20]

그러면 이와 같은 국가의 형벌은 어느 정도로 요청되며 또 어느

---

19) I. Kant, 전게서, 역시 158면 이하.
20) I. Kant, 전게서, 역시 159면.

정도 철저하게 시행되어야 하는가? 칸트는 다음과 같이 말한다.

　시민사회는 그 모든 구성원의 일치로 해체되었다 해도(예컨대 한 섬
에 사는 국민이 서로 헤어져 세계 곳곳으로 분산하기로 결의하였다고
해도), 감옥에 갇혀 있는 최후의 모살자(謀殺者＝살인자 ― 편집자)는 ―
누구나 자기가 행위에 상당한 것을 받게 되고, 그리고 이 국민이 이
자의 처벌을 끝까지 하지 않음으로써 이 공적인 정의의 침해자의 공범
자로 취급되어 살인죄(Blutschuld)의 누명을 쓰지 않기 위해서는 ― 그
해체에 앞서 처형되어야 한다.[21]

　이와 같이 칸트는 형벌을 '응보의 극대화'로 다시 말하면 절대적
으로 파악한 것이다.

　(ㄴ) 칸트에 이어 헤겔도 약간의 진전은 있다 하더라도 역시 응보적
형벌관을 구축하는 데 결정적으로 참여했다. 그러나 헤겔은 형벌을
정의의 요청으로 설명하는 것으로 만족하지 않았다. 오히려 헤겔은
대립과 대립의 지양(긍정, 부정, 그리고 부정의 부정)이 있는 곳에서
는 어디서나 발견되는 이른바 변증법적 과정에서 형벌을 파악했다.
즉 헤겔은 법질서, 다시 말해서 보편의지를 긍정(Position)으로, 그리
고 범죄 속에서 부정(Negation)을, 끝으로 형벌 속에서 부정의 부정
(Negation der Negation)[22]을 보았다. 따라서 헤겔에 있어서 형벌은
침해된 법의 이념적 회복이며 또 그것으로서 불가결적인 것이었다.
헤겔의 난해한 표현에 따라 이를 살펴보기로 하자.

　법으로서의 법의 침해는 ― 그 자체 부정적이지만 ― 틀림없이 하나
의 '적극적'(positiv)인, 현실적인 '실재'(Existenz)이다.[23]

---

21) I. Kant, 전게서, 역시 161면.
22) "Negation der Negation"이라는 말은 헤겔이 직접 한 말이 아니고 그의 제자
　간스(E. Gans)가 「헤겔강의부록」(Zusätze aus Hegels Vorlesungen)에서 표
　현한 것이라고 한다. (Jubiläumsausgabe, Glockner 판, Bd. 7, 152면).
23) G. W. F. Hegel, *Grundlinien der Philosophie des Rechts*, Philosophische
　Bibliothek, Bd. 1242, F. Meiner, Hamburg 1955, 93면(§ 97).

　　그러나 침해는 그것이 '즉자적(即自的)'(an sich) 존재자인 의지(그리고 이에 따라 침해자는 물론 피침해자나 모든 다른 이의 그것)에 가하는 한, 그것은 '즉자적' 존재자인 의지 그 자체나 그 단순한 산물과 관련해서는 결코 '적극적 실재'는 아니다. 이 즉자적 존재자의 의지(법, 법률 자체)는 '그 자체로는' 오히려 외적으로 실재하는 것은 아니며 그러한 한 불가침적인 것이다. 마찬가지로 침해는 피침해자와 다른 이의 특수한 의지에 대해서는 부정적인 것에 불과하다. 침해는 '범죄자의 특수의지'로서만 '적극적 실재'일 뿐이다. 따라서 현존하는 이 의지를 침해하는 것은 ─ '불연(不然)이면 당연하게 인정받게 될' ─ 범죄를 지양하는 것이며 그리고 이는 곧 법의 회복이다.[24]

　　만약 범죄와 그것의 지양으로서의 형벌이 단지 하나의 '해악' 자체로 고찰되면, 단지 '이미 다른 해악이 존재하기 때문에' 하나의 해악을 의욕한다는 것은 비이성적인 것은 물론이다.[25]

　　그러나 문제는 단순히 해악이나 이런 또는 저런 선이 아니라, 바로 '불법' 그리고 '정의'인 것이다.[26]

　이러한 형벌관에서 출발해서 헤겔은 묘한 방법으로 범죄자를 다시 법공동체의 한 구성원으로 승인하기에 이른다. 다시 말하면 그는 형벌 안에서 특수의지와 공동의지의 합치, 즉 법적 공동체는 회복된다고 보고 있다. 그는 다음과 같이 말한다.

　　범죄자에 가하는 침해는 '즉자적'인 정의일 뿐만 아니라, … 정의로서 그것은 동시에 '자신의' 법(권리)이다.[27]

　　형벌이 이렇게 '자신의' 고유한 법을 내포하고 있는 것으로 여겨짐으로써, 범죄자는 이성적인 자로 '존중'되는 것이다.[28]

　그런데 헤겔은 형벌의 정의를 칸트처럼 탈리오 원칙에서 찾지 않

---

24) G. W. F. Hegel, 전게서, 94면(§ 99).
25) Hegel, 전게서, 역시 94면(§ 99).
26) Hegel, 전게서, 역시 94면(§ 99).
27) Hegel, 전게서, 95면(§ 100).
28) Hegel, 전게서, 96면(§ 100).

았다. 그는 오히려 차이점을 '가치평등성'에 두었던 것이다.

범죄의 지양은— 그것이 개념적으로 침해의 침해인 한, 그리고 존재적으로(dem Dasein nach) 하나의 일정한 질적 및 양적 크기를, 또한 이에 따라 그것의 부정도 하나의 존재로서 그와 마찬가지의 크기를 갖는 한— 보복(Wiedervergeltung)인 것이다. 그러나 이러한 개념에 의거한 동일성은 침해의 종적(種的) 성질상의 평등이 아니라, '즉자적'으로 존재하는 그 성질상의 '평등'— 즉 침해의 '가치'적인 평등인 것이다.[29]

나아가 헤겔은 이 가치평등성을 그때 그때의 사회상태에 관련시켜 경정하려고 했던 것이다.

그러나 이러한 성질이나 크기는 시민사회의 '상태'(Zustand)에 따라 변할 수 있으며, 그리고 바로 여기에 몇 푼이나 한 개의 무를 절취한 자를 사형으로, 수백 푼이나 수백 개의 무를 절취한 자는 관대한 형벌로 다루는 것이 정당화되는 이유가 놓여 있는 것이다.[30]

그렇기 때문에 형법전은 특히 그의 시대와 그 시대의 시민사회의 상태에 속하고 있는 것이다.[31]

이상으로 형벌의 응보적 정의를 칸트와 헤겔의 사상을 토대로 살펴보았다. 사실 칸트와 헤겔 이상으로 형벌에서의 응보적 정의의 핵심적 의의와 그 필요성을 이론적으로 전개시킨 이들도 드물 것이다. 더우기 응보로서의 형벌이 이들에 의해 비로소 논리적으로 근거지어진 것이다. 즉 이들은 응보형만이 정의의 요청을 만족시키며 범죄자의 책임 자각과 속죄를 가능케 하고, 범죄자가 형사사법의 단순한 객체로 평가절하 되는 것을 막을 수 있다고 본 것이다.

(3) 형벌은 과연 응보적(Talio)인가? 또 응보적이라면 그것은 어떠한 의미에서 그러한 것인가? 형벌의 응보적 정의는 또 전통적인 정

---

29) Hegel, 전게서, 96면(§ 101).
30) Hegel, 전게서, 188면(§ 218).
31) Hegel, 전게서, 189면(§ 218).

의론에 비추어 볼 때 어떠한 성질의 것으로 해석해야 할까?

응보란 넓게 본다면 일정한 작용에 대응하는 반작용을 의미한다. 그러나 이것을 인간 행위와 관련해서 해석한다면, 인간의 악한 또는 선한 행위에 대해 해악이나 포상으로 응하는 것을 말한다. 따라서 응보의 개념 안에는 선으로의 반응과 악으로의 반응이 동일한 위치를 점하고 있는 것이다. 형벌을 응보라 할 때 이는 악으로의 반응을 의미할 것임은 명백하다.

그러면 응보는 반드시 '눈에는 눈, 이에는 이'라는 탈리오 원칙에 따라 해석하여야 하는가? 진리와 정의, 기술적 해석과 규범적 해석의 차이를 인식하지 못했던 원시인들이 응보를 이렇게 표현할 수밖에 없었던 것은 이해된다.[32]

그러나 위에서 보았듯이, 칸트도 형벌의 원리로서의 평등은 탈리오 원칙에 따른 응보로밖에 보지 않으려 했다. 그러나 같은 응보론자인 헤겔이 지적했듯이 '외눈뿐이거나 이빨 없는' 범인을 생각한다면[33] '눈에는 눈, 이에는 이'라는 원칙은 그야말로 부조리임이 밝혀진다. 또 칸트가 살인한 자에 대한 사형을 옹호하기 위해 '죽음과 아무리 고통스러운 삶' 사이에는 차이가 있다고 말했지만,[34] 엄격한 의미에서 따지고 보면 살인에 의한 사망과 사형의 집행도 반드시 동질적인 것은 또한 아닌 것이다. 이렇게 볼 때, 상술한 바와 같이, 헤겔이 응보에 있어서의 행위와 반응 사이의 평등이란 종류상의 평등이 아니라 가치상의 평등이라고 한 것은 진일보한 것이라 볼 수 있다.

여기에서 우리는 다시 형벌은 과연 응보인가라는 질문을 다시 음미하여 봄직하다. 형벌이 응보라는 생각은 증명되지 않은 하나의 고백에 불과한 것이 아니냐고 반문하는 이도 있을 것이다. 이것은 응보를 원칙에 따라 해석하여야 한다고 고집할 때 더욱 그렇다. 위에서도 지

---

32) 이 점에 대해서는 H. Kelsen, 전게 *Reine Rechtslehre*, 377면 참조.
33) Hegel, 전게서, 98면(§ 101).
34) Kant, 전게서, 160면.

적했지만 Talio 원칙은 오늘날 견지될 수 없다. 그렇다면 결국 응보란 행위와 그에 대한 반응 사이의 관계를 의미할 뿐일 것이다. 이는 물론 칸트도 말했듯이, 범인은 '죄를 범했기 때문에'(*quia peccatum est*) 벌 받는다는 의미에서의 응보적 요소는 적어도 포함하고 있다고 할 것이 나,[35] 범행과 형벌 사이가 반드시 탈리오적 관계이어야 함을 말하는 것은 아니다.

우리가 형벌에서의 응보를 탈리오 원칙으로 본다면 형벌에서의 정의는 이른바 평균적 정의의 한 경우로 볼 수 있다. 아리스토텔레스가 범죄와 형벌 사이의 평등을 평균적 정의로 해석한 것은 사실이다. 그러나 범죄와 형벌 사이에 엄격한 의미에서의 동치는 존재하지 않는다. 다만 헤겔이 지적했듯이 범죄가 일정한 양적 및 질적 크기를 가질 때 그에 대한 형벌도 상응하는 양적 및 질적 크기를 가져야 한다고 말할 수 있을 뿐이다. 다시 말해서 '범죄의 크기에 따라 형벌의 크기도 정해져야 한다'고 할 뿐이다. 여기에 물론 평균적 정의의 잔재가 남아 있는 것은 사실이다. 또 이것은 최소한도 버릴 수 없을 것이다. 그러나 우리가 중한 범죄에는 중한 형벌을, 경한 범죄에는 경한 형벌을 부과해야 한다고 할 때, 형벌은 사실 평균적 정의를 넘어 다시 정의의 유(類)개념인 배분적 정의의 문제라는 점이 명백해진다.

(4) 형벌이 정의의 이념에 따라 구성되고 평가되어야 한다는 것은 누구나 부인하지 않는다. 그러나 이는 형벌이 정의에 의해 완전히 구성될 수 있다는 것을 의미해서는 안 될 것이다. 우리가 형벌을 배분적 정의의 경우로 본다 하더라도, 배분적 정의의 사상은 사실 다수인을 취급함에 있어서 그 관계(Verhältnis)만을 말해줄 뿐이지, 그 구체적 방법(Art)까지 지시해주는 것은 아니다.[36] 다시 말하면 정의

---

35) 오늘날 이러한 응보형사상의 철학자는 J. D. Mabbott, Punishment(1939), *The Philosophy of Punishment*, H. B. Acton 편, MacMillan, London 1973, 39~54면(특히 45면) 참조.

36) G. Radbruch, *Rechtsphilosophie*, 5. Aufl., Erik Wolf 편, Koehler, Stuttgart 1956, 126면.

는 절도의 처벌은 살인의 그것보다 가벼워야 한다는 것을 말해줄 뿐이지, 절도는 징역이나 벌금, 살인은 사형에 처해야 한다고 지시하지는 않는다. 따라서 살인을 사형 또는 징역이나 심지어는 집행유예로 할 것인가, 또는 절도를 단기의 자유형, 벌금 또는 집행유예로 할 것인가는 정의가 확답해주지 않는다. 이렇게 볼 때 정의는 형벌의 전적인 원리는 아니다. 정의는 형벌에 대해 불가결한 필요조건이기는 하지만 충분조건은 못 될 것이다. 정의가 법에 대해서 단지 형식적 이념에 그친 것과 같이, 그것은 형벌에 대해서도 마찬가지이다. 따라서 어느 정도의 중한 그리고 어느 정도의 경한 형벌을 그 종류와 정도를 정해서 구체적으로 적용할 것인가는 정의의 문제가 아니라, 합목적성(Zweckmäßigkeit)과 기타의 가치관점(예컨대 인도성 등)의 과제로밖에 볼 수 없을 것이다.[37]

이리하여 우리는 독일의 유명한 형법학자 폰 리스트(1851~1919)의 목적형사상에 귀기울이지 않을 수 없다.

'정당한, 다시 말해서 정의로운 형벌은 필요한(notwendig) 형벌이다'. 형법에서의 정의는 목적사상에 의해 요구된 형량의 유지이다. … '목적사상에 의한 형벌권의 완전한 구속이 형벌적 정의의 이상이다'. '필요한 형벌만이 정의로운 것이다'. 형벌은 목적에 대한 수단이다. 그러나 목적사상은 수단의 목적에의 적합성과 그 사용에 있어서의 가능한 한의 절제를 요청한다.[38]

이 기념비적인 구절은 현대의 형법사상에 일대 전기를 가져왔던 것은 사실이었다. 칸트는 "살인한 자는 죽어야 한다. 정의의 만족을 위해 여기에 다른 대안이 결코 존재하지 않는다"[39]고 했다. 그러나 이런 목적형사상의 견지에서 보면, 사형도 범죄 투쟁을 위해 필요하

---

37) G. Radbruch, 전게서, 동면과 K. Engisch, 전게서, 179면 참조.
38) F. v. Liszt, Der Zweckgedanke im Strafrecht, *Strafrechtliche Aufsätze und Vorträge*, Bd. I, Berlin 1905, 영인신판, 1970, 161면.
39) I. Kant, 전게서, 160면.

지 않다면 그것은 정의로운 것이 아닌 것이 된다. 이것은 자유형에
대해서도 마찬가지일 것이다. 개개의 사회에서 정의로운 형벌이란 항
상 범죄인의 인격, 감화력, 사회 복귀의 필요성 등등을 고려하여서
얻어지는 것이다.

그러면 이러한 목적형사상은 칸트가 말한 바와 같이 공리적 사곡
선(蛇曲線)을 긋고 다니는 통탄해 마지 않아야 할 이들의 사상에 불
과할 것인가? 헤겔도 형벌 속에서 범죄자는 이성인으로 존중된다고
했지만 이러한 명예는 형벌의 규준이 그의 행위에서 얻어져야지 위
하나 개선의 목적으로 처벌될 때에는 갖지 못한다고 했다.[40] 칸트가
강조한 바와 같이 인간이 결코 단순한 수단으로 이용될 수 없다는
것은 자명하다. 그러나 진정 인간을 중심점에 놓고 그를 가능한 한
개선하려고 하는 것은 목적형사상이라고 말할 수는 없을까? 또 아무
런 목적 없이 범인을 응보하는 것보다 사회 복귀나 개선을 시도하는
것이 오히려 인간의 존엄성을 존중하는 것이지, 단순한 응보 속에서
명예를 찾는다고 하는 것은 하나의 형이상학적 꿈에 불과한 것은 아
닌가?[41] 이러한 관점에서 본다면 응보형사상만이 도덕적으로 정당화
되고 목적형사상은 그렇지 못하다는 것은 타당하지 못한 것 같다.

그러나 우리는 목적형사상으로 형벌을 완전히 설명하려고 한다면
이것 또한 잘못된 일일 것이다. 누구도 살인자에 과태료 정도 부담
시키는 것을 찬성하지는 않을 것이다. 이미 30년 가까이 세계의 한
구석에서 아무런 범행 없이 사는 나치범죄자를 아직도 찾아다니는
것을 우리는 잘 안다. 형벌에 남아있는 평균적 정의의 평형사상을
목적형사상으로 뿌리째 뽑는다는 것은 불가능한 일이다. 따라서 '필

---

40) Hegel, 전게서, 96면(§ 100).
41) 이러한 의미에서 클룩은 총명한 철인들이 형벌에 있어서는 자포자기적인 태도
　　를 보인다고 비판한다. U. Klug, *Absichied von Kand und Hegel,*
　　Programm für ein neue Strafgesetzbuch, Fischer Bücherlei, Frankfurt/M.
　　1968, 36~41면(이 글은 지금은 그의 *Skeptische Rechtsphilosophie und*
　　Humanes Strafrecht, 제1권, *Rechts- und Staatsphilosophische Analyse*
　　und Positionen, 1981, 149면 이하에 실려 있다 ― 편집자).

요가 정의의 어머니이다'라든가 '어제의 합목적성이 오늘의 정의이다'
는 등의 목적형사상을 극단적으로 주장하는 것은 지나치다. 그러나
우리가 오늘날 형벌을 단순히 평균적 정의를 넘어 배분적 정의의 한
행동으로 파악한다면, 정의로운 응보란 적정한 응보이며, 이는 한편
으로는 비례적 응보를, 다른 한편으론 합목적성도 의미할 것이다. 살
인자를 사형에 처하는 것이 합목적적이 아니라면 또 적어도 필요하
지 않다면, 그것은 또한 적정한 것은 못 될 것이다. 이러한 한도 내
에서 정의와 합목적성은 결합되는 것이다. 형벌은 이제 그 '응보의
극대화'만 추구할 것이 아니라, '응보의 극소화'의 길을 모색해야 할
것이다. 그것은 강제는 강제를 통해 지양된다는 것이 응보론자 헤겔
의 논리이나 강제는 강제를 통해 더욱 가중되는 것이 진정한 논리이
기 때문이다.

   이상으로 우리는 형벌과 응보적 정의를 고찰해 보았다. 오늘날도
형벌의 응보적 의미를 완전히 배제할 수는 없다. 그러나 그것의 의
미는 탈리오적, 칸트적일 수는 없다. 형벌의 정의는 목적사상이나 기
타의 다른 실질적 가치관점에 의한 보충을 받아들이지 않을 수 없게
되었다. 우리는 위에서 정의를 정당성으로부터 일단 구별하지만, 우
리의 눈은 다시 정당성이라는 최후의 이념으로 향하지 않을 수 없는
것 같다. 우리는 이것을 바로 형벌에서 여실히 보는 것이다.

V. 정의와 형평

   법과 정의가 논의되는 생활관계에서는 언제나 '형평'이라는 말이
불가피하게 사용된다. '가장 엄격한 법은 가장 큰 불법이다'(*summum
ius summa iniuria*)라는 말이 있으니 말이다. 그러나 사실 형평이라
는 말도 막연하고 여러 의미로 쓰인다. 그러나 우리가 보통 형평이
라는 말을 쓸 때 그것은 대개 '사태에 적정하다'는 뜻으로 해석된다.
그러면 형평은 법 및 정의와 어떤 관계에 놓여 있는가?

(1) 형평은 우선 법과 밀접한 관계를 가진다. 이에 대해서는 아리스토텔레스의 권위적 설명을 듣지 않을 수 없다.[42] 그는 형평 속에서 법의 구성부분을 본다. 그러나 이것은 법률적인 법의 의미에서가 아니라 그것의 수정으로서이다. 즉 법률은 일반적이고 다수의 사례들만을 염두에 둔다. 법률이 이렇지 않을 수 없는 것은 사물의 본성이다. 그런데 일반적인 법률사상 밖에 놓여 있는 하나의 구체적 사례가 발생할 수 있다. 그럴 경우 입법자가 이를 알았을 경우 그가 이를 취급했었을 방법으로 이를 다루어 빠뜨린 것을 수정하는 것은 정당하다. 이러한 의미에서 형평은 그 일반적 규정으로 인해 흠이 있는 법률을 수정하는 것으로 볼 수 있다는 것이다.

아리스토텔레스의 설명은 오늘날도 타당하다. 형평은 일반적이고 추상적인 규범을 특수한 개별 사례에 적용할 때 생기는 잘못된 결과를 제거하는 수단이라고 볼 수 있다. 형평은 법에 모순되는 것이 아니라 법을 보충한다. 형평은 보편적인 규범을 그것이 가진 효력을 침해함이 없이 수정하는 것이다. '형평은 법이며, 그것은 어떤 종류의 법보다는 낮지만 법 그 자체보다는 낮지 않다'(아리스토텔레스).

그러면 형평과 정의와는 어떠한 관계에 있는가? 아리스토텔레스는 양자가 절대적으로 동일하지는 않지만 그렇다고 또 양자가 종적(種的)으로 다르지는 않다고 했다. 하여튼 여기에는 그 후 의견이 분분했다. 한편에서는 형평은 정의의 사상과 절대로 분리될 수 없는 것이라고 하는가 하면,[43] 다른 한편에서는 '형평은 들을 수 없는 침묵의 신이다'(칸트) 또는 형평은 '정의의 적'(쇼펜하우어)이라고도 한다.[44] 그러나 양 견해 모두 지나친 것 같다. 전자는 양자 간의 긴장을 소홀히 본 것 같고, 후자는 그것을 첨단화했다. 위에서 본 바와 같

---

42) 역시 Thomson, 전게서, 145면 이하.
43) R. Stammler, *Lehrbuch der Rechtsphilosophie*, 3. Aufl., Berlin & Leipzig 1928, 320면.
44) I. Kant, 전게서, 39면 이하. 그리고 A. Schopenhauer, *Über die Grundlage der Moral*, Sämtliche Werke, Bd. III, Cotta, Insel, 755면.

이 정의에는 가능한 한의 평등 취급이라는 일반화의 경향과 본질적 차이는 고려해야 한다는 개별화의 경향이 맞서고 있었다. 형평이란 두 경향 중의 하나, 즉 '개별 사례의 정의'를 표현한 것이라 할 것이다.

'규범을 씨뿌린 자는 정의를 거두지 못할 것이다'(Wer Normen sät, kann keine Gerechtigkeit ernten)[45]라는 유명한 말이 있다. 이는 형평을 두고 한 보기 드문 적절한 표현이다. 형평은 법규범과 정의 사이에 자리 잡고 있다. 우선 형평은 규범의 편의성, 규범의 도식주의에 대항한다. 그러나 형평은 다른 한편 정의의 이념을 실현한다. 즉 규범의 씨로서는 거둘 수 없는 정의, 즉 개별화적 정의를 '적정한 사례 취급'에로 육박하면서 실현시키는 것이다.[46]

(2) 형평에 대해 소극적이던 칸트는 형평의 요청이 법에 근거하고 있기는 하지만, 법관이 불확정한 조건에 따라 법을 선고할 수 없는 한 법정에서는 실현될 수 없는 것이라고 했다.[47] 사실 형평이 정의의 일종으로 법발견자에 지시하는 것은 구체적 사례에 '적정한' 정의를 발견하라는 것이다. 이러한 의미에서 형평은 정의와 마찬가지로 지령적 내용을 가진 규정적(規整的) 원리임을 부정 못 할 것이다. 그러나 적정하다는 것은 무엇을 의미하는가? 더욱 개별 사례에서 어떤 사정을 고려해야만 적정하다고 할 수 있는가를 물을 때 더욱 그 대답은 어려워진다. 그것은 틀림없이 개별 사례의 모든 사정을 고려해야만 한다는 것을 의미하지는 않을 것이다.[48] 이렇게 볼 때 형평도 역시 정의의 이념과 마찬가지로 그 구체적 실현을 위해서는 실질적 가치관점과 합목적 고려를 필요로 하는 것이다.

---

45) M. E. Mayer, 전게서, 82면.
46) H. Henkel, 전게서, 327면 참조.
47) I. Kant, 전게서, 40면.
48) K. Engisch, 전게서, 184면 참조.

VI. 결 론

이상으로 정의의 개념과 법에 있어서의 정의의 의의를 간단하게 살펴 보았다. 평화롭고 균형 있는 사회질서의 등뼈 역할을 하여야 하는 것이 법이라면, 그것의 이념이 정의일 수밖에 없음은 명백하다. 그러나 정의는 모든 개개의 사례에서 구체적인 정당한 결단을 내려 줄 수 있는 규범도 아니며, 또 거기에서 이상적인 법체계가 논리적으로 직접 도출된다고도 볼 수 없다.

그러나 정의는 거듭 말하거니와 한갓 '공허한 공식'(Leerformeln)에 지나지 않는다고 보는 것은 타당하지 않다. 그것은 위에서도 지적했지만 규범적 지시 내용을 가진 규정원리로서의 의미는 갖고 있다. 그러나 정의는 서로 반대 방향으로 달리는 두 개의 경향을 내포한 규정원리이었다. 그것의 조정은 정의 자체의 이론으로 해결할 수 있는 것이 아니라 다른 실질적 가치 관점들을 통해서 비로소 가능할 것이다. 이를 우리는 형벌의 정의에서 보았다. 이 점은 여기에서 다루지는 못했지만 가격의 정의, 임금의 정의, 나아가 조세의 정의에서도 마찬가지일 것이다.

그리고 정의가 아무리 바람직한 사회윤리적 가치라 하더라도 그것은 밝은 면을 갖고 있는가 하면 어두운 면도 갖고 있다. "자비 없는 정의는 잔인이다"(*iustitia sine misericordia crudelitas est*— Thomas Aquinas)라는 말은 이를 지적하고 있다. 여기에 정의와 법의 차가운 어둠을 밝게 하고 뜨겁게 하는 한 줄기의 빛과 같은 사면(赦免)을 요청하고, 나아가 '인도성'을 더 깊은 인간관계의 근원으로 보려는 데 이유가 있는 것이다. 그러나 정의조차 한 번 충분히 실현되지 못하는 현실에서 벌써 그것의 한계를 논하는 것이 한갓 기우에 불과할 것일지도 모른다.

제 2 편

순수법학

한스 켈젠의 법이론[†,††]

로베르트 발터[*]

I. 개 설

Hans Kelsen의 법이론에 대해 제약된 시간에 강연한다는 것은 그것이 근 90년에 걸쳐 여러 학자들의 기여와 많은 2차(연구)문헌을 통해 발전된 매우 확장된 이론이기에 나에게는 어렵고 힘든 과제이다.[1] 그래서 '이론의 양태'와 그 배경에 대해 약간 언급하고 몇 개의

---

† 서울대학교 법학 제40권 제1호, 1999.

†† '한스 켈젠의 법이론'은 빈 대학교 법과대학 공법학 교수이며 켈젠 연구소 대표 연구위원인 발터(Robert Walter) 교수가 독일 Würzburg 대학의 초청으로 행한 강연이다. 발터 교수는 Merkl의 제자로서 켈젠의 순수법학의 이론을 '정통으로' 옹호하고 발전시키고 있는 대표적인 현대 법이론가로 국제적으로도 명성이 높다. 이 강연이 법철학, 법이론, 법사회학에 대한 뷔르츠부르크 강연(동 강연집 제24책; *Hans Kelsens Rechtslehre*, Nomos Verlag, Baden-Baden 1999) 시리즈로 출간되자마자 그가 보내주어 일독한 결과 이 글이 '어느 특정 법질서가 아니라 실정법 일반, 실정법 자체(positives Recht schlechthin)의 이론, 다시 말해서 실정법의 일반이론'인 켈젠의 법이론을 바로 이해하는 데 좋은 길잡이가 되리라 믿기에 우리말로 옮겨 보았다. 원래 이 논문의 주는 45개에 이르고 내용도 방대한 것이나 지면관계상 중요한 주만을 선별하여 달았다.

* 빈 대학교 공법학 교수.

1) 순수법학의 역사를 90년으로 잡는 것은 켈젠의 첫 저작이며 동시에 동 법학이론의 기초였던 「국법학의 주요문제(*Hauptprobleme der Staatsrechtslehre*)」의 초판이 1911년에 나왔기 때문이다. 순수법학에 기여한 학자로는 A. Merkl, A. Verdross 그리고 체코의 F. Weyr와 같은 유명한 학자들 이외에 F. Kaufmann, F. Schreier 등이 있었으며, 현재는 발터 교수 외에 C. Jabloner 교수 등 주로 발터 교수의 여러 제자들을 들 수 있다. 그리고 켈젠 연구소에서는 그동안 무려 20권이 넘는 연구소총서(Schriftenreihe des Hans Kelsen-Instituts)를 출간했다. 켈젠, 메르클, 페어드로스의 주요논문들은 *Die Wiener Rechtstheoretische Schule*, I/II권(1968)로 출간되어 있으며, 순수법학의 이론적 상황에 대한 소개로는 R. Walter, Der gegenwärtige Stand der Reinen Rechtslehre (*Rechtstheorie*, 1970, 69면 이하)가 있다.

'특징적인 입장들'을 소개하는 데 그칠 수밖에 없다.

켈젠의 법이론은 - '순수법학'이라고 하는데 - '실정법'이라는 대상에 대한 과학적인, 즉 객관적인 - 간주관적으로 검토가능한 - 고찰을 기하기 위한 하나의 프로그램이다. 이는 '실정법 도그마틱의 일반이론'이라고 규정될 수 있다. 이러한 규정은 여러 점에서 좀 더 자세한 설명이 필요하다.

1. 대상으로서의 '실정법'에 대하여

순수법학이 파악하려는 '대상'은 전통적인 법학에서 '실정법'이라고 지칭되던 그것이다. 순수법학은 이 대상을 좀 더 상세히 규정하려 했다.

a. 그것은 '인간에 의해' - 명시적인 의지적 (입법)행위나 관습을 통해서 - '정립된' 규율(지시명령)이어야 하며, 따라서 - 신이나 자연과 같은 - 초인간적 권위가 정한 규칙들은 이에 해당되지 않는다.

b. 그것은 '인간에 대해' 정립된, 따라서 '인간을 수규자(受規者)로 하는' 규율이어야 한다. 이 인간에 대한 '수규'에 대해 미리 서론적으로 윤곽이나마 밝힌다면, 이는 인간에 대해 일정한 행위를 - 그 밖의 조직된 강제 속에서 - '명'하거나 일정한 행위를 할 '권한을 주는' (수권하는) 것으로 파악되고 있다는 점이다.

c. 고찰되는 '규율체계'는 '실효적이어야', 즉 대체로 준수되거나 집행되어야 한다.

2. 도그마틱의 이론에 대하여

이런 규율들이 파악되어야 하는 '양태', 즉 그것들이 '규범'들로 고찰된다는 것이 '도그마틱' 양태이다. 이는 좀 더 자세히 설명될 필요가 있는 아주 결정적인 점이다.

인간에 대한 인간의 명령과 그 효과는 자연과학을 수단으로 하여 - 의지적 (입법)행위와 그 의지적 (입법)행위에 일치하거나 일치하지 않는 행태로-설명될 수 있다. 이 경우 우리는 경험적 사회학을 하는 것이다. 학문적으로 이렇게 할 수 없는 바는 아니나, 이럴 경우 전통적 법학이 주로 늘 문제삼았던 바, 즉 사람들에게 법이 무엇을 '사실상 명령했고' 또 '사실상 행위하고' 있는가를 설명하는 것이 아니라, 사람들이 어떻게 법에 따라 '행위하여야' 하는가를 설명하는 바를 놓치게 될 것이다.

이로써 우리는 순수법학에 대해 근본적인 의미를 지니고 있는 철학적 선결문제에 닿는다: 세계는 단순히 '존재의 영역'으로 해석되어야 할 것인가 아니면 '당위의 영역'도 인정해야 할 것인가? 순수법학은-이 문제에 대한 철학적 논란에도 불구하고-'존재의 세계'와 '당위의 세계'를 구별하고, '규범들'-또한 법의 규범들-을 '당위의 세계'에 자리잡고 있다고 생각할 경우 '인식에 이바지할 수 있다'고 '상정'한다.[2]

종국적으로 말한다면 순수법학은 인간이 인간에 대해 정립한 실효적인 규율들을 규범적으로, 다시 말해서 당위의 규율로, '규범'으로 고찰한다. 그래서 그것은 '법도그마틱의 이론'이다.

여기에서 순수법학은 '규범의 효력'-즉 '당위의 영역에서의 특수존재'-은 근거지음이 필요하다는 사실을 철저하게 의식한다. 이러한 근거지음에 이바지하는 것이 '근본규범의 이론'이다. 이는 다음과 같이 설명될 수 있다: 체계내재적으로 고찰한다면 개개의 효력있는 법규범은-그 효력을 근거짓는-다른 규범에로 소급될 수 있다: 법관의 판결의 효력은 법률에 의한 법관에의 수권으로, 법률의 효력은 헌법에 의한 국회에의 수권으로, 헌법의 효력은 가령 제헌평의회에 부여된 헌법제정에의 수권으로 소급된다. 그러나 효력관계의 계속적

---

2) '당위의 세계'에 대한 필자의 입장은 R. Walter, Sein und Sollen, *Ergänzbares Lexikon des Rechts*, 1985; Jörgensen's dilemma-and how to face it, *Ratio Juris*, 1996, 170면; Bemerkung zu Albert, *Zur Kritik der reinen Jurisprudenz, Jahrbuch für Rechtsphilosophie und Gesetzgebungslehre*, 1992, 35면 이하에 피력되어 있다.

소급은 한계에 부딪친다. 이 한계는 '법적 수권'이 없이 − 전형적으로 혁명이나 쿠데타에 의해 − 한 사람 또는 집단이 '권력을 잡고' 가령 제헌평의회를 작동시킬 경우 존재한다. 만약 실효적인 것이 된 규율 체계를 '효력있는 규범체계로 해석하려고' 한다면, 최초의 − 단순히 사실적인 − 행위가 수권에 의거하고 있는 것으로 '상정하지 않으면 안 된다.' '이러한 상정이 근본규범이다.' 근본규범에 대한 수많은 논란을 아는 이들은 아마도 이는 문제를 너무 단순하게 설명한 것이라고 생각할 것이다. 그러나 이 문제는 사실 더 복잡하게 볼 필요가 없는 것이다.[3]

이 자리에서 더 언급할 것은 최초의 '사실적인 규율'은 단순한 사실이기 때문에 여타 '규범들'의 기초로 볼 수 없다는 점이다. 그리고 주지하듯이 − 이미 David Hume이 지적한 것처럼 − 하나의 존재로부터는 어떠한 당위도 도출(추론)될 수 없다. '그렇기 때문에 결코 근본 − 사실이 아닌 하나의 근본'규범'이 필요한 것이다'.

그러나 순수법학에 관하여 근본규범의 이론과 함께 또 명백히 해두어야 할 것은 그것이 실정법 질서를 − 가령 도덕질서나 자연법 같은 − 더 '높은 질서'에로 소급하지는 않는다는 점이다. 순수법학은 실정법을 '서술'하려고 한다. 그러나 순수법학은 이를 바로 '근본규범의 상정'하에서만 서술하기 때문에, 각 개인은 실효적인 규율체계에 대해서 − 그것이 아무리 비난할 만한 것일지라도 − 복종할 의무가 있다는 생각을 순수법학이 표방한다고 비난하는 일체의 비판들은 전적으로 근거가 없는 것이다. 오히려 이 문제는 각 개인에 맡겨 두고 있다. 이로써 순수법학은 '법복종의 문제성'을 완전하게 밝혀 준다: 아무도 자기의 최후적 정당화를 위해서 실정법을 끌어댈 수는 없다.

---

3) 근본규범에 대한 필자의 입장에 대해서는 특히 Entstehung und Entwicklung des Gedankens der Grundnorm, *Schwerpunkte der Reinen Rechtslehre*(켈젠연구소총서, 제18권, 1992), 47면 이하 그리고 Die Grundnorm im System der Reinen Rechtslehre, *Krawietz Festschrift*, 1993, 86면 이하 참조.

'실정법을 따르느냐 그것에 반항하느냐는 각 개인의 도덕적 결단으로
남는다!' "켈젠의 법률학적 실증주의는 실정법을 정당화하지 않는
다…"고 한 Horst Dreier의 지적은 적절하다.[4]

3. 대상과 방법의 선택에 대한 제 근거

순수법학에 대해서 제기되어야 하는 질문 중의 하나는 법이론의
대상과 방법을 순수법학이 한 것처럼 선택하는 것이, 즉 '사회적 권
력의 규율'을 '효력있는 규범'으로 기술하는 것이 합목적적인가이다.
이에 대해서는 결코 '최후적 대답'은 없다. '대상의 선택'은 '실정법의
체계의 인식에 대한 관심'이 — 그 도덕적 요청 또는 자연법적 요청에
의 합치여부의 문제와는 전적으로 관계없이 — 존재한다는 상정에 근
거하고 있다. 이는 하나의 예로서, 먼 나라에 있는 병환중의 어머니
를 방문하고 선물을 가져가려는 이는 입국과 반입이 어떻게 도덕적
으로 이의가 없이 규율되어 있어야 하는가를 알고 싶어 하는 것이
아니라, 여행하려는 나라의 실정법에 그것이 어떻게 규율되어 있는가
를 알고 싶어 할 것이라는 데서 밝혀진다.

4. 대상과 도그마틱적 방법의 선택의 결과

규범적 고찰의 대상으로 실정법이 선택되면, 모든 설명은 이 규범
체계만을 문제 삼을 수 있을 뿐이라는 것은 자명하다. '서술되어야
하는 것은 이것만이다.' 이를 통해서만 실정법은 명확히 드러날 수
있다. 그 때문에 다른 규범적 체계들(도덕, 자연법)과의 혼동은 — 유명
한 분리테제의 의미에서 — 배제된다. 실증적인 법의 서술과 엄격히
구별해야 할 것은 그것이 역사적으로 어떻게 그에 이르렀는가의 문
제, 그 사회적 작용의 문제, 그리고 실증적인 법을 도덕적으로 어떻
게 평가할 것인가의 문제이다. 이런 문제들에 대한 연구는 결코 배

---

4) H. Dreier, *Rechtslehre, Staatssoziologie und Demokratietheorie bei Hans
Kelsen*, 제2판, 1990, 231면.

제되어 있지는 않으나 그것은 그 고유의 학문영역 – 법제사, 법사회학 그리고 윤리학 – 에서 할 일이다. 이러한 학문들 사이에 관련이 있다는 것은 부정되지는 않지만 그들의 독자적 의미가 강조된 것이다. 법학은 법제사, 법사회학 또는 윤리학으로 대체될 수 없다.

5. 이론의 일반성에 대하여

순수법학은 하나의 일반이론이려 하지 하나의 또는 여러 개의 특정 법질서의 이론이고자 하지 않는다. 이는 순수법학에 의해 획득된 이론적 통찰들이 상이한 법질서들에 대해서는 그 성과가 다를 수 있다는 것을 배제하지 않는다. 그래서 가령 법질서의 단계구조론은 원시적인 법질서보다는 복잡하게 구축된 법체계를 파악하는 데에 그 성과가 클 수 있다. 그렇다고 이 이론의 일반성이 손상되지는 않는다.

6. 순수법학의 학문사적 배경에 대하여

순수법학은 학문사적으로 그 '인식객체'의 '규정'과 아울러 전적으로 19세기 우리 문화권에서 발전했고 가령 Paul Laband의 이름과 함께 처음 알려진 국법학적 실증주의의 전통에 서 있다. 그 관련의 존재는 전기로 밝혀진다: Edmund Bernatzik(1854~1919)은 1894년에서 1919년까지 빈 대학에서 지도적인 공법학자로 활약하기 전에는 Straßburg의 라반트와 Otto Mayer에게서 연구생활을 했다. 켈젠은 그의 '제자'였으며 또 그의 '후임'이 되었다. 물론 켈젠의 이론이 국법학적 실증주의와 구별되는 점은 특히 근본규범의 이론이 밝히듯이 '그 이론의 인식비판적 정초(定礎)'에 있었다. 낡은 실증주의는 순수법학의 '비판적 법실증주의'가 되었으며 이로써 – 드라이어가 함축성 있게 지적했듯이 – "실로 가장 철저하고, 가장 명석하고, 개념적으로 가장 예리한 실증주의적 법학의 형태"가 된 것이다.[5] 이 자리에서 지적해 둘 것은 순수법학은 – 많이들 생각하는 것과는 달리 – 철학적

---

5) H. Dreier, 위의 책, 18면.

실증주의와도, 또한 Moritz Schlick을 중심으로 한 빈 학단의 신실증
주의와도 관계가 없다는 점이다. 슐릭은 주지하듯이 근본적으로 규범
적 고찰을 거부했으며, 이는 켈젠이 수락할 수 없었던 바이다. 물론
순수법학은 논리경험주의와는 합리적 인식의 추구와 방법순수의 윤
리에서 합치되고 있다.

7. 순수법학의 철학적 기초에 대하여

순수법학의 철학적 기초에 대해서 켈젠 자신도 그 계기가 되지만
많은 연구들이 시도되었다. 그러나 이 점에 대해 너무 나아가는 것은
큰 의미가 없다. 모든 학문이론은 - 법학의 이론도 - 일정한 철학적
근본입장을 - 의식적이든 무의식적이든 - 가져야 한다. 그러나 그것은
결코 일정한 철학적 이론체계를 바탕으로 삼아야 한다는 것은 아니
다. 순수법학이 취한 중요한 철학적 근본입장은 가령 당위세계와 존
재세계의 상정, 그리고 실효적인 강제질서를 효력있는 규범의 체계로
해석할 수 있기 위한 초월논리적 상정(통상의 표현으로는 선험논리적
상정 — 편집자)으로서의 근본규범의 구성에서 보듯이 칸트의 일정한
철학이론에 소급될 수 있다. 켈젠은 이를 조심스럽게 칸트 인식론의
유추적 적용이라고 규정했다. 켈젠이론의 많은 연구들은 큰 성과가
없으며, 따라서 그 점에 대해 더 자세하게 들어갈 것은 아니다. 단지
언급할 것은 켈젠의 제자인 Felix Kaufmann(1895~1949)과 Fritz
Schreier(1897~1981)가 순수법학을 E. Husserl의 현상학에 근거시킨
시도이다. 켈젠은 후설의 심리주의에 대한 경계설정에는 찬동했으
나[6] 자기 제자들의 언급한 바와 같은 노력에는 따르지 않았다.

8. 순수법학의 역사적 배경에 대하여

금세기 초에 빈에서 순수법학이 발생한 역사적·사회적 이유가
있는지에 대한 물음이 종종 제기되었다. 이 시기의 일반적인 비판

---

6) H. Kelsen, *Hauptprobleme der Staatsrechtslehre*, 제2판, 1923, IX면, 67면.

적 분위기가 거론될 수 있겠다. 당시 Sigmund Freud는 그의 '정신
분석학'을 발전시켰으며, 빈 '실증주의학파'가 서서히 생겨났으며, '신
예술'은 − 가령 Klimt를 생각할 수 있는데 − '시세션(Secession 분리파)
운동'을 일으켜 전통에 외면했으며, Schönberg는 '12음 기법 음악'을
시작했으며, '비판문학'이 (가령 Schnitzler와 함께) 자리잡게 되었다.
이를 [빈의] '현대정신'이라 할 수 있으며, 이 틀 안에서 새로운 법학
파가 자리잡게 되었다. 이는 순수법학이 19세기의 실증주의 법학과
의 관련을 물론 간과하지 않으면서 때때로 자신의 새로움을 강조했
던 것으로 보아 맞는 말이다.[7]

그러나 당시의 학문적 흐름에 대한 거증할 만한 학문적 관계가
있지 않다는 것은 지적할 가치가 있는 듯하다. 사실 켈젠과 프로이
트 사이에 어느 정도 접촉은 있었지만 − 인적 관계가 있었음에도 불
구하고 − 프로이트의 학문적 영향은 얼마 안 된다.[8] 켈젠은 빈 신실
증주의학파와는 반형이상학적 경향에는 일치했으나 그 규범과학의
거부와 관련해서는 첨예한 대립을 이루고 있다.

다른 하나의 국면에 대하여 말한다면 당시의 사정상 다민족국가
로서의 오스트리아 제국의 법질서의 특수상황이 거론될 수 있겠다.
즉 오스트리아 헌법학자에게는 특히 법이란 단일한 민족정신의 산물
이 아니라, 도나우 제국의 다민족을 일차로 결합시켜 주는 것은 공
통적인 법질서이고, 그래서 이 국가는 − 순수법학이 나중에 일반적으
로 그랬듯이 − 무엇보다 곧 법질서로 파악되어야 한다는 생각이 떠올
랐을 것이 필시 명백했었을 것이라는 점이다.

---

7) 이 점에 대해서는 A. Merkl, Neue Wege der Rechtswissenschaft, *Schweiz-erische Juristen-Zeitung*, 제18권, 1922, 303면; C. Jabloner, Kelsen and his circle: The Viennese Years, *European Journal of International Law* 9, 1998, 368면 참조.

8) 이 점에 대해서는 L. Adamovich, Kelsen und die Tiefenpsychologie, *Hans Kelsens Wege sozialphilosophischer Forschung*(켈젠연구소총서, 제20권, 1997), 129면 이하 참조.

II. 규범이론

1. 개 설

'규범'은 가장 일반적인 의미에서 '어떤 것이 있어야 한다'는 것을 의미한다.

'규범'은 '의지적 (입법)행위의 의미'라고 말할 수 있으나 당위의미와 사실상의 의지적 (입법)행위는 엄격히 구별해야 한다. 의지적 (입법)행위는 '존재'의 영역에 있으며, 그것의 의미–내용은 '당위'의 영역에 있다.

순수법학은 철학적 의미에서는, 우리가 흔히 존재의 영역 내에서의 사물의 존재를 인정하듯이, '당위의 영역 내에서의 특수한 현상으로서의 규범의 존재(효력)'로부터 출발하는 한 '현실주의적' 이론이다.

모든 '규범과학'은 '규범'의 존재와 내용에 대한 '언명'을 해야 할 임무를 가진다. 이러한 '규범에 대한 언명'은 '언명이 행해지는 규범 자체'와는 엄격히 '구별해야' 한다. 이는 특히 '규범'은 '효력있는' 규율이지만, 규범에 대한 언명은 효력있는 것이 아니라 참이거나 참이 아닌 것이기 때문에 그렇다. 첨언한다면, 순수법학은 '규범'과 '규범에 대한 언명'의 엄격한 분리가 필요하다는 통찰을 처음부터가 아니라 서서히 얻게 되었으며 이러한 통찰로부터의 최종적인 결론은 늦게서야 이끌어 내었다. 이 결론이란 무엇보다 '규범의 논리란 존재할 수 없으며', 논리적 규칙들은 오히려 '규범을 서술하는 명제들'에만 관련된다는 통찰이다.

2. 법규범

사람들이 인정하는 모든 규범들이 '법규범'이어야 하는 것은 아니다. 사람들은 '도덕과 관습의 규범'들도 다룬다. 이들은 법규범과는 경계지어져야 한다. 이 경계는 여기에서 단지 아주 단순화해서 지적될

수 있다: 법규범은 규범침해시 '궁극적으로' 하나의 제재, 즉 조직화된 강제, 특히 형벌이나 강제집행이 규정되고 있는 체계의 규범이다.

3. 법규범의 종류

법규범을 어떻게 구성할 것인가 그리고 범규범들은 어떤 종류로 구별할 것인가의 문제는 순수법학의 발전과 함께 전개된 것이며 자세한 것에까지 모두 설명될 수는 없다.[9] 그러나 약간의 통찰들은 지적될 수 있다.

a. 확실하게 법체계의 중심점에 놓여 있는 것은, 사람들에게 일정한 행위를 — 예컨대 살인하지 말 것을, 세금을 납부할 것을, 우측으로 운전할 것을 — 명하고 그런 행위가 없을 경우 형벌이나 강제집행을 규정하는 '강제규범'이다. 이 강제규범은 따라서 '요구(명령)부분'과 '강제부분'을 갖고 있다.

b. 그러나 법체계는 요구적 강제규범뿐만 아니라 '수권적 규범'들을 포함하고 있다. 법은 보통 말하듯이 자기 자신의 창설을 규율한다. 이는 수권규범이 일정한 사람(가령 군주나 의회)에게 '법의 창설이나 폐지를 할 수 있게' 함으로써 행해진다. 이런 규범들은 '법창설규범'이라고 부를 수 있다.

수권규범은 그러나 법의 창설뿐만 아니라 그 '집행'(실현)까지 수권할 수 있는 규율들이다. 판결을 내리고 행정행위를 하기 위해서는 이를 행하는 이에게는 법과 수권이 필요하다; 그는 이를 통해 법질서의 기관이 된다. 그는 그런 행위를 행할 의무까지 질 수 있다. 그렇게 되면 이를 명하는 강제규범까지 덧붙여진다. 그러나 반드시 이렇게 해야 하는 것은 아니다.

c. 켈젠은 후기이론에서 '폐지적 법규범' — 말하자면 오직 다른 규범을 폐지하는 내용만을 가진 규범 — 을 인정했다. 사실 이 규범은

---

9) 이에 관해서는 R. Walter, *Der Aufbau der Rechtsordnung*, 제2판, Wien 1974; Reine Rechtslehre, *Ergänzbares Lexikon des Rechts*, 1985.

수권규범에 의거하고 있으나 수권이 아니라 '특수한 규범적 기능'을 갖는다. 이를 고유한 규범범주로 인정해야 할 것인가는 지금도 순수 법학 내에서 논란되고 있다.[10]

d. 켈젠은 이론의 전개과정에서 '허용적 법규범'도 인정했다. 이를 통해서 강제규범은 지양되거나 제한되어야 한다. 그런데 이런 내용의 법규정은 폐지규범 또는 강제규범의 제한부분으로 해석될 수 있다고 지적될 수 있다. 따라서 고유한 허용규범의 상정은 불필요한 것으로 보인다.[11]

4. 법규정

'법규범'이란 매우 포괄적인 형상이다. 그렇기 때문에 이를 상정하는 것은 법질서의 총체-구조를 표현하기 위해서 합목적적이다. 그러나 법률가의 작업은 법규범의 단순한 부분에 그치고 만다. 일반적으로는 완전한 법규범은 구성되지 않고 법규범의 구성부분이 되는 그런 법률적 요소들만이 다루어진다. 이러한-법소재를 이루는-부분을 '법규정'이라 부를 수 있다. 보통 이것이 서술되고 그 기능이 연구된다. 그럼에도 불구하고 포괄적인 법규범 개념이 구성되는 이유는 법규범의 구성에 기여하는 것만이 법소재가 되기 때문이다.

순수법학 내에서 규범구성의 영역이 앞으로 많이 연구되어야 한다는 것은 숨길 수 없는 점이다.

III. 법단계구조의 이론

1. 켈젠은-순수법학을 정초한-「국법학의 주요문제(1911)」에서는

---

10) 부정적 입장은 R. Thienel, Derogation, *Untersuchungen zur Reinen Rechts-lehre II*(켈젠연구소총서, 제12권, 1988), 23면 이하. 긍정적 입장은 G. Kucsko-Stadlmayer, Rechtsnormbegriff und Arten der Rechtsnormen, *Schwer-punkte der Reinen Rechtslehre*(켈젠연구소총서, 제18권, 1992), 31면 이하.
11) 같은 견해로는 G. Kucsko-Stadlmayer, 위의 논문, 31면 이하.

전적으로 '법률의 분석'에만 집중했다. '법률창설과 법률집행은 의식적으로 제외되어 있다'. 따라서 그 저서는 '법의 정태적 고찰'이 임무였다. 이는 켈젠의 제자인 Adolf Merkl(1890~1970)의 영향으로 달라졌다. 켈젠은 「주요문제」의 (개정되지 않은) 제2판의 머리말에서 이론의 전개와 관련하여 무엇보다 그는 "법단계론을 순수법학의 체계의 본질적 구성부분으로 수용하였다"(XVI)고 쓰고 있다.

메르클은 많은 논문에서 법이란 '단계적 형태를 가진 창설체계'로 보아야 한다는 생각을 주장했고, 이 견지는 순수법학의 확고한 구성부분이 되었으며, 이는 이 학파를 넘어서도 영향을 미쳤다.[12] 물론 이는 때로는—자세히 고찰해 보면 아주 복잡한—이 이론을 너무 단순화해서 적용하는 결과도 낳았다.[13] 이를 윤곽이나마 보이기 위해서 두 개의 구별되는 단계, 즉 '법적 제약성에 따른 단계구조'와 '폐지력에 따른 단계구조'에 주목하여 살펴보자.

2. 법적 제약성에 따른 단계구조에 대해서는 다음과 같이 지적할 수 있다: 다른 법규범(또는 그 부분인 법규정들)의 창설을 수권하는 법규범을 확인할 수 있다면 법질서 내에서 우선 하나의 단계, 즉 창설을 규율하는 법규정과 그것을 기초로 창설된 법규정 사이의 단계를 확인할 수 있다. 일정한 법창설규범(법창설규칙)에 따라 제정된 법규정은 그 법적 효력을 법창설규범에서부터 도출하기 때문에, 법창설규범은 '상위의', 그것에 의해 창설된 법규정은 '하위의' 법규범으로 볼 수 있다. '상위의' 법창설규범은 '하위의' 창설된 규범을 제약하는 것이다.

---

12) 필자의 견지에 대해서는 R. Walter, Der Aufbau der Rechtsordnung, 1974; Die Lehre vom Stufenbau der Rechtsordnung, *Archivum Iuridicum Cracoviense*, XIII, 1980, 5면; Der Stufenbau nach der derogatorischen Kraft im österreichischen Recht, *ÖJZ*, 1965, 189면; Der Stufenbau von Verordnung, *Seidler Festschrift*, 1985, 331면; 또 H. Mayer, *Die Theorie des rechtlichen Stufenbaus*, 켈젠연구소총서, 제18권, 37면.

13) A. Merkl의 맨 나중의 글로는 Prolegomena zu einer Theorie des rechtlichen Stufenbaus, *Kelsen Festschrift*, 1931, 252면.

3. 폐지력에 따른 단계구조에서는 '법형식(형태)의 구성'이 문제된다. 동일한 '법형식'은 '동일한 창설규칙'에 따라 제정된 법규정들을 갖는다. 따라서 우리는 ― 그 내용에 관계없이 ― 법규정을 나타내는 헌법형식, 법률형식 또는 명령형식을 말한다. 이런 법형식들은 이제 그 폐지력의 규준에 따라 구성된다. 다른 법형식의 법규정들을 폐지시키지만 다른 법형식의 그것들에 의해서는 폐지될 수 없는 법규정을 가진 그런 법형식은 상위의 법형식인 것이다. 그리하여 헌법형식의 규율들은 규칙상 법률형식의 규율들을 폐지시키나 그 반대일 수는 없다. 이는 법률형식과 명령형식의 관계에도 유추된다.

4. 여기에서 더 자세히는 파고들 수 없는 하나의 어려운 문제는 단계체계들 사이의 관계의 문제이다. 그러나 그 상세한 것을 논하는 대신에 다만 ― 순수법학에서 전형적인 것이기에 ― 지적되어야 할 것은 순수법학이 실정법의 구조를 최대한 명확히 설명해 내야 한다는 점이다. 그것은 또한 단계구조론의 관심사이기도 하다.

그러나 단계구조론과 관련해서는 특히 다음과 같은 점도 지적해야겠다: 법창설의 단계구조 내에서 상위단계는 하위의 단계를 결정하는 강도와 범위에 차이가 있을 수 있다는 점이다. 그래서 가령 입법자는 보통 명령권자나 법관이 법률에 의해 제한받는 것보다 덜 제한받는다. 그러나 가령 입법자의 형성의 여지, 재량이나 불확정적 법개념들에서 드러나듯이, 모든 단계에서 수권기관에는 여지가 있다. 그리하여 단계구조론은 법창설이 준논리적 과정이라는 환상에 반대하며, 단계마다 법이 '집행'될 뿐만 아니라 법이 '창설'도 되며, 그래서 법행위는 한편 법집행기능을, 다른 한편 법창조기능을 가지며, 그래서 ― 메르클의 표현을 쓰자면 ― 두 개의 법 얼굴, 야누스의 머리와 같다고 지적하려 한다.[14]

---

14) A. Merkl, Das doppelte Rechtsantlitz. Eine Betrachtung der Erkenntnis-theorie des Rechts, *JBl*, 1918, 425, 444, 463면.

IV. 해석이론[15]

'해석'을 '법규정의 내용을 확인'하는 데 이바지하는 '정신적 과정'
으로 이해한다면, 우선-단계구조론과 관련해서-해석을 통해 늘 하
나의-올바른-해결(=정답)이 발견될 수 있다고 상정하는 것은 하나
의 환상이라는 점을 강조하지 않을 수 없다. '종종' 해석은 '상이한
해결안들이 합리적으로 동가치적인' 것으로 되어 있는 테두리만을 정
할 수 있을 뿐이다. 그것들 중에서 어느 하나가 '결단'되지 않으면
안 된다. 법행위-예컨대 법률이나 판결-의 정립은 바로 상위의 법
규정이 하나의 '예정'을 포함하고 있는 한에서만 결정되어 있다. 이를
'인식'하는 것만이 법학적 해석의 과제일 수 있다. 이를 넘어서는 것
은 법정책적 제안으로 평가될 수 있을 뿐이다.

2. 따라서 법행위를 정립할 기관은 두 개의 과제, 즉 상위의 법규정
에 의해 어느 정도로 결정되어 있는지를 '인식'하고-이 과제는 법학적
해석을 통해 충족되어야 하고-그리고는 밝혀진 테두리 내에서 '결
단'해야 하는 과제를 갖는다. 따라서 '해석'과 '적용'은 분리되어야 한다.

3. '해석'이 어찌 가능한가는 엄정한 법이론으로서는 우선 단지 그
결과가 객관적(간주관적)으로 검토가능한 합리적 방법들이 고려될 수
있을 뿐이라고 대답될 수 있다. 이에 특히 다음과 같은 해석방법이
고려된다.

a. 문법적 해석을 포함한 '문언해석.' 문언의 의미를-어느 정도의
불확실성 내에서-확인하는 것은 합리적 수단으로 해내야 하는 과제
이다. 문법적 규칙의 적용도 마찬가지이다.

---

15) 필자의 견지에 대해서는 R. Walter, Das Auslegungsproblem im Lichte der
Reinen Rechtslehre, *Klug Festschrift*, 1983, 189면; Die Entwicklung der
Reinen Rechtslehre und das Auslegungsproblem, *Hermeneutik und
Strukturtheorie des Rechts*, ARSP-Beiheft 20, 1984, 129면; Die Inter-
pretationslehre im Rahmen der Wiener Schule der Rechtstheorie, *Leser
Festschrift*, 1993, 191면 참조.

b. '주관적-역사적 해석', 이에 따른 역사적 입법자의 '사실상의 의욕'의 발견. 이를 확인하는 것은-물론 일정한 한계 내에서-자료들을 바탕으로 해서만 가능하다.

사실적 의사에 주목해야 한다고 강조하면서 특히 의제적 입법자에 주목하는 것은-이런 경우 검토할 수 없게 많은 것이 꾸며댈 수 있기에-배제되어야 한다.

c. 오늘날 매우 현대적인 '목적론적 해석'은 앞서 말한 바와 함께 빼놓을 것은 아니다. 엄정한 이론에서 문제삼지 않으면 안 되는 것은 목적을 어떻게 발견하는가이다. 그것이 가령 문언이나 입법자료들에서 밝혀진다면 그것을 바탕으로 하는 것은 반대할 것은 아니다. 그러나 그것이 해석자의 의사로부터만 나온다면 그것은 엄정한 이론 속에 자리잡을 수 없다.

V. 법과 국가

1. 순수법학에서 특징적이라고 할 점은 국가라는 특별한 현상에 대한 법률적 고찰은 법질서를 대상으로 하는 것 외에는 있을 수 없다는 것이다. 켈젠은 국가를 "하나의 특수한 '규범적' 통일체로 그리고 결코 어떤 인과법칙적으로 파악해서는 안 될 형상으로" 본다.[16] 켈젠은 이러한 이론으로써 특히 국가를 '법적 제도'로는 물론 '사회적 형상'으로도 파악하려 했던 Georg Jellinek의 '양측면설'에 대항했다.[17] 한 '대상'의 그렇게 이질적인 '측면들'을 학문적으로 어떻게 파악해야만 하는지는 옐리네크에서는 명확치 않다.[18] 켈젠은 '국법학'의

---

16) H. Kelsen, *Der juristische und der soziologische Staatsbegriff*, 제2판, 1928, V면, 그 후 계속 같은 입장을 취했다; H. Kelsen, *Allgemeine Staatslehre*, 1925, 3면; *Reine Rechtslehre*, 제1판, 1934, 115면, 제2판, 1960, 288면; *General Theory of Law and State*, 1945, 181면 참조.

17) G. Jellinek, *Allgemeine Staatslehre*, 제3판, 1919, 11면.

18) 이런 지적은 G. Kleinheyer/J. Schröder, *Deutsche Juristen aus fünf Jahrhunderten*, 제2판, 1983, 139면.

핵심문제들을 법률적인 문제로 파악하고 다룰 수 있다는 것을 지적하려 한다. 이와 관련하여 약간 언급해보자:

양측면설에 따르면 '국가'라는 사회적 현상은 일차적으로 통치권 하의 '인간의 공동체'이다. 이에 무엇이 '다수의 인간들'을 하나의 인간의 '공동체'로 만드는가라는 질문이 제기된다. 어떻든 공동생활하는 사람들을 고찰해 보면 그들 사이에 다양하고 상이한 강한 관계가 존재한다는 것을 알게된다. 사람들을 하나의 국가적 공동체로 묶는 것은 사실적인 것일 수 없다. 그것은 오히려 그들을 '수범자'로 총괄하는 규범적 규준, 말하자면 법질서이다. 켈젠에서 국가의 '제 요소'는 엄격하게 법률적으로 파악되어 있다.

이에 따라 '국토'는 사실적인 통치영역이 아니라, '법질서의 장소적 효력범위로 보고' 있다.

'국민'은 인간의 총합이 아니라 법질서에 의해 의무와 권리를 갖게 되는 수범자로 파악된다. 따라서 그것은 '법질서의 인적 효력범위'인 것이다.

'국가'라는 '공동체'를 '통치권'을 통해 특징짓는 것은 '법질서'를 오직 '실효적 질서'로만 이해한다면 불필요한 것이다.

'국가형태'의 파악에 있어서도 중요한 것은 — 좀 더 자세한 고찰이 가르치듯이 — 특히 헌법에서 표현되는 법적 형성물인 것이다.

양측면설이 성공적으로 거론·주장되었고 또 지금도 주장되고 있는 이유는 추상적 형상을 인격("담지자")과 결합시키려는 인간의 사고경향 때문으로 켈젠은 설명하고 있다. 여기에 있어서는 '법질서'라는 홀로 파악될 수 없는 추상적 형상은 법질서의 '담지자'(또는 창조자), 즉 — 사실상 주어져 있는 것으로 고찰된 — '국가'와 결합된 것이다. 이리하여 사실 중복이 일어나고 있다. 즉 '법질서' 이외에 — 올바르게 고찰하면 — 양자가 '동일한' 것인데도 '국가'를 또한 더 인정한 것이다.

국가와 법의 이원론을 상정하는 둘째 이유는 우리가 법 이외에 경우에 따라 내세울 수 있는 제2의 체제를 갖고 있다는 정치적 의도를 들 수 있다. 가령 법체계 내에서는 근거가 없는 '긴급행위'를 그것이 국가의 '본질' 또는 '과제'-더 솔직히 말해서 '국가이성'-에 합치하기 때문에 적어도 '국가행위'로 정당화할 수 있다는 것이다.

2. '국가'의 개념은 법이론에서는 '귀속점'으로 역할한다. 우리는 '국가기관'과 '국가행위'를 말하고 또 이와 함께 '국가기관'을 다른 사람으로부터 그리고 '국가행위'를 다른 사람의 규율행위로부터 구별한다. 이러한 구별을 정당화하는 사정이 어떤 것인가라고 묻는다면 이에 대한 대답은 다음과 같다: '국가기관'은 결코 자연현상은 아니며, 그가 법질서에 의해 "국가를 위해서"-그리고 더 정확히 말해서 법질서의 실현자로서-행위하도록 '수권'되어 있는 한, 하나의 '사람'이다. 그리고 '국가행위'는 그것이 일정한 사실적 성질을 가지고 있기 때문에 국가행위가 되는 것은 아니다. 자유형 집행이라는 국가행위는 자연적 사건으로는 자유박탈의 불법행위로부터 구별되지 않는다. 즉 자유박탈에 대한 법적 수권이 존재할 때 집행행위가 된다. 이 수권이 사실적 행위를 법행위로 만든다. 법질서에 의해 수권되지 않은 사람이 행위한다면 법행위는 없는 것이다.

물론 여기에서 언급하여야 할 것은 법질서는 때때로 수권에 꼭 합치되지 않는 가령 경찰의 위법적인 체포와 같은 여러 행위도 법행위로 선언하나, 사실상 그 경우에도 수권은 존재한다는 점이다. 이는 메르클이 지칭한 바의 법질서의 '하자계산'(Fehlerkalkül)이다.[19]

우리가 '국가기관'과 '국가행위'를 말함으로써 이 대상들은 '국가'와 합일된다. 국가는 '귀속점'이 된다. 올바로 본다면 그것은 법적 합일이다. 국가는 대상적인 관계에서도 법적 현상임이 분명해진 것이다.

---

19) A. J. Merkl, *Die Lehre vom Rechtskraft*, 1923, 293면. "하자계산이란 그 발생과 효력에 대한 여타의 실정법적 전제[요건]들의 모두를 충족시키지 못한 행위들을 국가에 귀속시키는 것을 법률적으로 가능케 하고, 그런 행위를 흠결에도 불구하고 법으로 인정케 하는 실정법적 규정이다."

VI. 법, 법학, 논리

순수법학은 이미 설명한 바와 같이 오래전부터, 규율적(지시명령적) 또는 수권적 '법의 규범'과, 이들 규범을 기술하는 '법학의 명제'를 구별할 것을 강조한다.[20] 켈젠은 이러한 통찰에서 나오는 중요한 결론을 만년에 와서야 명백히 했다.[21] 그것은 '법과 법학에 있어서의 논리의 역할'이다. 켈젠은 '논리의 규칙들'은—참인 명제에 대한 규칙들로서—'법규범에 대한 법학의 언명들'에 대해서 적용되나, '규율적(지시명령적) 법규범'에 대해서는 적용될 수 없다는 입장을 주장했다. 이와 함께 그는—그 후의 토론에서 이름 붙인 것처럼—'(명령)표현적 규범관'에 입각했다.[22] 이러한 문제영역에서 순수법학의 입장과 특히 관련되는 문제는—전 세계에 걸쳐 일부는 찬성도 하고 일부는 비판도 하면서 토론된[23]—'규범충돌'의 문제와 '규범적 삼단논법'의 문제이다. 이—매우 어려운—문제영역에 대해서는 아주 짧게 다음과 같이 말해야겠다.[24] '규범충돌'에 있어서는 특히 법규정 사이의 충돌은

---

20) H. Kelsen, *Reine Rechtslehre*, 제2판, 1960, 73면 참조.

21) 특히 H. Kelsen, *Allgemeine Theorie der Normen*, 1979, 150면.

22) 이에 대해서는 C. E. Alchourron/E. Bulygin, The Expressive Conception of Norms, *New Studies in Deontic Logic*, 1981 참조.

23) 이는 Kelsen의 입장에 불명료한 점이 있었기 때문이다. 필자는 이를 보완하려 했다. R. Walter, Das Problem des Verhältnisses von Recht und Logik in der Reinen Rechtslehre, *Rechtstheorie*, 1980, 199면; Normen und Aussagen über Normen, *Adamovich Festschrift*, 1992, 714면; Das Problem des 'normativen Syllogismus' in Kelsens Allgemeiner Theorie der Normen, *Opalek Festschrift*, 1993, 347면.

24) 이 분야에 대한 글들은 일일이 언급할 수 없을 정도로 많다. E. Bulygin, Zum Problem der Anwendbarkeit der Logik auf das Recht, *Klug Festschrift*, 1983, 제1권, 19면; R. Lippold, Um die Grundlagen der Normenlogik, *Untersuchungen zur Reinen Rechtslehre II* (켈젠연구소총서, 제12권), 1988, 146면; O. Weinberger, *Normentheorie als Grundlage der Jurisprudenz und Ethik*, 1981; O. Weinberger, Kelsens Theorie von der Unanwendbarkeit logischer Regeln auf Normen, *Die Reine Rechtslehre in wissenschaftlicher Diskussion*(켈젠연구소총서, 제7권), 1982, 108면; H. Yoshino, Zur Anwendbarkeit der Regeln der Logik auf Rechtsnormen, *Die Reine*

논리에 의해서가 아니라 오로지 법규칙들(예컨대 – 전적으로 '비논리적 인' – "후법은 선법을 폐지한다"는 규칙)에 의해서만 해결될 수 있다는 것을 명백히 할 필요가 있다. 이른바 '규범적 삼단논법'에서는 '법학 의 사고과정'과 '법적용의 집행과정'이 엄격히 구별되어야 한다. 법률 적 삼단논법의 대전제는 적용법률이 아니라 그것에 대한 언명이며, 결론은 '추론된' – 준논리적으로 획득된 – 판결이 아니라 무엇이 일반 규범과 관련해서 구체적 사례에서 법적이어야 하는가에 대한 기술 (記述)이다. 그러나 '판결'은 법질서에 의해 '법률을 근거로' 결정을 할 임무를 진 법관이 법학에 의해 기술된 사고과정에 유의하면서 '법 관에 의해서 비로소 정립된' 것이다. 여기에서 간과해서는 안 될 것 은 적용할 법률의 기술은 법관에게 '여지'를 줄 수 있으며, 따라서 '법률을 근거로' 해서 내용적으로 상이한 판결이 정립될 수 있다는 것이다. 여기에서 법학적 고찰은 물론 '여지'의 한정에 그친다. 법관 은 이 범위 내에서 '결단'하지 않으면 안 된다. 그래서 판결이 일부 는 '인식'으로서만, 일부는 '결단'으로만 지칭된다면 그것은 동전의 한 면만을 파악한 것이 된다.

내가 취한 법과 논리의 관계에 대한 입장은 최근에 O. Weinberger 의 비판을 받았다.[25] 이는 나로 하여금 다시금 나의 견해를 아주 짧 게 설명하고 명확히 하는 좋은 계기가 된다.

1. 나의 견해로는 논리의 제 규칙은 – 존재의 세계에 존재하는 – 사물에도 타당하지 않듯이 – 당위의 세계에 존재하는(효력있는) – 규범 에 대해서도 타당하지 않다. 그러나 논리의 제규칙은 규범이나 사물 의 존재나 속성에 대한 언명들에 대해서는 타당하다. 나처럼 이를 "기술"이라고 부르든 부르지 않든 중요하지 않다.

2. 일정한 하나의 규범체계에 대한 언명들이 '규범충돌', 즉 반대

Rechtslehre in wissenschaftlicher Diskussion(켈젠연구소총서, 제7권), 1982, 142면.

25) O. Weinberger, Reine Rechtslehre und Logik, *ZÖR*, 제53권, 1998, 23면.

되는 내용(a이어야 한다 - a이어서는 안 된다)을 규율하는 법규정들이 존재한다는 것을 가리킬 때가 있다. 이 충돌은 충돌하는 법규정들에 대한 언명들을 통해 규범 I에 의해 당위된 것과 규범 II에 의해 당위된 것이 무엇인가를 묻게 되면서 발견된다. 이것이 명제를 통해 거시되면 당위된 것(a이어야 한다 - a이어서는 안 된다)에 대한 두 개의 모순되는 명제에 이른다. "규범체계 S에서 a이어야 한다는 규범이 타당하다"와 "규범체계 S에서 a이어서는 안 된다는 규범이 타당하다"는 두 명제 사이에, 규범충돌에서는 두 명제가 각기 참이기 때문에, 모순이 존재하지 않는다는 점에서는 바인베르거에 찬성한다. 그러나 문제는 이런 논리적인 놀이가 아니다! 문제는 오히려 내가 두 법규정의 '내용'을 명제를 통해서 "기술"할 경우 - 이 경우 법규정의 내용을 거시한다는 의미에서 "기술한다"는 말을 사용하는 것도 의미있는 것이겠지만 - 모순이 드러난다는 점이다. 그러나 어떤 표현을 선택하는가는 상관이 없다. 우리는 - ("S에서는 ⋯ 타당하다"는) 규범의 '존재'(효력)에 대한 언명과 그 '내용'에 대한 언명("S에서는 P이어야 한다는 것이 타당하다")을 합일시키는 바인베르거와는 달리 - 이 두 언명을 분리하고 규범충돌의 확인과 관련해서는 '내용에 대한 언명들'만에 주목한다.

3. 바인베르거가 규범논리적 추론에 대해 말한 것은, 여기서는 짧게만 언급하지만 나는 다른 근본전제하에서 보기 때문에 나의 입장에 대한 반론으로 받아들일 수 없다. 즉 규범정립행위 없는 규범이 없다고 한다면 - 어떤 일반규범이 있을 경우 - 이에 부합하는 개별규범이 존재하는가에 대해서는 이 [개별]규범이 '정립'되었는가가 중요하다. 모든 절도는 징역형에 처하여야 한다는 일반규범의 존재로부터 가령 절도 A는 징역에 처하여야 한다는 개별규범의 존재가 논리적으로 '추론'되지는 않는다. 이 개별규범은 법관의 행위에 의해 비로소 정립되지 않으면 - 따라서 그에 일치하는 판결이 내려지지 않으면 - 안 된다. 그렇기 때문에 "어떠한 개별규범도 전제된 일반적 규범규칙

의 결론으로 (타당하지) 않고", 오직 그것이 정립되는 경우에만 타당하다고 하겠다. 이 점에서 법실현의 논리적 도출가능성들 사이에 구별을 하는 것이 중요하다:

한 법체계에서 일반적 규범("법률")들이 처벌 구성요건과 형량의 범위를 확정하고, 법관으로 하여금 범인에 대해 '법률을 근거로' 판결을 함으로써 그것에 일치되게 처벌할 임무를 부과하고 있다고 하자. 법관이 합리적으로 수행할 수 있고 또 수행해야 하는 과제는 일반규범의 내용을 정확하게 발견하는─이를테면 그것을 기술하는─일이다. 이 과제를 수행하는데 법학(여기서는 형법학)은 법관을 도울 수 있다. 이 후─그리고 사실확정을 본 후─법관은 어떤 판결을 법률에 맞게 정립하여야 하는지 (또는 정립할 수 있는지)를 알게된다. 여기에서─우리가 구성요건에서의 불확정개념들이나 형량의 범위만을 생각해도─상이한 판결이 가능하다는 것을 알 수 있다. 누구도─특히 법학도─법관으로부터 "판결"이라는 행위의 정립─또 이와 함께 개별규범의 창설─을 빼앗을 수 없다. 법학은 말하자면 개별규범을 "논리적으로 추론"할 수 없는 것이다. 그러나 법학은─물론 규범적 결과를 갖지는 못하지만─일반규범의 내용과 개별규범의 내용을 비교하면서 법관이 법률의 범위 안에서 행위했는지를 비판적으로 탐구할 수는 있다.

이로써 법집행에서 (논리적 규칙을 동원한) 합리적 고려와 의지적 결단이 어떻게 협력하고, 그러면서도 엄격히 분리되고 있는가가 암시되었다.

4. 바인베르거는 'Jörgensen의 딜레마'에 대한 나의 취급태도에 대해 비판적이지만 그는 나와 다른 근본전제에서 출발하기 때문에 그의 생각들은 성공적인 것이 못된다. 이는 특히 '논리의 제 규칙'은 '명제'에 관련되지 '규범'에는 관련되지 '않는다'는─이것은 바인베르거의 생각처럼 하나의 "신앙명제"인 것은 아니다─나의 근본적인 입장에 관련해서 그렇다. 이를 부정한다는 것은 예르겐센이 지적한 딜

렘마를 우회하는 것이기 때문에 그것을 다룰 필요도 없다.

바인베르거가 '당위의 세계'에 대한 나의 상정을 문제삼는데 이는 빗나간 것이다. "존재영역으로서의 규범의 세계란 결코 존재하지 않는다"[26]는 반론은 나의 입장을 오해한 것이다. 왜냐하면 나는 "당위의 세계"를 "존재의 세계"에 대한 대립세계로 구성했기 때문이다.

그 밖에 바인베르거는 예르겐센의 딜레마를 논하면서도 그의 논거를 규범충돌과 논리적 추론에 관련한 나의 해결에 대한 반대논거로 댈 수 있을 것으로 생각한다. 그러나 이 논거들은 이미 반박된 바 있다.

VII. 결 론

켈젠의 법이론과 그것이 취한 입장들에 대한 이때까지의 나의 언급은 이—상당히 확장된—이론체계에 대한 한정된 통찰일 수밖에 없었다. 다행히도 이 이론체계는 여러 저서에 담겨져 설명되어 있다. 이 이론체계는—또한 다행스럽게도—아직은 미완이며, 그 계속적인 구축에 모두가 참여토록 호소하는 하나의 지속적 발전도상의 이론이다.

---

26) O. Weinberger, 위의 글, 42면.

법의 효력과 실효성[†,††]

한스 켈젠

1. 인간공동체에서 하나의 법규범 또는 법규범들로 이루어진 하나의 법질서가 있다는 것을 표현하려 할 때 이 규범질서, 즉 이 법질서는 이 공동체의 사람들에 대해 '효력있다'고 말한다. 이런 의미에서 효력은 법의 특수한 **존재**이다.

하나의 법규범 또는 법규범들로 이루어진 하나의 법질서의 특수한 존재를 그 효력이라고 칭한다면 이는 그것이 — 자연적인 사실의 존재와는 구별되게 — 주어진 특수한 양태를 표현한 것이다.

그런데 하나의 법규범 또는 법규범들로 이루어진 하나의 법질서가 '효력있다'는 것은 무엇을 의미하는가? 이 물음에 답하기 위해서는 이 물음을 답함에 있어서 전제하고 있는 법의 개념을 먼저 확정할 필요가 있다.

여기에서 전제되는 법개념은 인간행태*의 규범적 **강제질서**이다. 즉 그것은 일정한 사태, 특히 일정한 인간행태를 조건(=요건. 이하 같은 의미이다 — 편집자)으로 해서 그것에 그 효과로서의 일정한 강제

---

† 서울대학교 법학 제44권 제4호, 2003.

†† Hans Kelsen, Geltung und Wirksamkeit des Rechts, *Hans Kelsens stete Aktualität*(Manz, Wien 2003), 5~21면을 번역한 것임. 이 번역을 여기에 싣는 데 있어 많은 수고를 아끼지 않은 조지만 조교, 윤석우 조수에게 감사한다.

* 행태는 Verhalten의 번역어로서 영어의 behavior에 해당한다. 작위와 부작위를 포함하며, 고의·과실행위를 포함한 법적으로 의미 있는 인간 행동 전체를 지칭한다. '행동'으로 번역하지 않은 것은 작위만을 지칭하는 것으로 그 의미가 협소하게 되는 것을 피하기 위해서이다. 한편 3행 아래 강제행위의 '행위'는 Akt의 번역어로서, 대체로 법에 의한 제재나 법의 창설 또는 적용의 의미를 갖는 법기관의 행위 내지 권리(권한)행위를 지칭한다. 번역 원문에는 '행동'으로 되어 있으나 '행위'가 현 법학의 일반적인 용어사용법에 가깝다는 점에서 '행위'로 번역한다 — 편집자.

행위를 연결시키는 규범들의 집합체이다. 이 강제행위는 당해자의 의사와 관계없이, 나아가 그것에 반해서, 필요시는 물리력을 행사해서 이루어지는 생명, 자유, 경제적, 정치적 또는 그 밖의 가치들을 박탈하는 데 있다. 강제행위가 일정한 행태에 대한 반작용이고, 그래서 이 행태가 불법으로, 위법으로 평가되는 경우 강제행위는 '제재'라 불려진다. 그러나 이 말을 넓은 뜻으로 사용할 경우 어떤 사태의 효과로 규정된 모든 강제행위를 제재라 부를 수 있다.

2. 법의 기능은 여러 가지로서 일정한 행태를 요구(내지 금지)하거나, 할 권리를 주거나(수권하거나), 허용하거나, 법규범의 효력을 철회 또는 제한하거나(즉 폐지하거나) 한다.

하나의 법규범은 조건으로서의 일정한 행태에 당위된 효과로서의 제재를 연결시킴으로써 이 행태를 **금지**하고 그럼으로써 이 행태의 부작위를 **요구**한다. 형법의 한 규범은 '만약 한 사람이—담당 법원의 판단에 따라—타인을 살해했다면 법원은 공소제기자(검사)의 청구로 사형선고를 내려야 한다'고 규정하고, 형법의 다른 한 규범은 '만약 한 사람이 법원의 판단에 따라 절도를 범했다면 공소제기자의 청구로 피고인에 징역을 선고해야 한다'라고 규정한다. 이렇게 법은 살인과 절도를 금지하고 그리고 같은 뜻이지만 살인과 절도의 부작위를 요구한다. 여기에서 법은 검사에게 기소로 소송절차를 개시할 권리(＝권한)를, 즉 법력(法力)을 부여하고 그리고 법원에게 강제행위를, 즉 생명과 자유의 강제적 박탈을 할 권한을 부여한다. 민법의 한 규범은 '만약 한 사람이 담당 법원의 판단에 따를 때 수령한 대부금을 계약대로 반환하지 않았다면 법원은 채권자의 청구로 이행지체한 채무자에 대해 그 반환을 명령해야 하고 그리고 이 명령을 준수하지 않을 시는 이행지체한 채무자의 재산에 대한 강제집행을 명해야 한다'라고 규정한다. 이렇게 법은 대부금의 반환의 부작위를 금지하고 그리고 대부금의 반환을 요구한다. 여기에서 법은 채권자에게 소의 제기로 소송절차를 개시할 권리를, 즉 법력을 부여하고 그리고 법원에게 강제행위를, 즉 피고의 재산에 대한 강제적 박탈을 명할 권한을 부여한다.

3. 하나의 강제행위를 할 수 있게 하는 수권에 의해서 이 수권의 조건이 되는 행위가 **금지**되는 것은 아니다. 그래서 행정법의 한 규범은 '만약 정신병자가 공공의 위험성이 있는 경우에는 행정기관은 그를 정신병원에 강제적으로 감금할 것을 명할 수 있다'고 규정할 수 있다. 행정법의 다른 한 규범은 '만약 공익을 위해서라면 사유재산은 수용되어야 한다'라고, 다시 말해서 소유자의 동의 없는, 나아가 소유자의 의사에 반하는 소유권의 박탈과 국가나 공법상의 다른 법인에의 소유권 이양이 명령되어야 한다고 규정할 수 있다. 이러한 법규범들에 의해 공동체의 한 기관은 사람의 자유 또는 그의 소유권의 강제적 박탈을 명할 수 있는 권한을 갖게 되지만 이 규범들에 의해 일정한 행태가 금지되는 것은 아니다.

4. 타인의 생명, 자유, 소유권의 강제적 박탈은 범죄이거나, 그것이 법규범에서 규정된 제재의 조건인 한 — 전통적 법용어로 표현하면 — 법위반이며, 법규범에서 그것(강제적 박탈)을 하라는 지시가 효과로서 수권되어 있는 한 제재이다. 법규범들이 일정한 사람들에게 — 분업적으로 기능하는 현대 법질서의 기관들에게, 특히 법원에게 — 일정한 조건 하에서 사람의 생명, 자유, 또는 소유권의 강제적 박탈을 명할 수 있게 수권함으로써 이러한 강제행위들은 합법적이 된다. 그러나 사람의 생명, 자유, 소유권의 강제적 박탈의 명령은, 특히 이런 명령을 내리는 법원의 결정은, 불복되어 상급법원의 결정에 의해 파기될 가능성은 배제되지 않는다. 이 파기를 이유로 보통 법관의 결정은 위법하다고 말한다. 그러나 이는 맞지 않다. 유효한 결정이라면, 그리고 유효한 결정, 즉 — 파기되기까지는 — 법인 결정일 뿐이라면 그것은 위법일 수 없다. 위법한 법이란 자기모순이다. 법은 법관의 결정에 대해 — 법이 이 결정을 법원의 전적인 자유재량에 맡기지 않는 한 — 일정한 내용의 결정을 지시하는 것이 사실이지만 지시한 내

용의 결정만을 내리도록 하는 것이 아니라 달리 결정할 수 있게 수
권도 한다. 법원이 이러한 수권도 갖지 않는다면, 유효하지만 파기가
능한 결정이란 없을 것이다. 그러나 법은 법원이 달리 결정내릴 경
우에 대비해서, 수권되고 그래서 적법하기 때문에 유효한 결정을 불
복하고 파기할 가능성을 규정하고 있는 것이다.[1)]

5. 여기 법규범으로 기능하는 명제들에서 생명, 자유, 경제적, 정
치적 또는 그 밖의 가치들의 박탈을 명하는 행위들이 '당위화'되어
있는 것으로 표현되어 있다는 것은 그 행위들이 **요구**되어 있다는 것
을 의미하지 않는다. 하나의 행위는 - 이미 언급했듯이 - 그것의 부작
위가 제재의 조건일 때 법적으로 요구된 것이다. 여기서 예로 든 규
범들에서 강제행위의 명령은 수권만 된 것이지 요구도 된 것은 아니
다. 이런 명령이 법적으로 수권된 것일 뿐만 아니라 법적으로 요구
도 된 경우란, 그것이 행해지지 않을 경우 또는 법적으로 규정된 근
거 하에서 내려지지 않는 경우 법규범에서 명령기관에 대한 제재가
규정된 경우이다. 여기에서 든 예에서 '당위'라는 말은 효과로서의 강
제행위의 명령을 그것의 조건과 연결하는 - 존재와는 다른 - 양태를
표현한 것이다. 법규범의 의미는 강제행위의 명령이 사실로 내려진다
는 것이 아니라, 명령이 내려진다는 것이 법에 일치한다는 것을 뜻
한다. 법규범은 사실상의 사상(事象)에 대한 언명은 아니다. '당위'란
말은 사실 자주 요구를 의미한다. 즉 요구는 종종 명령으로뿐만 아
니라 '너는 거짓말하지 않아야 한다', '너는 도둑질하지 않아야 한다'
와 같은 규범에서처럼 당위문으로 표현된다. 그러나 '당위'라는 말은
반드시 그것이 관련맺는 행위가 요구되고 있다는 것을 의미하지 않
는다. 당위라는 말은 일상관용에서는 관련행위를 한다는 것을 단지
추정할 뿐이다.

6. 법은 사람들에게 그들의 의사표시를 통해서, 즉 계약, 유언 등

---

1) 이 점 나의 저서 *Reine Rechtslehre*, 제2판, 1960, 271면 이하 참조.

과 같은 법률행위들을 통해서 그들의 상호관계를 규율하게끔 수권한다. 즉 법은 그들의 행위를 통해서 그들이 의도하는 법률효과를 야기할 능력을 부여한다. 이 능력을 법률행위능력이라고 칭한다. 이것도 법이 부여한 법력이다. 왜냐하면 법률행위를 통해서 수권규범을 근거로 법률행위에 참여한 이들 또는 제3자의 권리와 의무를 구성하는 법규범들이 창설되기 때문이다. 그러나 법률행위에 위반된 행위에 대한 반작용으로서의 강제행위(제재)는 오로지 법률행위를 할 수 있는 권리를 준 법규범을 근거로 해서만 있게 되므로 법률행위로 창설된 규범들은 비독자적 법규범이다.[2]

그러나 이른바 범죄능력도 사람은 어떤 조건들(연령, 정신상태) 하에서 가벌적 행태를 할 수 있는가를 규정하는 법질서로부터 나온다. 이른바 범죄능력이 법률행위능력과 같은 성질의 것이지만 이를 '법력'이라 지칭하지 않고 또 범죄를 저지를 수권이라고 말하지 않는다. '수권'이 실정법의 기능으로 지칭되는 한 하등의 도덕적 시인을 표현하지 않는데도 말이다.

7. '허용'은 여러 의미를 갖는다. 한 행태가 허용되어 있다는 것은 그것이 어떤 규범에 의해서 요구되거나 금지되어 있지 않다는 것을, 그것이―그런 의미에서―생각하거나 (그래서 '사상은 자유롭다'라고 말한다) 호흡하는 것처럼 '자유롭다는' 것을 의미한다. 이러한―요구와 관련해 보아―소극적 의미에서의 허용은 규범의 기능은 아니다. 법의 기능으로서의 이런 소극적 의미에서의 '허용'이란 없으며, 오직 **어떤** 규범의 대상도 **아닌** 행위속성으로서의 '허용되어 있음'만이 있을 뿐이다.

그런데 하나의 행태가 허용되어 있다는 것은 일정한 행태를 금지하는 규범의 효력이 다른 폐지규범에 의해 철회되거나 제한된다는 것을 의미할 수 있다. 이때 허용은 적극적 의미를 가지며 폐지규범

---

2) 나의 *Reine Rechtslehre*, 제2판, 152면 참조.

의 기능이 된다. 적극적 허용의 기능은 폐지의 기능에로 환원되는 것이다. 그래서 예컨대 일정한 지역에 진입하는 것을 형벌로써 금하는 법규범의 효력은 **후법은 선법을 폐지한다**는 실정법적 원리에 의해 '만약 어떤 이가 이 지역에 진입하는 경우 처벌되어서는 **안 된다**'고 규정하는 법규범에 의해 철회(실효)된다. 그렇게 되면 이 지역에 진입하는 것은 법적으로 허용되며, 즉 이 지역에 진입함은 더 이상 법적으로 금지되지 않는다고 말한다. 일정한 독극물의 제조와 판매를 형벌로써 **금지**하는 법규범의 **효력**은 일정한 사람들이―예컨대 약제사들이―의학적 목적에서 그런 독극물을 제조하고 판매할 관청의 허가를 받은 경우 처벌되어서는 **안 된다**고 규정함으로써 이들을 처벌에서 제외하는 법규범들에 의해 제한될 수 있다. 그렇게 되면 이들에게는 의학적 목적에서의 그런 독극물의 제조와 판매가 허용되며, 즉 이들에게 그것은 법적으로 금지되지 않는다. 폐지규범에 의해 허용된 행태는 '자유**롭게 된** 것이지'―어떠한 규범에 의해 요구도 금지도 되지 않은 행태처럼―'자유로운' 것은 아니다.

8. 하나의 행태가 허용되어 있고 그것이 금지되어 있지 않다면 그런 한에서 허용은 요구 내지 금지와 관련있는 것은 사실이다. 그러나 한 행태가 허용되어 있을 뿐인 경우 그것은 요구되어 있지는 않다. 그러나 하나의 행태가 요구된 경우 그것은 허용도 되어 있는가? 종종 이렇게 주장되나 맞지 않다. 왜냐하면 허용과 요구는 두 상이한 규범적 기능이고, 따라서 반드시 구별해야 한다. 요구는 준수되거나 위반될 수 있으나 허용은 준수도 위반도 될 수 없으며 허용은 오직 행사되거나 행사되지 않거나 할 수 있을 뿐이다. 하나의 행태가 허용된 자는 허용된 대로 그렇게 행위하거나 그렇게 행위하지 않거나의 둘 사이의 선택을 갖는다. 그러나 행위가 요구된 경우는 요구된 대로 행위하거나 행위하지 않거나 사이의 선택은 결코 갖지 않는다. 만약 요구된 행태가 허용도 되고 있다고 한다면, 요구된 대로 그리고―이에 따라―허용된 대로 행위할 선택을 갖고 있는 동시에 갖

고 있지 않을 것이다.

실정법 질서의 효력과 관련하여 '금지되지 않은 것은 허용되어 있다'고 말한다. 이 원칙은 (적극적인 의미에서) 허용된 행태는 금지되어 있지 않다는 뜻이라면 공허한 동어반복, 즉 '금지되어 있지 않은 것은 금지되어 있지 않은 것이다'일 뿐이다. 그러나 (소극적 의미에서) '허용되어 있음'이 금지도 요구도 되어 있지 않음을 의미한다면 이 원칙은 맞지 않다. 왜냐하면 '금지되지 않은 것은 요구되어 있지도 금지되어 있지도 않다'라고 주장하는 것은 모순이기 때문이다. 금지되지 않은 것은 요구될 수 있는 것이다. 그런데 '허용되어 있지 않은 것은 금지되어 있다'는 원칙은 타당할 수 있는가? 하나의 규범적 기능으로서의 (말의 적극적 의미에서) 허용은 일정한 행태를 금지하는 규범의 효력철회나 효력제한이기 때문에, 이 문제의 원칙은 **어떤** 행태든 그것이 입법자에 의해 허용되지 않는 한 일체 금지되는 입법자가 정립한 규범을 전제한다. 다시 말해서 일반적 행태금지가 있고 그 효력이 입법자가 금지하지 않으려는 모든 가능한 행위 및 부작위와 관련하여 제한되지 않을 때 그렇다는 것이다. 이는 이론적으로는 생각할 수 있으나 실제로는 실현불가능하다.

'허용되어 있지 않은 것은 금지되어 있다'라는 원칙은, 일반적으로는 아니지만 법창설적 행위 및 법적용적 행위들과 관련해서, 즉 그런 행위들이 허용되어 있지 않으면 금지되어 있다고 하면서 적용되고 있다고 종종 주장된다. 이 주장은 그런 행위들이 '허용'되어 있지 않고 수권된 것이며 또 수권은 허용과는 다른 기능이기 때문에도 맞지 않다. 법률상 수권이 요구되는 행위를 수권 없이 행한 자는 그런 행위를 하는 것이 법규범에서 그런 행위에 대한 강제행위(제재)의 조건으로 되어 있지 않으면, 그래서 금지되어 있지 않으면 금지를 침해한 것은 아니다. 그러나 수권이 필요한 행위를 수권 없이 하는 것은 결코 금지되어야 하는 것은 아니다.[3]

위법한 행태를 허용한다는 것은 무엇을 뜻하는가? 허용이 법권위로부터 나오는 경우 일정한 행태를 금지함으로써 위법적이게 하는 법규범의 효력이 철회되거나 제한되는 폐지가 있게 된다. 예컨대 살인을 형벌로써 금지하는 법규범의 효력이 정당방위시의 살인을 처벌하지 않는 법규범에 의해 제한된다면 정당방위시의 살인은 허용되며 또 이에 따라 합법적이 된다. 위법한 행태의 허용이 법권위에서 나오지 않는 경우 이 허용 자체는 위법한 행태이다. 그래서 예컨대 남편이 자기 (전)부인을 죽이도록 타인에게 '허용'한다면, 다시 말해서 '허용한다'는 말로써, 그가 자기 부인의 살해를 반대치 않고 저지하지 않고 그리고 또한 살인자의 법적 소추도 일으키려 하지 않는다는 것을 표현한다면 그렇다. 이런 '허용'은 범죄, 가령 살인교사이다.

9. 위에서 지적한 기능들을 가진 법규범은 법을 창설하고 적용하는 사람들 즉 입법자, 법관, 행정기관, 법률행위자들의 의지적 행위의 의미이다.[4] 법규범은 이러한 행위들의 주관적 – 즉 의욕하는 사람들이 지향하는 – 의미이다. 이러한 주관적 의미가 효력있는 법규범이라는 것은 그 의미가 그 행위의 객관적 의미로도 해석된다는 것을 의미한다. 규범을 창설하는 행위처럼 다른 이의 행태에로 지향되어 있는 행위들에서 늘 주관적 의미가 객관적 의미로도 해석되는 것은 결코 아니다. 그래서 예컨대 모든 명령행위는, 상인에게 돈을 내놓으라고 요구하는 강도의 명령도 그 요구의 주관적 의미가 있다. 그러나 이 주관적 의미는 – 상인에 향한 세무공무원의 명령처럼 – 그의 객관적 의미로서, 그리고 말하자면 효력있는 법규범으로서 해석되지 않는다. 세무공무원의 행위의 주관적 의미가 강도의 주관적 의미와 같은데도 말이다. 강도의 명령을 준수하지 않는다면, 이 행태는 – 세무공무원의 명령에 복종하지 않을 때처럼 – 효력있는 법규범의 '침해'로, '불법'으로 해석되지 않는다. **법규범이 '효력있다'는 것은 법규범**

---

3) 이 글 5항 참조.
4) 관습의 방법으로 창설된 법규범들도 의지적 행동의 의미라는 점은 나의 *Reine Rechtslehre*, 제2판, 9면 참조.

이 그리고 위에서 지적한 그 기능들이 – 비유적으로 표현해서 – 규범
을 만들어내는 의지적 행위의 주관적 의미일 뿐만 아니라 객관적 의
미이기도 하다는 것을 뜻한다. 어떤 전제 하에서 다른 이의 행태에
로 지향된 행위의 주관적 의미가 그 객관적 의미로도 해석되는가라
는 질문에 대한 대답은 '근본규범의 전제 하에서'라는 것이다. 이 전
제에 관해서는 여기서 더 고찰하지 않기에 나의 저서 「순수법학」
(Reine Rechtslehre) 제2판에서의 설명을 참조하기 바란다.[5]

　10. 법규범의 모든 가능한 기능들을 지칭할 하나의 말을 독일어는
갖고 있지 않다.[6] 특히 이를 – 종종 그렇듯이 – '구속성'이라고 성격규
정하는 것은 아주 적절치는 않다.[7] '구속적', 즉 수범자를 일정한 행

---

5) *Reine Rechtslehre*, 특히 196면 이하 그리고 443면 이하에서 나는 "순수법학
　에 의해 주장된 근본규범은 결코 실정법과 다른 법이 아니며, 그것의 효력근
　거일 뿐이며 그 효력의 초월적·논리적 조건(통상의 표현은 선험논리적 조건
　— 편집자)이며 그리고 그런 것으로서 결코 윤리적·정치적 성격을 갖고 있지
　않고 인식론적 성격을 갖고 있다"라고 말한다. Karl Larenz는 *Das Problem
　der Rechtsgeltung*(Berlin 1929)에서 주장하기를 내가 근본규범과 함께 내가
　비판한 자연법으로 도피한다고 한다(17면). 이는 맞지 않다. 나는 근본규범에
　대한 이런 식의 해석을 단호히 거부한다.
6) 나는 나의 저서 *Reine Rechtslehre*, 제2판, 10면에서 이러한 어려움에 대해
　'당위'라는 말을 법규범의 여러 기능들, 즉 규범적 기능들을 지칭하는 것으로
　사용함으로써 대처하고자 했다. 나는 거기서 "우리가 '당위'라는 말을 모든 이
　런 의미들(요구, 수권, 허용)을 포괄하는 의미에서 사용한다면 규범의 효력은
　'어떤 것이 있어야 한다거나 있지 않아야 한다거나 행해져야만 한다거나'로 말
　함으로써 표현할 수 있다"라고 말했다. '당위'라는 말이 – 이미 지적했듯이 –
　상이한 의미들을 가질 수 있다고 해도 수권되거나 허용된 행태에 대해 '그렇
　게 행위해야만 한다'고 말한다면 이는 언어관용에서 너무 먼 것으로 보인다.
7) 그렇게는 예컨대 Ernst Rudolph Bierling, *Zur Kritik der juristischen
　Grundbegriffe*, 제1부(Gotha 1877) 17면; Theodor Geiger, *Vorstudien zu
　einer Soziologie des Rechts*, Neuwied am Rhein, Berlin 1964, 167, 169,
　205, 207, 212, 213, 257면; O. H. Germann, Zur Problematik der
　Rechtsverbindlichkeit und der Rechtsgeltung, *Revue Hellénique de Droit
　International*, 18éme Anée, Nos 1-2, 1965, 1면. 나도 나의 저서 *Reine
　Rechtslehre* 제2판에서 때때로 '효력'과 '구속성'을 동일시했다. "…모든 명령행
　위의 주관적 의미가 그것의 객관적 의미로, 다시 말해서 구속적인 규범으로
　해석되지는 않는다"라고 말함으로써 '구속적'인 규범을 '효력있는 규범'으로 생
　각할 때 그랬다.

태에로 구속시킨다는 것은 법규범을 그 요구적 기능에서만 보는 것
이지 그 수권적 또는 허용적, 그리고 특히 그 폐지적 기능에서 보는
것은 아니다. 사람이 일정한 행태에 법적으로 '구속되어' 있다는 것은
'그가 그런 행태를 할 법적 의무를 지고 있다'라는 것과 같은 의미이
다.[8] 그러나 행태가 단지 수권되거나 허용되어 있는 경우, 그리고 특
히 다른 규범의 효력을 철회하거나 제한하고 그리고 어떠한 행태로
의 의무도 지우지 않는 경우에는 그렇지 않다.[9]

　11. 규범은 - 앞서 지적한 대로 - 의지적 행위의 의미이다. 그러나
실정규범의 존재, 즉 그 효력은 실정규범을 자신의 의미로 갖는 의
지적 행위의 존재와는 다르다. 규범은 규범을 자신의 의미로 갖는
의지적 행위가 존재하지 않게 된 경우에도 효력 있을 수 있다. 실로
규범은 규범을 자신의 의미로 갖는 의지적 행위가 존재하기를 멈추

---

8) H. Welzel, *An den Grenzen des Rechts, Die Frage der Rechtsgeltung*
(Köln und Opladen 1965), 5면은 법효력에 대한 물음을 "최고국가권력의 효
율적·**실효적**인 지시들을 비로소 **의무부과적**인 법으로 만들 수 있는 규준"에
대한 물음으로 취급하고 있음을 참조.

9) Alfred Verdross, *Abendländische Rechtsphilosophie*(Wien 1958), 246면은
"법이론에서 '효력'이란 말은 3중적인 의미로 이해된다. 말하자면 그 말은 혹
은 규범의 윤리적 효력으로, 혹은 일정한 공동체에서의 그것의 실효성(효율성)
으로, 혹은 규범이 일정한 실정법질서 내에서 합절차적으로 제정되었고 이에
따라 이 질서 안에서 구속적이라는 것으로 이해할 수 있다"고 말한다. 여기에
서 페어드로스는 '효력'과 '구속성'을 동일시하는 데 동의하는 듯하다. 그러나
그는 다음과 같이 더 자세히 설명한다. 즉 "예컨대 자연법의 대변자가 법의
효력을 말할 경우 그는 그것의 **윤리적** 효력만을 생각한다. 그러나 ('법'이라는
어휘를 실정법에 유보하지만 더 높은 규범질서의 존립을 부정하지 않는) 온건
한 법실증주의의 대변자가 실정법질서의 효력을 말할 경우 그는 그것의 실효
성(효율성)을 생각한다." 이에 대해서는 '윤리적' 효력은 법적 효력이 아니라는
것을 언급해야 하겠다. 자연법의 대변자가 법의 '윤리적' 효력을 말한 경우 정
확히는 그는 오로지 법규범의 효력의 **근거**는 법규범이 도덕의 규범, 특히 정
의의 원리에 일치하는 것이라고 생각한다고 할 수 있다. 그러나 효력의 **근거**
는 효력은 아니다. 법규범의 '효력'은 그 실효성으로 이해될 수 없다. 왜냐하면
'효력'과 '실효성'은 전혀 다른 것을 의미하기 때문이다(이 글 12항 참조). 실
증주의의 대변자도 법규범의 '효력'을 그 실효성으로 생각할 수 없다. 철저히
실증주의적인 법이론인 순수법학은 효력과 실효성의 차이를 극히 강조한다.
효력과 구속성의 동일시와 관련해서는 이 글 10항의 설명을 참조하기 바란다.

었을 때 비로소 효력있게 된다. 타인의 행태에로 지향된 행위로 규범을 창설한 개인은 그의 행위의 의미인 규범이 효력있도록 하기 위해 그 행위를 계속해야 하는 것은 아니다. 입법기관으로 기능하는 사람들이 일정한 관심사를 규율하는 법률을 의결하고 효력발생시켰을 경우 그들은 이제는 이미 다른 사안들의 의결에 열중하고 있으며 그리고 그들에 의해 효력을 갖게 된 법률들은 이들이 이미 사망해서, 따라서 도대체 더 이상 의욕할 수 없는 경우에도 효력있을 수 있다. 따라서 규범 일반 그리고 특수하게는 법규범을 하나의 권위, 특히 입법자나 국가의 '의지'로 성격규정한다는 것은—이러한 의지가 심리적인 의지적 행동으로 이해되고 이런 성격규정이 의지적 행위에 의해서 규범이 **창설**되었다는 것 이상을 의미하는 것으로 보아야 한다면—적절치 못하다.

12. 법규범의 효력은 그것의 실효성과는—양자는 자주 동일시되지만[10]—구별되어야 한다. 실효성의 개념을 규정하기 위해서는 사실상의 인간행태와 법규범 사이의 관계가 고찰될 필요가 있다.

법을 규범적 강제질서로 파악함으로써, 법규범 즉 법질서의 규범을 일정한 조건 하에서는, 특히 일정한 인간행태가 있는 경우에는 효과—즉 제재—로서의 강제행위가 집행되어야 한다는 것을 규정하는 규범으로 이해한다면, 사실상의 인간행태는 이런 규범과는 2중의 관계에 놓일 수 있다. 즉 규범을 준수하는 관계에 있거나 적용하는 관계에 있을 수 있다.[11]

---

10) 이렇게는 예컨대 Rudolf Stammler, *Theorie der Rechtswissenschaft*(Halle a. d. S., 1911) 177면: "법의 효력은 그 실현의 가능성이다." Karl Larenz, *Das Problem der Rechtsgeltung*, 14면이 "법규범들과 그들의 효력 요구"는 "논리적으로 우선하고, 반면에 사회생활에서의 사실적 실효성은 그 효력을 이미 전제하고 있다…"라고 하는 근거지음과 함께 효력과 실효성의 동일시를 거부한 것은 적절하다.

11) Eugenio Bulygin, Der Begriff der Wirksamkeit, *ARSP* 1965, Beiheft 제41호, Neue Folge 제4호, 40면은 "법은 법관을 수범자로 하는 규범들만으로 이루어져 있다고 보는 나(=켈젠)의 견해는 규범의 준수와 적용 사이의 차이를 은폐하게" 된다고 주장한다. 나의 견해에 의하면 법규범의 수범자는 결코 법

준수의 관계는 일정한 행태를 금지한다거나 요구하는 법규범과 관련해서 존재한다. 법규범은—이미 지적했듯이—법'침해'로 평가되는 일정한 행태에 당위된 효과로서의 제재를 연결시킴으로써 이 행태를 금지한다. 그리고 법규범은 일정한 행태를 그 반대되는 행태에 당위된 효과로서의 제재를 연결시킴으로써 요구한다. 제재의 조건인 행태를 실행한 사람은 이 행태로써 법을 '침해'한다. 그리고 그는 그 반대되는, 즉 제재를 피하는 행위를 함으로써 법을 준수한다. 예컨대 '어떤 자가 절도하면 징역형에 처해야 한다'는 법규범에서처럼 제재가—이 제재의 조건으로서의—적극적 행위에 연결되어 있으면 법규범의 준수는 절도의 부작위(절도를 하지 않음), 즉 효과로서의 제재가 연결되어 있는 행태의 부작위이다. 예컨대 '어떤 자가 빌린 대부금을 반환하지 않으면 그의 재산은 강제집행에 처해져야 한다'라는 법규범에서처럼 일정한 행태의 부작위에 제재가 연결되면 빌린 대부금을 반환하는데, 즉 하지 않으면 제재를 받게 되는 그 행태를 하는데 법규범의 준수는 있게 된다.

13. 종종 규범의 준수와 언명의 진리(참) 사이에 유비성(類比性)이 있다고 여겨지고 있다.[12] 사람들은 논의하기를, 두 개의 서로 모순되는 언명들 중 하나만이 참일 수 있고, 하나가 참이면 다른 것은 참이지 않아야 하듯이, 두 개의 충돌되는 규범들 중에는 하나만이 준수될 수 있으며 그리고 하나가 준수되면 다른 것은 준수될 수 없고 침해되어야만 한다고 한다. 그러나 자세히 살펴보면 규범의 준수 내지 침해와 언명의 진(眞) 내지 위(僞) 사이에는 본질적 차이가 있다

관만은 아니라는—법규범은 법원뿐만 아니라 행정관청도 그리고 간접적으로는 법규범이 의무도 지우고 권능도 부여하는 법주체들에도 향하고 있다는—점은 제쳐놓고 나의 저서 *Reine Rechtslehre* 제2판의 목차만 보더라도 내가 법규범의 '적용'과 '준수'를 아주 잘 구별하고 있다는 것을 알 수 있다. 즉 그 제35절, f항(239면)의 표제도 '법창설, 법적용 그리고 법준수'로 쓰여 있다.

12) 이 점 나의 논문, Recht und Logik, *Österreichische Monatsblätter für kulturelle Freiheit*, XII. Jahr, Oktober 1965, 421면 이하, November 1965, 495면 이하 참조.

는 것이 밝혀진다. 진 내지 위는 언명의 속성이다. 준수 내지 침해는
규범의 속성이 아니라, 그것은－일정한 행태를 요구하거나 금지하는
－규범에 일치하거나 일치하지 않는 행위의 속성이다. 두 개의 규범
이 있어 그중 하나는 일정한 행태를 요구하고 다른 하나는 그 행태
를 금지하는 경우 이들은－하나는 어떤 것을 긍정하고 다른 하나는
그것을 부정하는 두 개의 언명처럼－논리적 모순이 되지 않는다. 규
범의 효력을 언명의 진리(참)와 대응시켜 보면 서로 충돌되는 **두 개
의** 규범은 효력을 갖는다는 것이 밝혀진다. 이때 규범충돌 또는 의
무충돌이 있는 것이다. 서로 모순되는 두 개의 언명 중에는 하나만
이 참일 수 있고, 하나가 참이면 다른 것은 참일 수 없어야 한다. 이
는 이렇게 모순의 문제를 해결하는 논리학이 확인시켜 준다. 그러나
논리학은 규범충돌과 관련해서는 아무런 유비성을 확인할 수 없다.
규범충돌은 논리학에 의해서가 아니라 오직 규범창설적 권위에 의해
서만, 즉 두 개의 또는 충돌되는 두 개의 규범들 중 하나의 효력을
철회케 하는 규범에 의해서만 해결될 수 있다.

14. 가령 '너는 원수를 증오해야 한다'라는 구약성서의 규범과 '너
는 원수를 증오하지 말고 사랑해야 한다'라는 신약성서의 규범 사이
처럼 또는 어떤 경우에도 살인을 금지하는 도덕규범과 형집행이나
전쟁에서 적으로 사람을 죽이도록 요구하는 실정법의 규범 사이처럼
서로 충돌하는 두 개의 일반적 규범들 중에는 하나만이 준수될 수
있으며, 하나가 준수되면 다른 것은 침해될 수밖에 없다. 그러나 이
는 하나의 규범을 준수하는 개인의 행태와 관련해서만 타당하다. 이
규범을 준수하면 다른 규범은 침해될 수밖에 없다. 그러나 그 다른
규범은 다른 개인에 의해서는 준수될 수 있다. 실로 똑같은 개인이
한번은 한 규범을, 다른 한번은 다른 규범을 준수할 수 있으며, 그래
서 똑같은 규범은 준수될 뿐만 아니라 침해될 수 있다. 그러나 가령
'모든 사람은 죽는다'와 같은 동일한 언명은 한 사람에게 참이고 다
른 이에게는 참이 아니거나, 같은 사람에 대해 어느 때는 참이고 다

른 때는 참이 아닌, 따라서 참이면서 동시에 참이 아닐 수는 없는 것이다. 그래서 규범의 준수와 언명의 참 사이의 유비성은 말할 수 없거나 아주 제한된 범위에서만 말할 수 있다.

15. 법규범이 요구하는 행태에 합치되는 사실적 행태를 법규범의 '준수'로 이해한다면 일정한 행태에 제재를 연결시키는-1차적 규범으로서의-규범 외에, 제재를 피하는 행태를 요구하는 2차적 규범을 상정할 수 있다. "도둑질은 하지 않아야 한다", "도둑질한 자는 징역에 처해야 한다", "수령한 대부금은 반환해야 한다", "수령한 대부금을 반환하지 않으면 그의 재산은 강제처분에 처해야 한다." 그러나 2차적 규범은 실정법적으로 자주 표현되고 있지 않다. 형법은 대개 "도둑질하지 않아야 한다. **그리고** 도둑질한 자가 있다면 그는 징역형에 처해야 한다"고 규정하지 않는다. 민법은 대개 "수령한 대부금은 반환해야 한다. **그리고** 수령한 대부금을 반환하지 않는 자가 있다면 그는 재산의 강제처분을 받아야 한다"고 규정하지 않는다. 두 법은 둘째 규범을 규정하는 데 그친다. 그럼에도 불구하고 사람들은 절도의 부작위, 수령한 대부금의 반환이 요구되고 있다고 상정한다. 여기서-이미 지적했듯이-법은 일정한 행태를 바로 그 반대되는 행태에 특수한 강제행위-민사집행이나 형벌-를 당위된 것으로 연결시킴으로써 요구한다는 것이 밝혀진다.

16. 법을 강제질서로 파악하고 그리고 제재, 즉 불법으로 평가된 행태에 대한 반작용으로서의 강제행위를 규정하는 그런 규범만을 고려한다면 법은 불법에 대한 반작용이며, 그렇다면 토마스 아퀴나스(Thomas Aquinas)가 「신학대전」 I-II, Q. 96, 제5항에서 "사람이 법에 종속되는 둘째 방법은 강제된 자가 강제자에 종속되는 것과 같은 방법이다. 이런 의미에서는 착하고 정의로운 자는 법에 종속되지 않고 악한 자만이 법에 종속된다. 왜냐하면 강제와 폭력에 속하는 것은 무엇이든 의사에 반하는 것이기 때문이다. 그런데 선한 자의 의사는 법에 조화되며, 반대로 악한 자의 의사는 법에 반한다. 고로 이

런 의미에서 선한 자는 법 밑에 있지 않고 악한 자만이 법 밑에 있는 것이다"라고 말한 것처럼, 선한 자가 아니라 악한 자만이 법질서에 종속된다. 그러나 법의 수권적 및 허용적 기능도 고려에 넣는다면 법은 불법에 대한 반작용만은 아니며 그리고 악한 자만이 법질서 밑에 놓이게 되지도 않는다. 그리고 이런 생각은 특히 법공동체의 기관에 의한 법의 적용에 들어맞는다.

17. 법규범의 **적용**이란 법규범에 규정된 조건, 특히 법규범에서 정해진 불법구성요건이 충족되는 경우 법규범에서 효과로 규정된 강제행위, 특히 형벌이나 민사적 강제집행에 해당하는 행위를 수행하는 자 측의 사실적 행태이다. 방금 언급한 강제행위를 규정하는, 일정한 행태를 금지하는 법규범과 관련하여 확실히 해 두어야 할 것은, 오직 기술적으로 선진적 법질서에서 분업적으로 기능하는 기관들만이, 다시 말해서 자력구제의 원리가 존재하는 기술적으로 원시적인 법질서에서처럼 그의 법보호이익이 침해된 주체들 자신들이 아니라 이 주체들과는 달리 법질서가 정한 개인들이, 강제행위 즉 형벌과 민사적 강제집행을 수행해야 한다는 점이다.

검사가 재판절차에서 그의 판단에 따라 범죄를 저지른 사람을 기소할 경우에도―말의 특수한 의미에서 준수가 아닌―적용이 존재한다. 이 기소는 법질서가 검사에 부여한 법력, 즉 **수권**의 수행으로 한 것이다. 기소는 이 기소행위가 요구도 된 경우, 즉 검사가 법규범에 의해 기소할 의무를 지는 경우, 다시 말해서 기소를 하지 않음이 그것을 소홀히 한 검사에 대한 제재(징계벌)의 조건일 경우에 한하여 법의 준수도 된다.

국가기관뿐만 아니라 개인도, 예컨대 채권자가 채무불이행자에 대해 법원에 소를 제기하고 그래서 법절차를 진행시키는 경우처럼 법질서에 의해 부여된 수권을 행사할 경우 법의―준수가 아닌―적용이 된다. 수권을 행사하는 자는 법을 '준수'하는 것이 아니듯이 수권을 행사하지 않는 자는, 전자의 행위가 요구되어 있지 않고 후자의 행위가 금지되어 있지 않는 한 법을 침해하지 않는다. 어떤 자가 법률상 수권이 필요한데도 수권 받음이 없이 모종의 행위를 한 경우, 예컨대 어떤 사람이 21세 이상인 모든 남자들은 결혼해야 한다고 명령한 경우 이 행동은 법침해, 그 말의 특수한 의미에서의 위법성의 성격을 갖지 않는다. 왜냐하면 그 행위는 법적으로 금지되어 있지 않기 때문, 다시 말해서 제재의 조건이 되어 있지 않기 때문이다. 수권이 없는 행위의 효과는 수권 없이 행위하는 사람에 대해 제재로서의 강제행위가 행해져야 한다는 것이 아니라 그 행위는 그것이 지향한 객관적 의미를 갖지 않는다는 것이고, 이 명령은 효력 있는 규범이 아니라는 것이다. 그 행위는 법적으로 존재하지 않는다(부존재).

법의 준수와 적용의 어휘적 구별은 준수의 반대는 법의 '침해'로 지칭되기 때문에 권할 만한 것이며, 그래서 하나의 행태가 법규범의 '준수'로 지칭되는 경우는 오직 이 법규범이 수범자의 행태에 의해 침해도 될 수 있을 때뿐인 것이다. 이는 일정한 행태를 요구하거나 금지하는 법규범에만 해당되고, 일정한 행태를 수권하는 법규범에는 해당되지 않는다.

18. 사정이 조금 다른 것은 한 사람에 대해 법질서가 부여한 (적극적 의미에서의) 허용이 존재하는 상황이다. 이는 행태의 허용이 일정한 행태, 가령 일정한 구역에 진입하는 행태를 형벌로 금하는 법규범의 효력이 다른 폐지적 법규범에 의해 **철회**되고, 그래서 그 구역의 진입이 허용된 결과일 때 존재한다. 이러한 허용을 행사하여 구역에 진입하는 자는 이러한 허용을 부여하는 법을 적용하는 것이나, 그가 이 허용을 행사하지 않을 경우는 법을 준수하는 것도 침해하는 것도 아니다. 독극물의 제조와 판매를 벌함으로써 금지하는 법규범의 효력이 의학적 목적으로 독극물을 제조하거나 판매할 허가를 관청으로부터 얻은 이는 처벌에서 제외되는 법규범에 의해 **제한되는** 경우 그런 목적에서의 그런 물건의 제조와 판매는 허용된다. 이런 허용을 행사하는 자는 법을 적용하는 것이지만 준수하는 것은 아니며 그리고 이

런 허용을 행사하지 않는 자는 법을 침해하는 것이 아니다. 수권과 허용은 이것들이 부여된 사람에게 이것들을 행사하고 안하고의 선택이 일임되어 있으며, 이에 반해 일정한 행태의 요구와 금지는 이것들이 향한 사람에게 선택을 맡기고 있지 않다. 그러나 법적으로 '허용되어 있지 않다'고 지칭되는 행태를 실행한 자는 법을 침해한 것이다. 여기에 수권과 허용의 차이가 있어 보인다. 그러나 그렇지 않다. 왜냐하면 이른바 '허용되어 있지 않은' 행태는 − 썩 맞지는 않지만 − **금지된** 행위를 지칭할 뿐이기 때문이다.

19. 법규범이 당위된 효과로서의 제재(형벌 또는 민사적 강제집행)를 연결할 조건이 되는 행태를 어떤 사람이 실행하는 경우 우리는 그가 법을 '침해'한다고, 그가 법을 '파괴'한다고, 그의 행위는 법'위반'이라고, '불'법이라고 말한다. 이렇게들 일컫는 데에는 법의 부정의 사상이, 법의 밖에 있고 법에 반하고, 법의 존재를 위협하고 중단하거나 심지어 철회하는 어떤 것의 표상이 표현되어 있다. 이러한 표상은 잘못된 것이다. 그래서 이러한 표상은 일정한 행태를, 즉 일정한 행위나 그것의 부작위를 요구하는 하나의 규범과, 요구된 행위의 부작위나 요구된 부작위의 작위로 나타나는 사실적 행태 사이의 관계를 논리적 모순으로 해석케 한다. 그러나 논리적 모순은 두 개의 **언명들** 사이에만, 즉 어떤 것이라고 말하는 하나의 언명과 어떤 것이 아니라고 말하는 다른 하나의 언명 사이에만 존재할 수 있다. 이 두 언명들은 함께 주장될 수 없다. 왜냐하면 하나가 참이면 다른 하나는 참이 아닐 수 있는 것이 아니라 참이 아니어야 하기 때문이다. 일정한 행태를 요구하는 규범과, 요구된 것의 반대 즉, 규범에 일치하지 않는, 또한 규범을 '침해'하고 규범질서를 '파괴'하는 사실적 행태 사이에 논리적 모순은 존재하지 않는다. 일정한 인간 행태를 요구하는 규범이 효력 있다고 하면서, 동시에 요구된 행위의 반대인 사실적 행태가 존재한다고는 아무런 모순 없이 말할 수 있다. 이 두 개의 명제는 함께 주장될 수 있고 둘은 동시에 참일 수 있다. 일정

한 행태를 요구하는 규범의 효력 그리고 즉 그 특수한 존재는 사실적 위반 행태에 의해―마치 사람을 묶고 있는 사슬이 파괴되듯이―'파괴'되지 않는다. 법의 사슬은 법을 '파괴'하는 사람도 묶는다. 즉 규범은 사람이 그에 향한 강제행위에 의해 침해되듯, 즉 그의 존재가 손상되듯 '침해'되지는 않는다. 법질서와 같은 규범질서가 일정한 행태를 그 반대되는 행태에 제재를 연결시킴으로써 요구하는 경우 이의 본질적 사태는 일정한 행태가 존재하면 일정한 강제행위가 명령되고 집행되어야 한다고 말하는 가언판단을 통해 서술된다. 이러한 명제에서는 불법은 법의 부정으로서가 아니라 하나의 **조건(요건)**으로 나타난다. 여기에서 불법은 법의 밖에 있고 법에 반해 있는 것이 아니라 법의 안에 있고 법에 의해 규정된 구성요건이라는 것이, 즉 법은 그 본질상 바로 그리고 특히 불법과 관련되고 있다는 점이 밝혀진다. 모든 것이 그렇듯이 불법도 법률적으로는 법으로서만, 다시 말해서 법을 통해서 규정되는 것으로서만 파악될 수 있다. 법'위반'의 행태라고 말할 때는 그것은 강제행위의 조건이 되는 행태를, 법'합치적' 행태를 말할 때는 그 반대의, 즉 강제행위를 피하는 행태를 생각하는 것이다.

20. 법학이 소박한, 전(前)과학적인 사고에서 법의 부정, 불법으로 표상한 범행을 법의 요건으로 새롭게 해석함으로써 법학은 마치 신학의 신의론(神意論)의 문제, 즉 전선전능(全善全能)한 신에 의해 창조된 세계에서의 악의 문제에 대해서와 비슷한 과정을 밟게 된다. 존재하는 모든 것은 신이 의욕한 것으로 파악되어야 하기 때문에 어떻게 악이 신에 의해서 의욕된 것으로 파악될 수 있는가라는 물음이 생긴다. 일신론적 신학의 일관된 대답은 바로 악은 선의 필요조건으로 해석되기 때문에 그렇다는 것이다. 만약 악이 없다면 선도 있을 수 없을 것이다. 악은 신의 작품이 아니고 신에 반대된 것이고 악마의 작품이라는 상정은 이런 상정이 반신(反神), 불신(不神)의 표상을 포함하기 때문에 일신론적 가설과 양립되지 않는 것이다.

21. 일반적으로는 규범의 실효성 그리고 특수하게는 법규범의 **실효성**은 우선 이러한 규범들이 일정한 행태를 요구하거나 금지하고, 그리고 이에 따라 준수되거나 침해될 수 있는 한에서만 말해질 수 있는 듯 보인다. 이에 따라 실효성은 요구규범이나 금지규범이 준수되는 데에만 존재하는 것 같다. 그러나 규범의 기능은－이미 언급했듯이－요구하는 것과 금지하는 것뿐만 아니라 수권하는 것과 허용하는 것도 포함한다. 법규범이 일정한 행태에 대해 그 반대되는 행태가 있는 경우 법공동체의 기관으로서의 일정한 개인이 범인에 대해서 또는 이 범인과 일정한 관계에 있는 개인에 대해서 제재로서의 강제행위를 집행해야 한다고 규정함으로써 그것을 요구하는 경우 이 법규범은 전자의 개인에 대해 기관으로서 강제행위를 하도록 수권한다. 헌법은 일정한 기관에 대해 '법률'이라는 형식의 일반적 규범들을 제정하도록 수권한다. 법규범이 금지의 효력을 일정한 조건 하에서 일정한 주체에 대하여 제한한다면 법규범은 다른 이에게 금지된 것을 이 주체에 대해서는 허용하는 것이다. 앞에서 확인한 것처럼, 이러한 수권이나 허용을 행사하는 자는 이러한 수권적 또는 허용적 법규범을 적용한다는 것은, 마치 법관이 범인에 대해 제재로서의 강제행위를 선고하고, 그래서 그가 적용한 법규범을 실효화할 때 요구나 금지를 적용하는 것과 같다. 한 주체가 법이 자신에게 부여한 수권을 행사하는 경우, 채권자가－이미 든 예에서처럼－채무불이행자에 대해 소를 제기하는 경우, 또는 검사가 피의자를 피의범죄 사실로 공소제기하는 경우, 또는 행정기관이 공공의 위험성이 있는 정신병자를 정신병원에 강제로 감금할 것을 명하는 경우, 법은 어떤 이가 일정한 행태를 요구하는 규범을 준수하는 경우와 마찬가지로 실효성을 갖는다. 원고의 소제기가 있거나 검사의 기소가 있어서 법이 이런 행위를 통해 이미 실효적이 된 경우에만 법원은 소를 받아들이거나 피고인을 판결함으로써 법을 실효적이게 할 수 있다. 그런데－앞서 언급했듯이－수권 또는 허용은 이것이 부여된 주체에 그 행사여부가

일임되어 있기 때문에, 수권 또는 허용이 행사되지 않은 경우 법규
범이 실효적이 아니라고 쉽게 말할 수 없다. 물론 우리가 법규범이
비실효적일 수도 있는 경우에만 '실효적'이라고 말해야 한다고 전제
한다면, 실효성 개념은 일정한 행태를 요구하거나 금지하는 규범들에
만 사용해야 할 것이다. 그러나 우리가 이를 부정한다면, 법은 그 요
구적 및 금지적 기능뿐 아니라 그 수권적 및 허용적 기능에서도―허
용도 수권도 행사되지 않아서 법이 비실효적이라고 말할 수 없는 경
우에도―우리는 법이 실효적이라고 말할 수 있는 것이다. 이러한 분
석의 결과는, 법이 부여한 수권이나 허용이 행사되고 그래서 법이
적용되거나, 또는 법에 의해 규정된 금지에 따르고 그래서 법이 준
수된 경우 법은 실효적이라는 것이다.[13]

---

13) Eugenio Bulygin, *ARSP* 41/1965, 54면은 실효성의 개념을 다음과 같이, 즉
"우리의 설명에서 '규범은 실효적이다'라는 명제는 일정한 사정들(적용에 필요
한 요건이 충족됨)이 있을 경우 법원들은 *p*를 적용할 것이다"라고 규정하고
있다. 이에 대해서는 '일정한 사정이 있을 경우'라는 제한은 불필요하다고 언
급해야 하겠다. 왜냐하면 규범에서 규정된 사정이―그리고 이 사정만이 문제
될 수 있는데―없는 경우 규범은 적용**될 수 없기** 때문이다. 규범을 적용하는
것은 법원이라고 주장한다면 그 주장은 참이 아닐 것이다. 사실 법규범의 실
효성은 불리긴에 의하면 법규범이 법원에 의해 적용된다는데 또는―그가 표
현하듯이―법규범이 '재판가능'하다는데 있다. 불리긴은 "우리가 법규범의 실
효성(즉 재판가능성)을 말함으로써…"라고 말하고 있다. 이러한 실효성의 개
념 규정, 즉 실효성과 재판가능성의 동일시는 법규범이 법원에 의해서뿐만 아
니라―내가 여기에서 강조했듯이―행정관청과 사적 개인에 의해서도 적용되
고 그리고 그로 인해 실효적이게 될 수 있기 때문에도 이미 근거 없는 것이
다. 나아가 불리긴적 개념 규정은―불리긴 자신이 승인하듯이(57면)―법원을
갖추지 못한 원시법과 일반 국제법의 규범에 있어서는 도대체 고려되지 않는
다. 불리긴은 '재판가능성'을 하나의 규범이 "법적(법관의) 결정의 근거지음에
사용된다"라는 사실로 이해한다. 이것을 그는 "규범이 판결에 대해 일정한 …
논리적 관계에 있다는 것"으로 생각한다. 불리긴에 의하면 이러한 논리적 관
계는 "법적 결정이 적용하려는 규범들이 전제의 역할을 하는 연역적 추론의
논리적 귀결"이라는데 있다는 것이다. 다시 말하면 'Socrates라는 사람은 죽는
다'라는 언명의 참이 '모든 사람은 죽는다'라는 언명의 참에서 나온 논리적 귀
결이듯이, 가령 '절도범 Schulze는 징역에 처해져야 한다'라는 법관의 판결과
같은 개별 법규범의 효력은 '모든 절도범들은 징역에 처해져야 한다'라는 일반
법규범의 효력으로부터 나온 논리적 귀결의 결과라는 것이다. 그러나 내가 나
의 논문 Recht und Logik, *Forum* 1965, 421면 이하, 495면 이하에서 지적

22. '효력'과 '실효성'은 – 앞에서 보았듯이 – 상이한 개념이고, 그래
서 가끔 시도된 '효력'과 '실효성'의 동일시는 단호히 거부되어야 하
지만[14] 양자 사이에 본질적 관계는 존재한다. **실효성은 법규범의 효
력의 조건이며**, 이는 하나의 법규범은 **그것이 실효적이지 않게 되거
나 실효성을 상실할 경우 효력을 상실한다**는 의미에서이다. 실효성은
법규범이 효력을 잃지 않도록 효력에 첨가되어야 한다. 법규범은 효
력을 획득하기 위해서가 아니라 효력을 유지하기 위해서 실효적이어
야 한다. 왜냐하면 법규범은 그것이 실효적이기 전에 이미 효력 있
기 때문이다. 그래서 공포되자 곧바로, 따라서 아직 실효적일 수 없
었던 법률을 구체적 사건에 적용한 법원은 효력 있는 법규범을 적용
하는 것이다. 그러나 법규범은 그것이 지속적으로 실효적이지 않으면
더 이상 효력 있다고 보지 않는다.[15]

했듯이 전통적 법학에서 널리 인정된 견해는 잘못된 것이다. 법관의 결정으로
서의 개별 법규범의 효력은 – 마치 'Socrates라는 사람은 죽는다'라는 언명의
참이 '모든 사람들은 죽는다'라는 언명의 참에서 나온 논리적 귀결이듯이 – 일
반법규범의 효력에서 나온 논리적 귀결일 수는 없다. 왜냐하면 법규범의 효력
은 법규범을 그 의미로 갖는 의지적 행동에 의해 제약되는데 반해 언명의 참
은 언명을 그 의미로 갖는 사고 행동에 의해 제약되지 않기 때문이다. '모든
절도범은 징역에 처해져야 한다'라는 일반 법규범은 효력이 있을 수 있고 그리
고 'Schulze는 그가 Maier의 말을 훔쳤기 때문에 도둑이다'라는 언명은 참일
수 있고 실로 법원에 의해 확정될 수 있으나, 그럼에도 불구하고 'Schulze는
징역에 처해져야 한다'라는 개별 법규범은 이러한 법관의 결정이 어떤 이유에
서 사실로 내려지지 않은 경우 효력이 **없을 수** 있는 것이다.

14) 나의 저서 *Reine Rechtslehre*, 제2판, 215면 이하 참조.

15) 이 점 *Reine Rechtslehre*, 11면, 219면 참조. Rupert Schreiber, *Logik des
Rechts*(Berlin, Göttingen, Heidelberg 1962)는 법규범의 효력은 그것의 실효
성과 같은 의미라고 주장하면서(81면) 법규범의 효력과 실효성을 구별하는 나
의 논변, 즉 법규범은 실효적이기 전에 이미 효력이 있다는 논변, 즉 "제정되
자마자 곧, 그래서 아직 실효적일 수 없었던 법률을 구체적 사건에 적용하는
법원은 효력 있는 법규범을 적용하는 것"이라는 논변에 대해 이의를 제기하고
있다. 그러나 법원이 법규범을 적용함으로써 법원은 동시에 법규범의 실효성
의 예를 제공하는 것이기도 하다. 법규범은 효력을 갖게 되면 그것이 곧 준수
되고 적용되지 않더라도 이미 실효적이기도 한 것이다. 왜냐하면 법규범이 나
중에 비로소 적용되더라도 법률침해의 효과는 법규범이 효력을 갖게 된 직후
의 시간에로 '미치게' 되기 때문이다. 만약 법규범이 준수되고 적용됨에 **의해
서** 비로소 실효적이 된다면 그것은 준수 내지 적용되기 전에는 실효적일 수

23. 불리긴(Bulygin)[16]은 주장하기를 순수법학에 따르면 법규범은 그것이 관습의 성문법폐지효(*desuetudo*)에 의해서 실효성이 없어지게 되면 효력을 상실하기 때문에, 실효성은 법규범의 효력의 필요조건일 뿐 아니라, "관습규범은 그 효력을 실효성에서 도출하는 규범이기 때문에, 켈젠이 관습을 (헌법에 의해서조차 배제될 수 없는) 법창설적 법원(法源)으로 승인함으로써" 실효성은 그 효력의 충분조건이기도 하다고 한다. 불리긴은 충분조건과 필요조건 사이의 차이와 관련해서는 클룩(Ulrich Klug)을 참조하고 있다.[17]

만약 실효성이 법규범의 효력의 충분조건이라면 조건과 조건지어진 것 사이는 클룩[18]에 의하면 "만약 … 이면 그러면 **언제나** … 이다" (stets-dann-wenn-so)의 관계이다.

즉 '만약에 어떤 법규범이 실효적이면 언제나 이 법규범은 효력있는 법규범이다'라는 명제는 참이어야 한다는 것이다. 사실 이 명제는 참이다. 이러한 의미에서 실효성은 효력의 충분조건**이다.** 그러나 관습이 법창설의 요건사실이기 때문에 그리고 관습으로 창설된 법규범은 그 효력을 실효성에서 도출하기 때문에 그런 것은 아니다. 왜냐하면 실효성은 - 내가 명확하게 확인했듯이[19] - 결코 법규범의 효력의 근거는 아니기 때문이다. 한 법질서의 규범의 효력의 근거는 - 관습으로 창설된 법규범들도 - 이 규범들의 실효성이 아니라 대체로 실효적인

없다. 법률침해의 효과가 법규범이 효력을 갖게 된 직후의 시간에 '미치게' 된다는 것은 단지 법규범이 효력을 갖는 즉시 벌써 일정한 제재가 지시되고 집행되어야 한다고 말할 수 있다는 것을 의미할 뿐이지, 당해 기관들이 제재들을 **사실상** 지시하고 집행할 것이라는 것을 의미하지는 않는다. 그러나 이러한 사실상의 지시와 집행이 실효성이며, 제재가 지시되고 집행**되어야 한다**는 것이 법규범의 **효력**이다. 이에 덧붙여 합헌법적으로 효력을 갖게 된 법규범이 구체적 사례에서 침해되었으나 어떤 이유에서 실제로 적용되지 않으면, 그래서 이 사례에서 **실효적**이지 못하면, 그 때문에 효력을 상실하는 것은 아니라는 점도 지적할 필요가 있다.

16) *ARSP* 41/1965, 39면.
17) Ulrich Klug, *Juristische Logik*, 제2판(1958), 44면.
18) *Juristische Logik*, 제2판, 44면.
19) *Reine Rechtslehre*, 제2판, 219면.

강제질서가 효력있는 법규범의 체계로 해석될 때 전제되는 근본규범인 것이다.[20]

실효성은–순수법학에 따르면–법규범의 효력의 충분조건이지만 필요조건이기도 한 것은 아니다. 만약 한 법규범의 실효성이 효력의 필요조건이라면 조건과 조건지어진 것 사이에는 클룩[21]이 일컬은 "만약 ⋯ 이면, 그러면 **그 때에만** ⋯ 이다"(nur-dann-wenn-so)의 관계가 있을 것이다. 다시 말해서 '법규범이 실효적이면 그 때에만 이 법규범은 효력있는 법규범이다'라는 명제가 참이어야 한다는 것이다. 그러나 이 명제는 참이 아니다. 왜냐하면 내가 앞에서 나의 「순수법학(Reine Rechtslehre)」제2판의 인용한 곳에서 강조했듯이, 한 법규범은 그것이 실효적이기 전에, 즉 준수되고 적용되기 전에 이미 효력있기 때문이다. 하나의 법규범은 그것이 실효적이지 않게 되거나 실효성을 상실하면 효력을 상실한다는 것은 실효성이 그 효력의 필요조건이라는 것을 의미하지 않는다.

---

20) *Reine Rechtslehre*, 제2판, 208면, 219면. 그리고 Robert Walter, Wirksamkeit und Geltung, *ZÖR* XI(1961), 531면 이하 참조.
21) *Juristische Logik*, 제2판, 44면.

[번역에 덧붙여 - Hans Kelsens stete Aktualität]

여기 번역한 글은 오스트리아 빈 소재의 한스 켈젠 연구소가 올해 켈젠의 30주기(2003. 4. 19)를 추모하여 동 연구소 총서 제25권으로 출간한 Walter/Jabloner/Zeleny 공편의 저서 *Hans Kelsens stete Aktualität*(Manz, Wien 2003) 제 I 편에 실려 세상에 처음 알려진 켈젠의 미발표유고이다. 발터 교수에 의하면 1965년까지의 문헌이 인용되고 있는 것으로 보아 이 글은 그해쯤 탈고된 것으로 추측할 수 있다는 것이다. 그러니까 켈젠이 84세 때 완성한 논문이며 이미 유작으로 출판되어 널리 알려진 *Allgemeine Theorie der Normen*(Manz, Wien 1979)의 집필에 열중했던 시기에 쓴 것이다. 이 글은 켈젠의 만년의 규범이론, 특히 규범명령설과 규범비논리주의에 입각해 실정법규범 질서의 본질적 단면(효력)을 규범기능적으로 완벽할 정도로 압축해 설명해 보이고 있다. 그런데 우리의 관심을 끄는 것은 이 저서의 편자들이 이 글에서 인용된 학자로서 생존해 있는 부에노스 아이레스대학의 Eugenio Bulygin 교수와 빈 대학의 Robert Walter 교수의 이 글에 대한 논평을 차례로 싣고 있다는 점이다. 위의 번역을 읽었다는 것을 전제로 두 논평의 요점만을 소개해보고자 한다.

Bulygin의 논평

먼저 거의 40년 전에 쓴 젊은 자기의 첫 글이 켈젠 같은 대학자에 의해 여러 번 논박되었다는 것이 믿겨지지 않는 데다 그것도 30년이 지난 지금에서야 처음 알게 된 것이 한스럽다는 감회를 피력한다. 그러나 논평에 들어가서는 생존 학자에 대한 것 못지않게 대결적이다. 첫째로 수범자(수규자)의 문제인데 만년에 허용규범과 수권규범이 첨가되어 사정이 달라졌지만, 강제적 제재규범이 중심이었던 켈젠에서 법원(그리고 예외로 행정기관)만이 수범자였음은 사실이었고, 둘째로 규범의 법원에 의한 적용가능성(재판가능성)으로서의 자기의 실효성의 개념은 장래의 적용가능성에 대한 예측이 아니라, 설탕이 물에 녹는다는 것과 같은 관찰되지 않는 규범의 '성질'적 속성으로서 규범이 판결의 근거지음에 논리적 근거로 사용된다는 것을 뜻한다고 강조한다. 셋째로 이에 이어 곧 만년의 켈젠의 가장 중대한 잘못은 '명령자 없이는 명령없다'라는 이념 하에 모든 규범 배후에 의지적 행동이 있어야 한다고 주장함으로써 규범추론의 가능성을 부정해 일반규범의 창설인 입법작업을 무의미한 것으로 만들어 버리고, 그래서 예컨대 교사가 교실에서 모두 일어서라고 명령해도 직접 거명 안 되었으니 자기가 일어설 의무가 있는 것은 아니라고 학생은 주장할 수 있게 되었다고 비판한다. 넷째로 실효성은 법효력의 충분조건이지만 필요조건은 아니라고 켈젠은 주장하지만 그의 근본규범의 전제가 모종의 내용에 의해서가 아니라 전적으로 실효성에 의존되어 있으므로 켈젠에서 실효성은 효력의 충분조건인 동시에 필요조건이라는 자기의 주장은 옳다고 항변한다.

Walter의 논평

켈젠이론의 계수자인 발터는 같은 논지의 학자로 거명된 탓에 불리긴의 논평처럼 대결적은 아니고 보충적이다. 그는 첫째로 자기가 쓴 글의 내용이 켈젠과 같음에 확신을 얻었고, 둘째로 논리는 규범에는 적용되지 않고 기껏해야 규범을 기술하는 '명제에나 적용될 뿐이어서 규범 서로 간에는 추론이 있을 수 없음이 명백해졌으며' 이에 규범과 언명 사이의 차이는 드러났으며, 셋째로 근본규범의 고려 없이는 실효성이 '있으면 그러면 언제나' 효력있는 규범이 있는 것은 아니라는 의미에서 자기는 실효성이 효력의 충분조건이라는 불리긴에 대해서 그리고 이 점에서는 선뜻 불리긴에 동의한 켈젠에 대해서도 반대한다고 지적하고, 또 불리긴이 관습의 성문법폐지효를 이유로 실효성을 효력의 필요조건이라고 주장하나 관습의 성문법폐지에 의한 효력상실은 그것이 법질서에서 그렇게 규정되어 있는 한에서만 법이론적 결과를 가질 뿐이라고 반박한다. 넷째로 수범자의 문제는 켈젠의 주저인 「순수법학」에서는 사실 명료하게 설명하지 않았던 바라 위의 글에서 드디어 '직접적 및 간접적 수범자'로 지칭되어 수범자의 서클이 명확해졌다고 지적하고, 다섯째로 불리긴은 실효성을 카르납에 따라 '성질개념', 즉 법원에 의해 적용될 규범의 성질(성향, Disposition)으로 보나, 문제는 이의 확인인데 이것은 결국 규범의 적용 또는 준수의 사실에서 찾을 수밖에 없어 모종의 별도의 인식획득을 따로 가져다주지는 않는다고 비판한다.

위에 번역한 켈젠의 글, 그리고 이 글에 대한 불리긴과 발터의 논평이 실린 제 I 편이 *Hans Kelsens stete Aktualität*, 즉 「한스 켈젠의 변함없는 현실성(현재성)」이라는 이 저서의 하이라이트이지만, 이어서 제 II 편에서는 켈젠의 학문적 및 인간적 동료인 체코의 F. Weyr 교수와의 친교관계를 전기적으로 인상 깊게 서술한 Tanja Tomej의 글이 실려 있어 일독을 촉구한다. 그리고 제 III 편에서는 1984년 빈 대학 본관 회랑에서 있은 켈젠 흉상제막식 행사를 담아 켈젠 연구소 총서 제10권으로 출간된 책, 「한스 켈젠 – 학문을 위해 헌신한 한 삶 (*Hans Kelsen-Ein Leben im Dienste der Wissenschaft*, Wien 1984)」을 재수록했다. 여기에는 책 제목 그대로의 발터의 강연이 실려 있다. 발터는 이 강연에서 켈젠은 첫째로 세계를 합리적으로 파악하려는 부동부단의 노력을 다했으며 칸트학파였던 그의 정언명령도 삶을 학문에 헌신하라는 것이었으며 그리고 그는 그리'하여야' 하기에 또 그리 '할 수' 있었다고 지적하고, 둘째로 그의 법해석학적 연구는 헌법학과 국제법학에 집중되었고, 특히 오스트리아 헌법의 산파였으며, 셋째로 켈젠은 법학을 모든 학문의 이상인 '객관성과 엄정성'에 가깝게 놓고자 '순수법학'의 이론을 발전시켰으며, 이제 이를 참작하지 않고는 법학을 한다는 것이 진정 불가능하다고 지적하고, 넷째로 켈젠은 법학을 정치학이나 사회학에서 엄격히 분리했으나 그만큼 또 이 분야에도 깊은 연구를 쌓아 그가 남긴 사회주의(맑시즘) 비판과 민주주의 연구는 '고전'으로 평가받으며, 다섯째로 법철학에서는 자연법론과 정의론을 근거지으려는 모든 시도들과 일생 인식론적으로 대결하면서 그 주장자들을 학문의 법정에 세워 비판했으며 고매한 철학자 플라톤의 정의론에 대한 연구마저 끝내 「정의의 환상(*Die Illusion der Gerechtigkeit*, Wien 1985)」이라는 제목을 붙여 사후에 출간케 했다고 지적했다.

이 책의 마지막 제 IV 편은 부록편으로 켈젠 연구자에게는 매우 중요한 켈젠의 저작과 국제적 켈젠연구 및 번역 문헌 일체가 33면에 걸쳐 체계적으로 빠짐없이 수록되어 있다. 우리나라의 것은 홍익대(현 중앙대—편집자) 오세혁 교수의 세심한 노력으로 작성된 문헌목록을 바탕으로 수록되어 있다. 이 부록은 가장 최근의 완벽한 문헌목록으로 매우 가치 있다고 하겠다. 이는 또한 여전히 계속되는 왕성한 켈젠연구를 상징하는 바이고 바로 이 때문에 편자들은 이 켈젠 30주기 추모호를 「켈젠의 변함없는 현실성(현재성)」이라는 표제로 출간했다고 적고 있는데 이는 결코 과장은 아닌 것 같다.

민주주의의 옹호[†,††]

한스 켈젠

역자의 말

켈젠은 '20세기의 법학자'로뿐만 아니라 '20세기의 민주주의 이론가'로 불린다. 주지하듯이 1차대전의 종료(1918)로 오스트리아는 독일과 함께 민주주의의 시대를 맞았다. 마침 빈 대학 국법학 및 법철학 정교수로 취임한 (1919) 켈젠은 오스트리아 제1민주공화국 헌법안(1919)을 기초함과 아울러 「민주주의의 본질과 가치에 관하여」를 처음은 논문으로(1920), 뒤에는 증보된 책자로(1929) 발표하여 현대 민주주의 이론의 기초를 확립했다. 즉 민주주의는 인간의 본능적 열망인 동시에 실천이성의 공준인 자유와 평등을 이념으로 삼고 그 평등을 전제로 해서 최대한의 자유(정치적 자기결정권)를 보장하는 통치(국가)형태이며, 이는 인간이 절대진리와 절대가치를 인식할 수 없기에 모든 이의 견해를 평등하게 존중하지 않을 수 없고, 이에 따라 대립적인 목표설정과 견해 사이의 평화로운 조정은 오직 대화를 통해서, 즉 민주적인 타협의 방법에 의해 이루면서 수립될 수 있다는 것이다. 그의 이와 같은 민주주의의 2대 논거, 즉 '최대 자유의 이념'과 '상대주의적 세계관'은 애초부터 권위주의와 절대주의에 입각한 좌·우의 독재주의에 대응해서 주창되었고, 그 실현과 옹호를 위해 그는 혼신의 힘을 다했다. 여기에 번역한 "민주주의의 옹호"는 이러한 노력의 절정이다. 이는 켈젠이 1929년 부득이 빈을 떠나 쾰른대학으로 옮긴 후 1932년 한 독일 시민으로서 우익(나치)독

---

† 법철학연구 제13권 제2호, 한국법철학회, 2010.

†† Hans Kelsen, Verteidigung der Demokratie, *Blätter der Staatspartei*, 제2집, 1932, 90~98면. 지금은 Hans Kelsen, *Verteidigung der Demokratie*, M. Jestaedt/O. Lepsius 공편, Mohr Siebeck, Tübingen 2006, 229~239면. 원문에서 이탤릭체로 강조된 부분을 번역문에서는 굵은체로 표시하였다. 그리고 번역하는 가운데 많은 도움 말씀을 주신 독문학자 송동준 교수님께 깊이 감사드리며, 번역문을 다듬고 완성하는 일을 도와준 안준홍 교수에게도 고마운 뜻을 밝힌다.

재로 풍전등화의 위기에 처한 민주주의를 위해 비장한 각오로, 그러나 절망
에 차 절규한 명논설이다. 비록 짧지만 민주주의의 적들을 논파하면서 민주
주의의 요체를, 그 빛과 그림자마저 모두를 압축해 밝혔다. 그러나 애석하게
도 또 아이러니컬하게도 바로 다음 해인 1933년 다수를 차지한 나치당에 의
해 이른바 '수권법'은 통과되고, '세상에서 가장 민주적'인 헌법은 붕괴되고
켈젠은 즉시 해직되어 독일을 간신히 떠나게 된다. 논설 마지막에 '방어적
민주주의'의 단호한 거부와 함께 인정한 민주주의의 '비극적 숙명'을 그는 그
토록 빨리 목도한 것일까? 그의 태도가 그의 민주주의와 자유주의의 준별에
서, 다시 말해서 국민의 무제한적인 권력을 그것의 제한보다 우위에 놓은 데
서 비롯되는 것이어서, 우리에게는 그가 법이론에서 규범논리로 일관한 나머
지 도달한 "어떠한 내용도 법일 수 있다"는 주장이 떠올려진다. 정말 이론도
"자기 논리에 철저히 따르면 그 자신 윤리적 불가능이 되어버린다"(라드브
루흐)고나 해야 할는지! 그러나 그도 미국에서 쓴 민주주의에 관한 마지막
연구인 「민주주의의 기초」(1955)에서는 '자유민주주의'를 민주주의의 특수형
태로 인정한다. 하지만 이를 민주주의보다 우위에 놓지는 않았다.

I

극도로 어려웠던 대전(1차 세계대전 – 역자) 중에 끔찍한 현재를 견
뎌내기 위해 미래로 생각을 돌렸을 때, 더 나은 정치적 미래를 표상
하려 했을 때, 민주주의의 실현밖에 다른 것은 생각할 수 없었다. 그
리고 대전이 슬픈 종말을 맞았을 때 독일 국민의 압도적 다수는 그
들의 정치적 생활형태가 민주공화국 이외의 다른 것일 수 없다는 데
의견이 일치되었다. 이러한 확신의 기념물이 **바이마르 헌법**이다.

사람들은 이 헌법을 한 민족이 지금껏 갖게 된 가장 자유로운 헌
법이라고 일컬었다. 그리고 그것은 진실이다. 왜냐하면 이 헌법은 사
실상 세상에서 가장 민주적인 헌법이기 때문이다. 어떠한 헌법도 이
헌법만큼 많은 권리를 국민에게 주고 있지 않으며, 어떠한 헌법도
그 전체 내용상 이 헌법만큼 그 첫머리에 적고 있는 원리, 즉 모든

권력은 국민으로부터 나온다는 원리에 부합되고 있지 않다. 니체가 "새로운 우상", "가장 차가운 괴물"(국가–역자)로 하여금 "나 국가는 국민이다"라고 말하게 한 것이 거짓말이 아닌 곳이 어디 있다면 그곳은 바로 여기다. **왜냐하면 독일국가는 정말로 독일국민이니까!**

그러나 바이마르의 역사적 행동이 있은 지 10년이 겨우 지난 오늘날 세상의 어떠한 헌법도 이 헌법만큼 국민으로부터 낯설어진 것은 없으며, 그토록 많은 국민들이 차갑고 무관심하게 그리고 더욱 많은 이들이 그토록 많은 증오와 경멸로 대하는 것은 없다. 독일인들은 스스로 가지게 된 자유를 더 이상 원하지 않는 것처럼 보인다.

그러나 다른 국민들에게도, 한때 그처럼 세차게 자유의 이념에서 발산되던 빛이 꺼지려 한다. 민주주의의 이상은 그 빛이 바래고, 우리 시대의 어두운 지평선에 그 빛이 더욱 핏빛으로 비출수록 대중의 희망은 그만큼 더 믿음을 갖고 바라다보는 **독재**라는 새로운 별이 떠오르고 있다. 이 별에는 민주주의에 대항해 동시에 두 전선을 펴는 투쟁이 표시되어 있다. 하나는 더욱 강하게 증대되고, 더욱 광범위한 노동자층을 장악해 가는 극좌의 볼셰비즘 운동이며, 다른 하나는 극우의 운동, 즉 파시즘 또는 독일에서 일컫는 국가사회주의(나치즘)이며, 이 국가사회주의(나치)당은 지금껏 독일의 어느 정치 조직보다 격렬하게 성장하고 그리고 오늘날 이미 최다수의 시민을 통합하고 있다. 이 두 개의 **반민주주의적 운동** 중 하나의 목표는 **프롤레타리아 독재**—이러한 독재가 수반하는 모든 경제적 및 문화정책적 귀결을 포함한 것—라는 것이 명명백백히 인식되지만, 다른 한편에서는 —**독일적 파시즘에 관한 한은**—**국가주의와 사회주의의 모순에 찬 혼합**인 진기한 이데올로기만이 보인다. 이 이데올로기 뒤에 수립되어야 할 현실적 독재는 당분간은 형태만이 보일 뿐 그 내용에 관해서는 그 지도자도 확고한 표상을 한 번도 가져본 적이 없어 보인다. 이러한 독재의 형태들은 잔혹해지면 질수록 그것들이 끝내 어떤 이익에 이바지하게 되는지 더 불분명해진다. 누가 이 투쟁에서 우선 한 번 또는 지속적으로 승리를 쟁취하게 될는지 우리는 모른다. 우리가 아는 것은 단 하나, 즉 이 승리가 우익에 돌아가든 좌익에 돌아가든 그의 깃발은 민주주의의 무덤 위에 세워질 것이라는 점이다.

현실적 사회세력으로서의 정치적 집단들 사이의 이러한 투쟁에 일치해 지성인의 투쟁도 벌어지고 있다. 사회이론의 영역에서도—이의 대부분이 정치적 이데올로기의 한 영역에 불과한데—지난 10여년 동안 **민주주의의 가치에 대한 판단**이 아주 놀랍게도 급변했다. 이 국가형태에서 어떤 장점들을 찾을 수 있다고 하는 이론가들의 수가 점점 적어지고, 심지어는 그 본질을 객관적 인식 속에서 파악하려고 노력하는 이들의 수도 점점 줄어들고 있다. 오늘날 국법학자와 사회학자층에서 민주주의에 대해 경멸조로만 말하는 것이 거의 당연시되고 있고, 독재를—직·간접적으로—새 시대의 여명으로 반기는 것이 유행으로 되고 있다. 그리고 이러한 '학문적' 태도의 전회는 **철학적 전방(前方)의 변동**과 손을 맞잡고 있다. 즉 철학은 지금 피상적이라고 비난받는 경험적·비판적 합리주의의 명료성을, 바로 이 민주주의의 정신적 생활공간을 떠나서, 심오한 것으로 여겨지는 형이상학의 어두움 속으로, 흐린 비합리의 숭배에로, 오래전부터 독재주의의 여러 형태가 가장 잘 번창했던 이 특수한 분위기에로 되돌아가고 있다. 이것이 오늘날의 구호이다.

그렇기 때문에 바로 오늘날 곱으로 필요하고 또 그 때문에 과거 어느 때보다 오늘날 더 해야만 하는 것은 **정치적 이데올로기의 연막**에서 벗어나 있는 두뇌를 가진 소수인들이 오늘날 그토록 모욕당하고 있는 이 민주주의의 참된 본질과 참된 가치에 대해 각성하고, 이 하나의 재보(財寶)에 대해—이것을 **잃어버린** 다른 이들이 **무엇**을 잃었는가를 깨우칠 때까지—공공연히 지지하고 나서는 일이다. 이를 통해 잃어버리지 않게 될 희망이 매우 커서가 아니다—오늘날 민주주의의 벗은 중환자의 병상에 앉아 있는 의사와 흡사할 뿐이다. 즉 환자가 생존할 가망이 이미 거의 사라졌어도 치료를 계속하고 있는 것이다. 그러나 오늘날 민주주의를 구할 모든 시도가 전적으로 가망 없게 되었더라도 민주주의에의 고백은 민주주의자의 의무이다. 왜냐하면 **이념에의 충성**은 이 이념을 실현시킬 가능성과는 무관하게 존재하기 때문이며, 그리고 하나의 이념에 대한 감사는 이념실현의 무덤을 넘어서도 존재하기 때문이다.

이러한 충성과 감사는 좌익과 우익의 부당한 비난에 대항해 민주주의를 옹호함으로써 가장 잘 증명된다.

II

사회주의 측에서 민주주의에 제기한 가장 중요한 항변은 ─ 그리고 이것이 가장 중요한 항변 그 자체인 듯 보이는데 ─ 평등의 원리를 주장하는 민주주의는 사실은 **형식적, 정치적** 평등만을 가져왔을 뿐, 결코 실질적, 사회적 평등을 가져오지 않았으며, 그리고 그것은 바로 단지 하나의 정치적 민주주의이지 결코 사회적 민주주의는 아니며, 그리고 그 때문에 부르주아지의 국가일 뿐이지 프롤레타리아의 국가는 아니며, 말하자면 부르주아지에 의한 프롤레타리아 착취의 정치적 형태인 것이라고 하는 항변이다. 이러한 항변에 대해, 올바로 이해된 민주주의란 그처럼 평등의 원리를 실현시키는 것이 아니라 오히려 **자유**, 즉 정치적 자기결정의 원리를 실현하려 하며, 그리고 독일에서 현실의 민주주의는 이 정치적 자기결정을 여지없이 실현시키고 있고, 이에 따라 이루어 놓지도 않은 것을 약속하지는 않았다는 점을 구태여 지적할 필요는 없다. 또한 국가조직이 민주화되는 정도에 따라 사회정책적 원리들이 입법과 행정에 채택되었고, 국가기구는 그만큼 더 무산계급의 이익에 이바지하게 되었다는 점도 구태여 논할 필요는 없다. **그럼에도 불구하고** 민주주의는 오히려 본질적으로 시민적 민주주의에 머물렀으며, 그리고 이러한 정치적 형태 속에서 자본주의적 체제가 유지되었고 사회주의는 이때까지 실현될 수 없었다는 점이 시인

되어야 한다. 왜 그런 것일까? 그것이 민주주의의 책임이거나, 아니면
－다른 이들이 말하듯이－민주주의의 공적인가? 결코 그렇지 않다!
아직도 실현되지 않은 사회주의의 논변은 민주주의에 대한 항변으로
는, 경제적 어려움의 책임이 패전에가 아니라 공화국에 있다고 하는
논변 못지않게, 근시안적이고 피상적이다. 민주주의가 시민적－자본주
의적 민주주의로 머물렀다면, 그것은 사회주의적 성향의 프롤레타리
아가－모든 정치적 형태의 저편에 놓인 이유에서－이때까지 국민의
다수가 될 수 없었기 때문이다. 그러나 프롤레타리아가 사실상 형성
된 것, 계급으로서의 그 권력적 지위, 그것이－비록 정치적 조직체로
서는 소수에 그치고 독일에서는 나아가 양당으로 분열되어 있지만－
국가의사의 형성에 대해 획득한 막강한 영향력, 이 모든 것은 민주주
의가 없이는, 본질적으로 부르주아지에 의해 이룩된 민주주의가 없이
는 불가능했을 것이다. 프롤레타리아를 정신적으로 독재로 만들기 위
해 민주주의를 비방하고, 프롤레타리아가 보는 데서 민주주의의 명예
를 훼손시키는 것을 자신의 임무로 여기는 공산주의, 이 공산주의는
프롤레타리아의 정치적 상승, 즉 시민계층이 봉건국가와 경찰국가에
서 귀족층을 희생시키고 이루었던 상승과는 비교할 수 없이 빨리 진
행된 상승의 국가형태가 민주주의라는 것을 망각하거나 부인한다. 시
민계층은 민주주의를 쟁취함으로써 자신뿐만 아니라 이른바 제4계층
(노동자－역자)에 대해서도 정치적 발전의 가능성과 아울러 시민적－
자본주의적 경제체제를 적대시하는 사회주의의 실현을 위한 가장 중
요한 전제를 마련한 것이다. 그러나－적어도 지금까지 보이는 바로는
－민주주의는 사회주의 지향의 프롤레타리아에 의한 권력의 종국적
정복형태는 아니다. 그것이 바로 맑스주의적 사회주의 정당 내에서
분열이 있는 근거이다. 공산주의자를 사회민주주의자로부터 분리케
한 것은 본질적으로 후자는 민주주의를 고수하나 전자는 민주주의를
사회주의 실현에 알맞은 형태로 더 이상 보지 않기 때문에 민주주의
를 버린 데 있다. 맑스와 엥겔스가 약간의 동요와 애매함을 보이면서

도 끝내 프롤레타리아로 하여금 민주주의를 위해 투쟁케 하고 과도기 국가, 즉 프롤레타리아 지배를 민주주의로 표상했다면, 그 이유는 그들이—이른바 궁핍화이론에 입각해서—프롤레타리아 그리고 실로 계급의식적이고, 그래서 사회주의적 성향인 프롤레타리아가 필연적으로 국민의 압도적 다수를 이루어야 한다고 확신했기 때문이다. 그들의 이러한 상정은 착각인 것 같다. 이는 완전 무산자와 부유한 자산가 사이의 폭넓은 층이 무시된 프롤레타리아의 경제적 구조와 관련해서 뿐 아니라, 프롤레타리아화한 또는 설 프롤레타리아화한 시민계층이 처한 심리적 상황과 관련해서도 그러하다. 즉 설 프롤레타리아화한 시민층은 자신의 발판을 새로운 계급의식의 자부심 속에서 찾지 않고, 자신의 버팀목으로 사회주의 이데올로기가 아니라 나치주의적 이데올로기를 택한 것이다. 이 계층은 경제적으로 피할 수 없는 프롤레타리아화를 하나의 영웅적—낭만적 정신태도를 통해 심적으로 보상받으려 한다. 그리고 이 새로운 프롤레타리아는—공산주의자처럼—사회주의를 원하기 때문에가 아니라 그것을 원하지 않기 때문에 민주주의를 등진 것이며, 그래서 이는 아직도 남아있는 시민계층의, 다시 말해서 무엇보다, 더 커져가는 사회주의 물결에 맞서 자본주의 체제에 대한 확고한 보호를 민주주의가 더 이상 제공해 줄 것 같지 않아서 민주주의 진영을 마찬가지로 떠난 대부르주아지 층의, 정치적 노력을 강화시켜 주고 있다.

　민주주의로부터의 이러한 도피는 민주주의의 정치형태야말로 한쪽의 결정적 승리와 다른 쪽의 가차 없는 패배로 끝나야 하는 계급투쟁에는 적합하지 않다는 데 대한 증거가 될 뿐이다. 왜냐하면 **민주주의는 사회적 평화의 정치형태**, 대립을 화해시키는 정치형태, 중간선에서 상호 타협하는 정치형태이기 때문이다. 그리고 만약 독일민족의 통일을 아무튼 치명적으로 찢어버릴 계급들의 무서운 대립이 유혈혁명적 재앙으로 치닫지 않고 평화적 방법으로 해결되어야 하는 하나의 길이 도대체 존재한다면, 그것은 평화와 평화의 대가(代價),

즉 타협을 원치 않는 모든 이들이 바로 원치 않는 민주주의의 길인
것이다.

III

그렇다면 우익 편에서는 민주주의에 대해 무엇을 비난하고 있는
가? 이 방향으로 들으면, 혼란스러울 정도로 많은 극히 상이하고 또
때로는 극히 모순적인 논변들이 들려온다. 그 가장 통례적인 것들
중에는 민주주의가 **부패**의 온상이라는 논변이 있다. 이러한 폐해는
사실 독재국가에서도 작지 않지만, 여기서는 국가권위를 위해서 모든
손상을 감추는 원리가 지배하기 때문에 단지 보이지 않을 뿐이며,
이에 반해 민주주의의 특징인 공개원리는 그 반대의 경향을 띠고 있
다. 민주주의에서는 모든 손상이 밝혀지게 되는 바로 그 점이야말로
그 치유의 효과적 보장책이다. 부패를 비호한다는 비난에 못지않게,
기강의 결핍 그리고 특히 불충분한 군사적 전투력과 약한 외교정책
의 항변을 주로 듣게 된다. 민주주의에 대한 바로 이러한 논변은 정
말 그 심부를 건드리는 것 같을 뿐, 그것이 역사적 경험을 통해 확
인된 일은 거의 없다. 세계대전에서 바로 민주주의 대국들은 군사적
으로나 외교정책적으로 (그렇지 않다는) 사실을 입증해 보였다.

그런데 독재의 옹호자들이 민주주의에 대해 늘 제기했던 이론적
주요 논변은 그 기본원리, 즉 다수결의 원리가 실질적으로 정당한
공동체의사의 형성을 보장하기에 전적으로 적합하지 않다는 논변이
다. 다수결의 원리는 의사형성의 원리일 뿐이지 의사내용을 결정해
주지 않기 때문에, 그렇게 형성된 질서의 선(善)을 결코 보증하지 못
하는 다수는 결정하지 말아야 한다. 오히려 최선의 자가 통치해야
한다. 이는－플라톤 이래로－늘 그보다 더 나은 것으로 대체할 수
없는 민주주의에 대한 투쟁의 공식, 그 소극적 기능에서는 매력적이
지만 그 적극적 기능에서는 함구무언인 공식이었다. 왜냐하면 최선의

자가 통치해야 한다는 것은 당연하기 때문이다. 최선의 자의 통치란 바로 사회질서가 최선을, 즉 정당한 내용을 지녀야 한다는 것을 의미할 뿐이다. 이 점에서는 모두가 전적으로 일치한다. 문제가 되는 것은 무엇이 정당한 것이며, 어디에 그것이 존재하며, 누가 최선의 자이며, 최선의 자가 그리고 최선의 자만이 절대적으로 확실하게 통치하게 되고 또 통치를 — 악한 자들의 공격에 대항해 — 주장하게 하는 방법은 어떤 것인가라는 질문에 대한 대답이다. 사회적 이론과 실천의 입장에서 보아 결정적인 이 질문에 대해 반민주주의 측으로부터는 대답을 얻지 못한다. 이 측에서는 모든 구원을 지도자에게서 기대하나, **지도자의 창출이 민주주의에서는 공적으로 통제된 절차의 밝은 빛 속에서**, 말하자면 선거를 통해 진행되나, 독재주의에서는 신비스런 어두움 속에 덮여 있다. 여기서는 사회적 기적에 대한 신앙이 합리적 방법을 대체하고 있다. 신의 은총을 받은 지도자는 선을 인식하고 의욕하며, 그 존재는 단순히 전제되고, 또 이에 따라 조직의 사회기술적 문제는 해결된 것이 아니라 미루어져 있고 이데올로기적으로 은폐되어 있다. 그러나 독재의 현실은, 권력이 결정한다는 것, 타인을 복종시킬 줄 아는 자가 최선의 자로 인정된다는 것을 밝혀주고 있다. 최선의 자의 배타적 통치권이라는 주장의 배후에는 대개 아주 무비판적이고, 기적신앙적인 권력숭배가 숨겨져 있을 뿐이다.

　최선의 자가 통치해야 한다는 이론에 의지해서, 모든 문제에서 또는 정말 모든 실질적인 문제에서 전문가로 하여금 결정케 해야 한다는 요구가 보통 제기되고, 이와 관련하여 민주주의적 조직에 대응해 직능계급적 조직을 내놓는다. 말의 가장 넓은 의미에서의 기술적 문제들이 다수의 결정만으로 해결될 수 없다는 것은 맞지만, 민주주의 원리와 전문가적 **직능계급적** 원리 사이에 본질적 대립이 있다고 보려는 것은 옳지 않다. 유감스럽게도 대개 간과되고 있지만, 우선 정치체제에서 **전문가의 역할은 언제나 단지 제2차적일 수밖에 없다는** 점을 유의해야 한다. 여기서 제1차적으로 문제되는 것, 즉 사회적 목표들을 규정하는 것에 대해서 전문가는 전적으로 무능력자이다. 목표가 결정된 후에야 비로소 설정된 목적에 도달하기에 적합한 수단을 규정하기 위해 전문가의 활동이 착수될 수 있다. 바로 독일에서 흔한 전문가에 대한 과대평가만큼 근시안적인 것은 없으며, 항상 독재주의의 가장 실효적인 이데올로기였던 즉물성의 이상을 위해 정치적 이성을 퇴각시키는 것보다 더 확실하게 자기결정권을 상실케 하는 것은 없다. 전문가를 지도자로 계속 떠 받드는 이들은 이미 순기술적·자연과학적 영역에서도 그리고 정말로 사회 기술의 영역에서도 전문가들 사이의 다툼이 얼마나 잦은가를 잊고 있다. 그러나 비전문가, 즉 정치가가 아닌 누가 이 다툼을 결정할 수 있는가? 목적 자체의 규정, 목표의 설정, 그리고 특히 궁극적인 사회적 목표의 정립은 전문가적 고려의 영역 너머에 있기 때문에 직능계급적 조직도 스스로는 필요한 결단을 내릴 수 없다. 이해의 갈등, 권력의 문제, 이것들은 민주주의적 방법으로 또는 독재주의적 방법으로 타협 또는 명령을 통해서만 해결될 수 있다. 직능계급적 조직, 전문가는 자문기관으로만 가능하지 결정기관으로는 가능하지 않으며, 그리고 자문기관으로서 국회나 독재를 도울 수 있다.

　무엇이 사회적으로 정당하며, 무엇이 선이며, 최선이냐에 대한 질문이 절대적인, 객관적으로 타당한, 모두에 직접적으로 분명하기에 모두에 직접적으로 구속적인 방법으로 대답될 수 있다면, 민주주의가 절대 불가능할 것이라는 것은 의심할 여지가 없다. 도대체 의심할 수 없이 확고하게 정당한 조치에 대해서 투표한다든가 다수결에 붙이는 것이 무슨 의미를 지니겠는가? 구원받는 자 모두의 **절대적으로 선한 권위에 대한 감사의 그리고 무조건의 복종 이외의 다른 무엇은** 있을 수 **없다**. 그러나 사회질서의 최선의 내용에 대한 물음이 이렇게 대답될 수 있는가? 도대체 인간 인식은 절대적 가치를 포착할 수 있는가? 수천년 전부터 인간정신은 이 문제로 고민하나, 수천년 전부터 헛수고다. 하나의 절대가치의 존재를 믿는 자만이, 스스로나 다른 이가 이런 가치를 소유하고 있음을 아는 자만이 민주주의를 비난할 권리를 가지며, 자기의 의사를 다른 모든 사람들의 의사에 반해 관철시키고, 자기의 확신을 힘으로라도 모든 다른 사람에게 강요할 권리를 갖는다. 그러나 인간 인식에는 상대적 가치만이 포착된다는 것을 아는 자는 그것의 실현에 필요한 강제를, 그 강제질서가 효력을 주장하는 이들 모두까지는 아니지만(이는 아나키를 뜻하기에 불가능하다), 적어도 그 다수의 동의를 얻음으로써만 정당화할 수 있다. 이것이 민주주의의 원리이다. 이는 일반의사(국가질서의 내용)와 전체의사(그 질서하에 있는 주체 개개인의 의욕) 사이의 대립을 비교적 가장 적게 하는 원리로서의 **최대 자유**의 원리이다.

이러한 자유는 민주주의 국가형태 이외의 것에서는 절망상태에 놓여있다. 특히 사회주의적이든 국가주의적이든 독재에서 그렇다. 그러나 자기 결정의 정치적 자유와 함께 필연적으로 ― 역사의 모든 페이지가 가르치듯이 ― 정신적 자유도 사라질 수밖에 없다. 정신적 자유, 이는 학문의 자유, 윤리적, 예술적, 그리고 종교적 확신의 자유를 뜻한다. 오늘날 민주주의에 대항하고 그리고 그럼으로써 자신들이 앉아 있는 가지를 톱으로 자르는 지성인들, 그들은 그들이 외치는 독재하에 비로소 살아야만 할 때에는 독재를 저주하게 될 것이며, 그리고 그들이 그토록 비방한 민주주의에로의 회귀보다 더 그리워하게 되는 것은 없을 것이다.

IV

끝으로, 볼셰비스트나 파시스트로서가 아니라 민주주의자로서 민주주의에 대해 할 수 있는 항변을 더 생각해 볼 필요가 있다. 민주주의는 자신의 적에 대해 스스로를 가장 방어하지 못하는 국가형태이다. 민주주의는 자신의 가장 악의에 찬 적도 자신의 가슴속에서 키워야만 하는 것이 그 비극적 숙명인 듯하다. 민주주의는 자신에 충실한 한 민주주의를 말살하려는 운동도 참아야 하며, 그에 대해서도 다른 모든 정치적 확신에 대해서처럼 평등한 발전가능성을 보장해야 한다. 그래서 우리는 하나의 진기한 연극을 보게 된다. 즉 국민 자신에 대한 최대의 악을 국민 자신의 권리라고 믿게 됨으로써, 국민이 스스로에게 부여한 권리를 반납하겠다고 주장하는, 그래서 가장 고유한 형태의 민주주의는 지양되어야 한다고 주장하는 기막힌 연극을 보게 된다. 그러한 상황에 직면하여 루소의 비관주의적인 말, 즉 그토록 완전한 국가공식은 인간에게는 너무 좋은 것이어서 신들로 이루어진 국민만이 오랫동안 민주적으로 통치될 수 있을 것이라는 말이 믿고 싶어진다.

그런데 이런 상황에 직면하여 민주주의를 이론적으로 옹호하는 일은 그만두어야 하지 않겠느냐는 질문도 제기된다. 민주주의를 더 이상 원하지 않는 국민에 대해서도, 민주주의를 파괴하려는 의사 말고는 다른 아무 것에도 의견의 일치가 없는 다수에 대해서도 민주주의는 스스로를 방어하지 말아야 하는가? 이러한 질문을 제기하는 것은 벌써 민주주의를 부정하는 것이다. **다수의 의사에 반해서 스스로를 주장하는, 심지어 실력으로 스스로를 주장하는 민주주의는 민주주의이기를 그만둔 것이다.** 국민의 지배는 국민에 반해 존속될 수 없다. 그리고 그것은 결코 시도되어서도 안 되며, 다시 말해서 민주주의를 옹호하는 자는 스스로를 숙명적 모순으로 휩쓸려 들어가게 해서는 안 되며, 그리고 민주주의를 구하기 위해서 독재로 나아가서는 안 된다.

사람은, 비록 배가 가라앉더라도, 자기의 깃발에 충실해야 하며, 그래야 자유의 이상은 파괴될 수 없고, 또 그것은 깊이 가라앉을수록 더욱 정열적으로 다시 소생할 것이라는 희망만은 깊이 갖고 갈 수 있는 것이다.

논리적 경험주의와 순수법학[†,††]

이 책은 빈 학단(Wiener Kreis, Vienna Circle)의 논리경험주의와 켈젠 학파(Kelsen-Schule)의 순수법학을 비교 연구한 논문집이다. 빈 학단의 '논리경험주의', 켈젠 학파의 '순수법학', 그리고 Freud 학파의 '정신분석학'은 이른바 '빈의 현대학파'(Wiener Moderne)로 부를 만큼 유명하다. 이들 학파는 19세기 말과 20세기 초에 걸쳐 준비되어 양차 대전 사이의 기간 중에 빈에서 활발하게 발전하다가 파시즘과 나치즘의 득세로 추방, 퇴출, 심지어 모살까지 당해 연구의 터전을 잃고 새 터전으로 옮기지 않을 수 없었던 의미 깊은 학문조류이다. 그래서 이들 학파의 연구활동은 원터전에서는 "종결되지 못하고 중단되고 말았으나"(V. Kraft) 옮겨진 넓은 터전(영국, 특히 미국)에서 더욱 계속되어 세계적으로 주목받은 학문조류로 발전되었다. 특히 분석철학, 과학철학은 유명하다. 그런데 전후 원터전인 빈에서는 이들 학파, 특히 빈 학단과 순수법학을 기리고 재조명할 뿐만 아니라 계수(특히 Walter 교수에 의한 순수법학의 계수)까지 하기에 이르렀다. 이에는 오스트리아 정부도 적극적이었다. 그래서 빈에는 정부 설립의 '한스 켈젠 연구소(Hans Kelsen-Institut)'가 생겼고, 빈 대학에는 '빈 학단 연구소(Institut Wiener Kreis)'가 설치되었다. 이 두 연구소는 각각 이미 수많은 연구총서를 간행했다. 그뿐만 아니라 이들은 지난 1999년 10월 29/30일 양일간에 걸쳐 드디어 논리경험주의와 순수법학의 비교연구를 주제로 한 공동 심포지엄을 개최했다. 여기에서 발표된 귀

---

† 서울대학교 법학 제43권 제1호, 2002.

†† C. Jabloner/F. Stadler 공편, *Logischer Empirismus und Reine Rechtslehre*, Julius Springer, Wien, New York 2001.

한 논문들을 양 연구소를 대표한 Jabloner 교수와 Stadler 교수가 공동 편집해 빈 학단연구소 총서 제10권으로 출간한 것이 바로 이 책이다.

이 책의 내용은 양 학파 사이의 비교 및 상호작용을 역사적 그리고 체계적으로 다룬 제Ⅰ부와 법이론의 현실적 문제들을 살핀 제Ⅱ부로 구성되어 있다. 그리고 이에 앞서 철학자 Stadler의 '논리경험주의와 순수법학-가족적 유사성에 관하여'가 실려 기조논설로서의 역할을 하고 있다. Stadler는 빈 학단의 논리경험주의나 순수법학 각각에 대한 국제적 연구는 왕성했지만 양 학파 사이의 비교연구가 빈약했음을 먼저 지적한 후, 양 학파는 공속적인 정신적 분위기 속에서 생성되었고 당시의 전체주의적 사회적 분위기에서는 수세적 처지에 놓였으며 나아가 반형이상학, 이데올로기비판, 존재/당위(사실/가치)이원론 등 공통적인 이론적 기반 위에 섰으나 서로 대상영역이 달랐던 만큼 내용적 동질성이나 학파간의 밀접한 접촉이 없었고 나아가 규범과학의 파악에서 견해가 같지 않았고, 법과 도덕의 관계에 관해서도 차이를 보이곤 했다고 피력한다. 그래서 Stadler는 양 학파를 두고는 결론으로 Wittgenstein의 말을 적고 있다. "그리고 이 고찰의 결과는 이렇다: 우리는 서로 중첩되고 교차되는 유사성들의 복잡한 그물을 본다. 크고 작은 유사성들 … 나는 이 유사성들을 '가족적 유사성'이라는 말 이상으로 더 잘 표현할 수 없다. 왜냐하면 몸매, 용모, 눈색깔, 걸음걸이, 기질 등등 한 가족 사이에 존재하는 상이한 유사성들이 꼭 그렇게 중첩되고 교차되고 있기 때문이다.-그리고 나는 말할 것이다: '게임'은 하나의 가족을 이룬다"(*Philosophische Untersuchungen*, 67).

이어서 자리잡은 제Ⅰ부의 논문들은 7개이다. 첫째로 실린 것은 순수법학의 계승자인 원로 법학자 R. Walter의 "순수법학의 실증주의(Der Positivismus der Reinen Rechtslehre)"이다. 발터는 우선 양차대전 사이의 기간에 '실증적'이라는 레테르를 붙인 빈 학단과 켈젠학파가 있었다는 사실에 경탄을 금치 못한다. 그는 양 학파가 모두 절대적 존재나 절대적 가치를 부정하는 반형이상학적 입장에 서서 사실과 경험에 터전을 두면서 독자론의 입장을 넘어 가설적으로 구성된 (존재와 당위의) 세계를 대상으로 삼은 점에 공통성이 있으나 그 근거지음의 철학적 입각점은 전자는 논리경험주의, 후자는 칸트철학에 두어 차이가 있었고 또 전자가 당위의 세계를 부정했으나 후자는 그 독자성을 인정했으며, 이에 따라 규범과 가치의 파악에 있어서도 일치되지 못했다고 본다. 그러나 빈 학단과 칸트철학의 분리도 과장되었고 켈젠과 칸트철학의 결합도 대단한 것도 아니어서 철학적으로 보면 양 학파는 분리되기보다 결부되어 있다고 결론짓는다. 덧붙여 발터는 순수법학이 실증주의적 기본관념을 이론적으로나 법방법론적으로 어떻게 실현할 것인가를 검토하고 있다. 둘째로 실린 논문은 은퇴한 발터 교수와 함께 한스 켈젠 연구소의 일을 맡고 있는 C. Jabloner교수의 "사유 형식의 사회사에 대한 기고 – 켈젠과 통일과학 (Beitrage zu einer Sozialgeschichte der Denkformen: Kelsen und die Einheitswissenschaft)"이다. 야블로너는 켈젠의 사회학적, 이데올로기 비판적 저서인 「응보와 인과관계(1941)」에 특히 주목한다. 켈젠은 빈 학단의 과학이론과 과학사연구에 의거하면서 원시인들에 의한 자연의 인과적이 아닌 사회적, 귀속적, 규범적 해석('자연의 사회적 해석')으로 말미암은 응보사상과 인과법칙의 아니미즘적 결부가 역사적으로 완전히 극복되지 못한 채 남아 있음을 비판함으로써 통일과학의 기초를 다지는 데 기여했다고 본다. 이로써 켈젠은 빈 학단의 합리적, 경험적, 비형이상학적 세계파악, 즉 '과학적 세계파악'의 수립에 기여한 것이라고 했다. 세 번째의 매우 긴 논문은 철학자 E. Morscher의 "논리실증주의와 법실증주의에서의 존재-당위-이분법(Die Sein-Sollen-Dichotomie im Logischen Positivismus und im Rechtspositivismus)"이다. 모르셔는 당위명제는 전적으로 무의미하다는 주장에 입각한 '의미론적 이분법', 당위명제는 인식(인지)적으로 무의미하다는, 따라서

'참(眞僞)'일 수 없다는 주장에 입각한 '인식론적 이분법', 당위명제는
결코 존재명제로부터 추론될 수 없다는 주장에 입각한 '논리적 이분
법', 당위의 영역과 존재의 영역은 다르고 분리되어 있다는 주장에
입각한 '존재론적 이분법'을 구분한다. 그런데 논리경험주의는 의미론
적 규준에 입각해 이분법을 근거짓고, (켈젠의) 법실증주의는 존재론
적 규준에 의해 이분법을 근거짓고 있어 각각 다른 이분법을 취하나
법실증주의가 인식론적 이분법과 논리적 이분법도 암시적으로 승인
하고 있다고 본다. 어쨌든 양자가 기본적으로 상이한 이분법을 주장
하고 있으나 어느 정도의 '가족적 유사성'만은 보이고 있다고 결론짓
는다. 그는 이어 양자의 도덕이론으로서의 문제점(합리적 도덕논의의
부정)과 법정책적 문제점('법률적 불법'의 문제)에 관해 언급한다. 이들
이 비인간적 체제를 사정에 따라 이론적으로 조장할 수도 있으나 그
반대의 입장도 역시 그런 경우가 있었음을 지적하고 정치현실에서의
비인간성을 막을 이론적 명약은 없는 것이라고 본다. 끝으로 그는
법과 도덕의 실제에서 똑같이 인도적 목표를 지향하면서도 그 이론
적 논의에서 서로 다른 측에서는 이들이 실제현실에서 공동의 적과
정치적으로 유효히 투쟁하기 위해 손을 잡는 일은 아주 드물 뿐이거
나 대개는 거의 없는 것이 개탄스러울 뿐이라고 말한다. 네 번째의
논문은 독일의 법철학자인 E. Hilgendorf의 "순수법학에서의 가치
판단의 개념에 대하여"이다. 켈젠의 저서 「순수법학」에서 나타난 가
치판단의 파악을 보면 켈젠은 행위의 규범합치성에 관한 판단으로서
의 '규범관련적' 가치판단과 어떤 대상에 대한 인간의 소망이나 의욕
의 표현에 관한 판단으로서의 '의욕관련적(주관적)' 가치판단으로 대
별했으며 학문의 몰가치성 공준은 철저히 따랐고 가치관에서는 빈 학
단의 초기적 가치이론인 '이모티비즘'의 영향이 강했다고 본다. 그런
데 규범관련적 가치판단은 미학적(예술적) 가치판단을 가치판단으로
볼 수 없어 일상적인 언어 관용에 비추어 보아 너무 협소한 개념이
며, 의욕관련적 가치판단은 'X는 Y를 원한다', 'X는 Y를 선하다고 본

다'는 표현을 가치판단으로 본다는 것인데 이는 사실 가치판단이 아니라 사실기술이고, 이 점에서는 규범관련적 가치판단도 다를 바 없다고 비판한다. 왜냐하면 이 두 가치판단은 사실 그 진위여부를 경험적으로 검증할 수 있기 때문이다. 그렇지 않은 언명, 예컨대 '거짓말은 나쁘다'는 그 진위의 검증이 불가능하기에 가치판단이다. 이렇게 볼 때 켈젠의 가치판단의 파악은 그것의 행위향도(명령)성, 평가성이 도외시되어 견지될 수 없다고 평가한다. 그래서 켈젠의 다른 이론에는 따를 점이 있으나 가치판단의 파악만은 더 따지고 발전시켜야 한다고 제안한다. 다섯 번째의 논문은 미국의 철학자이며 켈젠연구가로 유명한 S. L. Paulson의 "두 빈의 세계와 하나의 연결점: 카르납의 '구성', 켈젠의 순수법학 그리고 객관성에의 추구(Zwei Wiener Welten und ein Anknüpfungspunkt: Carnaps Aufbau, Kelsens Reine Rechtslehre und das Streben nach der Objektivität)"이다. 이 글은 제목만큼 내용도 길다. 철학자의 철학적 논문이고 해서 이해하기조차도 힘들다. 폴슨은 카르납의 야심작인 「세계의 논리적 구성(Der logische Aufbau der Welt)」과 켈젠의 「순수법학」은 모두 그 대상세계에 대한 인식의 객관성을 도모한 거창한 '객관화프로그램'이나 전자는 '심리'의 '물리'로의 환원(번역)에서, 후자는 '당위'의 의미를 고수하는 데에서 각각 좌초되는 것 같다고 언급한다. 여섯 번째의 논문은 파리대학 교수인 O. Pfersmann의 "빈 학단들과 도덕실재론. 문제소묘(Die Wiener Schulen und der moralische Realismus. Eine Problemskizze)"이다. 페르스만은 이 논문에서 빈 학단의 공통적인 도덕철학적 입장인 이른바 '비인식(지)주의(Nonkognitivismus)'에 대한 오늘날 의미 깊게 대두되고 있는 도덕실재론의 도전도 한계가 있음을 서술하고 있다. 일곱 번째의 논문은 사회학자인 H.-J. Dahms의 "20세기 20년대의 철학자들과 민주주의: 켈젠, 넬슨 그리고 포퍼(Die Philosophen und die Demokratie in den 20er Jahren des 20. Jahrhunderts: Hans Kelsen, Leonard Nelson und Karl Popper)"이다.

담스는 이 글에서 1926년 9월 26~29일에 걸쳐 빈에서 열렸던 제5차 독일 사회학자대회에서의 '민주주의' 토론에 주목한다. 여기에서 발표자인 켈젠은 민주주의를 자유와 무지배의 그 이데올로기적 환상보다 다수결과 대의제로 대표되는 그 사회기술적 현실을 중시하고 폭력 없는 재빠른 지배자의 교체가능성을 들어 옹호한데 반해 토론자인 철학자이며 사회개혁가인 넬손은 'N은 처분할 권한이 있다'는 주장에 포함된 자기처분성 때문에 갖는 민주주의 또는 국민주권의 자기모순(역설)과 딜레마를 벗어나기 위해서 '현자'의 지배를 옹호하면서 민주주의를 비판했다. 빈 학단은 순수철학(주로 인식론)의 동아리로서 공적인 정치적 주장은 없었다. 담스는, 토론 당시 불과 24세인 과학철학도였으나 그 후 빈 학단의 중요한 주변인물일 뿐만 아니라 사회정치철학도 편 포퍼를 등장시킨다. 그리고 포퍼가 켈젠처럼 상대적인 민주주의의 옹호를 지지했으며 넬손에 대해서는 현자도 현자답게 다수가 지배해야 한다고 결단할 수 있어 역설적인 것은 마찬가지라고 비판했음을 지적한다. 그러나 포퍼 자신의 정치철학은 '행복의 증진보다 불행의 방지'라는 지나친 소극주의가 갖는 결함에 빠져 있다고 말한다.

제II부의 첫 번째 논문은 논리학자 M. Baaz의 "법률적 추론의 논리(Logik des juridischen Schliessens)"이다. 법추론의 기본형식과 유추를 수학적 논리학의 시각에서 간단히 서술하고 있다. 두 번째의 논문은 E. Kohler의 "괴델(Gödel)이 어떻게 켈젠의 법실증주의를 반박할 것인가(Wie Gödel Kelsens Rechtspositivismus widerlegen wurde)"이다. 빈 학단의 일원이면서 예외적으로 논리경험주의의 '규약주의'를 비판한 플라톤주의자인 유명한 수학자 괴델을 따라 법규범은 물론 수학적 공리나 규칙들, 즉 규범들은 원칙적으로 합리적 통찰, 즉 '직관'을 통해 근거지어질 수 있다고 강조한다. 그래서 '근본규범'의 상정 없이도 법규범의 합법성은 정의와 조화에 의거한 도덕적 직관을 통해 근거지어진다고 본다. 세 번째의 논문은 E. Oeser의 "켈젠의 이데올로기비판과 법진화론(Kelsens Ideologiekritik und die Evolutionstheorie des Rechts)"이다. 외서도 켈젠의 이데올로기비판적, 사회학적 저서인 「응보와 인과관계」에 주목하면서 거기에서 밝혀 낸 인식의 진화, 즉 사회의 일부였던 자연에서부터 자연의 일부인 사회라는 인식으로의 진화에서 보면 존재와 당위, 자연법과 실정법의 대립과 차이도 해소 될 듯한 진화론적 법사상을 엿볼 수 있고 이는 인간역사를 진화론의 범위 내에서 고찰한 빈 학단의 일원이었던 과학사학자인 E. Zilsel에 서 영향 받은 것이라고 보고 있다. 네 번째의 논문은 H. Dreier의 "켈젠의 법개념을 예로 해서 본 자연의 규범화와 규범적인 것의 자연화 사이의 법해석(Rechtsdeutung zwischen Normativierung der Natur und Naturalisierung des Normativen am Beispiel von Kelsens Rechtsbegriff)"이라는 논문이다. 드라이어는 켈젠연구가이기도 한 독 일의 법철학자 겸 공법학자이다. 켈젠의 법과 법학의 자율성은 자연 의 규범화와 규범적인 것의 자연화, 즉 신비적 사고 및 자연법과 인 과적 자연과학에 대한 투쟁에서 얻어졌으며, 인간에 의해 만들어진 법(관습법, 법관법도 포함)만이 법의 전부이며, 그 객관적 효력은 근본 규범의 주관적 상정에 의거할 뿐이며, 법학은 그런 법의 순수한 기 술일 뿐이어서 나치법률이 법인 것은 의심될 수 없고 유대인 학살도 법 밖의 일이 아니고, 법을 따르고 말고는 개인의 주권적인 결정에 맡겨져 있을 뿐이라는 등 켈젠의 법이론을 서술하고 있다. 다섯 번 째의 논문은 M. Thaler의 "절대주의, 상대주의 그리고 회의주의의 긴장속에 놓인 법사고(Das Rechtsdenken im Spannungsfeld von Absolutismus Relativismus und Skeptizismus)"이다. 탈러는 철학자 Putnam의 의견에 따라 규범과 가치의 영역에서 정당한 견해는 하나 만이 아닌 여럿이라는 입장에서 출발해서 여럿을 쓸어버리려는 절대 주의도, 여럿을 시멘트로 바르려는 상대주의도 그릇된 것으로 보고 개방적이고 동적인 추구과정 속에서 정당한 (중간)결과에 더욱 가까 워지려는 회의주의 아닌 진화주의의 중도입장을 펴고 있다. 맨 마지막의 여섯 번째 논문은 빈 대학의 공법교수로서 전임인 발터 교수와 같은 길을 걷는 H. Mayer의 "법이론과 법실무(Rechtstheorie und Rechtspraxis)"이다. 마지막 글답게 순수법학의 입장에서 법이론과 법실무의 관계를 묻는다. 그리고 그의 주요결론은 다음과 같다: 법실증주의는 법적용을 학문적 인식과정만으로가 아니라 인식과 의지의 결합으로 파악한다. 따라서 해석과 적용은 구분된다. 해석은 실정법만에 대한 인식이며, 그것의 형성은 위조로서 배척된다. 실정법이 불명확하면 그것을 들추는 것으로 법인식은 그친다. 이런 법인식은 법적용의 첫 단계이며, 다음 단계는 법적용자의 창조적 의지행위이다. 여러 결정의 가능성 중 하나를 택할 경우 이는 입법자가 아니라 그의 결정이며, 이는 오직 그의 도덕적 및 정치적 책임이다! 이렇게 결론내린 마이어는 그 논의과정에서 법실증주의가 그 대상을 엄정하게 실정법으로 확정하고 법해석의 대상도 이로 국한한 것은 인식대상을 엄정하게 확정하려는 빈 학단과 학문적 궤도를 같이 하는 것이라고 지적하나, 일상 언어의 불명확을 이유로 해석은 '범위의 확인'에 그친다는 켈젠의 주장에 대해서는 불명확한 규범도 명료한 해결을 주는 경우가 있다는 점을 지적하면서 완화를 시도하기도 한다.

이상으로 이 책에 실린 논문 모두를 요약해 드러내 본 셈이나 오류가 있지 않을까 걱정된다. 그러나 발터 교수와 야블로너 교수로부터 이 책을 받은 후 감사의 표시로 꼭 소개해야 하겠다는 당초의 뜻이 이루어져 기쁘기도 하다. 또 **이호정, 최기원** 양 교수님의 퇴임을 기념하는 이번 호의 끝자리를 차지하게 되어 더욱 뜻깊다. 사실 몇 개의 글은 능력부족으로 이해하기 힘들기도 했다. 또 컴퓨터 때문인지 지나치게 늘어놓은 글들에는 지루하기도 했다. 그리고 어쨌든 남의 글을 요약해 본다는 것이 힘든 일임을 다시 통감했다. 그러나 일일이 비판을 하지는 못했다. 그래서 이 글은 서평이 아니라 책소개에 불과하다. 사실 이 책은 각 글에 담겨진 생각들 못지않게 전체가 갖는 의미가 중요한 것 같다. 논리경험주의나 순수법학은 과학사의

한 장이 되어버렸다. 이를 들추어 그 의의를 검토했다는 데 큰 의미
가 있다고 하겠다. 물론 순수법학은 발터 교수와 그 제자들에 의해
계승되고 있다 해도 여전히 수세적 처지에 놓인 것은 부인할 수 없
어 보인다. 전후의 세계 법이론 및 법철학은 자연법론의 지배하에
놓여 있는 것이다. 그래서 또한 이 책이 우리에게 갖는 특별한 의미
는 철학도 법학도 '과학성'을 토대로 해나가야 한다는 논리실증주의
와 순수법학의 메시지를, 다시 말해서 과학성의 방법탐구가 철학의
중대한 임무이며 과제라는 점을 다시 깨우치게 한 데 있다고 하겠다.
나아가 논리실증주의와 순수법학의 도덕철학적 입장인 '비인식주의'
에 대한 비판적 검토와 대안모색이 논의되고 있는데도 큰 의미가 있
어 보인다. 끝으로 참고삼아 논리실증주의와 켈젠학파의 구성원을 밝
혀보면 아래와 같다(참조는 F. Stadler, *Studien zum Wiener Kreis.
Ursprung, Entwicklung und Wirkung des Logischen Empirismus
im Kontext*, Suhrkamp 1997):

〈논리경험주의의 빈 학단〉

A 핵심인물 : M. Schlick, O. Neurath, R. Carnap, F. Waismann, H.
　　Feigl, H. Hahn, K. Menger, K. Gödel, F. Kaufmann, V. Kraft,
　　G. Bergmann, Ph. Frank, R. v. Mises, E. Zilsel, B. Juhos, J.
　　Schachter, R. Rand 등.
B 주변인물 : L. Wittgenstein, K. Popper, H. Gomperz, A. Ayer, W.
　　Quine, C. G. Hempel, H. Reichenbach, J. Frank, E. Brunswik,
　　K. Bühler, C. W. Morris, F. Ramsey, A. Tarski, H. Kelsen 등.

〈순수법학의 켈젠학파〉

H. Kelsen, A. Merkl, A. Verdross, F. Kaufmann, G. Bergmann 등.

30 Jahre Hans Kelsen-Institut[†,††]

오스트리아 빈에 소재하고 있는 켈젠 연구소는 지난 해 9월 30일 설립 30주년을 기념하는 성대한 축하행사를 가졌고 이 책도 출간했다. 동 연구소 총서 제24권으로 나온 이 책은 모두 네 편으로 구성되어 있는데 그 I편은 이 기념행사를 수록했고, II편은 이때까지 연구소활동을 자세하게 보고했고, III편은 이미 매진된 지 오래인 동 연구소 총서 제1권 '한스 켈젠 추모'호를 재수록했고, IV편은 부록을 싣고 있다.

이 책의 하이라이트는 역시 I편이다. 이는 기념행사 식순에 따라 환영사, 인사말(축사), 설립경위보고, 축하강연으로 이어진다. 환영사는 동 연구소 신임 사무총장이고 행정재판소장인 C. Jabloner 교수가 했다. 그는 축하식에 참석한 연방대통령, 헌법재판소장, 최고재판소장 등을 비롯해 많은 내빈들에게 감사를 표하고, 순수법학으로 법학의 학문성을 드높여 세계적 명성을 떨쳤을 뿐만 아니라 오스트리아 헌법의 기초자이고 헌법재판소제도의 이론적 창시자이며 그 일원이었던 켈젠을 높이 평가했다.

인사말(축사)에 나선 연방대통령 Th. Klestil 박사는 연구소설립 당시(1972) 자신이 미국 캘리포니아 주재 오스트리아 총영사로 근무하면서 켈젠 교수의 영애 그리고 당시 법무장관 Ch. Broda 박사의 도움으로 켈젠의 유작, 유고, 서한 등을 오스트리아로 힘겹게 옮긴 일을 회고하면서 지금 대통령으로서 축사를 하게 되어 개인적으로

---

† 서울대학교 법학 제44권 제2호, 2003.

†† Walter/Jabloner/Zeleny 공편, *30 Jahre Hans Kelsen-Institut*, Manz, Wien 2003.

퍽 만족스럽게 생각한다고 피력하고, 켈젠은 지금 세계 여러 나라에서 시행하고 있는 헌법재판소제도의 이론적 시조일 뿐만 아니라 일찍이(1919) "국가에서 불가피한 최소한도의 강제는 다수의 동의로 정당화되지만 소수에 대한 배려는 준봉되지 않으면 안 된다"라고 강조함으로써 인도적이고, 관용적이고 정의로운 민주주의 사회의 정치적 초석을 놓았다고 강조하고, 나아가 연구소의 운영과 활동을 번창케 한 분들에게 깊은 감사를 아끼지 않았다.

연구소설립 경위보고는 설립 당시부터 사무총장직을 맡아 연구소 발전에 결정적 역할을 했고, 순수법학의 정통계수자이자 여러 (순수)법학자들을 배출한 R. Walter 교수가 했다. 그는 켈젠이 빈 대학에서 그의 두 제자 A. Merkl, A. Verdross와 더불어 이른바 법학의 빈 학파, 즉 순수법학을 힘써 발전시켰으나 사회정치적 사정으로 켈젠은 빈을 떠나지 않을 수 없었고 메르클도 순수법학 때문에 교직을 박탈당해 순수법학은 중단되었음을 지적하고, 자신은 전후 한참 지나서야 독일의 어느 대학에서 노약한 채 돌아와 빈 대학에 복직한 (이미 Verdross는 자연법론을 표방한 터인지라) 순수법학의 '최후의 모히칸족'인 메르클의 권유로 판사직을 그만두고 교수자격을 얻고 난 후 켈젠의 제자, 동료, 전기작가인 R. A. Metall과 자기 제자인 K. Ringhofer와 협력하고, 마침 당시 문교장관인 H. Firnberg 여사의 도움으로 그리고 당시 90세인 켈젠의 동의하에 드디어 연방정부출연의 재단법인 '한스 켈젠 연구소'가 켈젠의 90세 생일 해인 1971년(9월 14일)에 정부의 승인을 받았고 이어 1972년(10월 30일)에 처음으로 후원회가 발족되어 자기와 K. Ringhofer 교수가 초대 사무총장으로 선임되어 연구활동을 시작해 오늘에 이르렀다고 보고했다.

축하강연은 취리히대학의 W. Ott 교수가 했는데 그 제목은 "법실증주의이론으로서의 순수법학"이었다. 이 강연은 모두 다섯 절로 구성되어 있다. 시작에 앞서 그는 켈젠의 순수법학은 19세기의 도그마적 법실증주의를 비판적 법실증주의로 발전케 했다고 지적하고 우선

도대체 철학에서 실증주의는 무엇을 의미하는가를 묻는다. Ott는 제
I 절에서 이를 다루면서 철학적 실증주의의 결정적 요소로 첫째 형이
상학적 상정의 거부, 둘째 경험중시, 셋째 논리의 준봉, 넷째 인과원
리와 건전한 인간오성의 전제를 든다. 제 II 절은 이런 일반적인 철학
적 실증주의에서 법실증주의로 시선을 돌려 이를 자세히 살핀다. 우
선 법실증주의도 철학적 실증주의처럼 '형이상학적' 상정을 단념하며,
그래서 신의 존재나, 절대적 이념과 가치의 존재나, 인간의 목적론적
또는 불변적인 본성의 존재를 전제하거나 법의 '본질', '이념', '본체'
를 탐색하지는 않는다고 지적하고, 이런 법실증주의의 종류로는 심리
학적 및 사회학적 법실증주의, 분석적 법실증주의(순수법학), 혼합형
식의 법실증주의(Hart, 제도주의적 법실증주의)를 든다.

제 III 절은 이런 법실증주의의 일종인 순수법학의 이론구조 자체
를 다루면서 첫째 순수법학은 인간행위에 의해 제정된 실정법 일반
을 순법률적(규범주의적) 방법으로 고찰하는 '이론'이고, 둘째 법규범
은 사실 자체가 아니라 사실의 '의미'로서, 일정하게 행위하여야 한다
는 당위를 말하며, 셋째 이런 당위는 존재와는 준열하게 대립되어
상호간에는 추론관계가 있을 수 없으며, 넷째 이런 관계로 규범의
효력근거는 규범 사이에만 찾을 수 있어 자연히 법질서는 헌법을 정
점으로 한 단계구조를 이루게 되고, 다섯째 헌법의 효력근거는 가설
적으로 전제된 근본규범을 바탕으로 해서만 가능할 뿐이며, 여섯째
근본규범의 가설성은 법과 도덕의 분리를 수반하며, 일곱째 과학적
입장에서는 가치판단이란 상대적일 뿐이며 더 높은 법을 증명할 수
없기에 가치상대주의자는 법실증주의자에로 기울며, 여덟째 해석은
법창설과정을 규정하는 정신적 절차로서 법문언의 범위를 지키는 한
에서의 '구성적, 창조적 행동'으로 본다고 결론짓는다. 제 IV 절은 스
위스에서의 순수법학의 영향을 간단히 언급하고, 제 V 절은 켈젠의
유작과 유고를 출판하고 총서를 발간하고 Kelsen, Merkl, Verdross
의 저작들을 거의 갖춘 도서실을 마련하는 등 켈젠 연구소의 업적을

높이 평가하면서 "한스 켈젠은 별세했지만 한스 켈젠 연구소는 계속 발전하리라!"라는 말로써 끝을 맺는다.

W. Ott 교수의 강연은 그의 저서 「법실증주의(Berlin 1976, 1992²)」를 읽은 이들에게는 크게 새로운 것이 없어 보인다. 사실 그 스스로는 법실증주의자가 아니라 약한 자연법론자이고자 하는 학자이다. 이 강연에서도 그는 특히 근본규범과 관련하여 이는 증명불가능의 근본공준, 즉 공리이며, 철학에서나 엄정과학에서나 이른바 최후정초(最後定礎)란 도달될 수 없는 것이어서 법철학이나 자연법론은 영원한 진리의 집합이 아니라 구성작품들, 즉 인간정신의 문화적 발명품들이며, 따라서 이에 대해서는 그 진리가 아니라 그 결과를 물어야 한다고 하면서 법철학, 특히 자연법론은 그 이론적 또는 실천적 결과에 의해 보증(확인)될 때 수락될 수 있는 것이라고 강조한다. 그리고 Ott는 법실증주의와 가치상대주의와의 관계에 관하여는 가치인식주의도 "극도의 부정의와 무지의 법이지만 역시 법이고 법으로서의 도덕적 평가를 모두 갖춘 규칙이 있지만 그럼에도 그것은 법이지는 않다"라는 사실은 어찌할 수 없다는 Hart의 말을 인용하면서 가치상대주의와 법실증주의는 논리적으로 서로 독립된 주장이라는 언급을 잊지 않는다. Ott의 이 두 언급은 순수법학에 대한 완곡한 비판이기도 하다. 이상으로 이 책의 핵심인 I 편은 끝난다.

이 책의 II 편은 앞에서 말했듯이 이때까지 펼친 연구소의 활동을 소상히 밝혀준다. 켈젠 저작품의 인쇄와 번역, 총서발간, 외국학계와의 유대, 학회와 심포지엄, 도서관리 및 색인작성에 걸쳐 진행된 일체의 활동을 적고 있다. 이 모두는 동 연구소가 풍부하지 못한 재정적 및 인적 자원에도 불구하고 최선의 노력을 바쳐 이룬 결과이며 앞으로도 변함없을 것임을 다짐하고 있다.

이 책의 III 편은 이미 위에서도 언급했듯이 동 연구소 총서 제 1 권인 「켈젠추모호(Hans Kelsen zum Gedenken, 1974)」를 재수록하고 있다. 켈젠 연구소가 설립되어 활동한 지 1년도 안되어 한스 켈젠은 1973년 4월 19일 92세로 세상을 떠났다. 이에 동 연구소는 1973년 10월 11일에 추모강연회를 개최했다. 그리고 이 추모강연회에 앞서 오스트리아 제1방송은 1973년 5월 8일에 추모방송대담을 가졌다. 이 두 행사가 추모호에 실려 있다. 연구소가 주최한 추모강연회에서 당시 문교장관인 H. Firnberg 여사(박사)는 "세계적인 오스트리아학자 한스 켈젠"을, 켈젠의 제자, 조교, 동료 그리고 켈젠전기작가인 R. A. Metall 박사는 "한스 켈젠과 그의 빈 학단의 법이론"을, 당시 헌법재판소장인 W. Antoniolli 교수는 "한스 켈젠과 오스트리아 헌법재판소제도"를, 그리고 R. Walter 교수는 "한스 켈젠의 순수법학"을 각각 강연했다. 이 중 Antoniolli 교수와 Walter 교수의 강연은 간략하지만 학문적으로 시사하는 바가 크다. 특히 Antoniolli는 헌법재판소제도와 켈젠은 실로 하나라고 지적하고, 통치는 합법적일 경우에만 정당화되는 것이며 헌법재판소는 정말 순수법학적 의미에서 순수하게 법적 결정을 내려야 하며 헌법이 요구하는 결정은 심지어 자유, 인간의 존엄성, 민주주의 등과 같은 고귀한 가치를 고려하는 이유로 그르쳐서도 안 된다고까지 주장하고 있다.

그리고 "국가형태에서의 세계관, 한스 켈젠을 추모하면서"라는 켈젠추모 방송 대담은 두 사회자가 당시 법무장관 Ch. Broda 박사, 전 법무장관인 H. R. Klecatsky 교수, 그리고 N. Leser, H. Schambeck, E. Topitsch, A. Verdross, R. Walter 교수들을 모시고 켈젠의 인생, 학문, 국가관, 세계관에 대해, 특히 그의 비판적 법실증주의(순수법학)의 형성, 자연법사상의 비판, 이데올로기비판, 상대주의와 민주주의 등과 같은 핵심주제에 대해 참으로 차원높게 그리고 깊이 있게 정돈해 준다. 이 대담 중 학문적 진술은 제쳐놓더라도 켈젠이 나치에 앞서 당시 오스트리아의 보수주의 정치세력에 의해 종신임명을 받았던 헌법재판소 재판관직을 박탈당하고 그리고 옮긴 후 얼마 안

되어 영구히 교수직을 잃고 말았던 독일 쾰른대학으로부터의 초빙을 수락해 그곳으로 옮기지 않을 수 없었던 일에 대해 가슴아파하지 않을 수 없었으나 연구소의 설립으로 조금이나마 도덕적 속죄를 하게 되었다는 이야기며 기타 켈젠의 인간과 학자로서의 면면들에 대한 이야기는 읽는 이로 하여금 가슴뭉클케 한다. 설립 30주년을 기념하는 자리에 이런 추모호를 다시 실은 것은 더욱 뜻 있어 보인다.

이 책의 마지막인 부록 IV편은 우선 설립정관을 싣고 있다. 이를 보면 켈젠 연구소는 켈젠의 세계적 명성에 걸맞게 오스트리아 연방 수상이 회장에, 헌법재판소장은 부회장에, 입법의회장도 회원에 들어가 있는 막강한 감사기관(Kuratorium)에 의해 운영되고 있어 동 연구소의 위상을 최고로 격상시키고 있음을 알 수 있다. 다음으로는 감사기관, 이사회, 사무총장, 나아가 유임되거나 새로 선임된 국제 자문위원의 명단이 실려 있다. 마지막의 국제 자문위원은 세계 각국의 켈젠연구가들로 구성되어 있다. 이들은 정확히 말해서 켈제니안은 아니고 켈젠관심자들이라고 해야 하겠다. 필자도 켈젠의 글을 몇편 번역한 덕택으로 늦게나마 명단에 끼이게 되어 감사와 부담을 동시에 느끼게 된다.

켈젠에 대해 '20세기의 법학자'라는 찬사는 귀에 익은 말이지만 지난번 새천년을 맞이하여 되돌아보는 마당에서는 그를 지난 밀레니엄 중 가장 뛰어난 법학자라는 평가까지 나왔었다. 그래서 지난해의 30주년 기념식은 더욱 자랑스럽게 거행된 듯하다. 앞으로도 이 연구소가 켈젠의 순수법학이론을 더욱 더 발전시켜 세계 법학계에 크게 이바지하여 주기를 간절히 바라는 마음뿐이다.

Hans Kelsen im Selbstzeugnis[†,††]

'20세기의 법학자'라는 칭호를 뛰어 넘어 '지난 밀레니엄 중 가장 빼어난 법학자'로 뽑히기도 했던 한스 켈젠! 그의 두 자기증언을 실은 「자기증언 속의 한스 켈젠」, 「한스 켈젠의 자기증언」이라는 자그마하나 다채로운 책이 지난 해 10월 11일 그의 125회 생일을 기념하는 동시에, 앞으로 출간될 「한스 켈젠 전집(Hans Kelsen Werke)」의 서막을 알리는 특별출판물로서 그 모습을 드러냈다. 그 날 이 책은 오스트리아 공화국의 연방의회 건물에서 국회의장의 사회로 연방대통령과 세계적 켈젠연구가들의 강연들로 이어진 성대한 기념행사에서 헌정되었다. 책머리에는 공동편집자의 머리글들이 있고, 뒤이어 켈젠이 생전에 남긴 '두 자기증언'이 실려 있다. 책 끝에는 연대기, 계보, 사진첩으로 이루어진 부록이 달렸다. 아쉽게도 이 책은 비매품이다. 그러나 여기에 실린 두 자기증언만은 전집 제I권에 다시 실린다고 하니 널리 읽히게 될 것이다.

빈의 한스 켈젠 연구소를 대표한 빈 대학의 발터(R. Walter) 명예교수와 야블로너(C. Jabloner) 교수는 머리말에서 동 연구소의 연구활동 및 계획뿐만 아니라 숙원이었던 켈젠 전집 발간을 함께 성사시킨 독일 에어랑겐-뉘른베르크 대학의 예슈테트(M. Jestaedt) 교수에 대한 감사와 앞으로의 공동협력에 대한 기쁨을 간략히 피력했다. 이 책의 발간과 앞으로의 전집 발간에 주역을 맡은 예슈테트 교수는 우선 켈젠 연구소의 두 교수와 켈젠 유가족 등 도움준 분들께 사의를

† 서울대학교 법학 제48권 제3호, 2007.
†† Matthias Jestaedt/Hans Kelsen-Institut 편, *Hans Kelsen im Selbstzeugnis*, Mohr Siebeck, Tübingen, 2006.

표한 다음 뜻깊고 자세한 서문을 썼다. 이 서문에서 먼저 그는 전집 발간의 의의를 밝혔다. 즉 전집 발간을 통해 켈젠의 광대하고 다양한 학문적 관심과 거대한 창작력을, 다시 말해서 법의 고유법칙성과 법학의 그것을 구분하여 법학의 엄격한 학문성을 확립했고, 오스트리아 제1공화국의 민주헌법과 사상초유의 헌법재판소 창설을 기초했을 뿐 아니라 헌법재판관으로서 정치적 영향에 아랑곳하지 않고 법의 지침을 굳게 따랐고, 파시즘과 독재주의에 맞서 민주주의와 의회주의를 옹호했고, 나아가 법사회학, 정치 및 사회철학을 천착한 켈젠을 만난다고 했다.

그리고 나서 그는 켈젠의 두 자기증언에 관해 설명했다. 즉 첫째의 「자기서술(Selbstdarstellung)」은 1927년 헝가리 부다페스트대학의 법철학자 모르(J. Mohr) 교수가 켈젠의 「일반 국가론 개요」를 번역하면서 부탁한 자기소개를 위해 쓴 것으로서 주로 자기 순수법학이론의 생성과 발전을 서술한 것이라는 것이다. 둘째의 「자서전(Auto-biographie)」은 켈젠이 1947년 미국 버클리에서 쓴 것으로서 그가 1930년 빈을 떠나 쾰른, 제네바, 프라하, 뉴욕, 하버드 그리고 버클리에 이르는 긴 유랑 끝에 적은 회고록이라는 것이다. 그런데 켈젠의 숙명적 인생행로가 드러나 있는 이 「자서전」의 집필동기에 대해서 예슈테트 교수는 오랜 전전 끝에 드디어 정착한 버클리에서 격동의 삶을 되돌아보면서 나름대로 결산해보려 했거나, 아니면 캘리포니아 대학의 동료교수로서 「합스부르크에서 히틀러까지의 오스트리아」라는 대작을 썼던 역사학자 굴릭(Gulick)의 요청으로 참조용으로 적은 비망록이었을 것이라고 추측하고 그 자신은 후자에 더 무게를 둔다고 했다.

이상과 같은 공동편집자의 머리글이 끝나면 드디어 공동편집자의 자세한 각주가 달린 두 자기증언이 나타난다. 이 두 자기증언에는 무슨 내용들이 담겨 있는 것일까. 이를 들여다보면 다음과 같다.

「자기서술(1927)」

켈젠은 집필목적에 맞추어 자기의 이력사항을 적은 첫 절을 빼고
는 모두 자기이론의 소개로 일관했다. 자기는 법이란 본질적으로 규
범이고, 법이론이란 규범이론, 법규이론, 따라서 (객관적인) 법의 이
론이며, 이에 따라 주관적인 법(=권리)은 객관적인 법에로 환원되어
야 하며, 이로써 객관적인 법과 주관적인 법의 이원주의, 나아가 공
법과 사법의 이원주의는 지양되어야 한다고 보았다는 것이다.

이러한 규범주의적 방법순수성에 입각한 법이론의 구성은 그의 철
학적 인도자였으며 존재와 당위의 대립과 준별을 주장한 칸트의 철
학연구로 근거지어졌으며, 이를 기초로 모든 이원론적 이론(주장)의
바탕이 되고 있는 법과 국가의 이원주의를 '법과 국가의 동일성'이라
는 주장으로 극복했고, 그래서 국가이론이란 법, 즉 규범적 강제질서
의 효력과 창설에 관한 이론이라고 봄으로써 법이론의 완전한 체계
를 수립했다고 했다. 그러나 법을 규범으로 그리고 그 존재형식을 당
위로 규정한 자기의 견해는 규범주의적 법학과 존재기술적 사회학을
준별하지만 법질서의 내용과 사회적 존재(내용) 사이의 관계를 간과
하지는 않는다고 했다. 이러한 자기의 법이론은 자기의 교수자격논문
인 "법규이론에서 전개한 국가법이론의 주요문제(1911)"에서 시작해
「주권의 문제와 국제법의 이론(1920)」, 「사회학적 및 법률학적 국가
개념(1922)」, 「일반국가론(1925)」에 걸쳐 전개되었다고 했다.

이렇게 자기는 법이론 연구에 전력했지만, 다른 한편으로는 정치
이론에도 관심을 기울여 「민주주의의 본질과 가치(1920)」에서는 민주
주의 이데올로기가 상대주의적, 경험주의적 기본견해에 부합되고, 독
재주의적 경향은 절대주의적, 형이상학적 기본견해에 관련된다고 밝
혔으며, 「사회주의와 국가(1920)」에서는 맑스주의의 무정부주의적 경
향을 비판했고, 「의회주의의 문제(1925)」에서는 반의회주의적인 파시
즘과 볼셰비즘을 비판했다고 했다.

「자서전(1947)」

여기에서 켈젠은 앞의 「자기서술」과는 달리 표제에 맞게 자기의 학문적 및 실천적 성취와 파란곡절이 점철된 66년간의 삶을 회고한 자서전적 성격의 자기증언을 남겼다. 내용은 11개 항목으로 나누어 기술됐다.

소년기 ― 켈젠은 1881년 프라하에서 태어났으나 빈에서 성장했다. 아버지는 갈리시아 지방(지금은 우크라이나)의 브로디 출신으로 유대인이었다. 어머니는 보헤미아 출신이었다. 켈젠의 김나지움 시절 성적은 보통이었다. 이 때 그는 문학과 철학에 심취했다. 그는 13~18세 사이에 독일 문학작품을 모조리 읽었다. 그는 슈필하겐의 평범한 소설 「문제의 인물들」을 읽고 염세주의에 빠지기도 했으며 문학이 좋아 직접 시와 단편소설을 써 보기도 했다. 그의 단시와 소네트 3편이 빈 여성(주부)신문에 실려 우쭐하기도 했으나 스스로 예술적 재능이 불충분하다고 판단해 문학의 길을 단념했다. 그리고서 철학에 더욱 열중했다. 처음에 잠시 유물론적 세계관에 빠졌으나 줄곧 관념주의 철학의 영향을 크게 받았다. 15, 6세 때 켈젠은 외부세계의 실재가 의문스러움을 처음 체험하고 큰 충격을 받았다고 했다. 특히 칸트철학은 학교에서 늘 침해되어 만족을 갈망하던 자아의식을 깨우치고 만족시켜 주었다고 했다. 켈젠은 맞든 틀리든 "자신의 인식과정 속에서 스스로 대상을 만들어 내는 주관의 이념"이 칸트철학의 핵심으로 보았다는 것이다. 앞으로 철학, 수학, 물리학을 공부할 생각으로 김나지움을 떠났다. 대학 입학 전 1년간 자원하여 군에 복무했고 중위로 예편됐다.

대학교 ― 켈젠은 그러나 철학과가 아니라 법학과에 입학했다. 이는 군복무로 인한 지적 생활의 중단에도 이유가 있지만 결정적으로는 실제적 직업에 대한 생각 때문이었다고 했다. 법과대학에서는 제

1단계로 법제사강의를 들어야 했다. 로마법, 게르만법, 오스트리아법의 강의는 몹시 지루했다. 그만 교과서를 읽기로 하고 철학공부에 열중했다. 이 때 연상의 친구가 쓴 철학학위논문이 출판되어 명저로 평가받았고, 켈젠도 그처럼 학문적 성공을 이루어보려 소망했다. 그런데 법철학사강의는 한 번도 빠지지 않고 들었다. 여기에서 시인 단테가 「국가론」을 저술했다는 사실을 처음 알고 이를 연구해 「단테의 국가론(1905)」을 썼고 이는 대학 총서의 하나로 출판됐다.

다른 한편 켈젠은 법인, 권리, 법규(법명제) 등에 관한 법이론적 문제에 관심을 쏟았고 이들에 관한 설명이 엄정하지 못하고 체계성이 없음을 깨닫고, 있는 법과 있어야 할 법을 혼동해서는 안 되며 실정법 이론을 윤리학 및 사회학으로부터 분리해야 한다는 점을 강하게 의식했으며, 이것이 신칸트철학에서 강조된 '방법의 순수성'의 문제였다고 했다.

제2단계로 접어든 법학강의에서는 본격적으로 실정법과 경제학을 들었다. 그중에서도 공법학 주임교수인 베르나칙(E. Bernatzik)의 강의가 인상적이었다. 그는 예리하고 시니컬하기까지 했으며 실제적, 정치적 문제에 관심이 많았고 이론적이지 않았다. 그러나 켈젠은 그의 세미나에서 발표도 했고 이론에 깊이 관련 안 된 한에서 칭찬도 받았으며 또 「단테의 국가론」도 출판케 해주어 그에게서 교수자격논문을 쓰기로 했다.

교수자격취득 ― 제1차국가시험(법제사분야)이 끝나자 켈젠은 법이론연구를 국가법(헌법)의 중요문제와 관련해 전개시켰다. 베르나칙 교수에게 교수자격논문을 제출할 의도에서 그랬다. 이 연구는 오래 걸렸다. 그 사이 부친이 사망하고 가정 형편이 어려워 개인교수도 했다. 마침 여행장학금을 얻게 되어 국가법의 거장 옐리네크(G. Jellinek) 교수가 있는 하이델베르크 대학으로 갔다. 켈젠은 자기연구에 몰두하느라 그의 강의는 듣지 않고 세미나만 참석했다. 세미나발표는 온통 옐리네크의 글들만 인용할 뿐이었다. 이것을 옐리네크는 좋아했고 자기의 견해를 비판하는 것을 노골적으로 싫어했다. 그래서 켈젠은 옐리네크가 학자보다 문필가였으면 훨씬 좋았을 것이라고 평했다. 켈젠은 옐리네크에게서 얻은 것은 없었지만 하이델베르크 체제는 자기의 연구가 무르익어 새로운 학문의 길을 개척한다는 감흥에 젖은 시간이었다고 했다. 그러나 많은 해가 지난 후에야 자기의 이론이 이미 반세기 전 영국의 위대한 법이론가 오스틴(J. Austin)이 수립한 것과 비슷함을 알았다고 했다.

켈젠은 다시 빈으로 돌아와 여러 군데의 일자리에 근무하면서 연구를 끝내 「법규이론에서 전개한 국가법이론의 주요문제(1911)」라는 제목으로 출판했고, 동시에 그것으로 교수자격을 청원했다. 심사위원은 모두 이론적이 아니었다. 주심인 베르나칙 교수는 매우 소극적이었고 만나 토론할 시간도 주지 않았다. 그는 이론적인 연구를 못마땅하게 여겼고 또 유대인에 대한 입장표명을 꺼렸다. 물론 그가 반유대인주의자는 아니었다. 오히려 부심교수가 후한 의견서를 써 주었다. 베르나칙 교수는 최종심사에서 교수자격취득에는 찬성하지만 교수로 고려하고 있지 않다는 의견서를 냈다. 그래서 법제사교수 단한 분의 반대의견을 빼고는 모두의 찬성을 얻어 1911년 국가법과 법철학의 교수자격을 취득했고 (사)강사로 강의하기 시작했다.

육군성 ― 켈젠은 1912년 결혼하고 무역아카데미(전문대학)에서 조교를 거쳐 전임발령까지 받아 전 시간을 학문에 바칠 수 있게 되어 기뻐했으나 그만 1차대전이 발발했다. 예비역장교로서 즉시 부대에 나갔으나 심한 폐렴 때문에 군복무 대신 내각사무처 근무에 명해졌다. 그래서 육군성에서 일하게 되었고, 특이한 사정으로 육군성 장관의 법률담당관이라는 요직을 맡게 됐다. 여기에서 켈젠은 1차대전의 패전과 함께 오스트리아 제국의 멸망을 목도하게 되고 왕국의 청산방도에 대해 황제에 전할 각서를 작성했던 일도 있었다.

그러나 켈젠은 육군성의 요직 덕택으로 1917년 실질적인 정외교수로 임명받을 수도 있었다고 했다. 즉 육군성에 있는 사이 베르나칙 교수를 찾아가 가능하면 대학으로 돌아오고 싶다고 했고 그는 놀랍게도 그렇게 해 주겠다고 했다는 것이다. 켈젠은 자기의 모든 저술보다 육군성의 지위가 교수의 태도를 바꾸었다고 지적했다.

교수직 ― 켈젠은 육군성에 근무한 3년 반이 헛되지 않았다고 했다. 자기의 우수한 여러 제자, 즉 메르클(A. Merkl), 페어드로스(A. Verdross), 잔더(F. Sander), 카우프만(F. Kaufmann) 등과 매 주일 자기 집에서 세미나를 가졌고 주권문제를 연구해 나중에 「주권문제와 국제법의 이론(1920)」을 출간했다는 것이다. 1919년 베르나칙 교수가 심장마비로 갑자기 사망하게 되어 켈젠은 그의 후임으로 임명되었다. 이는 뜻밖인 점도 있었다.

당시 교육부장관은 사회민주당원이었다. 켈젠은 베르나칙 교수의 후임에 제1순위로 추천된 후 대학이 업체로서 (중앙)노동위원회 선거에 참가할 것인가를 논의하는 교수회의에 참석해 그 불참을 강력히 주장했다. 이유는 노동위원회 선거정관에 맑스주의 신봉이 조건으로 되어 있고 이의 선거참여는 대학의 학문자유의 기본원리에 반한다는 것이었다. 이러한 켈젠의 주장은 사실 교수들의 불참 결의에 기여했었다. 맑스주의를 따랐던 사민당은 선거참여를 권장했다. 그런데도 사민당원인 교육부장관은 제2순위로 추천된 사민당원인 다른 교수를 임명하지 않고 켈젠을 임명하는 객관성을 보였던 것이다.

켈젠은 자기가 사민당에 가입 안 한 것은 첫째 '프롤레타리아 독재'와 '국가고사설'을 주장하는 맑스주의의 정치이론에 반대했고, 둘째 사회과학자의 정당가입은 학문적 독립성을 해치기 때문이었다고 했다. 그러나 켈젠은 개인의 정치적 자유도 무산대중의 경제적 안정도 중시해서 민주주의적 정당에도 사회주의적 정당에도 똑같이 동정적이었다고 했다. 그러나 이보다 더 중요했던 것은 학자로서의 독립성, 즉 학문연구와 사상의 자유보장이었다고 했다.

1919~1929년 사이 빈에서의 교수활동 ― 빈 대학교 법과대학 정교수로 있던 10년 동안, 특히 「사회학적 및 법률학적 국가개념

(1922)」, 「일반국가론(1925)」을 썼고 여기에서 국가론을 법이론의 통합적 구성부분으로 다루었으며, 이는 나중 「순수법학(1934)」, 「법과 국가의 일반이론(1945)」에서 더욱 체계적으로 설명됐다고 했다. 켈젠은 국가공동체의 다양한 구성원들을 통일체로 구성하는 것은 법질서이고 이를 사회학적으로 근거지을 수는 없다고 보았다. 이는 인종, 언어, 종교, 역사 등이 각각 다른 수많은 집단으로 이루어진 오스트리아 제국을 놓고 보면 명백해진다는 것이었다. '법과 국가의 동일성' 주장은 순수법학의 핵심주장이며, 오스트리아 특유의 이론으로 볼 수 있다고 했다. 그래서인지 자기이론은 민족주의적인 국가권에서는 반대가 컸지만 전 세계로부터 호응이 대단했고, 거의 모든 언어로 번역되었다고 했다. 켈젠은 학문 이외의 교수활동으로 기억나는 일들로 세 가지를 들었다. 첫째로 켈젠은 1921년 학장으로 선출된 후 학생시절 자기에게 법철학사를 가르쳤고 「단테의 국가론」을 연구한 계기를 만들어 준 은사가 아직도 특임교수로 재직하고 있어 그를 정교수로 임명케 했다. 둘째로 대표적인 맑스주의 연구자이고 또 사회민주당원이었던 아들러(M. Adler) 박사로 하여금 교수자격을 획득케 했다. 그의 이론과 정당가입에 대해서는 정면으로 반대했지만 논문이 학문적 수준에 이르러 자격을 갖춘 이상 사민당원이라고 해서 교수자격까지 반대할 수 없다고 보아 많은 반대에도 불구하고 적극 밀었던 것이다. 셋째로 켈젠은 제자 잔더 교수로부터 그의 이론의 표절자로 비난받았다. 즉시 구성된 대학징계위원회는 이것이 사실이 아님을 밝혀 공법잡지에 공고했고 잔더 교수는 공개사과했다. 켈젠은 총명한 잔더의 연구를 정성껏 지도하고 추천해 교수가 되게 했고 잔더는 켈젠을 정신적 아버지라고 고백하기도 했었다. 그의 표절비난은 애증의 전형적 예, 바로 오이디푸스 콤플렉스였다고 켈젠은 풀이했다. 잔더는 또 유대인으로서 나치를 위해 깊이 활동했다. 이 모순에 찬 잔더는 오래 살지도 못 했다. 켈젠에게는 참으로 쓰라린 일이었다.

헌법기초(起草)작업 ─ 켈젠은 1918년 학문활동을 다시 시작하려

했을 때 당시 오스트리아 임시정부 총리였던 렌너(K. Renner)의 요청으로 헌법의 기초, 특히 그 최종안 기초를 맡았다. 렌너 총리는 연방주의적, 의회주의적 헌법 내에서의 민주주의라는 정치적 지시만을 주었다. 켈젠은 이 원리를 법기술적으로 최대한 완벽하게 법전화하고 국가기능의 합헌법성 보장을 구축하려 했으며, 헌법과 행정의 보장이 헌법의 핵심이라고 보았다. 이러한 의미에서 기존의 행정재판소는 그대로 받아들이고 제국대법원(Reichsgericht)은 헌법의 역사상 처음인 진정한 '헌법재판소'로 개조했다. 이때까지 어떤 법원도 개별사건에 국한하지 않고 일반적으로 법률을 무효화시키는 권한을 갖지 않았던 것이다. 자기가 여러 정치적 가능성들을 고려해 작성한 다수의 초안들 중 하나가 1920년의 제헌의회에서 조금만 고쳐진 채 채택됐고, 가장 중시했던 헌법재판소의 장은 일체 고쳐지지 않았다고 했다.

헌법재판소 — 새 헌법에 따라 헌법재판소가 설립되고 켈젠은 1921년 종신재판관으로 선임됐으나 교수직을 보유했기 때문에 1929년의 헌법개정으로 해임되기까지 재판관직을 부직으로 수행했다. 이 헌법개정은 대통령과 행정부를 강화해 국회 없이 통치가 가능하게 하고, 지금과 같은 형태의 헌법재판소를 없애는 것이 목표였다. 헌법재판소는 이른바 면제혼인(Dispensehe) 재판으로 다수당인 기독사회당의 정부와 심한 갈등을 빚었다. 1811년에 유래된 민법전은 혼인한 가톨릭신자는 이혼할 수 없게 했다. 그러나 당시는 절대왕국의 시대여서 왕과 그 대리자에게 혼인장애로부터 면제할 권한을 부여했고 이는 왕의 사면권의 일종으로서 제한이 불가능했다. 그래서 법전은 모순되는 두 원리를 담고 있었다. 왕국이 붕괴된 후 1919년 다수당이 된 사회민주당은 의무적 법률혼과 이혼의 전적인 허용을 골자로 한 혼인법의 개정을 결의했지만 기독사회당의 결사적 저지로 관청의 면제혼인권이 더 많이 행사되는 선에서 타협됐다. 이를 기초로 수천의 면제혼인이 이루어졌다. 기독사회당은 이를 몹시 싫어했다. 그런데 한 법원이 가톨릭 측의 입장에서 관청의 면제혼인권행사는 위법하므로 무효라고 선고했다. 이 판결은 최고재판소에서도 확정됐다. 이에 무효선고를 받는 면제혼인이 증가하게 되었다. 국가는 행정관청을 통해서는 면제혼인을 허용하고, 법원을 통해서는 그 무효를 선언하는 오스트리아 법역사상 희귀한 스캔들이 벌어졌다. 국가의 권위가 몹시 흔들렸다. 법원은 직권으로 혼인관계의 효력을 심사할 권한을 가졌고 심사절차는 어느 일방의 통고로 시작됐다. 이러한 사정은 파렴치한 협박의 수단으로 이용됐다. 면제혼인으로 사는 자는 누구나 이러한 협박을 당할 위험에 처해 있었다. 켈젠은 면제혼인소송을 변호하는 제자로부터 조언을 요청받자 헌법재판소에 권한충돌(권한쟁의)의 심판을 청구하라고 했다. 권한충돌임은 확실했다. 당시 행정재판소만이 관청의 행정행위의 합법성을 심판할 수 있었다. 일반법원이 혼인의 근거였던 행정행위를 위법하다고 선고한 것은 월권행위이고 행정관청 내지 행정재판소의 권한침해였다. 제자의 재판청구가 있자 헌법재판소는 압도적 다수로 법원의 월권을 인정하고 판결을 실효시켰다. 이후 면제혼인의 무효판결을 받은 변호인들은 모두 헌법재판소로 왔고 같은 결정이 내려졌다. 이러한 헌법재판소의 결정은 법원과 행정의 갈등으로 위태롭게 된 국가의 권위를 회복시키고 양자 사이의 권한한계를 유지하려는 태도에서 내려진 것인데도 불구하고 헌법재판소의 와해로 이끌고 말았다. 가톨릭교회의 압력으로 기독사회당의 신문들은 헌법재판소에 대한 격렬한 반대캠페인을 벌였다. 켈젠은 이루 말할 수 없는 욕설로 공격을 받았다. 기독사회당은 기회만 있으면 헌법재판소를 없애려 했다. 1929년의 헌법개정은 그 기회였다. 1920년의 헌법에서는 헌법재판소의 전 구성원은 국회에서 선임됐다. 이는 헌법재판소의 본질적 기능 중의 하나가 통치의 합헌성통제였고 또 위헌법률의 폐지가 비록 소극적(부정적)이지만 입법적 기능이었기 때문이었다. 헌법개정에서는 헌법재판소재판관 모두를 정부가 임명하려 했고, 이로써 면제혼인에 대한 결정을 못하게 할 의도였다. 기독사회당은 헌법개정에 필요한 3분의 2 이상의 찬성을 얻기 위해 사회민주당에 2명의 재판관에 대한 추천을 의뢰했다. 사회민주당은 부득이한 사정으로 이를 수락했고 당원도 아닌 켈젠을 추천하겠다고 했으나 켈젠은 정당의 추천으로 법관직을 맡는 것은 법관의 독립성과 양립되지 않는다고 보아 단호히 거절했다. 헌법재판소의 재구성을 포함한 헌법개정은 의회에서 결의됐고, 새 헌법재판소는 정부가 원하는 대로 이전과는 반대로 면제혼인을 무효로 선고한 법원은 관청에 대해 월권하지 않았다고 결정했다. 이로써 면제혼인의 허용이 불가능하지는 않았지만 그것을 한다는 것은 위태롭기에 충분했다. 이것이 기독민주당이 당시 목표로 삼았던 전부였다.

쾰른 — 켈젠은 이 일로 화가 나 오스트리아에서 활동하기가 싫어졌고 마침 국제법교수로 와 달라는 쾰른대학의 초빙이 있어 이를 수락했다. 국제법은 이때까지 강의하지 않던 분야이어서 쾰른대학에서는 실정 국제법연구에 전념했다. 1929년 가을에서 1933년 4월까지의 쾰른체재는 만족스러웠다. 주거도, 연구소도, 교수와의 관계도 최고였다. 여름에는 제네바대학 국제고등연구소의 초청강의와 헤이그 국제법아카데미의 여름강좌를 불어로 강의했다. 1932년에는 학장으로 선출됐다. 1933년 히틀러가 제국수상이 됐고 켈젠은 교수직에서 해임됐다. 아침식사 때 부인이 신문 뒷면에 이름이 있다고 해서 이를 알게 됐다(이때 해임된 교수는 헤르만 헬러(H. Heller), 헤르만 칸토로비츠(H. Kantorowicz), 칼 뢰벤슈타인(K. Loewenstein), 후고 진츠하이머(H. Sinzheimer)였다). 빨리 독일을 떠나지 않으면 수용소로 끌려갈 것이 확실했다. 경찰에 출국신청을 했으나 경찰은 나치 수중에 있었다. 상황은 절망적이었다. 그 때 대학행정당국의 말단 직원이 경찰에 있는 자기 친구를 통해 도와주겠다고 했다. 그 직원은 고참 나치당원이라고 했다. 켈젠은 그의 제안을 고맙게 수락했고 실제로 출국승인을 받았다. 많은 돈을 요구할 것으로 생각했으나 일체의 지불을 거절했다. 이 나치는 지극히 비이기적으로 생명을 구해주었던 것이다. 켈젠은 그의 이름조차 기억해내지 못한다고 했다.

제네바 ― 켈젠은 새로운 삶의 터전을 모색키 위해 우선 빈으로 갔다. 물론 빈 대학이 도와주지는 않았다. 그런데 런던정경대학에서, 뉴욕사회연구대학원에서, 제네바고등연구소에서 초빙이 왔다. 언어관계로 제네바를 택했다. 제네바의 여건은 우수했고 일주일에 두 강의와 한 세미나만 담당했다. 봉급은 쾰른보다는 좋지 않았지만 편히 살기에 충분했다. 특히 연구시간이 충분했다. 언어(불어)상의 어려움을 노력으로 극복하고부터는 빈에서부터 시작한 법철학연구, 즉 법실증주의적 관점에서 자연법론을 비판적으로 탐구했다. 특히 고대 자연법론을 고찰하면서 고대 사회철학, 나아가 고대 및 원시종교에서의 영혼신앙에까지 파고들어 그 결과를 많은 양의 원고에 수록해 두었다. 그 일부는 「응보와 인과관계(1945)」, 「사회와 자연(1943)」으로 출판됐다.

그런데 제네바에 있는 사이 프라하 독일대학은 켈젠을 국제법 교수로 초빙했다. 체코정부는 나치에 대한 공포 때문에 오랜 주저 끝에 이를 승낙했다. 켈젠은 오스트리아와 독일에서 상실한 연금보장의 자리를 거절해서는 안 된다는 생각에서 초빙을 수락했다. 그러나 제네바의 교수지위는 포기하지 않는 조건에서 그랬다. 이것은 프라하의 자리에 대해 어떤 환상을 갖지 않았기 때문이었다. 1936년 10월 프라하로 갔다. 제네바는 휴가로 해 두었다. 취임강의 날 대학건물은 나치학생들과 나치당원으로 점령됐고 이들이 쳐놓은 좁은 울타리 사이로 겨우 강의실로 들어갔다. 강의실에는 수강신청한 학생들은 쫓겨나고 나치로 꽉 찼으며 켈젠이 들어서도 일어나지 않았고(당시 대학풍속에서 보면 이는 모욕이었다), 첫마디의 말을 하자마자 곧 "타도하자 유대인! 유대인 아닌 이는 모두 강의실을 떠나시오!"라고 고함쳤다. 그러자 즉시 모두 나갔고 켈젠만 혼자 남았다. 켈젠은 증오로 가득 찬 눈으로 노려보는 광신자들이 친 울타리 틈을 통해 다시 학장실로 되돌아와야 했다. 체코의 교육부는 대학의 문을 일시 닫았다. 다시 정상화되었으나 이제는 강의를 듣지 못하게 했다. 그래서 켈젠은 유대인 학생과 사회주의적 학생 몇 명만 놓고 강의했다. 거기다가 나치학생단체로부터 나치휘장이 찍힌 암살위협의 편지도 받게 되었고, 경찰은 형사 두 명을 동행케 했고 강의 때는 이들을 맨 앞좌석과 맨 뒷좌석에 앉혔다. 실로 기괴한 학문자유의 모습이었다. 실제로 독일에서 피신해 온 한 철학교수는 암살됐다. 켈젠은 베네스 체코대통령과의 면담에서 사직하겠다고 했으나 체코의 위신이 걸린 일이니만큼 머물러 달라고 했다. 켈젠은 두 학기를 더 강의하고 휴가를 얻어 1938년 여름학기는 제네바에서 강의했다. 그러나 1938년 가을에 체코에 정치적 격변이 있었고 프라하 독일대학으로 다시 돌아가지 못했다.

켈젠은 이때부터 결국 전쟁이 터질 것으로 확신했다. 히틀러가 영국과 프랑스의 저항 없이 오스트리아와 체코 수데텐 지역을 합병하게되었고 폴란드 회랑도 그냥 두지 않을 것이고, 스위스가 중립으로 남을지 의심스러웠다. 1939년 전쟁이 발발하자 켈젠은 미국에서 확고한 교수자리를 찾으려 했다. 마침 뉴욕사회연구대학원 총장의 배려 덕택으로 특수비자를 얻어, 7년 동안이나 이상적 분위기에서 만족스런 연구를 했던 제네바를 떠나 부인과 함께 리스본에서 배편으로 미국으로 갔다. 스위스가 히틀러에 점령될 것이라는 생각은 맞지 않았지만 미국행을 후회하지는 않았다. 미국에서 영구적인 교수자리를 찾는 것이 용이치 않았다. 처음 하버드대학에서 '올리버 웬델 홈즈' 강좌를 맡았다. 봉급은 록펠러재단에서 지급했다. '국제관계에서의 법과 평화'라는 제목으로 강의했고 이는 대학출판부에서 출간됐다(1942). 하버드에서 한 해 더 강의했으나 3년째는 거절당했다. 오래전에(1936) 이곳에서 명예박사학위도 수여받아 교수자리를 기대했던 터라 매우 섭섭했다. 켈젠은 1942년 여름 캘리포니아(버클리)대학으로부터 방문교수로 초빙받았고 이를 수락했다. 그 이후 켈젠은 이 대학의 로스쿨이 아니라 정치학부에서 국제법, 법철학, 법제도사를 가르쳤다. 그리고 1945년 정교수가 됐고, 일생 처음으로 마당에 장미가 피는 조그마한 집을 마련했다. 켈젠은 로스쿨을 법의 학문적 이론보다 case method

에 의해 미국법만을 가르치는 'training school', '법직업학교'라 했다. 그래서 법의 학문적 연구는 오히려 철학부나 사회과학부에 걸맞는다 고 했다. 물론 법조인 양성의 면에서는 로스쿨이 대륙의 법교육보다 우수하다고 했다. 그는 정치학부에서 학생들의 수준이나 연구태도에 대해 매우 만족하지만 자기 강의분야가 부전공이어서 해를 거듭해도 전공하려는 학생을 만날 수 없는 것이 몹시 섭섭하다고 했다. 그러나 켈젠은 교수활동을 통해 학문연구를 하게 되고, 도서관, 기후, 환경은 더 바랄 수 없이 좋다고 했다. 1943년에 시카고대학에서 명예박사, 1947년에 빈대학의 명예교수, 오스트리아 학술원의 통신회원이 됐다. 켈젠은 다음과 같은 글로써 이 자서전을 끝맺었다.

"이 회고록을 집필하는 사이 나는 66세가 되었다. 나는 내 책상과 잇닿 아 달린 넓은 창문을 통해 정원 너머 저 멀리 샌프란시스코 만과 번쩍이는 태평양을 뒤로 하고 있는 금문교를 바라다본다. 여기가 아마도 '유랑에 지 친 자의 마지막 쉴 곳'(Wandermuden letzte Ruhestatte)일 것이다. 1947년 10월."

이상으로 켈젠의 두 자기증언을 요약해 들춰 보았다. 위에서 예슈 테트 교수의 설명도 들어 보았지만 첫째의 「자기서술」에서는 일찍이 순수법학의 '빈 학단'을 창시해 세계의 주목을 받고 있던 46세의 켈 젠이 칸트철학에 입각해 국가이론도 포괄시켜 이룩한 자기의 규범주 의적 법(실증주의)이론을 당당하게 그리고 간결하게 소개했을 뿐만 아 니라 정치이론가로서 민주주의와 의회주의를 강하게 옹호했음을 밝 혔다. 자기 법이론의 생성과 발전에 관한 여기의 설명은 그 후 그의 저술에서 더욱 체계적으로 전개되었지만 일독할 가치가 있다. 우선 순수법학이론이 당시 국가법학과 법철학을 전공했던 켈젠의 과학적, 체계적 열정에서 이루어진 야심적 작품이었음을 실감할 수 있다. 이 는 나중의 「자서전」을 읽음으로써도 깨닫게 된다. "모든 (학문적) 고 찰이란 일정한 관점으로부터의 조망이며, 일정한 문제제기에 대한 대

답인 것이다." 이런 의미에서 순수법학은 일단 수긍된다. 그러나 그
것이 법학의 필요조건이 아닌 충분조건인지는 늘 논란된다. 하나 그
의 '오스트리아국가 특유의' 법이론이 세계적 법이론으로 발전된 것만
은 확실하다고 하겠다. 다음 켈젠의 법이론에 미친 칸트철학의 영향
이 컸음을 알 수 있다. 철저하게 비판적인 칸트의 초월철학은 켈젠에
게는 경험의 이론, 즉 법실증주의를 근거지은 바탕이었다. 끝으로 켈
젠의 반독재적 정치관을 볼 수 있다. 켈젠의 법실증주의는 과학적,
비판적 법실증주의이지 결코 권력실증주의는 아니다. 그의 이론을 나
치독재와 연관시키는 것은 잘못이다.

둘째의 「자서전」에서는 온갖 풍상을 겪은 66세의 켈젠이 그가 닦
은 학문의 도정을 비롯해서 그가 거쳐 온 인생역정을 담담하게 그리
고 소상하게 적었다. 위의 내용요약에서는 모두 소개되지 못했지만
켈젠이 역점을 둔 서술부분은 스승 베르나칙 교수와의 긴장된 관계
속에서 이루어진 학문의 도정, 육군성에서 목도한 오스트리아제국의
종말, 제자 잔더 교수의 표절비난, 빈 대학, 특히 프라하 독일대학에서
겪은 유대인으로서의 고초, 오스트리아 제1공화국의 헌법기초와 헌법
재판소 창설, 헌법재판소에서의 면제혼인에 관한 재판과 재판관직 해
임, 제네바대학에서의 고대종교(영혼)연구 등이다. 이 서술에서 우리
는 그가 얼마나 성공적으로 애초에 품은 학문적 성공에의 꿈을 모든
어려움을 헤치고 달성했는지, 그가 얼마나 강하게 학문의 자유와 독
립을 열망했는지, 그가 얼마나 일찍부터 (베르나칙과 옐리네크에 대한
언급에서 보듯이) 학자의 정도를 따르려 했는지, 그가 얼마나 열성과
도량을 갖고 제자를 지도하고 대했는지, 그가 얼마나 법치이념을 좇
아 정치로부터 독립된 헌법재판소를 창설하려 했는지 또 재판관의 독
립을 중요시했는지, 그리고 그가 얼마나 노골적으로 광신자들로부터
존엄성을 침해당했는지를 읽을 수 있다. 거기에는 그에게 명성과 성
공, 행복과 인정을 안겨 주었던 것도 적혀 있지만 고통과 불행, 불쾌
와 미완성이 더 두드러지게 나타나 있음은 숨길 수 없는 사실이다.

그래서 그의 삶은 예슈테트 교수가 똑바로 보았듯이 엘레지의 음조를 띠었다. 그의 삶에 이런 음조를 띠게 한 오스트리아와 독일이 이제 함께 협력하여 그의 전집을 발간하게 되었으니 참으로 뜻깊어 보인다.

빼어난 학문적 업적을 남겼으면서도 나라를 전전하면서 다섯 번이나 대학을 옮겼고 그 단 한 번도 옮기고 싶어서가 아니었던 켈젠, 그에게 버클리의 조그마한 집은 실로 "유랑에 지친 자의 마지막 쉴 곳"이었다. 이 표현은 역시 유랑의 몸으로 파리의 몽마르트르 공동묘지에 묻힌 저 유명한 유대계 독일시인 하이네의 묘비에 적혀있는 그의 시 "어디일까?"에서 따온 것이다. 이 책은 각주에서 이 시의 전부를 적어 놓았다:

> 언젠가 유랑에 지친 자의
> 마지막 쉴 곳은 어디가 될 것인가?
> 저 남쪽나라 야자수 아래일까?
> 라인강변의 보리수 아래일까?
> 사막 어디에선가
> 낯선 사람의 손이 나를 묻어 줄 것인가?
> 아니면 어떤 바닷가 모래 속에 묻힐까?
> 어쨌든! 여기서나 거기서나 성스런 하늘이
> 나를 둘러 쌀 것이다.
> 그리고 밤이면 별들이 죽은 이들의 등불이 되어
> 내 머리 위에 떠 있을 것이다.

켈젠은 이 집에서 그러나 쉬지 않고 많은 저술을 더 남겼고 61년 동안이나 동고동락했던 부인을 3개월 먼저 보내고 1973년 92세로 세상을 떠났다. 그의 시신은 유언에 따라 재가 되어 그가 늘 바라보던 태평양에 뿌려졌다고 각주는 밝히고 있다. 그는 대서양을 건너 태평양에 묻힌 것이다.*

---

* 이 글을 쓰는 데 많은 도움을 주신 독문학자 송동준, 황윤석 두 교수께 감사드립니다.

Hans Kelsen Werke Band I :
Veröffentlichte Schriften 1905-1910
und Selbstzeugnis[†,††]

한스 켈젠 전집 제 I 권이 드디어 출판되었다. 이를 시작으로 잇달
아 29권이 나오고, 그 다음으로는 유고가 정리되는 대로 20여 권이
더 발간될 예정이어서 모두 합쳐 50여 권에 이른다고 한다. 전집의
언어는 초판의 그것에 따르므로 독일어가 70퍼센트, 영어 및 기타가
30퍼센트가 된다고 한다. 주지하듯이 지난 세기의 법철학 및 법이론
을 대표하는 두 학자로 라드브루흐(1878~1949)와 켈젠(1881~1973)을
든다. 전자의 전집은 출판된 지 꽤 오래다. 그래서 켈젠의 전집 발간
이 고대되었다. 이제 독일 에어랑겐-뉘른베르크 대학교의 예슈테트
교수가 빈의 한스 켈젠 연구소와 협동하여 이를 해낸 것이다. 법(학)
에서는 실증주의를, 정치에서는 대의민주주의를 표방했던 켈젠의 전
집은 오스트리아 연방의회와 독일 연방의회, 그리고 독일 학술연구재
단의 후원을 받았다. 세계의 법학계가 참으로 반길 일이다.

이 켈젠 전집 제 I 권은 그 내용이 네 부분으로 이루어져 있다. 그
첫 부분은 전집의 편집 전반에 관한 자세한 언급이다. 특히 주목되는
것은 그 '역사·비판적(고증적)'(historisch-kritisch) 편집 및 발간의 철
학이다. 즉 원본에 변용이 있으면 조정하고 저자의 주와 참조도 직접
점검하여(autoptisch) 필요한 경우 바로 잡고, 나아가 더 나은 이해를
위해 인물이나 사항을 자세히 설명하는 편집자의 주란을 설정하고,

† 서울대학교 법학 제49권 제4호, 2008.

†† M. Jestaedt/Hans Kelsen-Institut 편, *Hans Kelsen Werke Band I : Veröffent-
lichte Schriften 1905-1910 und Selbstzeugnis*, Mohr Siebeck, Tübingen
2007.

원본의 구성과 전승, 그 생성과 문체에 관해 자세히 보고하고, 각 저작에 대한 전문가의 해설과 논평을 싣는다는 것이다. 앞으로 켈젠 연구에 크게 도움될 것이 확실하다. 이 제 I 권의 두 번째 내용은 켈젠의 '자기 증언'이 차지했다. 켈젠의 전집발간을 축하하기 위해 특별출판물로서 먼저 나왔던 「한스 켈젠의 자기 증언(*Hans Kelsen im Selbstzeugnis*, 2006, 비매품)」을 다시 실어 되살린 것이다. 이것이 전집에 다시 실린 것은 그 학문적 성격 때문이다. 그 첫 자기증언인 「자기 서술(1927)」은 켈젠이 자신의 순수법학 이론의 형성과정을 서술한 것이고, 그 둘째인 「자서전(1947)」은 "오스트리아 제국에 속했던 황금의 도시 프라하에서 태어났고, 빈에서 성장했으며, 1933년 나치주의자들에 의해 독일에서 추방되어 드디어 미국으로 이민 갔던 유대인 출신의 법학자" 켈젠이 66세 때 자기의 파란 많았던 삶을 회고한 것이다. 여느 자서전과는 달리 어디까지나 '학술적 자서전'으로 적었다. 이들의 내용에 관해서는 필자가 본지 제48권 제3호(2007)에 자세히 소개했다. 하여 여기서는 더 이상 언급하지 않겠다(이 책 333면 이하 참조).

　이 제 I 권의 세 번째 내용은 바로 그 부제로도 달린 '1905~1910 사이에 출판된 저작들'이다. 그리고 보면 이 부분이 이 책의 핵심을 이루고 있다. 국가시험을 준비하는 법학도가 시간을 내어 연구해 완성했고 빈 대학교 국가학 총서로 출판까지 되었던 「단테의 국가론(1905)」이 처음 실렸고, 사법실무의 연수와 교수자격 취득논문 준비에 몰두하면서도 저술했던 "선거인 명부와 이의권(1906)"이라는 기고문, 「오스트리아 제국의회 선거법 주석(1907)」이라는 영향력 컸던 주석서, "오스트리아의 법에 따른 국적취득과 공민권(1907)"이라는 기고문 그리고 당시의 국가론, 국가법, 법철학 등의 저서들에 대한 7개의 서평들이 뒤를 이어 실렸다. 이들 글들은 편집자의 표현을 빌리면, 켈젠의 '전비판적'(vorkritisch) 작품들, 다시 말해서 칸트의 비판철학에 입각해 재래의 법학을 인식비판적으로 철저히 공격하면서 규

범주의적 법실증주의의 이론, 즉 '순수법학'의 기초를 다졌던 그의 획
기적인 교수자격논문 "법규론에서 전개한 국법론의 주요문제(1911)"
의 출현 이전에 쓰여진 것들이다. 따라서 이들은 재래의 법학의 궤
도 안에 머물고 있고 '순수법학의 켈젠'은 아직 아주 조금밖에 찾아
볼 수 없다고 편집자는 말하고 있다. 그러나 교수자격 취득 이전에
이렇듯 적지 않은 학문적 업적을 내놓았다는 것은 벌써 그가 90이
넘도록 남긴 그 예리하고 엄청난 창작력을 예고했다고 볼 수 있다.
이들 중 관심을 끄는 것은 「단테의 국가론(Die Staatslehre des Dante
Alighierie)」이다.

  이는 중세의 정치가, 철학자 그리고 최대의 시인인 단테(Dante
Alighieri, 1265~1321)가 1317년경 저술한 「국가론(De Monarchia)」에
대한 연구서이다. 켈젠은 내용서술에 앞서 세계도, 국가도, 나아가
도시도, 교황이냐 황제냐로 분열되어 유혈전쟁으로 소용돌이쳤던 13
세기의 이태리 정치정세가 그 「국가론」 저술의 동인이었고, 기독교
와 고대(그리스, 로마) 사상의 영향하에 있었던 13세기의 국가사상이
그 「국가론」의 사상적 기초였다고 밝혔다. 그래서 '평화'가 그 중심
개념이었고, '세계국가'가 그 목표였다는 것이다. 이런 전제하에 켈젠
은 「국가론」의 체계적 내용분석을 시도했다. 단테는 첫째, 악을 방지
하고 치유하며 행복을 공동으로 추구하는데 '국가의 정당화와 근원'
을 보았다는 것이다. 둘째, '국가목적'은 이성적 인간의 목표, 즉 인
식의 추구가 국가의 객관적·보편적 목적이며, 이를 위해 국가는 '평
화', '정의', '자유'를 이루어 놓아야 한다고 했다는 것이다. 즉 인간은
평화(안정) 속에서만 그 고유의 활동을 수행할 수 있기에 국가와 국
왕은 최고의 치안기구 및 치안판사여야 하며, 인간은 가장 자유로울
때 최선의 상태에 있기에 국가는 인간이 자유롭게, 즉 자기목적이
되게 해야 한다는 것이다. 여기에서 인간의 자유와 인격에 대한 국
가의 한계(국가에 대한 개인의 우위)도 인정했다는 것이다. 나아가 인
간의 으뜸 덕목인 정의는 탐욕과 공명심이 없는 최고 인간인 황제와

국가가 실현해야 한다고 했다는 것이다. 셋째, '국가 형태'는 신이 지배하는 우주의 일부로서 일체성(통합성)과 정의의 실현체인 보편적인 세계왕국의 형태가 되어야 한다는 것이다. 넷째, '군주와 국민'의 관계에 있어서 국민이 군주 때문에 있는 것이 아니라 그 반대이어야 한다고 했으며 군주는 법의 굴레 안에 있으며 공직자, 봉사자, 도구라고 했다는 것이다(국민주권사상의 단서). 다섯째, '국가와 교회'는 상호 독립적이며 교황과 황제는 '두 빛 이론'에서처럼 전자는 햇빛, 후자는 달빛이 아니라 다 같이 등불이며 신 밑에서의 동등한 통치자라고 했다는 것이다. 여섯째, '국가의 이상'은 전 인류가 그 국민이고, 온 세상이 그 영토이고, 황제가 그 공적 봉사자인 '세계제국'에 있다고 했다는 것이다.

이렇게 단테의 「국가론」에 대한 켈젠의 연구를 자세한 논의는 뺀 채 그 결과만 간추려 보았다. 켈젠은 단테의 「국가론」을 두고 인류 보편의 조직을 근거지우는 기독교사상과 하나(통합)는 선이고 여럿(분열)은 악이라는 중세의 '통합원리'의 세계관을 훌륭히 표현했다고 했다. 말하자면 중세의 국가론자들이 모두 품고 있던 '세계국가의 이념'을 단테가 펼쳤던 것이다. 이런 뜻에서 「국가론」도 「신곡」 못지않게 "침묵의 열 세기(천년)의 목소리"였다고 하겠다. 단테는 고향 플로렌스에서 교황당의 귀족가문 출신으로 수도원 총회장까지 지냈다. 그러나 교황이 보낸 평화의 사도는 플로렌스를 뒤집어 놓았고 이에 대항한 단테는 추방당하고 사형선고까지 받아 방랑의 삶을 살았다. 이에 그가 황제당으로 기울어진 것은 사실이었지만 그의 「국가론」은 어디까지나 군주주의적 세계국가만이 인류의 안녕(구원)이라는 그의 학문적 확신의 표현이었다고 켈젠은 강조했다. 또 그의 세계국가는 평화, 정의, 자유의 실현이라는 법치국가적 요청을 담고 있고 군주(황제)를 법의 굴레에 구속되어 있는 국가권력의 최고기관으로만 보고 있어 "인류의 법치국가"로 묘사되곤 한다. 그러나 켈젠은 단테의 국가목적은 좁은 법목적을 넘어선 아리스토텔레스적인 인식추구, 즉 문화목적의 달성에 대한 수단목적이라고 지적했다. 그의 「국가론」에는 법치국가, 국민주권, 정교분리 등 앞선 사상들의 단서가 보였지만 중세의 국가론의 틀에 갇혀 군주국가의 형태만이 국가의 모델이었다. 심지어 「신곡」에서는 민주주의가 모든 악의 근원으로 여겨졌다. 그래서 켈젠은 "단테의 국가이상은 전적으로 때에 맞지 않는다. 그것은 많은 점에서 시대를 훨씬 앞서 서둘렀기 때문에 '아직' 맞지 않고, 그 기초 즉 그것이 세워진 바탕인 세계제국은 노후해졌기 때문에 '더이상' 맞지 않는다"고 결론내렸다. 고대사상(플라톤, 아리스토텔레스, 키케로)과 기독교사상(성서, 아우구스티누스, 토마스 아퀴나스)에 영향받아 저술된 그의 「국가론」은 그를 중세의 국가철학자로 우뚝 서게 했지만, 그 앞선 점에서나 그 뒤진 점에서나 "침몰해 가는 중세의 백조의 노래"를 불렀던 점에서는 「신곡」과 다른 바 없어 보인다.

켈젠이 저술한 「단테의 국가론」은 켈젠이 학창시절 법철학사 강의에서 단테가 「국가론」을 남겼다는 사실을 처음 알고 또 이를 법률적 측면에서 다룬 연구가 없다는 것을 탐지하고서 온 힘을 쏟아 이룩한 결실로서 그가 학위도 받기 전 1905년에 출판된 것이다. 켈젠은 66세 때 쓴 「자서전」에서 23, 4세 때의 이 작품을 두고 "비독창적인 학생작품"이라고 자평했다. 이는 편집자의 지적처럼 1911년의 교수자격논문에서부터 터져 나온 "그의 거대한 혁신력, 칼날 같은 지적 예리성 그리고 탁월한 학문성"에 비추어 보면 이해된다. 그렇지만 법률시험공부도 억누를 수 없었던 법학도 켈젠의 놀라운 학문적 연구열과 창작력을 「단테의 국가론」에서 벌써 읽을 수 있음은 의심할 수 없다.

이 켈젠 전집 제I권의 마지막 넷째 부분의 내용은 편집보고와 색인이다. 편집보고에는 여기에 실린 저작 원본의 구성과 전승, 그 생성과 문체 그리고 편집작업에 대한 자세한 설명이 들어 있다. 이어 약어표와 기호, 사진의 출처, 저서 색인, 법률 색인, 인물 및 사항 색인이 실렸다. 이로써 전집 제I권은 '전비판기'의 켈젠에 관한 모든 것을 전람케 하고 있다. 이제 "순수법학을 통한 법률학적 세계상의 혁명화"를 시도한 켈젠의 교수자격논문 "국법론의 주요 문제"가 전집 II, III 양 권으로 나뉘어 곧 발간된다니 크게 기대된다.

Hans Kelsen: Leben-Werk-Wirksamkeit[†,††]

지난 2009년 4월 19~21일 사이 오스트리아 빈에서는 켈젠의 생애, 작품, 활약상을 되살펴 보는 국제학술회의가 열렸다. 이는 오스트리아 학술진흥기금의 도움으로 2006년부터 진행된 프로젝트인 "1881~1940년 사이의 한스 켈젠에 대한 전기적 연구"의 결과를 발표하는 자리였다. 이 프로젝트는 2006년 출판된 켈젠의 자서전 "Hans Kelsen im Selbstzeugnis"(졸역, 「켈젠의 자기증언」, 법문사, 2009)를 보충하는 뜻도 갖고 있다. 이 자서전은 순전히 이른바 '학술적 자서전'으로 쓰여져 보다 포괄적이고 자세한 전기의 연구가 아쉬웠다. 물론 메탈이 쓴 켈젠전기가 있지만 이는 켈젠의 '자서전'과 크게 다르지 않다. 이번의 전기연구 프로젝트에서는 법학교수 외에 인문, 사회과학 분야의 남녀 연구자들이 많이 참여해 1940년까지의 켈젠의 인생역정을 따라 그의 삶, 학문, 활동상을 샅샅이 살폈다. 모두 22편의 글이 일곱 주제 하에 나뉘어 실려 이렇게 책으로 나왔다.

첫 주제는 **켈젠의 가족사**이다. 켈젠은 전통적인 유대인 집안 출신이다. 켈젠의 선조가 수세기에 걸쳐 대대로 살았던 오스트리아 제국 동북변방(지금의 우크라이나)의 유대인 상업도시 브로디, 켈젠이 태어났던 프라하, 켈젠이 성장해 대학교수자격을 취득하고 결혼하기까지의 빈, 이 세 도시를 터전으로 전개된 그의 가족사가 Kurzmany, Kreuz, Staudacher 박사들에 의해 자세히 재현되었다.

둘째 주제는 **젊은 켈젠**이다. 여기서는 교수자격 취득(1911) 후 1차대전을 거쳐(1914~1918) 교수취임(1920) 전까지의 활약상이 묘사

† 서울대학교 법학 제51권 제3호, 2010.
†† R. Walter/W. Ogris/Th. Olechowski 공편, *Hans Kelsen: Leben-Werke-Wirksamkeit*, Manz, Wien 2009.

되었다. 즉 1차대전 중에는 법무관으로서 육군성 장관의 법률자문관이 되어 매우 주목받은 활동을 수행했고, 교수자격 취득 후부터는 한동안 야간에 '중립적'인 시민교육기관에 나가 민주주의 교육에 열을 올렸고, 나중에는 여성교육가 슈바르츠발트박사의 교육개혁운동에 적극 참여했음을 Busch, Ehs, Holmes 박사들이 소상히 밝혔다.

셋째 주제는 **빈 법이론학파와 그 정신적 환경**이다. 여기서는 가장 많은 여섯 글이 실렸다. 켈젠은 자서전에서 자신의 순수법이론에 대해 깊이 적지 않았다. 그래서 그의 학문적 황금기(1920~1933), 즉 빈 대학 교수시(1920~1930)에서 쾰른대학 교수시(1930~1933)까지의 업적이 조명됐다. 처음 Jestaedt 교수는 "'국법론의 주요문제'(1911)에서 '순수법학 제1판'(1934)까지"라는 글에서 켈젠은 교수자격논문인 '국법론의 주요문제'에서 법의 고유법칙성, 즉 규범성과 실증성만에 입각한 법인식의 순수성, 통일성, 나아가 상대성을 주창해 '정태적 법고찰방법'을 확립하고, 이 위에 뒤이어 발전시킨 법의 생성과 소멸, 창설과 폐지, 나아가 법질서 내에서의 법규범의 상호관계 등에 대한 '동태적 법고찰방법'을 덧붙임으로써 하나의 완결된 법이론을 1934년 출판된 순수법학 제1판에서 완성했다고, 다시 말해서 법률적 사고의 코페르니쿠스적 전환 위에 순수법이론의 금자탑을 세웠다고 극찬했다. Zeleny 박사는 "켈젠써클. 빈 법이론학파"에서, 이러한 켈젠이 활동한 빈 대학에는 자유로운 정신적 환경 속에서 사상을 교환한 '켈젠써클', 즉 '빈 법이론학파'가 형성되었으나 켈젠이 1930년 빈을 떠나고, 나치에 쫓겨 망명길에 오르자 자연히 쇠잔하게 되었다고 적었다. Sporg 박사는 "1914~1944년 사이 빈 학단의 매체로서의 공법학잡지"라는 글에서 켈젠이 사강사 시절 창간한 '오스트리아 공법학잡지'의 내력과 그 학문적 기여를 살폈다. 이어 Jabloner 교수는 "객관적 규범성. 순수법이론과 빈 써클(빈 학단)의 한 연관점에서 대하여"라는 글에서 켈젠이 추구한 학문의 목표는 주관적 평가가 배제된 객관성이었고, 이는 그가 법을 주관적, 구속적이 아닌 수권적, 효력적 강제

(제재) 규범으로 파악한 데에서 나타났고, 이러한 법의 객관화 기획
은 당시 유명했던 철학파, 즉 논리실증(경험)주의의 빈 학단(Wiener
Kreis)의 핵심멤버였던 카르납이 주장한 '구조적 객관성'의 관념을 지
향한 것이라고 결론냈다. 요컨대 켈젠은 법의 정당화가 아니라 그
객관적 규범성을 밝히려 했다는 것이다. 다음 Potacs 교수는 "한스
켈젠과 맑스주의"라는 글에서 켈젠이 사회주의에 대해 개인적으로나
학문적으로 동정적 내지 후원적이었지만 결코 동조하지 않았는데, 이
는 그가 맑스주의의 여러 주장, 즉 자연사적 사회관, 낙관적 인간상,
계급의식적 인식론, 총체적 변증법을 강하게 비판한 것과 무관하지
않다고 했다. 마지막으로 Korb 박사는 "켈젠 대 잔더. 적대관계의
이야기"에서 켈젠의 지도와 추천으로 교수직에 오른 Sander가 경험
적 동태적 법절차이론을 구축하면서 켈젠의 순수규범주의적 법이론
에 도전해 사제간의 일대 공방전을 벌인 이야기를 담았다.

넷째 주제는 **헌법기초, 헌법학, 헌법재판소 재판관**이다. 여기도
세 글이 실렸다. 처음 Olechowski 교수는 "오스트리아 연방헌법에
대한 한스 켈젠의 기여"에서 사람들이 켈젠을 오스트리아 헌법의 '저
자', '창조자', '아버지'로 부르지만 실제로는 헌법의 '내용'보다 '형식'
에 크게 관여했다고 보겠고, 따라서 헌법의 건축주(정치가)의 생각을
구현한 헌법의 '건축사'로 부르는 것이 옳아 보인다고 했다. 물론 참
의원과 헌법재판소의 구성은 켈젠의 내용적 기여라고 강조했다. 다음
Strejcek 교수는 "선거법 전문가로서의 한스 켈젠"에서 교수자격논문
준비로 바쁜 가운데서도 집필했던 오스트리아 제국의회선거법 주석
등 주목받은 선거법 연구들을 살폈다. 마지막으로 Neschwara 교수
는 "한스 켈젠과 면제혼인의 문제"에서 켈젠이 헌법재판관으로서 내
렸던 면제혼인 재판, 즉 관청의 면제혼인 결정을 무효화한 법원의
판결을 월권행위로 다시 파기시킨 재판 때문에 부득이 오스트리아를
떠나 독일 쾰른대학으로 옮기게 된 사정의 전말을 살폈다.

다섯째의 주제는 **새로운 고향을 찾아서: 1930~1940년**이다. 여기

서도 세 글이 실렸다. 처음 Lepsius 교수는 "한스 켈젠과 나치즘"이라는 글에서 쾰른으로 옮긴 지 3년째인 1933년 켈젠은 나치에 의해 하루 아침에 대학에서 해직되고 간신히 독일을 떠나, 끝내는 자기의 학문을 "법학이 아니라 철학이나 사회학"으로 여기는 낯선 땅, 미국으로 망명한, 그러니까 영토상의 망명뿐만 아니라 학문상의 망명, 말하자면 2중의 망명을 한 켈젠을 그렸다. 다음 Ladavac 박사는 "제네바에서의 한스 켈젠: 학문과 정치 사이의 평화문제"라는 글에서 제1의 망명처로 택한 제네바대학 국제고등연구소에서 켈젠은 강의와 세미나 외에 평화연구에 열중해 세계평화는 국제법과 국제법원의 확충을 통한 세계국가의 건립으로 이룰 수 있다는 사상을 폈다고 적었다. 끝으로 Osterkamp 박사는 "체코슬로바키아에서의 한스 켈젠"이라는 글에서 켈젠은 체코에서는 프라하 독일대학에서 잔더 교수와의 어색한 재회와 나치의 준동에 부딪혔지만 슬로바키아 브루노대학의 Weyr 교수와는 학문적 이해를 같이하고 협력했다고 밝혔다.

여섯 번째의 주제는 **미국에서의 켈젠**이다. 여기에는 두 글이 실렸다. 처음 Feichtinger 교수는 "대서양 저쪽과의 네트워킹. 한스 켈젠과 그 써클의 망명길"이라는 글에서 "순수법이론은 미국의 법적 사고에서 쟁점이 되지 않았다"(론 풀러)는 미국 땅에로의 순수법학자 켈젠과 그 제자들의 망명 길은 결코 순탄하지 않았고, 법률가로서의 켈젠의 영향은 국제법에 국한되었고 그의 제자들은 전공을 바꾸었다고 서술했다. 다음 Rathkolb 교수는 "미국 메카시즘 시기의 한스 켈젠과 FBI"라는 글에서 켈젠은 2차 대전 중과 그 후 메카시즘(극단적 반공주의) 시기에 FBI의 수사도 받았으며, 다음과 같은 조서도 남아 있다고 전했다: "물음; 당신은 사회주의자를 좋게 생각합니까? 대답; 네, 그렇습니다. 물음; 공산주의자도요? 대답; 아니오, 그렇지 않습니다. 나는 공산주의자를 반대하는 책을 출판했습니다. 물음; 당신은 스스로를 공산주의자로, 아니면 사회주의자로 말할 수 있습니까? 대답; 나는 자유주의적 사회주의자라 할 수 있습니다."

마지막 일곱번째의 주제는 **현재에로의 가교(架橋)**이다. 여기서도 두 글이 실렸다. 처음 Wiederin 교수는 "켈젠의 후기작품"이라는 글에서 켈젠은 유작으로 출간된 노년의 작품인 "규범의 일반이론"에서 그토록 오래 견지했던 법판단설에서 법명령설에로 입장을 바꿈으로써 그토록 강조했던 법의 논리성 내지 무모순성의 공준을 단념한 결과 폐지규범의 의미와 기능이 중시되고 근본규범은 진정한 의제(擬制)가 되었으나 이러한 그의 주의주의(主意主義)에로의 전환은 "슬픈 지적 몰락의 기념비"라기보다는 그의 자연법에 대한 투쟁, 말하자면 그의 이론에 잔존한 자연법적 요소, 즉 논리성과 무모순성의 공준에 대한 투쟁이라고 이해했다. 다음 Pfersmann 교수는 지난 국제학술회의의 개막연설이며 이렇게 이 책의 마지막에 실린 "현대 법학에서 한스 켈젠의 역할"이라는 글에서, 객관성과 엄정성을 통해 법학을 진정한 학문의 고지에 올려놓으려는 켈젠의 학문 목표는 실증적이 아닌 도덕적 법읽기, 배제적이 아닌 포용적 실증주의, 초월적이 아닌 승인적 법 근거지음, 원리 논변과 불법논변 나아가 가치교량의 학설들이 전개되는 현금의 법학에서도 가장 질 높은 연구의 계기가 되고 있다고 길게 설파했다.

이상으로 이 책의 내용을 일별해 보았다. 모든 글은 양적으로 일정하고 질적으로 알차다. 실로 공동연구의 본보기와도 같다. 모두 읽자면 힘들지만 소득은 크다. 켈젠의 인생과 학문의 자취를 더듬어 보는 데 큰 도움이 될 것 같다.

그러나 마지막 주제 하에 실릴 Paulson 교수의 글이 그의 신병 때문에 끝내 빠져 몹시 아쉽다. 켈젠연구소를 오스트리아공화국의 연방재단으로 설립하는 데 결정적 역할을 했고 이때까지의 켈젠연구를 주도한 Walter 교수, 그리고 지난번 국제학술회의를 켈젠의 '부활' (redivivus)이라 일컬은 Ogris 교수는 이 책을 공동편집함으로써 크게 기뻐했을 것으로 생각된다.

제 3 편

법이론

법학의 학문성†

  법학의 학문성이라는 주제는 법이론적 탐구의 주요대상이다. 그런데 이를 논정하자면 학문성 자체에 대한 규명이 앞서야 한다. 흔히들학문을 인식의 체계로 요약하지만 이는 멀리 학문이란 존재하는 것,즉 대상을 그 원리들에서 방법적으로 인식하는 것이라고 한 아리스토텔레스의 통찰에서 비롯된 것이다.[1] 거기에서 대상은 주어진 불변적인 필연의 객체였고, 방법으로는 귀납과 연역이 들어졌고, 인식이란구속적인, 다시 말해서 객관적으로 타당한 결론이었다. 아리스토텔레스는 이러한 '학문적 인식'(episteme, *scientia*) 이외에 '실천적 지혜'(phronesis, *prudentia*)를 인정했다. 이는 구체적 개별상황에서의교량적 가치선택이었다. 어쨌든 그의 학문적 인식의 파악은 그 후 학문성의 논정에 규준이 되었다. 즉 학문의 대상, 방법, 객관성, 그리고학문의 목표인 인식, 즉 진리가 그것이다. 여기에서 진리는 자연히인식과 대상의 상응, 즉 일치이었다.[2]

  이런 규준들은 논란 속에서도 모든 학문들의 학문성에 대한 잣대로 역할했다. 그러나 물론 그가 이해한 내용 그대로는 아니었다. 우선 대상의 관점과 관련하여 그 불변성을 고집하면 역사학, 언어학등 인문, 사회 및 정신과학의 학문성이 부정되어야 했다. 이에 대상의 관점은 학문의 한계규준이 아니라 학문의 구분규준으로만 이해되

---

† 법철학연구 제9권 제1호, 한국법철학회, 2006.

1) 바로 그의 유명한 「니코마코스 윤리학」 제6권(1139b 이하)에서이다. 우리의
   번역으로는 최명관, 「니코마코스 윤리학」, 을유문화사, 2005(1968), 296면 이
   하. 내용의 요약은 R. Dreier, *Recht-Moral-Ideologie*, Frankfurt/M. 1981,
   49면 참조.
2) 이른바 진리대응설은 그의 「형이상학」(*Metaphysica*), 1011b. 자세한 설명은
   김여수, 「언어와 문화」, 철학과 현실사, 1997, 12면 이하 참조.

어야 했다.[3]

이리하여 학문성의 결정적 규준은 학문의 방법, 즉 학문적 인식의
획득방법에서 찾아졌다. 여기에 아리스토텔레스도 지적한 연역과 귀
납, 즉 추론과 경험(관찰)이 전면에 나타났음은 물론이었다. 이는 인
식의 엄정성, 객관성 그리고 체계성을 보증하기 때문이겠다. 그러나
이는 형식과학과 경험과학에 치중된 듯하다. 그래서 정신과학 및 실
천과학의 방법이 덧붙여 논의되지 않을 수 없었다. 즉 '이해'의 방법
과 '실천지'의 기법이 그것이다. 이에 '선이해', '선평가', '인식관심' 등
이 많이 논의되었다.[4] 그러나 이는 과장되어서는 안 된다. 사실 선이
해, 선평가, 인식관심은 모든 학문의 전제이다. 자연과학도 관찰의 대
상과 방법의 선택, 즉 평가에서 출발된다. 경험적 인식도 완전 검증
되어서가 아니라 아직 반증되지 않기에 존중된다. 실천적 인식의 '자
명성'도 승인되어 있지 않다. 이러고 보면 모든 인식은 가설적인 셈
이다. 따라서 인식은 모두 논리에 의하든 경험에 의하든, 나아가 더
강한 논거에 의하든 잘 근거지어져서, 다시 말해서 '합리적'이어서 반
증에 의해 무너지지 않는 데 있다.[5] 실로 진정한 학문성은 합리적 방
법에 의한 인식획득의 노력에 있다고 하겠다. 이리하여 합리성은 학
문성을 대변하는 개념이 된 것이다. 물론 합리성은 단순한 개념이 아
니다. 합리성은 사고와 관련해서는 그 정합성을 뜻하는 '논리적 합리
성'으로, 인식과 관련해서는 그 객관성을 뜻하는 '인식합리성'으로, 행
동과 관련해서는 그 최적성을 뜻하는 '목적합리성'으로, 가치평가와
관련해서는 그 이성성을 뜻하는 '가치(평가)합리성'으로 나뉜다. 여기
에서 논리적 합리성과 인식합리성은 '이론적 합리성'이겠고, 목적합리

3) 이런 지적은 U. Neumann, Wissenschaftstheorie der Rechtswissenschaft, Kaufmann/Hassemer 공편, *Einführung in Rechtsphilosophie und Rechts-theorie*, 제4판, Heidelberg 1985, 347면.
4) 주지하듯이 Gadamer, Habermas, Kaufmann에서이다.
5) 이 점 K. R. Popper, *Conjectures and Refutations*, New York 1968, 33면 이하; H. Albert, *Traktat über kritische Vernunft*, 제15판, Tübingen 1991, 35면 이하 참조.

성과 가치합리성은 '실천적 합리성'이다. 이러한 합리성들은 상호의존적 중층구조를 이루고 있다.[6] 따라서 이론적 합리성 없는 실천적 합리성이란 생각할 수 없다. 이러한 학문성과 합리성은 '가치중립성'까지 요구함은 물론이다. 사실, 모든 학문은 그 대상, 그 방법, 그 어휘를 선택하지 않을 수 없다는 의미에서 하나의 (가치)평가 위에 입각하고 있어 '몰가치적', '가치맹목적'일 수 없지만 그것과 학자 자신의 주관적 평가는 혼동하지 않아야 한다. 실로 학문은 '가치의식적'이어야 하지만 '가치중립적'이어야 한다.[7]

학문성은 학문과는 구별해서 파악함이 요구된다. 학문성은 학문의 규준이고 목표(이념)라고 할 수 있다. 학문이란 학문으로 다루어지는 여러 부문들에 대한 집합개념이다. 이 모두가 학문성을 완전히 충족시키고 있다고 볼 수 없다. 물리학에서마저도 주관성이 완전히 배제되지 못하고 있다. 실험자가 어떻게 접근하는가에 따라 빛은 때로는 입자로 때로는 파동으로 나타난다고 하지 않는가. 따라서 학문은 학문성을 실현하려는 의미를 갖는 현실, 그야말로 '문화현상'(라드브루흐)인 것이다.

이제 이러한 학문성의 규준에 비추어 법학의 학문성을 살펴보자. 철학은 고대 그리스에서, 법학은 고대 로마에서 연원한다고 한다. 모두 오래된 학문에 속하지만 그 학문성이 논란된 점에서도 같다. 법학의 학문성에 대한 논란은 특히 그 대상의 관점 때문이었다. 대상의 불변성에서 보면 자연, 즉 '정당한 이성'에서 도출된 영구불변의 법원리로 이루어진 자연법의 이론만이 법학이겠고, 시대와 장소에 따라 변화하는 실정법 질서를 대상으로 하는 한 단순한 기술 내지 실천지

---

6) 이와 같은 합리성의 통합적 이해와 관련해서는 특히 N. Rescher, *Rationality*, Oxford 1988 참조.

7) 이와 관련해서는 H. Albert, 앞(주 5)의 책, 66면 이하(74). 또 그의 *Kritischer Rationalismus*, Tübingen 2000, 41면 이하 참조. 그리고 '가치의식적' (wertbewusst)이라는 표현은 K. F. Rohl, *Allgemeine Rechtslehre*, 제2판, 2001, 153면에서의 '가치 의식적 학문'(wertbewusste Wissenschaft) 항목 참조.

에 불과하지 학문이 될 수 없었다. 그래서 진정한 법학인 자연(이성)법과 '*jurisprudence*'는 구별되었다.[8] 그리고 영구불변적 자연법의 이념이 하나의 불가능으로 판명된 시점에서는 영구불변의 자연법칙을 대상으로 삼는 자연과학에 비추어서 "입법자의 세 마디의 말만 있으면 그것에 관한 전 장서는 휴지로 되어버리는" 무상한 실정법을 다루는 법학이란 한낱 "우연을 대상으로 삼는" 전혀 무가치한 부문으로 결론내려졌기도 했다.[9] 그러나 위에서 보았듯이 이러한 대상 콤플렉스로부터는 벗어나야 한다. 법은 더 이상 자연적이 아니며 또 자연법칙이 아닌 당위법칙, 즉 규범이다. 법은 인간이 책임져야 하는 인간의 목적지향적 작품으로 정신적 형성물이다. 이의 일차적 목적은 인간행위의 조종을 통한 질서수립이다. 이를 위해 법은 스스로 의사소통의 수단인 언어로 표현된 규범텍스트의 체계를 갖추어야 했다. 이것이 실정법 체계이다. 대상이 학문의 한계규준이 아니라 구분규준이라는 입장에서 보면 이를 대상으로 삼는 법학은 '정신(인문)과학', 더 구체적으로 '규범과학'에 속한다고 하겠다. 그런데 법은 또 사회적 현실로서 법목적의 사회적 실현 내지 작용도 수행하고 있다. 따라서 규범과학으로서 법학은 하나의 '현실(사회)과학', '사회공학', '실천과학'으로 규정될 수도 있다.

드디어 학문의 결정적 규준인 방법의 관점에서 법학의 학문성을 논할 단계에 왔다. 대상의 관점에 연결해서 보면 법학이란 '법공동체의 실정법에 대한 방법적 인식'이라고 규정할 수 있다. 여기의 인식은 이중적이다. 그 첫째는 일반적인 학문적 인식이고, 그 둘째는 정신적 형성물로서의 규범텍스트의 이해이다. 전자의 잣대로 본 법학은 '법이론'이고, 후자의 잣대로 본 법학은 이해과학, 해석학으로서의 '법해

---

8) 이와 관련해서는 R. Dreier, 앞(주 1)의 책, 같은 면 참조.
9) 이렇게는 J. von Kirchmann, *Die Wertlosigkeit der Jurisprudenz als Wissenschaft*, Darmstadt 1956(1848), 23면, 25면 참조. 더 자세한 설명은 심헌섭, 「분석과 비판의 법철학」, 법문사, 2001, 4면 이하.

석학'이다. 법이론으로서의 법학은 법의 객관적 검토가능성을 요구한다. 이를 '검증원리'에 비추어 새기면 법학은 입법행위, 재판행위, 행정행위 등과 그 예단에 대한 서술로 그쳐야 한다. 현실주의 법학이 그랬다. 그러나 입법자, 법관, 행정관은 예단(예측 — 편집자)하지 않는다. 그들은 요구하고 명령한다. 따라서 현실주의 법학은 자신이 지지한 검증원리도 충족시키지 못하며, 결국 법(규범) 없는 법학인 셈이다. 그러나 입법자의 요구는 시간 안에 존재하는 역사적 관념적 실재이다. 이는 '제정'에 의해 '실증성'을 갖는 의미체이다. 제정은 '당위는 당위에서'의 수권논리에 따라 하나의 독립된 위계질서(단계구조)적 법규범체계를 이룩한다. 그래서 그것은 존재와는 물론 다른 규범체계와도 구별된다. 그리고 이런 법질서와 법규범들은 나아가 '반증원리'에 의한 경험적 검토 밑에 둘 수 있다. 다만 법은 경험명제와는 달라서 단 하나의 사례의 반증에 의해서가 아니라 아주 많은, 즉 '대체적' 사례들의 반증으로 무너진다. 어떻든 법은 비판적 검토 밑에 있다. 사실 켈젠의 근본규범도 실효성을 그 조건으로 했다. 그러나 법의 궁극적 가설성은 근본규범이 아니라 법에 대한 대체로의(대체적인 — 편집자) 승인으로도 설명된다. 이렇게 보면 법이론으로서 법학은 '경험적 분석법학'인 것이다.[10]

법해석학으로서의 법학은 이해의 방법적 객관성과 합리성을 요구한다. 법학방법론은 일찍부터 법의 이해를 그 문언, 그 문맥, 그 의도, 그 목적에 따르라 했다. 이에 문리적 해석, 체계적 해석, 역사적 해석, 목적론적 해석이 '규칙'으로 자리잡았다. 이들을 두고는 각각의 독립된 해석방법이 아니라 해석이 이루어지려면 함께 작용해야 할 '요소'들이라고 하는가 하면(사비니), 각 규칙의 요청 사이에는 모순과 이율배반이 보인다고 한다(에써).[11] 그러나 이러한 언급은 엄격히 보면 해석규칙(명령)의 무효를 선언하는 것이나 다름없다. 해석의 객관

---

10) 이는 여러 성격의 법실증주의적 법이론들에 의해 표방되고 있다.
11) 이런 점 우선 졸저, 앞(주 9)의 책, 214면 참조.

성과 법률구속성의 원리에 비추어 보면 '원칙적으로' 문언, 문맥, 의도가 목적에 우선하여야 하겠고, '성문'의 법률임을 고려하면 문언, 문맥이 의도에 우선하여야 한다. 그리고 문맥은 문언이나 목적에 보조적인 것이다. 이렇게 보면 법규의 어의가 명백한 경우 다른 해석목표를 위해 그것을 수정하지 않아야 할 것이며, 어의가 명백하지 않아 법률적용을 결정할 수 없을 경우 입법자의 의도에 따라야 할 것이다. 끝으로 입법자의 의도에 따라 결정할 수 없을 경우 법률의 목적에 따를 수밖에 없겠다. 그러나 입법자의 목적(의도) 외에 법률의 목적을 따로 논하는 것은 분석적으로 보면 납득되지 않는다. 그래서 이러한 목적이 합리성을 띠자면 그것을 상정한 해석이 가져올 사회적 결과를 고려하거나(결과고려적 해석), 아니면 그야말로 보편화 가능해야 할 것이다. 이렇게 보면 해석의 규칙과 관련해서도 합리성의 논리가 지배하는 것 같다. 즉 문언, 문맥에 따른 이론적 합리성이 앞서고, 의도와 목적에 따른 실천적 합리성이 뒤따르는 것이다.[12)]

나아가 합리적, 객관적 해석은 가치중립성을 요구한다. 가치질서와 다름없는 법에 있어서 가치중립성의 요구는 타당치도 않고 타당해서도 안 된다는 주장도 있을 법하다.[13)] '인간의 존엄', '인권', '민주주의'와 같은 가치개념에서는 물론 '실행의 착수'나 '공동정범과 종범의 구별'에서도 가치평가는 불가피하다. 그러나 가치중립성의 요구는 대단한 것은 아니다. 이는 이의 대표적 옹호자인 베버가 말했듯이 "연구자와 설명자는 경험적 사실의 확인 … 그리고 자기의 실천적 평가, 즉 이러한 사실을 좋거나 좋지 않다고 판단하는, 이런 의미에서 '평가적'인 입장은 그것이 이질적인 문제이기에 무조건 분리하여야 한다는 극히 사소한 요구"인 것이다.[14)] 말하자면 가치중립성의 공준이란

---

12) 이러한 법해석방법론에 대해서는 졸저, 앞(주 9)의 책, 213면 이하 참조. 더욱 자세하게는 Koch-Rüssmann, *Juristische Begründungslehre*, München 1982, 163면 이하 참조.
13) 이런 주장은 L. Kuhlen, E. Hilgendorf/L. Kuhlen, *Die Wertfreiheit in der Jurisprudenz*, Karlsruhe 2000, 33면.

학자는 사실(또는 규범사실)에 대한 진술과 이러한 사실에 대한 자기의 평가를 분명하게 분리해야 한다는 주장인 것이다. 이는 법학에서 가치평가의 중요성을 부인하는 것이 아니라 단지 자기의 가치평가를 법의 설명과 혼동하지 말라는 것이겠다. 이렇게 보면 가치중립성의 공준은 학자의 '지적 정직성의 요구'(베버)라고 할 수 있다. 법학에서도 참여하는 지성이 아니라 '주저하는 지성'이 미덕인 셈이다. 결론적으로 말해 법학도 가치의식적으로, 그러나 가치중립적으로 해야 하겠다.[15)]

마지막으로 법학은 체계화를 요구한다. 학문이 원리에 따라 정돈된 대상인식의 전체, 즉 인식의 체계이듯이 법학도 통일적 관점에 따라 정돈된 법인식과 법개념의 질서이어야 한다. 이는 법의 반제품적 질서를 인식적으로 재구성한, 즉 완성한 질서이다. 이에는 법의 특성으로 말미암은 내적, 평가적 통일성과 일관성도 요구된다. 따라서 법학의 체계성도 이론적 합리성과 실천적 합리성의 중층구조의 논리 밑에 있게 된다.[16)]

이상으로 법학의 학문성을 두서없이 적어 보았다. 법학의 학문성은 법학의 필요조건이지 충분조건은 아니다. 법학이 학문성의 조건 밑에서 어떠한 내용의 법학을 발전시키느냐는 법학자의 몫이다. 우리의 법학은 일천하다. 우리에게 역사법학도, 개념법학도, 목적법학도, 이익법학도, 순수법학도, 논의(담론)법학도 없었다. 그리고 인과적, 목적적, 사회적 행위론의 형법학도 우리가 발전시킨 것이 아니다. 그런데 이 훌륭한 법학이론은 법학전문대학원이 아닌 법과대학에서 발전했다. "지식의 분리가 아닌 집성의 장소이며, 전문 일꾼의 양성이 아니라 인간의 양성을 의무로 여기는 대학"[17)]에서 말이다. 대학교 안의

---

14) M. Weber, *Gesammelte Aufsätze zur Wissenschaftslehre*, J. Winckelmann 편, 제3판, Tübingen 1968, 500면.

15) 이런 주장은 E. Hilgendorf, 앞(주 13)의 책, 6면.

16) 법학의 체계성에 관해서는 특히 C.-W. Canaris, *Systemdenken und System-begriff in der Jurisprudenz*, Berlin 1969, 11면 이하 참조.

전문대학원은 보다 성숙한 법조인의 양성에 기여할 것으로 모두들 기대한다. 그러나 법과대학에서의 법의 학문적 연구를 망각하고 전문성과 기술성에 치우친 교육으로 법률상인만을 양산하여 현대적 바버리즘을 더욱 부채질하지 않을까 걱정된다. 이러한 걱정이 기우에 그치도록 법학의 학문성에 대한 보다 깊은 성찰과 그것에 입각한 깊고 올바른 법학의 발전이 있어야 하겠다.

---

17) E. Wolf, *Fragwürdigkeit und Notwendigkeit der Rechtswissenschaft*, Darmstadt 1965(1953), 7면. 이 책에서 법학은 법철학을 포함하는 넓은 의미로 이해되고 있다.

가치중립성의 공준†
재인식의 시각에서

　우리 사회에도 사회적, 정치적, 법적 문제들에 대한 가치관의 대립이 심하다. 이는 특히 좌우세력의 대결로 첨예화되고 있다. 그래서 이런 문제들에 관련된 학문들에서는 학자들이 학문적 사실을 두고 저마다의 정치적, 도덕적 가치판단에 열을 올려 이를 논문, 저서, 나아가 강단 또는 교단에서 학문적 연구의 결과로 포장하려는 경우를 보게 된다. 이는 바로 백 년 전쯤의 유럽 사회상과 학계를 떠올리게 한다. 거기서도 좌파나 우파는 저마다의 입장을 학문적이라고 했다. 어디서나, 특히 사회과학 또는 인문과학에서 학문적 사실설명과 자신의 가치판단을 몰래 뒤섞으려는 유혹이 큰 것 같다. 이래서는 진실이 가려지고 객관성이 결여되기 마련이다. 이는 결국 학문의 위신을 추락케 한다.

　주지하듯이 막스 베버(1864~1920)는 이런 상황에 처하여 학문의 '가치중립성의 공준'(Wertfreiheitspostulat)을 주창해 대처했다. 그에서 학문의 모델은 경험과학이었다. 진·위의 판정이 가능한 사실판단 위에 구축된 경험과학은 바로 진리의 탐구였다. 그래서 객관성과 엄정성은 학문의 이상이었다. 그런데 어떻게 행위하는 것이 올바르냐에 대한 물음은 심하게 다투어질 때가 빈번하다. 그만큼 가치판단은 불확실하고 진·위의 판정이 어려워 하나의 주관적 입장표명으로 여겨졌다. 그래서 학문의 가치판단으로 부터의 자유, 즉 학문의 가치중립성이 요청되었다. 이를 직시한 베버는 "사회과학적 및 사회정책적 인식의 객관성(1904)"이라는 논문에서 "경험과학은 실천적 처방들을 도

† 대한민국학술원통신, 2014년 2월 1일(토), 제247호, 7면 이하.

출할 수 있는 구속적인 규범들과 이상들을 탐구하는 것을 결코 과제로 삼을 수 없다"고 주장하고 가치중립성의 공준을 천명했다.

이렇게 제창된 '가치중립성'은 물론 가치 자체로부터의 자유는 아니다. 사실 어떠한 학문도 가치로부터 자유로울 수 없다. 모든 학문은 진리의 탐구를 목표로 한다. 진리라는 목표가치에서 보면 학문은 결코 가치중립적일 수 없다. 베버의 가치중립성 공준도 진실되고 객관적인 인식(언명)을 획득하고자 주창된 것이다. 그것은 그러한 목적에 대한 수단(방법)이다. 그래서 그것은 학문의 방법론으로 그토록 많이 학자의 관심을 끌게 한 것이다. 이렇게 가치중립성의 공준은 가치 자체로부터의 자유를 뜻할 수 없지만 하나의 학문적 공준으로서 학문의 최고 가치인 진리를 조작하거나 왜곡시키는 세계관적 내지 정치이데올로기적 가치들로부터는 자유로워야 한다고 해야 할 것이다.

이렇게 보면 가치중립성의 공준은 정확히는 '가치판단중립성'의 공준이다. 그러나 이도 그대로 따를 수 없다. 그것은 모든 학문이 평가, 즉 가치판단의 산물이기 때문이다. 사실 어느 학문도 평가, 즉 가치판단을 단념할 수 없다. 어느 학문에도 그 대상, 방법, 용어, 나아가 그 적용의 여부와 범위 등이 미리 정해져 있지 않다. 이 모두는 가치판단을 통해 결정된다. 자연과학도 예외는 아니다. 그래서 학문은 철두철미 가치판단에 의해 각인되고 규정된다고 말해진다. 나아가 사회 및 인문과학은 가치판단을 대상으로 삼기도 하고 또 가치판단을 감행하기도 한다. 따라서 가치판단은 결코 학문과 아무런 관계가 없다고 주장될 수 없다. 따라서 단적인 학문의 '가치판단 중립성' 운운은 기괴하다고 해야 할 것이다.

베버가 가치중립성의 공준을 주창함에 있어 이와 같은 점들을 인정하고 그 의미규정에서 감안했음은 물론이다. 그래서 그는 "사회학적 및 경제적 학문들에서의 '가치중립성'의 의미(1917)"라는 논문 서두에서 이는 "연구자와 서술자가 경험적 사실을 확인하는 것과 자신이 실천적으로 평가하는 것, 즉 이러한 사실을 좋거나 좋지 않다고 판단하는, 이런 의미에서 가치판단적으로 입장을 표명하는 것은 이들이 좌우간 이질적인 문제들이기 때문에 무조건 구별하여야 한다고 하는 그 자체 극히 평범한 요구를 문제 삼는다"라고 밝혔다. 말하자면 그에게서 가치중립성의 공준이란, 학자는 학문적 사실에 대한 언명과 이 사실에 대한 자신의 평가를 명확히 구별하여야 한다는 요청을 뜻한다는 것이다. 다시 말해서 그것은 가치판단을 하지 말라는 것이 아니라 가치판단이 자신의 것임을 분명히 밝혀 사실설명과 뒤섞거나 부풀려 포장하지 말라는 요청이었다.

베버는 이러한 뜻의 가치중립성 공준을 '강단 위에서의 가치판단'과 관련해서 특히 중시했다. 아니 이를 단연 거부하는 자세였다. 학자가 강단에서 전공과목의 내용 사실에 대해 설명하는 것을 넘어 자신의 정치적, 도덕적 세계관을 설파하는 것에 대해 학자가 이러한 '고백'을 할 때 학생들이 좋아하고, 나아가 수강생도 많아지겠지만 이는 강의를 들어야만 하는 학생들의 "강요된 상태를 이용하고 철옹성 같은 강단을 남용하는" 정치적 활동이라고 비판했다. 이는 말할 것도 없이 학자의 강단 위에서의 권위적인 가치판단으로 인해 학생들이 올바른 독자적 결정을 함에 있어서 오도됨이 없게 하기 위해서였다. 이렇게 학자가 학문적 연구발표에서 사실설명과 가치판단을 양심적으로 분리하고 또 강단 위에서의 무턱 댄 가치판단을 하지 않기를 요청하는 가치중립성의 공준은 그의 말대로 하나의 '지적 정직성의 명령'이었다.

그런데 가치중립성의 공준은 그 사이 처음은 이른바 '가치판단 논쟁'에서 그 가치상대주의적 기초 때문에 허무주의에 빠지게 한다고, 다음은 이른바 '실증주의 논쟁'에서 그 실증주의적인 이론과 실천의 분리 때문에 지배자의 시녀로 전락케 한다고 비판받았다. 그러나 가치상대주의는 가치판단의 학문적 증명에 대한 회의의 표명이지 가치판단의 자의성에 대한 주장은 아니다. 또 이론과 실천의 분리는 실천에 대한 맹종이 아니라 의미에 찬 실천의 개혁을 비로소 가능케 하는 것이다. 어쨌든 사실 언명과 가치판단의 양심적 구별을 요청할 뿐인 가치중립성의 공준에 대해 그 같은 도덕적, 정치적 비판을 가한 것은 의아스럽기만 하다. 그래서인지 그러한 논쟁은 승자도 패자도 없이 잠잠해진 지가 오래다.

따라서 가치중립성의 공준은 논쟁에서 언급된 것처럼 나쁜 것도, 위험스런 것도, 더 더구나 실현불가능한 것도 아닌 것 같다. 베버가 파헤친 그 본 뜻에서만 이해한다면 그것은 사회과학뿐만 아니라 모든 학문에서 추구할 만하고 또 실현가능한 이상이기도 하다. 그러나 가치중립성의 공준은 학자 개인에 대한 요청이다. 철학자 포퍼는 학문의 객관성이 학자 개인의 객관적이려는 노력에만 의거한다고 상정하는 것은 나이브하다고 했다. 학문적 방법은 학자들 사이의 비판, 경쟁, 수정, 즉 방법의 상호주관성(공공성)을 요구한다는 것이다. 포퍼는 학문론의 '제도적 전회'를 시도한 것이다. 그러나 이것이 가치중립성의 공준을 배척하는 것은 아니다.

이처럼 가치중립성의 공준은 하나의 범학문적인 이상으로 생각되지만 유독 법학만은(물론 한스 켈젠의 순수법학이론 같은 예외도 있지만) 반대의 목소리를 높였다. 법률규범은 입법자의 일정한 가치판단의 결과 및 표현이고, 이를 대상으로 삼는 법학은 가치중립적일 수 없다는 것이다. 그러나 종교의 규범이 평가를 통해 일정하게 창정되어도 가치중립적 종교학은 가능하다. 나아가 법학은 법의 해석에서 가치판단을 하지 않을 수 없으므로(예컨대 정범과 공범의 구별) 가치중립성의 공준은 타당하지 않고 또 타당해서도 안 된다는 것이다. 그러나 가치중립성의 공준은 가치평가를 금하는 것이 아니라 그것이 자기의 것임을 밝히라고 할 뿐이다.

더군다나 법해석은 가치판단의 집적만은 아니다. 여기에는 주지하듯이 문리적, 체계적, 역사적, 목적론적 해석들이 동원된다. 문리적 해석은 그 핵심이 언어학적 활동이고, 체계적, 역사적 해석은 각각 논리학적, 역사학적 활동이다. 이 모두에 독자적 가치판단은 근본적

으로 요구되지 않는다. 법의 목적론적 해석은 해석의 제왕이라 일컫
지만 그 주관적 목적을 묻는 경우('주관적·목적론적 해석') 이는 입법
자의 의도를 묻는 것이며, 이는 앞의 역사적 해석과 일치한다. 다음
그 '객관적' 목적을 묻는 경우('객관적·목적론적 해석') 이는 하나의 미
스터리이다. 법이 어찌 입법자나 법해석자 또는 법적용자의 목적(의
도)과 일치하지 않는 목적을 따로 가지겠는가이다.

실로 법률은 입법자의 가치판단의 산물이다. 이를 대상으로 삼는
법학은 그 용어, 영역 등이 법률에 의해 구성되고 구획된다. 법학이
야말로 '가치판단에 의해 각인되고 규정된 학문'의 전형이다. 그러나
이도 베버적 의미에서 가치중립적일 수 있다. 즉 그것은 법사실(예컨
대 낙태죄 규정)의 설명(언명)과 그것에 대한 개인의 평가('낙태는 비난
받아야 한다')를 분리해서 행할 수 있다. 말하자면 자신의 평가적 입장
을 분명하게 밝히고 법사실의 설명과 뒤섞지 않으면 되는 것이다. 이
는 사실 법학에서 결코 낯설지 않다. 많은 법학자들은 해석론과 입법
론 사이의 본질적 차이를 지적하고, 나아가 자신의 입장을 '사견' 또는
'졸견' 등으로 개진하고 있다. 실로 법학의 객관성을 위한 제도의 정착
이 이루어지고 있는 것이다. 문제는 베버가 질타한 '강단 위의 가치판
단'이다. 그러한 '개인적 색채를 띤 교수들의 예언'은 베버가 그랬듯이
참을 수 없기에 언론, 집회, 단체에서나 하라고 해야 하겠다.

그러나 법적용은 순수한 논리적 포섭절차일 수 없다. 법률에 포섭
될 개별사건의 확정이나 일정한 법률해석의 방법에 대한 결단은 법적
용자의 독자적 가치판단 없이는 불가능하다. 법적용은 가치중립적일
수 없는 것이다. 실로 법학과 법적용은 가치중립성의 규준을 통해 경
계지어지는 것이다. 법학은 그 자체 가치중립적일 수 없는 법적용의
준비 작업이다. 힐겐도르프의 지적처럼 법학자는 지도를 작성하고 법
적용자는 갈 길을 결정하는 것이다. 두 활동 모두 똑같이 중요하다.
넓은 의미에서의 법학이 법학과 법적용을 포괄하고 있다고 보면 이는
가치중립적일 수 없고 '가치의식적'이라고 해야 하겠다.

참 고 문 헌

M. Weber, *Gesammelte Aufsätze zur Wissenschaftslehre*, 제3판,
    Tübingen 1968, 146~214(150)면, 489~540(491 이하, 500)면.
H. Keuth, *Wissenschaft und Werturteil. Zu Werturteilsdiskussion und
    Positivismusstreit*, Tübingen 1989, 6~54, 93~189면.
E. Hilgendorf/L. Kuhlen, *Die Wertfreiheit in der Jurisprudenz*,
    Heidelberg 2000, 1~49면(1~, 16~, 19~, 27~, 33~).
칼 R. 포퍼, 열린사회와 그 적들, 민음사, 1982, 303~308(304)면.

법과 방법다원주의[†]

　돌이켜 보면 법철학 연구 여정의 길목에서 처음 만나 지금까지도 믿음 직한 길동무인 분이 김지수 교수이다. 이제 그도 퇴임하신다니 감회가 남다르다. 김 교수의 사상은 심원하고 그 특징은 일원적이라기보다는 다원적이다. 이는 우리의 상상을 사로잡는 일면이기도 하다. 이 점과 관련하여 떠오르는 약간의 단상을 적어 그의 퇴임을 기념하고자 한다.

I

　사상과 그 방법의 다원성은 사람으로 하여금 독단적이지 않게 하고 현상을 더욱 올바르게 파악케 한다. 이런 점에서 사상적 다원성은 높이 평가받아야 한다. 김 교수의 사상적 다원성은 라드브루흐의 그것에 연원하고 그것과 궤를 같이 한다고 단정해도 좋겠다. 그는 독일 프라이부르크 대학에서의 박사학위논문인 「라드브루흐 사상에서의 '방법삼원주의'와 '사물의 본성'」의 말미에서, "라드브루흐의 사상은 이를 일면적으로만, 즉 주관적으로만 혹은 객관주의적으로만, 이념주의적으로만 혹은 현실주의적으로만, 형식적으로만 혹은 실질적으로만 파악하는 자는 올바로 이해한 것이 못 된다. 그의 사상은 … 여러 복합적인 사상에서 우러나온 조화적인 통일성과 전체성에 의거하고 있다"고 결론내렸다.[1] 이는 라드브루흐의 사상적 다원성과 복합성을 그리고 그것에 창의적으로 동화한 김 교수 자신의 사상을 함께 담아 표명한 것이다.

[†] 「지안 김지수 교수 정년기념논문집」 2003.

[1] Jisu Kim, '*Methodentrialismus*' und '*Natur der Sache*' im Denken Gustav *Radbruchs*, Dissertation Freiburg/Br. 1966, 255면 이하.

라드브루흐의 법철학은 물론 근본적으로 신칸트주의적 방법이원
주의에 입각했다. 그러나 그는 현실과 가치 사이를 매개하는 '문화'라
는 매체를 인정한 리케르트의 다소 유연한 이원주의를 바탕으로 사
원주의라고도 할 눈부신 세계상을 펼쳤다. 즉 우선 크게는 가치맹목
적 고찰방법(자연과학)의 산물인 '자연'과 가치평가적 고찰방법(가치철
학)의 산물인 '가치', 그리고 이들 사이를 상이하게 매개하는 가치관
련적 고찰방법(문화과학)의 산물인 '문화'와 가치극복적 고찰방법(종교
철학)의 산물인 '종교'의 세계가 그것이다.[2] 그리고 나서 라드브루흐
는 이 세계 안에서 법의 고향을 묻고 그 본질도 규정한다. 즉 법은
문화현상으로서 모든 문화가 현실과 가치를 매개하는 매체로서 그것
이 또한 '인간'의 작품이기에 반가치적일 수도 있지만 가치를 실현하
려는 의미를 가지는 현실이라는 논리를 따라 다음과 같이 설명된다:
"법은 오직 가치관련적 태도의 범위 안에서 파악될 수 있다. 법은 문
화현상, 즉 가치에 관련된 사실이다. 법개념은 법이념을 실현하려는
의미를 가진 소여로서밖에 규정될 수 없다. 법은 정의롭지 않을 수
있으나 그것은 정의로우려는 의미를 가지고 있기 때문에 법인 것이
다."[3]

실로 라드브루흐에서의 법은 문화현상처럼 현실성과 이념성으로
구성된 복합적 형성물(작품)이다. 그것은 김 교수가 정확히 지적하듯
이 가치극복적, 종교적 고찰방법을 도외시할 경우 가치맹목적, 가치
관련적, 가치평가적 고찰방법을, 다시 말해서 방법삼원주의를 바탕으
로 얻어진 것이다.[4] 그리고 리케르트가 강조하듯이 문화의 '가치관련
성'이 가치평가 그 자체처럼 실천적 평가가 아니라 어디까지나 이론
적 확인 내지 서술이라면[5] 라드브루흐의 법파악도 법현상에 대한 특

---

2) G. Radbruch, *Rechtsphilosophie*, R. Dreier/Stanley L. Paulsen 공편, Heidel-
   berg 1999, 제1장; 라드브루흐, 「법철학」(최종고 역), 박영사, 2002, 제1장
   참조.
3) 위의 G. Radbruch, 12면.
4) Jisu Kim, 앞(주 1)의 논문, 55면.

유의 경험적 판단 내지 개념정의의 성격을 지닌 것이라고 하겠다. 따라서 여기에서 벌써 그의 자연법 사상의 단초를 찾는 것은 성급하지만 그것이 아직도 뭇 법철학도의 소박한 심금을 울리는 것은 그것이 방법다원주의에 바탕한 관찰이기 때문일 것이다.

이렇게 법을 이념관련적 현실로 파악한다는 것은 독특한 함의도 포함하고 있다고 하겠다. 그것은 법을 두고 당위는 당위이고 존재는 존재라는 현실방임주의적인 '준열한' 분리론에도, 또 당위는 존재이고, 존재는 당위라는 현실억압주의적인 종합론에도 입각한 것은 아니다. 그것은 오히려 법을 두고 당위는 존재이어야 하고, 존재는 당위이어야 한다는 현실형성주의적인 요청론에 터잡고 있다고 하겠다. 이리하여 그것은 김 교수의 지적처럼 법을 "사실과 가치, 존재와 당위의 구별을 원칙으로 하여 이들간의 교호적인 작용관계"에서 파악케 하는 것이다.[6] 실로 법은 또한 김 교수의 표현을 빌리자면 '중층 · 복합 · 기능적인 다원성'의 대상임에 틀림없는 것이다.[7]

이의 부연으로는 페히너의 분석을 빼놓을 수 없다.[8] 그는 법을 크게 현실적 요소와 이념적 요소로 나누었다. 그리고 이를 다시 세분했다. 즉 현실적 요소는 생물학적 요소, 경제적 요소, 정치적 요소로, 그리고 이념적 요소는 이성적 요소, 가치적 요소, 종교적 요소로 나누었다. 그 다음 페히너는 이들 각 요소들 각각만에 입각한 법파악의 일면성과 부당성을, 그러나 나아가 이들 각 요소들이 가진 내용적 온당성, 객관성 그리고 그들의 기능적 협력의 필요성을 깊게 파헤쳤다. 그러나 그 궁극적 통일성과 조화는 더욱 물어야 할 과제로 남겼다. 페히너의 법분석은 그 후의 법철학에 '법의 소여와 과제'라는

---

5) 이 점 Jisu Kim, 위의 논문, 110면 참조. 또 H. 리케르트, 「문화과학과 자연과학」, 삼성문화문고 26, 삼성문화재단, 1973 참조.

6) 김지수, 법비교의 방법과 유형론의 관계, 「법철학과 형법. 석우 황산덕 박사 화갑기념논문집」, 법문사, 1979, 119면.

7) 김지수, 위의 논문, 같은 면.

8) E. Fechner, *Rechtsphilosophie. Soziologie und Metaphysik des Rechts*, Tübingen 1956, 1962. 특히 제 B, C, D, E부 참조.

패러다임을 세워 물려주었으나 그는 정작 크게 주목받지 못했다.

II

이렇게 파악된 법의 존재방식, 즉 법효력의 문제를 규명하는 데 방법다원주의적 접근이 가장 적절해 보이는 것은 두말할 필요가 없어 보인다. 법은 우선 소여로서 현실의 일부를 이룬다. 그래서 그것은 특유의 사회적 힘으로 작용한다. 이런 법의 존재방식이 법의 이른바 '사회적 효력'이다. 나아가 법은 자연법칙적으로 생겨 현실로 존재하는 것이 아니라 일정한 인위적인 창설근거에 입각해 동태적으로 구성되고 작동되는, 다시 말해서 자가생산적인 인간의 작품으로 존재한다. 이 법에 특유한 존재방식이 법의 이른바 '법률적 효력'이다. 마지막으로 이러한 법은 불완전한 인간의 작품이기에, 작품목적인 실현하여야 할 이념과 가치로부터 떨어져 있거나 심지어 그것에 반하기도 하지만 그러나 법은 그것을 구현할 의미를 상실해서는 안 된다는 요청을 담은 채 존재한다. 이런 법의 존재측면이 법의 이른바 '이념적(윤리적) 효력'이다.[9]

이처럼 법효력은 다차원성을 갖고 있다. 법효력의 이러한 세 측면들은 사실 어느 하나도 소홀히 할 수 없다. 이들 사이에는 자주 대립과 긴장관계가 빚어지지만 전체적으로 본다면 법효력도 김 교수의 표현대로 '중층·복합·기능적인 다원성'으로 규정되지 않을 수 없다. 물론 법효력에 대해서는 일원주의적 접근이 강하게 시도되었다. 법사회학자들은 법효력을 사회적 효력(실효성)으로만 새겨 그것을 단순한 확률의 수치로 나타내 보이려 애썼다.[10] 그러나 그러한 수치도

---

9) 이 이외에도 여러 차원을 더 들 수 있으나 라드브루흐의 법개념과 법이념에 부합되게 설명하기 위해 이렇게 분류한 것이며 이것은 또한 지배적 견해에 일치된다.

10) 대표적으로 Th. Geiger, *Vorstudien zu einer Soziologie des Rechts*, Neuwied-Berlin 1970, 70면 이하.

법률적 효력을 전제하지 않고는 나올 수 없다. 전통적 자연법론자들은 법효력을 일정한 자연법 원리에 비추어 보아 진정으로 구속적인가의 문제로만 이해하려 했다. 그러나 이는 법효력의 전체는 물론 이념적(윤리적) 효력에 대해서까지도 지나친 비합목적적 제한을 가하는 결과를 낳았다.

흔히 일원주의적 법효력관의 절정으로 켈젠의 순수법학적, 법실증주의적 법률적 효력의 이론을 든다. 그는 사실 사회적 효력, 즉 실효성을 법효력의 '조건'일 뿐이지 법효력 자체로 보지 않았고, 정당성의 개념을 합법성의 개념으로 해소시켜버렸다. 그러나 켈젠의 법효력론은 철저한 일원주의에 입각한 것은 아니다. 실효성을 '조건'으로 가정된 근본규범, 그 근본규범을 '조건'으로 창설된 실효적인 강제적 실정 법질서라는 그의 이론전개를 보면, 그에 있어서 실효성과 법률적 효력은 구별된다는 뜻이지 서로 분리 내지 배제된다고 볼 수 없다. 또 켈젠은 가치와 도덕을 규범과 분리해서 보지 않았다. 그래서 그는 가치와 도덕을 규범의 뒷면과 같은 것으로 보고 규범 안에 합체시켰던 것이다. 따라서 그의 합법성은 정당성, 이념성을 함의했다. 이러고 보면 켈젠의 법효력관은 일원주의적으로 보이지만 실은 다원주의적인 그것이라고 해야 마땅한 것이다.[11]

III

방법다원주의는 법의 과제, 즉 법이념을 풀이하는데도 탁월하다. 가치와 이념이 다원적인 왕국을 이루고 있음은 진, 선, 미의 최고가치를 보아도 금방 알 수 있다. 이에 나란히나 하듯 라드브루흐는 정의, 합목적성, 그리고 법적 안정성이라는 법이념의 3요소를 들어 삼원주의적인 법이념론을 수립하였고,[12] 이들은 누구나 수긍할 정도로

---

11) H. Kelsen, *Reine Rechtslehre*, 제2판, Wien 1960, 9면 이하, 16면 이하, 196면 이하 참조.

법형성과 법실현의 최고가치로 자리잡게 되었다.

생각해보면 법이 사회정치체제의 한낱 도구에 그치지 않고 독자적 과제를 갖는 한 그것이 다원적인 과제를 지니는 것은 당연하다. 인간은 행동적인 존재이다. 그러나 그 행동은 동물처럼 본능적 프로그램에 묶여 있지 않다. 행동의 개방성이 그 특징이다. 그러나 이는 행동의 불안정성과 불가예측성을 가져온다. 또 인간의 소망과 욕구는 크나 그것을 충족시킬 자원은 제한되어 궁핍을 면할 수 없다. 이에 갈등과 투쟁이 야기된다. 나아가 인간은 이타적인 면이 없지 않지만 이기적이기에 더 급하다. 그래서 인간은 모두의 이익을 도모하기에는 비효율적, 비협력적인 것이다. 이와 같은 인간의 불안정성, 투쟁성, 비협력성을 지양하여 공존공영의 사회생활을 이루기 위해 규범과 법이 만들어진 것이다. 여기에서 법의 과제가 평화(안정)와 합목적성의 도모라는 점이 우선 밝혀진다. 그런데 이러한 법은 유용도 하지만 남용도 따른다. 이는 법처럼 강제력을 가진 경우 더욱 그러하다. 그래서 요청되는 것은 법의 정당성이다. 법은 사람들의 정의관념에 합치되어야 하는 것이다. 이에 법의 과제가 정의의 실현임이 밝혀진다.[13]

실로 라드브루흐의 다원적 법이념론은 법의 다원적 과제, 즉 법의 다원적 목적가치를 표현한 것으로 적절하다고 하겠다. 그래서 가치를 순전히 규범의 이면으로만 보아 법이념을 따로히는 전적으로 인정하지 않으려는 견해(켈젠)도, 정의를 사회체제의 제1덕목으로 고양시킴으로써 자연히 하나만의 법이념이 되게 하는 견해(슈탐믈러, 롤즈)도 온당치 않은 것 같다. 문제는 다원적인 법가치들이, 우열의 법칙에 의하든 강약의 법칙에 의하든, 일정하게 정렬되기를 바라는 인간의 갈망이다. 그러나 이러한 갈증을 완전히 해소시킬 처방이 객관적으로

---

12) 이 점 라드브루흐, 앞(주 2)의 책, 제9장 참조. G. Radbruch, *Vorschule der Rechtsphilosophie*, 제2판, Göttingen 1959, 24면 이하 참조.

13) 이런 법의 과제와 이념의 관련은 P. Koller, *Theorie des Rechts*, 제2판, Wien 1997, 53면 이하 참조.

증명되어 있지는 않다. 하지만 그것들이 다원성을 지니는 한 어느 하나만의 극대화가 아니라 상호최적화의 규범적 요청 밑에 놓여야 하는 것이 절실함은 명백하다.[14] 때로는 가치맹신이 인간말살도 서슴지 않았다. 그러고 보면 법가치는 나아가 인간의 자유와 행복, 다시 말해서 인간의 존엄성과 인도성의 이상과도 균형을 맞추어야 하겠다.

IV

방법다원주의는 법방법론의 지표이기도 하다. 철학적 인식론에서도 연역적 선험주의나 귀납적 경험주의의 일원주의에만 기대지 않고 비록 확실치는 않더라도 진리에 더 가까워질 이론을 다듬기 위해 합리적 논의와 사변, 구성과 비판 등을 통해 더 큰 설명력을 갖고, 일정한 오류들을 회피하고 기존의 어려움과 약점들을 극복할 이론적 대안들을 탐색하는 그야말로 이론적 다원주의가 표방되고 있다.[15] 법의 인식, 법의 이해, 법의 결정이라고 해서 다를 수는 없겠다.

사실 법방법론에서는 우리가 모두 체험해 보지는 않았지만 관념적으로는 추체험해 볼 수 있는 여러 통일적인 이론들이 있었다. 과거의 개념법학, 역사법학, 목적법학, 이익법학, 자유법학, 오늘날의 평가법학적, 해석철학적, 공리(연역)주의적, 토픽적, 분석주의적, 논의이론적, 나아가 일상언어철학적 법이론들이 그것들이다. 그러나 이들 이론들은 존재하는 법규에 포함되는 진리의 '법발견'만을 고집할 수 없었고, 법규의 불확정성과 흠결을 보충하는 정당한 '법획득', '법형성'을 따로히 겨냥하지 않으면 안 되었다. 이들은 법추론을 두고 연역성을 그 골격으로 삼고자 했지만 여러 형태의 유비적 추론을 인정치 않을 수 없었다. 이들은 법해석의 규칙들, 즉 법문의 '어의(語義)', 법규범의

---

14) 이 점 O. Höffe, Sittlichkeit als Rationalität des Handelns?, H. Schnädelbach 편, *Rationalität*, Frankfurt/M. 1984, 149면 이하 참조.
15) 이 점 H. Albert, *Traktat über kritischer Vernunft*, 제5판, Tübingen 1991, 56면 이하 참조.

'문맥(文脈)', 입법자의 '의도(意圖)', 법률의 '목적(目的)' 위에 군림하거나 무시하려 했지만 성공하지는 못했다.

생각건대 합리적인 법방법론은 여러 법이론들과 법의 여러 해석규칙들을 법발견과 법형성의 상이한 차원에 걸쳐 다원적으로 동원하면서 방법적으로 정당하게 근거지어진 법결정을 얻는 데 있다고 하겠다. 법학사가 가르치듯이 어떠한 이론도 어떠한 규칙도 일반적으로 약점들을 갖고 있다. 이렇게 본다면 형국은 법이념론의 그것과 비슷하다. 따라서 어느 이론이나 어느 규칙도 그 절대화가 아니라 상호최적화의 이상에 따라야만 방법적으로 정당하게 근거지어진 법결정의 도출에 이바지하게 될 것이다.[16)]

V

주지하듯이 방법다원주의는 법(과)학이론에서도 무시되어서는 안 될 것 같다. 저 유명한 빈 학단은 '과학적 세계파악'이라는 목표 밑에서 '통합과학'(통상적으로는 '통일과학' — 편집자) 운동을 폈지만 사람들은 그로 인해 중요한 부문들이 비과학의 영역으로 내몰리게 된다고 불평이었다. 사실 위에서 언급했지만 이에 앞서 리케르트는 벌써 문화현상의 특유한 '의미'와 '중요성'에 착안해 '문화과학'의 이론을 제창했고 이를 자연과학에 대비시켰던 것이다. 그러나 켈젠은 리케르트적 문화과학의 경험성과 인과성을 들어 그것의 자연과학에 대한 차이를 의심하면서, 자연의 인과원리로부터 완전 분리된 당위(규범)의 귀속원리에 입각한 '규범과학'의 이론을 주장했고 이를 자연과학에 대립시켰던 것이다.[17)] 이는 서술적 언어와 규범적, 평가적 언어 사이의 근본

---

16) 이 점과 관련해서는 졸저, 「분석과 비판의 법철학」, 법문사, 2001, 207~226면 참조.

17) H. Kelsen, *Die Rechtswissenschaft als Natur- oder als Kulturwissenschaft. Eine methodenkritische Untersuchung*(1916), 지금은 *Die Wiener Rechts-theoretische Schule*, 제1권, Wien 1968, 37~93면. 그리고 그의 *Reine Rechtslehre*,

적인 '의미'의 차이를 인식론적으로 긍정하는 한 수긍이 가는 이론으로 보인다. 그러나 양 과학은 자연현상과 인간현상을 모두 규칙에 의해 규율된다고 보는 점에서는 방법론적으로 평행선 상에 놓여 있고 두드러진 차이는 인간 규칙의 '의미'일 것이다.

확실히 인간현상은 자연현상에서 볼 수 없는 근본적인 특징적 차이, 즉 그것이 의도하고 지향하는 바에로의 이른바 '지향성(指向性)', 즉 인간행위의 '의미'를 갖고 있다. 문화도 규범도 이 점에서는 같다. 이들의 의미는 인과적으로 설명될 것이 아니라 이해되고 해석되어야 하는 것이다. 이리하여 이들에 대한 합리적이고, 체계적이고, 방법의식적인 이해와 해석의 작업을 아울러 한 때는 '정신과학', 요즈음은 '해석과학', 나아가 '인간(문)과학'이라고 부르고 이를 자연과학에 맞세우고 있는 것이다.[18]

이러한 과학이론의 대립에는 그 근저에 '설명·이해'의 도식이 자리잡고 있다. 그러나 이러한 도식에 의해 그 과학성이 어느 쪽으로 판가름나는 것을 못마땅해 하는 부문도 있을 것이다. 그래서 여러 이른바 '사회과학'(사회학, 법사회학, 경제학 등)의 독자성이 주장되고 있다. 물론 이런 주장도 사회법칙이 물리법칙이라기보다는 인간의 역사적 및 문화적 합규칙성임을 생각할 때 절대적이지는 않다. 나아가 인간과학 중에는 인간현상의 의미에 대한 순전한 '인지과학'임을 넘어 사회의 실천에 이바지하는 점을 근거로 '실천과학'임을 특별히 강조하는 부문도 있을 것이다. 법학이 그 전형적인 예일 것이다. 어쨌든 이런 피상적인 고찰만으로도 법(과)학이론이 일원주의가 아니라 다원주의를 기초로 파악되지 않을 수 없음을 알 수 있다.

제2판, Wien 1960, 78면 이하 참조.
18) 이런 점 분석철학자도 인정하고 있다. G. H. v. Wright, *Erkenntnis als Lebens-form*, Wien 1995, 62면 이하, 220면 이하 참조.

VI

다원주의는 오늘날 철학이론으로도 다시금 주목받고 또 새롭게 근거지어지고 있다.[19] 사실 철학에는 많은 일원주의자인 거대이론이 군림했었다. 이성이 모든 이론적 및 실천적 문제에 대해 언제나 하나의 올바른 해결을 제시해 준다고 강조한 서양의 전통적 근대 합리주의는 그 한 대표이다. 오늘날 이는 신계약설, 즉 의사소통적 담론이론(하버마스)과 신사회계약설(롤즈) 등으로 새롭게 나타나 이성은 반드시 합의에로 이르고 이는 진리와 정의의 보편적 표준이라고 주장한다. 이는 '보편주의'라고 불리고 있다.

그러나 이러한 거대이론에 대한 다원주의 철학이론의 도전이 만만치 않다. 즉 진리는 하나이지만 우리가 진리를 직접 간파할 수 없기에 진리에 관한 다양한 인식(신념)과 설명은 불가피하다고 한다. 그리고 이성이란 철저할수록 전제들이 지시하는 것에로만 인도되지 합의나 진리에로 인도되지 않으며, 이성은 오히려 많은 경우 진리나 정의보다 최적화를 노릴 뿐이어서 그 자체 한계가 있다는 것이다. 나아가 합의 그 자체는 도덕적 요청을 반드시 담고 있다고 보지 않는다. 도덕은 타인을 존중할 것을 명하지만 이런 존중이 합의를 요청하지는 않는다는 것이다. 따라서 합의가 정의의 표준인 경우란 오직 도덕성이 투입된 합의일 뿐이라는 것이다. 이러고 보면 오늘날 주장된 위의 거대이론들은 순환논법의 함정에 빠짐이 없이는 구축될 수 없는 이론들이라는 것이다.[20]

이러한 다원주의 철학의 주장을 듣고 보면 옳은 듯하다. 그러면 다원주의 철학은 어떻게 근거지어지고 있는가? 위에서도 암시되었지

---

19) N. Rescher, *Pluralism. Against the Demand for Consensus*, Oxford 1993, 그리고 J. Kekes, *The Morality of Pluralism*, Princeton, New Jersey 1993. 또 D. Archard 편, *Philosophy and Pluralism*, Cambridge 1996. 법철학에서는 A. Kaufmann, *Rechtsphilosophie*, 제2판, München 1997, 300~301면.
20) N. Rescher, 위의 책, 제1장 참조.

만 다원주의는 경험적 상황이 다르면 인식, 평가, 실천에 있어 사람들이 상이하게 문제에 접근하게 되는 것은 자연스럽고 또 합리적이라는 (경험주의적) 입장에서 출발한다. 그래서 이는 다른 사람이 자기와 같은 입장을 지지하지 않는 것을 합리적인 것으로 수락할 뿐만 아니라, 다른 이의 같지 않은 견해에 맞서 자기의 확고한 입장을 취하는 것 또한 적절하고 옹호될 수 있다고 강조한다. 그리고 이는 이들 상이한 의견들 사이의 일치보다도 이해가능성과 묵낙(黙諾, 묵시적 승인)을 중요시하며, 불일치의 경우에도 조절과 협력, 균형과 조화가 가능하다고 믿는다.[21]

이러한 생각을 바탕으로 다원주의는 자체의 정체성을 정돈한다. 즉 다원주의는 어떠한 입장과 대안도 수락되거나 정당화될 수 없다는 극단적 회의주의(허무주의)나, 모든 입장과 대안은 모두 수락되고 정당화될 수 있다는 파이어아벤트적인 방법무정부주의 내지 방법혼합(동)주의가 아님을 강조한다. 즉 다원주의는 우리가 모든 의견에 대해 무차별적으로 부정적일 수 없으며 또 모든 의견을 받아들여 혼잡 속에서 불협화음만 자아낼 수 없다는 것이다. 나아가 다원주의는 일정한 입장을 취함에 있어 이를 한낱 취향의 문제로 여겨 무관심의 대상으로 여기는 극단적 상대주의도 또한 아님을 주장한다. 즉 다원주의는 인식적, 평가적, 실천적 문제들에 직면하여 여러 대안들을 놓고 무관심하게가 아니라 컨텍스트를 고려하면서 합리적 선호와 선택을 기하는 이른바 관점합리주의(Perspective Rationalism) 내지 컨텍스트주의임을 강조한다. 요컨대 텅빈 머리가 아니라 열린 마음으로 성찰적 검토와 평가를 기해 증거 있는 신념과 정당화된 선택을 확보하는 분별있고 지각있는 다원주의가 주장된 것이다.[22]

---

21) 역시 N. Rescher, 같은 책, 서문 참조. 카우프만은 의견들 사이의 수렴을 강조하면서(진리수렴설), 다원주의를 진리발견의 방해가 아니라 그 가능조건이라고 지적한다(A. Kaufmann, 앞(주 19)의 책, 300면).
22) 역시 N. Rescher, 같은 책, 제5, 6장 참조.

나아가 다원주의는 다원적인 신념과 선택 사이의 불일치를 불합리로 간주하여 이를 일치에로 강요하지 않기를 바란다. 의견, 선택, 평가 사이의 차이는 지나치지 않는 한 사회를 생동케 하고 발전의 채찍이 된다고 주장한다. 이리하여 다원주의는 도덕 및 정치철학적으로 매우 중요한 공준을 내세운다. 즉 다원주의는 사회체제가 가치의 다양성과 불일치를 조정하고 균형잡아 구성적 조화를 이루도록 기획하여야 한다고, 그리고 사람들은 의견, 평가, 행동에서 서로 다를 수 있다는 생각과 사실을 모두의 이익을 위해 수긍하고 수락할 수 있어야 한다고, 그리고 사람들은 이러한 다양성과 불일치에 대한 반응이 단순히 타인을 '관용'하는 것이 아니라 그의 자율성을 존중하는 것이 되어 모두에게 이익이 되는 평화공존의 사회질서를 유지하기 위해 부과된 한계의 틀을 벗어나지 않는 한 자유로이 자기 자신의 길을 걸어갈 권리를 승인받아야 한다고 주장한다.[23]

VII

이러한 다원주의 철학이론의 새로운 전개는 이때까지 김 교수의 사상적 다원성을 바탕삼아 두서없이 적어 본 짧은 생각들을 또한 새롭게 뒷받침해 주는 것 같아 고무되기도 한다. 실로 다원주의 철학은 방법다원주의 없이는 생각할 수 없다. 그리고 방법다원주의도 인식, 평가, 실천에서의 다원성과 복합성 없이는 생각할 수 없는 것이다. 이러한 다원성과 복합성의 상당한 규명에 부응하고자 방법다원주의는 불가피하게 등장한 것이다. 이는 인식, 평가, 실천에의 방법일원주의적 접근에서 결과할 일면적이거나, 나아가 조작적인, 심지어 독단주의적인 파악을 회피하거나 저지하고자 하는 것이다. 방법다원주의의 이상은 위에서도 지적했지만 다원성의 최적화와 균형수립에 있다. 그러나 이런 이상은 다원성 사이의 가교불능의 대립과 모순, 말하자

---

23) 역시 N. Rescher, 같은 책, 서문(3면) 참조.

면 대립적인 다극성으로 인해 충분히 실현되지 않는다. 그러나 이런 경우 방법다원주의는 체념하거나 무분별하거나 무관심하기를 거부하고, 무능력자가 아니라 능력자로서 주어진 사정을 고려하면서 분별있게 합리적으로 선택하는 데 그 목표를 두는 것이다. 말하자면 다원주의는 인식, 평가, 실천에 있어 수동적이거나 소극적이지 않고 능동적이고 적극적인 것이다.[24] 이런 의미에서 오늘의 다원주의는 "궁극적 모순들을 비합리적으로 안개로 덮어 버리는 것이 아니라 합리적으로 드러나게 하는 데 그 과제를 두는 합리주의"(라드브루흐)에 그치려 하지 않고 그것을 넘어서는 것이다. 말하자면 그것은 모순들에 적극적으로 대처하는 것이다. 그러나 그것은 다원성의 그 어느 것을 절대 우선시하지는 않는다. 이는 다원주의 철학에 어긋나기 때문이다.

이는 또 앞에서 본 다원주의의 정치철학적 공준과 관련하여 중요한 의미를 지닌다고 하겠다. 사실 다원주의적 정치철학적 공준은 바로 자유주의로 이해되기 쉽다. 그러나 그렇게 생각할 이유는 없다. 다원주의는 자유주의에서처럼 권리의 우위나(벌린, 노직), 평등의 우위나(드워킨), 자유의 우위나(라즈), 나아가 정의의 우위를(롤즈) 주장하지 않는다. 나아가 다원주의는 실체적 가치들에 대한 국가의 중립성도 강조하지 않는다. 다시 말해서 다원주의의 정치철학적 함의는 그것이 일정한 사회정치체제의 설계를 지향하는 한에서 이데올로기적이기는 하지만 '특정한' 이데올로기를 표방하지는 않는다. 다원주의는 어느 가치의 우위가 아니라 오히려 가치의 다원성을, 또 최대범위의 많은 가치들에 대한 적극성을 옹호하며, 이런 다원적 가치들 사이의 '균형'을 기해 '좋은(조화로운) 삶'(Good Life)을 이룰 수 있게 하는 철학이론인 것이다.[25] 물론 벌린처럼 다원주의를 두고 그것이 일원주

---

24) 이 점 비판적인 합리주의의 태도와 같다고 하겠다. H. Albert, 앞(주 15)의 책, 65면 참조.

25) J. Kekes, 앞(주 19)의 책, 제11장 참조. 법과 이데올로기의 관계에 대해서는 최종고, 「법철학」, 박영사, 2002, 제10장 참조.

의와는 달리 인간에게는 끊임없이 서로 경쟁을 벌이는 많은 공약불
가능한(=공통분모가 없는 — 편집자) 목표와 가치들이 존재한다는 것을
승인한다는 점에서 더 진실되고, 그리고 인간에게서 이들 가치들에
대한 선택권을 빼앗지 않는다는 점에서 더 인간적이라고 말하는 것
은 정곡을 찌른 찬사로서 허물잡을 수 없을 것이다.[26]

---

26) I. Berlin, *Four Essays on Liberty*, Oxford 1969, 171면.

존재와 당위†

고 김정선 교수에게 바침

   1. 일찍이 흄은 다음과 같이 말했다; "내가 이때까지 접한 모든 도덕 체계 속에서 나는 저자가 한참 동안 보통의 방법으로 자기의 생각을 전개하고 그리고 신의 존재를 확인하고 생에 관해 관찰하는 것을 항상 보아 왔다. 그런데 갑자기 놀라게 되는 것은 보통 '이다'와 '이지 않다'로 연결되던 명제들 대신에 '이어야 한다' 또는 '이어서는 안 된다'로 연결된 명제들을 내가 접하게 되는 것을 발견할 때이다. 이러한 변화는 알아차릴 수 없이 이루어지나, 이는 매우 중요하다. 왜냐하면 이 '이어야 한다'와 '이어서는 안 된다'는 하나의 새로운 관계나 주장을 표현하기 때문에 그것은 반드시 관찰되고 증명될 필요가 있기 때문이다. 동시에 전연 생각이 안 가는 것, 즉 어찌해서 이 새로운 관계가 그것과는 전연 다른 것으로부터 연역될 수 있는가에 대한 하나의 이유가 주어지지 않으면 안 된다. 그러나 저자들은 이러한 주의를 보통 하지 않기 때문에 나는 감히 독자들에게 그러한 주의를 할 것을 권한다. 그리고 나는 이러한 조그마한 주의가 모든 통상의 도덕체계를 뒤흔들어 놓을 것이고 또 악과 선의 구별은 결코 단순히 대상의 관계에 근거하고 있지도 않고 오성에 의해 깨닫게 되는 것도 아니라는 것을 가르쳐 주리라고 확신한다."[1]

   흄의 이 말은 오늘날까지 격렬하게 논의되고 있다. 어쨌든 이것은 존재와 당위의 관계에 관한 최초의 발언이었다. 이 말은 보통 '존재

---

† 마음, 제1권 제1호, 1978.
1) D. Hume, *A Treatise on Human Nature*, L. A. Selby-Bigge 판(1888), Oxford 1967, 469면.

로부터는 어떠한 당위도 연역되지 않는다'는 이른바 '흄의 법칙 또는 원칙'으로 불리고 있다. 이 원칙은 칸트에 의해 더욱 공고하게 그 기초가 다져져,[2] 그 후의 도덕철학 나아가 법철학의 사고를 크게 지배하게 되었다.

2. 흄의 원칙을 뒷받침하는 근거에는 여러 가지가 있으나 모두 궁극적으로 논리적 근거에로 귀착되고 있다. 전통적인 논리학은 전제에 없는 것을 결론으로 끌어들일 수 없음을 가르쳤다. 따라서 어떠한 당위명제도 순전히 사실명제들로 이루어진 전제들로부터는 결론으로 연역되지 않는다는 말이 된다. 그래서 짐멜은 "우리가 어떠한 것을 하여야 한다(sollen)는 것은, '만약 그것이 논리적으로 증명되어야 한다면', 언제나 확실히 전제된 다른 당위에로의 소급을 통해서만 증명될 수 있는 것이다"라고 했다. 이에 따라 법이론과 법철학에서도 마찬가지의 견해가 나왔다. 켈젠은 "존재와 당위의 대립은 형식적·논리적인 것이고 그리고 형식적·논리적 고찰의 한계 내에 머무는 한, 이쪽에서 저쪽에로 통하는 길은 없으며, 두 세계는 다리를 놓을 수 없는 균열로 서로 분리된 채 서로 대립하고 있다"고 했다. 또 라드브루흐도 "현실에서 가치가 연역되지 않았다는 것은 논리적 관계이지 어떤 인과적 관계는 아니다. … 이는 평가가 존재사실에 의해 야기되지(verursacht) 않는다는 것이 아니라, 평가는 존재사실에 의해 근거지어(begründet)지지는 않는다는 것을 주장한다"고 했다.[3]

오늘날 흄의 원칙과 관련해서 윤리학자 헤어는 "명령적 결론은

---

2) 칸트의 다음과 같은 말은 유명하다. "당위란 자연 속에서는 찾지 못하는 일종의 필연성…을 뜻한다. 자연으로부터는 우리의 오성은 있는 것…만을 인식할 수 있다. 우리는 자연 속의 어떤 것에 대해서도…있어야 한다고는 말할 수 없다." I. Kant, *Kritik der reinen Vernuft*, Felix Meiner, Hamburg 1956, 534면.

3) G. Simmel, H. Kelsen, G. Radbruch의 인용은 필자가 이른바 구제(舊制) 박사학위논문으로 서울대학교 대학원에 제출한 "존재와 당위의 관계에 관한 연구"(1976)에서 재인용했다(동 41면 이하). (「비판과 분석의 법철학」, 2001, 387면 이하, 특히 414면 이하 참조 — 편집자).

적어도 하나의 명령을 포함하고 있는 전제들로부터만 타당하게 이끌
어낼 수 있다"고 하면서, "존재명제에서 당위명제를 연역할 수 없다
는 흄의 탁월한 고찰의 기초는 이러한 논리적 원칙 속에서 발견될
수 있다"고 지적하고 있다.[4]

3. 흄의 원칙은 철학에서나 법철학에서 많은 도전을 받았다. 오늘
날에 와서 가장 주목을 끈 것은 서얼의 언어철학적 분석에 의한 흄
법칙의 공격이었다. 그러나 그것도 결정적인 것은 못 되고 있다. 법
철학에서도 주로 항상 새로운 모습으로 나타나는 자연법론이 '진(眞)
의 법'을 대상의 관계 속에서 찾으려 하면서 이 원칙에 도전하나 성
공하고 있지 않다. 이러한 도전들은 대개가 *petitio principii*(선결문제
요구)나 *enthymeme*(생략삼단논법)의 논리적 오류에 빠지고 있다.[5]

따라서 흄법칙에 대한 일체의 도전들은 결국 모두가 논리적 함정
을 뛰어넘지 못 하고 있는 셈이다. 다시 말한다면 이 원칙의 최후의
보루는 그것이 논리적 필연성이라는 점이다. "논리적 필연성만이 있
듯이, 또한 논리적 불가능성만이 있을 뿐이다"라는 비트겐슈타인의
말처럼 흄법칙이 논리적 필연성이라면, 존재에서 당위를 연역한다는
것은 논리적 불가능성일 뿐이라고 보았다.[6] 그런데 요즈음 이 흄의
원칙을 뒷받치고 있는 논리적 기초를 그야말로 '논리적'으로 뒤흔드
는 논의가 제기되어 관심을 모으고 있다.

4. 이러한 논의는 두 개의 논리적 원칙을 근거로 하여 전개되고
있다.

4.1. 그 하나는 논리학상의 '선언(選言)'의 한 규칙인 이른바 선언
적 확대(Inference by Disjunctive Addition)의 원칙, 즉 '하나의 진(眞)
인 명제는 임의의 한 명제에 의해 선언적으로 확대될 수 있다'; '$p \rightarrow$

---

4) R. M. Hare, *The Language of Morals*, Oxford 1961, 28면.

5) 특히 J. R. Searle, How to derive 'Ought' from 'Is', *Philosophical Review*
vol. 73(1973), 그리고 자연법론의 논의에 대해 약간의 분석은 위의 졸문 44
면 이하 참조.

6) 필자도 앞(주 3)의 졸문, 105면 이하에서 이렇게 주장했다.

$p \vee q$'라는 원칙 위에 입각한 것이다. 이는 매브로디스가 밝혔다.[7] 예컨대 다음의 명제들을 두고 생각하여 보자:

(1) 파리는 프랑스의 수도이다.
(2) 사람은 거짓말해서는 안 된다.
(3) 파리는 프랑스의 수도이거나, 사람은 거짓말해서는 안 된다.

여기에서 명제 (1)은 사실적 명제이고, 명제 (2)는 규범적 명제이다. 그런데 명제 (3)은 명제 (1)에서 위의 원칙에 의하여 논리적으로 연역된다. 물론 그것은 명제 (2)에서도 연역될 수 있다.

그런데 명제 (3)을 사실명제로 볼 것인가 또는 규범명제로 볼 것인가는 매브로디스의 말처럼 선택할 수 있다. 만약 그것을 규범명제로 본다면, 그것으로써 이미 '존재에서 당위는 연역된다'는 주장은 증명된 것이다. 그리고 그것을 사실명제로 본다면, '파리는 프랑스의 수도이거나, 사람은 거짓말해서는 안 된다'라는 명제에, 그 전건을 부정하여 보는 사실명제, 즉

(4) 파리는 프랑스의 수도가 아니다.

라는 명제를 삽입하여 보면 두 개의 사실명제 (3)과 (4)에서 규범명제 (2)를 논리적으로 연역할 수 있다는 것이다.

4.2. 다른 하나는 스콜라 철학에서부터 지적된 내언(內言)의 역설 중의 하나인 이른바 Ex-falso-sequitur-quodlibet의 원칙, 즉 '임의의 위(僞)인 명제(전제)로부터는 어떠한 임의의 명제도 연역된다': '$\sim p \rightarrow (p \rightarrow q)$'라는 원칙에 근거해서, 전제에 없는 것을 결론에 끌어들일 수 없다는 원칙을 의심한다. 이는 특히 바인베르거와 타멜로가

---

7) G. I. Mavrodes, On Deriving the Normative from the Nonnormative, *Papers of the Michigan Academy of Science, Arts and Letters*, vol. 53, 1968, 353면 이하. 이에 관해서는 N. Hoerster, Zum Problem der Ableitung eines Sollens aus einem Sein, *ARSP* vol. 1969 LV/2, 11면 이하 참조.

지적하고 있다.[8] EFQ의 원칙은 아는 바와 같이 조건문의 경우 전건이 위(僞)이면 그 후건이 진(眞)이든 위(僞)이든 관계없이 항상 진이라는 사실과 정격법(正格法)(*modus ponens*)의 원칙 위에 의거하고 있다.

예컨대 '지금 여기에 비가 오고, 그리고 지금 여기에 비가 오는 것은 아니다'라는 僞(모순)인 전제에서부터는, '지금 동경에서는 비가 오고, 지금 홍콩에서는 비가 오지 않는다'는 결론뿐만 아니라, '너는 이웃을 사랑해야 한다' 또는 '너는 이웃을 미워해야 한다'라는 결론도 이끌어낼 수 있는 것이다. 다시 말해서 이 EHQ 원칙도 당위는 당위에서만 이끌어낼 수 있다는 흄의 원칙을 의심케 하는 것이라는 것이다.

5. 우리는 이와 같은 간단하고도 놀랍기만 한 논의에 대해 이의를 제기할 수 있는가? 그리고 이러한 논의들은 정말 흄의 원칙을 무너뜨리는 것인가? 우리는 이에 대하여 깊이 생각하지 않을 수 없다. 그것은 존재와 당위의 문제는 하찮은 문제가 아니고, 또 그것은 국가 및 법의 철학에 큰 영향을 주고 있는 때문에도 그렇다.

매브로디스는 위의 설명에서 존재에서 당위가 연역된다는 것은 분명하다고 말한다. 그도 명제 (3)을 규범명제로 보는 데는 찬성하지 않는다. 사실 사실적 부분과 규범적 부분으로 이루어진 선언(選言)은 그 '진'이 규범적 부분의 정·부당 그 어느 것과도 상합하므로 그러한 선언이 합리적인 규범적 기능을 수행할 수 없는 것이 사실이다. 그러면 결국 명제 (3)을 사실적 명제로 보고 명제 (4)를 도움으로 규범명제 (2)를 이끌어내는 방법에 주목하게 된다. 그런데 명제 (3)의 '진'을 (그 규범적 부분의 정·부당과 관계없이) 인식할 가능성이 있

---

8) O. Weinberger, *Ex falso quodlibet* in der deskriptiven und in der präskriptiven Sprache, *Rechtstheorie*, Bd. 6, Heft 1, Berlin 1975, 17면 이하. I. Tammelo, *Zur Philosophie des Überlebens. Gerechtigkeit, Kommuni-kation und Eunomik*, Freiburg, München 1975, 237면 이하.

는가이다.[9]

매브로디스는 만약 이를 긍정한다면 당위를 존재에서 연역하는 것은 가능하다고 본다. 이것이 불가능할 경우 존재와 당위 사이의 균열은 남는다. 그러나 이것은 여러 학자들이 주장하듯이 논리적인 것이 아니라, 인식론적인 것이라는 것이다. 그래서 그는 '당위는 존재에서 연역될 수는 있지만 인식될 수는 없다'는 결론을 내린다.

이러한 매브로디스의 결론은 과연 흄의 법칙을 무효화하는 것인가? 우리는 좀 더 생각하여 볼 필요가 있다. 이때까지 논리학이라면 우선 연역을 중히 여기고 증명은 제2차적인 것으로 생각했다. 사실 우리는 일련의 전제들로부터 무엇이 연역될 것인가는 그 전제들의 진(眞)과 위(僞)에 관계없이 확정할 수 있다. 그러나 논리학은 증명도 연역과 꼭 같이 본질적 '과제'로 삼고 있다고 보아야 한다. 그러나 하나의 결론이 증명이 되자면, 그것이 일련의 전제들에서 연역될 수 있을 뿐만 아니라, 그 전제들이 진(眞)이어야 한다. 따라서 바인베르거가 지적하듯이 연역(Ableitbarkeit)과 증명(Beweisbarkeit)은 엄격히 구별해서 보아야 한다.[10]

이러한 관점에서 보면 선언(選言)적 확대의 원칙은 연역가능성은 보여주나 증명가능성은 보증하지 못하고 있다. 따라서 매브로디스의 견해는 일면적이다. 사실 진정한 의미에서 흄의 법칙은 그가 보듯이 '존재로부터 당위를 연역할 수 없다'는 것이 아니라, 짐멜이나 라드부르흐가 지적하듯이 "존재는 당위를 증명 내지 근거지을 수 없다"는 것을 말한다.

이 점은 둘째번의 논의의 기초인 EFQ 원칙에 대해서도 마찬가지

---

9) 매브로디스도 이를 시도해 보나 미해결로 남긴다: 즉 우선 명제 (1)에서 얻으니까 그렇다고 하자, 그러나 명제 (1)과 명제 (4)는 모순이고, 둘을 동일한 전제 속에 놓을 수 없다. 다음으로 명제 (3)은 명제 (2)에서 연역할 수 있다. 그러나 명제 (2)는 우리의 결론이다. 이렇게 되면 결론을 가지고 전제의 하나를 증명하는 데 사용하게 된다. 또 이렇게 되면 논증 자체는 쓸모없다.

10) O. Weinberger, *Rechtslogik*, Julius Springer, Wien, New York 1970, 109면 이하.

이다. EFQ 원칙도 연역에 관한 것이지 증명에 관한 원칙은 아니다. 사실 EFQ 원칙은 존재사실의 세계에서는 상상의 가능성에 그치고 현실로 존재할 수 없다. 왜냐하면 현실에는 모순되는 판단의 설정을 허용하는 가능성은 없기 때문이다. 따라서 EFQ 원칙이 효력이 있다면 그러한 진술의 세계는 쓸모없는 것이라는 점을 나타내 보이는 것이다. 그러나 규범의 세계는 다르다. 규범의 체계에서는 모순이 없기를 바라고 또 그것을 제거하려는 원칙이 있지만 무모순성(無矛盾性)의 원칙은 어디까지나 규정원리(規整原理)이다. 그래서 하나의 법질서에 지양할 수 없는 모순이 존재한다면, 이 때의 EFQ 원칙에 의한 연역은 사실판단으로부터의 연역이 아니고, 규정판단으로부터의 연역인 것이다. 따라서 이것은 존재와 당위 사이의 균열의 가교와는 관계없다.[11]

6. 결론적으로 말한다면 흄의 법칙은 그 핵심적 의미에서는 유지된다고 볼 수 있다. 다만 우리는 그것을 좀 더 명확히 하여야 한다. 즉 '존재로부터 당위의 추론은 증명 내지 근거지어지지 않는다'로 읽어야 할 것이다. 이것이 당위는 인식에 근거하지 않는다는 비인식주의(non-cognitivism)의 진정한 의미이다.

---

11) I. Tammelo, 전게서, 238면 이하 참조.

규범·규범과학·논리†

문제점의 소묘

필자는 규범 과학과 논리의 관계에 관해 깊은 관심을 갖고 있었다.[1] 그러나 경탄할 만큼 발전된 논리학에 관해 아는 바 너무나 모자라 여전히 관심만 갖고 있는 실정이다. 그리고 보니 이 글이 좁고 얕은 차원에서의 조잡한 스케치에 그칠 수밖에 없다.

I

규범 과학이 무엇이며 그것이 도대체 엄격한 의미에서 학문인지 얼른 대답하기 힘들다. 우리가 학문을 검증 가능하고 객관적인 지식, 특히 '이론적 인식'의 체계로만 이해하려고 한다면, 규범 과학의 학문성은 의심될 것이다. 그러나 메타 학문 이론의 영역에서 규범 과학이란 말이 어느 정도 확고한 자리를 잡고 있는 탓인지 그 학문성이 전적으로 부정되고 있지는 않는 것 같다. 그래서 대체로 규범을 근거지우고, 정당화하고 규범을 대상으로 삼아 그것을 분석하고 설명하고 체계화하는 등의 일을 하는 정신적 활동이 규범 과학으로 인정받고 있는 듯하다.[2] 또 논리가 무엇이며, 그것이 학문에 대해 하는 기능이 무엇인지도 얼른 대답하기란 어렵다. 즉 논리를 심리적으로 파악해야 할지 또는 순전히 형식적으로 파악해야 할지, 논리가 선험적인지 또는 실제적 사고로부터의 추상인지, 그것이 플라톤적 실체와의

---

† 김준섭 외 공저, 「논리연구. 김준섭 박사 고희기념논문집」, 문학과지성사, 1985.
1) 이는 필자의 「법철학 I」, 법문사, 1982, 특히 262면 이하에 피력되어 있다.
2) 규범 과학의 학문성과 관련해서는 G. Kalinowski, *Querelle de la science normative*, Paris 1969(L.G.D.J.) 참조.

씨름인지 또는 단순한 형식적 구조와의 씨름인지, 논리 자체가 인식인지 또는 그 안내자에 불과한지 모두 답하기 어려운 (논리)철학적인 문제들이다. 그러나 대체로 논리는 추론과 그 증명의 정확성과 부정확성을 가려내는 방법과 원리이며, 따라서 학문적 인식을 얻는 데 이바지하여 왔다는 것은 인정되고 있는 듯하다.

그리고 학문과 관련하여 누구나 논리가 학문의 모든 문제를 해결한다고 보지는 않지만, 학문에 논리가 필요하다는 것은 의심하지 않는 것 같다. 학문이란 엄격히는 인식의 체계로 파악되고 있다. 이러한 인식은 그것이 어떤 것이든 간에 직접적으로 얻는 경우보다는 간접적으로, 즉 추론을 통해 얻어지는 것이 대부분이다. 따라서 여기에 추론에 정합성(整合性)에 관한 규칙인 논리가 필요하지 않을 수 없겠다. 따라서 논리란 학문의 '필요조건'과 같은 것이라 하겠다. 그렇다면 이러한 생각은 규범과학에도 마찬가지이어야 하지 않겠는가? 그러나 이는 단순하게 대답될 문제는 아닌 성싶다.

II

우선 우리는 규범에 관해 물어보아야 하겠다. 도대체 규범이란 무엇인가? 그것은 어떠한 특성을 갖고 있는가? 이 또한 얼른 대답하기란 힘들다. 그러나 대체로 규범이란 인간 행위의 조정과 지도를 위한 규율로 이해되고 있다. 또 이러한 규범은 사회적 사상(事象)에 대한 가치 판단에서 나오는 태도의 표현으로 여겨지고 있다. 따라서 규범이란 행위 지시인 동시에 가치 규준이라고 말할 수 있겠다. 그러면 이러한 규범이 갖는 특성은 무엇일까?

우리는 가장 단순하고 원형적인 규범으로 다음과 같은 예를 들 수 있다:

(1) 살인하지 말라!

(2) 약속을 지켜라!

그런데 이러한 규범문들은 다 같은 언어적 표현이지만 다음과 같은 언명들과는 아주 대조적이다:

(3) 이방원은 정몽주를 살해케 했다.
(4) 이몽룡은 성춘향과의 약속을 지켰다.

이 (3)과 (4)와 같은 언명들은 맞든 안 맞든 존재사실을 기술하고, 말하자면 기술적 내용을 갖고 있다. 그러나 위의 (1)과 (2)와 같은 규범문들은 일정한 내용을 갖고 있기는 하지만 그것을 기술하는 것이 아니라 그것을 명하고 있는 것을 알 수 있다. 즉 그것들은 그 수령자 측에서 보면 무엇을 하지 않아야 하며 무엇을 하여야 하는가를 지시하는 것이다. 다시 말해서 규범은 '당위'를 표현하고 있는 것이다. 그래서 우리는 규범의 특성을 다음과 같이 대조적으로 말할 수 있다:

"언명은 존재에 관련되나 규범은 당위에 관련된다."

이와 같이 규범이 당위를 표현하고 있다는 점에 대해서는 누구나 다른 생각을 갖고 있지는 않는 것 같다. 그런데 위와 같은 결론과 관련하여 자연히 논의되고 또 학문이론적으로 매우 중요한 의미를 가지는 규범의 또 다른 특성을 놓고는 의견이 같지만은 않은 것 같다. 그것은 다름 아닌 규범문의 진리치(眞理値) 문제이다. 즉 규범을 놓고 우리가 참과 거짓이라고 말할 수 있는가이다.

한편에 있어서는 규범의 진리치를 전적으로 부정한다. 규범문은 명백히 참과 거짓일 수 있는 기술문과는 전적으로 다르다는 것이다. 규범문은 그 의미에 있어서 명령이라는 것이다. 따라서 예컨대 "이 창문은 닫혀져 있다"라는 기술문은 참인가 거짓인가를 검증할 수 있다. 그래서 그 결과가 밝혀진다. 그러나 "이 창문을 열어라!"라는 명령문을 두고 생각해 보자. 이는 물론 여러 가지로 평가될 수 있다; 만약 문이 이미 닫혀져 있다고 하면 '무의미'하다고 할 것이고, 방 안의 공기가 나쁘다고 하면 '합리적'이라고 할 것이다. 그러나 그러한 명령은 참과 거짓이라고는 할 수 없지 않느냐는 것이다. 이는 마치 소수(素數)를 놓고 건강하다 또는 병적이다라고 말할 수 없는 것과 같다는 것이다.[3] 그래서 규범은 다른 평가, 즉 타당성(效力値)가 귀속 되어야 한다고 본다. 그래서 다음과 같이 규범의 특성을 표현했다:

"언명은 참과 거짓일 수 있고, 규범은 타당하거나 타당하지 않다."

그러나 다른 한편에서는 규범에 대해 진리치를 귀속시킬 수 없다 고 하는 것은 부당하다고 주장한다. 여기에서는 규범문과 명령은 구 별된다. 명령은 일정한 행위에 대한 요구나 금지, 언어적 행태이지만 규범문은 일정한 행위가 명령 또는 금지되어 있다고 주장하는 언명 이라는 것이다. 따라서 "창문을 닫아라!"와 같이 행위를 나타내는 명 령은 참과 거짓일 수 없지만, "고속도로에서 정차하는 것은 금지되어 있다"라는 규범(문)은 참과 거짓일 수 있다는 것이다. 즉 규범은 어 떤 것이 금지, 명령 또는 허용되어 있는 것이 참인가 거짓인가에 대 해 무엇인가 언급하는 언명이라는 것이다.[4] 더욱이 이러한 규범문은 타르스키(Tarski)의 메타언어적으로 정의된 '참된 언명'의 개념을 받 아들일 경우 그 진리치가 잘 밝혀진다는 것이다.

이렇게 대립되는 양 주장에 대해서 어떠한 판정을 내려야 할까? 사실 이러한 대립은 깊은 철학적 배경의 차이에서 온다고도 보겠

---

3) Weinberger의 유명한 말. O. Weinberger, *Rechtslogik*, Berlin 1970, 33면; 또 대부분의 논리실증주의자들이 이렇게 주장했었다는 것은 잘 알려진 사실 이다.

4) 이와 같은 견해를 피력하는 자로는 F. v. Kutschera, *Einführung in die Logik der Normen, Werte und Entscheidungen*, Freiburg, München 1973, 11면 이하; U. Klug, *Juristische Logik*, 제4판, Berlin 1982, 199면 이하; J. Kalinowski, *Introduction á la logique juridique*, Paris 1965, 60면.

다.[5] 그러나 이를 여기에서 깊이 파고들 생각은 없다. 단적으로 말한다면 양 주장은 모두 그 나름대로의 정당성은 있다고 하고 싶다. 규범의 진리치를 부정하는 견해는 규범의 '의미론적 특성'을 강조하는 것 같고, 그것을 긍정하려는 견해는 규범의 '언어적(言明的) 표현'에 주목하는 것 같다. 다시 말해서 전자는 규범 자체에, 후자는 규범의 표현 또는 그것에 관한 언명에 대해서 각각 말하고 있는 것이다. 예컨대 '타인의 재물을 절취한 자는 6년 이하의 징역에 처한다'는 우리 형법 제329조를 생각해 보자. 이것은 언어적으로는 언명, 다시 말해서 기술문의 형태로 표현되어 있다. 그리고 또 우리 형법에 그러한 조문이 있다고 한다면 그 또한 진실이다. 그러나 그것이 의미하는 바는 "~에 처하여야 한다" 나아가 "~에 처하라!"라고 풀이할 수 있을 것이다. 그리고 이러한 규범의 의미로서의 규범 자체를 놓고는 참과 거짓이라고 말하기도 어려울 것이다. 이는 만약 "타인의 재물을 절취한 자는 사형에 처한다"라고 되어 있다면, 이에 대해 우리는 그 것을 어처구니 없는(또는 가혹한) 규범이라고는 말할 수 있을지라도 참이 아닌 규범이라고 말할 수는 없다는 데서도 밝혀진다.

III

전통적으로 논리는 참과 거짓이라는 진리치를 갖는 언명에 대해 적용되어 왔다. 따라서 논리적 추론은 '진리 관계'로 단정되어져 왔던 것이다. 즉 논리는 모든 전제가 참일 때 그 결론이 참이 아닐 수 없다는 방법으로 전제들의 참과 결론의 참을 논리적으로 결속하는 규칙으로 생각해 왔던 것이다. 그런데 위에서 보았듯이 규범의 진리치에 관해서는 논란이 거듭되고 있다.

그렇다면 규범적인 논리적 추론이란 존재하는 것일까?

---

5) 이에 관한 깊은 연구로는 G. Kalinowski, *Le Problème de la vérité en morale, et en droit*, Lyon 1967이 있다.

우리가 이러한 질문 앞에 서면 당혹감을 느낀다. 왜냐하면 우리는 다음과 같은 규범적 추론을 자명하게 여기고 행하고 있기 때문이다:

너의 모든 약속을 지켜라!
이것은 너의 한 약속이다.
그러므로 이 약속을 지켜라!

이러한 당혹감을 논리학적으로 표현한 이가 덴마크의 철학자 예르겐센(Jörgensen)이다.[6] 그는 물론 규범에 진리치를 부여하지 않았다. 그래서 그는 다음과 같은 3개의 문장이 모두 참인 데서 딜레마, 이른바 '예르겐센의 딜레마'에 빠진 것이다:

(1) 규범은 참·거짓일 수 없다.
(2) 추론은 진리 관계이다.
(3) 규범적 추론은 존재한다.

그러면 이러한 딜레마를 타개할 수 있는 길은 무엇일까? 이에 답하기 위해 많은 논리학적 탐구들이 눈사태처럼 쏟아져 나온 것이다. 그러나 이러한 규범과 논리에 관한 연구를 모두 살핀다는 것은 필자로서는 도저히 불가능하다.[7] 그래서 간단한 언급으로 그치지 않을 수 없다.

1. 아주 극단적인 해결책은 아예 규범과 논리의 관계를, 다시 말해서 규범적 추론의 존재를 부정해 버린다. 즉 논리적 추론이란 진리 관계이며, '인식'의 획득을 위한 조작인 데 반해, 규범이란 진리치를 가질 수 없고, 또 인식이 아니라 의혹의 표현이기 때문에 논리적 관계에 설 수 없으며, 따라서 규범 논리란 불가능이라는 것이다.[8] 여

---

6) J. Jörgensen, Imperatives and Logic, *Erkenntnis* VII, 1937/1938, 288~295면. 이 점 또한 졸저, 「법철학 I」, 253면 이하.

7) 전반적인 자세한 소개로는 G. Kalinowski, *Einführung in die Normenlogik*, Frankfurt/M. 1972가 있다.

8) 만년의 Kelsen, *Reine Rechtslehre*, 제2판, Wien 1960, 26면, Recht und

기에서는 규범과 의혹의 관계가 지나치게 의식된 것이다. 그러나 심리적 모순과 규범의 객관적 의미는 구별되어야 한다. 또 규범도 언어적 표현을 갖추는 이상, 그것도 문법에만이 아니라 사고법칙에도 복종하여야 할 것이다.

2. 다음으로 사람들은 규범문을 그에 상응하는 명제문으로 바꾸고, 여기에다 명제 논리를 직접 적용하려고 했다. 이들은 전통적인 논리관을 고수하는 점에서는 같으나, 규범의 진리치에 관해서는 의견이 같지 않았다.

첫째로 들 수 있는 것은 '충족 논리'의 시도이다.[9] 이는 규범 추론의 각 규범문에 그 규범문이 충족될 때 참이 되는 명제문을 대립시킨다. 이 명제문에는 논리가 적용될 수 있는 것이다. 즉 엄격한 명제 추론과 규범적 유사 추론의 병립을 구성한 것이다. 그러나 이러한 시도는 충족 명제문 사이에 추론의 타당성을 증명한 것이지, 규범 추론 자체에 그것은 밝히지 못한 것이라고 비판받는다.

둘째로 들 수 있는 것은 '원논리학(Protologic)'의 적용이다.[10] 여기에서 논리 체계는 완전 무내용적인 추상적인 기본 기호 '+, −'의 계산으로 파악되고, 이것이 혹은 명제 논리 혹은 규범 논리로 해석된다. 그러나 한번은 명제에, 다른 한번은 규범문에 선택적으로 적용되는 그런 보편적 논리 구조의 존재가 의심되며 또 아주 흔한 규범문과 기술문으로부터의 혼합 추론을 설명 못 한다고 비판된다.

셋째로 들 수 있는 것은 '술어(述語)논리학'의 적용이다.[11] 여기에

Logik, *Forum*, Wien 1965; K. Engliš, Die Norm ist kein Urteil, *ARSP* L/1964, 305~316면.

9) 이의 대표자로는 Jörgensen, W. Dubislav 등이 있다. W. Dubislav, Zur Unbegründbarkeit der Forderungssätze, *Theoria* 1937(330~347면). 이 점 또한 심헌섭, 앞(주 1)의 책, 같은 면 이하.

10) 이러한 시도로는 R. Schreiber, *Logik des Rechts*, Berlin 1962; I. Tammelo, *Outlines of Legal Logic*, Wiesbaden 1969 참조.

11) 이의 대표자로는 유명한 법논리학자 U. Klug를 든다(U. Klug, *Juristische Logik*, 제4판, Berlin 1982).

서는 규범의 양상(당위)는 행위(작위 또는 부작위)에 귀속될 수 있는 속성, 즉 술어로 풀이된다. 그래서 하나의 규범은 '어떤 것이 행위이면, 그것은 당위되어 있다는 속성을 갖는다'(행(x) → 당(x))로 표현된다. 그리고 이렇게 표현된 명제 "하나의 행위는 당위되어 있다"는 타르스키의 지적처럼 그 행위가 당위되어 있는가 아닌가에 따라 참 또는 거짓으로 되는 것이라고 한다. 이렇게 규범 논리는 술어 논리로 풀이된다는 것이다. 그러나 이에 대해서는 규범의 양상을 속성으로 보기보다는 속성 귀속의 방법으로 보아야 한다는 점과, 규범이 함의문(含意文)으로 규정될 경우 그 각 논건이 참이어야 하는데 "행위가 당위되어 있다"는 후건은 참일 수 없지 않느냐는 등의 비판이 가해지고 있다.

넷째로 들 수 있는 것은 '환원설(還元說)'의 시도이다.[12] 여기에서는 언명의 동기화 기능을 고려하면서 규범문을 제재의 개념을 통해 동기화적 명제로 변형시킨다. 예컨대 'A라는 사람은 X라는 행위를 하여야 한다'라는 규범문은 'A가 X를 하지 않으면 A는 S라는 제재를 받게 된다'로 된다. 즉 이 직설적인 대신(sic ─ 편집자) 언명(동기화적 선언문(選言文))으로 규범 추론을 관철하려 한 것이다. 그러나 이러한 변형문은 규범의 침해가 있어도 제재가 따르지 않는 경우도 있기 때문에 틀린 것이며, 또 규범문의 '규범적 성격'을 나타낼 수 없다고 비판받는다.

3. 사람들은 위와 같이 명제 논리를 직접 적용하지 않고 '양상논리'(樣相論理)를 적용하려고도 한다.[13] 이는 가장 일반적인 시도이다. 즉 여러 존재 양상들(필연 · 가능 · 불가능 · 우연)의 여러 규범 양상들

---

12) H. G. Bohnert, The Semiotic Status of Commands, *Philosophy of Science*, vol. 12, 1945, 302~315면; A. R. Anderson, The Logic of Norms, *Logique et Analyse*, 1958, 84~91면.

13) 대표자들로는 G. H. v. Wright, G. Kalinowski, O. Becker 등이 있다. G. H. v. Wright, Deontic Logic, *Mind* 1951, 1~15면 등; G. Kalinowski, 앞(주 2)의 책; O. Becker, *Untersuchungen über den Modalkalkül*, Meisenheim, Glan 1952.

(명령·허용·금지·자유방임)을 대립시키면서 양상논리에 준하는 규범논리를 전개시키려는 것이다. 양상문과 규범문의 구조적 유사성 때문에 많이 시도되고는 있지만, 양자 사이의 논리적 관계가 크게 다른 점에서 비판되고 있다. 예컨대 "만약 p가 필연적으로 참이면, p는 (사실상) 참이다"라는 양상논리적 주장은 타당하지만, "만약 p가 명령되어 있으면, p는 사실이다"라는 규범논리적 주장은, 의무 침해가 있을 수 있고 또 생각될 수 있기에, 타당하지 않다는 것이다.

4. 최근에는 규범 논리를 '선호논리(Preference Logic)'로 풀이해 보려는 이들도 있다.[14] 즉 "어떤 행위가 명령되어 있다"라는 규범문은 "어떤 행위를 안 하는 것보다 하는 것이 더 좋다"로, 또 "어떤 행위가 금지되어 있다"라는 규범문은 "어떤 행위를 하는 것보다 안 하는 것이 더 좋다"라는 선호문으로 풀이되어지는 것이다. 그러나 '더 좋다'는 선호도 실천적 개념이므로 기술문에로의 변형이 이루어졌는지가 의심스럽다고 비판받는다.

5. 요즘은 순수한 규범논리를 적립해 보려는 시도도 엿보인다.[15] 여기서는 추론 관계가 진리 관계로 여겨져 온 것을 단순한 역사적으로 주어진 사실로 보아 버린다. 그래서 추론 관계를 규범적 추론도 포함하게끔 확대·일반화시킨다. 이는 형식적 절차 과정과 전제들을 통한 결론의 결정이라는 논리의 핵심은 규범 추론에도 타당하기에 가능하다는 것이다. 이렇게 확대된 추론 관계에는 명제나 규범이 다 같이 들어설 수 있다. 그러나 여기에서 규범의 진리치 문제만은 양보 않는다. 즉, 규범은 참과 거짓일 수 없다는 것이다. 그래서 "어떠한 추론 규칙도 순전히 기술적인 전제들에서 규범적 결론으로 이끌

---

14) 이의 대표자들로는 L. Åqvist, F. Kutschera 등이 있다. Åqvist, Deontic Logic based on a Logic of 'Better', *Acta Philosophica Fennica*, 16(1963), 285~290면; Kutschera, *Einführung in die Logik der Normen, Werte und Entscheidungen*, München 1973.

15) 대표적으로는 O. Weinberger의 여러 저서와 논문에서이다. *Rechtslogik*, Wien 1970, 189면 이하; *Logik, Semantik, Hermeneutik*, München 1979, 98면 이하 등.

수 없으며, 또 순전히 규범적인 전제들에서 기술적인 결론에로 이끌 수 없다"는 것을 규범 논리의 구성 원리로 삼는다. 그러나 아직 이러한 시도는 진행 중에 있을 뿐이라는 데 흠이 있다.

6. 이상으로 규범과 논리에 관한 여러 연구들의 윤곽만 살펴보았다. 규범 논리에 관한 문제는 규범 과학 자체에 대해 중요한 의미를 가진다. 그러면 규범 논리의 딜레마를 타결하는 길은 무엇일까? 중요한 것은 규범에 진리치를 부여하든가, 그렇지 않으면 추론 관계를 진리 관계로 국한하지 않고 확대하느냐에 있는 것 같다. 두 개의 길 중 어느 하나가 반드시 배제되어야 할 필요성은 있는 것 같지 않다. 오늘날 '진리'의 의미가 어떤 문장의 '의미 있는 확증 가능성(meaningful assertability)'으로 해석되기도 한다면, 규범문도 진리치를 가질 수 있는 것은 명백하다.[16] 더욱이 '진리의 개념은 (인식론에서보다) 논리학에 대해서는 덜 중요하다'(카르납)는 인식이 보편화되어 있는 실정이다. 이렇게 본다면 규범 추론을 명제(특히 술어) 논리로 풀이하는 것이 가능한 길이 아닌가 생각된다. 그러나 규범문을 그 고유한 '의미'에서 파악하려고 고집하는 한 문제는 달라진다. 사실 규범이란 위에서도 지적했지만 당위의 표현이고, 이는 순 인식론적 성질로 보기는 어렵다. 따라서 규범 추론을 전적으로 부정하지 않는 한, 추론 관계를 확대하여 규범 추론의 가능성을 긍정하고, 나아가 규범 논리를 정립하려고 시도하는 것이 남은 길이 아닌가 생각된다. 사실 규범 과학에서 본다면 전자의 방법으로 충분하다. 그러나 후자의 방법을 고려하는 것은, 규범에 관한 명제 사이의 논리관계도 규범 자체 사이의 논리 관계가 존재하기 때문에 존재하지 않겠느냐고 생각되기 때문이다. 왜냐하면 양자 사이의 논리적 결론이 다르다면 규범의 논리적 분석 자체를 위한 기초가 파괴되기 때문인 것이다.

---

16) 이 점 졸저, 「법철학 I」, 261면 참조.

IV

이리하여 우리는 순수한 규범 논리의 정립이 소망스럽다는 생각에로 이른 것이다. 그러나 이는 위에서 지적했지만 아직도 진행 중에 있는 것이다. 규범 논리의 적립을 위해서는 다음과 같은 점이 특히 논의되어야 할 것이다:

(1) 규범문의 구조
(2) 규범의 양상
(3) 규범연산자와 그 부정
(4) 규범양화기호
(5) 규범추론
(6) 규범논리적 모순 등

그러나 이 모두에 대해 논의하는 것은 참으로 방대한 과제이다. 그래서 규범의 양상(연산자)과 추론의 문제에 대해서만 간단히 언급하기로 한다.

1. 규범문은 상이한 종류의 의미를 가진다. 어떤 때는 금지문으로, 어떤 때는 명령문으로 말이다. 물론 규범문이 어떤 의미로 쓰이든 그것이 일정한 내용을 가지고 있음은 사실이다. 이는 일정한 사태의 다룸일 것이다. 이 점에서 일반 기술문과 다른 점이 없다. 다만 그 내용을 어떤 때는 금지하고 어떤 때는 명령하는데 그 의미가 다른 것이다. 이러한 규범문의 여러 의미는 규범에 상이한 '양상'인 동시에 또 그것을 기술문과 구별케 하는 조작자(연산자)의 역할도 하는 것이다. 그러면 이러한 규범의 양상은 어떻게 구별될까?[17]

우리에게 가장 잘 알려진 규범의 양상은 옛부터 '금지'이다. 이는

---

17) 이 점 특히 G. H. v. Wright, *Norm and Action*, London 1963, 70면 이하; K. Adomeit, *Rechtstheorie für Studenten*, Heidelberg 1981, 41면 이하; O. Weinberger, 앞(주 15)의 두 번째 책, 114면 이하 참조.

시원적 규범인 '살인하지 말라!'가 잘 말해준다. 규범은 또 이와 반대되는 양상, 즉 '명령'으로도 나타난다. '살인하라!'가 그것이다. 이는 다소 깜짝 놀라게 하는 규범이지만 군인은 이런 규범이 존재하는 것을 잘 안다. 이와 같은 금지와 명령의 규범을 '당위규범'(의무규범)이라고 한다. 그러면 이러한 두 당위 규범을 부정하는 규범 양상은 없는가? 우선 금지의 부정을 생각해 보자. 그것은 명백히 명령은 아니다. 그것은 '허용'이다. 즉 '살인하지 말라!'의 부정은 '살인하라!'가 아니라, '살인함이 허용된다'(살인해도 좋다)일 것이다. 이는 정당방위가 잘 나타내 준다. 다음으로 명령의 부정을 생각해 보자. 이는 곧바로 허용이 아니다. 그것을 넘어 "명령되어 있지 않음", 즉 (자유) 방임 내지 무관을 의미한다. 즉 "살인하라!가 아니다"는 "살인하든 안 하든 무관하다"는 것이 될 것이다. 이는 극단적인 예외적 '긴급상태'와 '규범으로부터 자유로운 영역'의 존재가 잘 나타내 준다. 허용과 방임(무관)을 '허용규범'이라고 한다. 이리하여 우리는 우선 4개의 기본적인 규범양상(규범유형)을 얻은 셈이다. 즉 금지 · 명령 · 허용 · 방임(무관)이 그것들이다.

이상과 같이 구분된 규범 양상 중 그 주된 것은 역시 당위 규범이다. 허용 규범은 당위에 대한 제한인 것이다. 따라서 어떤 것이 명시적으로 허용되어 있다면 그것이 금지된다는 것은 배제된다고 하겠다. 그리고 이러한 허용 규범이 필요한 것은 규범 체계가 원칙적으로 '개방'되어 있기 때문일 것이다. 규범 체계가 '폐쇄'되어 있으면 금지 안 된 것은 모두 허용되어 있을 것이다.

이러한 규범의 양상은 규범 연산자 operator로 기능할 것이다. 이는 다음과 같이 표현할 수 있겠다;

(1) Op(p는 명령되어 있다).
(2) Fp(p는 금지되어 있다).
(3) Pp(p는 허용되어 있다).

(4) Ip(p는 허용되어 있고 non-p는 허용되어 있다. 즉 p이든 non-p이든 무관하다).

2. 그러면 규범 논리에서 가장 중요한 의미를 갖는 규범적 추론의 문제를 살펴보기로 하자.

그런데 규범 추론에는 두 가지로 나누어 생각해 볼 수 있다. 즉 규범 양상 간의 직접 추론과 규범적 간접 추론이 그것이다.

2.1. 규범양상 사이에는 여러 직접 추론의 가능성이 존재한다. 위에서 든 기본적인 4개의 규범양상을 놓고 생각해 보면 이들 사이에는 '규범대당(規範對當)'의 사각형이 성립된다. 이는 일찍이 벤담(Bentham)에 의해 정립되었다는 사실이 오늘날 밝혀졌다.[18] 간략히 풀이하면 다음과 같다.

① 금지와 명령은 반대 관계이다; 동일한 내용(예컨대 살인)의 명령과 금지는 동시에 타당할 수 없으나; 둘 다 타당하지 않을 수 있다.[19]

② 금지와 허용은 모순 관계이다. 금지된 것은 허용되어 있지 않고, 허용된 것은 금지되어 있지 않다.[20]

③ 명령과 방임(무관)도 모순 관계이다; 명령의 부정은 규범 중립을 선언하는 것과 같다.

④ 허용과 방임(무관)은 소반대(小反對) 관계이다; 허용은 할 수 있고, 방임(무관)은 안 할 수 있는 데서 차이가 있다. 그러나 반가운 '규범으로부터 자유로운 영역'은 둘 다 포괄한다.

⑤ 명령과 허용, 금지와 방임(무관)은 대소(大小) 관계이다; 명령된 것은 할 수 있고 금지된 것은 안 할 수 있다.

---

18) H. L. A. Hart에 의해서 자세히 소개되었다. Hart, Bentham's 'Of Laws in General', *Rechtstheorie* 1971, 55면 이하.

19) 극단적인 긴급상태에서의 명령도 금지도 의미 없을 수 있다. 또 '규범으로부터 자유로운 영역'도 있다.

20) 그러나 '금지 안 된 것은 허용되어 있다'라는 주장은 '폐쇄적'인 규범 체계가 아닌 한 타당하지 않다.

이를 벤담은 다음과 같이 표현했다:

"A command then includes a permission; it excludes both a prohibition and a non-command. A prohibition includes a non-command; and it excludes both a command and a permission. A non-command of itself does not necessarily include either a prohibition or a permission: but it excludes a command: and, as a prohibition and a permission excludes one another, it can only be accompanied with one of them at a time: and as they are contradictory to each other, it must be accompanied with one or other of them."[21]

이를 다이어그램으로 표현하면 '명제대당(命題對當)'의 사각형과 꼭 같다.[22], [22-a]

그러면 규범대당의 사각형과 명제대당의 사각형이 일치하는 근거는 어디에 있는가? 이는 아마도 규범의 내용을 "x를 행한다"로 보면 개개 규범 양상에서의 그 실현은 다음과 같이 되

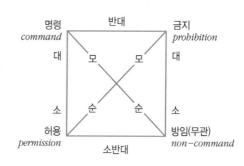

어 명제대당에서의 4개의 명제 유형과 일치하기 때문이다:[23]

---

21) J. Bentham, *Of Laws in General*, Hart 편, London 1970, 97면.

22) 이에 관해서는 소흥렬 교수에 의해 기호 논리적으로 잘 풀이되었다.

22-a) 이 논문 발표 후 심 교수는 이 사각형에 대하여 다소 수정할 것이 있음을 인식하였다. 위의 사각형의 허용의 자리에 '적극적 허용'이, 방임(무관)의 자리에 '소극적 허용'이 들어가야 하고, 방임은 '적극적 허용'과 '소극적 허용' 사이에 사각형 아랫쪽에 표시되어야 한다고 보았다. 이 점은 심헌섭, 「분석과 비판의 법철학」, 법문사, 2001의 "규범의 일반이론에 관한 연구(1996)," 79면에 반영되어 있다―편집자.

23) 이 점 K. Adomeit, *Rechtstheorie für Studenten*, Heidelberg, Hamburg

명령: 모든 이는 x를 행한다.

금지: 모든 이는 x를 행하지 않는다.

허용: 약간은 x를 행한다.

방임: 약간은 x를 행하지 않는다.

끝으로 규범 조작자(규범 양상) 사이에는 정의적 관계가 존재하여 4개의 규범 양상은 하나에로 정의될 수 있다. 그 예로 '명령'으로 정의해 보면 다음과 같다:

명령 = '명령'($Op = Op$)

금지 = 행하지 않음의 '명령'($Fp = O\sim p$)

허용 = 행하지 않음의 '명령'되어 있지 않음($Pp = \sim O\sim p$)

방임 = 행함의 '명령'되어 있지 않음($Ip = \sim Op$)

2.2. 규범 추론의 기둥은 간접 추론이다. 즉 규범적 제3(多)단논법이 그것이다. 이는 위에서도 지적되어 있지만 규범의 진리치를 인정해서가 아니라, 추론 개념의 확대·일반화에 의해 가능하게 된 것이다. 즉 이는 다음과 같은 확정을 통해 이루어진 것이다.[24]

결론 c는 기술적 전제들 a_1, a_2, $\cdots$ a_n이 참이고 그리고 규범적 전제들 n_1, n_2, $\cdots$ n_m이 타당할 때, 그것이 참이 아니거나 타당하지 않음이 논리적으로 배제되어 있을 꼭 그 때, c는 a_1, a_2, $\cdots$ a_n과 n_1, n_2, $\cdots$ n_m의 논리적 귀결인 것이다.

이러한 확정에서 본다면 기술적(명제적) 언어의 추론 개념은 일반적인 추론 개념의 특수경우로 볼 수 있음이 밝혀진다. 이는 규범적 전제가 공집합이고 결론이 명제일 때 주어진다. 따라서 원칙적으로는 c가 명제일 경우 기술적 전제들의 집합 $\{a_1, a_2, \cdots a_n\}$이 공일 수 없으며, 또 c가 규범문일 경우 규범적 전제들의 집합 $\{n_1, n_2, \cdots$

1981, 44면 이하 참조.

24) 이 점 Weinberger, 앞(주 15)의 두 번째 책, 35면, 127면 참조.

n_m}이 공일 수 없을 것이다. 그래서 다음과 같이 말할 수 있겠다:

(1) 모든 전제가 기술문이면, 규범문은 추론될 수 없다.

(2) 모든 전제가 규범문이면, 기술문은 추론될 수 없다.

(3) 전제들이 서로 양립되면(즉 기술문 상호간 그리고 규범문 상호간) 전제와 결론도 양립된다.

이상과 같은 규범적 추론의 규칙은 오늘날 널리 받아들여지고 있다. 실로 존재의 세계와 당위의 세계는 분리되어 있고 또 서로 추론될 수 없다. 그러나 이 세계들 안에는 동일한 논리가 타당하다고 하겠다.

V

논리는 학문의 체계에 대해 매우 중요한 의미를 가진다. 이 점 규범과학에 대해서도 마찬가지일 것이다. 학문적 체계에 대한 논리의 이상은 이른바 '공리적 체계'이다; 주지하듯이 모든 학문적 서술은 명확성과 엄밀성을 요청한다. 이에는 학문적 주장의 정밀한 언어에 의한 정의와 참인 논건들에 의한 증명을 필요로 할 것이다. 그러나 이러한 요청은 사실 악순환이나 무한소급에 빠지지 않고는 완전히 이루어질 수 없다. 또 모든 학문은 논리적 모순을 내포하지 않을 것을, 또 그 인식이 완전할 것을, 그리고 단순히 직관적이지 않을 것을 요청한다. 이러한 두 요청을 완전히 충족시키자면 학문은 의심될 수 없고 또 증명도 필요 없는 (가능한 한 적은 수의) 근본 전제(공리)들을 확정하고 이것으로부터 모든 주장(정리)들을 형식 논리적으로 연역해내는 공리적 방법(공리체계)를 바탕으로 하여야 할 것이다. 물론 이러한 공리체계에는 공리들은 서로 모순되어서는 안 되고(무모순성), 서로가 서로에서 도출되어서는 안 되고(독립성), 그리고 모든 주어진 주장(정리)들은 공리들에서 도출되어야만(완전성) 한다는 요청이 절대

충족되어야 할 것이다. 이러한 공리적 방법은 오늘날 수학이나, 형식 과학이나, 컴퓨터 이론에서 완전히 이용되고 있다. 그러나 이것이 규범 과학에도 가능할까? 윤리학에서 스피노자의 시도는 잘 알려져 있지만, 특히 법학의 영역도 공리체계에 대해 크게 매력을 느껴온 것 같다. 그것은 특히 법이 논리적 논증과 체계적 서술과는 뗄 수 없는 관계에 놓여 있기 때문일 것이다. 즉 법학에는 주어진 소재(법규)가 가능한 한 단순하게 서술되고 그리고 이론은 가능한 한 단순한 형태로 구성되어야 한다는 일반적 학문 이론의 규칙이 특히 요청되기 때문일 것이다.[25] 이는 '법적 안정성'이라는 법 이념에도 부합된다. 또 공리적 연역 체계에서는 전제들은 결론에 대해 '충분 조건'을 제공하는 터이므로, 그것들이 충족된 곳에는 같은 결론이 나와야 한다. 이는 법적 평등취급(정의)의 확보에 필요 조건과 같은 것이다. 이렇게 볼 때 '논리적·정합적 사고의 윤리성'(B. Russell)이란 말은 이해된다. 그러나 전제들의 내용에 대한 '정당성'의 문제는 물론 규범적·실천적 결론에 있어서의 '재량의 폭'의 문제를 생각한다면 공리적·연역적 방법의 가능성의 조건과 그 한계는 물론 긍정된다.[26]

VI

논리적 사고는 위에서 지적했듯이 행위·가치, 그리고 의지 등과 관련된 실천적 언명도 지배한다. 그런데 개인이 행위할 때나 사회적 집단이 목적을 설정하고, 결정을 내리고 실현하는 데는 목적·수단 관계, 즉 목적논리가 그 바탕을 이룬다. 따라서 실질적이거나 심리적

---

25) 법의 공리화를 제창하는 이로는 U. Klug(앞(주 4)의 책, 12면 이하, 192면 이하 참조)이 있다.
26) 법추론에서의 연역 원리의 의미와 한계에 관해서는 심헌섭, 법철학적 법학방법론, 서울대학교 법학 제24권 1호(통권 53호), 1면 이하. (심헌섭, 「분석과 비판의 법철학」, 법문사, 2001, 207면 이하에 "합리적 법학방법론－분석적 관점에서"라는 제목으로 실려있다 — 편집자).

이 아닌 '형식적 목적논리'의 구성도 중요한 의미를 갖는다.[27] 규범 체계, 특히 법규범의 체계는 사회적 목적의 체계 위에 구축된 당위 체계인 것이다. 따라서 규범, 특히 법규범의 설정 행위(입법행위)는 목적 논리의 구속을 받는다. 즉 규범 설정 행위는 그것이 의미 있자면 합목적적일 것을 전제한다고 하겠다. 따라서 규범의 전제(공리)들은 목적론적 전제(공리)들과 대립되게 되고, 후자에서 규범의 목적론적 정당성이 도출되는 것이다. 논리적 사고는 이러한 규범의 목적론적 (공리) 체계의 구성을 시도할 것이다.[28] 사실 전통적인 자연법 체계는 목적론적 준(準)공리체계의 착상이라고 해야 할 것이다.

VII

위에서 우리는 규범을 인간의 실천적 태도의 표현이라고 했다. 이러한 태도의 표현, 즉 평가는 크게 두 가지, 즉 전체적 · 직관적 평가와 합리적 · 분석적 평가로 나뉜다. 그러나 따지고 보면 이러한 구분은 너무 이념형적이고, 실제로는 이 양극 사이에서 평가는 이루어질 것이다. 예컨대 법규범 같은 것은 합리적이고 분석적인 평가에 더욱 가깝다. 그러나 어쨌든 규범이 직관적이 아니라 이성적으로 근거지워져야 한다는 요청은 크다. 이러한 근거지음을 통해 규범적 주장들은 타당하다는 확신을 얻게 되는 것이다. 그런데 전제들 자체의 정당성이나 추론의 정확성에 문제가 없는 한 이러한 확신을 완전히 제공하는 것은 주로 연역 논리일 것이다. 그러나 이러한 확신은 다른 원천들에서도 온다는 것 또한 의심할 수 없을 것이다. 예컨대 설득이나 습관(반복)이나, 예시나, 다른 암시나 설명을 통해서! 사실 규범적 결정, 평가, 주장 등은 엄격히 증명되지는 않지만, '좋은 이유(good reason)'에 의

---

27) 이 점 Weinberger, 앞(주 15)의 두 번째 책, 135면 이하 참조.
28) 이를 Klug은 '엄정 법철학'이라고 부른다(앞(주 4)의 책, 197면). 목적론적 공리체계를 수립하려는 시도로는 J. Rödig, *Die Denkform der Alternative in der Jurisprudenz*, Berlin 1969가 유명하다.

해 '합당하게(reasonable)' 또는 '수긍가능하게(plausible)' 되기도 한다.[29] 이에 설득이나 논의를 통해 합의를 찾고자 하는 정당화이론이 많이 논의되고 있는 것이다. 이는 오늘날 '설득의 논리' 또는 '합리적 논의 이론'으로 전개되고 있다.[30] 사실 특히 법에서 법률 특유의 전형적인 추론 형태로서 '유비추론(*argumentum a simle*)', 역(반대)추론 (*argumentum e contrario*), 그리고 물론추론(*argumentum a fortiori*) 등이 옛부터 행하여져 법적 결론들이 정당화된 것은 모두 이러한 관점에서만 이해되는 것이다. 실로 규범과학은 이렇게 확대된 논리에까지 연결되는 것이다.

이상으로 규범과학과 논리의 관계(I), 규범의 의미와 특성(II), 규범 논리의 문제와 가능성(III), 규범의 양상과 규범 추론(IV), 논리와 학문 체계(V), 규범과 목적 논리(VI), 규범과 설득의 논리(VII) 등에 관해 간단히 언급해 보았다. 이는 단지 필자의 그야말로 초보적인 관심을 피력한 데 불과하다. 앞으로 더욱 깊은 연구와 분석이 요망되고 있는 것 같다.

---

29) 이에 관한 고전으로는 Aristoteles의 *Topica, Rhetorica*; Cicero의 *De Inventione* 등; Vico의 *Opere* 등이 있다.

30) 오늘날의 대표자로는 Ch. Perelman, *Traité de l'argumentation, La nouvelle rhétorique*, 제3판, Bruxelles 1976. 이와 같은 맥락에서 볼 수 있는 것들은 수없이 많다; S. Toulmin, *The Use of Argument*, Cambridge(1958), *The Place of Reason in Ethics*, Cambridge(1950) 등을 위시해서 이른바 분석윤리학의 모든 저서들을 들 수 있다. 또 J. Habermas, Wahrheitstheorien, *Schulz Festschrift*, Pfullingen(1973), P. Lorenzen/O. Schwemmer, *Logik, Ethik und Wissenschaftstheorie*, Mannheim(1973) 등도 있다. 법과 관련해서는 Th. Viehweg, *Topok und Jurisprudenz*, München(1953), R. Alexy, *Theorie der juristischen Argumentation*, Frankfurt/M.(1978) 등이 특히 주목된다.

규율의 두 개념†

존 롤즈

I. 서 언

나는 이 글에서 하나의 행위체계(practice)[1]를 정당화하는 것과 그 행위체계에 해당하는 구체적인 행위를 정당화하는 것과는 중대한 차이가 있다는 것을 밝히고, 이 구별의 논리적 기초를 설명하며, 그 구별의 중요성을 왜 보지 못하게 되는지를 설명하려고 한다. 종종 이러한 구별은 있어 왔고(Hume, J. Austin, J. S. Mill, Mabbott, Toulmin, Aiken, Nowell-Smith 등) 또 지금에 와서는 상식화되고 있지만, 이 구별을 전적으로 간과하거나, 그 중요성을 평가하지 못하는 경향을 설명해야 할 과제는 남아 있다.

나는 이 구별의 중요성을 밝히기 위해서 처벌(punishment) 그리고

---

† 이 글은 John Rawls, Two Concepts of Rules, *Philosophical Review*, 64, no. 1(January 1955)를 번역한 것이다. 롤즈의 이 글은 원래는 1954년 4월 30일 Harvard Philosophy Club에서 발표된 것으로서, 후에 John Rawls, *Collected Papers*, Samuel Freeman 편, Harvard U. P., 1999, 20~43면에도 수록되었다. 이 전집판에는 새로 쓴 부록(43~46면)이 달려있다. 번역문은 원래 신동아 1973년 1월호, 통권 101호 권말부록('현대철학의 조류'), 403~419면에 실렸다가 다소 수정되어, 동아일보사 편, 「철학－오늘의 흐름」, 1987, 209~233면에 다시 게재되었다. 여기서는 1987년 본을 토대로 하되 오늘날의 어법에 맞게 다소 수정하여 싣는다. 원문의 각주(27개)는 번역문에서는 생략되었고 이 번역문에 달린 주는 번역자의 것이다 ― 편집자.

1) 저자는 이 'practice'라는 말을 임무·역할·동작·형벌 등을 정의(결정)하고 그런 행동에 구조를 부여하는 규율체계(system of rules)가 구체적으로 규정해 놓은 행위형식이라면 어느 것이나 지칭하는 일종의 기술적 용어로 사용하고 있다. 행위체계라고 번역했으나 규율체계라 해도 무방할 것이다. ['행위체계(또는 규율체계)로서의 규칙'이라는 의미에서 rule을 '규칙' 대신에 통일적으로 '규율'이라고 번역했으나, 구체적인 '규칙'을 지칭하는 경우도 있어서 맥락에 따라서는(특히 434면 이하) 규칙으로 바꿔 읽어도 좋을 것이다 ― 편집자].

약속이행(promise keeping)의 의무와 관련하여 전통적으로 공리주의에 대해서 제기된 여러 반론에도 불구하고 공리주의를 옹호하려고 한다. 이 구별을 이용하면, 공리주의를 전통적인 반론이 인정한 것보다 훨씬 더 우리가 숙고해서 얻은 도덕판단을 잘 설명할 수 있는 이론으로 서술할 수 있을 것이라는 점을 밝히려고 한다. 그래서 공리주의적 관점이 옹호할 만한 것인가 여부와는 전혀 관계없이, 이 구별이 중요하다는 점은 공리주의적 관점을 강화하는 식으로 해명되게 된다.

나는 이 구별의 중요성이 어떻게 간과될 수 있는지를 설명하기 위해서 규율(rule)의 두 개념을 논의하고자 한다. 이 두 개념 중 하나는 하나의 규율 내지 행위체계의 정당화와 그에 해당하는 구체적인 행위의 정당화의 구별의 중요성을 은폐한다. 다른 하나의 개념은 왜 이 구별이 반드시 행해져야 하며, 무엇이 그 구별의 논리적 기초인가를 밝혀준다.

II

법규위반 행위에 대해서 법률적 형벌을 가한다는 의미에서의 처벌(이하 형벌과 혼용한다 – 역자)의 문제는 항상 논란이 많은 도덕적 문제이다. 처벌을 둘러싼 논란은 처벌 자체가 정당화될 수 있는가 여부에 대한 견해차이에서 야기된 것은 아니다. 대부분의 사람들은 – 남용되는 경우를 제외한다면 – 처벌은 납득할 만한 제도라고 주장했다. 처벌을 전적으로 부정한 극소수의 사람들이 있지만, 이것은 그런 부정론에 대해서 제기될 수 있는 모든 반론을 고려할 때 그런 사람들이 있다는 것이 오히려 놀라운 일이다. 난점은 처벌의 정당화에 있다. 즉 여러 도덕철학자들이 이를 위해서 많은 논의를 벌였지만, 지금까지 그 어느 것도 일반적인 이해를 얻지 못했다. 그래서 어떤 정당화에 대해서도 탐탁지 않게 여기는 사람들이 있게 된 것이다. 그러나 위에서 언급한 구별을 이용한다면 우리는 공리주의적 견해를 그 비판자의 강점도 고려하면서 서술할 수 있을 것이라고 생각한다.

우리의 목적상 처벌에 대한 두 종류의 정당화를 생각해 볼 수 있다. 이른바 응보설은 범행은 응당 처벌을 받아야 하니까 처벌은 정당화된다고 본다. 악을 행한 자는 그 범행에 비례해서 고통을 받아야 함은 도덕적으로 합당하다. 범인이 처벌을 받아야 함은 그가 저지른 죄에서 기인하는 것이며, 처벌의 정량(正量)은 그의 범행의 악성에 달려 있다. 범인이 형벌을 받는 사태는 그가 처벌당하지 않는 사태보다 도덕적으로 더 나으며, 또 그것은 그를 처벌해서 생기는 결과와 상관없이 더 나은 것이다.

한편 공리설은 지난 일은 지난 일이고 오직 미래의 결과만이 현재의 결정에 실질적인 근거가 된다는 원칙 위에 서서, 처벌은 그것을 사회질서를 세우는 제 방안 중 하나로 갖는데서 오는 결과를 참작해서만 정당화될 수 있다고 본다. 과거에 범한 악은 그 자체로서는 무엇을 할 것인가를 결정하는 데 중요하지 않다. 처벌이 사회의 이익을 효과적으로 증진한다는 것이 밝혀진다면 그것은 정당화되지만, 그렇지 않다면 정당화되지 않는다.

나는 서로 대립되는 이 두 견해를 그들 사이의 충돌을 느낄 수 있을 정도로 개략적으로 설명했다. 그래서 우리는 두 견해 모두 설득력이 있음을 느끼며, 대체 어떻게 그들이 화해될 수 있는지 놀라게 된다. 서론에서 지적한 것처럼, 내가 제안하려는 해결책은 분명히 이 경우에 적용 내지 시행될 규율의 체계로서의 행위체계를 정당화하는 것과, 그런 규율들에 해당하는 개개의 구체적인 행위를 정당화하는 것을 구별해야 한다는 것이다. 이렇게 보면, 공리주의적 논의는 행위체계의 문제와 관련해서 적합한 데 비하여, 응보적 논의는 특수한 규율을 구체적인 사례에 적용하는 데 합당하다.

이 구별을 명백하게 하기 위해서 한 아버지가 그의 아들의 질문에 어떻게 답할 것인가를 상상해 보자. "왜 갑이 어제 교도소에 수감되었어요?"라고 아들이 물었다고 가정하자. 아버지는 이 질문에 "그가 A에 있는 은행을 털었기 때문이다. 그는 정당하게 재판을 받아

유죄로 판명되었다. 그래서 그는 어제 교도소에 수감된 것이다"라고 답할 것이다. 그러나 아들이 다른 질문, 즉 "왜 사람들은 다른 사람들을 교도소에 수감하나요?"라고 물었다고 하자. 그러면 아버지는, "선량한 사람들을 나쁜 사람들로부터 보호하기 위해서" 혹은 "우리가 밤에 평안히 누워 잘 수 있기 위해서는 우리 모두를 불안케 하는 일들은 없어야 하는데, 바로 그런 일들을 하지 못하게 하기 위해서"라고 답할 것이다. 이것은 아주 다른 두 개의 질문이다. 한 질문은 고유명사를 강조한다. 즉 그것은 왜 다름 아닌 갑이 처벌되었는가 또는 무엇 때문에 그는 처벌되었는가라고 묻는다. 다른 질문은 왜 우리는 처벌이라는 제도를 가지고 있는가, 즉 왜 사람들은 예컨대 항상 서로 용서해 주지 않고 서로 처벌하는가를 묻는다.

그래서 그 아버지는 결국 다름아닌 어떤 한 구체적인 사람이 유죄이기 때문에 처벌을 받는 것이고, 그가 유죄인 것은 그가 법을 어겼기(과거시제) 때문이라고 말하는 것이다. 그 경우 법도 법관도 배심원도 사후에 과거지사를 회고하는 것이며, 형벌도 그가 행한 것 때문에 부과되는 것이다. 한 인간이 처벌을 받아야 한다는 것, 그에 대한 형벌이 어떤 것이어야 한다는 것은, 그가 법을 위반했고 법은 그런 위반에 형벌을 과한다는 것에 보임으로써 결정된다.

반면에 (이상적인) 입법자도 법의 적용을 받는 이들도, 형벌이 법체계의 일부로서 그에 해당되는 매 사례에 공평하게 적용되는 한, 그것은 장기적으로 사회의 이익을 증진하는 결과를 가져올 것이라고 생각하기 때문에, 우리는 형벌제도 자체를 가지고 있으며 형벌제도 내의 여러 수정을 제안하고 수락한다.

그래서 우리는 법관과 입법자는 다른 입장에 서서 다른 방향으로 보고 있다고 말할 수 있다. 즉 하나는 과거를, 하나는 미래를 보고 있는 것이다. 법관이 법관'으로서' 하는 것은 응보설이 정당화할 것 같고, (이상적인) 입법자가 입법자'로서' 하는 것은 공리설이 정당화할 것 같다. 이렇게 보면 양 견해가 다 일리 있다(지적이고 민감한 이들

은 논의의 양면을 다 보아왔기에 응당 그럴 것이다). 그리고 일단 이 두
견해가 서로 다른 의무를 가진 다른 직책의 사람들에게 적용된다는
것, 그리고 형법을 구성하는 규율체계와 관련해서도 서로 다른 입장
에 있는 사람들에게 적용된다는 것을 인식한다면, 우리의 애초의 혼
란은 사라질 것이다.

그렇지만 우리는 공리주의적 견해가 더 근본적인 기관에 적용되는
만큼 더 근본적이라고 말할 수 있다. 왜냐하면 법관은 그가 판결을
내리는 한에서는 입법자의 의사를 실행하는 것이기 때문이다. 일단
입법자가 법을 제정하고 그 위반에 대해서 형벌을 부과하기로 결정하
면(그 시점에 (범죄를 규정하는) 법과 형벌 양자가 존재해야 한다), 구체
적인 사례에 대하여는 응보적 관점에 입각한 제도가 설립되는 것이
다. 규율체계로서의 형법의 개념 속에는, 구체적인 사례에 대하여 이
규율을 적용하고 시행하는 것이 응보적 성격의 논거로 정당화되어야
한다는 것이 담겨있다. 다른 어떤 사회통제 메커니즘이 아니라 법을
사용할 것인가의 여부에 대한 결정, 또는 어떤 법을 가져야 하며 어
떤 형벌을 과할 것인가에 대한 결정은 공리주의적 관점에 의해서 결
정된다. 그러나 법을 제정하기로 결정을 내렸다면, 그것은 곧 구체적
인 사례에 대한 적용은 형식상 응보적인 것인 모종의 일을 결정한 것
이다.

그렇다면 형벌에 관한 두 견해가 빚어낸 혼란에 대한 해답은 아
주 간단하다. 즉 우리는 두 임무, 즉 법관과 입법자의 임무를 구별하
고, 법을 구성하는 규율체계에 대해서 그들이 각기 차지하는 다른
자리를 구별한다. 그 다음 이 임무를 실행하는 이유로 통상 제시되
던 상이한 종류의 고려사항은, 경합하는 처벌 정당화론과 나란히 위
치시킬 수 있다는 것을 지적한다. 우리는 이 두 관점을 상이한 상황
에 적용케 하는 유서 있는 방안을 가지고 그들을 화해시킨 것이다.

그런데 이런 단순한 해답이 진정 사실에 맞는 것일까? 사실 이 해
답은 양측의 표면적인 의도는 참작하고 있다. 응보설을 옹호하는 자

는, 반드시 도덕적 타락에 고통을 가함으로써 양자 간에 균형을 잡고 그 균형을 유지하는 것을 본질적인 목적으로 하는 법적 기제를 '제도'로서 지지하는 것일까? 확실히 그렇지 않다. 응보주의자가 진정으로 주장하는 것은, 아무도 죄가 없으면, 즉 법을 위반하지 않았다면, 처벌해서는 안 된다는 것이다. 공리주의적 설명에 대하여 그들이 근본적으로 제기하는 비판은, 그들이 보기에 공리주의적 설명은 무고한 사람을—우리가 이렇게 말할 수 있다면—사회의 이익을 위해서 처벌받게끔 제재를 가한다는 것이다.

반면에 공리주의자들 역시 처벌이란 오로지 법의 위반에만 과해지는 것이라고 본다. 이것은 처벌 자체의 개념상 충분히 이해되는 것이라고 그들은 생각한다. 공리주의자들의 설명의 핵심은 규율체계로서의 제도에 관한 것이다. 즉 공리주의는 처벌이라는 제도는 사회의 선(善)을 실효적으로 증진한다는 것이 입증되는 경우에만 정당화될 수 있다고 단언함으로써, 그 제도를 사(남)용하는 것을 제한하려고 한다. 역사적으로 공리주의는 형법의 무분별하고 효과를 도외시한 사용에 대한 항의였다. 공리주의는 처벌이라는 제도가 도덕적 타락에 대하여 고통을 가하려고—모욕을 주는 것까지는 아니라 하더라도—합당하지 않은 제재를 과하는 짓을 하지 못하게 한다. 공리주의자들도 다른 사람들처럼 처벌제도가 가능한 한 법을 어긴 자들만을 처벌하도록 만들어지기를 바란다. 그들은 어떤 공직자도 사회의 이익을 위한다는 그 나름의 판단으로 언제나 형벌을 과할 수 있는 자의적인 권력을 가져서는 안 된다고 주장한다. 왜냐하면 공리주의자의 입장에서 볼 때 그런 권력을 허용하는 제도는 정당화될 수 없기 때문이다.

처벌의 응보적 정당화와 공리적 정당화를 화해시키려고 제시된 방법은 양측이 말하고 싶어 했던 것을 설명하는 것 같다. 그러나 두 문제가 더 제기된다. 이 절의 나머지는 이 문제를 다루어 보기로 하자.

첫째, [정의로운 형벌을 가져다 줄] 정의로운 법의 진정한 규준이 무엇인지에 대하여 견해차이가 있기 때문에 응보주의자들은 위에서 제안된 화해안을 납득하지 못하게 되지 않을까? 공리주의 원리가 [정의로운 법의] 규준으로 사용되더라도, 응보주의자들은 벌 받는 사람은 당연히 받아야 할 벌을 받는 것이라는 자신들의 요구를 충족하는 방향으로 범법자들이 유죄인가를 묻게 되지 않을까? 이 난문제에 답하기 위해서, 형법의 규율들이 공리주의적 근거에서 정당화된다고 가정해 보자(공리주의자가 책임질 수 있는 것은 오로지 공리주의의 규준을 충족하는 법들만이다). 그렇게 되면 형법이 범죄로 규정하는 행위들은, 그것을 용서했다가는 테러와 공포를 사회에 가져올 것들일 것이다. 응보주의자들이 이런 행위가 나쁘다는 것을 부정한다면, 결국 벌 받는 사람은 응당 받을만한 벌을 받게 된다는 것을 부정할 수밖에 없을 것이다. 응보주의자들도 이렇게까지는 하려고 하지 않을 것이다.

둘째 질문은 공리주의가 너무 많이 정당화하지 않는가이다. 사람들은 공리주의가 철저하게 채택되는 경우, 잔인하고 자의적인 제도를 정당화하는 데 사용될 수 있는 정당화의 동력이 될 것으로 묘사한다. 우리는 응보주의자들도 다음과 같은 점은 인정한다고 생각할 수 있다. 즉 공리주의자들은 법을 개혁하고, 더 인간적인 것으로 만들려고 '의도'하고 있으며, 공리주의자들은 무고한 사람의 처벌과 같은 것은 전혀 정당화하기를 원하지 않으며, 공리주의자들도 형벌(제도)이란 법률의 침해에 대하여 형벌을 가하는 제도라는 의미에서는 죄지은 것을 전제한다는 사실에 호소할 수 있으며, 따라서 공리주의자들이 '형벌'을 정당화함에 있어서 (우리가 이렇게 부를 수 있다면) 무고한 자의 처벌을 정당화할 것이라고 상정하는 것은 논리적으로 무리라는 것을. 그렇지만 진정한 문제는, 공리주의자들이 형벌을 정당화함에 있어서, 사회의 선을 위하는 것이라면, 무고한 사람에게(이것을 형벌이라고 부르든 않든 상관없이) 해(고통)를 가하는 것을 받아들이게 만드는 논거를 사용하지 않는가이다. 더 일반적으로 말하자면, 도덕적으로 민감한 사람이라면 받아들이지 않을 여러 행위체계를 받아들이는 과오를 공리주의자들은 원리적으로 범하는 것은 아닐까? 응보주의자들은 개인에게 일정한 권리를 배분하는 원리를 추가하지 않는다면 공리주의 원리가 너무 많이 정당화하는 것을 막을 수 없다고 주장하곤 한다. 그래서 수정된 기준은 사회 '자체'의 최대 이익이 아니라, 누구의 권리도 침해될 수 없다는 제약하에서의 사회의 최대 이익이 된다. 나는 고전적 공리주의자들이 이런 더 복잡한 종류의 규준을 제안했다고 생각하지만, 여기서는 그 점을 논하지는 않겠다(이들로 필자는 Hobbes, Hume, Bentham, J. S. Mill, Sidgwick를 들고 있다). 내가 밝히려고 하는 것은 공리적 원리가 너무 많이 정당화하는 것을 막을, 또는 적어도 그렇게 하는 것을 훨씬 적게 할 '다른' 방법이 있다는 것이다. 그것은 공리주의를 하나의 제도의 정당화와 그에 해당하는 구체적인 행위의 정당화를 구별하는 것을 설명할 수 있도록 서술하는 방법이다.

형벌 제도를 다음과 같이 정의하면서 시작해보자. 즉, 어떤 사람이 법률을 어겼고, 그 위반행위를 했음이 법의 정당한 절차에 따른 재판에 의해 확정되었을 때, 그것을 근거로 하여 시민으로서 갖는 일정한 정상의 권리가 합법적으로 박탈당할 때 형벌을 받는다는 것이다. 물론 여기에서 권리의 박탈은 국가의 승인된 법적 기관에 의해 실행된다든가, 법률은 범죄와 그에 대해서 과할 형벌을 명백하게 규정해 놓는다든가, 법원은 법규를 엄격히 해석해야 한다든가, 법규는 범행 이전에 제정되어 있어야 한다든가가 전제되어야 한다. 이 정의는 내가 형벌을 이해하는 바를 구체적으로 말한 것이다. 문제는 공리주의자의 논의가 이것과는 아주 달라서 그것으로는 잔인하고 자의적이라고 할 수 있을 제도를 정당화하게 되는가이다.

이 질문에는 한 특별한 비판을 거론함으로써 가장 잘 답할 수 있다고 생각된다. 카리트(E. F. Caritt)의 다음과 같은 말을 생각해 보자.

더 나쁜 고통을 피하고 더 큰 행복을 가져오게 하기 위해서 우리는 언제나 고통을 가하는 것이 정당성을 가질 수 있다고 공리주의자들은 주장하지 않을 수 없다. 그렇다면 이것이야말로 순전히 예방적이어야 할, 이른바 형벌에서 우리가 고려할 필요가 있는 전부이다. 그런데 어떤 종류의 아주 잔인한 범죄가 일상적으로 발생하는데도 범인을 전혀 잡을 수 없는 경우 한 사람을 그 무고함에도 불구하고, 그에 대한 혐의가 그를 일반적으로 유죄라고 생각하도록 꾸밀 수 있다면 그를 하나의 본보기로 처벌하는 것이 득책일 수 있다. 그런데 실제로는 희생자 자신이 그런 범죄를 장차 범할 만한 진정한 악당은 아닐 것이기 때문에, 이것이 공리주의적 '형벌'의 이상적인 예가 되지는 않을 것이다. 다른 모든 점에서는 그렇게 하는 것이 완전히 범죄억제적일 것이고 따라서 행복을 초래할 것이지만 말이다(*Ethical and Political Thinking*, Oxford 1947, 65면).

카리트는 공리주의적 논의가 일반적으로는 지탄받을 행위를 하는 것을 정당화할 경우가 있을 수 있다는 것, 그래서 공리주의는 너무 많이 정당화한다는 것을 밝히려고 하고 있다. 그러나 카리트의 논의는 실패하는데, 그 이유는 형벌제도를 구성하는 보편적인 규율체계를 정당화하는 것과, 이 규율들을 집행하는 것을 사명으로 하는 관리들이 그런 규율들을 구체적인 사례에 적용하는 것을 정당화하는 것을 구별하지 못했기 때문이다. 이 점은 카리트가 말하는 '우리'가 누구인가를 물을 때 완전히 명백해진다. 모든 사람이 유죄라고 확신한다면 무고한 사람도 '처벌'되어야 한다고 구체적인 경우에 결정할 절대적 권위를 가진 이는 누구일까? 이 사람이란 입법자, 법관, 사적 단체 아니면 어떤 그 누구일까? 또 이런 일을 어떤 권위(권한)에 의해서 결정할 것인가를 아는 것은 실로 중요하다. 왜냐하면 이 모든 것이 제도의 규율 속에 명시되어야 하기 때문이다. 우리가 이런 사항을 알 때까지는 어떤 제도가 도전을 받고 있는지, 누구의 권한이 도전받고 있는지 모르며, 공리주의적 원리가 제도에 적용된다고 해도 그 제도가 공리주의적 근거에서 정당화되는지 여부를 알지 못한다.

일단 이런 것들이 이해된다면, 카리트의 논리에 대한 대항수단이 무엇인가는 명백해진다. 그의 예가 암시하는 '제도'가 무엇인지를 더 세심하게 설명할 필요가 있으며, 그 다음 이런 제도를 갖는 것이 궁극적으로 사회의 이익이 될 가능성이 있는지 여부를 자문할 필요가 있는 것이다. '이' 경우의 문제에 대해서 무고한 사람이 고통을 받더라도 '누군가'가 어떤 일을 했더라면 좋은 일일 것이라는 막연한 생각으로 자위해서는 안 된다.

그래서 그 구성원인 관리들의 견해에 따를 때, 사회의 최선의 이익이라고 생각할 때는 언제나 무고한 자를 처벌하기 위한 재판을 할 권한을 갖는 제도(이것을 punishment와 구별해서 telishment라 부르기로 하자)[2]를 상상해 보자. 그러나 관리의 재량은 그에게 혐의를 두는 것과 같은 범죄들이 횡행하지 않는다면 무고한 어떤 사람에게 그런 시련을 당하도록 벌할 수는 없다는 규율에 의해서 제한받는다. 그런 재량권을 가진 관리는 경찰의 장, 법무장관이나, 입법위원회와 협의관계를 갖는 상급법원의 법관이라고 우리는 상상할 수 있을 것이다.

여기서 우리가 하나의 '제도' 구성에 착수하는 것임을 알게 되면 위험도 아주 크다는 것을 깨닫게 된다. 예컨대 관리들을 어떻게 견제할 것인가? 그들의 행동이 권한을 부여받은 것인지의 여부를 우리는 어떻게 말할 수 있는가? 그런 체계적 기만을 허용하는데 따르는 위험을 어떻게 제한할 것인가? 그들이 선택한 사람을 처벌(telish)할 당국에 거의 완전한 재량을 주는 것을 우리는 어떻게 피할 수 있는가? 이런 고려사항에 더해서 또 명백해지는 것은, 처벌(telishment)이 부과되면 사람들은 그 처벌제도에 대해서 완전히 다른 태도를 갖게 될 것이라는 점이다. 사람들은 형의 선고를 받은 자가, 처벌(punishment)된 것인지 처벌(telishment)된 것인지에 대해서 확실하지 않을 것이다. 사람들은 그 자에게 미안하게 생각해야 하는지 아닌지에 의아해

---

2) 이 telishment라는 말은 저자가 만들어낸 단어인 것 같다. 어쨌든 punishment와 구별해서 사용하기 위하여 만든 것임은 틀림없다. 역자가 얻은 결론은 그리스어의 *telos*(목적)라는 말을 어원으로 삼아 만든 것이 아닌가 싶다. 오직 사회의 이익을 목적한 나머지 '처벌'하는 것으로 이해하면 순전한 '목적적 처벌'로 번역할 수 있지 않을까 생각한다.

할 것이다. 사람들은 그런 운명의 날벼락이 언젠가 자기들에게도 떨어지지 않을까 전전긍긍할 것이다.

그런 제도가 실제로 어떻게 작동할 것인가를 고려한다면, 그리고 그에 따른 커다란 위험을 고려한다면, 그것이 유익한 목적에 이바지하지 못할 것임은 명백해질 것이다. 이런 제도에 대한 공리주의적 정당화는 거의 불가능할 것으로 보인다.

처벌의 결정적인 성격들을 하나, 둘 놓치게 되면, 그 제도를 아무리 공리주의적으로 정당화하더라도 그 제도는 크게 의심받는 것이 된다. 그 이유는 처벌이 일종의 가격체계처럼 움직이는 데 있다. 즉 행위수행을 함으로써 지불해야 할 가격을 변경하면, 그것은 어떤 행위는 삼가고 어떤 행위는 하게 하는 동기를 제공한다. 만약에 처벌이 이렇게 운용된다면, 이 결정적인 특징은 중요하다. 그래서 이런 성격이 없는 제도, 예컨대 무고한 사람을 '처벌'하기 위해서 수립된 제도는, 물건의 가격이 나날이 제멋대로 변해서 어떤 물건의 가격은 그것을 사려고 동의한 후에나 비로소 알게 되는 가격체계처럼 많은 문제점을 갖게 될 것이다.

우리가 구체적인 행위를 정당화하는 제도에 대하여 공리주의 원리를 세심하게 적용하는 경우, 그 제도를 너무 많이 정당화할 위험은 '작아지게' 된다. 카리트의 예가 수긍가능한 것으로 보이는 이유는, 누가 그런 처벌을 받을 것인가가 정해져 있지 않고(불확정성), 또 구체적인 사례에 집중(구체성)하고 있기 때문이다. 그러나 그의 논거는, 공인된 임무와 권한을 가진 제도가 개별적인 경우에 공직자의 그런 식의 재량행사를 정당화하는 공리주의 논거가 있다는 것이 밝혀질 수 있을 때에만 유지될 수 있다. 그런데 구체적인 결정의 재량적 성격을 제도적 체계 안의 재량으로 만들어야 한다는 요구는, 정당화를 더욱 더 이루어지기 어렵게 만들 것이다.

III

지금부터는 약속의 문제를 생각해 보자. 약속과 관련해서 공리주의에 대해서는 다음과 같은 반론이 있는 것 같다. 즉, 공리주의적 관점에 따를 때 한 사람이 약속을 할 경우 그가 약속을 지켜야 한다면, 그가 그 약속을 지켜야 하는 유일한 이유는, 그 약속을 지킴으로써 전체로 보아 최대의 선을 실현할 것이라는 데에 있다고 믿어왔다. 그래서 "왜 나는 '내가 한' 약속을 지켜야 하는가?"라는 질문을 던진다면, 공리주의자들은 '이' 경우 그렇게 하는 것이 최선의 결과를 가져올 것이기 때문이라고 대답할 것이다. 그런데 이 답은 아주 정당하게도, 우리가 약속을 지켜야 할 의무를 느끼는 방식과는 다르다고들 말한다.

그런데 공리주의의 옹호론 중에는 약속이행이라는 행위체계에 가담하고 있다는 것을 고려하는 논거도 있다는 것을 공리주의의 비판자들이 모르는 것은 물론 아니다. 이에 관해서 그들은 이렇게 논한다. 즉 우리의 견해가 설명할 수 있는 것 이상으로 우리는 약속을 지켜야 한다는 엄중한 느낌을 가지고 있음은 인정되어야 한다. 그러나 사태를 세심하게 고려해 볼 때 우리의 행동이 약속이라는 행위체계에 미칠 효과를 반드시 고려에 넣을 필요가 있다. 약속자는 약속을 어기는 것이 구체적인 경우에 미치는 효과뿐 아니라, 행위체계의 실제 자체에 미칠 효과도 저울질하여야 한다. 행위체계는 큰 공리적 가치를 가지고 있기 때문에, 그리고 자기의 약속을 어기는 것은 언제나 그 공리적 가치를 심각하게 해치는 것이기 때문에, 약속을 어기는 것은 거의 정당화되지 않을 것이다. 우리가 하는 개별적인 약속을 약속이라는 행위체계 자체라는 더 넓은 맥락에서 볼 때, 우리는 약속이행 의무의 엄중성을 설명할 수 있다. 약속을 지키는 데에는 항상 아주 강력한 모종의 공리주의적 고려가 이를 옹호하는 방향으로 작용하고 있으며, 이 고려는 약속을 지킬 것인가 여부의 문제가 제기될 때, 약속은 구체적인 경우의 사실관계 그 자체만을 놓고 보면 약속을 어기는 것이 정당화되지만, 그래도 약속은 지켜야 한다는 쪽으로 귀결되게 해 준다. 우리가 생각하는 약속이행 의무의 엄중성은 이렇게 설명된다.

로스(W. D. Ross)는 그의 『정의와 선(*The Right and the Good*)』에서 이 옹호론을 다음과 같이 비판한다. 약속이라는 행위체계의 가치가 공리적 근거에서 볼 때 아무리 크다고 하더라도, 모종의 더 큰 가치는 반드시 있을 것이며, 우리는 약속을 어김으로써 그 더 큰 가치를 얻을 수 있다고 생각할 수 있다. 그렇기 때문에 약속당사자는 약속을 어기는 것이 전체적으로 보아 더 나은 사태에 이른다는 것으로 정당화되었다고 논할 경우가 있을 것이다. 그리고 약속당사자는 약속을 어김으로써 얻는 이익이 적다고 해도, 다음과 같이 논할 수 있다. 즉 만약에 어떤 사람이 약속당사자에게 왜 약속을 어겼느냐고 이의를 제기할 때, 약속당사자는 그가 행한 것은 이 경우 (약속이라는) 행위체계의 중요성까지도 '포함'하는 모든 공리주의적 고려에 비추어 볼 때 전체적으로 최선의 것이었다고 변호할 것이다. 로스는 이런 변호를 납득되지 않는 것으로 여긴다. 일반적으로 그리고 더 이상의 설명없이 결과를 끌어들이는 것에 대해서 그가 항의한다는 점에서 나는 그가 옳다고 생각한다. 그러나 로스의 논거의 설득력을 평가하기는 극히 어렵다. 상상한 사례의 성질이 비현실적인 것으로 보이고, 나아가 그것은 설명의 필요를 느끼게 한다. 그래서 사람들은 그런 사례는 행위체계 자체가 정한 예외에 속하는 것이어서, 그런 경우에는 일반적으로 특수사례에 미칠 결과를 거론하지 않게 되거나, 사정이 너무 특이해서 행위체계가 전제하는 조건들이 충족되지 않을 것이라고 생각하는 경향이 있다. 그러나 결과에 대한 일반적인 호소를 함으로써 약속위반을 옹호하는 것은 잘못이라고 한 점에서는 로스의 생각은 확실히 옳다. 왜냐하면 약속당사자가 약속을 한 이상 약속을 어기는 데 대해서 일반적인 공리주의적 변호를 할 수는 없기 때문이다. 그런 변호는 약속이라는 행위체계가 허용한 변호사유 중 하나는 아닌 것이다.

로스는 두 개의 반론을 더 제기한다. 첫째 공리주의적 변호론은 약속위반이 약속이라는 행위체계에 준 해를 과대평가한다고 그는 주장한다. 약속을 어긴 자는 확실히 그 자신의 평판을 해친 것이지만, 약속위반이 항상 의무의 엄중성을 충분히 설명해줄 만큼 약속이라는 행위체계 자체를 해치는지는 명백치 않다는 것이다. 둘째는 더 중요하다고 생각되는 것으로서, 아들이 임종시 아버지에게 유산의 처리에 관해서 하는 약속의 경우처럼, 두 약속당사자 이외에는 약속이 있었는지 아무도 모르는 약속에 대해서는 어떻게 말할 것인가라는 물음을 그는 제기한다. 이런 경우에 약속이라는 행위체계의 고려는 약속자에게 약속을 지키라는 압박을 전혀 가하지 않지만, 사람들은 이런 종류의 약속도 다른 약속과 마찬가지로 구속력이 있다고 느낀다. 약속위반이 행위체계에 미치는 효과의 문제는 별로 중요하지 않은 것 같다. 효과가 있다면, 그것은 단지 약속을 어겨도 조사를 당할 위험이 없다는 것뿐으로 보인다. 그렇지만 이 경우에 의무 그 자체는 조금도 약한 것 같지 않다. 그래서 행위체계에 미친 효과가 구체적인 사례에서 중요성을 갖는지 의심스러운 것이다. 확실히 그것은 의무를 다하지 못할 경우에 느끼는 의무의 엄중성을 설명해 주지 못한다. 그래서 약속이행의 의무에 대한 공리주의적 설명은 성공할 수 없다는 결론이 나오는 것으로 보인다.

내가 앞서 형벌과 관련해서 말한 것으로 미루어 볼 때 이 논의와 반대논의에 대해서 말하려고 한다는 것은 다들 예상할 것이다. 이 논의와 반대논의는 행위체계의 정당화와 그 행위체계 내의 구체적인 행위의 정당화를 구별하지 못하고 있고, 그렇기 때문에 약속자가 카리트의 예에서의 공직자처럼, '자기의' 약속을 지킬 것인가를 결정함에 있어서 공리주의적 고려를 무제한 가져올 수 있다는 것을 당연시 하는 오류를 범하고 있다. 그렇지만 우리가 약속이라는 행위체계가 무엇인가를 고려한다면, 그 행위체계는 약속자에게 이런 종류의 일반적인 재량을 허용하지 않는다는 것을 알게 될 것으로 생각된다. 사실 행위체계가 존재하는 이유는, 공리주의적이고 타산적인 고려에 좇아 행위할 자기의 권리를 포기하고서, 미래를 정해놓고 그에 맞춰 사전에 계획을 조정하기 위한 것이다. 약속당사자에게 (약속을 어기는 것에 대한) 변명으로, 그 행위체계 자체를 정당화하는 공리주의 원리를 일반적으로 원용하지 못하게 하는 행위체계를 두는 데에도 명백한 공리주의적 이익이 있는 것이다. 여기에 모순이라든가 놀랄 만한 것은 없다. 즉 장기나 야구의 게임은 지금 그대로가 좋다고 하거나 여러 면에서 달라져야 한다고 논하는 데에는 정당한 공리적(또는 미학적)인 이유가 있을 수 있다. 그러나 게임의 선수는 다름아닌 이 동작을 하는 이유로, 그런 고려에 정당하게 호소할 수는 없는 것이다. 행위체계가 공리주의적 이유로 정당화되었다 하더라도 약속당사자가 자기의 약속을 지킬 것인가 아닌가를 판단하기 위하여 공리주의적 논거를 사용할 완전한 자유를 가져야 한다고 생각하는 것은 잘못이다. 행위체계는 이런 식의 일반적인 변호사유를 금한다. 그리고 이렇게 하는 것이야말로 행위체계의 존재이유인 것이다. 그렇기 때문에 위의 논거가 전제로 하는 것―공리주의적 견해가 수락되었다면 자기의 경우에 공리주의 원리를 적용하는 것은 약속이행이 전체적으로 보아 최선의 것임이 드러날 때, 그리고 오직 그때만 약속자는 구속된다는 생각―은 잘못인 것이다. 약속당사자가 구속되는 것은 그가 약속했기 때문이다. 사례를 자기에 대한 유불리에 따라 저울질할 여지는 그에게는 없는 것이다.

　이것은 특수한 경우에 우리는 약속을 지킬 것인가 말 것인가를 숙고할 수 없다는 뜻인가? 물론 그렇지는 않다. 그러나 그런 숙고는, 행위체계가 양해하고 또 행위체계의 주요 부분을 이루고 있는 여러 변명이나 예외나 변호사유가 자기 자신의 경우에 적용되는가에 대한 숙고인 것이다. 약속을 지키지 않는 데 대한 여러 변호사유는 허용되지만, 그러나 그 사유 중에 일반적인 공리주의적 근거에서 약속당사자가 진정으로 자신의 행동이 전체적으로 보아 최선이라고 생각하는 경우에는 약속을 어길 수 있다는 사유는 들어있지 않다. 약속을 지켰더라면 '극히' 심대한 결과가 발생했을 것이라는 변호사유가 있을 수 있다고 해도 그렇다. 세세한 점을 모두 고려하는 데는 많은 복잡함이 있겠지만, '왜 그는 자신이 한 약속을 어겼는가라고 물을 때, 어기는 것이 전체로 보아 최선이었다고 단순히 답한 사람에 대해서 우리는 뭐라고 말할 것인가?'라는 질문을 해 본다면, 그런 일반적인 변호사유는 허용되지 않는다는 것을 알 수 있을 것이다. 그의 대답이 진지하고 그의 믿음이 합리적이었다고 가정한다면(즉 그가 잘못 생각하였을 가능성을 고려할 필요가 없다면) (적절한 상황에서) '나는 약속한다'라고 말하는 것이 무엇을 의미하는지를 그가 대체 알고 있는가를 물을 것이라고 나는 생각한다. 이런 변명을 이용하는 자에 대해서는 약속을 정의한 행위체계가 어떤 변호사유를 그에게 허용하는지를 그는 이해하지 못했다고 말할 것이다. 만약에 한 아이가 이 변명을 이용한다면 사람들은 그를 그렇게 하지 못하게 교정해줄 것이다. 왜냐하면 행위체계가 이런 변명을 허용했다면 약속의 개념은 바뀌어야 하기 때문이다. 행위체계가 이러한 변명을 허용했다면 행위체계를 갖는 의의는 상실될 것이다.

모든 행위체계는 그것을 준수하였더라면 극히 심대한 결과가 발생했을 것이기 때문에 준수하지 않았다는 변호사유를 인정해야 한다는 것이 공리주의자의 견해임은 의문의 여지가 없다. 그리고 공리주의자들은 사람들의 양식(良識)에 어느 정도 의존하는 것, 그리고 판단하기 어려운 경우에는 어느 정도 양보하는 것은 필요하다는 점을 주장하는 방향을 취하고 있다. 그들은 하나의 행위체계는 거기에 가담하고 있는 이들의 이익에 이바지함으로써 정당화된다고 주장하며, 거기에는 다른 규율체계에서와 마찬가지로 그 적용이 기대되고 또 충분히 설명하지 않아도 되는—사실 설명될 수도 없는—상황적 배경이 고려되고 있다. 이런 상황이 변경되는 경우에는 그런 경우에 대응하는 규율이 없다고 해도, 사람들이 의무를 면하게 된다는 것은 여전히 행위체계와 합치될 수 있는 것이다. 그러나 한 행위체계가 허용하는 이런 종류의 변호사유는, 각 개별사례를 공리적 근거에서 저울질하는―공리주의의 비판자들이 반드시 공리주의 속에 들어 있다고 생각하는―일반적인 선택(자유)과 혼동되어서는 안 된다.

공리주의의 형벌 정당화론에 대해서 제기되는 우려는 그것이 너무 많이 정당화하지 않는가이다. 약속의 경우에는 문제가 다르다. 여기에서의 문제는 공리주의가 약속을 지킬 의무를 도대체 어떻게 설명할 수 있는가이다. 우리는 약속을 지켜야 할 널리 인정되는 의무와 공리주의는 양립되지 않는다는 느낌을 가지고 있다. 그리고 확실히 이 둘은 양립하지 않는다. 각인은 모든 개별적인 행위를 일반적인 공리주의적 근거에서 저울질할 완전한 자유를 갖는다는 주장이 공리주의가 불가피하게 갖는 견해라고 해석한다면 그렇다. 그러나 공리주의를 반드시 이렇게 해석해야 할까? 지금까지 논한 종류의 사례의 경우에는 공리주의를 이렇게 해석할 수는 없다고 하겠다.

IV

지금까지 나는 하나의 행위체계의 정당화와 그 행위체계에 해당하는 구체적인 행위의 정당화의 구별이 중요하다는 것을, 이 구별이 공리주의에 대한 오랜 두 반론에 맞서서 공리주의를 옹호하기 위하여 어떻게 사용될 수 있는가를 지적함으로써 밝히려고 시도했다. 그래서 공리주의적 고려는 우선적으로 행위체계에 적용되는 것으로 이해되어야 하고, 그 행위체계가 허용하는 경우를 제외하고는, 그 행위체계에 해당하는 구체적인 행위에는 적용되지 않는 것으로 이해되어야 한다고 함으로써, 이 지점에서 토론을 종결짓고 싶은 사람이 있을 것이다. 또 이렇게 변형된 형태의 공리주의는 우리가 숙고하여 갖게 된

도덕적 견해에 대한 더 좋은 설명일 것이므로 이 정도로 논의를 끝내
자고 말하는 사람도 있을 것이다. 그러나 여기서 멈춘다면 그것은 흥
미있는 문제, 즉 확실하고도 명백한 이 구별의 의미를 우리는 왜 간
파하지 못할까, 그리고 구체적인 경우들도 항상 일반적인 공리주의적
근거에서 결정된다고 당연히 생각할 수 있는 것은 아닐까라는 흥미로
운 문제를 도외시하는 결과가 될 것이다. 이것은 잘못인데, 이 잘못
은 행위체계 안에서의 규율의 논리적 상태를 잘못 파악하는 것과 관
련되는 것일 수 있다고 생각한다. 그래서 이것을 밝히기 위해서 두
규율관, 즉 공리주의 이론 안에 규율의 위상을 설정하는 두 가지 방
식을 검토해 보려고 한다.

양자의 차이의 의미를 보지 못하게 만드는 생각을 요약설(summary
view)이라고 부르기로 하자. 이 견해는 규율을 다음과 같이 생각한
다. 사람은 구체적인 경우에 공리주의 원리를 적용함으로써 자신이
어떻게 행동할 것인가를 정한다고 가정한다. 나아가 다른 사람들도
동일한 구체적인 경우에는 동일한 방법으로 자신의 행동을 결정하고,
먼저 결정한 것과 동일한 경우들이 반복될 것임도 가정한다. 그래서
어떤 종류의 경우에는 같은 결정이 다른 시간에 같은 사람에 의해서,
또는 같은 시간에 다른 사람들에 의해서 이루어지는 경우도 있을 것이
다. 어떤 경우가 충분히 자주 발생하면 그런 종류의 경우를 규제할
규율은 성립된다고 사람들은 생각한다. 내가 이런 생각을 요약설이라
고 부르는 이유는, 규율이 구체적인 경우에 공리주의 원리를 '직접' 적
용함으로써 내려진 과거의 결정들의 요약(summary)으로 묘사되고 있
기 때문이다. 여기서 규율은 보고(報告)로 여겨진다. 즉 어떤 종류의
경우들이 '다른' 근거에서 거론되어 모종의 방식으로 적절하게 결정되
어왔다는(물론 그 규율이 이렇게 '말'하지는 않지만) 보고로 여겨진다.

규율을 공리주의 이론 안에 이런 식으로 위치시키는 점에 대해서
는 언급할 점이 많다.

1. 규율을 갖는 목적은, 유사한 사례가 반복되는 경향이 있고, 과

거에 내린 결정을 규율의 형태로 기록해 놓는다면, 사례를 더 빨리 판단할 수 있다는데 있다. 유사한 사례가 반복되지 않는 경우에는 공리주의 원리를 사안별로 직접 적용하여야 하기 때문에 과거의 결정을 보고하는 규율은 불필요하다.

2. 구체적인 사례에서 내린 결정은 논리적으로 규율에 앞선다. 규율이란 유사한 많은 사례에 공리주의 원리를 적용할 필요가 있을 때 의미있는 것이기 때문에, 그 사례를 규제할 규율이 있든 없든 개개의 구체적인 사례(또는 그와 유사한 여러 사례들)는 존재할 것이라는 결론이 된다. 구체적인 사례들이 그것을 규제할 규율의 존재에 앞서서 인정되는 것으로 묘사한 이유는, 일정한 종류의 많은 사례들을 접할 때에만 우리는 하나의 규율을 만들게 되기 때문이다. 그래서 '그런' 종류의 사례들에 관한 규율이 있든 없든, 우리는 하나의 구체적인 사례를 취해서 필요한 종류의 구체적인 사례로 기술할 수 있는 것이다. 다르게 설명해 보자. 'A일 때는 언제나 B를 하라'는 형태의 규율에서, A의 경우와 B의 경우가 가리키는 바는, 'A일 때는 언제나 B를 하라'는 규율이 있든 없든, 그 규율을 구성부분으로 하는 행위체계를 성립시킨 어떤 규율의 집합이 있든 없든, A의 경우, 그리고 B의 경우로 기술될 수 있다.

이것을 설명하기 위해서 다음과 같이 구성되는 규율 또는 준칙을 고찰해 보자. 어떤 사람(의사 또는 가족)이 치명적인 병에 걸린 사람에게 그의 병명이 무엇인지를 알려줄 것인가의 여부를 결정하려고 한다고 가정하자. 그 사람이 숙고한 끝에 공리주의적 근거에 입각해서 사실대로 대답해서는 안 된다고 결정한다고 가정하자. 그리고 이 경우 기타 이와 유사한 다른 경우들을 토대로 해서 치명적인 환자가 그의 병명이 무엇인지를 물을 때는 그에게 말해서는 안 된다는 취지의 규율을 만든다고 하자. 여기서 지적할 점은, 어떤 사람이 치명적 환자라는 것, 그의 병명이 무엇이냐고 묻는 것, 그리고 그에게 누군가가 병명을 말해주는 것은, 이러한 규율이 있든 없든 기술될 수 있는 일들이라는 것이다. 규율이 언급하는 행위의 수행은 이 규율을 이루고 있는 하나의 행위체계라는 무대장치를 필요로 하지 않는다. 바로 이 것이 요약설에서는 구체적인 경우들이 규율에 논리적으로 앞선다는 말의 의미이다.

3. 각 사람은 어떤 규율이 맞는가를 늘 재고할 권리, 그리고 구체적인 사례에서 그 규율을 따르는 것이 합당한가의 여부를 물을 권리를 원칙적으로 가지고 있다. 규율이란 안내자이자 조력자이기 때문에, 우리는 과거의 결정들 속에서 문제의 규율을 얻기 위해서 공리주의 원리를 적용할 때 잘못을 저지르지 않았는가를 물을 수 있고, 그것이 이 사례에서 최선의 결정인가에 의문을 제기할 수도 있다. 사람들이 공리주의적 원리를 쉽게, 그리고 제대로 적용하지 못한다는 데 규율이 존재할 이유가 있다. 즉 시간을 절약할 필요가 있고, 안내자를 세워놓을 필요가 있는 것이다. 이렇게 본다면 합리적인 공리주의자들의 사회는 각자가 공리주의의 원리를 사안별로 직접, 그리고 원활하게, 그리고 오류 없이 적용하는, 규율 없는 사회가 될 것이다. 반면에 우리의 사회는 규율들이 구체적인 사례에서 이런 이상적인 합리적 결정에 도달하는데 조력자로, 수세대에 걸친 경험을 통해서 축적되어 왔고 검증되어 온 안내자로 이바지하도록 만들어진 사회일 것이다. 이 견해를 규율에 적용한다면 우리는 규율을 준칙으로, '실제의 경험에서 얻는 법칙(rule of thumb)'으로 해석하게 되어, 요약설이 적용되는 것이면 어느 것이든 '규율(rule)'이라고 부를 수 있을지 의문을 갖게 된다. 규율이 이런 방식으로 생각된다는 식으로 논하는 것은 사람들이 철학하면서 저지른 잘못인 것이다.

4. '일반적' 규율의 개념은 구체적으로 다음과 같은 식의 것이다. 일반적 규율이란, 그 규율에 따라 결정을 내렸는데 그것이 맞는 결정인 사례, 즉 공리주의 원리를 매 사안마다 제대로 적용한다면 내리게 될 결정이 되는 사례가 몇 %나 발생할 것으로 예상되는가를 추산하는 식의 것으로 묘사된다. 그 규율이 대체로 맞는 결정을 제시할 것

으로 계산되면, 또는 공리의 원리를 스스로 자기 자신의 경우에 직접 적용함으로써 잘못을 저지를 가능성이, 규율을 따름으로써 잘못을 저지를 가능성보다 더 크다고 계산되면, 그리고 이런 고려가 사람들에 의해서 일반적으로 주장되면, 그 규율을 일반적 규율로 받아들이라고 요구하는 것은 정당화될 것이다. 요약설은 '일반적' 규율을 이런 식으로 설명할 수 있을 것이다. 그러나 이 경우에도 여전히 공리주의 원리는 사안별로 적용된다고 말할 수 있을 것이다. 왜냐하면 규율을 받아들이는데 토대가 되는 첫 계산치는, 공리주의 원리를 적용하고 나서 그 결과를 예측하려고 할 때 비로소 얻어지는 것이기 때문이다. 하나의 규율을 요약설에 따라 받아들인다는 것은, 우리가 그 규율을 하나의 안내자, 또는 하나의 준칙, 또는 경험으로부터 일반화한 것이라고 말하고, 그 일반화가 근거있다는 확신이 없어서 그 사례는 그 자체 별도로 다루어져야 할 예외의 경우에는, 규율은 양보해야 하는 것이라고 자연스럽게 말한다는 데서 드러난다. 그래서 구체적인 경우에 규율(이 있는가)를 의심케 하는 특이한 예외(가 있다는) 관념은 요약설적 견해와 모순되지 않는다.

규율의 또 하나의 관념을 행위체계설(practice conception)이라고 부르기로 하자. 이 견해는 규율을 하나의 행위체계를 정의하는 것으로 묘사한다. 행위체계는 여러 이유로 만들어진다. 그 이유 중 하나는, 행위의 많은 영역에서는 공리주의적 근거에서 사안별로 무엇을 할 것인가를 각자가 판단한다는 것은 혼란에 빠지기 쉽고, 다른 사람은 어떻게 행동할 것인가를 예견하려고 애씀으로써 행동을 조정하려는 기도는 실패하기 마련이라는 데 있다. 그에 대한 대안으로 하나의 행위체계의 확립이 필요하다는 것, 즉 하나의 새로운 행위방식의 구체화가 필요하다는 것을 깨닫게 된다. 그리고 이것으로부터 하나의 행위체계는 필연적으로, 공리주의적이고 타산적인 근거에서 행동하라는 것—완전한 자유를 포기하라는 것—을 함의하고 있음을 알게 된다. 어떻게 행위체계에 가담하게 되는가를 가르친다는 것은 행위체계를 정의하는 규율들이 정당화된다는 것을 뜻하는데, 행위체계에 가담한 사람들의 행동의 교정이 이 [행위체계가 가지고 있는] 규율들에 의거하여 이루어진다는 것이야말로 행위체계의 특징인 것이다. 하나의 행위체계에 가담한 사람들은 규율을 행위체계의 정의(定義)로 승인한다. 규율은 행위체계에 가담한 이들이 어떻게 행동하는가를 단순히 기술하는 것으로 생각될 수는 없다. 즉 단순히 이들이 규율을 준수하는 것'처럼' 행동하는 것은 아니다. 그래서 행위체계의 관념에는 규율들이 널리 알려져 있다는 것, 그리고 그것이 결정적인 것으로 이해되고 있다는 것이 중요하다. 그리고 하나의 행위체계의 규율들은 가르쳐질 수 있다는 것, 그리고 모종의 통일적인 행위체계를 산출하는 데 영향을 미칠 수 있다는 것도 중요하다. 그래서 이런 관점에서 보면, 규율은 공리주의 원리를 반복되는 구체적인 사례에 직접 그리고 독자적으로 적용하는 각 개인의 결정들로부터 일반화한 것은 아닌 것이 된다. 오히려 그와는 반대로 규율이야말로 하나의 행위체계를 정의하며, 규율은 그 자체가 공리주의 원리의 주제가 되는 것이다.

규율을 이렇게 공리주의 이론에 적응하는 방법과 앞서의 방법 간의 중요한 차이를 밝히기 위해서, 앞에서 지적한 점들에 관한 두 견해의 차이점을 살펴보자.

1. 요약설적 견해와는 대조적으로, 행위체계의 규율들은 구체적인 사례에 논리적으로 선행한다. 왜냐하면 행위체계가 없다면 그에 해당하는 행동의 구체적인 사례도 없을 것이기 때문이다. 이 점은 이런 식으로 더 해명할 수 있다: 즉 하나의 행위체계 안에는 임무를 설정하는 규율, 상이한 임무에 부합하는 일정한 행위형태를 구체화하는 규율, 규율의 위반에 대해서는 형벌(제재)을 정하는 것 등등의 규율이 있다. 우리는 한 행위체계의 규율들을 임무, 동작 그리고 반칙을 정의하는 것으로 생각한다. 여기서 행위체계가 개별 사례에 논리적으로 앞선다는 말의 의미는 이것이다: 하나의 행동(동작)을 규정한 어떤 규율이 있다고 할 때, 행위체계가 있다고 한다면, 이 규율에 해당된다

고 할 수 있는 구체적인 개개의 행동은, 행위체계가 없다면 그런 종류의 행동'으로 기술'되지 않을 것이라는 점이다. 행위체계에 의해서 정해진 행동의 경우 이들 행위체계가 제공하는 무대장치 밖에서 그런 행동을 수행하는 것은 논리적으로 불가능하다. 왜냐하면 만약에 행위체계가 없다면, 그래서 필요한 요건이 충족되지 않는다면, 어떤 일을 하든 어떤 동작을 하든 그것들이 행위체계가 규정한 행동의 한 형태로 여겨지지 않을 것이기 때문이다. 그런 행동은 '다른' 모종의 방식으로 기술될 것이다.

이 점은 야구 게임에서 잘 설명된다. 야구 게임에 등장하는 여러 행동들은 그런 게임이 있든 없든 혼자서 하거나 다른 사람과 함께 할 수 있는 것들이다. 예컨대 공을 던지고, 달리거나 특별하게 생긴 나무 몽둥이를 휘두를 수 있다. 그러나 [규율이 없으면] 도루를 할 수도 없고, 삼진을 당할 수도 없고, 볼넷이 되어 1루까지 진루할 수도 없고, 실책(error)을 범할 수도 없고, 투수가 반칙(balk)을 할 수도 없다. 이런 행동과 유사한 일들을, 즉 베이스로 슬라이딩해서 들어오거나 땅볼 타구를 놓치는 등을 할 수 있지만, 스트라이크 아웃, 도루, 보크 등 모두는 하나의 게임 안에서만 일어날 수 있는 행동들인 것이다. 어떤 사람이 무엇을 했는가에 상관없이, 그가 야구를 하고 있다고 기술될 수 없다면, 그가 한 것은 도루로, 스트라이크 아웃으로, 볼넷으로 진루하기로 기술되지 않는 것이다. 그리고 그에게 있어서 이런 것들을 한다는 것은 게임을 구성하는 규칙과 같은 행위체계를 전제하는 것이다. 행위체계는 구체적인 사례들에 논리적으로 앞선다. 행위체계가 없다면 그것에 의해서 규정된 행동을 언급한 말들은 의미를 상실하게 되는 것이다.

2. 행위체계설은 권위에 대해서, 즉 구체적인 사례에서 규율을 따르는 것이 적절한가를 각자가 판단하는 데 준거가 되는 권위에 대해서 전혀 다른 견해를 갖게 한다. 하나의 행위체계에 가담한다는 것, 그 행위체계에 의해서 규정된 행동들을 행하는 것은, 적절한 규율을

따른다는 것을 의미한다. 일정한 행위체계가 규정한 행동을 하려고 한다면, 그 행위체계를 정의한 규율을 따르는 방법밖에는 없는 것이다.

그렇기 때문에, 어떤 사람이 생각하는 행동이 행위체계에 의해서 정의된 행위형태인 경우에는 그 행위체계의 규율이 '자기의' 경우에 정확하게 적용되고 있는지 아닌지를 묻는 것은 무의미하다. 만약에 어떤 사람이 그런 질문을 했다면, 그는 행동을 하고 있는 상황을 이해하지 못하고 있다는 것을 드러내 보이는 것일 뿐이다. 하나의 행위체계에 의해서 규정된 행동을 하려고 한다면, 유일한 정당한 질문은 ('유언을 하려고 하는데 어떻게 해야 하나?'와 같은) 행위체계 전체의 성질에 관한 질문이 된다.

이 점은 게임을 할 것으로 기대되는 선수의 행동에서 잘 설명된다. 우리가 어떤 게임을 하려고 할 때, 우리는 그 게임의 규율을 구체적인 경우에 무엇이 최선의 것일 것인가에 대한 안내자로 취급하지 않는다. 야구 경기의 경우 타자가 '내가 네 개의 스트라이크를 가질 수 있는가?'라고 묻는다면, 그의 물음은 규율이 무엇인가를 묻는 것으로 여겨진다. 그리고 규율을 알려주었을 때 그가 세 개보다 네 개의 스트라이크를 갖는 것이 그에게 전체적으로 보아 최선일 것으로 생각했다고 진심으로 말했다면, 이것은 농담에 가까운 것으로 여겨질 것이다. 사람들은 세 개 대신에 네 개의 스트라이크가 허용되었다면 야구는 더 좋은 게임이 될 것이라고 주장할 수 있다. 그러나 규율을 구체적인 경우에 무엇이 최선일 것인가에 대한 안내자로 묘사할 수는 없고, 구체적인 사례에 그것을 적용할 수 있는가를 물을 수는 없을 것이다.

3과 4. 4항목에 걸친 요약설과의 비교를 마무리해 보자. 지금까지 말한 것으로부터 명백한 것은, 행위체계의 규율들은 구체적인 사례들을 어떤 더 상위의 윤리적 원리에 의해서 판단되는 대로 정확하게 결정하는 것을 도와 줄 안내자는 아니라는 것이다. 그리고 일반성이라는 통계학유사의 개념도 특별한 예외라는 개념도 행위체계의 규율들에게는 적용되지 않는다. 한 행위체계의 정도의 차이는 있지만 일반적인 규율은, 그 행위체계의 구조에 따라 행위체계 안에서 발생하는 다소의 종류의 사례에 적용되는 규율이거나, 행위체계의 이해에 다소 본질적인 규율이다. 다시 말해서 어떤 구체적인 사례는 한 행위체계의 규칙의 [적용인 것이지] 그 예외일 수는 없는 것이다. 예외란 오히려 규칙의 수정이거나 더 자세한 구체화이다.

　행위체계설적 규율관에 대해서 지금까지 우리가 말한 것에서 나오는 결론은, 한 사람이 어떤 행위체계에 가담하고 있다면, 그리고 그가 하는 일을 왜 하느냐고 질문을 받거나 그가 하는 일을 옹호하라고 요구되었다면, 그의 설명 또는 옹호론은 질문자에게 행위체계를 지적할 것이라는 점이다. 그는 ‘자신의’ 행위에 대해서, 그 행위가 그 행위체계에 의해서 규정된 행위라면, 그 행위가 전체적으로 보아 최선의 것으로 생각되기 때문에 다름아닌 그 행위를 한다고 말할 수는 없는 것이다. 어떤 행위체계에 가담된 자기 자신의 행위에 대해서 질문을 받았다면, 그는 자기가 행위체계에 관여하고 있다(‘왜 당신은 그에게 빚 갚으려 서두르나?’ ‘나는 오늘 빚 갚을 것을 그에게 약속했다’)는 것을 질문자가 모르고 있거나, 행위체계가 무엇인지를 모르고 있다고 생각할 수밖에 없다. 사람들은 그의 구체적인 행위를 정당화한다기보다는 그것이 행위체계에 합치된다는 것을 설명하거나 보여준다. 그 이유는, 구체적인 행위는 행위체계라는 무대장치를 배경으로 해서만 있는 그대로 기술되는 것이기 때문이다. 행위체계와의 관련 하에서만 무엇이 행해지고 있다고 ‘말’해질 수 있다. 사람들은 자기의 행위가 [행위체계의] 하나의 구체적인 행위임을 설명하거나 옹호하기 위해서, 행위를 정의한 행위체계에 합치되게 행위를 하는 것이다. 이것이 납득되지 않는다면, 그것은 행위체계를 수락한다는 것 또는 그 행위체계를 관용함이 정당화되었는가에 대하여 다른 질문이 제기되었다는 신호인 것이다. 행위체계 자체에 이의가 제기되었을 때 (행위체계를 말하면서) 규율을 인용하는 것은 아무런 소용이 없을 것임은 당연하다. 그러나 행위체계가 정의한 구체적인 행동에 이의가 제기되었을 때는 규율을 언급하는 수밖에 없다. 구체적인 행위에 관하여는, 행위체계가 무엇인지가 명료하지 않거나, [그 행위체계에] 가담되어 있음을 모르는 자에게만 문제가 될 것이다. 이것과 대비해 보아야 할 것은 준칙에 의한 판단사안이다. 준칙에 의한 판단이란 그 사안에 대하여 '다른' 근거에서 내려진 결정이 옳은 결정임을 지적해 주는 것으로 볼 수 있는 판단이어서, 이 다른 근거가 정말로 그 사안에 대한 이 결정을 지지하는가 여부를 묻게 만듦으로써 그 판단에 대한 이의제기를 의미 있게 해주는 판단이다.

우리가 지금까지 논한 두 규율관을 비교해 볼 때, 요약설이 행위체계의 정당화와 그 행위체계에 속하는 행동들의 정당화의 구별의 중요성을 어떻게 놓치는가를 알 수 있게 된다. 요약설은 규율을 공리주의 원리의 흠 없는 적용으로 얻어질, 주어진 사례에 대한 이상적인 합리적 결정을 알려주는 것을 목적으로 하는 안내자로 생각한다. 사람들이 그 안내자를 이용할 것인지, 아니면 상황이 허락하는 경우 스스로의 도덕적 임무에 아무런 변경 없이 그를 버릴 것인지는 원칙적으로 완전히 자유이다. 즉, 사람이 규율을 버리든 버리지 않든, 사람은 언제나 전체로 보아 최선인 것을 사안별로 실현할 것을 추구하는 합리적 인간으로서의 임무는 갖고 있는 것이다. 그러나 행위체계설에 의하면, 사람이 행위체계에 의해서 정의된 임무를 갖는 경우, 이 임무 내에서의 자기의 행동에 대해서 제기되는 문제는 그 행위체계를 정의한 규율에 의해서 해결된다. 이 규율 자체를 문제삼게 되는 때에는 그 임무는 근본적인 변화를 겪게 된다. 그래서 규율을 변경하고 비판할 권한 있는 자의 임무, 즉 개혁자의 임무 등이 가정된다. 요약설은 그런 식의 임무의 구별 그리고 각 임무에 합당한 여러 논의형태를 제거한다. 이 견해에 의하면 '하나의 임무'가 있을 뿐 '임무들'이란 없다. 그렇기 때문에 이 견해는 하나의 행위체계에 의해서 정의된 행동과 임무에 대해서는, 공리주의 원리는 행위체계에 적용되는 것이기 때문에 그렇게 정의된 임무를 가지고 행동하는 이들에게는 일반적 공리주의적 논의를 하는 것은 불필요하다는 사실을 모호하게 만드는 것이다.

내가 위에서 말한 것에는 약간의 수정이 필요하다. 첫째, 규율의 요약설적 견해와 행위체계설적 견해에 대해서, 그중 하나만이 규율에 적중할 수 있고 어느 규율에 적중하면 반드시 '모든' 규율에 적중한 것처럼 내가 말한 것으로 들릴지 모른다. 내 말은 이런 뜻이 아니다 (공리주의 비판자들의 공리주의에 대한 반론이 행위체계의 규율에 대한 요약설적 견해를 전제하고 있다면, 공리주의의 비판자들이야말로 이런 잘못을 범한 것이다). 어떤 규율들은 이 견해에 적합할 것이고, 어떤 규율들은 저 견해에 적합할 것이다. 그래서 (엄격한 의미의) 행위체계의 규율이 있고, 준칙과 '실제의 경험에서 얻은 법칙'도 있는 것이다.

둘째로, 규율을 분류함에 있어서 할 수 있는 구별은 더 있다. 그것은 다른 문제를 고려한다면 해야 할 구별이다. 내가 행한 구별은 내가 논한 구체적인 문제에서 가장 중요한 구별이며, 그것은 결코 전부를 망라할 것을 의도한 것은 아니다.

끝으로, 어떤 규율관을 적용할 수 있는가를 판단하기에 불가능한 것은 아니지만 어려울, 확연치 않은 경계선 상에 있는 사례들이 많이 있을 것이다. 어떤 개념의 경우에도 그런 경계선상의 사례는 있을 것으로 예상되며, 그것들은 특히 행위체계나 제도나 게임이나 규율 등등과 같은 복잡한 개념들과 관련되어 있는 경우가 많다. 비트겐슈타인은 이러한 개념들이 얼마나 유동적인가를 밝혀주었다(*Philosophical Investigation*, Oxford 1953 참조). 내가 한 일은 제한된 이 논문의 목적상 두 견해를 강조하고 정교하게 한 데 있다.

IV

두 규율관을 구별함으로써 내가 보이려고 했던 것은, 구체적인 사례를 일반적인 공리주의적 근거에서 고찰할 수 있게 재량을 주는 규율관이 있는 반면에, 이런 재량을 그 규율 자체가 부여하지 않는 한 인정하지 않는 규율관도 있다는 것이다. 또 규율을 요약설적 관념과 어울리게 묘사하려는 경향이 도덕철학자들로 하여금 하나의 행위체계의 정당화와 그 행위체계에 속하는 구체적인 행위의 정당화의 구별의 중요성을 보지 못하게 했다는 점도 강조하고자 한다. 그렇게 되는 이유는, 하나의 행위체계에 해당하는 구체적인 행동이 정당화라는 요구를 받았을 경우, 규율을 지적하는 것(=규율에 따른 행동이라는 것)이 갖는 논리적 힘을 잘못 묘사하거나, 하나의 행위체계가 존재하는 경우에 공리주의적 원리의 문제가 되어야 하는 것은 그 행위체계 자체라는 사실을 모호하게 하였기 때문이다.

공리주의의 전통적인 두 모범사례인 형벌과 약속이 행위체계의 명백한 사안임은 확실히 우연이 아니다. 요약설적 관념의 영향 하에 있는 경우 형벌제도를 운용하는 공직자나 약속당사자가 구체적인 경우에 공리주의적 근거에서 할 일이 무엇인가를 판단할 것이라고 가정하는 것은 당연하다. 그러나 구체적인 경우를 공리주의적 근거에서 판단할 일반적인 재량이 있다는 것은 행위체계의 개념과 양립하지 않는다는 것, 그리고 사람들이 갖는 재량은 그 자체 행위체계에 의해서 정의되었다는 것(예컨대 법관은 일정한 한도 내에서만 형벌을 결정할 재량을 가지고 있다)을 보지 못하게 만든다. 내가 논한 공리주의에 대한 전통적인 반론들은, 법관 또는 약속당사자에게 구체적인 경우를 공리주의적 근거에서 판단할 충분한 도덕적 권한을 주었다는 것을 전제한다. 그러나 일단 공리주의를 행위체계의 개념과 조화케 하고, 또 형벌과 약속이 행위체계라는 것에 유의한다면, 이런 식의 권한귀속은 논리적으로 배제된다는 것을 깨닫게 될 것이다.

처벌과 약속이 행위체계라는 것은 의문의 여지가 없다. 약속의 경우, '나는 약속한다'라는 말의 형식은 수행적 발언(performative utterance)으로서, 이 수행적 발언은 행위체계라는 무대장치 그리고 행위체계에 의해서 정의된 '특유의 행위'를 전제한다는 사실에서 이 점은 잘 드러난다. 약속에 관한 규율을 요약설적 견해에 따라 해석하는 것은 불합리하다. 예컨대 '약속은 지켜져야 한다'는 규율은 약속을 지키는 것이 과거의 사례 상 전체적으로 보아 최선이었다는 데서 생겨날 수 있었다고 말하는 것은 불합리한 것이다. 왜냐하면 약속을 지킨다는 것이 행위체계의 일부라는 이해가 없었다면 사람들이 약속하는 경우는 없었을 것이기 때문이다.

물론 약속을 정의한 규율들이 법조문화되어 있는 것은 아니며, 그런 규율이 무엇인가에 관한 관념은 사람들의 도덕적 훈련에 의존한다는 것은 인정될 필요가 있다. 그렇기 때문에 행위체계가 이해되는 방법에는 상당한 변화가 있을 수 있고 또 어떻게 하면 그 행위체계가 가장 잘 정립되는가에 대해서 논의의 여지가 있을 수 있다. 예컨대 여러 변호사유를 얼마나 중하게 받아들여야 할 것인가, 또는 어떤 변호사유를 활용할 수 있는가에 대한 차이는, 배경이 다른 사람들 사이에는 일어날 수 있는 일이다. 그러나 이런 차이에 관계없이, 일반적인 공리주의적 변호사유는 약속당사자에게는 소용이 없다는 것은 약속의 행위체계의 개념에 속하는 것이다. 그렇다는 사실은 내가 앞서 논했던 전통적인 반론의 설득력을 설명해 준다. 하나 더 지적해 두고 싶은 점은, 우리가 공리주의적 견해를 행위체계설적 규율관과 조화시킨다고 할 때, 거기에는 약속의 행위체계에서나 다른 행위체계에서나 그러한 변호사유는 반드시 있어야 한다는 결론이 나온다는 뜻은 아니라는 것이다.

처벌도 명백한 사례이다. 어떤 자를 처벌하게 만드는 일련의 사태 속에는 여러 행위가 들어있고, 이것은 모종의 행위체계를 전제한다. 이것은 카리트의 공리주의 비판을 논할 때 내가 내린 처벌의 정의(定義)를 고려하면 알 수 있다. 거기에서 말한 정의는 시민의 정상적인 권리, 처벌법규의 존재, 적법절차, 재판, 법원, 법률 등을 언급하고 있으며, 그 어느 것도 하나의 법체계의 짜여진 무대장치 밖에서는 존재할 수 없는 것들이었다. 사람이 처벌되는 많은 행위도 행위체계를 전제한다. 예컨대 절도나 불법침입 등으로 처벌되는 경우, 이것은 소유권 제도를 전제하는 것이다. 처벌(제도) 또는 처벌의 구체적인 개개의 경우를, 행위체계에 의해서 구체화된 임무, 행위, 그리고 범죄를 언급하지 않고서 말하거나 기술하는 것은 불가능하다. 처벌이란 잘 짜여진 법적 게임에서의 한 행동이며, 법질서를 이루는 행위체계의 조직을 전제한다. 좀 덜 형식적인 처벌의 경우도 마찬가지이다. 부모나 후견인이나 정당한 권한을 가진 자는 미성년자를 징계할 수 있으나, 다른 사람은 그렇게 할 수 없는 것이다.

내가 말한 것에 대해서 제시된 잘못된 해석이 있는데, 그것에 대해서는 주의할 필요가 있다. 사람들은 내가 하나의 행위체계의 정당화와, 그에 해당하는 구체적인 행위의 정당화를 구별한다는 것은 일종의 보수주의에 귀착하는 일정한 사회적 및 정치적 태도를 함의한다고 한다. 각자는 그 사회의 사회적 행위체계로부터 그의 행위에 대한 정당화의 기준을 제공받는다고, 그래서 각자는 그런 행위체계를 따르게 하면 그의 행동은 정당화될 것이라고 내가 말한다는 것이다.

이 해석은 전적으로 틀린 것이다. 내가 지적하는 점은 오히려 논리적인 점이다. 그것이 윤리이론의 문제에 효과를 미친다는 것은 분명하다. 그러나 그 자체가 특별한 사회적 태도 또는 정치적 태도로 귀결하는 것은 아니다. 그것은, 하나의 행위형태가 어떤 행위체계에 의해서 규정되어 있다면 구체적인 사람의 구체적인 행동을 정당화하려면 반드시 그 행위체계를 언급해야 한다고 말하는 것일 뿐이다. 이 경우 행위란 행위체계에 의하여 존재하는 것이고, 행위를 설명하는 것은 행위체계를 언급하는 것이다. 자기의 사회의 행위체계를 받아들여야 하는가의 여부에 대해서는 도출해내야 할 어떤 결론도 없다. 우리는 각자 나름대로 급진적일 수 있으나, 행위체계에 의해서 규정된 행위를 하는 경우에 우리의 급진주의의 대상이 되는 것은 사회적 행위체계 그리고 사람들의 그것에 대한 수락이어야 한다.

우리가 공리주의적 견해를 행위체계설적 규율관―이 관념이 적합할 경우3)—과 조화시킨다면, 우리는 공리주의를 전통적인 여러 반론을 모면하게 하는 방법으로 설명할 수 있다는 것을 밝히려고 노력하였다. 나아가 하나의 행위체계의 정당화와, 그에 속하는 하나의 행동의 정당화 사이의 구별의 논리적 설득력이 얼마나 행위체계설적 규율관과 관련되어 있으며, 그것은 우리가 행위체계의 규율을 요약설적 견해에 따라 생각하는 한 이해될 수 없다는 것을 밝히려고 노력했다. 철학을 하는 가운데 사람들이 규율을 왜 요약설적 규율관에 따라 생각하게 되었는지를 나는 논하지 않았다. 그 이유는 확실히 매우 심오한 것이며, 이를 해명하기 위하여는 별도의 논문이 필요할 것이다.*

---

3) 어떤 경우에 행위체계설적 견해가 적합한가는 말하기 쉬운 일이 아님을 저자도 주를 달고 있다. 저자도 많은 '도덕적 규칙'에 적용되지는 않을 것으로 본다. 도덕생활은 'practice'에 의해 정의되는 경우가 비교적 적기 때문이다. 그래서 저자는 복잡한 도덕적 논의보다 법률적 및 법률유사적 논의에 그런 견해가 더 중요할 것이라고 말하고 있다.

* 앞의 주 †에서 언급한 바와 같이 이 글에는 부록이 달려 있다. John Rawls, *Collected Papers*, 앞의 주 †의 책, 43~46면. 여기서 롤즈는 이 글을 그 다음 장에 실려 있는 글 "공정으로서의 정의(1958)"(Justice as Fairness)(47~72면)를 읽은 다음에 읽을 것을 권하면서, 이 부록은 그 글에서 논한 것을 전제하고 있다고 말하고 있다. 그것은 정의가 행위체계(practice)의 설립과 운용의 공정성에 달려 있으며, 그 체계 안에 사는 사람들의 품성이나 그들의 행위의 덕성과는 무관하다는 것이다(47~48면). 이 부록에서 롤즈는 앞에서 언급한 '요약설'(이 책 434면 이하)을 취하는 지도적 공리주의자들의 진술을 검토하였다. 그들이 규칙의 논리적 성격을 논할 때 대체로 요약설적 관념을 취하고 있으며, 이는 그들이 도덕규칙을 논할 때 전형적으로 나타난다고 지적한다. 여기서 롤즈는 John Austin(43~44면), J. S. Mill(45면)을 논하고 G. E. Moore(46면)를 간단히 언급하고 있다 — 편집자.

제**4**편

서 평

라드브루흐, 법철학, 연찬보급판
카우프만, 법철학, 제2판

라드브루흐, 법철학, 연찬보급판^{†,††}

유명한 라드브루흐 「법철학(1932)」이 이번에 독일대학문고총서 제2043권의 연찬보급판으로 새로이 출간되었다. 이 「법철학」이 A. Kaufmann 교수의 주도로 간행되고 있는 라드브루흐 전집 제2권에 포함되자 기간(旣刊)의 단행본이 절판되었기 때문이다. 이번 보급판의 편집은 R. Dreier 교수와 Stanley L. Paulson 교수가 맡았다. 라드브루흐전집은 모두 양장본으로 되어 있어 가격이 비싸 학생 및 젊은 연구자를 위해 싼값의 보급판이 나온 것이다. 책의 무게에 비추어 조금 무엇하다는 느낌이 드나 활자가 굵고 선명하여 읽기에는 좋다. 오늘날의 현역 학자들의 저서들과 함께 하고 있으니 마치 살아 있는 라드브루흐를 대하는 감마저 든다. 이 저서는 국내에서도 번역되어 있는 관계로 법철학에 관심 있는 사람들은 꼭 읽는 책이다. 그러나 이들이 그 원서를 읽기 위해 비싼 전집의 그것을 사야 한다는 것은 큰 부담이다. 이런 의미에서 이번 보급판의 출간은 참으로 잘된 것 같다.

그런데 여기서는 라드브루흐 「법철학」을 논하려는 것이 아니다. 그러다가는 그야말로 화사첨족에 그치고 말 일이기 때문이다. 다만 이 보급판이 갖는 의의를 지적하려 한다. 이 보급판에는 3개의 부록과 편자의 주석(註釋) 그리고 편자가 쓴 "라드브루흐 법철학 서설 (Einführung in die Rechtsphilosophie Radbruchs)"이 실려 있다. 이것들에 이 보급판이 특별히 갖는 의의가 놓여 있지 않나 생각된다. 이에 대해 간략하게 언급하려 한다.

---

† 서울대학교 법학 제40권 제2호, 1999.

†† Gustav Radbruch, *Rechtsphilosophie*, Ralf Dreier/Stanley Paulson 공편, Studienausgabe, C. F. Müller, Heidelberg 1999.

3개의 부록 중에 그 첫째 부록은 라드브루흐가 전후 내기로 한-결국은 내지 못한-「법철학 신판」에 붙이기 위해 쓴 "후기(끝말)의 초고(Nachwort-Entwurf)"이다. 이 초고는 전집에도 수록되지 않는 미완의 것으로 널리 읽게 하는 것이 흥미로울 것 같아 여기에만 편자가 실은 글이다. 말하자면 편자의 덕택으로 읽을 수 있게 된 것이다. "후기초고"는 주로 자기 「법철학」 사상의 발전적 변혁의 동인에 관한 것이 그 내용으로 되어 있다. 이 초고는 첫째로 자기 법철학사상의 발전적 변혁이 나치의 불법과 독일의 붕괴를 체험하면서 이루어지지 않을 수 없었음을 설명하고 있다. 여기에서 라드브루흐는 어떻게 형언할 수도 없어 독자로 하여금 실소마저 자아내게 하는 온갖 종류의 나치의 불법사실을 들면서 그것이 얼마나 '정의'와 '진실'에 반했던가를, 그리고 그 이데올로기가 얼마나 '반인간적'이었던가를 통박했으며, 그런 나치의 가장 위험스런 불법의 형태로서의 '법률적 불법'의 청산과 관련해서는 '초법률적 법'의 이념으로 대처하지 않을 수 없음을 지적했다. 둘째로 자기 법철학의 사상적 변혁에는 나치불법에 대항한 '기독교'와 철학의 궁극적 출발점을 '실존'에 두면서 해결불가능한 문제성의 존재를 의식화시킴으로써 지적 정직성을 보인 '실존철학'도 한몫 했음을 지적했다. 특히 라드브루흐는 나치와의 '화약(和約)'으로 인한 초반의 실수를 각성하고 나치불법에 대한 가톨릭교회의 계속된 대항의 깊은 뜻을 법철학적으로 높이 기렸다. 그리고 자기의 법철학이 '실체적' 가치문제의 설명을 회피하지 않음으로써 '객체에로의 전회'를 꾀한 점에서, 그러나 궁극적 가치들의 대결에서는 상대주의적으로, 아니 '이율배반적' 긴장을 본 점에서, 나아가 완성된 철학을 법에 덮어씌우는 것이 아니라 법적 인식필요에서 철학에로 치솟아 오른 점에서, 말하자면 체계적 철학을 강요하지 않은 점에서 당시 그런 점에서 새로운 철학의 패러다임으로 자리잡았던 '실존철학'에 유사하다고도 강조되고 있다. 셋째로 자기 법철학의 방법인 방법이원론과 가치상대주의의 사상에 관해서 이는 변모된 채이지만 고

수된다고 적고, '사물의 본성'의 관념에 의한 이원론의 완화를 논하기 시작하다가 미완으로 끝맺는다(이('사물의 본성' — 편집자)는 다른 곳에서 논문으로 실렸다가 조그만 책자로 출판되었다).

두 번째 부록은 제2차세계대전이 끝난 바로 그 해(1945)에 하이델베르크일간지에 실린 논설인 "5분간의 법철학(Fünf Minuten Rechts-philosophie)"이며, 세 번째의 부록은 그 이듬해(1946)에 발표된 유명한 "법률적 불법과 초법률적 법(Gesetzliches Unrecht und übergesetzliches Recht)"이다. 이들은 번역도 되어 있고 해서 여기서는 또한 언급을 생략한다. 이어서 달린 공편자의 주석은 「법철학」 본문과 부록 모두에 관련된 것으로 매우 간략하지만 알차다. 특히 본문에 있는 라틴어와 불어 등 외국어 문장에 대해서는 신뢰할 수 있는 독일어번역이 부가되어 있어 심적 부담을 덜어준다.

이 보급판의 의의를 각별하게 하는 것은 위의 라드브루흐의 "후기 초고" 이외에 바로 편자들이 쓴 "라드브루흐 법철학 서설"이다. 드라이어 교수는 최근에 은퇴한 독일 Göttingen 대학의 교수로서 수년 전에는 "세계 법 및 사회철학회"의 회장을 역임한 현대 법철학 및 법이론계의 대표자 중의 한 사람이다. 그는 치밀한 이론과 절제된 가치관에 입각하여 자연법론과 법실증주의 저편의 제3의 길을 걷는 법철학자 및 법이론가이며, 라드브루흐만큼이나 자연법친화적이다. 폴슨 교수는 미국 St. Louis시 소재의 Washington 대학의 철학 및 법철학 교수로서 특히 신칸트학파의 철학과 동 학파의 법철학(특히 켈젠과 라드브루흐) 연구에 독보적 지위를 차지하고 있다.

이 "서설"은 모두 7개의 항목으로 나누어 라드브루흐의 법철학과 그 논점들을 오늘날의 법철학적 시각에서 더없이 간결하게 서술하고 있다.

항목 I은 라드브루흐의 생애, 즉 수학과정, 학문활동, 그리고 짧은 기간이지만 중요했던 정치활동에 대해 조금도 수사적 과장이 없이 기록하고 있다.

항목 II는 본격적으로 신칸트철학에 입각하고 있는 라드브루흐 「법철학」의 기본성격을 언급한다. 라드브루흐는 신칸트철학의 기본테제인 존재(현실)와 당위(가치)의 범주적 준별이라는 방법이원론에 입각하면서도 그 사이에 가치관련적 문화현상을 삽입시킨 서남독일(하이델베르크) 신칸트학파의 방법삼원론(Methodentrialismus)에 따라, 첫째로 법학전반을 삼분했으며(법현실학으로서의 '법사회학', 법가치론으로서의 '법철학', 가치관련적 '실정법학'), 둘째로 법개념을 '법이념에 이바지하는 의미를 가진 소여(所與)'로 규정했으며, 셋째로 법이념을 '정의의 이념에 다름 아닌 것'으로 규정하면서도 이 이념의 분석에서 합목적성, 법적 안정성을 도출해 냄으로써 결국은 정의, 합목적성, 법적 안정성이라는 삼원론적 법이념설('Trias der Rechtidee')에 이르렀다고 밝힌다. 그리고 편자들은 라드브루흐의 '법이념관련적 법개념'은 법실증주의의 법과 도덕의 준별이라는 '분리테제'에 대한 수정으로서, 그리고 그의 '법철학적 정당이론'으로 펼쳐진 '법목적(이념)론'은 오늘날 정치철학적으로 활발히 논의되는 정의논의의 주요문제로서 그 의의를 지니고 있다고 지적한다.

항목 III은 라드브루흐가 과연 1933년 이전에는 C. Schmitt의 지적처럼 법실증주의자였던가의 논점을 다룬다. 이에 대해 편자들은 법과 도덕 사이에는 결코 필연적인 관련은 존재하지 않는다는 이른바 '분리테제'가 법실증주의의 일반테제라고 보면 라드브루흐는 1932년의 「법철학」에서는 물론 이미 1914년의 「법철학강요(綱要)(Grundzüge der Rechtsphilosophie)」에서도 법이념관련적 법개념을 주장했으므로 그런 견해는 기본적으로 그릇되었음을 밝힌다. 이는 법효력론과 관련해서도 대국민적 관계에서는 '법철학적 효력론'의 입장에서 법윤리적 구속성을 강조했던 것으로 미루어 보아 그런 주장은 옳지 않고, 다만 대(對)법관적 관계에서는 백지양도식의 복종을 요구하여 일관되지 못했으나 이는 나치불법 체험 후 이른바 '초법률적 법'의 이념으로 대답해 주었다고 보고 있다. 어쨌든 편자들은 라드브루흐가 법실증주의자와는 달리 법의 내적 구속성을 근거지우는 것은 도덕이며 법은 권리를 부여함으로써 도덕적 의무이행의 가능성을 보장한다고 하는 기본입장을 그의 「법철학」에서 이미 피력했음을 강조한다.

항목 IV는 1933년까지의 라드브루흐 법철학과 1945년 이후의 라드브루흐 법철학 사이는 '계속'이었던가 '전향'이었던가라는 논란 많은 문제를 다룬다. 편자들은 앞 항목의 설명에서 이미 라드브루흐를 '계속테제'의 시각에서 바라봄이 타당하다는 것이 밝혀진다고 보지만, 다시 한 번 그것도 완곡하게 "라드브루흐는 1945년 이후 자기의 관념을 수정한 것은 의심할 수 없지만, 자기 이론의 주요요소는 그의 정신활동의 전 과정에 걸쳐 변함이 없었다"라고 대답한다. 라드브루흐의 어떠한 점이 수정되었는가에 대해서는 편자들은 두 가지를 드는데 그 첫째가 이른바 '라드브루흐 공식'을 통해 악법의 효력을 법관에 대해서까지 일관되게 부인했다는 점이고, 그 둘째가 인권의 이념을 승인함으로써 가치상대주의의 위세를 제한했다는 점이다. 그리고 이러한 수정은 그의 법철학체계에 영향을 미치지 않을 수 없었던바 우선 '라드브루흐 공식'은 법률이 너무나 부정의하여 그 효력을 인정할 수 없다는 '수인불능공식'(Unerträglichkeitsformel)과 법률이 정의, 즉 평등을 의식적으로 부인하여 법일 수 없다는 '부인공식'(Verleugnungsformel)으로 나누어지고, 전자는 그의 법효력론에, 그리고 후자는 그의 법개념론에 수정을 가져 왔고, 다음으로 인권의 이념은 법목적(가치)론에 영향을 미쳐 "인권의 전적인 부정은 절대적으로 부정당한 법이다"라는 결론으로 갔다고 지적한다. 이는 바로 그의 「법철학입문(1947)」에 집약되어 있다고 본다.

항목 V는 라드브루흐의 법철학이 국가철학의 문제를 법철학의 일부로 포함시킨 데 특색이 있는 바 그 핵심문제로서 그의 '민주주의론'을 취급한다. 즉 라드브루흐는 바이마르 공화국 당시 극우와 극좌로부터의 적들에 대항하여 민주적 헌정국가를 수호하기 위해 가치상대주의에 입각한 형식적·절차적 민주주의론을 옹호했던바 바이마르 공화국 붕괴이후 그의 민주주의관은 수정되었는가라는 질문이 던져진다. 이에 대해 편자들은 라드브루흐가 순형식적·절차적 민주주의론은 다수결에 의해 어떠한 임의의 내용의 법도 제정할 수 있음을 의식했으며, 이로써 민주주의는 스스로 자기를 포기할 기능성을 내포하여 이른바 '민주주의의 패러독스'에 빠질 수 있음을 깨닫게 되었으며, 이것이 그의 유명한 글 「법철학에서의 상대주의(1934)」에서 민주주의, 법치국가, 사회국가의 필연적 상호관계를 강조한 동인이 되었다고 본다. 그런 점에서 라드브루흐는 이미 오늘날 독일에서 실현을 본 '방어적 민주주의론'에 이른 것이라고 지적한다.

항목 VI은 "5분간의 법철학"에서 라드브루흐가 주장한 것처럼 과연 법실증주의 때문에 제3제국에서 법조인들이 악법에 무저항적으로 맹종했던가라는 문제를 다룬다. 물론 이를 둘러싸고는 양자 사이에 사실적 인과관계가 있다는 '인과테제'와 무조건적 복종을 해야 한다고 생각했기 때문에 면책된다는 '면책테제'로 쪼개지나 공편자는 양 테제 모두 거부한다. 그것은 법실증주의가 바이마르 공화국에서도 이미 지배설이 아니었고, 또 히틀러의 '권력장악'이 법실증주의 때문이라는 것은 맞지 않으며, 나아가 나치시대의 법이론은 법률을 나치적 세계관으로 해석하는 '자연법적' 경향 일색이었기 때문이라는 것이다. 그럼에도 불구하고 명백한 불법에도 따라야 한다고 함으로써 법조인들의 저항을 높이지 못했던 '타락된 법실증주의', 그리고 이것과 독일의 관헌(官憲)국가적 사고 사이의 친화력 등을 고려해 보면 '인과테제'에는 어딘가 무시 못할 국면이 있고, 또 바이마르 공화국 말기 그렇게 무조건적 법률복종을 강조한 라드브루흐의 개인적 과거청산에는 '면책테제'도 한몫을 한 것이라는 점을 첨언하고 있어 소극적으로 약간의 책임을 묻고 있는 듯하다.

마지막 항목 VII에서는 라드브루흐의 법철학의 위상은 법률가들이 법철학에 대해 던지는 질문에 대해 대답을 해 주는 내용풍부하고 힘찬 법과 법학의 일반이론을 설계해 보여주고 있는데 놓여 있다고 하겠으며, 이는 특히 법은 법이념 내지 정당성에 관련되어서만 상당하게 정의될 수 있다는 그의 테제와 관련해서 그렇다고 강조된다. 이점에서 라드브루흐의 이론은 켈젠과 그 근본이념에서 대립하고 있으며 이 둘 모두 법에 대한 심오한 직관에 의거하고 있으며, 따라서 라드브루흐의 「법철학」과 켈젠의 「순수법학」은 20세기를 넘어설 저작에 속한다고 결론짓는다.

말미의 문헌목록에는 라드브루흐의 저작들과 논문들, 라드브루흐 전집의 내용개요, 그리고 2차연구논문들과 저작들이 잘 수록되어 있다. 여기에는 우리나라 학자로서 라드브루흐 법철학의 핵심문제를 다루어 독일에서 학위를 받은 논문 세 편도 자리잡고 있다. 이는 우리나라 학자가 법철학의 국제적 연구에 공헌한 의미깊은 증적이기도 하다.

이상으로 이번 보급판이 갖는 특별한 의의를 부록 I과 편자의 "라드브루흐 법철학 서설"의 내용을 간략하게 소개함으로써 찾고자 했다. 라드브루흐의 "후기초고"는 '정치권력의 마성'이 얼마나 해괴망측한가를 일깨워 준다. 우리는 지금도 도처에 국민을 꼭두각시로 만들고 있는 정치권력들이 사라지지 않고 있으며 또한 그 지경으로까지 타락하지 않을까 우려되는 현실을 개탄해야 하겠다. 그리고 편자가 쓴 "라드브루흐 법철학 서설"은 라드브루흐의 법철학을 전 과정에 걸쳐 일관되게 파악하는 데 더없이 훌륭한 길잡이 역할을 할 것으로 생각된다. 그런데 이 글과 관련해서 한두 가지 떠오르는 점은 우선 라드브루흐가 1933년 이전에 법실증주의자가 과연 아니었던가이다. 편자들도 라드브루흐는 법이념에 관한 한 정의의 이념은 아리스토텔레스에서, 합목적성의 관념은 막스 베버에서, 그리고 법적 안정성의 강조는 홉스와 칸트의 전통에서 영향받았다고 분석했다. 라드브루흐는 여기에서 주지하듯이 "무엇이 정당한가를 '확인'할 수 없다면 무엇이 법이어야 하는가를 '확정'하지 않으면 안 된다"는 결론에 도달했다. 그는 법과 관련해서 보는 한 W. Ott의 말처럼 법실증주의를 '가치철학적으로' 근거지은 것이다. '분리테제'를 주장하지 않았다는 것을 근거로 라드브루흐를 법실증주의자가 아니라고 설명하는 것은 그의 법철학이 처음부터 가치철학에 입각해서 구축되어 있기에 큰 의미가 없어 보인다. '분리테제'는 '이론적, 논리적 실증주의'(theoretischer, logischer Positivismus)의 테제이다. 이와는 달리 법철학에서는 특히 홉스에서 '권위가 법을 만든다'는 '도덕 및 가치실증주의'(Moral- und Wertpositivismus)가 주장되어 왔다. 적어도 법과 관련해 라드브루흐는 후자의 의미에서 실증주의자가 아니었던가 싶다. 라드브루흐는 그런 태도가 바이마르 공화국의 의회민주주의의 권위를 보전하는 방편으로 생각했던 것이 아니었는지. 라드브루흐가 논리적·이론적 실증주의자가 아님은 말할 필요도 없다. 그리고 편자들이 언급한 라드브루흐의 '부인테제'에 관해서인데 사실 '법개념'이란 궁극적으로 합목적적 고려에 크게 의거하는 바이지만 이념개방적(ideeoffen)인 엥기쉬의 '관계개념'(Relationsbegriff)이나, 심지어는 비트겐슈타인의 '가족적 유사성'(Familienahnlichkeit)의 개념으로 보는 것이 오히려 '상당'하고, 효력의 차원에서 비로소 법이념과 관련해서 극단의 경우 그 효력을 부인하는 것이, 말하자면 라드브루흐의 '수인불능공식'만이 타당하지 않을까 생각된다. 이러고 보면 편자들의 의미깊은 지적이지만 라드브루흐의 법철학을 '법과 법학의 일반이론의 내용풍부하고 힘찬 설계'(… Entwurf einer allgemeinen Theorie des Rechts und der Rechtswissenschaft)로 자리매김코자 한 것은 지나친 애정의 표현이 아닐까. 마지막으로 편자들이 라드브루흐의 「법철학(1932)」을 켈젠의 「순수법학(1934)」과 대조시키면서 20세기를 넘어설 저작으로 꼽고 있으나 사실 이 둘은 20세기 전반부에 한한 것이고 벌써 그 후반부에 들어서는 법이론에서는 Hart의 「법의 개념(*The Concept of Law*, 1961)」을 통해, 법가치론적으로는 Rawls의 「정의의 이론(*A Theory of Justice*, 1971)」을 통해 그 위상이 대체되다시피 한 것이 아닌가 싶다. 그러고 보니 21세기에는 어떤 앞선 횃불잡이가 법철학계 및 법이론계를 비추어 이끌고 갈지 오히려 궁금해진다.

카우프만, 법철학, 제2판[†,††]

　카우프만 교수는 독일이 낳은 세계적인 법철학자이다. 그는 올해 만 75세이나 왕성한 학문적 활동을 멈추지 않고 있다. 초판보다 6장이나 증보된 방대한 내용의 이 책이 그것을 증명해 준다. 사실 누구나 학자이면 자기 전공에 대해 한 권의 명저를 내놓기를 원할 것이다. 그러나 이에 성공하는 이가 그리 많지 않음은 사실이다. 그런데 카우프만의 이 책은 바로 그 성공사례로 꼽을 수 있겠다. 그는 누구도 의심하지 않듯이 학문적 완숙의 경지에 이른 분이다. 그런 완숙의 표현인 이 책은 총 20장으로 이루어져 있는데 이제 그 중요한 내용을 살펴보기로 한다.

　책의 도입부에서는 법철학의 도그마를 설파하려는 것이 아니라 법철학하는 것을 가르치고 이에 동참할 것을 격려하는 데 목표를 둔다고 강조하고 있다. 이는 법철학적 사유의 길잡이가 되겠다는 포부를 밝힌 것으로 독자를 처음부터 사로잡는다.

　이어 법철학의 본론이 시작된다. 법철학은 체계내재적인 법학과는 달리 체계초월적인 학문분야로서 실정법에 대한 평가기준으로서의 '정당한 법', 즉 정의를 찾는 것을 그 과제로 삼는다고 강조한다. 그것도 인식주체의 능동적인 참여의 과정 속에서 발견하여야 한다는 것이다. 이는 종래의 인식론에서 강조된 '주체와 객체의 분리'의 도식을 무너뜨려야 한다는 주장을 표방한 것으로서 주목할 만한 견해이다. 법철학의 영구적 테마인 자연법론과 법실증주의의 문제와 관련하여

---

　† 서울대학교 법학 제39권 제4호, 1999.
　†† Arthur Kaufmann, *Rechtsphilosophie*, 2. überarbeitete und stark erweiterte Auflage, C. H. Beck, München 1997.

서는 실체존재론의 성격을 지닌 전통적인 자연법론도 또 기능주의 일
변도의 법률실증주의도 아닌 그 저편에 있는 '제3의 길'을 모색한다.
즉 법의 내용은 전자에서처럼 모두 먼저 주어져 있는 것도 아니고 또
그렇다고 후자에서처럼 순전히 임의적(자의적)인 것도 아니라는 이
제3의 길이란 바로 법가치, 특히 인권을 전적으로 침해하여 그 불법
이 자명하게 드러난 법률만은 효력이 있을 수 없다는 라드브루흐의
'법률적 불법'의 이론이라고 본다. 이 이론이야말로 요즘 말로 '패러
다임'의 전환을 가져온 것으로 평가하고 있다. 이 점도 독자를 설득
시키는 데 충분해 보인다.

　　법학의 학문성과 법률학적 사고의 논리와 방법에 관련해서는 절대
규준을 단념한다. 법발견의 사고란 근본적으로 '유비적(analog)'인 것
이고, '가능한 어의(möglicher Wortsinn)'도 유추가 아닌 듯이 보이게
하는 한갓 속임수에 불과하다는 점을 인정해야 하며, 언어의 이해에
는 이해자의 태도가 투입되는 것이고, 나아가 해석의 규준들 사이에
확고한 서열이 있는 것이 아니어서 그 어느 것이 '만족스러운 결과'를
가져오는가에 따라 선택될 뿐이라고 지적한다. 이러한 카우프만의 주
장은 어떤 면에서는 지나친 듯이 보여 논란이 예상되나 어딘가 개념
법학의 파시즘에 대한 강한 경계가 그 바탕이 되고 있는 것 같아 자
유로워 보인다.

　　이러한 법발견의 유비성은 곧바로 법개념의 규정으로 이어진다.
그는 법을 '당위와 존재의 조응(합치; Entsprechung)', '존재와 당위 사
이의 교량(橋梁)'으로 정의한다. 법을 명목적·형식적으로 법률의 집
합개념으로만 보아서는 안 되며, '법률적 불법'을 고려하더라도 법원
리(법이념, 당위) 없이 법률은 존재하지 않으며, 법률 없이는 구체적
인 법결정도 존재하지 않으며, 현실(존재) 없이는 법결정은 도출되지
않는다고 주장한다. 이렇게 법은 법구체화의 '관계' 안에서 이해되어
야지 어떤 실체로 볼 것이 아니라고 결론내린다. 이는 엄밀히 말해
법개념이라기보다는 '법해석'이며, 또 이러한 법개념의 규정은 철저하

게 법방법론(참여자)의 관점에 의해 결정되고 있어 오늘날 긍정적인 반응을 얻고 있는 '관찰자'의 입장에서의 규정가능성이 무시되고 있다고 지적할 이도 있을 것 같다.

카우프만에서 법이념은 법개념을 규정하는 양극적 요소 중의 하나이다. 말하자면 그 이념적 극이다. 그러나 이 극은 뾰족한 극이 아니라 평평한 극인 것 같다. 거기에는 정의, 합목적성, 법적 안정성이라는 라드브루흐의 3원소가 자리잡고 있다. 카우프만은 이들 법이념들 사이를 '이율배반'으로가 아니라 '양극성'으로 보고 그것들은 법이념의 형식, 내용, 기능을 각각 규정짓는다고 본다. 정의는 평등원리를 통해 설명된다. 합목적성(사회적 정의)은 평등원리를 보충할 내용적 원리이다. 개인(자유), 전체(힘), 작품(문화)의 목적가치들을 든 라드브루흐의 합목적성론은 하나의 이정표이나 최후의 결론은 아니고 이들의 협동작용을 지도할 '보편화가능한' 내용이 존재하는가에 대한 규명이 중요하다고 생각한다. 적극적으로 내세워지는 '행복의 증진'도, '인권'(인간존엄성)도 철저히 따지고 보면 그것이 못된다는 결론이다. 그래서 그러한 내용적 원리로는 카우프만은 오히려 소극적으로 불행(비참)을 최대한 없애거나 줄이라는 원리를 표방하고 나선다. 이 원리는 좀 더 다듬어져 이 책의 머리에 책의 '모토'로, 그리고 이 책의 마지막 쪽에서 '결론'으로 반복되어 쓰여 있다. 끝으로 법적 안정성은 실증성, 실용성, 계속성의 징표들로 풀이된다. 그런데 문제는 이들 법이념들 사이의 관계이다. 요약컨대 (실질적)정의와 법적 안정성 사이의 관계다. 불법체제의 경험은 법적 안정성이 절대가치가 아님을 밝혀 주었지만 그렇다고 법과 법률적 불법의 경계선이 확연히 그어져 있지도 않다. 이렇게 볼 때 법이념들의 세계란 완전한 조화를 이룬 가치천국이 아니라 서로 긴장팽배한 상대적이고 유한한 인간의 세계에 자리잡고 있다고 결론짓는다. 생각건대 법이념론의 윤곽은 그의 스승 라드브루흐를 따르나 그것들을 보는 눈은 같지만은 않다. 이에는 그가 일찍부터 표방했던 '소극적 철학'(*philosophia negativa*)도

한몫 거들었다. 이는 이 책 후반부의 사회철학적 통찰에서 여실히 그 모습을 드러낸다. 어쨌든 왕년의 카우프만과는 다른 면을 읽는 것 같으나 (이 점은 책 뒤쪽에서 고백된다) 독자를 더욱 사색케 하는 계기를 만들고 있다.

법의 효력에서 카우프만은 근본적으로 법규범의 의무성, 즉 법준수자에 의한 법규범의 양심적 수용가능성을 문제삼는다. 물론 법효력의 결정적 규준은 승인 내지 합의나 이도 내용적 규준에 저초되어야 구속적이라고 강조한다. 그런 규준이란 다름아닌 '인권'이라고 볼 수 있고, 따라서 '각자에게 그의 인격(인간)에 속한 것을 주는' 법만이 진정한 효력을 갖는 것이고, 이런 법만이 개인의 양심 안에서 승인될 수 있다는 것이다. 그의 이른바 '인격적 법효력이론'이 개진되고 있다. 요컨대 효력 있는 법이란 사람과 종적(種的) 이질성이 있어서는 안 된다는 그의 확신이 피력되고 있다. 우리가 헤겔처럼 지나치게 객관적(집단적)이지도 않고, 또 피히테처럼 지나치게 주관적(개인적)이지도 않게 파악된 그의 양심개념 위에 선다면, 이에 근본적으로 이의를 제기할 수는 없을 것 같다.

법과 도덕의 관계에 관해서는 본질적 공속성 안에서의 대립성으로서의 '양극성'(Polarität)으로 규정짓는다. 이러한 시각에서 자율성·타율성, 외면성·내면성, 합법성·도덕성의 대비가 논정된다. 주목할 것은 양자의 관계를 '보충성(Subsidiarität)의 원리'의 일국면임을 지적한 점이다. 즉 사회란 밑으로부터 위로 구성되어야 하며, 다시 말해서 개개의 사회구성원에 가능한 한 많은 자유가 부여되고 국가와 법이란 이런 개인 자유의 안정과 뒷받침을 위해 필요한 경우에만 간여하여야 한다고 주장한다. 이런 관계정립은 바로 사회정의의 과제임을 지적한다. 이는 그가 집단(전체)주의에도, 자유(지상)주의에도 모두 찬성하지 않는다는 견해를 피력한 것으로 독자의 공감을 살 대목이기도 하다.

자유와 관련해서는 기본권, 인권, 자유권을 통해 보장되는 외적·

소극적 자유를 넘어 자율성으로 특징지어지는 적극적 자유가 깊숙이 논의된다. 이런 자유의 문제는 그 존재도 부존재도 엄밀히 증명될 수 없다는 증명만이 존재하나 칸트의 이른바 '공준으로서의 자유'를 받아들일 이성적 근거가 있음을 강조한다. 이런 자유에 자율성, 인권, 인간존엄성, 책임, 나아가 사회정의까지도 뿌리박고 있다고 언명한다. 자유를 논함에 있어서 칸트를 어찌 과소평가할 수 있겠는가마는 오늘날 칸트에만 의지하는 것은 칸트 자신처럼 지나치게 '경건주의적' 접근이라고 항의할 독자가 있을 것 같다.

현대 법철학의 중대 조류의 하나로 절차적 정의론을 깊이 취급하고 있다. 말할 것도 없이 이의 대표적인 두 모델인 계약모델(롤즈)과 담론모델(하버마스)이 집중적으로 조명된다. 이들 모두 '합의'를 진리와 정의의 결정적 규준으로 삼는 데 공통점이 있다. 즉 각 개인이 이성적으로 생각해 보아 진정 이로운 것으로 결정한 것은 정의롭고 참되며(롤즈), 또 진정 '이성적 대화'의 조건 밑에서 모두가 '지배로부터 자유로운 대화'를 통해 합의본 것도 또한 그렇다는 것이다(하버마스). 그러나 이에 대해 카우프만은 전자에서는 결정주체에 이미 상정된 결론일 뿐이고, 후자에서는 대화의 조건만이 주어져 있어 거기에서 어떤 내용을 도출한다는 것은 불가능하다고 지적한다. 여기에서 그는 진정한 진리(정의)의 규준은 합의의 존재 그 자체가 아니라 상호독립적인 주체들이 같은 대상을 놓고 실질적으로 수렴되는 인식에로 이르고 있다는 사실이라고 하면서 그의 이른바 '진리수렴설'(Konvergenztheorie)을 내세운다. 이러한 입장에서 그는 100%의 절차적 이론을 거부하고 '실질적'으로 저초된 절차이론을 옹호한다. 이는 학문이나 철학이 '사물'에 대해 말해야 하기 때문에 그러하다는 것이다. 그는 "어떠한 대화도 그것에 내용, 테마가 주어졌을 때 비로소 참되고 정의로운 결과에로 이를 수 있다. 이는 합의에도 물론 그렇다. 대상(내용)의 동일성이야말로 모든 합의의 근본전제이다"라고 말한다. 그러면 정의에 관한 담론 이론의 대상, 테마는 무엇이겠는가? 이것은 다름 아닌 인간, 즉 다른 사람과 사물과의 관계 속에 놓여 있는 '인격'이라고 본다. 그래서 각자에게 그의 인격에 속하는 것(인권과 기본권의 보장)을 주는 절차만이 정당화된다고 강조한다. 이리하여 그는 '실질적(인격적)으로 저초된 절차적 정의론'을 표방하고 나선다. 그는 정의에 대해 '무엇'이 그것이라고 답하는 것을 완전 단념하고, '어떻게' 정의를 발견할 수 있는가만은 답할 수 있다는 견해에 두 발 모두 들여 놓지는 않는다. 그의 이론은 정의발견에 대해 이정표이기만을 거부하고 방향타도 잡은 것이다. 이는 비켜서라는 항의도 충분히 예상하고 각오한 입장인 것이다. 그러나 카우프만의 견해를 포함하여 절차이론은 모두 진리와 정의에의 대결에 있어서 이른바 '최후정초'(Letztbegründung)의 자신감을 보이고 있어 이의 전망을 흐리게 보는 독자들의 항의도 있지 않을까 걱정된다.

현대사회와 관련해서는 하나의 대원리, 즉 '관용원리'를 내걸어 재조명하고 있다. 그는 현대사회를 '다원적 위험사회'로 규정한다. 여기에서 그는 고백한다. 즉 그는 왕년에(초기에) 젊은 기백에서 (법철학적) 상대주의의 극복을 부르짖었지만 상대주의 없이 민주주의도, 관용도 있을 수 없다는 것을 끝내 깨닫게 되었다는 고백이다. 그리고 다원주의야말로 민주주의의 본질이며, 그것이 진리발견의 방해가 아니라 그 가능성의 조건이라고 단언한다: 오늘날의 사회는 개방적이고 다원적인 복잡한 위험사회이다. 여기에는 자연법도, 확실한 규범도 없다. 더더욱 생태론과 생명윤리학의 심각한 문제들과 관련하여도 명백한 규준이란 보이지 않는다. 어느 결정도 위험과 흠을 갖고 있으며 위험 없이 행위하라는 것은 올바른 처방이 못되고 있다. 또 최소 수혜자(소수자, 약자)의 보호가 절박해졌고, 인구폭증에 신음하고 있다. 따라서 이런 사회에서는 관용만이 윤리적 명령일 수밖에 없다. 그러나 관용은 답책적(答責的)인 행위를 가능케 하지만, 다른 한편 그렇지 못한 행위도 가능케 한다. 그래서 '답책원리'에 의한 그 보충이 요망된다. 어쨌든 이런 사회에서는 비참(불행)을 막는 것이 관용을 생기게 하지만 관용이 또한 비참을 막기도 한다. 관용은 실로 오늘, 나아가 내일의 세계에서 인간생존의 숙명적 과제이기도 하다. 그래서 관용은 사회적 정의의 요소이고, 법은 이를 (포퍼의) 소극적 공리주의에 따라 소극적으로, 즉 행복을 선사함으로써가 아니라 비참과 불행을 한정함을 통해 오직 불완전하게 보장할 뿐이다!

이런 계몽과 자성을 촉구한 선진적 정치 및 사회철학적 통찰과 함께 카우프만은 책머리에서 책의 모토로 삼았던 다음과 같은 관용원리, 이른바 '관용의 정언명령'(kategorischer Imperativ der Toleranz)을 결론으로 삼으면서 책을 끝맺는다.

"너는 행위의 결과가 인간의 비참을 최대한 피하거나 줄이는 것과 양립되게 행위하라."

이 책은 카우프만 교수의 50여년에 걸친 법철학적 사색의 산물이다. 법철학적 근본문제들을 심오한 사색을 통해 진지하고 예리하게 파헤치고 있다. 그는 '심오, 진지, 예리'라는 철학의 요건을 그의 스승 라드브루흐처럼 두루 갖추려 했고, 스승의 사상을 오늘날의 논변을 통해 끝내 옹호한다. 또 미래학적 생존철학과 소극적 공리주의의 주장에서는 그의 학문적 동료였던 Tammelo와의 깊은 공감대도 피력되어 있다. 나아가 Rawls, Habermas, Jonas의 향도하에 전개되고 있는 현대의 도덕철학 및 사회철학의 주제들이 법철학의 진정한 구성부분으로 다루어지고 있다. 분석철학적 조류를 의식해 변모되어 있지만 존재론도, 정신과학적 해석철학도, 자유법학도, 토미즘도 그의 법철학에는 박동치고 있다. 진정한 독일정통의 법철학인 것이다. 그의 스승 라드브루흐의 「법철학」의 뒤를 이을 저서가 드디어 출간된 것으로 여겨지며, 카우프만 자신도 그런 포부로 이 책을 엮은 것이 아니었을까라는 생각을 해본다. 물론 딱딱한 논리 일변도의 그것이 아니라 현실과의 생생한 대화 속에서 엮어진 것으로 말이다.

대 담

심헌섭 교수 정년기념 대담[†]

일 시: 2001년 1월 26일
장 소: 심헌섭 교수 연구실
대담자: 장영민 교수(이화여대)

문 선생님께서 2001년 2월 말로 정년퇴임을 하시게 되었습니다. 오
랜 기간 학자로서 그리고 교육자로서 소임을 수행하여 오신 선
생님의 정년퇴임을 축하드리며, 서울대학교 법학연구소에서 마
련한 이 자리를 빌어 선생님의 인생과 학문적 여정을 더듬어
보고자 합니다. 우선 대학생활과 법철학을 전공하시게 된 계기
에 관하여 말씀하여 주시기 바랍니다.

답 대학생활에 대해서는 워낙 오래되고 너무 평범하게 보내어서 정
말 이야기할 만한 것이 별로 없군요. 대구에서 고등학교(대구 대
륜고등학교)를 마치고 홀로 겨우 들어왔던 대학이라 친구도 없었
지요. 주위에 너무 똑똑한 친구들이 많아 그때처럼 적게 뽑던
고시공부에는 일찍 단념했어요. 대신에 황산덕 선생님이 번역하
신 켈젠의 저서들을 읽어보기도 했고 정희철 선생님이 독강을
Coing의 법철학개론으로 하셨고 또 번역도 하셨기에 원문을 대
조해서 읽어보려고 했지요. 3학년 때는 김증한 선생님을 무턱대
고 찾아가 Harvard Law Review에 실린 A. Ross의 'Tu-Tu'라

† 서울대학교 법학 제41권 제4호, 2001.

는 논문을 받아 법대학보에 힘겹게 번역도 했지요. 그때는 로스가 이른바 스칸디나비아 법현실주의 학파에 속하는 유명한 학자인 줄도 잘 몰랐어요. 법철학에 관심이 많으셨고 번역도 자주 하셨던 서돈각 선생님의 라드브루흐 법철학입문 번역시 교정을 해 드린 기억도 나네요. 4학년 때는 학생회 학예부장의 부탁으로 법대학보의 편집을 맡아 동료들을 끌어들여 함께 만들기도 했어요.

문 황산덕 선생님을 평생의 스승으로 모시게 된 경위와 대학원 과정에서의 연구에 대해 말씀해 주시지요.

답 대학원에서는 황산덕 선생님 연구실에서 공부하게 되었어요. 제가 경북 청송 출신이라는 것을 아시고 자신이 일제 말기에 잠시 청송군청에 근무도 했고 그때 자기 조모님이 청송 심씨여서 그곳에 있는 시조 묘소도 참배도 하셨다는 말씀도 하시는 등 오지 출신인 저를 늘 인자하게 대해 주셨어요. 황 선생님은 잘 알듯이 켈젠을 많이 연구하시고 번역도 하신 분이지요. 그래서 그분의 초기 저서는 매우 분석적이고 인식비판적인 태도가 강하지요. 황 선생님은 사회과학자로서는 드물게 자연과학 이론에 밝으셔서 그런 자연과학의 최신이론(상대성이론, 불확정성이론)을 바탕으로 아직도 결정론적 사고에만 얽매여 있는 이데올로기와 법사상을 분쇄하려 했지요. 이것이 법학박사 제1호인 그의 박사학위논문이 겨냥했던 목표였어요. 제가 연구실에 있을 때는 황 선생님은 형법도 강의하셨어요. Welzel의 목적적 행위론도 번역하셨고 또 그 체계에 따라 교과서도 준비하였던 관계로 벨첼에 대해 많은 말씀을 하셨지요. 저도 그 영향으로 벨첼의 자연법과 실질적 정의를 열심히 읽었고 감동도 받았어요. 그래서 석사논문을 실질적 정의에 관해 쓰기로 했어요. 처음에는 가닥이 잘

잡히지 않더니 차츰 구상이 떠올랐어요. 우선 형식적 정의론을 넘어서고, 다음으로 정의논의에 의미를 일체 인정 않는 극단적 법실증주의를 공격하고 나서 실질적 정의의 실체인 자연법론, 사물본성론을 거쳐 법윤리적 원리에로 논의를 이끌어 갔지요. 피상적이고 조잡하였지만 그래도 꽤 노력은 했어요. 물론 반실증주의적 태도를 취했으나 그것은 법가치론의 차원에서 그랬던 것이지요. 벨첼도 법에 있어서는 실증성은 실존이요 본질이라고 Hobbes와 관련해 강조했었지요. 대학원 때는 독서도 꽤 했다고 볼 수 있는데 특히 Fechner의 「법철학」을 읽은 것이 법의 구성요인들을 일면적으로가 아니라 총체적으로 파악하는 데 좋은 길잡이가 되었다고 지금도 기억되는군요.

문 유학생활 동안에 하신 연구에 대해 말씀해 주십시오.

답 대학원을 마치고 요행으로 DAAD 장학금을 얻어 독일 Freiburg 대학으로 갔어요. 거기서 독일교수들의 강의도 들어보았고 세미나에 참석도 했지요. 특히 기억에 남는 것은 헌법학(Hesse) 세미나였는데 그때는 헌법해석을 둘러싼 문제점들을 진지하게 토론하였어요. 잘 알아듣지 못해서 사실 분위기만 젖어본 셈이었지요. 독일 갈 때는 어떤 테마를 놓고 깊이 연구해서 업적을 남기고 싶었으나 생각대로 되지 않더군요. 일찌감치 단념하고 읽고 싶은 책을 읽으니 거기에서 얻는 소득도 있더군요. 특히 Engisch 글을 많이 읽었어요. Klug의 법논리학도 이때 접해서 논리학에도 관심을 가졌어요. 철학책도 읽었는데 특히 고서점에서 구입한 Schlick의 일반인식론이 인상에 남았어요. 그 후 관심도 분석철학 쪽으로 기울어졌는데 이는 독일보다 영미 쪽이 아주 강했지요. 독일어권에서 시작한 철학이 오히려 수입해야 하는 형세였지요. Wittgenstein이나 Popper의 철학을 터득해야 하겠다는 생각이 그때 굳어졌어요. 저도 '깨인 정신과 열린 마음'의 신조와 자세를 갖고 싶었던 때문이었지요. 독일에 있는 동안 이렇게 기초적 독서에만 치우치다가 장학금도 연장이 안 되고 건강도 나빠져 고생도 하다가 돌아왔지요.

문 귀국 후 이때까지 대학에서 법철학, 그리고 형법도 강의하셨는데 그 시절을 돌아보시면서 몇 말씀 해 주시지요.

답 인간적으로나 학문적으로 깨달은 바 큰 짧은 유학생활이었습니다만 중도에서 귀국한 터이라 막막했지요. 부산대학에 가기로 했으나 그곳이 타향이라서 머뭇거리다가 숭실대학에 마침 자리를 잡았어요. 책임시간 채우기 위해 마침 전임이 없었던 형법도 강의했어요. 독일 있을 때 조금 읽기도 해서 그럭저럭 꾸려 나갔지요. 그러다 보니 법철학 연구에 몰두할 수 없었습니다. 1976년에 여기 대학원에서 "존재와 당위의 관계에 관한 연구"라는 논문으로 이른바 구제(舊制) 박사학위를 마지막으로 받았어요. 이 글에서 저는 엥기쉬, 클룩 그리고 현대 분석철학 등에 관해 연구한 것을 바탕으로 존재·당위 이원론을 논리적으로 옹호했지요. 그때 심사위원 중에 철학자로는 지금 고려대학에 계시는 과학철학자 이초식 교수님이 수고해 주셨는데 적극 격려해 주었어요. 위원장은 김철수 선생님이셨지요. 심사위원이셨던 곽윤직 선생님은 이 논문은 이초식 선생과 저와의 합작으로 통과시켰다고 농담도 하셨어요. 어쨌든 심사위원님들께 감사했어요. 그 후 법철학에서는 하트에 관심을 많이 가졌어요. 법실증주의를 견지하면서도 가치론의 의미를 무시하지 않는 것이 엥기쉬와 거의 같았어요. 저도 그런 태도가 온당한 것으로 여겼고 이를 포퍼의 인식론을 바탕으로 클룩처럼 비판적 법실증주의라고 부르고 저 자신도 그것을 표방했지요. 이런 시각에서는 법과 도덕의 절대적 필연적 분리는 주장될 수 없지요. 그렇다고 자연법론처럼 필연적 견련(牽聯)을 주장하지도 않지요. 어쨌든 그 견련가능성을 인정한다는 의미에서 하트도 만년에 말했듯이 연성 법실증주의, 포용적 법실증주의의 태도가 타당한 법률관이 아닌가 생각하고 있어요. 법가치론, 즉 법이념론이 큰 과제인데 저는 아직도 이를 다듬고 있는 중입니다. 이를 완성하여 이미 내놓은 「법철학 I」을 수정·보완하여 법철학으로 개칭하여 출판해야 제 임무를 마치는 것이 아닌가 하고 생각해 봅니다.

문 독일 유학 이후 여러 차례 외국에 교환교수로 방문도 하셨고 여러 외국 교수님들과 접촉도 있었던 것으로 아는데 거기에 관해 말씀해 주시지요.

답 독일 유학에서 돌아와 대학에 있는 사이 외국이라곤 오랫동안 나가보지 못했어요. 사립대학에 있어서 더욱 그랬어요. 또 그렇게 나가고 싶은 생각도 없었어요. 외국생활이 적성에 맞지 않는 것 같았어요. 그러나 독일의 유명한 학자인 Kaufmann, Jescheck 교수 등 많은 이를 손님으로 맞아 강연도 듣고 안내도 해드렸지요. 1980년도 말 고베 법철학 대회에 여러분들과 함께 참가했지요. 거기에서 글로만 알았던 Weinberger, Dreier 등 동구, 북구 학자들을 보고 강연과 발표를 들었어요. 저의 법철학 연구에 큰 영향을 끼친 분이 바인베르거이지요. 그의 제도적 법실증주의는 하트, 엥기쉬와 비슷한 관점에 서 있어서 더욱 그렇다고 볼 수 있고, 특히 규범논리학 연구에 제일 유명한 분이라서 열심히 읽었지요. 또 비인식주의적 가치론을 주창하여 더욱 관심을 두었지요. 저도 그것을 하나의 이론적 가능성으로 인정하거든요. 1990년 저는 독일 유학 후 23년 만에 독일 Göttingen 대학에 가서 1년간 연구했지요. 이때 고베에서 만났던 드라이어 교수가

초빙교수였는데, 너무 친절히 대해 주어 지금도 늘 고맙게 생
각하고 있습니다. 그곳에 있는 동안 빈 대학에 Walter 교수를
찾아 보았지요. 순수한 2세대 순수법학자였어요. 매우 친절하
고 제가 번역한 「켈젠 법이론 선집」에 매우 기뻐했고, 그 후
켈젠 연구소 간행물 소개지에 등재도 해 주었지요. 그러나 그
책이 교정에 오자가 많아 늘 부끄럽게 생각합니다. 읽어보는
학생도 많지는 않지만 말입니다. 거기 있는 동안 법철학 대회
가 열렸는데 Weinberger, Alexy 등의 강연이 대단했지요. 장
교수도 그 때 참석해서 아시다시피 늘 만나보고 싶었던 Klug,
Zippelius 교수와 처음으로 인사를 했고 약간의 대화도 나누었
지요. 1995년에는 영국 Cambridge에서 6개월 머물렀는데 초빙
교수는 Simmonds 교수였어요. 이 분의 철학은 아직도 정확히
모릅니다마는 holistic한 방법론을 취해서 문제를 보는 것 같았
고 글이 명쾌해서 매우 호감이 가는 분이고 인간적으로도 참
매력적이었어요. 하여간 그 유명한 영국대학의 분위기를 맛보았
고 Keynes, Russell, Moore, Wittgenstein이 거닐었던 Trinity
College의 교정을 밟아 보는 영광도 가졌지요. 지난해에는 여름
방학 두 달 동안 독일 Konstanz에 2개월을 보내었어요. 아무 연
락 없이 그곳의 젊은 교수 Hilgendorf 교수를 찾아간 셈이지요.
그는 철학에도 학위를 가졌고 분석철학, 특히 비판적 합리주의
를 표방하는 분이라서 매력을 느끼고 대화도 나눴지요.

문 선생님께 영향을 끼친 분들에 대해 정리해서 말씀해 주셨으면
합니다.

답 위에서도 다 말한 바이지만 첫째로는 황산덕 선생님이지요. 특
히 그분의 초기작품들에 나타난 인식비판적 태도가 마음에 들었
어요. 이런 태도에 부합한 탓인지 엥기쉬는 저에게 결정적이었

어요. 그러나 차츰 클룩, 하트, 바인베르거로 관심이 넓혀갔고, 뵙지 못한 분이지만 Tammelo는 저에게 특수한 지위를 차지했어요. 타멜로는 논리학에도 해박했을 뿐만 아니라 사상도 아주 계몽적이고 전망적이었어요. 그가 광복을 맞은 조국 에스토니아를 보지 못하고 일찍 세상을 뜬데 대해 약소국 국민의 한 사람으로서 마음 아프게 생각해요. 이 분은 유명한 법철학자 카우프만과 절친한 친구로서 라드브루흐의 마지막 제자들이기도 하지요. 요즈음은 아까 말한 힐겐도르프를 주목하고 있습니다.

문 선생님이 보시기에 오늘날 주목할 만한 법철학자나 법철학의 경향이 있다면 어떤 것이라고 보시는지요.

답 잘 아시듯이 독일에서는 Habermas 철학에 연결하면서 절차적 합의이론을 펴서 크게 주목받고 있는 Alexy가 있고, 영미에서는 법원리 이론으로 법과 도덕의 통합이론을 주창하고 있는 Dworkin을 들 수 있을 것 같군요. 그러나 이들은 모두 법실증주의에 대한 현대적 대극(對極)이라고 볼 수 있어 한계도 드러나고 있어요. 그 중간이라고 볼 수 있는 Weinberger나 Coleman, Waluchow 등의 제도적·포용적 법실증주의 이론이 더 탄탄해 보여요.

문 선생님께서는 형법에서도 상당한 업적을 남기신 것으로 압니다만 거기에 대해서 말씀 해 주시지요.

답 업적은 별로 없어요. 다른 대학에 있을 때 형법이 주가 되다시피 강의에 시달렸어요. 그 덕에 글도 조금 썼지요. 고맙게도 인용해 주는 분이 있더군요. 행위론, 인과관계 등에 대해 조금 언급한 것도 있고 Roxin의 기능적 행위지배설도 소개했지요. 저는 법해석에 대해 글을 썼습니다마는 형법을 가르쳐서 그런지 해석학의 객관성과 안정성을 상당히 강조했어요. 그래서 주관적·목적론적 해석(역사적 해석)도 강조했어요. 물론 이것은 '해석'의 범위 내에서 논의되어야지요. 우리 대법원은 민법·형법 가릴 것 없이 흠결보충을 감행하려 하는데 이 때문에 '금액사건', '실화죄 사건' 등에 논란이 있었던 것 같아요.

문 선생님의 앞으로의 연구계획에 대해 말씀해 주시지요. 이제부터 선생님 자신의 시각에서 선생님 자신의 견해를 적극적으로 개진해 주셨으면 하는데요.

답 참 지당한 의견인데 제 철학이 뭐 있어야지요. 앞에서 이미 언급했습니다마는 「법철학 I」을 정리하고 법이념론을 덧붙여서 한 권의 법철학으로 내고 싶어요. 하지만 그것이 그리 쉽지는 않군요. 이번에 이때까지 쓴 것과 「법철학 I」의 부록을 합쳐 「분석과 비판의 법철학」이라는 타이틀로 법문사에서 곧 출간합니다. 법가치론에 관한 글을 제외한 제 글의 거의 모두입니다. 법일반이론 집이라고 볼 수 있지요. 이때까지 한 일이란 알다시피 현대의 법철학동향을 따라잡아 보려는 노력뿐이었어요. 그러다가 벌써 퇴임이 되어버렸는데 저 자신의 시각에서 저 자신의 견해를 적극적으로 개진할 수 있었으면 합니다마는 이미 너무 늦었군요.

문 후학들에게 해 주실 말씀이 있다면 어떤 것인가요.

답 바로 앞에서 한 말입니다마는 후학들은 저와 같은 전철을 밟지 않고 적극적 자세로 연구해서 학문적으로 발전하기를 바랄 뿐이지요. 언제나 객관성과 엄정성이라는 학문의 이상을 유념하면서 말입니다. 너무 간단한가요. 원래 훈시적 언변이라곤 하지 못하는 사람이라서 그래요. 용서해요.

문 이렇게 시간을 내어 주셔서 감사합니다. 선생님께서는 학문하는 태도와 몸가짐을 말이 아니라 직접 행동으로 보여 주셨습니다. 이 점은 후학들의 마음에 깊이 새겨져 있습니다. 정년 퇴임이후에도 열정적인 학문활동을 계속하여 나가실 것으로 믿습니다. 선생님의 건강을 기원하며, 모쪼록 선생님께서 소망하시는 계획이 빠른 시간 내에 성취되기를 바랍니다.

해 제

심헌섭의 분석과 비판의 법철학－그 합리성에의 동경

심헌섭의 분석과 비판의 법철학
- 그 합리성에의 동경 -

장 영 민*

이 책은 심헌섭 교수(1936~2018)가 평생 천착해 온 법철학 내지 법이론을 주제로 쓴 논문들 중에서 책의 형태로 엮여져서 출간되지 않은 글 25편(4편의 번역문이 포함되어 있다)을 그 주제별로 법이념, 순수법학, 법이론 그리고 서평으로 분류하여 실었다. 법이론을 순수 법학 다음 장으로 분류한 이유는 이 '법이론'의 장에, 특히 첫 세 논문에 심 교수의 최종적인 철학적 입장이 표명되어 있기 때문이다. 이책에 실린 모든 논문은 이미 학술지면을 통하여 발표된 것들이다. 미완의 유고는 싣지 않았다. 완벽하게 다듬어지지 않은 글은 발표하지 않는 것이 심 교수의 학자로서의 신념이었기 때문이다.

본문을 읽으면 바로 알 수 있는 바와 같이 심 교수의 글은 명료하다. 그의 글에서 얻게 되는 통찰은 깊은 감동을 주며, 원전(原典)과의 피나는 대결을 보면서 얻는 배움과 깨달음은 실로 크다. 따라서 그의 글을 '해제'(解題)라는 형식으로 논평을 하거나 요약정리하여 제시하는 것은 그 학문적 가치를 반감시키는 일이다. 그렇지만 단어 하나하나를 음미해야 하는 밀도 높은 세밀한 분석과 예리한 비판적 논의의 높은 학문적 수준 때문에─그래서 그에 대한 전제적 지식이 필요하기 때문에─심 교수의 글은 읽기에 어려운 점이 없지 않다. 이 해제는 읽는 분들에게 그 이해를 조금이나마 돕는다는 점에서 의미가 있을 것이다.

---

* 간행위원, 이화여자대학교 명예교수. 이 해제에서 경칭은 생략하였다.

I

심헌섭 교수는 40대 중반(1982)에 그간 일정한 계획하에 쓴 논문들을 모아 「법철학 I: 법·도덕·힘」을 상재하면서 향후의 학문적 포부를 밝혀 놓은 바 있다. 법철학의 핵심 주제인 법의 개념, 법과 도덕의 관계, 법의 효력 등의 문제를 자신의 '비판적 법실증주의'[1]의 시각에서 규명한 「법철학 I」의 연구성과를 토대로 하여, 법철학 II부터 V에 이르는 대장정을 선언한 것이다. 그 내용은, 법철학 II: 법이념 및 정법(正法)론, 법철학 III: 법의 이론과 방법, 법철학 IV: 법철학사, 법철학 V: 법정책론 및 입법론에 이르는 것이었다.[2] 법철학의 최전선에 서서 온몸으로 최근의 사상재(思想財)와 대결하면서 이 분야를 이끌고 나아가려는 중견 학자로서 학문적 결의와 열정이 묻어나는 야심찬 포부였다.

그런데 그의 저작목록(551면. 이하 괄호안의 숫자는 이 책의 면 수이다)에서 볼 수 있는 바와 같이 그 후 심 교수는 학문적 열정을 불태우며 부지런히 그리고 심도 깊은 연구를 수행해 나갔음에도 불구하고 이 계획은 외형상 완전히 마무리되지는 않았다. 그 이유는 그의 학문하는 자세에서 비롯된 것으로 보인다. 즉 학문적 판타지를 열정적으로 외치는 것이 아니라, 주제에 대하여 냉정하고 엄밀하게 분석과 비판을 행하며 해당 주제의 모든 면을 다루어야 한다는 완벽주의적 연구방식이 그 이유였다고 생각된다. 그렇지만 그의 연구성과는 상당한 것이어서 그로부터 20년 후인 2001년 정년퇴임에 즈음하여 심 교수는 그간 쓴 글을 묶어 거의 600면에 달하는 「분석과 비판의 법철학」을 출간하였다. 이 책에는 대체로 위의 「법철학 III」에 해당하는 법이론적 및 방법론적으로 중요한 주제들이 망라되어 있다.

---

1) 심헌섭, 「법철학 I」, 1982, 271면 이하; 「분석과 비판의 법철학」, 2001, 155면 이하.
2) 심헌섭, 「법철학 I」, 앞(주 1)의 책, 3면.

「분석과 비판의 법철학」은 기왕에 법이념 내지 정법론에 관하여 쓴 글이 상당수 있었음에도 불구하고 그 글들은 의도적으로 수록하지 않았다.[3] 그러나 이 주제에 관한 심 교수의 관심이 멀어졌던 것은 아니다. 심 교수는 「법철학 I」 출간 직후 한국방송통신대학교로부터 법철학 교재의 집필을 의뢰받은 바 있었다. 이에 심 교수는 「법철학 I」을 보완하여 '방송통신대학 판' 「법철학」(1984)을 출간하였고, 여기에는 법이념론에 관한 상세한 내용이 담겨있다.

이 책에서 심 교수는—당시 서구 법실증주의의 주류적 경향[4]과는 달리—'비판적 법실증주의'의 입장에서 법이념 내지 정법론을 논할 이론적 공간을 인정하고 그 공간을 크게 둘로 나누어 논했다. 그것은 '법에 선행하여 존재하는 소여'('소여적 요소')[5]와, '법에 부여된 과제'로서의 이념('이념적 · 과제적 요소')[6]이었다. 법에 입법자의 의지적 결단의 요소가 작용함을 부정할 수 없지만, 법이 소재로서 고려해야 하는 것임과 동시에 법이 넘어설 수 없는 한계 내지 제약 요인으로 작용하는 것이 전자이다.[7] 이 소여(존재론적 · 인간학적 소여,[8] 문화적 · 사회학적 소여[9])로부터 법의 원리를 찾아내는 것은 정법으로 가는 하나의 길이 된다. 한편 '법에 부여된 과제'로서의 이념에 관해서 심 교수

---

3) 심헌섭, 「분석과 비판의 법철학」, 앞(주 1)의 책, v면.
4) 20세기의 대표적인 법실증주의자인 켈젠(Hans Kelsen)과 하트(H. L. A. Hart)는 그들의 주저에서 '법의 이념'에 관한 장을 두고 있지 않다. Hart, *The Concept of Law*, 1961, 1994², 155면, 157면 이하, 167면 이하는 정의를 논하고 있지만 이를 (법가치가 아니라) 도덕적 가치로 논하고 있으며, Hans Kelsen, *Reine Rechtslehre*, 1960²에도 법의 이념에 관한 장은 존재하지 않는다. 다만 "법과 도덕"의 장에서 법과 도덕은 준별되는 것임을 명언하고(71면), 356면 이하에서는 "정의의 문제"를 다루고 있는데, 여기서 법과 정의의 개념 역시 준별되는 것임을 명시하고 있다(402면). 그의 *What is Justice*, 1957은 정의를 '내용 없는 공식'으로서 이데올로기에 지나지 않는다고 한다.
5) 심헌섭, 「법철학」, 한국방송통신대학교 출판부(이하 「방송대 법철학」이라 한다), 1984, 133면 이하.
6) 심헌섭, 「방송대 법철학」, 앞의 책, 164면 이하.
7) 심헌섭, 「방송대 법철학」, 앞의 책, 133면 이하.
8) 심헌섭, 「방송대 법철학」, 앞의 책, 137면 이하.
9) 심헌섭, 「방송대 법철학」, 앞의 책, 145면 이하.

는 이를 총체적으로 '정의'(正義)로 파악하는 일반적 시각을 받아들이지 않고, 법이념을 구성하는 요소(법가치)들이 각기 나름의 작용을 하면서 긴장적 조화를 이루고 있는 상태('화음' 내지 공동지배)로 보았다. 이 점에서 그는 대체로 독일의 법철학자 라드브루흐(1878~1949)가 제시한 법이념론의 틀을 따랐다.[10] 그 요소들이란 주지하는 바와 같이 '법적 안정성', '정의' 그리고 '합목적성'이다.[11] (13면) 심 교수가 법이념을 정의로 보는 일반적 시각에 이의를 제기한 이유는, 법의 이념은 바로 이 다면성 때문에 뭉뚱그려 '하나'로 규정할 수는 없으며, 이를 포괄적으로 정의라고 한다면 그것은 모종의 단일한 (정의의) 준칙에의 합치를 지향한다는 의미로 오해될 수 있기 때문이었다.

「방송대 법철학」은 '법적 안정성'을 필두로 하여 '정의', '합목적성'을 비판적으로 심도 있게 다룸으로써 외형상으로는 법철학의 주제를

---

10) 심헌섭, 「방송대 법철학」, 앞(주 4)의 책, 132면.

11) 라드브루흐의 구상을 인신구속제도의 예를 통해서 살펴보자. 사법기관은 일정한 목적을 달성하기 위하여 피의자의 인신을 구속할 수 있다. 이때 인신구속의 목적은 효율적인 수사와 처벌이라는 형사사법적 목적이다('합목적성'). 이 목적을 위해서 헌법상 기본권으로 인정되는 인신의 자유는 제한되고, 전체사회(권위)가 우위에 놓인다('합목적성' 내에서 선택된 '목적'). 인신구속은 자의적으로가 아니라 일정한 요건하에서 일정한 절차를 거쳐, 일정한 기간 동안만 할 수 있다('법적 안정성'). 수사와 처벌의 목적을 위해서 피의자의 자유를 제한하지만, 그 경우에도 자유의 방향에서 제도를 설계·운용할 것인가(불구속원칙), 전체사회(권위)의 방향에서 그렇게 할 것인가(구속원칙)가 선택된다('합목적성' 내에서의 '목적'의 선택). 이때 어떤 원칙을 택하든 그 원칙 하에서 "같은 것은 같게 다루어야 한다"는 요청이 실현되어야 한다(좁은 의미의 '정의': 평등). 빈부, 지위고하를 고려하지 않고 인간은 평등하게 처우되어야 하기 때문이다. 인신구속제도의 설계와 운용에 있어서 제 요소이념들은 이렇게 작동하면서 나름의 조화를 이룸으로써 법의 이념은 실현된다는 것이다. 다만 라드브루흐는 법이념의 이 3요소가 항상 조화하는 것만은 아니고 예리하게 대립·각축할 수 있음을 지적하였다('법이념의 이율배반'). 나아가 라드브루흐는 합목적성에서의 목적의 선택을 그의 가치상대주의에 입각하여 민주적 과정, 즉 다수의 선택에 맡김으로써, '목적'의 선택 문제는 정치의 영역으로 이행하여, 같은 가치관을 가진 사람들이 모여서 그 가치관의 실현을 위해서 노력하면서 타 가치관을 가진 집단과 투쟁하는 집단인 '정당'(政黨)의 성립과 생명력의 원천이 되는 것으로 묘사되고 있다. 이에 관하여는 라드브루흐(최종고 역), 법철학, 1999, 96, 109, 111면 등 참조.

망라한 교재형 모노그래피가 탄생하였다. 그렇지만 심 교수는 이를 완성된 형태로 보지는 않았다.[12] 심 교수는 이 당시 본격적으로 법이념론 연구에 착수하고 있었기 때문이다. 이 일련의 연구는 서론격인 "법이념론에 관한 서장"(1983)으로 시작한다. 그리고 처음으로 나온 법가치(법이념의 요소)의 연구는 "법적 안정성에 관한 연구"(1984)였다. 그 내용은 법적 안정성이란 법에 의하여 평화와 안정을 확보한다는 홉스적 이념의 표현으로서, 이를 위해서는 일단 법치가 확보되어야 하며, 나아가 법적 평화와 안정을 기하기 위하여는 법 자체의 안정성, 명확성, 즉 법질서의 실정성, 법의 계속성, 확고성, 예견가능성 등을 확립하여야 한다는 것이었다. 특히 심 교수는 법적 안정성이라는 법가치가 다른 법가치와의 관계에서 어떤 위상을 갖는가를 고찰하면서, (2차대전 전의) 라드브루흐와는 달리 법적 안정성이 법가치들 가운데 우위에 놓이는 것이 아니라, 수단적 가치로서 정의나 합목적성에 비해서 종속적인 위상을 가짐을 강조하였다(210면).

그 다음 발표된 글은 정의를 주제로 한 것으로서 "정의에 관한 연구 I: 정의의 기본개념과 기본원리"(1988)였다. 논문 제목의 숫자가

---

12) "이 책은 아직도 하나의 미완성의 작품이다." 심헌섭, 방송대 법철학, 앞의 주 4의 책, 233면. 그 이유는 이러하다. "[...] 법적 규율이라는 과제를 수행함에 있어서 서로 중복되고 마주치는 법이념들과 그 개개의 상이한 경향들을 서로 구획지우고 저울질하며, 가능한 한 조화시키고 [...] 적정한 관계에 놓이도록 하는 일은 궁극적으로 항상 남아 있는 중요한 과제라 할 것이다. 이러한 '법이념의 정당한 중량배분'이라고 할 과제가 해결될 때 비로소 모든 법이념의 지향목표인 '정당한 법'에도 이를 수 있을 것이다. 그러나 이러한 과제가 이때까지의 고찰을 토대로 하여서만은 궁극적으로 해결될 수 없다는 것은 명백한 것 같다. 그것은 이때까지 다분히 형식적인 차원에서 다루어진 법이념에 대한 논의의 영역을 넘어서서 법내용을 이루고 또 규정하는 여러 요소들에 대한 포괄적이면서 분석적인 검토와 평가를 통해서만 [...] 결론을 얻을 수 있는 과제인 것이다. 이러한 과제를 '궁극적으로' 해결하기 위해서는 밑으로는 [...] 법의 현실적 소여들에 대한 충분한 고려가 없어서는 안되지만, 위로는 [...] 법의 이른바 '최후적·궁극적 목적이념 내지 가치'와의 정신적 대결을 통한 [...] 결론이 결정적으로 필요한 것이다. 그러나 이러한 대결은 미결로 남겨 놓은 채 여기서 끝맺지 않을 수 없다. 이러한 한에서 이 책은 아직도 하나의 미완성의 작품이다." 232~233면.

시사하는 바와 같이 정의에 관한 연구는 이 글을 시작으로 총 5개의 주제로 나누어 연구할 계획이었다(54면 주 †). 심 교수는 그 주제들을 명시해 놓지는 않았지만, 그 후 집필된 글들의 내용으로 미루어 볼 때 그것은 (i) 정의의 개념과 원리, (ii) 정의의 규준, (iii) 사회적 정의, (iv) 정의의 이론, (v) 정의론의 방법론(정의판단의 정당화론)이었을 것으로 추정된다.[13]

　"정의원리의 구도"(2017)는 (i)에 해당하는 1988년의 글을 보완하면서 정의원리들 간의 관계를 규명하는 내용을 담고 있다. 그리고 이 글은 심 교수가 생전에 마지막으로 발표한 글로서 기왕의 발표한 정의 연구의 체계적 요약(restatement)의 성격도 가지고 있다. "정의의 실질적 규준에 관한 연구"(1995)는 위의 연구계획의 (ii)에 해당한다. 그리고 "독일 철학 및 법철학에서의 정의론의 동향"(1993)은 (iv)의

---

13) 심 교수는 자신이 정의론을 전개하는데 있어서 모범으로 삼은 이론틀은 타멜로의 그것임을 밝힌 바 있다. 이 책, 56면 주 7 참조. 타멜로는, 정의의 이론은 ① 정의의 개념규정, ② 정의의 기준설명, ③ 정의판단의 근거지음의 양상을 담아야 한다고 말했다. Ilmar Tammelo, *Theorie der Gerechtigkeit*, 1977, 7면, 18~21면 참조. 심 교수의 글은 대체로 이에 대응한다. 그러나 심 교수는 이외에 당시의 논의상황을 고려하여 (iii) 사회적 정의, (iv) 정의의 이론을 구상한 것으로 보인다. (iii)에 관하여는 이 책(86면 이하)에 비교적 상세한 설명이 있다. 그런데 심 교수는, 정의의 규준에 관한 연구는 "한편으로는 거시적인 가치론 및 사회론을, 다른 한편으로는 실천적 논의의 방법론을 바탕으로 해서만 마감될 수 있다"(144면)고 말함으로써 자신의 연구가 미완의 것임을 시사하고 있다. 그리고 이는 '정의의 이론'(85면)이 언급되고 있는 데서도 드러나듯이, 심 교수가 '정의에 대한 근본적인 시각,' 즉 자유와 평등의 관계, 사회적 불평등의 존재와 그 정당화 등의 문제를 해결할 근원적인 이론이 필요함을 느끼고 있었음을 말해 준다. 이렇게 보면 (iii)과 (iv)는 ((v)까지 포함해서) 서로 밀접한 관계를 갖는 주제로서, 심 교수는 그 후 이를 본격적으로 다루지는 않은 것으로 보인다. 다만 심 교수는 독일의 정의론을 다룬 1993년의 글에서, "정의를 찾는 것은 우리의 본질에 속한다. 정의는 주어져 있는 사실이 아니다. 그것은 과제, 즉 우리의 이성과 마음에 안겨져 있는 과제이다. … [독일에서의 논의에는] 정의에 대한 근본적인 시각만이 주로 문제되고 실질적인 정의 분석(이른바 실질적 정의의 제 공준)에 관한 깊은 논의가 결여되고 있음이 아쉬울 뿐이다(181~182면)라고 말하고 있는 것으로 보아, 정의에 관한 둘째 글인 1995년의 글("정의의 실질적 규준에 관한 연구," 108~144면)을 씀으로써(이 글에 II라는 숫자가 표기되지 않았다) 원래의 계획은 어느 정도 달성한 것으로 본 것 같다.

일부와 (v)의 일부에 대응한다.[14]

법이념의 또 하나의 부분원리인 '합목적성'과 관련하여 심 교수는 —정의에 관한 폭넓고 심도 있는 논의와는 달리—「방송대 법철학」에서의 논의를 더 발전시키지 않았다. 그 이유는 심 교수가 「방송대 법철학」에서 라드브루흐의 법이념론의 대강을 수용했지만, 그의 합목적성론에 대해서는 유보적인 생각을 가지고 있었기 때문이다.

라드브루흐의 합목적성론의 핵심은 (개별)법에는 각기 나름의 목적이 있고, 법이념으로서의 합목적성은 이 목적을 '합리적으로' 실현하여야 한다는 것이다. 그런데 그 목적은 하나의 획일적인 것이 아니라 법의 규율의 수준에 따라 여러 층위가 있을 수 있다(예컨대 인신구속제도의 목적과 형사소송법의 목적). 그렇다면 이런 개별 법영역을 넘어서는 총체적인 '법'의 목적은 무엇인가? 이에 대해서 라드브루흐는 그의 가치상대주의의 입장에서 접근하였다.

가치상대주의 하에서는 누구도 자신이 중시하는 가치가 참된 가치임을 확인할 수 없으므로(이 의미에서 이것은 '회의주의적' 가치상대주의이다[15]), 법의 최종 목적가치가 무엇인지의 결정은 다수의 선택에 맡겨야 한다고 한다. 따라서 법의 최종목적의 선택은 법외적 차원의 선택, 즉 정치과정의 선택의 문제로 설정되어 있다. 가치의 선택은 개인적 차원에서는 양심의 결단으로, 즉 인식(Erkenntnis)이 아니라 믿음의 표명(Bekenntnis; 고백)으로, 그리고 사회적 차원에서는 다수결에 의한 선택을 통해서 정해진다는 것이다. 라드브루흐는 이렇게 선택되는 가치들을 유형화하여, 개인, 전체, 문화라는 목적주체에 대응하여 각각 개인주의적 가치(개인: 자유), 초개인주의적 가치(전체: 권위), 초인격주의적 가치(문화: 문화재)로 나누었다. 그런데 이 가치의

---

14) 영미 철학계의 정의론의 동향이 빠져 있지만 이 책에 실린 심 교수의 글 여러 부분에서 그 핵심내용은 다루어지고 있다.

15) Max Ernst Mayer, *Rechtsphilosophie*, 1922, 67~68면은 라드브루흐의 가치상대주의를 이렇게 규정했다.

위상은 법내재적인 것으로가 아니라 정치적 선택의 문제로 설정되었
다는 점에서 심 교수는 법이념론으로서 이 구도를 받아들이기 어렵다
고 본 것이다(15면). 이 구도에서는 오늘날 우리들이 법사회에서 추
구하는 목적가치로서의 자유는 선택되지 않을 수 있고, '인도성'은 특
별히 법가치의 체계 속에 자리를 차지하지 못하고 있기 때문이다.

심 교수는 이를 돌파할 착상을 라드브루흐와 같은 세대에 속하는
학자이자―그러나 라드브루흐보다 4반세기 먼저 작고한―같은 신칸
트학파에 속하는 마이어(Max Ernst Mayer, 1875~1922)에게서 찾으려
고 하였다. 마이어도 가치상대주의자이지만, 라드브루흐와는 다소 다
른 입장을 취했다. 그는 가치상대주의는 주관적으로 가치인식이 불가
능하기 때문이 아니라[16] 객관적인 문화의 상태에서 비롯되는 것인데
("문화는 가치있는 것이 된 현실이며, 현실적인 것이 된 가치이다"[17]), 여
기서 문화가치는 실질적 정당성과 결부되며,[18] 이때의 정당성에는 정
도의 차이가 나타난다고 한다. 이렇게 본다면 인간사회에서 가장 높
은 정도에 있는, 즉 궁극적인 지점에 있는 문화가치는 '인도성'일 수
밖에 없다고 마이어는 생각했다. 그래서 그는 라드브루흐와 달리 '인
도성'을 법의 이념으로 조정(措定)할 수 있었다.[19] 즉 '개인'을 목적주

---

16) Max Ernst Mayer, *Rechtsphilosophie*, 앞의 책, 68~69면. "법철학자가 탐구
하는 것은 진리가 아니라 정당성이며 … 정당성은 터득되고 경험적으로 확인
된다(erproben)." 또 이 책, 213면 참조.

17) Max Ernst Mayer, *Rechtsphilosophie*, 앞의 책, 34면.

18) 예컨대 상수도 시설을 설치하고 그 운영체계를 설립함으로써 인간의 건강을
증진하는 일(문화가치)은 그것의 중요성을 우리가 모르는 것이 아니라 실질적
정당성을 갖는 것이며, 피카소의 '청색시대' 작품을 소장한 미술관의 운영을
통한 인간의 예술적 감수성을 함양하는 일(문화가치) 역시 마찬가지로 실질적
정당성을 갖는다. 이 경우 어느 것을 (우선적으로) 할 것인가 하는 문제에서
우리는 이것이 갖는 가치를 모르기 때문에 다수결에 맡기는 것이 아니라, 수
단·목적관계에서의 합리적 고려, 소요비용 기타 고려에 의하여 그 합리성의
정도를 알 수 있고, 그런 정보를 가진 상태에서 결정만을 (드워킨 풍으로 말
하자면 그 구성원을 동등하게 배려하고 존중하기 위하여) 다수결에 맡기는 것
이다. 즉 사회구성원 각인을 한 사람 이상으로도 한 사람 이하로도 대우하지
않기 위하여 (각 1표를 부여하고) 다수결에 맡긴다는 것이다. 그렇다면 무릇
법제도를 갖는 일은 어떤 문화가치를 함양함으로써 정당성을 얻을 수 있는가?

체로 하는 경우의 최고가치는 자유(라드브루흐)이며, '인간'을 목적주
체로 하는 경우의 최고가치는 인도성(마이어)이라는 것이다.

이에 터잡아 심 교수는 정년 무렵에 "법과 인도성"[20](2001)과 "법
과 자유"(2001)를 연이어 발표하였다. 심 교수는 라드브루흐의 법이
념론의 틀을 넘어서서 마이어의 이른바 '비판적' 가치상대주의에로의
행보를 보이면서, '자유'와 '인도성'(인간의 존엄)을 법의 이념으로 세
운 것이다. 그렇다면 심 교수는 라드브루흐가 제시한 개인의 목적가
치인 자유를 법이념으로 다룸과 동시에 마이어의 법이념론에서 제시
되고 있는 가치이념(권력(권위)[21], 정의, 인도성)을 다룸으로써 법이념
론 내지 정법론의 대강을 마무리한 것이다. 이렇게 보면 심 교수는
40대 중반에 세웠던 계획의 I, II, III까지를 대체로 완결한 것이라고
볼 수 있을 것이다. IV, V에 대한 아쉬움이 없지 않지만, 이것만으로
도 실로 큰 업적이라고 하지 않을 수 없다.[22]

---

19) Max Ernst Mayer, *Rechtsphilosophie*, 앞(주 16)의 책, 72면. 물론 라드브루
흐도 만년에는 인도성을 '법개념' 속에서 승인하였다. 이 책 217면.
20) 심 교수는 여기서 자신이 취하는 윤리학상의 '비인식주의'(non-cognitivism)
의 실천철학적 함의도 검토하고 있다.
21) 심헌섭, 권위에 관하여, 「분석과 비판의 법철학」, 앞(주 1)의 책, 113~138면.
여기서 권위는 법이념으로서가 아니라 법개념의 맥락에서 다루어졌다. 이렇게
맥락은 다르지만, 심 교수는 여기서 권력(권위)을 정치적으로가 아니라 분석
적, 비판적으로 다룸으로써, 도덕이라는 기체 위에서 살아가는 우리의 삶에서
사회적 원천을 갖는 인위적인 제도인 법(규칙)이 마치 일식(日蝕)이 태양을
(부분적으로) 가리듯이 그 부분의 도덕을 배제한다는 '배제적' 법실증주의를
논박하고 (도덕)'포용적' 법실증주의를 취하였다. 그 이유는 도덕을 우선적으
로 배제하고 권위를 생각한다는 것은-이것이 법실증주의의 기본 태도이지만
-적절하지 않다는 것이다.
22) 「서양법철학사」를 쓴 프리드리히는 낭만주의 시대를 산 괴테가 당대인들에게
한 말 '온고지신'(溫故知新; Das alte Wahre fass es an)을 인용하면서, "새롭
다고 말하는 것들의 대부분은 오래된 오류가 새 언어의 옷을 입고 나온 것"
에 불과하다고 말한 바 있다. Carl Joachim Friedrich, *Philosophy of Law in
Historical Perspectives*, 1958, 19632(1973년 판), 7면. 그가 이 말을 하게 된
계기는, 하트가 *The Concept of Law*, 앞(주 4)의 책의 서문(vii면)에서 "내가
[이 책에서] 남의 글을 인용하지 않고 논하는 방식을 취한 것은, 법이론에 관
한 책은 다른 책에 들어있는 것으로부터 배운 것을 써 놓은 책이라는 믿음을
버리기를 바라기 때문이다. 이 믿음이 책을 쓰는 사람에게 유지되는 경우 이

II

심 교수의 법이념론은 어떤 것인가? 법적 안정성과 합목적성은 앞에서 간단히 언급하였으므로, 심 교수가 많은 노력을 기울인 정의, 자유, 인도성의 순으로 살펴보고, 정의의 각론 격인 형벌의 정의에 관해서 간단히 언급하기로 한다.

(1) 정의에 관한 연구 I - 정의의 기본개념과 기본원리

심 교수가 '정의'에 관심을 갖게 된 것은 일찍부터이지만, 최초의 본격적인 정의연구의 결실은 1988년에 나왔다.[23] 1988년의 이 글에서 심 교수는 당시 롤즈 등 이른바 '고상한 자유주의'(high liberalism) 이론이 논의의 중심에 서 있었음에도 불구하고[24] 의연히 정의론의

문제에 대한 발전은 별로 이루어지지 않을 것이다. 이 믿음이 읽는 사람에게 유지되는 경우 그 주제의 교육적 가치는 아주 작은 것에 머무를 수밖에 없을 것이다"라고 말한 데 대한 대응이었다. 심 교수는 법철학사를 쓰지는 않았지만, 타인들로부터 배운 것을 귀중하게 생각하여 주제를 다룸에 있어서 그 문제사를 세심하게 검토했으며, 이를 굳건하지만 개방적인 자신의 입장에서 비판적으로 검토하고 수용하였다. 그래서 그의 글에는 법철학사적 인식 역시 문제사의 형식으로 풍요롭게 펼쳐져 있다. 정의론의 역사(58~62면), 자유 관념의 역사(186~193면), 형벌관의 역사(240~248면), 법학의 학문성에 관한 논쟁사(363~370면)가 그 예이다.

23) 심 교수는 1962년에 석사학위 논문으로 "현대 법철학에 있어서의 실질적 정의론"을 썼다. 그 후 서울대학교에 부임한 첫 학기(1977년 1학기) 대학원 법철학 강의교재가 John Rawls의 정의론(*A Theory of Justice*, 1971)이었다. 그리고 1980년대 초에는 Chaïm Perelman의 정의론을 다루었고, 이는 후에 번역서로 출간되었다. 심헌섭·강경선·장영민 역, 「법과 정의의 철학」, 1986. 그리고 그 전인 1977년에는 법과 정의가 교차하는 대표적인 주제인 형벌의 정의에 관한 (각론적) 연구를 발표한 적이 있다. 김태길 외 편, 「정의의 철학」, 1977, 75~95면에 실린 "법·정의·형벌"이 그것이다. 이 글은 이 책, 231~253면에 실려있다.

24) 1986년에 초판이 나온 N. E. Simmonds, *Central Issues in Jurisprudence*, v면은 "법철학을 공부하는 것은 Rawls, Nozick, Hart 그리고 Dworkin과 같은 학자가 쓴 책을 읽는 것이다"라고 말했다. 벤하비브는 롤즈 탄생 100년을 바라보며 쓴 글에서, 자유민주주의가 정의를 구현하기 위해서는 사회를 개혁해야 한다고 주장하는 입장으로 '고상한 자유주의'를 정의하면서, 그 대표적 인물로 롤즈, 드워킨, 하버마스를 들고 있다. Seyla Benhabib, "High Liberalism.

원형을 이루는 전통적인 정의론을 탐구하였다. 그는 우선 정의가 착종된 관념인 이유는 그 개념(concept)에 여망과 옹호의 태도가 부착되어 있기 때문(142면)이라고 보고 그 개념에 밀착되어 있는 정의에 대한 관(觀; conception)을 분리하면서 분석적으로 정의의 개념을 규정하는 데 진력하였다.[25]

심 교수는 우선 '정의'라는 개념이 쓰이는 대상에 주목한다. 정의라는 말은 인간의 행동에, 규범과 규범체계에, 그리고 사회구조에 대해서까지 쓰인다. 즉 정의는 인간의 상호관계에서 문제되는 것으로서, 정의는 인간의 상호적 행위에 대해서 쓰이는 윤리적 가치속성이라는 것이다. 정의를 이렇게 규정하면 정의와 도덕 자체의 구별이 문제된다. 이에 대한 심 교수의 답은 정의는 의무·권리의 관계라는 것이다(153면). 도덕이 (이른바 인간의 '내적 법정'으로서) 의무 일변도의 요구를 하는 성격을 가진 것인데 비하여, 정의는 도덕적 권리주장을 할 수 있는 근거가 된다는 것이다.

정의가 이렇게 인간 상호간의 관계의 윤리적 가치 속성임을 확인하고서 심 교수는 전통적 정의관념의 정의를 시작한다. 전통적 정의관념이란 정의가 권리와 의무, 이익과 부담의 분배 그리고 그것들 사이에 평형을 맞추는 것에 관계되는 가치표상이라는 점에서, 시모니데스의 말 "각자에게 그의 것을"이라는 명제로 이를 정식화할 수 있다고 본다. 각자에게 그의 것을 주는 데서 나오는 윤리적·사회적 가치가 바로 '정의'인 것이다. 이리하여 심 교수는 드디어 정의에 관한 정의를 얻는다: "정의는 권리의무의 상호관계에 관련되는 그리고 각자에게 그의 것을 주는 것에 관련되는 윤리적·사회적 가치이다"(163

John Rawls and the Crisis of Liberal Democracy," *The Nation*, 2019, November 11/18, 29면.

25) 개념과 관의 구별에 관해서는 드워킨이 든 예가 도움이 될 것이다. 자유지상주의자들이 (가파른 누진) 소득세에 반대하고 평등주의자들은 [이에 찬성함으로써] 더 많은 재분배를 요구하는 이유는 그들이 가진 [정의의 개념이 서로 다르기 때문이 아니라] 그들의 정의관이 다르기 때문이다. R. Dworkin, *Law's Empire*, 1986(졸역, 「법의 제국」, 2004), 118면.

면).

심 교수는 이어서 중요한 문제를 제기한다. 당시의 정의론의 화두는 (지금도 그렇지만) 정의론의 옷을 입은 '평등'론이었다. 그렇다면 평등을 정의의 본질로 볼 수 있는가? 심 교수는 페를만을 인용하면서 이에 부정적으로 답한다: "완벽한 정의(=평등)의 상태는 죽음이다. 죽음은 어떤 특권과도 관계없이 모든 사람에게 똑같이 찾아오기 때문이다"(160면).[26] 그렇다면 평등이 갖는 호소력의 근원은 무엇인가? 그것은, 평등은 정의의 구성징표라기보다는 반증에 의해서 고려되지 않을 수 있는 '추정'(그것도 거부할 수 없는 추정)이기 때문이라는 것이다 (162면).

그리고 나서 심 교수는 정의를 세심하게 분류해 나간다. 우리가 곧잘 잊고 있는 일반적 정의와 특수적 정의의 구별을 심 교수는 환기시킨다. '일반적 정의'는 플라톤적 정의관으로서, 사회체제 자체가 갖는 여러 가치들(정의, 효율성, 자유 등) 간의 이상적인 조정이 이루어졌을 때 나타나는 가치로서, 사회적 정당성 내지 사회적 이상(social ideal)이라고 할 수 있는 것이다. 반면에 '사회적 정의'는 좀 더 좁은 개념으로서 사회의 총체적 기본구조의 '분배적 측면'의 기본원리만을 문제삼는 가치로 심 교수는 규정한다(175면). 따라서 사회적 정의가 요청되는 경우, 사회적 공동생활의 조직된 체계로서의 사회는 그 존속을 위한 공동협동체로서 재화와 지위의 정의로운 분배, 권리와 통치권의 정의로운 행사, 의무와 부담의 정의로운 부여 등의 과제를 갖게 된다(173면).

이에 비하여 평균적 정의와 분배적 정의의 구별은 개별적인 인간

---

26) 다렌도르프 역시 유사한 인식을 반대의 측면에서 말하고 있다: "평등이 갈구되는 것처럼 보이는 이유는 인간이 각기 다르기 때문이며, 그것은 인간들이 타인에게 의지하거나 동정을 받기 위해서가 아니라, 타고난 그대로 각기 다르게 살 수 있게 하기 위한 것이다. 평등을 추구하는 목적은 불평등을 인정하는 데 있으며, 일반적인 권리를 추구하는 목적은 각기 다른 개개인의 개별적인 삶을 인정하는 데 있다." R. Dahrendorf, *Life Chances*, 1979, 「삶의 기회: 사회, 정치이론에의 접근」, 김병서 역, 162면. 다소 수정하여 인용했음.

관계에서의 문제로서, 평균적 정의는 주고받는 관계, 즉 '교환유형'으로서의 사회관계에 관련되는 것이며, 배분적 정의는 이익/부담, 권리/의무의 배분관계, 즉 '협동체적 유형'으로서의 사회관계에 관련되는 것이다(165~166면). 중요한 것은 양자간의 관계인데, 심 교수는 분배적 정의가 정의의 원형(근원형태)이고, 평균적 정의는 배분적 정의의 파생적 형태라고 심 교수는 지적한다(174면).

심 교수는 정의와 정당성은 어떻게 구별될 것인가를 묻고, 정의는 이상적인 행위나 사회질서에 대한 총체적 비전은 아니라는 점을 강조한다. 완전히 정의로운 사회가 이상적인 사회는 아니라는 것이다! (176면). 그런 사회는 사랑과 용서, 자비와는 거리가 먼 추상같은 측정 덕성인 정의가 구현되는 사회이기 때문이다.

끝으로 심 교수는 정의에 대한 회의론을 언급하면서 정의를 옹호한다. "각자에게 그의 것을"이라는 정의의 공식은 무엇이 각자이고 무엇이 각자의 것인가가 명확하지 않기 때문에 빈약한 공식인 것은 사실이지만 내용공허하지는 않다고 강조한다. 왜냐하면 각자에 그의 것이 아닌 것을 주라든가, 같지 않은 것을 같게 다루라는 말이 얼마나 도덕감정에 거슬리는가를 보아서 알 수 있다는 것이다. 그리고 심 교수는 경고도 잊지 않고 있다. 정의에 대해서는 온갖 문제 사건들에 항상 정의로운 결정을 도출해 낼 수 있는 하나의 결정원이어야 한다는 기대가 있지만, 이것은 지나친 기대이고 정의는 오히려 그 해답에로 유도하는 사고수단을 제공하고 사고방법을 제시하는 데 있다(179면)고 말한다.

(2) 정의원리의 구도

가장 늦게 쓰여진(2017) 이 글에서 심 교수는 정의의 원리의 전체 틀을 농축하여 간명하게 보여준다. 롤즈가 정의를 사회의 기본구조(제도)의 덕목으로 규정함으로써 개인의 덕목의 차원을 고려하지 않았다면, 심 교수는 전통적인 정의론의 기본요소들을 다루면서 그 관계를 간명하게 정리한다. 우선 정의는 지혜, 용기, 절제와 나란히 인간의 훌륭함('덕')이다. 정의와 다른 덕목들 간의 구별점은 내향적이 아니라 타인지향성을 갖는다는 데 있다. 이때 타인은 한 사람이 아니라 여러 사람이다. 행위하는 자의 '주관적 의욕'과 행위의 '객관적 정의'와의 관계는, 객관적 정의가 1차적 형태이고 주관적 정의는, 마치 진리와 진실성의 관계처럼, 2차적인 데 지나지 않는다. '객관적 정의의 원리'가 그토록 탐구되어 온 이유는 여기에 있다.

그렇다면 객관적 정의의 원리는 무엇인가? 심 교수는 이를 '각자에게 그의 것을 주는 것'이라는 기원 전 5세기의 그리스 시인 시모니데스의 말을 기점으로 전개해 나간다. 심 교수는 이와 대비해서 생각할 수 있는 또 하나의 정의의 원리인 '정명지도'(正名之道), 즉 직분에의 충실과 비교하면서, 여기에는 '뜻깊고 합목적적이며, 정당한' 요구가 들어 있지만, 이를 정의로운 '요구'라고 보지는 않는다는 점에서 '각자에게 그의 것을'이 정의원리의 기선(基線)임을 밝힌다. 이는 후에 로마의 법률가 울피아누스에 의해서 '법의 기본원리는 ... 정직하게 살며, 남을 해치지 말며, 각자에게 그의 것을 주는 영구불변의 의지'라는 식으로 법의 기본원리로 자리잡게 된다.

그러나 '각자에게 그의 것을'은 '누가' 각자이고 '무엇이' 그의 것인지에 대한 규준이 없어서 지나치게 추상적이다. 어떻게 이를 구체화할 것인가? 이는 아리스토텔레스가 수행하였다. 그는 일단 정의는 인간의 덕목으로서, 완전한 덕목, 으뜸 덕목이고 '중용의 덕목'이었다. 정의는 무엇과 무엇 사이의 중용인가? 그는 정의가 사회법공동체에서 비로소 이루어지는 것으로 보면서, 여기에는 피타고라스를 따라 '평등'이 근원적인 가치범주로 작용하고 있다고 본다. 따라서 정의는 평등을 깨는 과도함과 과소함 사이의 중용인 셈이다. 여기서 분배에는 비례적 평등이, 교환(거래)과 범죄에는 산술적 평등이 중요하게 된다.

이러한 아리스토텔레스의 정의이론은 양자의 관계에 관하여 여러 해석을 낳았다. 분배적 정의를 평균적 정의로 환원시키거나(Nef), 평균적 정의도 배분적 정의도 평등처우 위에서 생각되어야 한다는(Tugenthat) 것이다. 그래서 혈구지도, 황금률을 정의의 원리는 함의하고 있다는 것이다. 그러나 심 교수는 이것이 평등처우의 요청에 이르는 것은 아님을 지적하면서, 이는 '상호성의 원칙'으로(11면) 존중되는 데 그쳤다고 지적한다.

심 교수는 평등사상이 본격적으로 등장한 것은 근대 이후로서 이때부터 비로소 정의이론은 만민평등사상과 결합할 수 있게 되었음을 지적한다. 이리하여 정의의 원리는 비례성, 등가성, 평등성의 3자정립의 형태가 등장하게 되었다(12면).

그리고 심 교수는 정의원리들 간의 상호관계를 검토한다. 우선 평등성과 비례성의 관계이다. 양자는 결국 분배적 정의에서는 평등성은 비례성(차등성)을 고려해야 하고, 비례성을 평등성을 무시할 수 없게 되었다고 하면서, 본질적으로 평등한 것은 평등하게 대우해야하고 본질적 차이는 고려해야 한다고 주장하게 되었다.

다른 한편 분배적 정의와 평균적 정의의 관계는 어떠한가? 이에는 여러 제안이 있지만 결국 분배적 정의가 평균적 정의의 전제가 된다는 것이다. 이렇게 보면 평균적 정의는 분배적 정의에 종속되는 것으로 보게 된다(15면). 간단히 말하면 무엇인가 배분된 것이 있어야 그에 대한 손해, 배상, 책임에 따른 정의의 회복이 있을 수 있다는 것이다.

(3) 정의의 실질적 규준에 관한 연구

이렇게 각고의 노력으로 얻은 정의의 원칙인 '각자에게 그의 것을' 공식을 수용하여 적용하려고 할 때, 이 '각자'와 '그의 것'을 어떻게 볼 것인가에 따라 정의의 원칙의 내용은 실로 극과 극으로 변할 수 있다. 유대인 학살의 장소인 독일 부켄발트 수용소의 정문에 "Jedem das seine"(각자에게 그의 것)이라는 표어가 붙여져 있었다는 것은 우리를 절망케 한다. 라드브루흐는 곤궁은 우리를 기도하게 할 뿐 아니라 법철학을 하게 한다고 말했다. 여기서 심 교수는 빈 내용의 공식이라고까지 비판받기도 하는 정의의 공식에 들어갈 규준을 상세히 분석해 준다.

심 교수는 우선 이 공식을 실질적으로가 아니라 형식적으로 해석하는 견해, 즉 '같은 범주에 속하는 사람에게는 같은 것을'로 해석하는 견해(페를만)를 검토하면서, 이 견해가 규칙에 따르게 하는 것이어서 자의가 배제되는 긍정적인 면이 없는 것은 아니지만, 동시에 어떤 (내용의) 규칙인가가 문제된다는 점에서 이 공식운용에 실질적 요청은 도외시될 수 없다는 점도 지적한다. 바로 위의 유대인의 예에서 본 것과 같은 실질적 관점이 배후에서 작용할 수 있다는 점에서 그렇다.

그렇다면 정의의 실질적 규준은 있는가, 있다면 그것은 무엇인가? 심 교수는 이를 전통적인 철학적 사유방식에 따라 네 가지로 나누어 고찰한다. 첫째는 자연합치적 근거 내지 존재론적 근거이다. 자연법사상이라고도 할 수 있는 이 입장은 그러나 존재에서 당위는 도출되지 않는다는 점, 그리고 자연은 이미 정의로운 것이라는 부당전제의 오류(*petitio principii*)를 범하고 있다는 점을 지적한다. 유대인은 자연적으로 열등하다는 생각도 사실은 이런 존재론적 근거에서 나왔던 것이다. 둘째는 목적론적 윤리설이다. 이는 공리주의에서 정의의 원리를 도출하려는 시도이다. 그런데 공리주의는 공리를 극대화한다는 면에서는 합리적이라고 할 수 있지만, 공리를 극대화한다는 것이 타인의 치명적인 희생 위에 있을 수 있다는 문제가 있다. 따라서 이를 막아줄 타인의 권리와 같은 도덕적 기준이 필요하다. 셋째는 보편화가능성의 원리이다. 이 기준을 통해서는 일반성을 갖는 도덕적 판단을 얻을 수는 있지만, 그것이 객관적 정당성을 보장하지는 않는다는 문제가 있다. 왜냐하면 보편화가능성은 정반대되는 사례(예컨대 낙태에 대한 pro-choice(낙태찬성파), pro-life(낙태반대파) 모두의 입장을 보편화할 수 있기 때문이다. 그리고 정언명령도 정당성의 척도로서 경험을 도외시한 사유의 틀 속에서 얻을 것이 아니라 경험적 토대 위에서 목적론적, 정책적, 가치론적으로 토론할 문제라는 점도 지적된다. 넷째는 평등주의적 근거이다. 이 시각에서는 정의는 평등취급임을 강조한다. 평등한 것은 평등하게 불평등한 것은 불평등하게 처우하는 것이야말로 정의로운 처우라는 것이다. 그러나 이 입장은 불평등하게 처우해야 평등을 기하게 되는 그래서 정의로운 경우가 있다는 점에서 한계가 있다(극빈자의 처우)(119면).

심 교수는 이러한 고찰을 통해서 아리스토텔레스를 해석함으로써 분배적 정의의 세 공준을 추출해 낸다. 그것은 공적, 필요, 권리의 3 공준으로 귀결된다(131면). 그것을 교환적, 분배적, 정치적, 시정적 정의와 관련해서 검토한다. 이렇게 해서 그 각각의 상황에 맞는 정의로운 분배의 요구를 충족시킬 수 있다고 보고, 그 각 경우를 세세하게 고찰하고 있다.

(4) 법과 자유 - 법가치로서의 자유에 관한 한 고찰

> 자유의 포기는 인간임을 포기하는 것이다-루소
> 자유에 고삐는 없어야 하지만 고삐없는 자유는 자유가 아니다
> -타멜로

근대 이후의 인간의 삶에서 자유는 인간의 생명과 같은 것이었다. 법도 국가도 바로 이 인간의 자유를 최대한 보장하기 위하여 존재하는 것으로 여겨졌다. 그러나 자유는 그 중요성이 큰 만큼이나 상이하게 관념되기도 하였다. 심 교수는 자유의 여러 형태의 자유관을 검토한다. 소극적 자유/적극적 자유(I. Berlin), 고대인의 자유/근대인의 자유(B. Constant), 공화주의적 자유/자유주의적 자유/이념적 자유(D. Miller), 형식적 자유/실질적 자유(R. Zippelius)가 그것이다. 자유 관념의 이러한 대비는 이데올로기적 관점에 상응하는 것이다. 말하자면 여기에는 주장자의 가치판단, 즉 선호가 스며들어 있다. 그러나 심 교수는 이러한 이데올로기의 차이를 고려하지 않고 예리한 분석을 통

해서 이를 통합할 수 있는 자유의 정의를 추출해 낸다. 심 교수 자유론의 백미라고 할 수 있는 이 자유 관념의 분석(186~193면)을 통해서 심 교수는 자유를 다음과 같이 정의한다: "자유는 사람들이 스스로 참여하여 이룬 정치(사회)제도 밑에서 법을 포함한 외적인 사회적 강제 및 제약이나 사회적 자원의 극심한 결핍과 같은 내적 제약 등으로 인한 방해를 받음이 없이 자기 의사에 따라 자신들의 삶을 형성할 수 있는 데 있다(193면). 자유의 이 정의는 이념주의, 자유주의, 공화주의 자유관을 포괄하는 '공동체주의적' 자유관이라고 할 수 있다.

심 교수는 타인의 자유도 나의 자유와 함께 존재한다는 점에서, 이 자유는 무제한적인 것이 아니라 '결코 충만하게 향유될 수 없는' 부족한 가치인 것으로서, 다른 사회적 가치와 마찬가지로 분배와 범위가 모색되어야 하는 대상이 된다는 점을 지적한다(194면). 앞의 타멜로의 말과 같이 자유의 '고삐'를 실질적으로 어디서 찾을 것인가가 문제인 것이다. 주지하는 바와 같이 칸트는 인간의 자유의 한계설정을 법의 원리와 기능으로 보았다. "각자의 자유가 자유의 보편법칙에 따라 공존할 수 있는 조건의 총체이다"라는 그의 법의 정의가 그것인데, 이는 법의 정의이지만 자유의 한계선을 명시한 것이기도 하다. 그러나 칸트적 보편규칙만으로는 시민적 자유의 충분조건을 못된다는 점을 심 교수는 지적한다(201면). 자유는 상호양립하지 않는 경우, 즉 상호배척하는 경우 허용되지 않는다는 점에서 상호비배척성은 자유의 한계를 설정해 주기는 한다. 그러나 경험을 도외시하고 있는 이 형식적 고려에 더해서 경험적 고려가 필요하게 되는데, 이를 심 교수는 공리주의 철학에서 찾는다. 그것은 유명한 밀의 해악원리로서 타인에 대한 해악을 막는데 자유의 한계선을 그어야 한다는 것이다. 문제는 해악을 어떻게 볼 것인가이다. 따라서 여기에는 다시 결과고량 내지 비용최소화의 규준을 고려하지 않을 수 없게 된다. 결국 자유의 한계는 이들의 합동작용으로 설정해야 할 것으로 보인다. 상호비배척성, 해악비침해의 원리, 결과고량 그리고 이성적 논의가 필요하다고 지적한다(206면).

라드브루흐도 마이어도 자유를 법이념으로 다루지는 않았지만,[27] 심 교수처럼 자유를 법이념으로 보는데 이의를 제기하는 사람은 없을 것이다. 왜냐하면 누구나 자유를 갈구하고 그 자유가 법제도 속에서 보호되기를 바라기 때문이다. 그런데 자유에는 법이 그 존립의 근거임과 동시에 제한의 근거로 작용하고 있다는 점에서 법은 자유의 조건이기도 하다. 그렇다면 법은 이념이 아니라 조건에 그치는 것인가? 심 교수는 그렇지 않다고 보면서, 그 이유를 (심 교수가 이 비유를 들지는 않았지만) 자유는 마치 우리가 숨 쉬는 공기와 같아서 그 양을 가늠할 수 없다는 데 있다고 본다(206면). 우리가 운동을 할 때 (평소보다) 많은 공기가 우리를 뒷받침하듯이, 우리가 자유를 구가할 때 바로 그만큼의 많은(넓은) 자유가 법에 의해서 뒷받침되어야 한다는 것이다. 그래서 칸트도 롤즈도 너와 나의 자유의 경계선을 (다른 사람 또는 사회의 '복리'가 아니라) 다른 사람의 '자유'와 맞닿아 있는 곳에 그은 것이다. 그렇다면 법이 지향해야 할 '법가치'로서 자유는 각자에게 최대한의 것의 확보, 즉 '최대의 평등한 자유'라고 해야 할 것이다. 이것은 근대 이후의 정치적 자유의 규범적 표상을 총괄한 것이기도 하다(206면).

그러나 자유가 극대화되면 다른 가치와 충돌이 일어날 것은 명약관화하다. 따라서 자유 역시 다른 법가치들과의 공동지배가 필수적으로 요청된다. 그것은 타멜로의 다음과 같은 말에서 잘 나타난다. "진정한 자유는 필요한 만큼의 정의, 평등, 그리고 평화 없이는 결코 없다. 진정한 정의는 필요한 만큼의 평등, 자유 그리고 평화 없이는 결코 없다. 그리고 진정한 평등은 필요한 만큼의 평화, 정의, 그리고 자유 없이는 결코 없다(209면).

---

27) Vladimir Kubeš, *Grundfragen der Philosophie des Rechts*, 1977, 51면은 자유도 법의 이념에 포함시키고 있다.

(5) 법과 인도성 – 과학적 인도주의를 바탕으로

벤담은 프랑스 혁명이 선언한 인권, 즉 '자연이 인간에게 부여한 권리'인 자연권을 '요란한 잠꼬대'(nonsense upon stilts)라고 말했다.[28] 그렇다면 오늘날 그보다 더 발달한 과학의 시대에 인도성(=인간의 존엄)은 어떻게 근거지어지고, 나아가 법의 이념으로 정립될 수 있겠는가? 심 교수는 앞서 언급한 바와 같이 M. E. 마이어에 의존하여 이를 법의 이념으로 보려고 하였다. 그렇다면 이를 근거짓는 일이 필요한데 그 근거는 어디서 찾을 것인가? 드워킨은 인간이 갖는 '동등한 배려와 존중의 권리'는 근대 정치철학의 공준이라고 보고 여기서 여러 '권리'를 해석해 내고 있지만 왜 이것은 공준이 되었는가?

우선 심 교수는 인간의 존엄성을 인정하는 전통적인 신학적 내지 형이상학적 관점을 검토하고 이는 모두 받아들일 수 없는 것으로 본다. 첫째는 인간을 신과 동일한 모습으로 창조했다는 이른바 *imago dei*설, 즉 신초상성(神肖像性)설인데, 이는 오늘날과 같은 종교적, 세계관적 중립성 내지 다원성의 시대에 인간의 특수지위를 인정하는 근거로 보기는 어렵다고 한다. 둘째는 인간중심주의인데, 이 역시 인간이 존재하지 않던 시대에도 자연은 있었으며 인간이 멸망한 후에도 자연은 존재할 것이며, 인간은 자연과 공존해야만 생존할 수 있다는 인식이 확산된 오늘날 자연도 보호의 대상이 되고 있다는 점에서 받아들일 수 없다고 한다. 셋째는 본질주의로서 인간은 이성적 본질을 가지고 있으므로 다른 만물에 비하여 존엄하다는 주장인데, 이 주장도 인간과 타 동물 간에 분자생물학적 수준에서는 비약적 차이가 없

---

28) Jeremy Bentham, "Anarchical Fallacies," Jeremy Waldron 편, *Nonsense upon Stilts. Bentham, Burke and Marx on the Rights of Man*," 1987, 46~69면, 53면. 이 말은 자연권이 과학적으로 증명불가능하다는 빈 학단적(=논리실증주의적) 의미의 무의미(nonsense)하다는 뜻과, 인권 및 시민권 선언 내에서 함께 선언된 권리들과 모순된다는 의미에서 무의미(nonsense)하다는 두 가지 뜻이 있다고 월드런은 해석하고 있다. 34면.

다는 것이 밝혀진 오늘날 유지하기 어려운 주장이라고 한다.

그렇다면 인간의 존엄 내지 인도성은 대체 근거지을 수 있는 것인가? 라드브루흐는 나치를 체험한 후 '비인간적인 잔인에 대한 인간우호성, 비인간적인 비하에 대한 인간존엄성, 비인간적인 문화말살에 대한 인간형성'을 고려하지 않는 법은 법일 수 없다는 견해를 피력했다. 그러나 인도성을 이렇게 비인간적인 비하의 거부로 소극적으로만 규정하는 것으로 만족할 것인가?

종래의 다수의 견해는 인간의 존엄을 칸트의 목적·수단 공식으로 근거지어 왔다. 즉 인간은 이성적 존재이기 때문에, 인간은 타인의 목적을 위한 수단으로'만' 사용되어서는 안 되고, 언제나 목적으로'도' 존중되어야 한다는 것이다. 그러나 칸트의 이 공식은 '인간의 삶의 사실을 고려하지 않고,' 즉 경험적인 것을 고려하지 않은 선험적 구성방법이 가져온 결과로서, 심 교수는 이를 만족스럽지 않다고 본다 (228면). 예컨대 수 *km*를 걸어서 물을 길어 와야 하고, 길어 온 물도 흙탕물이어서 이를 마시는 것은 건강에 아주 해로운 아프리카 어느 나라의 예를 생각해 보자. 이들의 존엄한 삶에 칸트의 공식은 얼마나 도움이 되는가? 이에 심 교수는 '인간의 삶의 사실을 고려하는' 방법으로 인도성을 '구성'하려고 한다. 그 소재는 빈 학단의 지도자였던 카르납의 과학적 인도주의(scientific humanism)가 제공해 준다. 카르납은 계몽의 후예답게 인간의 삶의 개선가능성을 낙관적으로 본다. 그리고 삶의 개선수단은 지식이며 지식의 원산지는 과학이다. 이러한 인식에 입각하여 그는 과학적 인도주의를 다음과 같이 정식화한다. (i) 삶에는 개선가능성이 있다, (ii) 삶의 개선은 인간의 임무이다. (iii) 삶의 개선은 지식을 필요로 하며, 지식은 과학을 전제한다. 과학은 삶의 개선을 위한 도구이다. 삶은 개선가능하다! 그리고 삶의 개선은 인간의 임무이다!

여기서 심 교수는 자신의 비인식주의의 의미를 되새겨본다. 실천적 판단, 가치판단은 인간의 '인식'은 아니다. 그것은 진위판단의 대상이 아니다. 그렇다면 그것은 아무것도 아닌가? 그렇지 않다. 그것은 실천적 '태도'의 표명인 것이다. 비인식주의라고 해서 이 태도를 우연이나 순간적인 감정이나 자의의 소산으로 보는 것은 아니다. 이 실천적 태도를 취하는데 동기가 되는 것은 인간 간의 동정(공감)의 윤리학 내지 행복론적 윤리학이다(230면). 위의 예에서 멀리 떨어져 있는 우리까지도 그들이 깨끗한 물을 마시기를 염원하고 그들을 돕는 쪽으로 마음이 가는 이유는 (인간이 존엄하기 때문이라기보다는) 나도 그렇게 원하기 때문이다. 베츠(Wetz)는 이렇게 말한다. 인간의 존엄이란 인간존중의 '전제'라기보다는 인간존중의 '결과'라고. 즉 인간은 상호간에 존중을 해야만 인간의 존엄은 이룩된다는 것이다(227면). 이러한 인간존중의 실천적 태도는 규범이, 나아가 법규범이 된다. 그 이유는 리히트(v. Wright)가 설명해 준다. 가능한 한 많은 수의 집단구성원이 공유해야 할 평가들은 '규범'으로 승격되어 결정체로 나타난다는 것이다(229면). 그렇다면 인도주의는 인간의 임무로서 가장 절실한 법의 이념이 된다. 그렇다면 우리에게는 인간이 인간을 어떻게 존엄하게 대해야 할 것인가를 '규정'해야 하는 사명이 주어지게 된다. 우리 헌법 제10조처럼 "모든 국민은 인간으로서의 존엄...을 가지며"라는 식으로 확인하기보다는 인간의 존엄을 구현하는 권리'들'을 모을 수 있다는 것이다. 이를 인간의 권리군(群)으로 규정할 수 있다. 이것이 바로 이른바 인간존엄의 앙상블 이론이다. 우리는 이렇게 평면적으로 보던 기왕의 헌법상의 제 기본권을 입체적으로 인간존엄을 구성하는 것으로 재해석할 수 있게 된다.

(6) 법·형벌·정의

1970년대 후반은 롤즈의 정의론이 한국에 영향을 미치기 시작하던 시기였다. 그래서 한국 학계에도 '정의의 문제'를 정리해 볼 필요성이 대두되고 있었다. 이에 학계의 전문가가 망라된 「정의의 철학」이 기획되었고,[29] 심 교수는 여기에 정의에 관한 일반론을 포함하여 정의와 법의 관계, 특히 형벌과 정의에 관계를 조명한 글 "법·형벌·정의"를 기고하였다. 여기에서 검토된 정의의 내용은 대체로 앞에서 살핀 정의의 이론과 같다.

심 교수는 정의의 일반이론을 언급하고 나서, 칸트와 헤겔의 형벌론, 그리고 목적론적(합리적 공리주의적) 형벌론을 세밀하게 검토하면서, 이제는 힘 없는 노인이 된 나치 수용소의 살인자 아이히만—그래서 그를 처벌하는 것이 사회개선에 실효적인 이익을 가져다 주지 않음에도 불구하고—을 추적·처벌한 역사적 사실을 들면서, 응보설이 사람들의 뇌리에 깊이 뿌리박혀 있음을 부정할 수 없지만, 이른바 정의설이라고도 불리우는 응보설은 전면적으로 받아들이기 어렵다는 입장을 취한다. 왜냐하면 인도성이라는 면에서 보면 이 경우 사형을 처방으로 제시하는 응보설은 적절하지 않은 형벌일 수 있기 때문이다. 심 교수는 형벌론에서 응보론이 아니라 '합리적' 형벌이론으로서 일정한 목적(범죄자의 개선, 유사범죄의 출현을 막는 예방효과)을 추구하는 '목적형벌'을 받아들이지 않을 수 없음을 주장하였다.

III

순수법학의 창시자인 켈젠(Hans Kelsen 1881~1973)은 세기의 법이론가를 넘어 밀레니엄(1000년간)의 법이론가로 상찬될 정도로 탁월한 법이론가이다. 그가 창안한 순수법학(Reine Rechtslehre)은 "실로 가장 철저하고, 가장 명석하고, 개념적으로 가장 예리한 실증주의 법학"[30]이라고 규정되기도 했다. 그리고 무엇보다 순수법학은 우리나라 초기의 법학을 세우는 데, 그리고 켈젠의 민주주의론은 신생 대한민

---

29) 김태길 외, 정의의 철학, 1977. 여기에 김태길, "사회정의—그 이념과 현실"(15~35면)과 김여수, "정의의 배분적 측면. Rawls의 Maximin 원칙을 중심으로"(37~51면)가 실려 있다.

30) Horst Dreier, *Rechtslehre, Staatssoziologie und Demokratietheorie bei Hans Kelsen*, 19902, 231면. 이 책 261면.

국의 민주주의에 대한 이해도를 높이는 데 크게 기여했다.

심 교수와 켈젠과의 인연은 실로 깊다. 1950년대 말 심 교수가 황산덕 교수의 지도를 받기 시작할 때 황 교수는 '켈젠학도'를 자처하던 때였다.[31] 독일 유학 시 그리고 그 이후에도 심 교수는 켈젠의 사상과 가까운 거리에 있는 철학 내지 (법)이론적 저작들을 깊이 연구했다. Karl Engisch, Ulrich Klug, Ludwig Wittgenstein, Karl Popper 그리고 빈 학단의 Rudolf Carnap, Moritz Schlick의 저작들이 그 예이다(471면 이하). 심 교수는 1973년 켈젠이 별세한 해에 그를 추모하는 글 "법의 흠결. H. Kelsen 서거에 부쳐"를 발표하였다.[32] 그리고 1990년에는 켈젠의 주요 논문을 주제별로 정리하여 「켈젠 법이론선집」을 출간한 바 있다.[33] 심 교수는 켈젠전집 출간에 즈음하여 2002년에 켈젠연구소의 국제자문위원으로 위촉되었다.

이 책에 실린 켈젠 관련 8편의 글은 심 교수가 2002년 이후에 쓴 것들이다. 여기에는 우선 켈젠이 직접 쓴 글로서 그간 잊혀졌던 두 편의 글이 들어 있다. 그것은 "법의 효력과 실효성"(1965)과 "민주주의의 옹호"(1930)이다. 전자는 켈젠 만년(84세 경)의 작품으로서 켈젠 후기이론의 핵심내용을 보여주는 글이고, 후자는 (정치적 발언을 극도로 자제하는) 순수법학자 켈젠이 아니라, 민주주의에 대한 열렬한 정치적 앙가주망을 보여주는 정치이론가 켈젠의 정치논설로서, 그의 잘

---

31) 황산덕, 「법철학 강의」, 제4정판, 1983, 3면; 심헌섭, 황산덕 박사에 있어서의 자연법론과 법실증주의, 「분석과 비판의 법철학」, 앞(주 1)의 책, 194~204면; 195~196면 참조.

32) *Fides*, 18권 2호, 1973. 11; 「분석과 비판의 법철학」, 앞(주 1)의 책, 250~262면. 우리나라 법학계에 켈젠의 영향이 적지 않았음에도 불구하고 당시 발표된 켈젠 추모의 글은 이 글이 유일한 것으로 보인다.

33) 심 교수는 1989년 여름 프랑스 혁명 200주년을 기념하여 스코트랜드의 에딘버러 대학에서 개최된 세계법및사회철학자대회(IVR)에 참석한 일이 있었다. 이때 심 교수는 다소 일찍 출발하여 독일 유학 후 4반세기 만에 유럽을 다시 찾았는데, 이때 오스트리아 비엔나 대학의 켈젠 연구소를 방문하고 그 활동과 연구실적에 큰 감명을 받은 바 있었다. 1990년에 「켈젠법이론선집」을 출간한 데에는 그간 연구해 오던 켈젠의 규범이론에 대한 관심 이외에도 이 영향이 컸다.

알려진 두 민주주의론(「민주주의의 본질과 가치」(1920/1929), "민주주의의 기초"(1955))과 더불어 빼놓을 수 없는 '민주주의론'이다.

이와 함께 켈젠 법이론 전체를 개관해 준 로베르트 발터(Robert Walter) 교수의 "한스 켈젠의 법이론"(1999)과, '비엔나 모던파'(Wiener Moderne)에 속하는 유사한 경향의 두 학파인 (철학의) '논리적 경험주의'와 (법학의) '순수법학'의 관계를 다룬 「논리적 경험주의와 순수법학」(2002)에 대한 소개와 논평이 들어 있다.

그리고 이 책에 실린 켈젠 및 순수법학에 관한 심 교수의 글에는 '켈젠 연구소'와 관련된 4편의 글도 들어 있다. 현재 켈젠 내지 순수법학 연구의 중심역할을 하고 있는 것이 비엔나 대학의 켈젠 연구소이다. 켈젠 연구소는 켈젠이 아직 생존해 있을 때인 1972년에 설립되었는데, 이 글은 이 연구소의 창설과정과 그 활동 그리고 이 연구소에서 출간된 간행물에 관한 소개가 3편, 그리고 특히 이 연구소의 「켈젠 전집」 간행과 관련하여 그에 관한 경위 소개가 한편 들어있다. 대체로 서평의 형식으로 쓰여진 이 글들은,

(i) 켈젠 연구소 창립 30주년을 기념하여 연구소 창설 과정과 그간의 실적을 소개한 글,

(ii) 켈젠의 자서전이라고 할 수 있는 켈젠의 자기증언에 관한 글.[34]

(iii) 켈젠 연구소가 2009년에 연구소 총서 제32권으로 출간한 「한스 켈젠. 그 생애, 저작, 영향」에 대한 소개의 글이다. 이 책은 오스트리아 학술진흥기금의 지원하에 2006년부터 진행된 연구의 결실로서, 1881년 태어난 켈젠의 1940년까지 약 60년간의 그의 삶, 학문, 활동상을 세밀하게 탐구한 책이다. 이 책에는 다음과 같은 일곱 개의 주제하에 총 22편의 글이 들어 있다. 그 일곱 주제는 ① 켈젠의 가족사, ② 젊은 시절의 켈젠, ③ 빈 법이론학파(Wiener Rechtstheoretische Schule)와 그 정신적 환경, ④ 오스트리아 헌법의 기초(起草), 헌법학, 헌법재판소 재

---

34) 켈젠의 자기증언은 심 교수가 번역 출간하였다. 「켈젠의 자기증언」, 2009.

판관. 나치에 쫓겨 시작된 방랑의 시기를 기록한 ⑤ 새로운 고향을 찾아서: 1930~1940, ⑥ 미국에서의 켈젠, 그리고 ⑦ 현재와의 가교이다. 이 책은 켈젠 학자들이 망라되어 문자 그대로 켈젠의 생애, 저작, 활동상을 자세히 객관적으로 그리고 있다는 점에서 켈젠 자신의 손으로 쓴 "켈젠의 자기증언"을 보완하는 의미를 갖는 자료이다.

그리고 (iv)「켈젠 전집」제1권이 출간된 것을 기념하여 2008년에 쓴 그에 대한 심 교수의 서평이 들어 있다. 이 글들은 심 교수의 해설과 더불어 실려있기 때문에 별도의 설명이 필요하지 않다고 판단된다. 그래서 여기서는 켈젠 연구소를 간단히 소개하면서 켈젠 전집과 관련한 정보를 살펴보고, 앞에서 언급한 3편의 글("논리적 경험주의와 순수법학"은 제외)에 관해서 간단히 언급하기로 한다.

(1) 켈젠 연구소의 설립과 그 활동

켈젠 연구소는 켈젠이 91세 되던 해인 1972년에 설립되었다. 초대 사무총장으로는 K. Ringhofer 교수와 Robert Walter 교수가 공동으로 선임되었다. 켈젠은 그 다음 해인 1973년에 작고하였다. 이에 연구소는 1974년 연구소 총서 제1권으로「한스 켈젠 추모호」(*Hans Kelsen zum Gedanken*)을 출간하였으며, 이를 시작으로 2022년 총서 제42권「시험대에 선 법의 단계」(*Der Stufenbau des Rechts auf dem Prufstand*)를 출간한 것이 가장 최근의 출간기록이다.[35] 제1권은 절판되어 제24권「켈젠 연구소 30년」(*30 Jahre Hans Kelsen Institut*)에 재수록되었다. 한편 켈젠 전집은 독일(에어랑겐 - 뉘른베르크 대학의 예슈테트(Matthias Jestaed) 교수)과 오스트리아(빈 대학의 켈젠 연구소)의 협력작업으로 2007년 제1권이 출간되었으며, 현재 제8권까지 출간되었다. 2042년까지 전 32권이 출간될 예정이다.[36]

---

35) 켈젠 연구소는 현재까지 총 42권의 총서를 발간했다. 출간된 총서의 상세목록은 지면 관계상 여기에 열거하지 못하지만 켈젠 연구소(Hans Kelsen Institut) 홈페이지에서 찾아 볼 수 있다.

36) 현재까지의 출간내역은 다음과 같다. 제1권: 1905~1910년 출간물 및 "켈젠의

(2) 한스 켈젠의 법이론 및 법의 효력과 실효성

로베르트 발터(Robert Walter) 교수는, 켈젠, 페어드로스(Alfred Verdross)와 더불어 빈 법이론학파의 구성원인 메르클(Adolf Julius Merkl)의 제자로서 순수법학의 계승자로 평가되는 학자이다. 그는 이 글에서 1911년 「국법학의 주요문제」의 출간으로부터 시작되는 순수법학의 전개과정을 켈젠이론의 시대구분과 관계없이[37] 전체를 조망하면서 그 개요를 설명하고 있다는 점에서, 현재의 논의상황까지 포함하여 순수법학을 이해하는 데 큰 도움이 된다. 여기서는 그의 서술

자기증언”, 719면, 2007; 제2권: 1911년 출간물(「국법학의 주요문제」), 2책, 1000면, 2008; 제3권: 1911~1917년 출간물, 871면, 2010; 제4권: 1918~1920년 출간물, 892면, 2013; 제5권: 1919~1920년 출간물, 765면, 2011; 제6권: 1920~1921년 출간물, 977면, 2020; 제7권: 1921~1923년 출간물, 692면, 2022; 제8권: 1922년 출간물, 647면, 2020.

37) 켈젠은 60년 이상을 왕성한 창조성과 생산력으로 활동하였다. 그리고 그의 이론은 머물러 있지 않고 변화와 발전을 지속해 왔다. 그의 이론은 하나의 균질적 이론의 반복에 그친 것은 아니다. ‘순수법학’이라는 말이 시사하듯이 순수한 하나의 이론체계가 유지된 것은 아니었다. 그의 이론은 대체로 3기로 나눈다. 그것은 초기부터 1920년까지 그리고 1920~1960년까지 그리고 1960년대 이후의 세 시기이다. 오세혁 교수는 이에 각각 ‘국법학적 법실증주의, 선험주의적 법실증주의, 제정실증주의적 법실증주의로 명명한 바 있다. 오세혁, “켈젠 법이론의 시기구분,” 법철학연구, 제4권 1호, 2001, 75~100면’; 동, “켈젠의 법이론 및 규범이론,” 법철학의 모색과 탐구. 「심헌섭 박사 75세 기념논문집」, 2011, 65면 이하 참조. 다만 켈젠 연구가인 폴슨(Stanley Paulson)은 1939년~40년 미국 정착기에 약간의 변형기를 거쳤다는 점을 지적한다. Stanley Paulson, “Metamorphosis in Hans Kelsen's Legal Philosophy,” *The Modern Law Review*, 80(5), 2017, 860~894면; 863면 참조. 이전에 있었던 폴슨과 하이데만(Carsten Heidemann)의 시대구분과 관련된 논쟁에 관하여는 Paulson, “Arriving at a Defensible Periodization of Hans Kelsen's Legal Theory,” *Oxford Journal of Legal Studies*, vol. 19, 1999, 351~364면 참조.
초기의 켈젠이 규범분석에 치중했다면 중기의 켈젠은 신칸트학파의 철학을 원용하여 인식이 대상을 구성한다는 구성설적 입장을 취하였다. 후기에는 그 전에는 인정했던 논리추론규칙이 법추론에도 적용된다는 입장에서 적용되지 않는다는 입장으로 선회하였고, 따라서 규범충돌은 없다는 주장을 하게 된다. 그리고 규범의 기능의 면에서 종래 주목하지 않았던 ‘폐지’ 기능을 부각하고, ‘수권’과 ‘허용’도 논의하였다.

에 따라 순수법학의 핵심내용을 살피고 후기이론의 특징과 관련하여 간단히 언급하기로 한다.

그는 우선 순수법학을 개관하고(I), 특히 후기이론의 특징인 규범이론을 설명한다(II). 그리고 순수법학의 핵심이론인 법단계설을 간략히 살피고(III), 순수법학의 해석이론을 언급한다(IV). 법과 국가의 관계에 관한 옐리네크의 양측면설을 극복한 켈젠의 법일원설을 살피고 (V) 마지막으로 후기이론의 또 하나의 핵심인 논리(추론)의 법에의 적용가능성에 대한 켈젠의 이론을 검토하고, 이에 대한 자신의 입장도 밝힌다. 다만 켈젠이 직접 쓴 "법의 효력과 실효성"은 이 글과 내용적으로 대부분 중복되므로 이 장에서 통합하여 살피기로 한다.

a) 순수법학 일반

순수법학은 '실정법'의 이론이다(자연법론의 배제). 순수법학은 인간이 인간에 대하여 정립한 실효적인 규율들을 규범적으로, 즉 실정법을 규범의 지평에서만 기술한다(사회학적, 경제학적, 심리학적 고찰방식의 배제). '사회적 권력의 규율'을 이렇게 '효력있는 규범'으로 환원하여 기술하는 것이 합목적적인가? 켈젠 비판자들이 즐겨 제기하는 이 물음에 대해서 발터는 최종적인 대답은 없다고 답한다. 순수법학이 그 대상을 이렇게 설정하는 것은 '실정법 체계에 대한 모종의 관심'이 존재한다는 것을 상정하기 때문이라는 것이다. 예컨대 타국에서 병중에 있는 모친을 방문하려는 아들이 그 타국의 실정법이 선물의 반입을 어떻게 규율하고 있는가를 알고자 하는 것은 당연하다. 이것은 그 실정법의 내용에 도덕적으로 이의가 있는가의 여부와는 관계가 없기 때문이라는 것이다(342면).

켈젠 이론의 근원에 관하여는, 존재와 당위를 준별하고, 규범의 효력체계(의 궁극적인 지점인 근본규범)에 대해서 선험논리적 상정을 하고 있다는 점에서 칸트 철학으로 소급될 수 있다(칸트 인식론의 '유추적용'). 그러나 그 이상의 철학적 근원추구는 의미가 없다고 발터는 지적한다(344면).

한편 순수법학이 탄생한 역사적 배경으로서는 '빈 현대파'(Wiener Moderne)의 정신을 생각할 수 있다고 그는 말한다. 당시의 급진적인 경향은 미술에서는 이른바 '분리파'로 활약한 Klimt, 문학에서는 Schnitzler, 음악에서는 Schönberg를 들 수 있으며, 프로이트의 정신분석학, 그리고 철학에서 '세계를 논리적으로 재구성'하려고 했던 빈 학단(Wiener Kreis)도 같은 정신을 가지고 있었다고 한다. 발터는 특히 법학에 자극을 준 요인으로는 '도나우 제국'의 다민족 구성원을 결속시켜주는 것은 다름 아닌 법질서뿐이라는 인식이었음을 지적한다.

b) 규 범

규범은 "의지적 (입법)행위의 '의미'이다." 여기서 사실상의 (입법) '행위 자체'와 그 '의미'는 구별할 필요가 있다. 의지적 (입법)행위는 사실로서 '존재'의 영역에 있는 것이고, 그 의미내용-이것이 바로 규범이다-은 당위의 영역에 있는 것이다. 순수법학은 당위의 영역에서 '존재'하는 규범-(효력 없는 규범이란 존재하지 않기 때문에) 이것은 '효력' 있는 규범이다-을 다룬다는 점에서, 마치 존재의 영역에 있는 사실들을 다루듯 기술한다는 점에서 현실주의(realistic)이론[38]이다(346면).

법규범은 강제규범이다. 법규범은 일정한 행위를 명하고 수명자가 그 행위를 하지 않을 경우 제재(형벌 또는 강제집행)을 가할 것을 규

---

38) 따라서 법을 (사실의 지평이 아니라) 규범의 지평에서 다룬다고 해서, 켈젠의 순수법학이 수범자에게 도덕 유사의 규범적 요청을 하고 있다는 의미의 규범적 이론인 것은 아니다. 켈젠은 규범의 세계를 순수하게 양상(존재의 차원인가 당위의 차원인가)에서만 다룬다. 그래서 우리가 "~해야 한다"는 요구에서 느끼는 (규범적) 의무를 켈젠의 이론은 부과하지 않는다. 규범의 요구가 관철되는 것은 수범자의 의무의식에서 비롯되는 준수에 의해서가 아니라 오로지 강제(제재)에 의해서이다. 다만 심 교수는 켈젠이 법을 규범의 지평에서 질적인 차이를 부각시키지 않고 도덕 또는 종교규범과 병렬적으로 위상설정하고 있다는 점에서 가치와 도덕을 규범의 뒷면 같은 것으로 보고 규범 안에 합체시켰다고 보면서, 켈젠의 합법성은 정당성, 이념성을 함의했다고 해석한다. 이에 관한 심 교수의 설명은 이 책, 381면 참조.

정한다. 이것이 통상의 법규범의 이해지만, 켈젠은 법규범의 기능에 '수권'규범과 '폐지'규범 그리고 '허용'규범을 포함시킨다. 법은 자기 자신의 창설(즉 법의 창설)을 규율한다. 수권을 통해서 법의 창설 또는 폐지를 할 수 있게 한다는 것이다. 켈젠은 처음에는 폐지를 수권에 포함되는 기능으로 보았으나 후기이론에서 별도로 폐지적 법규범을 인정했다.[39] 이를 수권규범의 기능으로 환원해서 볼 것인가 법규범의 별도의 '고유' 기능으로 볼 것인가에는 여전히 논란이 있다. 켈젠은 허용적 법규범도 인정했다. 다만 발터는 이를 독자적 기능으로 보지는 않는다. 그것은 금지의 해제 또는 명령의 해제의 반사적 효과라고 본다.

발터는 후기 켈젠을 지지하는 입장을 취한다. 그래서 후기 켈젠이론의 가장 큰 특징, 즉 규범논리적 추론은 불가능하며, 논리규칙이 적용되는 것은 '규범을 서술하는 명제'에 대해서만 가능하다고 단언한다. 이를 '명령적(표현적)' 규범관이라고 이름할 수 있다(355면). 이러한 인식은 규범충돌과 규범적 삼단논법에서 중요한 인식을 제공한다. 즉 우리가 통상 알고 있는 규범충돌은 존재하지 않는다는 것이다. 충돌은 그 (충돌하는 것으로 보이는) 각 규범을 '기술한 명제' 사이에 있다. 같은 이유로 법률적 삼단논법이 가능한 경우는 법규범 자체의 추론이 아니라 그에 대한 언명에 대하여이고 결론 역시 당위가 아니라 그에 대한 '기술'이다.

규범충돌의 해결은 법원칙, 예컨대 "후법은 선법을 폐지한다"는 원칙과 같은 법원칙에 의해서만 가능하다. 왜냐하면 모순되는 내용의 규범이 존재한다고 하더라도 그것들은 각기 효력을 가지며(!), 그 내

---

39) 「순수법학」 제2판에는 폐지에 관한 언급이 있지만 상세한 논의가 전개되고 있지 않다. Kelsen, *Reine Rechtslehre*, 제2판, 1960, 57면 참조. 이에 비하여 「규범의 일반이론」에서는 제27장이 이에 할애되고 있다. 켈젠의 논문 "폐지"가 나온 것은 순수법학이 출간된 후인 1962년으로서 "Derogation," *Essays in Jurisprudence in Honor of Roscoe Pound*, 1962, 339~355면; 같은 글이 *Wiener Rechtstheoretische Schule*, 1968, 1429~1444면에 실려있다. *Allgemeine Theorie der Normen*, 1979, 84~92면 참조.

용상의 모순이 의지적 규범정립작용 없이 스스로 해소되지는 않는다는 것이다. 참인 인식을 보장해 주는 것으로 여겨지는 연역추론의 도식인 삼단논법은 규범의 세계에서는 불가능하며, 대전제인 규범명제가 있다고 하더라도 결론에서 얻는 명제에 대해서는 (유권적인 예컨대 판사의) 개별적 의사행위가 있어야 효력을 갖는 규범을 얻게 된다는 것이다.

효력과 실효성의 문제는 켈젠 이론의 핵심이면서 늘 이의가 제기되어 온 문제이다. 만년의 켈젠은 효력과 실효성의 '동일시'는 거부되어야 하지만 양자의 '본질적 관계'는 존재한다고 하면서, 실효성은 법효력의 조건임을 재삼 강조한다. 법규범은 그것이 "실효적이지 않게 되는 경우 효력을 상실한다"는 것이다. 켈젠은 법은 효력을 획득하기 위해서가 아니라 효력을 유지하기 위해서 실효적이어야 한다고 말한다. 그 예로 제정, 공포되어 아직 한 번도 적용된 적이 없는 그래서 실효성이 없는 법률을 법원이 사례에 적용하는 것은 실효성은 없지만 효력은 있는 법률을 적용하는 것이다. 켈젠은 법은 효력을 획득하기 위해서가 아니라 효력을 유지하기 위해서 실효적이어야 한다고 말한다.

c) 법단계설

순수법학의 법단계설은 이를 지나치게 도식적으로 이해하게 만들기도 하였으며 너무 단순화해서 적용하는 결과도 낳았다(349면). 따라서 법단계설을 정확하게 이해할 필요가 있다. 이 설은 메르클의 착상, 즉 법이란 '단계적 형태를 가진 창설체계'로 보아야 한다는 데서 출발하였다. 이는 순수법학의 핵심 구성부분이 되었고, 널리 영향을 미쳤다. 켈젠 후기의 이론의 시각에서 법단계설을 고찰해 보면, 법단계는 두 요인에 의하여 형성된다. ① 법적 제약에 따른 단계구조와 ② 폐지력에 따른 단계구조가 그것이다. ①은 법의 창설을 규율하는 법규와 이를 기초로 창설되는 법규사이의 관계이다. 전자가 상위의 단계의 규범이고, 후자가 하위의 단계의 규범이 된다. ② 폐지할 수 있는 규범과 폐지되는 규범사이의 관계가 그것인데 전자가 상위규범이고, 후자가 하위규범이 된다. 여기서 유의해야 할 것은 각 단계마다 법이 집행될 뿐 아니라 창설도 된다는 점이다. 그래서 이를 야누스의 얼굴과 같다고 비유하기도 한다.

d) 해석이론

켈젠은 해석이론을 법규의 내용을 확인하는 정신적 과정이라고 본다. 동시에 그는 해석은 법질서의 단계구조의 틀 속에서 규명한다. 즉 해석은 상위단계에서 하위단계로의 구체화과정이라는 것이다. 그런데 이때 상위법은 하위법에 대해서 완전한 기속을 하지 않는다. 오히려 상위법의 하위법에 대해서 일정한 테두리를 설정하는 기능을 한다. 따라서 이 설정된 테두리 내에서는 어떤 지점을 취하더라도 합법적인 해석이 된다는 것이다. 그렇다면 최종적으로 법관의 판단에서 하나의 정답이 있다는 신념은 환상이다. 오히려 서로 다른 해결(책)들이 합리적으로 동가치적으로 병존하는 테두리만을 정할 수 있을 뿐이다(312면). 이 테두리를 설정하는 방법으로서 문리해석, 주관적·역사적 해석이 원용될 수 있으며, 목적론적 해석까지도 일정한 한도 내에서 (문언이나 입법자료들에서 밝혀지는 경우) 반대할 것은 아니라고 한다. 다만 해석자의 의사에서 비롯되는 해석(이른바 객관설)은 인정할 수 없다고 한다(352면).

e) 켈젠의 국가론

국가의 제 요소는 사실의 요소와 규범(제도)적 요소를 인정하는 옐리네크의 이른바 양면설과는 달리 엄격하게 법적 지평 위에서만 파악된다: 이렇게 법일면적으로만 파악하는 경우, 영토는 사실적 통치영역이 아니라 법질서의 장소적 효력범위가 된다. 국민은 일정한 인간의 총체가 아니라 법질서에 의해서 의무와 권리를 갖는 수범자, 즉 법질서의 인적 효력범위가 된다. 통치권 역시 법률적으로 환원하면 실효적 법질서가 된다(353면). 켈젠의 법이론상 인간이 (피와 살을 가진) 사실적 인간이 아니라 일정한 행위의 결과에 대한 귀속점인 것처럼, 국가 역시 귀속점으로 역할 한다. 국가기관은 국가법질서로부터 일정한 수권되어 있는 한 인(人)이다. 이 인이 법적으로 수권된 행위를 행할 때 그 행위는 법행위, 즉 법을 실현하는 행위가 된다.

그러나 법행위의 성립요건과 효력발생요건을 모두 충족시키지 못한 행위도 있을 수 있고 그럼에도 불구하고 이를 국가의 행위로 귀속시키는 것을 법적으로 가능케 하는 그래서 법으로 인정케 하는 실정 법규정으로서의 하자계산(Fehlerkalkül, 하자예측이라고도 한다)(354면) 기능도 있다.

(3) 민주주의의 옹호

켈젠은 1920년에 "민주주의의 본질과 가치에 관하여"를 썼다.[40] 이때는 제국(帝國)이던 독일과 오스트리아가 제1차 세계대전에서 패전한 후 사상 처음으로 민주주의를 시도해 보던 시기였다. 켈젠은 당시로서는 민주주의에 낯설었던[41] 이 나라 사람들에게 '민주주의 선언'(democratic manifesto)과 같은 민주주의론을 발표했던 것이다.[42]

---

40) Hans Kelsen, "Vom Wesen und Wert der Demokratie." 이 글은 *Archiv für Sozialwissenschaft und Sozialpolitik*, 1920, Bd. 47, Heft 1, 50~85면에 실렸고(같은 해에 나온 별쇄본 형 단행본은 3~38면), 1929년에 증보되어 책의 형태로 간행되었다(1~119면). 이 학술지는 Edgar Jaffé, Werner Sombart, Max Weber가 주관하던 학술지로서 1888년부터 1933년까지 존속하였다. 베버의 "프로테스탄티즘과 자본주의의 정신"이 게재된 것도 이 학술지였다(Bd. 20(1905), 1~54면; Bd. 21(1906), 1~110면). 나치의 발호는 이 유수의 학술지도 폐간하게 만들었다.

41) "바이마르 공화국은 민주주의자 없는 민주(공화)국이었다": Ralf Dahrendorf, *Versuchung der Unfreiheit. Die Intellektuellen in Zeiten der Prüfung*, 2006, 김홍진 역, 「예속의 유혹: 시련의 시대를 이겨낸 지성인들」, 30면.

42) 켈젠의 민주주의론은 그로부터 2세대 후에 쓰여진 이탈리아의 정치철학자 보비오(Norberto Bobbio)의 민주주의론 *The Future of Democracy*, 1984; *Liberalism and Democracy*, 1985에 비추어 보아도 생생한 현실성을 유지하고 있으며 100년이 지난 지금도 전혀 낡은 느낌이 들지 않는다.

여기서 그는 유럽에 이미 독재[43]의 그림자가 드리워지고 있음을 감지하고, 많은 사람들이 그 품에 안기려는 독재가 자유를 억압하는 정치제도임에 비하여 민주주의는 다름 아닌 최대의 자유를 실현시키는 정치제도라는 것('최대자유의 이념'), 그리고 이는 위에서 누차 언급한 '(가치)상대주의적 세계관'에 입각한 것임을 밝혔다.

이 기본 사상은 1955년의 "민주주의의 기초"[44]로 이어진다. 이 글은 켈젠이 미국에 정착한 후 발표한 글로서, 앞의 글의 내용에 더해서 당시 서구의 논의와 켈젠의 대결을 보여주고 있다. 서구의 논의와의 대결이란 켈젠이 선진 서구 사회의 지도적 신학자들과 경제학자들의 민주주의론을 자신의 시각에서 비판적으로 검토하였다는 뜻이다. 첫째는 에밀 브루너, 라인홀트 니버, 자끄 마리탱 등의 지도적 신학자들로 대변되는 종교적·신학적 신념(나아가 자연법적 신념)에 입각한 민주주의론이 자신의 가치상대주의에 입각한 민주주의론과 어떤 관계에 있는가를 검토했다. 둘째는 민주주의가 자본주의와 사회주의 중 어떤 경제체제와 친한가를 검토했다. 켈젠은 이를 로크, 헤겔, 맑스 그리고 (비엔나 대학 시절 자신의 제자이기도 한) 하이예크 등의 이론에 비추어 검토하고, 민주주의는-미국 독자들의 기대와는 달리[45]-어느 쪽 경제체제도 취할 수 있는 정치제도임을 밝혔다. 켈젠은 절대성을 갖는 신학적·종교적 신념(나아가 자연법적 신념)에 대해서 자

---

43) 켈젠은 이를 '독재'(Diktatur)로 보았지만, 이 정치현상은 20세기 중엽에 전체주의(totalitarianism)로 파악되었고, 이는 정치(철)학의 핵심 주제가 되었다. 예컨대 Hannah Arendt, *The Origins of Totalitarianism*, 1951 참조. '전체주의'라는 말은 1920년 무솔리니에 의해서 만들어졌다고 한다. 이 말은 켈젠의 "민주주의의 본질과 가치"에는 등장하지 않는다. 후술하는 "민주주의의 기초"에서는 이 말을 신학자들이 거론함으로써(예컨대 Emil Brunner, *Gerechtigkeit, Eine Lehre von den Grundsätzen der Gesellschaftsordnung*, 1943, 57면) 켈젠도 사용하였다. Kelsen, "Foundation of Democracy," *Ethics*, 1955, 1~101면; 브루너와 니버의 장 참조.

44) 이 글은 미국의 학술지 *Ethics*에 게재되었다. Hans Kelsen, "Foundation of Democracy," *Ethics. An International Journal of Social, Political and Legal Philosophy*, 위의 주 참조.

45) Sandrine Baume, *Hans Kelsen and the Case for Democracy*, 2012, xiv면.

신의 가치상대주의를 옹호하고, 민주주의가 경제체제에 대하여 중립적인 것임을 전력을 다하여 입증했다.

이 책에 실린 1932년의 "민주주의의 옹호"는 독재의 출현을 목전에 두고 앞의 두 글보다 더 절실하게 외친 켈젠의 민주주의에의 고백이다. 그 외침은 민주주의를 지키려는 외침이자, 지키지 못할 경우 민주주의의 운명을 예언한 예언자의 외침이기도 하다. 한편으로는 독일에서 나치즘의 준동을, 다른 한편으로는 소비에트 러시아에서 프롤레타리아 독재를 참칭한 공산당 독재를 보면서, 그리고 민주주의에 대한 조롱과 멸시를, 나아가 민주주의의 자기파괴를 직시하면서도 여전히 민주주의를 지켜내려는 외로운 지성인의 모습을 보게 된다. 켈젠의 말은 절규에 가깝다.

> [역사상 최고의 민주적 헌법인 바이마르 헌법을 앞에 놓고도] 독일 국민은 단 10년 만에 이를 증오와 경멸로 대하게 되었다. [...] 독일인들은 스스로 갖게 된 자유를 더 이상 원치 않는 것처럼 보인다. [...] 한때 자유의 이념에서 그처럼 세차게 발산되던 빛이 꺼지려고 한다. 민주주의의 이상은 빛이 바래고, 우리 시대의 어두워져 가는 지평선에 그 빛이 더욱 핏빛으로 비출수록 대중의 희망은 더 더욱 믿음을 갖고 바라보는 '독재'라는 새로운 별이 떠오르고 있다. [...] 이 (우익) 파시즘 독재와 (좌익) 프롤레타리아 독재 중 독재를 향한 투쟁에서 누가 승리할는지 우리는 모른다. 확실한 것은 승리가 우익에 돌아가든 좌익에 돌아가든 그 깃발은 민주주의의 무덤 위에 세워질 것이라는 사실이다(308~309면).

> 이런 시대일수록 정치적 이데올로기의 연막에서 벗어나 있는 두뇌를 가진 소수인들이 그토록 모욕당하고 있는 이 민주주의의 참된 본질과 참된 가치에 대해서 각성하고 이 보배와 같은 제도를 공공연히 지지하고 나서야 한다(309면).

> 민주주의를 구할 모든 시도가 전적으로 가망 없게 되었더라도 민주주의에의 고백은 민주주의자의 의무이다. 왜냐하면 이념에의 충성은 그

이념을 실현시킬 가능성과는 무관하게 존재하기 때문이며, 이념에 대한 감사는 이념 실현의 무덤을 넘어서도 존재하기 때문이다(310면). [...] 배가 침몰하더라도 자기의 깃발에 충실해야 하며, 그래야 자유의 이상은 파괴될 수 없고, 또 그것은 깊이 가라앉으면 가라앉을수록 더욱 정열적으로 다시 소생할 것이라는 희망만큼은 깊이 간직하고 갈 수 있는 것이다(317면).

켈젠의 민주주의 옹호론은 세 측면에서의 항변에 맞서서 전개된다. 그 하나는 민주주의에 대한 사회주의자의 항변, 그 둘은 민주주의에 대한 우익의 항변 그리고 마지막은 민주주의에 대한 민주주의자의 항변이다.

민주주의는 형식적 평등, 정치적 만을 가져 왔을 뿐, 실질적 사회적 평등을 가져오지 못했다는 것ㅡ이것이 사회주의자의 항변이다. 켈젠은 답한다. 올바르게 이해된 민주주의는 '자유', 즉 정치적 자기결정의 원리를 실현하려고 하는 것인데, 독일에서는 이것을 실현하였으며 그래서 국가기구는 무산계급의 이익에 이바지하게 되었다. 그렇다면 독일은 왜 더 나아가지 않고 시민 민주주의에 머물렀으며 왜 사회주의가 실현되지 못했는가? 그것은 사회주의 성향을 가진 프롤레타리아가 국민의 다수가 되지 못했기 때문이다. 사실 프롤레타리아가 그 정도로 성장한 것만도 민주주의가 없이는 불가능했을 것이다. 민주주의는 사회주의 성향의 프롤레타리아의 종국적 권력장악 형태가 아니다. 그들은 민주주의를 사회주의 실현에 적절한 형태로 보지 않기 때문에 민주주의를 버린 것이다. 설(어정쩡 하게) 프롤레타리아화한 시민층은 자신을 지켜줄 버팀목으로 사회주의 이데올로기가 아니라 나치 이데올로기를 택했다. 이 계층은 경제적으로 불가피한 프롤레타리아화를 영웅적·낭만적 정서를 통해서 심적으로 보상받으려고 한다('정신승리'). 이 새로운 프롤레타리아는 사회주의를 원하기 때문이 아니라 그것을 원하지 않기 때문에 민주주의를 등진 것이며, 더 거세어져 가는 사회주의의 물결에 맞서서 민주주의가 자본주의 체제에 대한

확고한 보호를 제공해주지 못할 것 같아서 민주주의에 등을 돌린 대
부르즈와지 층의 정치적 노력을 오히려 강화시켜 주고 있는 것이다.

　민주주의에 대한 우익의 항변은, 다수결 원리는 실질적으로 정당
한 의사형성을 보장하기에 전혀 적합하지 않다는 것이다. 그래서 그
결론은 최선의 자가 통치하여야 한다는 것이다. 켈젠은 답한다. 당연
히 최선의 자가 통치해야 한다. 그러나 누가 최선의 자인가? 민주주
의에서는 지도자의 창출이 공적으로 통제된 절차의 밝은 빛 속에서
선거를 통해서 이루어진다. 그러나 독재에서는 이 과정은 신비스러운
어둠 속에 덮여 있다. 주요 국사(國事)를 전문가가 결정해야 한다는
주장이 있지만, 사회적 목표를 규정하는 데 대해서 전문가는 무력하
다. 목적이 설정되어야만 그에 적합한 수단을 강구하는 전문가의 활
동이 착수될 수 있는 것이다. 민주주의 정치는 부패의 온상이라는 주
장도 곧잘 나온다. 그러나 독재국가에는 부패가 없는가? 독재에서는
그것이 잘 드러나지 않을 뿐이다. 오히려 민주주의는 그 치유의 보장
책을 가지고 있다. (제1차)세계대전을 통해서 민주주의 대국들은 군사
적으로나 외교정책적으로나 그렇지 않다는 사실을 입증했다.

　민주주의에 대한 민주주의자의 항변은 무엇인가? 그것은 민주주의
의 적의 주장도 관용해야 하는가이다. 켈젠은 답한다. 민주주의는 적
에 대해서 스스로를 가장 방어하지 못하는 국가형태이다. 민주주의의
적에게도 민주적으로 임해야 한다는 것이야말로 민주주의의 덕성이
다. 켈젠은 민주주의의 적을 적대하는 것은 민주주의를 포기하는 것
이라고까지 말한다. 말하자면 방어적 민주주의라는 말 자체가 민주주
의와 형용모순이라는 것이다. 켈젠의 이런 극단적인 태도에 대하서
심 교수는 라드브루흐의 말을 빌어서 이렇게 한탄한다.

　"자기 논리에 철저히 따름으로써 그 자신 윤리적 불능이 되어 버
린 것인가?"

IV

심 교수는 1977년에 한국사회과학연구소가 발간한 「현대사회과학 방법론」에 "비판적 법실증주의"를 발표했다. 많은 사람들이 심정적으로 자연법론에 경도되어 있던 때에 우리 학계에서는 드물게 탄탄한 학적 기반을 갖춘 법실증주의를 표방한 것이다. 물론 심 교수의 법실증주의는 법실증주의의 극단적 형태인 (법개념에서의) 주권자 명령설이나 (법효력에서의) 실력설이 아니라 온건한 '비판적' 법실증주의였다.[46]

심 교수는 이 글에서 자신의 실증주의 이론을 정립하기 위한 예비작업으로 19세기 중엽 꽁뜨(A. Comte)로부터 시작되는 실증주의의 역사를 검토한다. 실증주의는 프랑스 혁명 후 혼란의 시대에 형이상학적 사고 내지 추상적 사고를 극복하고[47] '과학적 경험주의'를 세우려고 하였다. 과학적으로 사회의 진실(=사회학적 진실)을 탐구하려 했던 꽁트 류의 실증주의는 철학적으로는 '논리적 경험주의'(318면)에 의해서 계승되었다('논리실증주의'라고도 한다). 진(眞)인 명제가 되기 위해서는 그 명제가 우선 종래의 형이상학적 명제와 같은 무의미한 명제, 예컨대 "세계사는 이성의 전개과정이다"라는 헤겔의 말 또는 "신은 죽었다"는 니체의 말과 같이 무의미한 명제여서는 안 되고, 진위판별의 대상으로서의 적격성, 즉 의미 있는 명제여야 한다. 그렇다면 명제가 의미를 가질 조건은 무엇인가? 논리실증주의가 제시한 명제의 의미기준은 경험을 토대로 한 그 명제의 '검증가능성'이었다.

그렇지만 과학적, 합리적인 세계상의 토대를 제공해 줄 것 같았던 이 검증가능성 이론은 문제가 없지 않았다. 첫째 이 검증가능성 명제

---

46) 심헌섭, 비판적 법실증주의, 「분석과 비판의 법철학」, 앞(주 1)의 책, 155면 이하; 권위에 관하여—배제적 법실증주의에서 포용적 법실증주의로, 앞의 책, 113면. 이 글은 1998년에 발표된 글이다.

47) 헤겔에 의하면 프랑스 혁명 후 프랑스 대학에서는 형이상학 교수를 임명하지 않았다고 한다. Hegel, *Grundlinien des Philosophie des Rechts*, 1821, Suhrkamp 판, Werke in 20 Bänden, 제7권, 1986, 21면.

자체는 검증가능하지 않다는 점, 둘째 전칭명제(예컨대 "모든 백조 (swan)는 희다")가 의미 있으려면 모든 백조가 흰가를 검증해 볼 수 있어야 하지만, 현재 존재하는 모든 백조 그리고 과거의 존재한 또는 장래에 존재할 모든 백조를 검증하는 것은 불가능하다는 점에서 의미 기준으로서는 과도한 요구라는 점도 지적되었다. 이 때문에 검증가능성 이론은 '반증가능성' 이론으로 대체되게 된다. 그 명제가 적극적으로 검증가능한 것이 아니라 소극적으로 반증가능한 명제이면, 즉 위 (僞)임을 입증할 수 있는 명제이면 그 명제는 의미 있는 명제로서 주장가능한 명제라는 것이다.[48] 이렇게 보면 모든 명제는 반증가능성을 전제로 해서만 의미 있는 것이 되어, 늘 가설적인 지위를 갖는 것이 된다. "모든 의미있는 명제는 가설적인 명제이다!"

심 교수는 이 착상을 법철학에 적용하였다. 실증주의가 (진위판별 이 가능한) 경험적 인식에만 진정한 인식의 지위를 부여한다면, 진위 를 말하기 어려운 가치문제에 불가피하게 직면해야 하는 사회철학이 나 법철학의 주요 논의는 인식으로서의 지위를 박탈당하지 않을 수 없게 된다. 이에 심 교수는 반증가능성 이론을 경험의 세계에서뿐 아 니라 사회적 의미와 가치의 세계에 대해서도 적극적으로 수용한다. 그 반증의 예는 이렇다: "인간사회가 자살클럽이 아닌 한 인간의 삶 의 요청('인간다운 평화질서')을 전혀 고려하지 않는 질서는 법질서가 되지 못한다." 다시 말하자면 그 검토는 적극적으로('입증')가 아니라 소극적('반증')으로—말하자면 (법질서의) 조각사유로—이루어진다.[49] 반증가능성설에 터잡은 포퍼 류의 비판적 합리주의의 경향을 심 교수 는 이렇게 수용하였다.[50]

---

48) 반증가능성 자체가 없으면 그 명제는 의미가 없고(즉 위의 헤겔이나 니체의 말과 같이 무의미한 명제이고), 반증가능성이 있으면 그 명제는 진위를 판단 할 수 있는 의미 있는 명제로서 주장가능한 것이며, 반증이 되면 그 명제는 (의미는 있지만) 위(僞)인 명제가 된다.

49) 심헌섭, 비판적 법실증주의, 「분석과 비판의 법철학」, 앞(주 1)의 책, 171면.

50) 심 교수는 비판적 합리주의가 그 후 급진화되는 과정까지를 관심 있게 추적하 였다. 이에 관하여는 이 책의 법과 방법다원주의의 장(387면 이하) 참조. 파

나아가 심 교수는 법실증주의에 대해서도, 같은 인식론적 토대 위에 있는 가치상대주의를 수용함을 밝히면서, 이렇게 말한다: "모든 인식은 끝내는 가설적인 것이다. 우리의 경험적인 사실인식도 궁극적으로는 증명되지 않은 근본전제에 의거하고 [있다]. ... 가치인식도 그러하다. 따라서 어떤 한 것에로의 백지양도란 있을 수 없다. 우리가 가치상대주의를 말하지만 그것도 [...] 상대적 가치상대주의인 것이다. 또 이러한 가치상대주의에 의거하고 있는 법실증주의도 '상대적 법실증주의'이지 않을 수 없다. 바꾸어 말하면 '비판적 법실증주의'인 것이다. '비판과 자기비판은 인간의 구성적 요소이다.' 따라서 비판적 실증주의야말로 인간적 태도에도 부합되는 것이다."51) 비판적 법실증주의는 바로 이 비판적 반증을 통한 조각사유를 인정하지 않는 정통 법실증주의와는 뚜렷하게 차별화된다.

심 교수는 약 20년 후인 1998년에 법실증주의의 또 하나의 핵심 개념인 '권위'를 다루면서, 자신의 입장을 비판적 법실증주의의 더 정련된 형태인 '포용적 법실증주의'임을 밝혔다. 1977년의 "비판적 법실증주의"가 방법적 인식론적 관점에서 가치평가적, 규범적 명제의 의미(＝학적 성격)에 관한 개방적인 태도 위에서 주장된 것이라면, 1998년의 "권위에 관하여"는 법의 존재와 효력을 중심으로 한 고찰, 특히 법과 도덕의 관계에 중점을 둔 보다 실질적인 법철학적 고찰이었다.

권위가 법실증주의의 핵심개념으로 부각되는 이유는 근대 법실증주의의 창시자라고 할 수 있는 홉스의 "*auctoritas non veritas facit legem*"(진리가 아니라 권위가 법을 만든다)는 말처럼, 법의 성립과 효력이 궁극적으로 (자연법론처럼 진리에 터잡아서가 아니라) 권위에 터잡아 이루어진다고 법실증주의는 보기 때문이다. (유권적인) 권위체가 내리

___

이어아벤트(Feyerabend)의 '방법론적 무정부주의'가 언급되고 있다.

51) 심헌섭, 비판적 법실증주의, 「분석과 비판의 법철학」, 앞(주 1)의 책, 172면. 한편 가치상대주의의 두 분류('회의적 가치상대주의'와 '비판적 가치상대주의')에 관하여는 이 책, 487면 주 15 참조.

는 명령 내지 규칙이 그 권위에 의해서 도덕 기타의 원천에서 나오는 다른 모든 근거에 입각한 명령 내지 규칙에 우선해서 수명자의 행위를 지배한다는 것이다.

권위가 법철학 내지 법실주의의 핵심개념으로 재조명된 데에는 20세기 중엽 이후의 서구 법철학의 논의와 관계가 있다. 1961년의 하트(H. L. A. Hart)의 「법의 개념」이 법실증주의는 세련된 형태를 보이면서 등장하여 주목받았지만, 드워킨(Ronald Dworkin)이 법과 도덕의 분리를 주장하는 법실증주의의 논리를 비판함으로써 하트의 법규칙설은 결정적인 한계를 드러냈다. 드워킨은 법의 해석과 운용에서 도덕(적 고려)이 작용하는 예를 들어서 법과 도덕의 준별론은 타당하지 않다는 점을 입증하였다. 이에 대적하는 법실증주의의 입장에서는 법과 도덕이 준별된다는 전제하에, 법에서 도덕적 논거가 결정적인 것으로 기능한다면 그것은 법적 논의일 수 없다고 하면서, 법은 그 권위의 성격상 도덕적 논의를 배제한다고 주장한 것이다(487면, 주 21). 그리고 이것을 권위의 현상학적 분석을 통해서 밝혔다. 그렇다면 도덕적 논의를 배제하는 법적 논의의 근거로 쓰일 수 있는 것은 권위의 뒷받침을 받는 '사실적' 근거일 수밖에 없게 된다. 결국 법은 '사회적 원천'에서 나온 것이고 따라서 사회적 사실이어야 한다는 것이다.

법실증주의의 이러한 대응에 대해서 심 교수는 권위적 원천을 '사실적으로만 규정하여야 하는가'에 의문을 제기하고,[52] 법적 권위 역시 사실적 근거만이 아니라 이른바 종속적 근거들도 반영하고 있기 때문에 '정당시'되는 것이라고 주장한다. 나아가 법은 성문헌법을 통해서 일련의 도덕원리를 '합체'하고 있기도 하다. 이런 점에서 배제적 법실증주의는 법의 적절한 파악이 아니라고 하겠으며, 그렇다고 법과 도덕이 필연적으로 견련되어 있다고 표현하는 것은 경험에 비추어 적절하지 않지만, 법과 도덕은 필연적으로 견련되어 있지는 않다고 표

---

52) 심헌섭, 「분석과 비판의 법철학」, 앞(주 1)의 책, 123면.

현하는 것이 타당하다고 주장하였다.[53]

결국 이에 대응하는 과정에서 법실증주의는 두 개의 진영으로 분열되었다. 법과 도덕의 분리를 주장하는 입장('배제적 법실증주의')과 법과 도덕의 관련성을 부분적으로 긍정하는 입장('포용적 법실증주의')으로 나뉜 것이다. 심 교수는 앞에서 본 것처럼 '포용적' 실증주의를 주장하였다. 다만 심 교수는 포용적 법실증주의가 자연법론처럼 도덕 원리는 도덕 원리로서의 '진리성' 때문에 법의 일부가 된다는 주장과는 구별되어야 한다는 것은 강조하였다.

(1) 법학의 학문성

법학은 과연 학문으로서의 지위를 갖는가? 자연과학과 같은 고도의 객관성을 갖는 인식은 보장하지 못한다고 하더라도 나름의 합리성을 갖는 인식은 주는가? 그래서 법학은 '법술'(法術)이라는 주먹구구식 기만술의 혐의에서 벗어날 수 있는가? 이 문제는 법이론의 전형적인 하나의 문제이기 이전에 법(철)학자로서의 심 교수의 정체성을 형성하는 중요한 문제였다.

심 교수는 '법학의 학문성'을 두 번 다루었다. 한 번은 1982년의 글[54]에서, 다른 한 번은 2006년의 글에서이다(363~370면). 전자는 법학의 학문성을 둘러싼 논쟁사적 고찰이었고, 후자는 그에 대한 체계적·분석적 고찰이었다. 1982년 글의 원래의 제목은 "법학의 학문성(상)—도전과 응답의 자취"였다.[55] 심 교수는 처음부터 이의 후속논문을 계획했었던 것이다. 그 예정된 후속 논문은 법학의 학문성에 관한 체계적·분석적 고찰이었을 것으로 추정된다. 그 이유는 "법학의 학문성(상)"에서 다룬 약 150년에 걸쳐 전개된 법학의 학문성을 둘러싼 주요 '도전과 응답의 자취'에 대한 검토를 토대로 자신의 시각에서

---

53) 심헌섭, 「분석과 비판의 법철학」, 앞(주 1)의 책, 124면.
54) 심헌섭, 법학의 학문성, 「분석과 비판의 법철학」, 앞(주 1)의 책, 3면 이하.
55) 서울대학교 법학, 23권 3호, 1982, 17면.

이 문제를 다룰 필요가 있었기 때문이다. 2006년의 글은 바로 이것이 었다. 그렇다면 이 두 글은 4반세기의 시간차를 두고 있으나 통일적 인 하나의 연구라고 할 수 있을 것이다.

그리고 심 교수는 1982년 글의 말미에 법학에서의 가치중립성 문 제를 그 글에서 다루지 못한데 대한 아쉬움을 피력한 바 있다.[56] 법 학에서의 가치판단의 문제는 법학의 학문성 문제에 핵심적인 의의를 갖는 주제이다. 심 교수는 자신의 기본 입장인 비판적 법실증주의('가 치 비인식주의')의 시각에서 이 문제에 관한 성찰을 거듭해왔다. 그리 고 그 성찰은 "법과 인도성"(55~84면; 특히 75면 이하, 78면 이하, 83 면)에서의 비인식주의에 관한 논의를 거쳐 드디어는 "가치중립성의 공준"(351~376면)에서 매듭지어진다. 이렇게 볼 때 '법학의 학문성'이 라는 주제는 1982년의 글, 2006년의 글, 그리고 (2001년의 "법과 인도 성"을 거쳐) 2014년의 "가치중립성 공준"에 이르러 완성되었다고 할 수 있다. 그리고 그 다음에 실린 글 "법과 방법다원주의"(377~390면) 는 심 교수의 법철학의 방법론을 선명하게 드러내 주고 있다는 점에 서, 범위를 확대하여 '법철학'의 방법론까지 고려한다면 이 세 글로써 심 교수의 학문적 (자기)성찰은 마무리된 것으로 생각할 수 있겠다.

요컨대 심 교수의 생각은 법학은 자의성과 주관성이 판을 치는 마 당이 아니라 나름의 이론적 합리성과 실천적 합리성을 갖는다는 것이 다. 법학의 학문성이 인정되는 이유는 바로 여기에 있으며, 가치판단 은 법학에 필연적으로 개입되지만 "자기의 가치판단을 법에 대한 설 명과 혼동하지 말라"는 바탕 위에 가치중립성은 '지적 정직성의 요구' 로 이해되었다(주저하는 지성!). 다시 말하면 가치를 의식하지만 가치 판단에 대해서는 중립적으로 임하라는 것, 그리고 법철학의 주제들에 대해서 다원주의로 접근하라는 것! 그래야 경험적 현실에 부합하는 이론이 된다는 것! 이것이 심 교수의 최종적인 생각이라고 정리할 수

---

56) 심헌섭, 「분석과 비판의 법철학」, 앞(주 1)의 책, 46면.

있겠다.

a) 법학의 학문성 I

심 교수의 1982년의 글은, 거침없는 언변으로 법학의 학문성을 부정했던 당대(1848년)의 논객 폰 키르히만(Julius von Kirchmann)의 논의를 시작으로 그에 대한 뒤늦은 반론의 등장과 학문성 인정론의 전개, 그리고 폰 키르히만과 동일한 정신에서 나온 것이지만 20세기에 들어 와서 새로운 옷을 입고 등장한 알버트(Hans Albert)의 법학의 학문성에 대한 신랄한 비판과 그에 대한 반론을 다루었다.

이 글은 문제의 배경을 이루는 철학적 기초의 면에서도 흥미롭다. 여러 철학사조들이 '법학의 학문성'이라는 주제에 구체적으로 응용되어 불꽃 튀는 논쟁을 벌인 예이기 때문이다. 자연과학을 학문(=과학)의 모델로 삼고서 법학의 학문성을 부정한 키르히만의 주장을 시작으로, 신칸트학파 그리고 헤겔 학파적 시각에서 법학의 학문성 긍정론을 펼쳐 보이며, 20세기 중엽에 이르러 논의의 배경과 방향은 달라졌지만 같은 정신에서 비롯된 논쟁인 정통 비판적 합리주의의 입장에서의 법학의 과학성에 대한 급진적 비판과 이에 대응하는 옥스퍼드 일상언어학파적 입장에서의, 따라서 법학의 학문성에 대해서 좀 더 온건할 수 있는 폰 사비니(Eike von Savigny)의 법학의 과학성 긍정에 이르는 약 150년간의 철학적 여정을 추적하였다는 점에서 흥미로운 것이다.

그리고 알버트는 포퍼(Karl Popper)가 제창한 비판적 합리주의의 독일에서의 대변자로서, '정통' 비판적 합리주의가 법학을 어떻게 보고 있는가는 흥미있는 일이다. 특히 심 교수가 비판적 합리주의에 가까운 입장을 취하고 있다는 점에서, 심 교수 자신의 학문적 정체성을 검토하는 계기가 된 글이기도 하다. 여기서 심 교수는 알버트의 견해에 동조하지 않기 때문이다.

키르히만은 자연과학을 모델로 한 과학관을 가지고 법학의 학문성을 비판하였다. 그의 법학의 명제는 이론적 무가치성과 실천적 무가치성 둘이었다. 이론적 무가치성이란 법학의 대상인 법이 가변적이라는 것이다. 자연과학의 대상인 자연이 제일(齊一; unifrom)한 것과는 달리 (실정)법은 조변석개한다는 것이다. 그 결과 "입법자가 법전의 세 단어만 바꾸면 법학의 전 장서는 쓰레기통에 들어갈" 운명에 처하게 된다"고 말했다. 한편 실천적 무가치성은 여기서 비롯되는 것으로서 법학은 '우연'의 결과라는 것이다. 법학은 시민들이 생각하는 자연적인 법은 다루지 않고 이 우연의 결과에 집착하며, 그렇게 때문에 그 찰나적 우연성을 포착하지 못하는 일반인에게 법학은 신비의 것이 되고 법률가에게 법은 독점물이 된다. 따라서 키르히만은 법학(자)으로부터 법을 빼앗아서 (자연적 법관념의 기반 위에서 사는) 국민에게 되돌려주어야 한다고 외친다.[57]

세기가 바뀌어 전개된 논쟁에서 키르히만을 비판한 빈더(Julius Binder)의 글은 그가 신칸트학파로부터 헤겔학파로 변화해 가던 시기에 쓴 것으로서, 그의 글에는 이 두 입장이 잘 나타난다. 우선 인식의 대상구성의 역할을 인정하며(신칸트학파적 인식), 대상이 가변적인 것이어도 (진정한) 인식은 가능하다는 입장에 서면서, 법학의 영역은 자연이 아니라(따라서 자연과학을 동경할 것이 아니라) 문화이며, 이는 인과필연성의 영역이 아니라 자유, 당위의 영역이라는 것, 그래서 이는 해석을 해야 하는 것이지 설명을 해야 하는 것은 아니라는 것, 그리고 법학은 실천성 역시 갖는 실천과학이라는 점을 입증하였다. 한편 빈더의 제자이기도 한 라렌츠(Karl Larenz)는 헤겔학파의 입장에 서서 법학의 대상의 복잡성을 인정하면서, 법학적 인식의 다차원성을 실로 헤겔의 정신현상학이나 논리학을 방불케 하는 종합태를 펼쳐 보인다. 라렌츠는 법학방법론의 대가라고 할 수 있는 분으로, 그는 바로 이 법학방법론이 주는 실천성에 입각하여 키르히만의 법학의 실천

---

57) 미국의 저명한 비판이론가 Mark Tushnet, *Taking the Constitution away from the Courts*, 1999는 키르히만의 주장과 똑같은 제목을 하고 있다.

적 무가치성론에 대하여 반론을 펼쳤다. 학문은 "인식의 획득을 지향하는 계획적 정신적 활동"이고 법학의 목표는 물론 법을 얻는 계획적 정신적 활동이지만, 그 소재는 법률, 명령과 같은 실정법의 조문들만이 아니라, 사실적 효력을 갖는 규준들, 사실관계, 법(적 문제)이 솟아나오는 생활형식, 사물의 본성(條理) 등이며, 법(해석)학은 이를 토대로 법학방법론에서 개발한 체계적 합리적으로 통제된 길을 거쳐 법이라는 목적지에 도달한다는 것이다. 따라서 법학은 합리적으로 통제된 실천성을 가지며, 나아가 합리적 실천학이라고 말할 수 있다는 것이다. 유사한 문제는 유사하게 해결되는 경향이 이를 증명해 준다고 그는 주장하였다.

한편 키르히만과 같은 정신에서 비롯된 것이지만, 다른 옷을 입고 나온 한스 알버트의 비판은 비판적 합리주의 내지 빅토르 크라프트(Victor Kraft)의 비판주의적 인식이론에 입각하여 법학의 이데올로기적 성격을 비판하였다. 그의 주장의 핵심은 실정법(규정)이 도그마(건드릴 수 없는 신조)로 작동하고 있기 때문에 법학은 도그마의 학이고 그런 면에서 법학은 신학과 궤를 같이한다는 것이다. 이것은 결국 법학이 궁극적 근거지음의 면에서 아르키메데스적 입장을 취한다는 것인데, 이의 전형은 자연법론과 법사회학이다. 그런데 자연법론은 인식의 절대성을 동경하는 학이지만 오늘날은 통용될 수 없는 것이며, 법사회학은 그 사실성 때문에 규범적 요구를 할 수 없는 법의 기술에 그친다는 것이다. 따라서 법학의 합리적 영역은 비판적 합리주의의 핵심 주장인 '사회공학' 외에는 없다는 것이다.

이에 대해서 폰 사비니는 알버트가 법학의 위상을 과도한 과학성 모델로 재단함으로써 그 고유의 영역을 사상해 버렸다는 점을 지적하면서, 법(해석학)학에서 추구하는 명제는 법규정을 포함하여 여타의 준(准) 법적 명제를 동원하여 합리적 추론을 거쳐 도출하는 것이라는 점을 들어 법학은 도그마의 학인 것처럼 보여도 실제로는 합리성의 통제를 받을 수 있는 것임을 밝혔다.

이러한 역사적, 논쟁사적 고찰은 심 교수 자신의 입장 속에 녹아
들어가 있다.

b) 법학의 학문성 II

심 교수는 학문의 목표는 '진리의 발견'이라고 보는 전통적인 아리
스토텔레스적 학문관에 입각하고 있다. 심 교수가 법학의 학문성 나
아가 제 학문의 학문성을 논증하는 기본관점은 '합리적 방법'에 의하
여 진리의 인식에 접근한다는 것이다. 여기서 합리적 방법이란, 사고
의 정합성('논리적 합리성'), 인식의 객관성('인식합리성'), 행동의 최적
성('목적합리성') 그리고 가치평가의 이성성('가치합리성')과 같은 레셔
(N. Rescher)가 분류한 합리성의 제 측면을 말한다(364~365면). 전 2
자를 이론적 합리성, 후 2자를 실천적 합리성이라고 한다면 이러한
합리성을 규준으로 하여 인식을 추구한다면, 실천학을 포함한 모든
학문의 학문성에 접근할 수 있게 된다는 것이다. 여기서 심 교수는
개별 학과 그 학문성의 관계를 라드브루흐가 내린 법의 정의(定義),
즉 "법은 법이념을 실현하려는 의미를 갖는 현실(태)이다"라는 말을
절묘하게 패러디하여 "개별 학은 그 학문성을 실현하려는 의미를 갖
는 현실(태)이다"라고 말한다. 이렇게 보면 개별 학은 그 학문성, 즉
진리의 획득을 지향하는 하나의 문화현상이 된다.

자연과학에서는 경험에 기반하여 이루어지는 연역이나 귀납과 같
은 추론의 틀이 진리의 보증인으로 작용한다. 그러나 정신과학에서는
'이해'가 모든 학문의 전제가 된다('해석학의 보편성 주장'). 그렇다면
정신과학은 주관성에 매몰되어 인식합리성을 기할 수 없는가? 심 교
수는 이를 과장할 필요는 없다고 단언한다. 왜냐하면 이는 인식의
(필요)조건일 뿐 인식 결과물의 진리성을 보장하는 것은 아니기 때문
이다. 그렇다면 인식의 향도자인 선이해가 어떤 것이든 그 선이해에
기반하여 이루어지는 모든 인식은 합리적 검증, 즉 반증이 가능해야
한다('비판적 합리주의의 인식'). 앞서 언급한 바와 같이 모든 명제는

'반증가능해야 의미를 갖는다.' 모든 명제는 반증을 기다린다는 점에서, 즉 반증이 되면 깨지는 것이기 때문에 모든 인식주장은 '가설'적인 것이다. 따라서 학적 인식은 합리적인 것이어서 반증에 무너지지 않는 것이어야 한다.

학문적 인식에 개입하는 가치평가판단에 대해서 심 교수는 후술하는 바와 같이(530면 이하) 이를 가치판단에 대한 금제(禁制)적 태도로 보지 않는다. 오히려 모든 인식에는 가치평가가 개입하며 이는 특히 실천학에서는 더 더욱 그렇다는 점을 인정한다. 그렇다면 가치관의 대결이 학문의 세계에서도 그대로 재연되는 것인가? 심 교수는 이에 대하여 간단한 답을 내놓는다. 그것은 그 가치판단이 '나의' 가치판단임을 드러내라는 것이다. 그리고 특히 법에서 법과 나의 가치평가를 동일시 하지 말라고 충고한다.

심 교수는 법학도 같은 학문성을 지향하고 있다고 전제하면서, 법학의 분야를 현실과학(사회과학), 실천과학의 방향으로 나누어서 그 학문성을 고찰한다. 그의 결론은 법학은 (적어도 실천과학인 법학의 중추분야 법해석학에서는) '인식적' 합리성과 '실천적' 합리성을 동시적으로 가지고 있다고 본다.

심 교수는 먼저 법학을 규범과학이 아니라 현실과학으로 환원하여 보는 법현실주의의 태도를 검토하면서 이를 비판한다. 법현실주의가 이론적 합리성을 기하려면, 그 성격의 법학은 입법행위, 재판행위, 행정행위에 대하여 서술하고 그것이 이루어지는 데 대한 예측(심 교수는 '예단'이라는 표현을 쓰고 있다)을 하는 데 그쳐야 한다("법은 판사가 하는 판결에 대한 예언이다"—O. W. Holmes). 그러나 입법자, 법관, 행정관은 예단(즉 예측)하지 않는다. 그들은 요구하고 명령한다. 그렇다면 현실주의 법학은 자신이 내놓은 검증원리('현실에 대한 정확한 기술')도 충족시키지 못하는 것이며, 결국 현실주의 법학은 법(규범) 없는, 사실에 매몰된 법학이 된다(367면).

현실주의 법학은 법이란 입법자의 요구가 그 제정에 의해서 실증성을 갖는 '의미체'라는 점(보통법의 경우에는 법관의 '선결례'(precedents)가 형성하는 실증성을 갖는 의미체라는 점)을 놓치고 있다. 이렇게 형성된 법은 규범체계를 형성한다. 이 법규범체계는 반증원리에 따르는 경험적 검토 밑에 둘 수 있다. 이때 반증은 하나의 사례로 깨지는 것이 아니라 많은 사례를 통한, '대체적인' 사례들을 통한 반증으로 깨진다. 왜냐하면 법은 경험명제가 아니라 규범(명제)이기 때문이다. 어떤 법규범이 지속적으로 준수되지 않아 실효성이 소멸됨으로써 효력이 없어지는 것이 그 예이다. 켈젠도 그 효력의 근원인 근본규범의 조건으로 실효성을 들었다. (물론 심 교수는 근본규범을 받아들이지는 않는다. 법효력의 궁극적인 원천을 (대체적) 승인으로 보았기 때문이다.)

법학의 본령이라고 할 수 있는 해석학으로서의 법학은 어떤가? 법해석학은 법질서의 내용에 대한 탐구이다. 그리고 이의 학적 접근방법을 법학방법론이라고 한다. 그렇다면 법학방법론은 방법적 객관성과 합리성의 요구를 충족시킬 수 있는가? 법학방법론에서도 심 교수는 예리하게 이론적 합리성과 실천적 합리성을 찾을 수 있다고 주장한다. 그것은 법을 찾는 길(methods. 법학방법론에서는 이를 '방법'이라고 번역하지만 그리스어의 본래의 뜻은 *meto*＋*hodos*(올바른 길)이다)은 자의적인 것이 아니라 일정하게 통제된 길이라는 것이다(예컨대 문리해석, 체계적 해석, 역사적 해석, 목적론적 해석). 따라서 이에는 (통제적) 인식적 합리성이 존재한다는 것이다. 한편 이러한 길들이 기능을 발휘하지 못할 때는 어떤가? 심 교수는 이 경우에 대해서 입법부에의 기속을 살리는 이른바 주관설을 주장한다. 즉 이 경우는 입법자의 목적(의도)을 찾아야 한다는 것이다. 이에 대한 반대설, 즉 '법률의 목적'을 추구하는 객관설을 심 교수는 부정적으로 본다. 왜냐하면 이것은 입법부에의 기속을 동요시키는 것이기 때문이다. 그럼에도 불구하고 입법자의 의사(목적) 밖으로 나가서 법을 추구하는 경우 합리성은 어디에서 찾을 것인가? 그에 대한 통제요소를 심 교수는 그 판단이 가져올 사회적 결과의 고려, 그리고 그 판단의 보편화가능성을 기준으

로 한 통제에서 찾는다. 이렇게 볼 때 여기서도 나름의 합리성을 찾
을 수 있게 된다. 그것은 이론적 합리성(사실적 요소에 대한 합리적 탐
구)과 실천적 합리성(결과고려와 보편화가능성)으로서, 여기서 이론적
합리성이 선행하고 의도와 목적에 따르는 실천적 합리성이 뒤따른다
는 것이다.

c) 가치중립성 공준 — 재인식의 시각에서

사회과학에서 가치중립성 논쟁이 벌어졌던 것은 1914년 독일의
'사회정책학회'에서였다.[58] 심 교수는 이 문제를 그로부터 꼭 100년
후인 2014년에 학술원의 동료 회원들에게 논의의 화두로 내놓았다.
심 교수에게 이것이 절실한 문제였던 이유는, 법학이—이 논의의 주
인공이었던 베버(Max Weber)가 염두에 두었던 경험과학('사회학')이
아니라—가치판단의 소산('입법')으로부터 시작하여 그 해석과 적용과
정에서 끊임없이 가치판단을 해야 하는 분야이기 때문이다. 심 교수
는 당시 이 문제를 던졌던 베버의 진의를 검토하면서, 가치중립성 공
준의 의의를—특히 법학의 입장에서—'재인식'하기 위한 화두를 던진
것이다.

베버의 진의는 무엇이었던가? 베버는 학술지 '사회과학 및 사회정
책학보'를 인수하여[59] 이 학술지의 운영방침을 세우려는 것이었다. 따
라서 여기서는 자리를 잡아가던 초창기 독일 사회학의 엄정한 경험과
학적 성취를 유지·발전시키려는 희망과 기대가 있었다. 둘째는 당시
대학 강단에서 교수의 세계관과 가치판단을 학문의 결실로 포장하여
학생들에게 주입하는 일부 사람들이 있었다. 셋째는 베버가 가지고 있
었던 가치상대주의가 학문적으로 가치중립성 테제로 정리된 것이다.

그렇다면 가치중립성 공준은 어떤 의미였나? 심 교수는 다음과 같

---

58) Herbert Keuth, *Wissenschaft und Werturteil. Zu Werturteilsdiskussion und Positivismusstreit*, 1989, 22면.
59) *Archiv für Sozialwissenschaft und Sozialpolitik.* 이 책 513면이 그것이다. 주 40 참조.

은 분석적인 질문을 던진다. 가치 자체로부터 자유로울 수 있는가? 가치판단의 중립성이란 무엇인가? 가치판단의 중립성은 가능한가? 가치중립성 공준과 가치상대주의와의 관계는 무엇인가?

심 교수는 어떤 학문도 가치 자체로부터 자유로울 수 없다고 답한다. 가치판단 중립성이란 학문적 공준으로서 학문의 최고가치인 진리를 조작하거나 왜곡하는 세계관적 내지 정치이데올로기적 가치로부터는 자유로워야 한다는 것이지만 이것은 어느 학문도 가치판단을 단념할 수 없다는 전제하에 이해되어야 한다고 한다.

심 교수는 가치중립성의 요청이란 학문적 사실에 대한 언명과 이 사실에 대한 자신의 평가를 명확히 구별하라는 요청, 다시 말하자면 가치판단을 하지 말라는 것이 아니라 가치판단이 자신의 것임을 분명히 밝혀 사실설명과 뒤섞거나 부풀려 포장하지 말라는 요청이라고 본다(373면). 그렇다면 가치상대주의와 가치중립성의 관계는 무엇인가? 그것은 가치상대주의는 가치판단에 대한 과학적 증명이 가능한가에 대한 회의의 표명이지 가치판단이 (판단자의) 자의적이라는 주장은 아니라는 것이다.

심 교수는 가치판단 논쟁을 언급하면서는 가치중립성 공준의 가치상대주의적 기초 때문에 허무주의에 빠지는 것이 아닌가를 묻고, 그로부터 반 세기 후에 벌어졌던 독일의 실증주의 논쟁과 관련해서는 이론과 실천의 분리 때문에 학문이 지배자의 시녀로 전락하는 것은 아닌가하는 비판을 검토한다. 이에 대하여는 가치중립성 공준은 가치판단에 대한 과학적 증명에 대한 회의의 표명이지, 가치판단의 자의성 주장은 아니며, 이론과 실천의 분리는 실천에 대한 맹종이 아니라 의미에 찬 실천의 개혁을 비로소 가능케 하는 것이라고 대응한다.

여기서 심 교수가 이 글의 부제를 '재인식의 시각에서'라고 한 이유를 음미해 볼 필요가 있겠다. 당시 베버가 처한 독일의 사정은 이해가 되지만 사회학을 중심으로 한 가치중립성 요청은 법학에서는 그 강도가 다를 수밖에 없을 것이다. 가치중립성이란 가치자유가 가능하다든가 가치평가를 하지 말라는 의미가 아니라, 학문을 하는 과정에서 필연적으로 개입하게 되는 가치판단을 '의식하고', 드워킨의 말 즉 가치판단을 통한 '참여' 없이는 논의 주제 자체를 이해하지 못한다는 말처럼, 가치판단을 하고 있음을 의식하고 이에 의식적으로 중립적이려고 해야 한다는 것이다.

심 교수는 구체적인 법학의 각 분야에서의 가치중립성 공준을 검토한다. 법학에서 가치중립성의 공준은 어떤 의미를 갖는가? 우선 입법은 가치판단 그 자체의 산물이다. 법학은 입법자의 가치판단을 인수하지 않을 수 없다. 법학은 가치판단에 의해서 만들어지고 규정된 학문의 전형이라고 할 수 있다. 그럼에도 불구하고 법학은 가치중립적일 수 있다. 예컨대 낙태죄가 존재하는 경우 그 구성요건의 해석론과 낙태에 대한 개인적 신념에 따른 가치평가(예컨대 천주교 신자인 경우 "낙태는 결코 허용되지 않는다"고 믿을 수 있다)는 엄격하게 구별된다. 법학자들은 해석론과 입법론을 엄격하게 구별한다. 법의 해석과 적용은 어떠한가? 법해석의 방법에 대한 결단은 법적용자의 가치판단 없이는 불가능하다. 법학과 법적용은 가치중립성의 공준을 기준으로 경계지어진다. 법학은 가치중립적일 수 없는 법적용의 준비작업인 것이다. 일찍이 베버는 과학을 지도에 비유한 적이 있다. 과학은 일정한 목적지로 가는 길(들)을 가르쳐주지만, 어느 길로 가야할지를 가르쳐 주지는 않는다는 것이다. 이를 이어 받아 독일의 법철학자 힐겐도르프(Eric Hilgendorf)는 "법학자는 지도를 작성하고 법적용자는 갈 길을 정한다"고 말했다(375면). 그런 의미에서 법실천은 가치중립적일 수는 없고 '가치의식적'이라고 심 교수는 결론짓는다.

d) 법과 방법다원주의

심 교수가 법학의 학문성 및 가치판단과 관련하여 보인 이런 유연하고 개방적 입장은 "법과 방법다원주의"(2002)에서 '방법다원주의'에의 지향으로 더 구체화, 정교화된다. 법철학의 '길동무'로 평생 같은

길을 걸어 온 김지수 교수의 정년을 기념하기 위해서 쓰여진 이 글
은, 여러 법철학적 난제들을 해결하기 위한 방법론으로서는, 일이관
지(一以貫之)의 통쾌함이 있지만 현실적합성을 놓치게 되는 방법일원
주의보다는, 방법다원주의의 시각에서 접근해야 할 필요가 있음을 주
장하고 있다. 그 길은 김지수 교수가 라드브루흐를 따라서 걸어온 길
이기도 하다. 심 교수는 이 길을 더 정교하게 가다듬는다.

　　라드브루흐는 사실과 가치, 존재와 당위를 준별하는 방법이원론에
서 출발했다. 이는 흄과 칸트 이래 서구 철학의 전통적 입장이 되었
다. 그런데 라드브루흐는 양자가 무관하다고 보지 않고 늘 양자를 동
시에 시야에 넣으면서, 양자 간의 관계를 상이하게 보는 학문적, 방
법론적 태도가 존재함을 지적했다('학문이 존재한다는 사실'). 여기서
사실을 대상으로 고찰하면서 그 가치의 고찰에는 눈을 감는 태도(가
치맹목적 태도: 자연과학)와, 사실에 대한 가치평가를 정면으로 감행해
나가는 태도(가치평가적 태도: 가치철학(윤리학)), 그리고 양자를 '매개'
하려는 태도(가치'관계'적 태도: '문화과학')와, 가치를 초월 내지 극복하
는 태도(가치초월적 태도: 종교철학)가 구별된다.

　　법학에는 이 가운데 법학과 가장 거리가 먼 것으로 보이는 가치초
월적 태도(종교철학)를 배제한다면,[60] 세 가지 태도가 존재할 수 있게
된다. 예컨대 법과 관련되는 사회의 법칙성(예컨대 Durkheim)의 "기
계적 연대에서 유기적 연대로"나 베버(M. Weber)의 지배의 정당성의
유형론(카리스마적 지배, 정통적 지배, 합리적 법적 지배)을 찾기 위하여
법사회학은 가치에 대해서는 의도적으로 눈을 감고 작업한다. 법학의
중심을 이룬다고 할 수 있는 (실정법의) 해석학은 가치관계적 태도에

---

60) 예컨대 손해를 본 또는 손해를 보게 될 민사소송의 일방 당사자에게 예수와 같
　　은 (대속(代贖)의) 희생을 설파하는 법학자나 판사를 생각해 보라. 법을 토대로
　　한 일반인의 일상의 삶에서 이는 생각하기 어렵다. 라드브루흐는 법의 '종교철
　　학'을 언급하고 있다. 여기서 그는 종교의 시각에서 본 법과 국가의 관계를 주
　　로 언급하고 있다. Radbruch, *Rechtsphilosophie*, 제12장 Religionsphilosophie
　　des Rechts, 앞(주 11)의 책(번역서), 135면.

가까울 것이다. 그렇다면 법학은 가치관계적 태도를 취하는 '문화과학'
에 속할 것임은 분명하다. 여기서 '관계'라는 말 또는 '매개'라는 말은
무엇인가? 라드브루흐는 바덴 신칸트학파, 특히 리케르트(H. Rickert)
의 '유연한' 이원주의의 영향 하에 양 대립항 사이에 '문화'를 매개항
으로 넣을 수 있다는 유연한 태도를 취했다.[61] 여기서 양자를 매개한
다는 것은 무엇인가? 그것은 '사실'은 '가치'와 관련하여 '의미'를 갖는
다는 것, 바꿔 말하자면 사실의 의미는 가치와 관련하여 드러난다는
것이다. 문화과학이라는 말 자체가 이미 보편적 가치론에 입각하고
있다는 의미인 것이다.[62] 이리하여 라드브루흐는 이렇게 말할 수 있
었다: "법은 문화현상이다. 법은 사실과 가치를 매개한다. 매개한다는
말은 '사실'이지만 '가치'로 향하는 의미를 갖는다는 것, 그러한 의미
를 갖기 때문에 법은 적나라한 강제('폭력')가 아니라 법인 것이다. 법
은 인간의 작품이기 때문에 반가치적일 수 있지만, 가치를 실현하려
는 의미를 갖는 현실(태)라고 규정한다. 법개념은 법이념을 실현하려
는 의미를 갖는 현실(태)이다. 법은 정의롭지 않을 수 있으나 정의로
우려는 의미를 갖기 때문에 법인 것이다(378면).

　　방법다원주의적 접근은 법철학에 있어서 법의 효력을 해명하는데
(380면), 법의 이념을 해명하는데(381면), 법방법론에서(383면), 그리
고 앞서 언급한 법학의 학문성이론에서도(384면) 그리고 (비교적 좁
은) 법(철학)의 범위를 넘어서 '철학이론'으로서도(386면) 의미 있는
입장임을 설득력있게 보여준다.

　　여기서는 법 효력에 대한 다원주의적 접근과 철학이론으로서의 다

---

61) 이 분야 즉 가치관계적 태도를 취하는 학을 포괄할 수 있는 이 분야를 문화
　　과학이라고 할 수 있는데, 문화과학이라는 말도 리케르트에서 유래한 것이다.
　　한 세대 전에 딜타이(W. Dilthey)는 이 분야에 대하여 주관적 심리적 색채가
　　강한 '정신'과학이라는 말을 선호했는데 비하여 리케르트는 그보다는 더 객관
　　성을 갖는 것으로 보이는 '가치'를 이론화하면서 사실과 가치를 매개할 수 있
　　는 의미체로서의 문화를 부각시켰다.
62) Michael Ermarth, *Wilhelm Dilthey: The Critique of Historical Reason*,
　　1978, 83면 참조.

원주의적 접근에 관한 심 교수의 견해만을 간단히 보기로 한다.

주지하는 바와 같이 법효력의 문제, 즉 법은 왜 효력이 있는가 하는 문제는 개별 법학에 종사하는 법학자들은 일단 전제하고 시작하는 문제이지만, 때로는 (극단적으로 나치와 같은) 총체적인 불법의 국가[63]나 (전체적으로는 질서있는 사회이지만) 국소적으로 부당한 (내용의) 법이 관철됨으로써 부당한 (내용의 것이) 제도적으로 공권력에 의해서 시행되고 있는 경우에는 문제되기도 한다(시민불복종(civil disobedience)이 그 예이다). 이 문제에 접근하는 기본적인 시각은 사회적 효력(실효성), 이념적 효력 그리고 법률적 효력의 세 계기(契機)를 둘러싸고 논의된다. 여기서 심 교수는 사회적 효력으로서의 실효성은 경우에 따라서는 계량화할 수 있는 표지로서 법효력의 조건이 되기는 하지만, 실효성이 법의 효력 그 자체인 것은 아니라는 점을 지적한다. 반면에 자연법론자들은 이념적 효력으로 법의 효력을 근거짓거나 제약하려는 시도를 하였지만, 이는 법효력에 대한 합목적적이 아닌 지나친 제한을 낳았을 뿐이라고 본다. 심 교수는 켈젠의 이른바 '법학적 효력설'에 대해서도, 켈젠의 법효력설이 철저한 일원주의라고 보는 일반적인 견해에 대해서, 켈젠의 이론구도를 보면 가정된(=전제된) 근본규범 그리고 그 근본규범을 조건으로 하여 창설된 실효적·강제적 실정법 질서라는 그의 이론전개는, 실효성과 법률적 효력은 구별된다는 뜻이지 양자는 결코 서로 분리 내지 배제된다고 볼 수 없는 것이라고 본다. 또 가치나 도덕에 대해서도 (이를 법외적 사실로 본 것이 아니라) 규범의 차원에 법과 나란히 위상설정하고 있다는 점에서, 합법성은 정당성, 이념성과 무관한 것이 아니라 규범의 차원에서 이를 함의한다고 본다. 따라서 켈젠의 법효력관은 다원주의적인 것이라고 보아야 한다고 해석하고 있다(381면). 결국 법의 효력은 사회적 효력·이념적 효력·법률적 효력 3자의 공동지배로 이해되어야 한다고 본다.

---

63) 예컨대 Kritische Justiz 편집부 편, *Der Unrechts-Staat. Recht und Justiz im Nationalsozialismus*, 1979.

철학이론으로서의 다원주의는 일원주의적 철학적 경향에 대한 도전의 철학적 방법이라고 할 수 있다. 일원주의 철학의 대표적인 예는 무엇보다 근대 합리주의(이성주의)를 들 수 있다. 이 철학은 모든 이론적 및 실천적 문제에 '이성'이 하나의 정답을 내놓는다고 주장했다. 오늘날의 '신계약설'(386면)로도 불리우는 이른바 '고상한 자유주의'(high liberalism)[64]도 이 이성주의의 후예로 들 수 있다. 하버마스(의 사소통적 담론이론)나 롤즈(계약설)의 "이성은 합의에 이르게 되어 있고 바로 이 합의야말로 '진리'와 '정의'의 보편적 표준이 된다"는 식의 '보편주의'적 태도(획일적 거대담론)에 대한 다원주의 철학의 도전이 있는 것이다. 그렇다고 다원주의가 오늘날 유행하는 포스트모더니즘으로 기우는 것은 아니다.

오히려 다원주의는 "진리는 하나이지만 우리가 진리를 직접 간파할 수 없기에 진리에 관한 다양한 인식(신념)과 설명은 불가피하다"(386면)는 인식에서 출발한다. 이성의 인도를 받는 것도 "전제가 지시하는 것으로 인도될 뿐 합의나 진리로 인도되는 것은 아니며, 이성은 오히려 진리나 정의보다는 최적화를 노릴 뿐"이어서 최종적 안내자가 되기는 어렵다는 것이다. 실천적 문제에서 합의 그 자체는 도덕적 요청을 반드시 담고 있는 것은 아니다. 도덕을 타인을 존중할 것을 명하지만 이런 존중이 합의를 요청하지는 않는다는 것이다. 합의가 정의의 표준인 경우란 오직 '도덕성이 투입된' 합의일 뿐이라는 것이다. 그렇다면 거대이론들은 순환논법의 함정에 빠진 이론이 된다.

다원주의는 인식적, 평가적, 실천적 문제에 직면하여, 여러 대안들을 놓고 무관심하게가 아니라 컨텍스트를 고려하면서 합리적 선호와 선택을 기하는 이른바 관점합리주의 내지 컨텍스트주의임을 강조한다(387면). 심 교수는 다원주의 철학은 방법다원주의 없이는 불가능하다. 즉 인식, 평가, 실천에서의 다원성과 복합성 없이는 생각할 수

---

64) Seyla Benhabib, "High Liberalism. John Rawls and the Crisis of Liberal Democracy," *The Nation*, 2019. 11, 29~33면.

없다고 한다.

그렇다면 다원적 가치들 사이의 가교불가능의 대립과 모순, 그 대립적 다극성은 어떻게 볼 것인가? 이에 대해서는 방법다원주의가 내놓는 처방은 이것이다. 체념, 무분별, 무관심 아니라 인간이란 이를 해낼 수 있는 능력이 있음을 인정하면서, 인간이 그런 능력자로서 주어진 사정을 고려하면서 분별있게 합리적으로 선택하는 데 그 목표를 둔다는 것이다. 궁극적 모순들을 발견하고서도 이를 비합리적으로 안개로 덮어 버리는 것이 아니라 합리적으로 드러나게 하는 것을 과제로 삼는, 합리주의 모순들에 적극적으로 대처하려는 것이 기본태도이다. 방법다원주의는 그 가운데 어느 요소를 우위에 두려고 하지는 않는다. 이는 정치철학과 관련하여 의미가 있다. 예컨대 오늘날 주장되는 권리의 우위(노직), 평등의 우위(드워킨), 자유의 우위(라즈), 정의의 우위(롤즈)와 같이 주장하지 않는다. 다원주의는 이의 대안이 된다. 즉 그것은 최대한 많은 가치들의 적극적 인정과 균형 속에서 조화로운 삶(good life)를 이룰 수 있게 하는 철학이론이며 가치들에 대한 선택권을 인간으로부터 빼앗지 않는다는 점에서 더 인간적이려고 하는 이론이라는 것이다(390면).

e) 존재와 당위, 규범논리

심 교수는 1976년에 '존재와 당위'에 관한 연구로 박사학위를 취득하였다.[65] "존재로부터 당위가 추론될 수 있는가"를 다룬 윤리학 내지 법철학의 가장 근원적인 문제를 다룬 논문이었다. 심 교수는 여기서 앞서 언급한 켈젠과는 달리 당위문에도 논리학이 적용될 수 있음을 입증하면서, 존재로부터 당위의 추론은 '논리학적' 차원에서는 불가능하다고 답했다. 그러나 이는 존재와 당위의 '사실적' 차원에서의 분리를 의미하는 것은 아니었다. 존재와 당위는 사실적 차원에서는 맞닿

---

65) 심헌섭, 「법철학 I」, 앞(주 1)의 책, 177~270면; 「분석과 비판의 법철학」, 앞(주 1)의 책, 387~488면.

아 있고 나아가 상호침투되며, 존재와 당위 사이의 논리적 균열은 양 자 사이의 사실적 분리를 의미하는 것은 아니라는 점이 강조되었다. 그리고 당위판단에 대하여 진/위를 논할 수는 없지만, 합리적/비합리 적, 정당/부당을 논할 수는 있다는 것, 양자가 논리적으로 분리된다 고 해서, 인간의 삶을 전제로 할 때("사회는 자살클럽이 아니다!"[66]) 생 존을 위한 규범체계의 정립과 유지, 그리고 이를 위한 (입법자의) 합 리적 선택까지 포기할 것은 아니라고 주장한다. 여기서 비판적 법실 증주의의 태도도 선명하게 드러난다. 존재와 당위가 분리된다고 해서 당위는 모종의 소극적 제한을 받는다는 것이 부정되는 것은 아니며 (예컨대 "당위는 가능(능력)을 함의한다"), 그래서 당위란 어떤 내용도 함의할 수 있다는 식의 실증주의를 수용할 필요는 없다고 심 교수는 주장한다. 이 연구는 당시 서구에서 전개되던 최신의 논의까지를 담 고 있는 실로 최첨단의 연구였다.

학위를 취득한 다음 해인 1977년 말 심 교수는 우리나라에도 영 국의 *Mind*와 같은 철학전문 학술지가 창간된다는 소식을 필자에게 전하시면서 크게 기뻐하였다. 「마음」이라는 이름의 이 전문학술지는 이화여대 철학과를 모태로 하여 창간되었는데 아쉽게도 오래 존속하 지 못하였다. 심 교수는 논문을 청탁받고 이 학술지에 어울리는 논문 으로서, 학위논문에서 충분하게 다루지 않았지만 꼭 다루었어야 했던 주제를 다루고 싶어 하였다. 그래서 집필된 것이 바로 1978년에 나온 "존재와 당위"이다.

그런데 심 교수는 1978년 봄 뜻하지 않게 서울대학 병원에서 가 벼운 수술(맹장염)을 받게 되었다. 이때 같은 병원에 수도사대(현 세종 대) 철학과의 김정선 교수가 지병으로 입원해 계셨고, 두 분은 여기 서 양상논리 내지 규범논리에 관하여 많은 말씀을 나누었다. 김 교수 는 안타깝게도 그 얼마 후 회복하지 못하고 별세하셨다. 심 교수가

---

66) 심헌섭, 「법철학 I」, 앞(주 1)의 책, 270면; 「분석과 비판의 법철학」, 앞(주 1) 의 책, 488면.

이 논문을 김정선 교수에게 헌정한 것은 우리나라에 드문 양상논리학자인 김 교수가 애석하게도 한참 활동할 연세에 세상을 떠나신데 크게 상심하였기 때문이다.

이 글에서 심 교수는 '존재로부터 당위는 추론되는가'를 논하는데 가장 기본적인 출발점이 되는 영국의 철학자 흄의 테제(존재로부터 당위를 추론하는 오류)를 다루었다. 이 주장은 주지하는 바와 같이 후에 윤리학자 무어(G. E. Moore)에 의해서 '자연주의적 오류'(naturalistic fallacy)라는 이름을 얻었으며, 드워킨에 의해서는-그 소극적 성격에서 벗어나서, 역설적으로 당위 내지 가치의 영역에서, 사실(자연과학적 추론)의 인과적 설명을 막고 해석의 넓은 가능성을 확보해주는 방파제로서-'흄의 법칙'이라는 이름을 얻기도 했다. 심 교수의 학위논문은 이 추론가능성을 광범위하게 그리고 심도있게 천착한 것이었지만[67], 이 글에서 이를 다시 한번 심도 있게 검토한 것이다. 특히 여기서 문제된 것은 이른바 '오류인 전제에서는 진인 명제가 추론된다'는 *Ex falso Quodilibet* 원칙을 바탕으로, 이런 확장형 추론방법으로 존재로부터 당위를 추론할 수 있는가가 검토되었다.[68] 여기서 심 교수는 이의 가능성을 검토하고서 논리적 의미론적 추론은 불가능하다는 점을 재확인하고 있다.

논리학자 김준섭 교수의 고희기념논문집에 기고한 "규범·규범과학·논리"(1985)는 학위논문을 작성한 지 10년 후에 규범논리학을 체계적으로 정리하려는 의도에서 쓰여진 글이다. 이 글은 후에 수정·확대되어 「분석과 비판의 법철학」에 "규범의 일반이론에 관한 연구"로 실렸다.[69]

---

67) 심헌섭, 「법철학 I」, 앞(주 1)의 책, 249~252면; 「분석과 비판의 법철학」, 앞(주 1)의 책, 465~468면은 이에 관하여 언급하고 있다.
68) 울프리드 노이만, 모순명제로부터는 무엇이든 추론할 수 있다, 「구조와 논증으로서의 법」, 윤재왕 역, 2013, 61~70면; 63면 이하. 모순명제는 위인 명제에 속하는 명제이다. 노이만은 형법 해석학에서 상호모순되는 학설을 토대로 (시험)문제의 해결을 시도한 (그러나 각 학설의 논리에 잘 따른) 답안을 어떻게 평가할 것인가 하는 흥미있는 예를 들어 이 문제에 접근하고 있다.

f) 규율의 두 개념

심 교수가 1973년에 번역소개한 "규율의 두 개념"은 정의의 철학자 롤즈(1921~2002)의 학자로서의 가능성을 보여준 초기 저작(1955)이다.[70] 이 글을 소개한 이유는 형법학자이기도 했던 심 교수가 형벌의 정당화 문제에서 응보설 대 공리주의의 대립의 극복을 모색해 왔고,[71] 공리주의에 대한 심화된 이해를 추구했으며, 비트겐슈타인의 게임의 이론과 규칙준수의 이론의 적용의 예를 보여준 것이었기 때문이다. 나아가 롤즈의 정의의 이론이 우리나라에 알려지기 시작한 무렵에 그 이론의 뿌리를 돌아보는 시도로서 의미있는 것이었고, 나아가 하트의 법이론을 더 잘 이해하는 단서를 찾을 수 있는 것이었기 때문이다.

롤즈의 이 글은 다소 복잡한 내용을 가지고 있지만, 그 핵심은 행복의 공리계산을 하여 행위의 방향을 결정하는 공리주의는 그 계산을 개별적 행위가 아니라 제도(행위체계 내지 규율체계; practice)에 적용해야 더 타당하게 된다는 것이다. 이때의 행위체계는 일련의 규칙들로 구성되는데, 이를 통해서 예컨대 야구나 축구게임이 게임으로서 존립하는 것처럼, 인간 상호간의 행위는 성립할 수 있게 된다. 행위체계는 야구에서 투수를 그리고 투수가 던질 수 있는 공의 수를 정의하는 것과 같이 다양한 역할과 지위를 정의한다. 그리고 행위체계는 이러한 역할의 보유자가 어떻게 행동할 것이 요구 또는 허용되는가를 정의한다.

---

69) 심헌섭, 「분석과 비판의 법철학」, 앞(주 1)의 책, 60~92면.
70) 롤즈의 이 글은 Samuel Freeman이 편찬한 그의 논문선집 Rawls, *Collected Papers*, 1999, 20~46면에 둘째 논문으로 실려있다. 첫째 게재 논문인 "윤리(학에서의) 판단의 절차 개요"(Outline of a Decision Procedure for Ethics)가 그의 프린스턴 대학 학위논문의 일부라는 점을 고려하면 이 글이 그의 학자로서의 첫 논문이자 출세작인 셈이다.
71) 이것은 "법·형벌·정의"(1977)에 나타나 있다(이 책, 231~253면). 이는 이미 앞에서 살폈다(이 책, 502면).

롤즈는 공리주의가 가장 수긍가능한 형태가 되려면 두 층위의 것이어야 한다고 주장한다. 개개의 행위가 행복을 극대화하는 방향에서 행동하여야 하는 것이 아니라, 제2 층위의 공리주의는 그들에게 엄격하게 사회적 규칙과 행위체계를 준수하게 하고 이 행위체계 준수가 행복을 극대화하게 된다는 것이다. 이 두 층위의 공리주의에 따르면 일단 최적의 사회적 규칙과 행위체계가 마련되면, 행위자는 이 규칙을 깰 때 더 행복이 생겨도 엄격하게 이를 준수해야 한다는 것이다.

이 제도적 공리주의는 롤즈로 하여금 행위체계(practice), 후에 정의론에서는 사회제도(social institution)라는 주제에 관심을 갖게 만들었다. 그러나 그는 공리주의에 확신을 갖지는 못했다. 결국 그는 행복을 궁극적인 도덕적 가치의 원천으로 받아들이지 못했던 것이다. 만약에 규칙의 권위가 오로지 행복에 입각한 것이라면, 규칙을 지키기 위하여 모종의 행복을 희생시키는 것은 의미가 없을 것이기 때문이다. 행위체계 자체를 정당화하는 근거가 공리주의적 계산이 아니라면 어떤 근거가 그 역할을 할 수 있겠는가? 롤즈가 유명한 '원초적 상태'를 구상한 것은 이러한 인식에서 비롯된다.

이 글은 롤즈 이론의 초기적 형태를 잘 볼 수 있는 글로서, 특히 비트겐슈타인의 규칙 준수로부터 얻은 착상이 잘 들어나 있다. 이는 롤즈와 하트에게도 거의 같은 영향을 준 것으로서, 하트에게는 법을 규칙(의 체계)으로 보는 시각을, 롤즈에게는 정의의 문제가 (개인의 덕성 내지 개인의 행동의 차원의 문제가 아니라) 정의라는 게임의 규칙의 문제임을, 따라서 그 규칙을 정의하는 행동체계의 개별적인 규칙과 그 행동체계 자체는 구별될 수 있는 것이라는 인식을 가져다 주었다. 이는 후에 정의론에서 사회의 기본구조(basic structure)로 발전하였다.

V

지금까지 이 책에 실린 글을 중심으로 심 교수의 법철학 사상을 음미해 보았다. 돌아보면 심 교수는 비판적 법실증주의에 기반하여 논의의 중점변화에 포용적 법실증주의로 대응하였다. 비판적 합리주의의 기본입장은 방법다원주의로 심화되었다. 그리고 그의 윤리적 판단에 대한 비인식주의는 과학적 인도주의의 시사를 받아 실천성을 갖추게 되었다. 마치 라드브루흐가 잿빛 가치상대주의로부터 민주주의와 법치주의를 살려내었던 것처럼. 이 책은 그의 생애 최후의 순간까지도 연구의 의지를 놓지 않고 추구해 왔던 그 사상의 궤적을 잘 보여주고 있다.

심 교수의 사상을 특징짓는 말을 찾아본다면 개방성, 분석성, 비판성이 가장 적절한 말일 것이다. 아마도 이것은 이 책을 읽는 모든 분들이 공감하는 바일 것이다. 그리고 그것은 이 책의 제목에도 나타나 있다. 심 교수의 사유의 개방성은 그의 비판적 합리주의의 입장에서 잘 들어난다. 어떤 명제라도 주제와 관련되면 열린 마음으로 성실하게, 선입견 없이 그리고 겸손하게 경청하는 자세가 그것이다. 세심하게 텍스트를 읽는 심 교수의 태도는 그의 글 곳곳에서 들어난다. 그 텍스트는 그러나 곧 세밀한 분석의 대상이 된다. 일상언어 의미를 기준삼아 그 주변의 의미까지를 모두 망라적으로 검토하여 그 명제의 의미를 체로 걸러낸다. 그리고는 무섭도록 예리한 비판이 가해진다. 이것은 켈젠과 같은 '끝까지 생각하는' 철학자에게서만 느낄 수 있는 정신이다.

심 교수의 이러한 개방성, 분석성, 비판성은 '합리성'을 향하고 있다. 하버마스는 이성은 이성(reason)의 '사용'을 말한다고 했다. 그렇다! 이성은 이유(reason)를 사용함으로써 드러난다. 심 교수는 칸트의 말과 같이 '이성을 사용할 용기'를 가졌던 분인 것이다. 그리고 그것은 이론적 합리성과 실천적 합리성을 아우르는 것이다. 이론적 합리성이 선행하고 실천적 합리성이 뒤따른다는 생각은 심 교수의 철학하는 태도를 잘 말해준다. 심 교수는 바로 이 합리성이라는 지향점을 향하여 60년 이상 법철학의 길을 갔던 것이다. 플라톤의 나무 플라타나스 길을 걸으며.

심 교수는 정년기념대담에서 자신의 미완의 과제를 이렇게 말했다: 「법철학 I」을 정리하고 법이념론을 덧붙여서 한 권의 「법철학」으로 내고 싶다고. 심 교수는 「법철학 I」을 정리하고 그 후의 연구의 결실인─바로 이 책에 실린─법이념론을 추가하여 「법철학」을 만들기를 바랐다. 여기서 정리한다는 뜻은, 당시로서는 아직 만개하지 않았던 영미권의 법철학의 활발한 논의를 포함한 당시까지의 법철학의 전개양상이 「법철학 I」에 반영되지 못했던 것을 보완한다는 의미였을 것이다. 법이념론과 관련하여는 전 세계적으로 정의론의 높은 파고가 밀어닥쳤지만 심 교수는 이를 냉정하게 분석적으로 대응하였다. 오늘날 그 파고의 주역이었던 이른바 '고상한 자유주의'는 그 기세가 한풀 꺾였다. 그러나 법이념으로서의 정의는 그런 정치이론의 조수간만의 차에도 불구하고 의연히 추구되어야 할 것이며, 심 교수의 업적에서 그 길의 향도자를 찾을 수 있을 것이다. 이제 심 교수가 염원한 그 작업은 후학에 맡겨졌다. 심 교수의 분석과 비판의 손길 그리고 합리성의 손길은 영원한 안식을 취하게 되었기 때문이다.

연보 및 저작목록

I. 심헌섭 교수 연보

* 경상북도 청송군 파천면(巴川面) 덕천동(德川洞)에서 출생(1936. 음력 3. 9)
* 서울 아산병원에서 별세 (2018. 양력 2. 10)

* 주요 학력

서울대학교 법과대학 행정학과 졸업(1960. 2)

서울대학교 대학원 법학석사(1962. 2)

서독 프라이부르크대학 수학(1963. 11~1966. 2)

서울대학교 대학원 법학박사(1976. 2)

* 주요 경력

숭실대학교 법정대학 전임강사, 조교수(1967. 3~1974. 2)

경희대학교 법과대학 부교수(1974. 3~1976. 1)

성균관대학교 법과대학 부교수(1976. 2~1976. 12)

서울대학교 법과대학 조교수(1977. 1)

서울대학교 법과대학 부교수(1981. 1)

서울대학교 법과대학 교수(1986. 4~2001. 2)

독일 괴팅겐대학 연구(1990. 9~1991. 8)

영국 케임브리지대학 연구(1995. 3~1995. 8)

서울대학교 법과대학 명예교수(2001.5~2018. 2)

오스트리아 한스 켈젠 연구소 국제자문위원(2002. 10~)

대한민국 학술원 회원(2010. 7~)

* 학회활동

법무부 형사법 개정특별위원회 위원(1985. 6)

한국법철학회 회장(1994~1996)

한국법철학회, 형사법학회, 한국철학회 회원

II. 저 작

기념논문집
법철학의 모색과 탐구, 심헌섭 박사 75세 기념논문집, 법문사, 2011

저 서
정의의 철학(공저), 대화출판사, 1977
현대 이데올로기의 문제(공저), 민음사, 1977
현대 사회과학 방법론(공저), 민음사, 1977
현대사회와 철학(공저), 문학과 지성사, 1981
법철학 I, 법문사, 1982
법철학, 한국방송통신대학교 출판부, 1984
분석과 비판의 법철학, 법문사, 2001

편 / 역서
현대 법철학과 법이론의 근본문제, 법문사, 1974; 개역증보판, 현대 법
　철학의 근본문제, 박영사, 1980
법과 정의의 철학(공역), 종로서적, 1986
켈젠 법이론선집, 법문사, 1990
켈젠의 자기증언(한스 켈젠), 법문사, 2009

논 문
현대법철학에 있어서의 실질적 정의론, 서울대 법대학보 9권 1호, 1962.
　10.
고의·의사·인식, 숭실대학교논문집 1, 1967. 2.
자수범의 이론, 법정 204, 1967. 6.
법·명령·논리, 철학연구 2, 1967. 6.
규범적 목적론적 방법과 존재론적 방법의 한계성, 정경연구 38, 1968. 3.
허용된 위험의 이론과 그 비판, 법정 216, 1968. 7.

과실범의 책임, 사법행정 10권 4호, 1969. 4.

교사범의 구조, 사법행정 11권 1호, 1970. 1.

라드브루흐·확신범·금고, 법조 19권 1호, 1970. 1.

과실과 주의, 숭실대학교논문집 2, 1970. 7.

주관적 정당화 요소 소고, 숭실대학교논문집 3, 1971. 2.

철학자 보헨스키의 사상, 창조 26권 3호, 1972. 3.

과실범에 관한 연구, 저스티스 10권 1호, 1972. 12.

피임·불임수술·인공임신중절 – 모자보건법 제정을 계기로, 숭실대학
  교논문집 4, 1973. 2.

법의 흠결: H. Kelsen 교수의 서거에 부쳐, Fides 18권 2호, 1973. 11.

법률적 삼단논법, 서울대 법학 14권 2호, 1973. 12.

공동정범과 기능적 행위지배, 고시연구 1권 6호, 1974. 9.

존재에서 당위는 추리되는가? (I), 경희법학 12권 1호, 1974. 12.

인과관계의 확정과 합법칙적 조건설, 고시연구 2권 9호, 1975. 9.

존재에서 당위는 추리되는가? (II), 경희법학 13권 1호, 1975. 12.

안락사의 문제, 고시연구 3권 1호, 1976. 2.

존재와 당위의 관계에 관한 연구(서울대학교 박사학위논문), 1976. 2.

행위론의 현황소묘, 고시연구 3권 8호, 1976. 8.

법·정의·형벌, 정의의 철학, 대화출판사, 1977

법 정치 이데올로기, 현대 이데올로기의 문제, 민음사, 1977

한스 벨첼의 법사상 책임윤리와 사물논리 사이의 법, 사법행정 18권 6
  호, 1977. 6.

Karl Engisch의 법명령설, 명령으로서의 법규범, 관계개념으로서의 법,
  사법행정 18권 11호, 1977. 11.

양해·승낙·추정적 승낙, 고시계 22권 2호, 1977. 2.

비판적 실증주의, 현대 사회과학 방법론, 민음사, 1977

법과 도덕의 관계, 서울대 법학 18권 1호, 1977. 6.

현대 형법의 사상과 가치상대주의, 근대법사상의 전개, 장경학 박사 화
  갑기념논문집, 1977

존재와 당위, 마음, 1978

H. L. A. Hart의 분석적 법이론, 사법행정 19권 3호, 1978. 3.

고도성장에 따른 범죄현상변화의 분석과 그 대책, 문교부 정책과제,
1979

법으로부터 자유로운 영역, 법의 한계에 관한 법 이론적 고찰, 서울대
법학 19권 2호, 1979. 2.

법개념의 문제, 법철학과 형법, 석우 황산덕 박사 화갑기념논문집, 법
문사, 1979

존재·당위 이원론의 논리와 현대논리학, 서울대 법학 20권 1호,
1979. 8.

법의 효력에 관한 연구, 서울대 법학 21권 1호, 1980. 12.

법으로부터 자유로운 영역의 이론과 형법, 현대 형사법론, 김기두교수
화갑기념논문집, 경문사, 1980

법과 힘. 법철학적 소묘, 서울대 법학 22권 3호, 1981. 11.

법질서와 윤리, 현대 사회와 철학, 문학과 지성사, 1981

법획득방법의 기본구조에서 본 법학과 법실무, 서울대 법학 23권 1호,
1982. 3.

법학의 학문성(상) – 도전과 응답의 자취, 서울대 법학 23권 3호, 1982.
10.

황금률과 법, 법률연구, 2, 법문사, 1982

법철학적 법학방법론(법철학과 합리적 법학방법), 서울대 법학 24권 1호,
1983. 3.

법이념론을 위한 서장 – 법이념의 의의와 기능, 노동법과 현대법의 제
문제. 남관 심태식 교수 화갑기념논문집, 1993

법적안정성에 관한 연구, 서울대 법학 25권 2호, 1984. 10.

규범·규범과학·논리, 논리연구, 김준섭 박사 고희기념논문집, 1985

법학교수 적정수 소고, 서울대 법학 29권 1호, 1988. 4.

정의에 관한 연구 – 기1. 정의의 기본개념과 기본원리, 서울대 법학 29권
2호, 1988. 9.

일반조항 소고-분석적 소묘, 서울대 법학 30권 1·2호, 1989. 5.

법개념에 관한 논의: Dreier, Hoerster, Krawietz 사이의 논쟁을 보고, 서울대 법학 31권 1·2호, 1990. 8.

독일 철학 및 법철학에서의 정의론의 동향, 서울대 법학 34권 3·4호, 1993. 12.

형법과 일반조항, 동산 손해목 박사 회갑기념논문집, 1993

Ota Weinberger의 제도적 법실증주의, 서울대 법학 35권 1호, 1994. 5.

석우 황산덕박사에서의 자연법론과 법실증주의, 서울대 법학 35권 3·4호, 1994. 12.

정의의 실질적 규준에 관한 연구, 서울대 법학 36권 1호, 1995. 5.

5·18 불기소처분의 논거에 대한 법철학적 재검토: 분석과 비판, 서울대 법학 36권 3·4호, 1995. 12.

법철학·혁명·쿠테타-검찰의 5·18 불기소처분을 계기로, 5·18 법적 책임과 역사적 책임, 이화여자대학교 출판부, 1995

규범의 일반이론에 관한 연구-서론적 고찰, 서울대 법학 37권 3·4호, 1996. 12.

바인베르거의 제도적 법실증주의, 현대법철학의 흐름, 1996

자유민주적 법치국가와 아나키-U. Klug교수 추모에 부쳐, 서울대 법학 38권 1호, 1997. 5.

권위에 관하여: 배제적 법실증주의에서 포용적 법실증주의에로, 서울대 법학 39권 2호, 1998. 8.

근본규범 이론 소고, 서울대 법학 40권 3호, 1999. 12.

법과 인도성: 과학적 인도주의를 바탕으로, 서울대 법학 41권 4호, 2001. 2.

법과 자유: 법 가치로서의 자유에 관한 한 고찰, 서울대 법학 42권 4호, 2001. 12.

법과 방법다원주의, 김지수 교수 정년기념논문집, 2003

법학의 학문성, 법철학연구 9권 1호, 2006. 5.

가치중립성 공준, 대한민국 학술원 통신, 제247호, 2014. 2. 1.

정의원리의 구도, 법철학연구 29권 3호, 2017. 12.

서 평

Rupert Schreiber, *Logik des Rechts*, 서울대 법학 8권 2호, 1966. 12.

Ulich Klug, *Juristische Logik*, 서울대 법학 10권 1호, 1968. 8.

Paul Bockelmann/Arthur Kaufmann/Ulrich Klug 공편, *Festschrift für Karl Engisch*, 서울대 법학 11권 2호, 1970. 3.

Robert Alexy, *Theorie der Juristischen Argumentation*, 서울대 법학 24권 2·3호, 1983. 9.

Ota Weinberger 외 편, *Philosophiy of Law, Politics, and Society (Philosophie des Rehts, der Politik und der Gesellschaft)*, 서울대 법학 30권 3·4호, 1989. 12.

Reinhold Zippelius, *Das Wesen des Rechts. Eine Einführung in die Rechtsphilosophie*, 서울대 법학 38권 2호, 1997. 9.

Arthur Kaufmann, *Rechtsphilosophie*, 서울대 법학 39권 4호, 1999. 2.

Gustav Radbruch, *Rechtsphilosophie*, R. Drier/S. Paulson 공편, 서울대 법학 40권 2호, 1999. 8.

C. Jabloner/F. Stadler 공편, *Logischer Empirismus und Reine Rechtslehre*, 서울대 법학 43권 1호, 2002. 3.

30 Jahre Hans Kelsen-Institut, 서울대 법학 44권 2호, 2003. 6.

Hans Kelsen im Selbstzeugnis, 서울대 법학 48권 3호, 2007. 9.

Hans Kelsen Werke Band I: *Veröffentlichte Schriften 1905-1910 und Selbstzeugnis*, 서울대 법학 49권 4호, 2008. 12.

Hans Kelsen: Leben-Werk-Wirksamkeit, 서울대 법학 51권 3호, 2010. 9.

번역논문

인식 없는 과실행위는 형사책임에서 제외되어야 한다(제롬 홀), 법정
    227, 1969. 7.

규율의 두 개념(존 롤즈), 신동아 통권 105호: 현대철학의 조류(권말부
    록), 1973; 동아일보사, 철학-오늘의 흐름, 1987(재수록)

당사자주의 소송과 직권주의 소송(요아힘 헤르만), 사법행정 16권 11
    호, 1975. 11.

법과 언어(아르투어 카우프만), 서울대 법학 25권 23호, 1984. 10.

한스 켈젠의 법이론(로베르트 발터), 서울대 법학 40권 1호, 1999. 5.

법의 효력과 실효성(한스 켈젠), 서울대 법학 44권 4호, 2003. 12.

민주주의의 옹호(한스 켈젠), 법철학연구 13권 2호, 2010. 8.

사항색인

인명색인

Y

Z

현대법철학논집

분석과 비판의 법철학 II - 법이념 · 순수법학 · 법이론

2024년 4월 5일 초판 인쇄
2024년 4월 10일 초판 1쇄 발행

저 자 심   헌   섭
발행인 배   효   선

발행처   도서   法　文　社
          출판

주 소 10881 경기도 파주시 회동길 37-29
등 록 1957년 12월 12일/제2-76호(윤)
전 화 (031)955-6500~6 FAX (031)955-6525
E-mail (영업) bms@bobmunsa.co.kr
       (편집) edit66@bobmunsa.co.kr
홈페이지 http://www.bobmunsa.co.kr

조 판 법 문 사 전 산 실

정가 40,000원   ISBN 978-89-18-91517-3